Barbara Engelmann
Helga Dopfer

Zeitgemäß kochen und backen

Lehr- und Arbeitsbuch für berufsbildende Schulen

Zweite Auflage

BLV Verlagsgesellschaft München Wien Zürich
LV Lehr- und Fachbuch-Verlag Münster-Hiltrup

CIP-Kurztitelaufnahme der Deutschen Bibliothek

Engelmann, Barbara:
Zeitgemäß kochen und backen: Lehr- u. Arbeitsbuch für berufsbildende Schulen / Barbara Engelmann; Helga Dopfer. [Zeichn.: Waltraud Berger ...]. – 2. Aufl. München; Wien; Zürich: BLV Verlagsgesellschaft; Münster-Hiltrup: LV, Lehr- u. Fachbuch-Verl., 1983. –
ISBN 3-405-12479-4

NE: Dopfer, Helga:

Die einzelnen Kapitel wurden verfaßt von

Barbara Engelmann
Grundwissen: Gelatine, Garmachungsarten von A–Z
Kochen, Backen, Getränke: Alle Rezepte. Alle Grundkenntnisse außer zu Kartoffeln, Reis und Teigwaren.

Helga Dopfer
Grundwissen: Fette, Milch und Milchprodukte, Getreideprodukte, Hülsenfrüchte, Kräuter und Gewürze.
Kochen: Grundkenntnisse zu Kartoffeln, Reis und Teigwaren.
Die tägliche Ernährung.

Zeichnungen: Waltraud Berger, Hellmut Hoffmann (S. 14–20, 413), Peter Gericke (S. 167, 179, 192, 203)
Layout: Anton Walter

Satz und Druck: Georg Appl, Wemding
Bindung: Hans Klotz, Augsburg

Printed in Germany · ISBN 3-405-12479-4

Zeichenerklärung
– von dem betreffenden Stoff sind keine Werte vorhanden

0 der betreffende Stoff ist nicht enthalten bzw. nicht erfaßbar
+ der betreffende Stoff ist nur in Spuren enthalten

Lebensmittel	in 100g eßbarem Anteil sind enthalten			
	Energie	Nährstoffe		
	Kilojoule	Eiweiß	Fett	Kohlenhydrate
	KJ	g	g	g
Speisefette				
Butter (Deutsche Marken-, Süß- und Sauerrahmbutter)	3249	1	83	1
Milchhalbfett aus Markenbutter	1674	4	40	4
Butterschmalz	3856	+	100	0
Schweineschmalz	3965	+	100	0
Margarine	3186	1	81	+
Halbfettmargarine	1562	1	40	+
Sonnenblumenöl	3885	0	100	–
Olivenöl	3881	0	100	+
Speiseöl gemischt	3885	0	100	+
Kokosfett gereinigt	3873	1	99	+
Mayonnaise fettreich	3241	1	83	–
Kartoffeln				
Kartoffeln	364	2	+	19
Getreideerzeugnisse				
Haferflocken	1696	14	7	66
Reis unpoliert (Naturreis)	1553	7	2	75
Reis poliert (Weißreis)	1541	7	1	79
Weizengries	1549	10	1	75
Weizenmehl Type 405	1541	11	1	74
Weizenmehl Type 1050	1549	12	2	71
Kartoffelstärke	1511	1	+	83
Maisstärke	1537	+	+	87
Semmeln (Brötchen)	1139	9	2	51
Eierteigwaren	1629	13	3	72
Gemüse				
Artischocken	255	2	+	12
Aubergine	105	1	+	5
Blaukraut (Rotkohl)	113	2	+	5
Bleichsellerie	88	1	+	4
Blumenkohl	117	2	+	4
Bohnen grün (Schnittbohnen)	138	2	+	5
Bohnen weiß (Bohnenkerne)	1474	21	2	58
Brokkoli	138	3	+	4
Chicorée	67	1	+	2
Chinakohl	67	1	+	2
Endivien	71	2	+	2
Erbsen grün	364	7	+	13
Erbsen reif, geschält	1549	23	1	61
Feldsalat	92	2	+	3
Gelbe Rüben (Karotten, Möhren)	172	1	+	9
Grünkohl	193	4	1	5
Gurken	42	1	+	1
Knollensellerie	159	2	+	7
Kohlrabi	109	2	+	4
Kopfsalat	67	1	+	2
Linsen getrocknet	1482	24	1	56
Paprikaschoten	117	1	+	5
Porree (Lauch)	159	2	+	6
Rettich, Radieschen	82	1	+	4
Rhabarber	75	1	+	3
Rosenkohl	226	4	1	7
Rote Rüben (Rote Bete)	155	2	+	8
Schwarzwurzeln	310	1	+	16
Spargel	84	2	+	3
Spinat	109	3	+	3
Tomaten	80	1	+	3

Lebensmittel	in 100g eßbarem Anteil sind enthalten			
	Energie	Nährstoffe		
	Kilojoule	Eiweiß	Fett	Kohlenhydrate
	KJ	g	g	g
Weißkraut (Weißkohl)	105	1	+	4
Wirsing	138	3	+	4
Zuckermais	448	3	1	19
Zwiebeln	188	1	+	10
Bohnen grün in Dosen	96	1	+	4
Erbsen grün in Dosen	331	5	+	12
Tomatenmark	209	2	1	9
Sauerkraut	109	2	+	4
Champignons (frisch)	100	3	+	3
Champignons in Dosen	105	2	1	3
Pfifferlinge (Rehling)	96	2	+	3
Obst				
Äpfel	230	+	+	13
Apfelmus in Dosen	331	+	+	19
Aprikosen	226	1	+	12
Birnen	234	+	+	13
Birnen in Dosen	301	+	+	18
Brombeeren	201	1	1	9
Erdbeeren	155	1	+	7
Himbeeren	167	1	+	8
Johannisbeeren rot	188	1	+	10
Johannisbeeren schwarz	239	1	+	12
Kirschen sauer	251	1	1	13
Kirschen süß	281	1	+	15
Kirschen in Dosen	335	1	+	19
Pfirsiche	193	1	+	11
Pfirsiche in Dosen	322	+	+	19
Pflaumen	260	1	+	15
Pflaumen in Dosen	381	+	+	22
Stachelbeeren	184	1	+	9
Wassermelonen	100	1	+	5
Weintrauben	301	1	+	17
Rosinen	1135	2	1	64
Ananas	234	+	+	13
Ananas in Dosen	398	+	+	23
Bananen	414	1	+	23
Grapefruit	176	1	+	10
Orangen	226	1	+	12
Zitronen	117	1	1	7
Nüsse				
Haselnüsse	2906	14	62	14
Mandeln süß	2726	18	54	16
Walnüsse	2952	14	63	14
Zuckerreiche Lebensmittel				
Honig (Blütenhonig)	1277	+	–	81
Zucker (Rohr- u. Rübenzucker)	1650	0	0	100
Kakaopulver schwach entölt	1976	20	25	38
Vollmilchschokolade	2357	9	33	55
Marmelade (Durchschnitt)	976	1	0	59

Quelle Souci/Fachmann/Kraut
Food Composition and Nutrition Tables
Die Zusammensetzung der Lebensmittel Nährwert-Tabellen
La composition des aliments Tableaux des valeurs nutritives 1981/82, 2. Auflage

Luise Wolff-Boresch
Im Tempel 77
6682 Ottweiler 1
Tel. 06824 - 3735

Inhaltsverzeichnis

Vorwort

Das vorliegende Buch »Zeitgemäß kochen und backen« ist als Lehr- und Arbeitsbuch für Lehrer und Schüler verfaßt worden. Sein Hauptanliegen: Es will die dringend notwendige, enge Beziehung zwischen Theorie (Ernährungslehre/Warenkunde) und Praxis (Rezeptauswahl, Rezeptmengen, Zubereitungstechniken) herstellen und dazu beitragen, die geforderte Vielseitigkeit beim Kochen und Backen auf gründliche Weise zu erlernen. Das Warenangebot des europäischen Marktes wurde dabei ebenso berücksichtigt wie das der heimischen Regionalküche. Die zur Beschreibung von Küchentechniken und -methoden verwendeten sprachlichen Eigenheiten entstammen der klassischen französischen und internationalen Küchensprache, wie sie auch für die gastronomische Art der Nahrungszubereitung allgemein benutzt wird.

Im Rezeptteil wird zwischen dem Grundrezept überlieferter Art und der Grundzubereitung unterschieden. Während das *Grundrezept* jeweils Menge und Methode der Zubereitung genau festlegt, stellt die *Grundzubereitung* nur die zu erlernende Herstellungsweise als Basis-Methode heraus.

Die den Rezeptteilen vorangestellten Textteile koppeln die theoretischen Grundlagen aus Ernährungslehre und Warenkunde zum *Grundwissen* (Fachtheorie). Die daraus resultierenden *Grundkenntnisse* (Theorie und Praxis) stellen kompakt das praxisbezogene Wissen (aus der angewandten Theorie) dar.

Um das Erfassen der zu erlernenden, sachlichen Inhalte möglichst sicher und eindrucksvoll zu gestalten, wurden alle Merksätze farbig unterlegt, die Hinweise für die Praxis in farbige Rahmen gestellt, Tips und weitere Hinweise grau unterlegt.

Eine weitere, wichtige, didaktische Hilfe wurde durch den Aufbau der Rezepte gegeben. So besteht jedes Rezept formal aus drei Teilen:

1. Zeitangaben für die zeitliche Planung,
2. Zutatenmengen und -zustand für einen raschen Überblick,
3. Zubereitung nach Arbeitsschritten (Herstellungsphasen), wie dies für einen exakten und rationellen Arbeitsablauf vorteilhaft ist.

Grafische Darstellungen wichtiger Techniken, methodischer Schritte und Abläufe dienen der weiteren Erläuterung und der sicheren Handhabung des Buches.

Alle Rezepte im Kochteil wurden für 4 Personen berechnet. Im Backteil wurden die Mengen auf Blech- und Formgrößen abgestellt. Folgende Abkürzungen sind zu erklären:

EL =	gestrichener Eßlöffel	Msp =	Messerspitze
TL =	gestrichener Teelöffel	GZ	= Grundzubereitung
l =	Liter	(Farbfeld)	Farbige Griffleisten = Grundwissen und Grundkenntnisse
g =	Gramm		
kg =	Kilogramm		
P =	Päckchen		

Wo Zitronenschale verwendet wird, ist darunter jeweils die ungespritzte, naturbelassene Schale der Frucht zu verstehen.

Unser aufrichtiger und herzlicher Dank gilt dem Verlag und seinen Mitarbeitern, vor allem aber dem Lektorat, das durch seine Aufgeschlossenheit und seinen unermüdlichen Einsatz am Zustandekommen des Buches in dieser Form wesentlich beteiligt ist. Herzlichen Dank auch der Grafikerin, die in einfühlsamer Weise alle Vorschläge umzusetzen verstand und durch eigene Ideen bereichert hat.

Ihnen, liebe Kolleginnen, und Ihnen, liebe Schülerinnen, und allen anderen, die mit unserem Buch arbeiten, wünschen wir viel Erfolg.

Barbara Engelmann
Helga Dopfer

Grundwissen

Fette

Fette in der Ernährung

Fett ist der Nährstoff, aus dem der menschliche Körper vorwiegend seine Energie bezieht. Die tägliche Fettmenge in der Ernährung richtet sich deshalb nach der körperlichen Leistung:

Leichte bis mittelschwere Arbeitsleistung 25–30% der Gesamtenergiemenge
Schwere Arbeitsleistung Steigerung bis ca. 35% der Gesamtenergiemenge

- ▷ In allen Fällen sollen 10 g hochungesättigte (essentielle) Fettsäuren enthalten sein in der Gesamtfettmenge.
- ▷ Höhere Fettmengen führen rasch zu Übergewicht.

Fette sind zugleich Nahrungsmittel in sehr vielfältiger Art und Beschaffenheit. Sie unterscheiden sich:

Nach der Herkunft
Tierische Fette Schlachtfette von Rind, Hammel (Talg), Schwein (Schmalz, Speck). Butter, Butterschmalz.
Pflanzenfette Öle und Fette aus Früchten und Samen z. B. Distelöl (Safloröl), Sonnenblumenöl, Palmkernfett, Olivenöl.

Nach der Konsistenz
Feste Fette Talge, Kokosfett.
Weiche Fette Schmalz, Butter, Palmkernfett.
Flüssige Fette Öle aus Früchten und Samen.

Nach dem Wassergehalt
Wasserfreie Fette Öle, Schmalz, Plattenfette.
Emulgierte Fette Butter, Margarine, emulgierte Flüssigfette.

Von der Industrie werden **Spezialfette** angeboten:

- ▷ Für Diät geeignete Fette mit besonders hohem Anteil an hochungesättigten Fettsäuren als Öle, Margarinen, emulgierte Flüssigfette.
- ▷ Fritierfette aus besonders hitzebeständigen Fetten.
- ▷ Halbfettbutter oder Halbfettmargarine als fettreduzierte Produkte.

Außerdem gibt es Nahrungsmittel mit besonders hohem Fettgehalt. Dazu gehören fettes Fleisch, viele Wurstarten, fetter Fisch, Ei, Milchprodukte, z. B. Käse mit 50% Fett i. Tr. und Sahneprodukte, sowie Nüsse aller Art.

Einkauf

Butter muß gekennzeichnet sein. Es müssen angegeben sein:

- ▷ **Handelsklassen**
  Deutsche Markenbutter Aus Süß- oder Sauerrahm, je 4 Punkte für jede Eigenschaft.
  Deutsche Molkereibutter Aus Sahne- oder Molkenrahm, mindestens 3 Punkte für jede Eigenschaft.
  Deutsche Kochbutter Mindestens 1 Punkt für jede Eigenschaft.
  Deutsche Landbutter Aus saurer Sahne, nicht in Molkereien gebuttert, in manchen Gegenden auf Wochenmärkten zu kaufen. Höherer Wassergehalt, nicht so homogen.
  Die Eigenschaften für die Qualitätseinstufung sind Geschmack, Geruch, Gefüge, Aussehen und Konsistenz.
- ▷ Herstellungs-, Abpackungs- oder Mindesthaltbarkeitsdatum.
- ▷ Besonderheiten, z. B. »gesalzen« oder »Süßrahmbutter«.
- ▷ Sonstige Angaben, z. B. Kontrollnummer, Name der Molkerei, das Gütezeichen für Markenbutter oder Angaben über die Lagerung.

Beim Einkauf aller Fette sind zu beachten:

- ▷ Verwendungszweck, z. B. Braten, Backen, Fritieren o. ä.,
- ▷ Kennzeichnungen,
- ▷ Unterschiedliche Qualitätsstufen (z. B. kalt geschlagen oder der Anteil an essentiellen Fettsäuren),
- ▷ Preiswürdigkeit (evtl. Sonderangebote),
- ▷ Gewicht oder Flascheninhalt.

Lagerung

- ▷ Fette sollen kühl, dunkel, verpackt, nicht in unbeschichteten Metallgefäßen gelagert werden.
- ▷ Wasserfreie Fette können 1–2 Jahre, wasserhaltige höchstens 1–2 Wochen gelagert werden.
- ▷ Butter und Margarine können auch eingefroren werden.

Verwendung

Fett wird verzehrt als:
Sichtbares Fett Streichfett, Koch-, Back-, Bratfett.
Verstecktes, unsichtbares Fett In Nahrungsmitteln bereits enthaltenes Fett.
Je niedriger der Anteil an versteckten Fetten gehalten wird (z. B. durch Verwendung fettärmerer Produkte), um so mehr bleibt für das Kochen, Backen und für Brotaufstrich.

Durchschnittlicher Gehalt an »verstecktem« Fett

Lebensmittel	Durchschnittliche Portion g	Fett g
Schweineschnitzel (mager)	125	9
Schweineschnitzel (fett)	125	46
Rinderfilet	125	3
Bratwurst	100	35
Fleischwurst	100	30
Leberwurst (fett)	50	20
Mettwurst	50	25
Corned beef (deutsch)	100	6
Brathähnchen	350	14
Ente	200	28
Gans	200	40
Seelachsfilet (gedämpft)	200	2
Fischstäbchen	200	13
Heringsfilet	125	19
1 Glas Trinkmilch (3,5% Fett)	200	7
1 Glas teilentrahmte Milch (1,5% Fett)	200	3
Trinkmilch-Joghurt	150	6
Magermilch-Joghurt	150	—
Magerquark	50	—
Sahnequark (40%)	50	5
Erdnüsse	100	49
Haselnüsse	100	62

AJD-Broschüre »Richtig garen«, Ausgabe 1982.

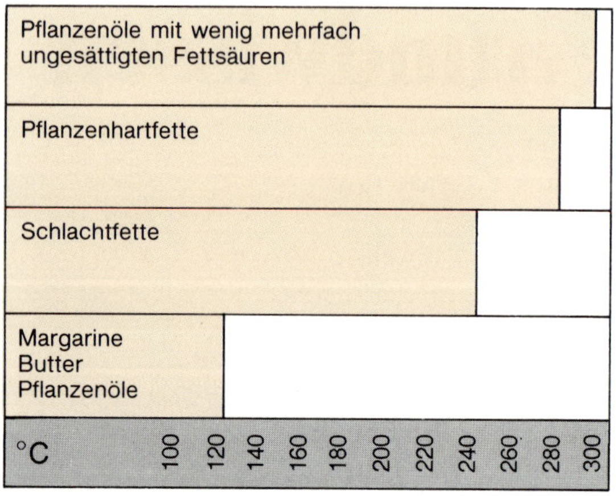

Hitzeverträglichkeit von Nahrungsfetten

Für die jeweilige Verwendung das richtige Fett wählen:

- ▷ Hochwertige Öle (kalt gepreßte Pflanzenöle mit hohem Anteil an essentiellen Fettsäuren) möglichst kalt für Salate.
- ▷ Wasserhaltige Fette zum Backen und Dünsten, z. B. Butter und Margarine.
- ▷ Halbfette nur als Brotaufstrich oder zum Abschmecken von Gemüsen.
- ▷ Hitzebeständige Fette – Spezialfette oder Olivenöl –, in jedem Fall wasserfreie Fette zum Braten, Ausbacken, Fritieren.

Hinweise für die Küchenpraxis

- ▷ Bei höherem Fettgehalt der Nahrungsmittel auf fettarme Beilagen und fettarme oder fettfreie Zubereitungsart achten.
- ▷ Fette in Friteusen nicht höher als 180 °C erhitzen.
- ▷ Fritierfett höchstens zweimal verwenden. Austauschen. Nicht frisches Fett nachfüllen!
- ▷ Brennendes Fett nie mit Wasser löschen, sondern ersticken.

Milch und Milchprodukte (ohne Butter)

Milch und Milchprodukte in der Ernährung

In der gesunden Ernährung haben Milch und Milchprodukte ihren festen Platz. Sie liefern hochwertiges Eiweiß, die Vitamine der B-Gruppe sowie A (Retinol) und die Vorstufen von Vitamin D. Milch und Milchprodukte sind als Calciumlieferanten unentbehrlich. Der Milchzucker und die Milchsäure wirken verdauungsanregend. Das Fett der Milch ist bereits emulgiert, deshalb gut verdaulich. Der Fettgehalt ist unterschiedlich.

Einkauf

- ▷ Milch und Milcherzeugnisse müssen gekennzeichnet sein. Es müssen angegeben sein:
  Standardsorte oder Gruppe, z. B. Joghurt oder Joghurterzeugnis, Vollmilch, Sauerrahm, Fettgehalt, z. B. mager, 1,5%, 3,5%, 10%, 30%.
  Mindesthaltbarkeits- bzw. Verpackungsdatum,
  Füllmenge,
  Zusätze, z. B. Früchte, Zucker, Dickungsmittel,
  Behandlungsverfahren, z. B. pasteurisiert, homogenisiert, ultrahocherhitzt,
  Hersteller, Preis.
- ▷ Die Preise für Milch und Milchprodukte sind nicht gebunden, Preisvergleiche lohnen sich.
- ▷ Bei Sonderangeboten Qualität und Mindesthaltbarkeitsdatum beachten.
- ▷ Milch und Milchprodukte sind leicht verderbliche Nahrungsmittel, öfters frisch kaufen.

Lagerung

- ▷ Milch und Milchprodukte möglichst frisch verwenden, die Aufbewahrungszeit richtet sich nach der aufgedruckten Mindesthaltbarkeit.
- ▷ Alle Milchprodukte kühl, dunkel und verschlossen aufbewahren. Milch im Kühlschrank zudecken, da sie leicht Geschmack und Geruch annimmt.
- ▷ Käse ca. 1 Stunde vor dem Verzehr aus dem Kühlschrank nehmen.
- ▷ Quark kann ohne Qualitätsverlust, Käse mit Einschränkung eingefroren werden.
- ▷ Schlagsahne läßt sich einfrieren, verliert etwas an Volumen. Saure Sahne eignet sich nicht so gut zum Einfrieren, verliert durch Auftauen ihre cremige Beschaffenheit.

Verwendung

Konsummilch

0,3% Fett	entrahmte Milch	= Magermilch
1,5% Fett	teilentrahmte Milch	= fettarme Milch
3,5% Fett	Vollmilch	

Grundzutat	Verbesserungszutat
Aufläufe	Suppen
Puddinge	Saucen
Cremes	Gemüse
Mixgetränke	Strudel
Süße Sulzen	
Teige	

Milchprodukte

▷ **Gesäuerte Milcherzeugnisse, Kondensmilch, Sahneerzeugnisse**

0,3% Fett	Buttermilch
1,5% Fett	fettarmer Joghurt
3,5% Fett	Vollmilchjoghurt
4% Fett	fettarme Kondensmilch
7,5% Fett	normale Kondensmilch
10% Fett	fettreiche Kondensmilch
10% Fett	saure Sahne
15%Fett	Kaffeesahne
30 oder 40% Fett	Crème fraîche (gesäuert)
30% Fett	Schlagsahne (süße Sahne)

Grund- und Verbesserungszutat	Verbesserungszutat und zum Verzieren und Füllen
Suppen	Cremes
Saucen	Kuchen
Salatmarinaden	Torten
Cremes	Kaffee
Süße Sulzen	

▷ **Quark (Frischkäse)**
weniger als 10% Fett i. Tr. (Magerquark)
20% Fett i. Tr.
40% Fett i. Tr. (Sahnequark)

Grund- und Verbesserungszutat
Quarkspeisen süß und salzig
Teige
Kuchen
Grundlage für kalte Saucen und Dips

▷ **Käse in allen Fettstufen**

Grund- und Verbesserungszutat
Käsespeisen
Aufläufe
Saucen
Toasts
Gratins
Zum Bestreuen

Hinweise für die Küchenpraxis

▷ Zum Kochen von Milch Topf mit schwerem Boden verwenden. Vor dem Einfüllen der Milch Topf mit kaltem Wasser ausspülen, um Anbrennen zu verhindern.
▷ Saure Sahne, Schlagsahne und Crème fraîche erst kurz vor dem Servieren an Suppen und Saucen geben, nicht mehr kochen lassen. Besonders saure Sahne flockt leicht aus.
▷ Durch Zugabe von Quark werden Teige lockerer, Fleischteig saftiger.
▷ Nach Möglichkeit fettarme Produkte verwenden (z. B. Magerquark für süße Quarkspeisen, Magerjoghurt für Cremes).
▷ Gesäuerte Milchprodukte werden von Senioren und Kranken meist besser vertragen als frische Milch.
▷ Für Kinder nicht ausschließlich ultrahocherhitzte Milch verwenden, weil die für das Wachstum wichtigen Aminosäuren nicht mehr vollständig sind.

Querschnitt durch ein Getreidekorn

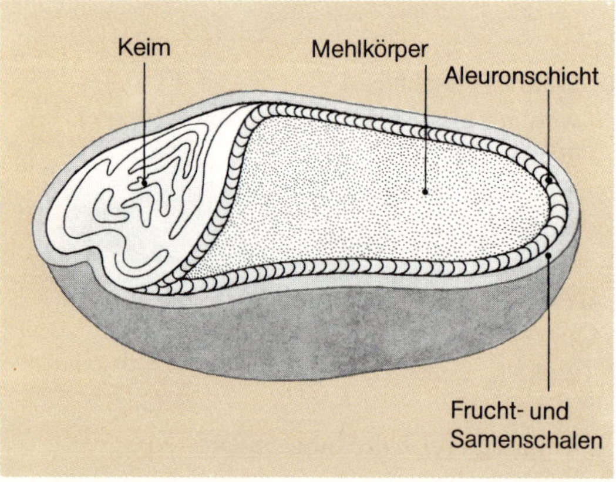

Getreideprodukte

Getreide

Getreide gehört zu den ältesten, kultivierten Nahrungsmitteln, es bildet einen wichtigen Bestandteil der menschlichen Ernährung. Getreideprodukte ist ein Sammelbegriff für sehr viele verschiedene Nahrungsmittel mit vielseitigen Verwendungsmöglichkeiten.
Bei uns verwendete Getreidearten sind Weizen, Roggen, Hafer, Gerste, Reis, Mais, Hirse. Grünkern, auch Dinkelweizen genannt, ist eine besondere Weizenart, die unreif – grün – geerntet wird. Sago, aus dem Mark der Sagopalme oder aus Kartoffelstärke gewonnen, und Buchweizen, Samen einer Knöterichart, werden aufgrund ihrer gleichartigen Verwendbarkeit den Getreideprodukten zugeordnet.
Der Wert der Getreideprodukte liegt im vollen Korn: Keimling und Aleuronschicht enthalten hochwertiges Eiweiß, Fett mit hochungesättigten Fettsäuren, Mineralstoffe (Calcium, Phosphor, Kalium, Natrium, Eisen), Vitamine (Thiamin, B_2 Komplex, E). Frucht- und Samenschale sind Ballaststoffe, die höheren Sättigungswert bieten und die Verdauung fördern. Im Mehlkörper sind nur Stärke und Klebereiweiß enthalten.

Mehle

Mehle in der Ernährung

Mehle werden hauptsächlich aus Weizen und Roggen, aber auch aus Gerste, Hafer und Mais gewonnen. Je nachdem, in welchen Anteilen Keimling, Schale und/oder Aleuronschicht vor dem Vermahlen entfernt werden, spricht man von hohem oder niedrigem Ausmahlungsgrad. Der Ausmahlungsgrad, der in den Mehltypen zum Ausdruck kommt, bestimmt damit auch die Farbe des Mehles. Dunkle Mehle enthalten hohe Kleieanteile, man bezeichnet sie als hoch ausgemahlen, sie haben eine hohe Typennummer. Helle Mehle enthalten geringere Anteile des Korns, man bezeichnet sie als niedrig ausgemahlen, sie haben eine niedrige Typennummer.
Die Mehltype gibt an, wieviel mg Mineralstoffe in 100 g Mehl enthalten sind. Beispiele:

Type 405	Type 1050	Type 2000
Niedriger Ausmahlungsgrad, Verwendung des Mehlkörpers, niedriger Gehalt an Vitaminen und Mineralstoffen.	Hoher Ausmahlungsgrad, höhere Anteile des Korns, höherer Gehalt an Vitaminen und Mineralstoffen.	Höchster Ausmahlungsgrad, Verwendung des ganzen Korns.
Helles Mehl »Auszugsmehl«	**Dunkles Mehl**	**Vollkornmehl**

Backeigenschaften

Die Backfähigkeit von **Weizenmehlen** (in geringerem Umfang auch von Roggenmehlen) wird bestimmt durch die im Mehlkörper enthaltenen Eiweißstoffe (Prolamine, Glutenine), die man *Kleber* nennt. Sie nehmen etwa die dreifache Menge an Wasser auf. Dieser Kleber koaguliert (verklumpt) beim Erhitzen (Backvorgang) und bildet zusammen mit verkleisterter Stärke ein elastisches Gerüst im Gebäck. Die Eiweißstoffe des Weizenmehles sind besonders quellfähig, deshalb für feine Gebäcke Weizenmehl verwenden.

Die Eiweißstoffe des **Roggenmehles** sind weniger quellfähig. Durch Säure wird diese Quellfähigkeit verbessert, deshalb Roggenmehlteige (Brot) mit Sauerteig lockern.

Reis- und Maismehle besitzen keinen Kleber, deshalb nicht verwenden, wenn Teige bzw. Gebäcke elastisch bleiben sollen (Strudelteig, Biskuitroulade).

Hohe Kleberanteile im Mehl bewirken eine Lockerung der Gebäcke und machen Teige besonders elastisch.
Besondere Bedeutung haben diese Eigenschaften bei Teigen, die ohne Teiglockerungsmittel hergestellt werden (Mürbteige), und bei Teigen, die besonders elastisch sein sollen (Strudelteige). Diese Teige brauchen deshalb im Anschluß an die Teigbereitung eine »Ruhezeit«, um den Quellvorgang der Prolamine und Glutenine zu sichern.

Einkauf

Instantmehl – nur aus Weizen – ist ein körniges, vorbehandeltes Mehl, das beim Einrühren in Flüssigkeiten nicht klumpt (muß also auch nicht gesiebt werden).

Stärkemehle (Speisestärke) aus Weizen, Reis und Mais sind die reine Stärke aus dem Mehlkörper des Getreidekorns.

Pudding-, Soßen- und Suppenpulver sind Mischungen aus Stärkemehlen mit Geschmackszutaten (z.B. Schokolade, Vanille), evtl. Farbstoffen, Zucker und Trockenei. Bei den Instantprodukten dieser Art ist die Stärke bereits verkleistert und muß nur noch mit kalter Flüssigkeit quellen.

Kuchenmehle (Backmischungen) enthalten neben Mehl und Stärkemehl Trockenzutaten (z. B. Zukker, Backpulver, geriebene Mandeln oder Nüsse, Sultaninen oder Rosinen, evtl. auch Milch- und Eipulver) und Aromen.

- ▷ Mehle werden verpackt und in verschiedenen Packungsgrößen angeboten.
- ▷ Mehle müssen auf den Packungen gekennzeichnet sein:
  Anschrift des Herstellers oder der Verkaufsfirma,
  Inhaltsangabe (Getreideart und Type),
  Gewicht,
  Preis,
  bei Pudding-, Saucen- und Suppenpulver sowie Kuchenmehlen die Zusätze, z.B. Geschmacks- und Farbstoffe.
- ▷ Die Preise sind nicht gebunden. Preisvergleiche sind lohnend. Sonderangebote bei hellen Mehlen für Vorratskäufe nutzen. Bei stärkerer Behandlung oder Zusätzen (Convenience-Produkte) ist der Preis höher, auch Vollkornmehle sind teurer.

Lagerung

- ▷ Alle Mehle und Mehlprodukte luftig, trocken, am besten in der Verpackung lagern.
- ▷ Helle Mehle sind bis zu 1 Jahr lagerfähig, ebenso Stärkemehle und vorgefertigte Stärkeprodukte.
- ▷ Vollkornmehle möglichst kurzfristig verbrauchen, sie werden bei längerer Lagerzeit aufgrund ihres Fettgehalts leicht ranzig.
- ▷ Bei Kuchenmehlen das Haltbarkeitsdatum beachten.

Verwendung

Weizenmehle Brot, Gebäcke, Teigwaren, Mehlspeisen, Binden von Saucen und Suppen.
Roggenmehle Brot, Gebäck.
Instantmehle Gebäck, Binden von Saucen, Suppen.
Stärkemehle Binden von Cremes, Flammeri, Saucen, Suppen, zum Backen.
Kuchenmehle Zur schnellen Herstellung von Gebäck.
Puddingpulver Flammeris, Cremes.
Soßenpulver Saucen.
Suppenpulver Suppen, evtl. Bindemittel.

Hinweise für die Küchenpraxis

▷ Mehle und Stärkemehle kalt anrühren!
▷ Convenience-Produkte nach Gebrauchsanweisung zubereiten.
▷ Zitronensaft zu Cremes und Saucen immer erst nach dem Kochen zugeben, Obstgrützen nicht zu lange kochen lassen, denn Säure baut die Stärke ab, die Masse wird nicht gebunden.
▷ Vollkornmehle wie helle Mehle verarbeiten, möglichst frisch verwenden, am besten selbst mahlen und sofort verwenden.
▷ Hefeteig aus Vollkornmehl kräftig schlagen, um gute Konsistenz zu erreichen.
▷ Vollkorngebäcke schmecken kräftig und würzig, sie sollten möglichst mit Honig bereitet werden.
▷ Stärkemehl macht Teige feinporig. Vorwiegend geeignet als Zusatz bei Sandteigen und feinen Rührteigen. Biskuitteige werden durch Stärkemehl leicht zu trocken.

Nährmittel

Nährmittel in der Ernährung

Zu den Nährmitteln gehören Reis, Teigwaren, Grieß, Graupen, Grütze, Flocken, Sago.
Sie werden aus verschiedenen Getreidearten hergestellt und unterschiedlich weiterbehandelt.
Sie sind immer kohlenhydratreich. Wie hoch der Anteil an anderen Nährstoffen, Mineralstoffen und Vitaminen ist, ergibt sich aus der Getreideart, dem Ausmahlungsgrad und evtl. Zusätzen.

Einkauf

▷ Nährmittel sind grundsätzlich preiswert. Preisunterschiede entstehen durch verschiedene Bearbeitung, Ausmahlungsgrad, Zusätze und Firmenmarken. Auch bei Nährmitteln Preisvergleiche anstellen und Sonderangebote nutzen!
▷ Alle Nährmittel müssen gekennzeichnet sein: Anschrift von Hersteller oder Verkaufsfirma, Warenart = genaue Bezeichnung, z. B. Hartweizen- oder Kindergrieß als Instantprodukt, gegebenenfalls Zusätze, z. B. Schokolade oder Nüsse bei Zubereitungen (Müsli),
Gewicht,
Preis.

Lagerung

▷ Alle Nährmittel trocken, luftig, in Originalverpackungen lagern.
▷ Es empfiehlt sich, auf Nährmittelpackungen den Einkaufstag zu vermerken. Manche Firmen versehen ihre Produkte mit einem Mindesthaltbarkeitsdatum.
▷ Mindesthaltbarkeit für Grieß, Flocken, Grütze, Graupen ½–1 Jahr, Kindernährmittel und Grieß mit Zusätzen höchstens ½ Jahr.
▷ Nährmittelvorräte von Zeit zu Zeit überprüfen, da sie auch in geschlossenen Packungen von Schädlingen befallen werden können.

Verwendung

	Weizen	
ganz	**geschrotet**	**gemahlen**
Weizenkörner (geschält oder ungeschält)	Grütze (Vollkorn)	Grieß (hell oder als Vollkorn)
↓	↓	↓
Aufläufe Suppen Brotzutat	Brei Flammeri Aufläufe Suppen Eintöpfe Müsli	Brei Flammeri Aufläufe Suppen Suppeneinlagen Süßspeisen Knödel (Klöße) Teigwaren

Hafer

gemahlen	geschrotet	gequetscht
Hafermehl	Grütze	Haferflocken (unterschiedlich fein)
↓	↓	↓
Suppen Haferschleim Gebäck	Brei Aufläufe Müsli	Müsli Brei Süßspeisen Suppen

Gerste

ganz	geschrotet
(geschält, geschliffen)	
Graupen/ Rollgerste ↘	↙ Grütze

→ Brei, Suppen, Eintöpfe, Aufläufe

Mais

gemahlen	gequetscht und behandelt
Maisgrieß (Polenta)	Maisflocken (Cornflakes)
↓	↓
Brei Flammeri Aufläufe Suppen Suppeneinlagen Knödel (Klöße)	roh mit Milch, evtl. Zucker und Früchten Gebäck Süßspeisen

Grünkern
(aus Dinkelweizen)

gemahlen	geschrotet
Mehl Grieß ↘	↙ Grütze

→ Suppen, Brei, Aufläufe

Buchweizen
(Heidekorn)

ganz	geschrotet	gemahlen
Körner (geschält oder ungeschält)	Grütze	Mehl (Heidenmehl)
↓	↓	↓
Beilage Suppen Eintöpfe Aufläufe	Brei Aufläufe	Pfannkuchen Suppen Gebäck

Sago

echt aus dem Mark der Sagopalme ↘	↙ Kartoffelsago aus Kartoffelstärke

→ Suppen, Süßspeisen, Aufläufe

Hirse

Beilagen
Selbständige Gerichte
Brei
Flammeri
Aufläufe

Hinweise für die Küchenpraxis

- ▷ Feinkörnige Nährmittel (Grieß, Haferflocken, Grützen) in die kochende Flüssigkeit einstreuen.
- ▷ Grobkörnige Nährmittel (Graupen, Buchweizen) kalt zusetzen, ausquellen lassen.
- ▷ Ganze Körner für Aufläufe am Abend vorher kalt einweichen. Einweichwasser zum Garen verwenden.
- ▷ Nährmittel lassen sich süß und pikant in vielen verschiedenen Variationen zubereiten. Als Vollkornprodukt sättigen sie anhaltender und schmecken kräftiger.
- ▷ Vorbehandelter Grieß spart Zeit. Genau nach Anweisung zubereiten.
- ▷ Die meisten Fertiggerichte mit Nährmitteln können eingefroren werden.

Gelatine

Gelatine in der Ernährung

Die Gelatine, Binde- oder Steifmittel aller Sulzen, Gelees, Aspiken und rohgerührten Cremes, ist ein reines Naturprodukt. Sie besteht aus dem Leimstoff Kollagen und ist den Eiweißstoffen zuzuordnen. Gelatine wird hergestellt aus Knorpeln, Sehnen, Knochen und Hautteilen junger Schlachttiere, deren Füße und Schwarten diese quellungsfähigen Leimstoffe in hohem Maße enthalten. Die Fähigkeit der Kollagene, sich in feuchter Hitze zu lösen und beim Erstarren unter Kälteeinwirkung bestimmte Mengen an Flüssigkeit zu binden, wird bei der Verwendung von Gelatine in der Küche genutzt.
Gelatine ist arm an Kalorien, leicht verdaulich, geschmacksneutral und sättigend, ohne zu belasten. Diese Eigenschaften erklären ihre vielseitige Verwendbarkeit.

Einkauf

Folgende Arten von Gelatine sind im Handel:
Aspikpulver Gemahlene, gewürzte Gelatine für die Zubereitung pikanter Sulzen.
Blattgelatine Geschmacksneutral, farblos oder rot, für vorwiegend süße Zubereitungen von Sulzen, Gelees und Cremes.
Gemahlene Gelatine Geschmacksneutral, wie Blattgelatine (1 Päckchen entspricht 6 Blatt Gelatine).

Lagerung

Trocken, am besten in luftdichten Dosen oder Behältern aufbewahren. Kunststoffleime, die zur Herstellung von Küchenmöbeln und Schrankinnenräumen verwendet werden, können die Haltbarkeit und damit die Quell- und Bindefähigkeit beeinträchtigen.

Verwendung

Mehl und Stärkemehl können durch Gelatine ersetzt werden bei Süßspeisen und Obsttorten. Pikante Sulzen und Aspiken mit magerem Fleisch und frischem, blanchiertem Gemüse ersetzen die Wurst mit versteckten Fetten und Bindemittel. Deshalb gibt es in der Diät und Krankenkost für Gelatine keinen Ersatz.

Da Gelatine selbst geschmacksneutral ist, kommen geschmackgebende Zutaten zur Anwendung. Das sind bei
Aspiken und pikanten Sulzen Abgeschmeckte Brühen von Fleisch und Fisch, gewürzt mit Salz, Pfeffer, Weiß- und Rotwein, Madeira, Sherry und Würzsaucen, die den »klaren« Charakter von Aspik und Sulze nicht verändern, sondern vorteilhaft zur Geltung bringen.
Gelees (süße Zubereitungen ohne Milch und ohne Eier) Obstsäfte, Weiß- und Rotwein, Rum, Arrak, Zitrone (geriebene Schale und Saft), Zucker, Fruchtfleisch beliebiger Früchte (frisch oder als Konserve).
Süßen Sulzen (Zubereitung mit Milch ohne Eier) Art der Milch (z.B. Sauer-, Buttermilch, Frischmilch), Zucker, Sahne, Vanille, Zitrone, Rum, Arrak, beliebige Früchte (Beeren-, Stein- und Kernobst, roh oder konserviert).
Cremes (Zubereitung mit Eiern und/oder Milch, Sahne) Weißwein, Rum, Arrak, Vanille, Zitrone, Schokolade, Mokka, Nüsse, Karamel.

Die einfachste Art, Gelatine selbst herzustellen, ist das lange Auskochen leimhaltiger Kalbs- und Schweineknochen bzw. deren Füße und Kopfteile und der Schweineschwarten. Diese Methode ist für die Zubereitung pikanter Sulzen bis heute üblich und empfehlenswert.

Kalt einweichen, quellen lassen — ausdrücken — heiß auflösen

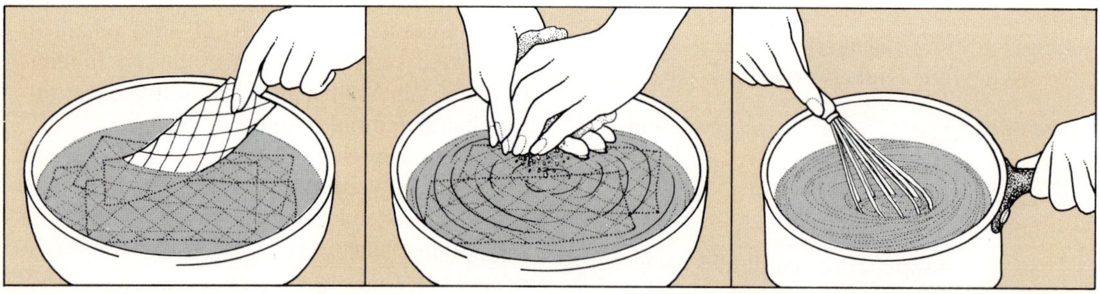

Hinweise für die Küchenpraxis

- ▷ Mengenangaben auf Packungen und von Rezepten beachten.
- ▷ Gelatine in kalter Flüssigkeit quellen lassen, in heißer Flüssigkeit, im Wasserbad oder auf kleiner Hitze lösen.
- ▷ Gelatine nicht kochen lassen.
- ▷ Warme Gelatine nie mit kalter, sondern mit temperierter Flüssigkeit mischen, an kühlem Ort erstarren lassen.
- ▷ Bei Aspiken und Speisen, die gestürzt werden, bei hohem Fruchtsäuregehalt von Speisen oder wenn das Steifen rasch erfolgen soll, Gelatinezugabe erhöhen. Z.B. 8–10 Blatt statt 6 Blatt Gelatine pro ½ l Flüssigkeit. Diese Flüssigkeiten besonders gut abschmecken, da der geschmacksneutrale Gelatineanteil sehr hoch ist.
- ▷ Einlagen von festen Bestandteilen (z. B. Schinken, Wurst, Fleisch, Gemüse, Früchte), Eischnee und geschlagene Sahne erst zugeben, wenn die erstarrende Flüssigkeit deutlich stockt, damit diese Zutaten sich in der Flüssigkeit halten können, anstatt sich abzusetzen.
  Bei Versäumen des genauen Zeitpunkts für die Zugabe von Eischnee, geschlagener Sahne, Früchten, Gemüsen, Kräutern, Ei, Fleisch usw., die Masse im Wasserbad nochmals erwärmen, durchrühren, wieder erkalten lassen. Den »richtigen« Zustand von neuem abwarten.
- ▷ Garnierungen mit Früchten, geschlagener Sahne bei Cremes, mit Kräutern und Würzmitteln (Kapern, Oliven) bei Aspiken erst anbringen, wenn die Masse völlig steif geworden ist.
- ▷ **Mengenberechnung**
  Aspiken und Sulzen 8 Blatt Gelatine auf ½ l Flüssigkeit.
  Wenn es ganz rasch gehen oder die Speise gestürzt werden soll, 10 Blatt Gelatine auf ½ l Flüssigkeit.
  Gelees in der Schüssel 6 Blatt Gelatine auf ½ l Flüssigkeit.
  Gelees gestürzt 8 Blatt Gelatine auf ½ l Flüssigkeit.
  Cremes 6 Blatt Gelatine auf ½ l Flüssigkeit.

Hülsenfrüchte

Hülsenfrüchte in der Ernährung

Unter Hülsenfrüchten versteht man die reifen, getrockneten Samen von Bohnen, Erbsen und Linsen. Der Eiweißgehalt von Hülsenfrüchten ist sehr hoch. Dieses Eiweiß ist zwar biologisch nicht so wertvoll wie tierisches in Milch, Fleisch oder Eiern, kann dieses aber sehr gut ergänzen. Der hohe Stärkegehalt der Hülsenfrüchte bewirkt den Sättigungswert. Die Ballaststoffe aus den Samenschalen wirken ebenfalls sättigend und verdauungsanregend, können aber bei älteren und empfindlichen Menschen auch blähende Wirkung haben.
Auch Sojabohnen gehören zu den Hülsenfrüchten. Sie enthalten aber Öl anstelle von Stärke. Das Sojaeiweiß ist dem Eiweiß in Fleisch nahezu ebenbürtig.

Einkauf

- ▷ Hülsenfrüchte sind preiswert und überall im Handel erhältlich. Bei zunehmender Bearbeitung (geschält, gemahlen) steigt der Preis. Preisvergleiche sind lohnend.
- ▷ Hülsenfrüchte sind immer verpackt und müssen mit folgenden Angaben versehen sein:
  Inhalt (Warenart, z.B. Erbsen geschält und Füllmenge in kg),
  Preis,
  Name und Anschrift der Firma, die das Produkt anbietet.
- ▷ Das Hülsenfruchtangebot ist vielseitig:
  Erbsen Verschiedene Größen, geschält oder ungeschält, grün oder gelb.
  Bohnen Verschiedene Größen und Formen, weiß oder bunt.
  Linsen Verschiedene Größen, geschält oder ungeschält.
  Sojabohnen Aus den Sojabohnen werden das Sojaöl (feines Speiseöl) gewonnen und milch-, käse- und mehlähnliche Nahrungsmittel hergestellt.
  Erbswurst Gemahlenes Erbsmehl mit verschiedenen Geschmackszutaten, in Wurstform gepreßt und abgepackt.
- ▷ Gegarte Hülsenfrüchte und Fertiggerichte als Vollkonserven werden sehr vielfältig angeboten und können zur Ergänzung einer Mahlzeit oder als Eintopf verwendet werden.

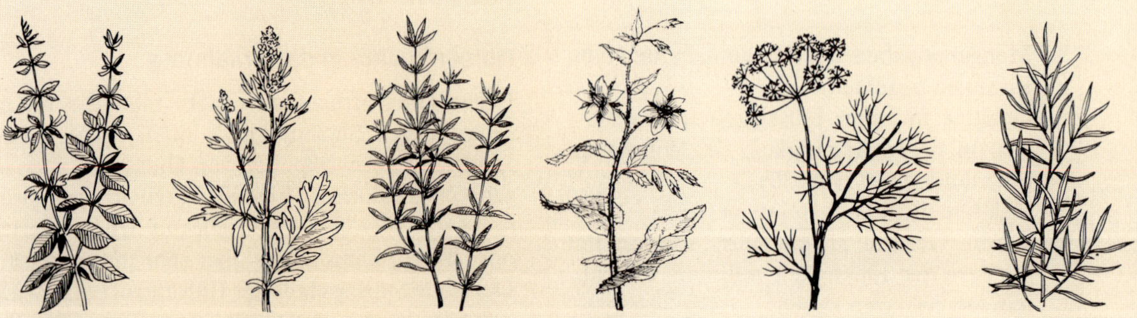

Basilikum Beifuß Bohnenkraut Borretsch Dill Estragon

Lagerung

Für die Lagerung der Hülsenfrüchte gelten die gleichen Grundsätze wie für die Lagerung der Nährmittel.

Verwendung

- ▷ Getrocknete Erbsen, Bohnen und Linsen für Suppen, Eintöpfe und Pürees.
- ▷ Erntefrische, konservierte oder Tiefkühl-Hülsenfrüchte als Gemüse, für Salate, Suppen und Pürees.
- ▷ Sojabohnen als Grundlage für Würzsaucen, auch als Gemüse.
- ▷ Sojakeime als Salat oder Gemüsebeilage.
- ▷ Sojamehl in der Vollwertbäckerei für Kuchen.

Hinweise für die Küchenpraxis

- ▷ Trockene Hülsenfrüchte einige Stunden vor dem Kochen oder über Nacht kalt einweichen (Stärke quillt) und mit dem Einweichwasser kalt zusetzen (Verkürzung der Garzeit).
- ▷ Essig erst zum Schluß an Hülsenfruchtgerichte geben, er verlängert die Garzeit.
- ▷ Hülsenfruchtmehle immer kalt anrühren, sie bilden sonst Klumpen.
- ▷ Hülsenfrüchte mit Milch und Kartoffeln aufwerten (hochwertiges Eiweiß).

Kräuter und Gewürze

Würzen in der Ernährung

Gewürze und Würzmittel erhöhen nicht nur den Genuß von Speisen, sondern sie haben wichtige physiologische Aufgaben.

- ▷ Würzmittel sind funktionsfördernde Wirkstoffe: Sie fördern den Genußwert der Speisen, regen zur Bildung von mehr Verdauungssäften an, fördern die Bekömmlichkeit und die bessere Ausnutzung der Speisen.
- ▷ Frische Kräuter liefern neben den Geschmacksstoffen Vitamine und Mineralstoffe.
- ▷ Verschiedene Würzmittel haben zugleich organische Wirkung. Z. B. Kümmel und Fenchel verhindern Blähungen, Knoblauch entschlackt, Koriander regt den Gallenfluß an, Rosmarin, Beifuß, Majoran machen fette Speisen leichter verdaulich.

Man teilt die Würzmittel ein in

- ▷ **Kräuter**
  Frisch, gefroren, getrocknet.
- ▷ **Trockengewürze**
  Ganze oder gemahlene Pflanzenteile.
- ▷ **Sonstige Würzmittel**
  Salz, Essig, Senf, Saucen, Aromen usw.
- ▷ **Geschmackgebende Zutaten**
  Zwiebeln, Kapern, Pilze usw.

Kräuter

Kräuter-ABC

Basilikum
Verwendung Fleisch, Fisch, Gemüse, Saucen, Kräuteressig, Nudel- und Hackfleischgerichte.

Kerbel Kresse Liebstöckel Majoran Oreganum Petersilie

Besonderheiten Kräftiges Aroma, sehr vielseitig zu verwenden, frisch besonders aromatisch.

Beifuß
Verwendung Fette Fleischgerichte, Schmalz, Beizen, Brühen.
Besonderheiten Fördert die Verdaulichkeit besonders fetter Braten, leicht bitterer Geschmack.

Bohnenkraut
Verwendung Fleisch, Bohnen, Hülsenfrüchte, Gemüsesuppen.
Besonderheiten Sparsam verwenden, Stengel nach dem Garen entfernen.

Borretsch, Gurkenkraut
Verwendung Fleisch, Fisch, Salate, Kräutersaucen.
Besonderheiten Kräftiges Aroma, sparsam und nur frisch oder gefroren verwenden.

Dill
Verwendung Frische Salate, Suppen, Saucen, Fisch, Kräuteressig und -butter, Quark, Gemüse, Essigkonserven, Garnitur.
Besonderheiten Schmeckt frisch und gefroren sehr viel besser als getrocknet, kann reichlich verwendet werden, möglichst nicht mitkochen.

Estragon
Verwendung Marinaden, Kräuteressig und -butter, Essigkonserven, Suppen, Saucen, Senf, Fleisch, Fisch, Kräutermischungen.
Besonderheiten Kräftiges Aroma, sparsam verwenden.

Kerbel
Verwendung Fleisch, Suppen, Saucen, Fisch, Gemüse, Salate.
Besonderheiten Nur frisch oder gefroren verwenden.

Kresse
Verwendung Suppen, kalte Kräutersaucen, Kräuterbutter, in Salaten, als selbständiger Salat.
Besonderheiten Geschmack etwas rettichartig scharf, nur frisch verwenden, Vitaminspender im Winter und frühen Frühjahr, besonders geeignet für Salatmischungen.

Liebstöckel, Maggikraut
Verwendung Brühen aller Art, Fleisch, Eintöpfe, Gemüse, Kräutersaucen.
Besonderheiten Intensives Aroma, sparsam verwenden.

Majoran
Verwendung Wurstgewürz, Kartoffel-, Leber- und Hackfleischgerichte, Knödel, Schmalz.
Besonderheiten Wird meist getrocknet verwendet, frisch besonders kräftig im Aroma.

Oreganum, Wilder Majoran
Verwendung Fleisch, Tomatengerichte, Pizza, Nudelgerichte, Gemüseeintöpfe, Fisch.
Besonderheiten Sehr würzig, verleiht den typisch italienischen Geschmack, wird bei uns nur getrocknet angeboten.

Petersilie
Verwendung Suppen und Brühen, Fleisch, Fisch, Eier-, Kartoffel-, Gemüsegerichte, Kräuterbutter, Saucen, Hackfleischgerichte, Garnierung, Knödel.
Besonderheiten Petersilie gibt es in glatter und krauser Form, glatt stärkeres Aroma, kraus hübscheres Aussehen. Schmeckt frisch oder gefroren unvergleichlich besser als getrocknet.

Pfefferminze, Minze
Verwendung Lamm- und Hammelgerichte, Saucen, Salate, Obstsalate, getrocknet als Tee.

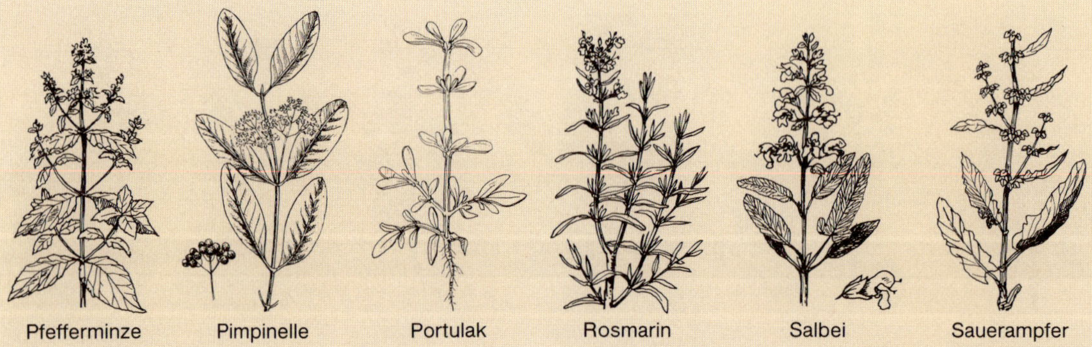

Besonderheiten Frischer, aromatischer Geschmack, besonders in der angelsächsischen Küche gebräuchlich.

Pimpinelle
Verwendung Salate, Saucen, Fischgerichte, Kräuterbutter und -essig, Beizen, Garnierung.
Besonderheiten Nur frisch oder gefroren verwenden.

Portulak
Verwendung Blattsalate, Saucen, Kräuterbutter.
Besonderheiten Nur frisch oder gefroren verwenden.

Rosmarin
Verwendung Fleisch, besonders Wild, Fisch, Gemüse-, Kartoffel-, Hackfleischgerichte, Kräutermischungen.
Besonderheiten Sehr aromatisch, wird frisch und getrocknet (gerebelt, gemahlen) angeboten.

Salbei
Verwendung Kalbfleisch, Leber, Hammel, Saucen.
Besonderheiten Frische Salbeiblätter nur trokken abreiben, verlieren durch Waschen viel Aroma. Auch gerebelt oder gemahlen sehr würzig.

Sauerampfer
Verwendung Salate, Saucen, selbständig als Salat, Gemüse, Suppe.
Besonderheiten Nur frisch oder gefroren verwenden, etwas herb (Oxalsäure).

Schnittlauch
Verwendung Salate, Brühen, Suppen, Kräutersaucen und -butter, Eier- und Kartoffelgerichte, Quark.
Besonderheiten Frisch oder gefroren verwenden, verliert getrocknet sehr an Aroma.

Sellerieblätter
Verwendung Brühen, Eintöpfe, gedünstetes Fleisch.
Besonderheiten Sehr kräftiger Geschmack, schmeckt leicht vor.

Thymian
Verwendung Fleisch, Innereien, Gemüse-, Kartoffel-, Hackfleischgerichte, Kräutermischungen, gebratenem Fisch.
Besonderheiten Besonders getrocknet sehr kräftiges Aroma, sparsam dosieren.

Tripmadam
Verwendung Rohkostsalate, Kräuteressig.
Besonderheiten Nur frisch verwenden.

Zitronenmelisse
Verwendung Salate, Saucen, Quark, Kräuteressig, getrocknet auch als Tee.
Besonderheiten Zitronenaroma, wird oft zusammen mit Pfefferminze verwendet.

Kräutermischungen

Aus verschiedenen Kräutern werden Mischungen in vielen Variationen angeboten, manchmal auch kombiniert mit Gewürzen. Bekannt sind z. B. getrocknete Salatkräuter, Kräuter der Provence usw.

Fast alle Kräuter verändern durch Trocknen ihr Aroma. Frische oder gefrorene Kräuter sind aromatischer und liefern zusätzlich Vitamine. Im Winter sind frische Kräuter schwer zu bekommen und teuer, man kann sie aber sehr gut selbst einfrieren. Für frische Salate immer mehrere Kräuter verwenden, dafür lieber mit Salz sparen.

Schnittlauch Sellerieblätter Thymian Tripmadam Zitronenmelisse

Einfrieren von Kräutern

- ▷ Kräuter können – auch im Gefrierfach des Kühlschrankes (3 Sterne) – sehr gut eingefroren werden.
- ▷ Je frischer die Kräuter zum Einfrieren sind, um so besser.
- ▷ Am günstigsten läßt man Kräuter nach dem Waschen auf Küchenkrepp oder sauberem Tuch etwas abtrocknen, schneidet sie dann fein und friert in leicht zu öffnenden Behältern ein (käufliche Dosen, Margarinebecher oder Frischkäsebecher mit Deckel) oder portionsweise in Folie.
- ▷ Beschriften nicht vergessen, in gefrorenem Zustand sind die Kräuter nicht zu unterscheiden!
- ▷ Bei Bedarf die nötige Menge entnehmen und den Behälter sofort wieder verschließen und zurückstellen.
- ▷ Mischungen können auch vor dem Gefrieren zusammengestellt und eingefroren werden, z.B. Salatkräuter, Kräuter für Kräuterbutter oder grüne Saucen. *Mischungsvorschlag für Salatkräuter:* Schnittlauch, Dill, Estragon, Borretsch, Sauerampfer, Zitronenmelisse, Pimpinelle oder Portulak.
- ▷ Petersilie wird in größeren Mengen benötigt. Arbeitssparend ist folgende Methode: Nach dem Abtrocknen Petersilienblätter abzupfen, locker in Gefrierbeutel füllen und in das Gefriergerät legen. Nach 2–3 Tagen herausnehmen, im Beutel schnell zerdrücken und jetzt erst in Becher füllen. Evtl. vor dem Umfüllen noch einmal kurz anfrieren lassen.
- ▷ Schnittlauch (oder Petersilie) für Suppen kann auch, fein geschnitten in die Eiswürfelschale gefüllt und mit etwas Brühe aufgegossen, gefroren werden. Nach dem Erstarren die entstandenen Würfel in Beutel füllen. Bei Bedarf jeweils einen oder mehrere Würfel entnehmen.
- ▷ Sellerieblätter und Liebstöckel ganz in Dosen oder Beuteln einfrieren. Die einzelnen Blätter können dann nach Bedarf entnommen werden.

Einkauf und Lagerung von Trockenkräutern

- ▷ Nicht zu große Mengen kaufen, das Aroma läßt nach.
- ▷ In gut verschlossenen Dosen oder Gläsern aufbewahren. Trockenkräuter sollten nicht länger als 1 Jahr aufbewahrt werden.
- ▷ Helle Gläser in einen geschlossenen Schrank stellen, das Licht verändert Farbe und Geschmack.
- ▷ Dosen beschriften, um unnötiges Öffnen zu vermeiden.

Trockengewürze

Trockengewürze sind ganze oder gemahlene, getrocknete Pflanzenteile.

Trockengewürze-ABC

Anis

Verwendete Teile Samen eines Doldengewächses.

Verwendung Brot und Gebäck, Kompotte und Getränke.

Besonderheiten Intensiver, süßlicher Geschmack. Anis kann ganz (Brot) oder gemahlen verwendet werden, verliert gemahlen rasch seine Würzkraft.

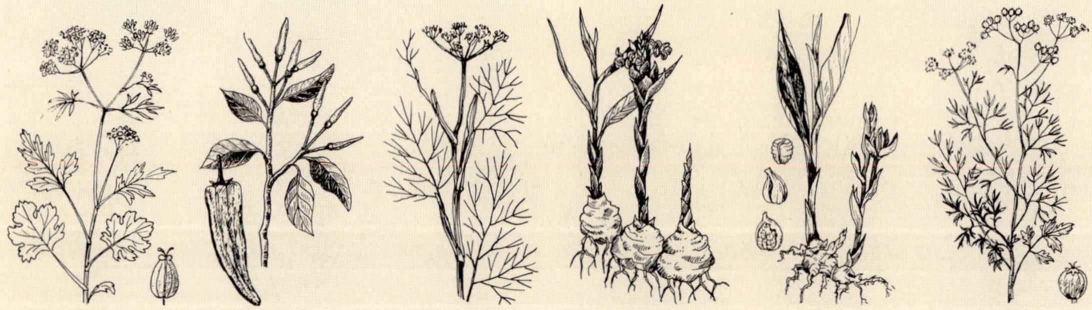

Cayennepfeffer (Chili)
Verwendete Teile Getrocknete und gemahlene Schoten der Chilipflanze.
Verwendung Saucen, Wurst, Gemüse-, Fleisch-, Eier-, Fischgerichte, Grundtock für Tabasco-Sauce.
Besonderheiten Außerordentlich scharf, vorsichtig dosieren.

Fenchel
Verwendete Teile Samen eines Doldengewächses.
Verwendung Brot, Gebäck, zum Einmachen, Tee.
Besonderheiten Süßlicher, leicht brennender Geschmack. Fencheltee wirkt beruhigend bei Verdauungsstörungen (Säuglinge). Oft zusammen mit oder ähnlich verwendet wie Anis, Kümmel und Koriander.

Ingwer
Verwendete Teile Verschieden große, geschälte, getrocknete Knollen der Ingwer-Pflanze.
Verwendung Fein gemahlen als Wurst- und Backgewürz, zum Einmachen (Marmeladen und süßsaure Früchte), kandiert als Konfekt.
Besonderheiten Scharfer, eigenartiger Geschmack.

Kardamom
Verwendete Teile Fruchtkapsel mit Samen. Unterschied zwischen reiner Kardamomsaat – kräftiger – und Kardamom mit Schale gemahlen – heller.
Verwendung Hauptsächlich für würziges Weihnachtsgebäck und Kuchen, Bestandteil von Gewürzmischungen.
Besonderheiten Scharfes, würziges, kräftiges Aroma.

Koriander
Verwendete Teile Kugelige Früchte eines Doldengewächses.
Verwendung Typisches Brotgewürz, ganz oder gemahlen, außerdem zum Würzen von Wurst, Eingemachtem und Gebäck.
Besonderheiten Macht fette Wurst und frisches Brot leichter verdaulich.

Kümmel
Verwendete Teile Zugespitzte, schmale Früchte eines Doldengewächses.
Verwendung Brot, salziges Gebäck, Schweinebraten, Kohlgemüse, Kartoffelgerichte, Käse, fein gemahlen auch für Wurst und Fleischteige, Getränke (Kümmelschnaps).
Besonderheiten Trägt zur Bekömmlichkeit von Speisen bei, kann als Tee verwendet werden.

Lorbeer
Verwendete Teile Junge, getrocknete Blätter des Lorbeerbaumes.
Verwendung Brühen, Beizen, Fleisch- und Fischgerichte, Essigkonserven, Marinaden, manche Gemüse, Eintopfgerichte.
Besonderheiten Sehr kräftiger, leicht bitterer Geschmack, vorsichtig dosieren, nach dem Mitkochen entfernen. Beim Einkauf auf grüne Farbe der Blätter achten.

Muskat
Verwendete Teile Fleischige Steinfrüchte des Muskatbaumes, Samenkern = Muskatnuß, Samenmantel = Muskatblüte = Macis.
Verwendung Muskatnuß für Suppen und Suppeneinlagen, Reisgerichte, Kartoffelgerichte, einige Gemüse und Saucen. Muskatblüte (Macis) für feine Gebäcke, Lebkuchen, einige Fleisch- und Wurstwaren.

Besonderheiten Muskatnüsse sind gegen Insektenfraß mit Kalkmilch behandelt (weißer Belag). Gemahlen gekauft, verliert Muskatnuß schnell an Aroma. Kräftiger Geruch und Geschmack, vorsichtig würzen.

Nelken
Verwendete Teile Getrocknete Blütenknospen des Gewürznelkenbaumes.
Verwendung Ganze Nelken für Kompotte, Punsch, süßsaure Konserven, manche Gemüse, Marinaden. Gemahlene Nelken für würziges Weihnachtsgebäck und Kuchen.
Besonderheiten Brennend-kräftiger Geschmack, der Würzwert hängt von der kleinen, runden Knospe ab (soll sich eindrücken lassen).

Paprika
Verwendete Teile Früchte und Samen der Paprikapflanze, ganz oder teilweise getrocknet und gemahlen. Die Schärfe hängt von der Sorte und von den verwendeten Teilen ab. Sorten:
Delikateß-Paprika ist wenig scharf, sehr fein gemahlen, feurigrot.
Edelsüß-Paprika ist mildwürzig, grober gemahlen, etwas dunkler gefärbt.
Rosenpaprika ist mittelscharf, dunkelrot.
Bei billigen Sorten hoher Anteil an Samen – sehr scharf.
Verwendung Fleisch-, Fisch-, Gemüsegerichte, salzige Gebäcke, Speck (Paprikaspeck).
Besonderheiten Dosierung nach Schärfe verschieden, in heißem Fett nur kurz aufschäumen lassen, wird sonst bitter und verliert an Farbe.

Pfeffer
Verwendete Teile Unreife oder reife getrocknete Samen der Pfefferpflanze, ganz oder gemahlen verwendet. Arten:
Schwarzer Pfeffer ist scharf und aus unreifen Samen hergestellt.
Weißer Pfeffer ist milder, hat volles Aroma, ist aus reifen Samen hergestellt.
Grüner Pfeffer ist sehr aromatisch, meist in Essig eingelegt.
Verwendung Suppen, Saucen, Fleisch-, Fisch-, Kartoffel-, Eiergerichte, Gemüse, Salate. Ganze Körner für Sud, Beizen.
Besonderheiten Frisch gemahlener Pfeffer (Pfeffermühle) ist sehr viel aromatischer als gemahlen gekaufter.

Piment – Gewürzkörner – Nelkenpfeffer – Neugewürz
Verwendete Teile Unreife, getrocknete Beeren des Nelkenpfefferbaumes.
Verwendung Ganze Körner für Beizen, Sud, Brühen. Gemahlen für würziges Gebäck.
Besonderheiten Feiner, würziger Geschmack, häufig Bestandteil von Gewürzmischungen.

Safran
Verwendete Teile Gelbe Blütennarben einer Krokusart.
Verwendung Reisgerichte, Geflügel, Fisch, Gebäck, Süßspeisen.
Besonderheiten Durch die mühsame Gewinnung ist Safran sehr teuer. Sparsam dosieren, starke Färbkraft.

Senfkörner
Verwendete Teile Gelbliche Samenkörner der Senfpflanze.
Verwendung Marinaden, Saucen, Gurken, Wurst, Fleisch- und Fischgerichte. Gemahlen als Grundlage für die Herstellung von Speisesenf.
Besonderheiten Scharf aromatisch, verdauungsanregend.

Vanille
Verwendete Teile Fermentierte Kapselfrüchte (Schoten) einer Orchidee, als Vanilleschote oder Vanillestange bezeichnet. Verwendete Teile sind die Schote im ganzen und/oder das herausgeschabte Vanillemark.
Verwendung Süße Suppen, Saucen, Süßspeisen, Cremes, Kompott, Gebäcke.
Besonderheiten Vanillestangen vor der Verwendung leicht klopfen und aufschlitzen, der kalten Flüssigkeit zusetzen, nach dem Mitkochen herausnehmen. Verwendete, wieder getrocknete oder auch frische Vanilleschoten können in Zukker eingelegt werden. Nach ca. 3 Wochen hat der Zucker das Aroma angenommen = echter Vanillezucker.
Gute Vanilleschoten sehen voll und ölig aus, runzlige Schoten haben wenig Aroma.

Wacholder
Verwendete Teile Scheinbeeren des immergrünen Wacholderstrauches.
Verwendung Marinaden für Fleisch, Wild, Fisch, Sauerkraut, Bestandteil von Gewürzmischungen, zum Konservieren, für Schnäpse.
Besonderheiten Die Beeren sollen groß, gleichmäßig und nicht eingeschrumpft sein. Sie können zum Würzen auch leicht zerdrückt werden.

Zimt, Kaneel
Verwendete Teile Getrocknete Rindenstücke des Zimtlorbeerbaumes ganz (Zimtstangen) oder gemahlen.
Verwendung Gemahlen für würziges Gebäck, mit Zucker vermischt zum Überstreuen von Süßspeisen. Zimtstange zum Mitkochen bei Saucen, süßen Obstspeisen, süßsauren Essigkonserven, zum Würzen von Punsch und Glühwein.
Besonderheiten Feinaromatische Würzkraft.

Gewürzmischungen

Gewürzmischungen sind fast immer nach ihrer Verwendung bezeichnet. Es sind oft Mischungen aus Trockengewürzen und getrockneten Kräutern. Beispiele:
Gurkengewürz Mischung aus Nelken, Pfefferkörnern, Ingwer, Lorbeerblättern, Dill, Estragon.
Lebkuchengewürz Mischung aus Zimt, Nelken, Piment, Macis, evtl. noch Anis oder Koriander.
Wurstgewürze Mischung aus Majoran, Pfeffer, Thymian, Piment, Kardamom, Muskat usw.
Curry Mischung aus mehreren fein gemahlenen Gewürzen. Im allgemeinen enthält es Ingwer, Koriander, Kardamom, Muskatblüte, Nelken, Pfeffer, Piment und Kurkuma, von dem die gelbe Farbe des Currypulvers kommt.
Verwendung Reisgerichte, Fleisch-, Fisch-, Geflügelgerichte, Saucen, Dips.

Gewürzmischungen können ergänzt werden durch weitere Kräuter oder Gewürze, um individuelles Würzen zu erreichen.

Einkauf und Lagerung von Trockengewürzen

- ▷ Alle Trockengewürze verlieren gemahlen rasch an Aroma. Soweit wie möglich ganz kaufen und bei Bedarf selbst mahlen oder reiben (Pfeffer, Muskatnuß usw.).
- ▷ Nicht zu große Gewürzvorräte kaufen.
- ▷ Nie mehrere Gewürzarten in einer Dose zusammen aufbewahren (nehmen voneinander Geschmack und Geruch an).
- ▷ Gemüse in Dosen oder Gläser mit gut schließendem Deckel füllen.
- ▷ Gewürzgläser in geschlossenem Schrank lagern. Licht schadet Farbe und Aroma.

Sonstige Würzmittel

Salz

Siede- oder Steinsalz (normales Salz) ist das bekannteste Würzmittel. 2–3 g täglich sind lebensnotwendig (in den gebräuchlichen Nahrungsmitteln bereits enthalten). Im Übermaß genossen, bewirkt Salz durch Natriumgehalt hohen Blutdruck und bindet Wasser im Körper. Salz sollte deshalb vorsichtig dosiert werden – »Salz wie ein Geizhals«. Außerdem ist es Konservierungsmittel. Jodiertes Salz enthält eine gesetzlich festgelegte Menge an Jod. Meersalz, aus Meerwasser gewonnen, hat einen hohen Gehalt an verschiedenen Mineralstoffen.

Säuren

Zitronen-, Apfel-, Weinsäure.

Essig

Essig wird in vielen verschiedenen Varianten angeboten:

Branntwein-Essig = Tafelessig hat einen ausgeprägt sauren, frischen Geschmack, ist der meistverwendete Essig.

Weinessig aus Rotwein ist besonders geeignet für rohe Blattsalate. Die milde Säure übertönt keinen Eigengeschmack, sie hebt ihn hervor.

Weinessig aus Weißwein ist saurer und härter im Geschmack, gut für Fleisch- und Wurstsalat sowie zum Konservieren und für Beizen.

Obstessig oder Apfelessig wird aus Apfelwein gewonnen. Fruchtig-säuerlicher Geschmack, für alle Salate und Saucen geeignet.

Sherry-Essig = »Feinkostessig« hat ein besonders feines Aroma, für feine Salate geeignet.

Essigessenz wird mit Wasser verdünnt zu »Essenzessig« mit verschieden hohen Säuregraden (z. B. 5% oder 10%). Bei mehr als 11% Säure muß der Hinweis »Vorsicht, nicht unverdünnt genießen« aufgedruckt sein.

Außerdem gibt es Essig in verschiedenen Mischungen, z. B. aus Weinessig und Brantweinessig oder Essig mit Zusätzen, z. B. Zitrone oder Kräutern.

Kräuteressig kann auch sehr leicht selbst hergestellt werden, wenn Kräuterzweiglein (z. B. Estragon, Dill, Zitronenmelisse) in eine Flasche mit Wein oder Obstessig gesteckt werden. Nach ca. 3 Wochen hat sich das Kräuteraroma auf Essig übertragen. Verschiedene Dressings, die es fertig in verschiedenen Geschmacksrichtungen zu kaufen gibt, erleichtern die Arbeit, ermöglichen aber keine individuelle Salatküche.

Kennzeichnung von Essig Auf jeder Essigflasche müssen die genaue Produktbezeichnung (z. B. Reiner Weinessig), der Säuregrad (z. B. 6%), die Füllmenge und der Hersteller angegeben sein.

Fertigsaucen, Würzsaucen

Tomatenketchup Gewürztes Tomatenmark ohne Haut und Kerne unter Zusatz von Zwiebeln, Knoblauch, Essig, Salz, Zucker und verschiedenen Gewürzen.

Verwendung Zu gegrilltem und gekochtem Fleisch, als Würze für Fleisch-, Fisch- und Nudelspeisen.

Tomaten-Chutney Besonders kräftig gewürzte Sauce aus Früchten mit Kernen.

Verwendung Zu gegrilltem Fleisch und kaltem Braten, vorzugsweise Hammel und Geflügel, als Fonduesauce.

Mango-Chutney Gesüßte oder ungesüßte Würzsauce, in scharfer oder milder Variante erhältlich.

Verwendung Wie Tomaten-Chutney.

Cumberland-Sauce Besteht aus Johannisbeergelee (evtl. Beigabe von Apfelgelee) und Rotwein, gewürzt mit Orangenschalen, Senf, Zucker, Zitronensaft, Salz. Meist gedickt mit Dickungsmitteln.

Verwendung Zu kaltem Fleisch (besonders Wild). Cumberland-Sauce kann man sehr gut selbst herstellen.

Worcester-Sauce Konzentrierte Würzsauce aus Sherry, Weinessig, scharf gewürzt mit Piment, Nelken, Pfeffer, Curry, Salz, Zucker.

Verwendung Zu Fleisch-, Fisch- und Gemüsegerichten, Suppen.

Tabasco-Sauce Besonders scharfe, konzentrierte Würzsauce aus Chilies.

Verwendung Zu pikanten Gerichten und Cocktails.

Chili-Sauce Besonders scharfe Würzsauce aus Chilies mit Tomaten, Essig, Salz, Cayennepfeffer, evtl. Zucker.

Verwendung Zu pikanten Fleischgerichten, Saucen und Cocktails.

Soja-Sauce Gärungsprodukt aus Sojabohnen, würzig-aromatisch im Geschmack, evtl. gesüßt.

Verwendung Zu Fleisch- und Fischgerichten und in der China-Küche.

Konzentrierte, scharfe Würzsaucen dürfen nur tropfenweise verwendet werden und sind deshalb meist in Spritzflaschen abgefüllt.

Neben diesen speziellen Würzsaucen gibt es auch **Flüssiggewürze,** z. B. Paprika, Knoblauch, Salatkräuter in flüssiger Form. Sie werden wie Trokkengewürze verwendet und verteilen sich besonders in kalten Gerichten besser als die entsprechenden Trockengewürze.

Würzpasten

Tomatenmark Stark konzentriertes und eingedicktes Tomatenmus.

Paprikamark Konzentriertes, mit Salz, Essig und Zucker gewürztes Paprikamus.

Sardellenpaste Fein zerkleinerte Sardellen, aromatisch, meist etwas scharf.

Senf Aus Senfmehl mit Zusätzen von Essig, Zucker, evtl. Meerrettich und Kräutern hergestellt. In süßer (Bayerischer Weißwurstsenf), mittelscharfer (Delikateßsenf), scharfer und extra scharfer Variante erhältlich. Es gibt spezielle Senfsorten wie Kräutersenf, Estragonsenf, Zitronensenf.

Fleischextrakte

Natürliche Fleischextrakte oder Aromastoffe aus Hefe, Getreideeiweiß, Gemüsen, (evtl. in Mischungen) mit Zusatz von Salz. Sie werden als Flüssigwürze, Paste, Würfel oder Pulver (gekörnte Brühe) angeboten. Sehr unterschiedlich in der Qualität.

Verwendung Zum Herstellen von Brühen und zum Würzen von Suppen, Saucen und Gemüsegerichten.

Aromen

Künstlich hergestellte Geschmacksstoffe, z. B. Vanillin- (mit Zucker gemischt Vanillinzucker), Zitronen-, Rum-, Bittermandel-, Arrakaroma.

Verwendung Für Süßspeisen und zum Backen. Vorsicht, ölige Aromen würzen sehr stark, nur tropfenweise verwenden.

Glutamat

Im Haushalt als Streuwürze mit Salz gemischt, hebt den Eigengeschmack der Nahrungsmittel.

Verwendung Zu pikanten Fleischgerichten, allen nicht süßen Gerichten, Saucen und Cocktails.

Süßstoffe

Grundstoff ist Cyclamat oder Saccharin oder eine Mischung von beiden.

Verwendung Flüssig oder in Tabletten für süße Sulzen, Kompotte, Getränke, Quarkspeisen. Hauptsächlich für Diabetiker, aber auch zum energiefreien Süßen.

Geschmackgebende Zutaten

Eine große Anzahl von Nahrungs- und Genußmitteln ist durch ihren besonderen Geschmack geeignet, Speisen zu würzen.

Zwiebeln

Speisezwiebeln Mit heller Haut = milder Geschmack, mit blauer Haut = schärferes Aroma.

Verwendung Fein geschnitten oder gerieben, in Fett angedünstet oder gebräunt für Fleisch-, Fisch-, Gemüsegerichte, Eierspeisen, Suppen, Saucen. In Ringe geschnitten, roh oder geröstet zum Verzieren. Roh gerieben oder gewürfelt als Salatzutat. Gebräunte, getrocknete Zwiebeln, in Scheiben, granuliert oder gemahlen, werden als Würzmittel angeboten. Sie sind weniger kräftig im Aroma als frische Zwiebeln.

Schalotten Aus mehreren Teilzwiebelchen zusammengesetzt, mild im Geschmack, fein in Aroma und Struktur.

Verwendung In der feinen Küche für Marinaden, Beizen, Saucen.

Perlzwiebeln Kleine, runde Zwiebeln, in Essig eingelegt.

Verwendung Als Beilage, Bestandteil von Mixed Pickles oder Essiggemüsen.

Knoblauch

Weiße, glatte, aus mehreren »Zehen« zusammengesetzte Frucht. Sehr stark im Geschmack und Geruch. Knoblauch ist auch getrocknet, granuliert oder gemahlen im Handel.

Verwendung Zu Fleisch-, Fisch-, Nudel-, Eier-, Gemüsegerichten, Suppen, zu bestimmten Wurstarten.

Zitrusfrüchte (Schalen)

Zitronen- und Orangenschale, abgerieben von frischen Zitronen oder Orangen (nur unbehandelte Früchte verwenden!) oder getrocknet und gemahlen.

Verwendung Für Backteige (besonders Hefe- und Rührteige), für Fleischfarcen, Obst- und Süßspeisen, Cremes, Würzsaucen.
Zitronat und Orangeat sind kandierte Zitrusfruchtschalen. Sie werden als Backzutat für Weihnachtsgebäck und Kuchen verwendet.

Kapern
Blütenknospen des Kapernstrauches, in Essig eingelegt, herb-aromatisch im Geschmack.
Verwendung Für helle Saucen, Fleischfarcen, Eiergerichte, zum Verzieren.

Oliven
Früchte des Ölbaumes, mit oder ohne Kern, grün oder schwarz, oft gefüllt mit Mandeln oder Paprika, in Essig oder Öl eingelegt. Kräftig-herb im Geschmack, eignen sich besonders zur Kombination mit Kräutern und Gemüsen.
Verwendung Als Pizzabelag, Salatzutat, fein gehackt für Fleisch und Fleischgerichte, ganz zum Verzieren für kalte Platten oder Brötchen, als Einlage für Cocktails.

Grüne Pfefferkörner
In Marinade eingelegt, mild-scharf im Geschmack.
Verwendung Für Fleischgerichte, Saucen, Pasteten, Salate.

Sardellen, Anchovis
Kleine, stark gesalzene und gereifte Seefische, entgrätet als Filets.
Verwendung Zum Würzen von Fleischspeisen, als Garnierung und Geschmackszutat für gefüllte Eier und Salatgerichte.

Gemüse und Pilze
Die natürlichen Geschmacksstoffe machen verschiedene Gerichte schmackhafter, z. B. Lauch, Sellerie, Möhren als Kochzutat für Brühen oder als Bratzutat, Tomaten für Fleischteige, verschiedene Pilze für Ragouts oder Saucen usw.

Meerrettich, Kren
Die Stangen (Wurzeln) werden frisch gerieben verwendet zu Saucen, Gemüse, Fleischgerichten. Meerrettich ist auch gerieben und chemisch konserviert im Handel, meist mit Zusatz von Essig, Salz, Rahm oder Mayonnaise. Scharfes Aroma, frisch sehr viel intensiver.

Reibkäse
Er dient als Geschmackszutat hauptsächlich für Nudelgerichte (italienische Küche), aber auch für Fleischteige, Fischgerichte, Suppen, Gemüsegerichte und Gratins. Für Reibkäse wird meist Hartkäse verwendet, manchmal auch Schnittkäse.

Alkoholische Getränke
Verschiedene alkoholische Getränke verleihen bestimmten Speisen eine besondere Note.
Verwendung Wein für Suppen, Saucen, Cremes. Weinbrand zum Marinieren von Fleisch. Arrak, Rum zum Backen und für heiße Getränke. Liköre für verschiedene Süß- und Obstspeisen. Hochprozentige Alkoholika zum Flambieren.

Schokolade
Gerieben und gehackt als Geschmackszutat für Backwaren, Süßspeisen, Cremes und süße Saucen, aufgelöst oder geraspelt zum Verzieren von Gebäck und Süßspeisen.

Hinweise für die Küchenpraxis

- ▷ Frische oder gefrorene Kräuter den Speisen möglichst erst kurz vor dem Anrichten zugeben.
- ▷ Würzkräuter, besonders Schnittlauch, können frisch mit der Küchenschere direkt in das Gericht geschnitten werden. Diese Arbeitsweise spart Geschirr und verhindert Saftverlust.
- ▷ Gewürzmischungen, Würzsaucen und Streuwürzen vorsichtig anwenden, erst probieren.
- ▷ Bei Verwendung von Zitronensaft die Schale (unbehandelt) vorher abreiben und, mit der gleichen Menge an Zucker gemischt, verschlossen im Kühlschrank aufbewahren. Sie kann so nach Bedarf entnommen werden für Teige oder sonstige Speisen, in denen der Saft nicht benötigt wird.
- ▷ Alkohol als Geschmackszutat immer erst am Schluß an die Speisen geben, er darf nicht aufkochen, da sonst das Aroma verloren geht.
- ▷ Bei Süßigkeiten als Geschmackszutat den Energiewert beachten.
- ▷ Alle Gewürzbehälter nach Gebrauch sofort wieder verschließen, nicht während des Kochens offen stehen lassen.

- ▷ Sorgfältig würzen. Natürliche Aroma- und Geschmacksstoffe der Lebensmittel sollen erhalten bleiben und nicht durch zu starkes Würzen übertönt werden. Einzelne Kräuter oder Gewürze dürfen nicht vorschmecken. Es soll ein abgerundeter Geschmack entstehen, es sei denn, man will einem Gericht bewußt eine besondere Geschmacksrichtung geben.
- ▷ Auf die Aromastärke der einzelnen Würzmittel achten und die Dosierung anpassen.
- ▷ Nicht an ein Gericht zu viele Gewürze auf einmal geben, sondern abwechslungsreich würzen und die Vielfalt der Würzmöglichkeiten ausnützen.
- ▷ Bei Ausnutzung der gegebenen Würzmöglichkeiten kann auf Salz ganz verzichtet werden.

Garmachungsarten von A–Z

Backen

Garen im Ofen in heißer Luft bei verschieden hoher Temperatur. Durch eintretende Bräunung entstehen Röststoffe, die dem Backgut besonderen Geschmack verleihen.

Anwendung Backwaren aus verschiedenen Teigarten, Aufläufe, Soufflés, Kartoffeln.

Blanchieren

Kurzgarmachungsart in siedendem Wasser. Gemüse werden portionsweise nur kurz (10–30 Sekunden) in das kochende Wasser eingelegt, mit dem Seihlöffel wieder herausgenommen und sofort kalt abgebraust. Die Abkühlung stabilisiert Farb- und Aromastoffe, erhält die knackige Struktur.

Anwendung Feine, junge Gemüse, die in Butter geschwenkt serviert werden, wie Erbsen, Prinzeßbohnen, Karotten, Spargelspitzen, Brokkoli, Blattspinat. Vorbereitung zum Gratinieren und Tiefkühlen von Gemüsen.

Braten

Garen in starker Hitze bei offenem Topf, in der Pfanne oder auf dem Rost unter Zusatz von geeignetem Fett, geringer Flüssigkeitsmenge, im eigenen Saft oder ganz ohne Flüssigkeit. Typische Garmachungsart für Fleisch, bei der die Entwicklung von Geschmacksstoffen gefördert wird.

Anwendung Kleine Fleischstücke (Kurzbraten), wie Schnitzel, Steaks, Frikadellen in der Pfanne. Große Bratenstücke im Ofen, wie Schweine-, Rinder- und Hammelbraten, Fett- und Magergeflügel.

Dämpfen

Garen in Wasserdampf, dem in besonderen Fällen Kräuter zugesetzt werden. Das Gargut wird auf Siebeinsatz gelegt, so daß es mit der kochenden Flüssigkeit nicht in Berührung kommt. Die Auslaugverluste sind geringer als beim Kochen, jedoch werden hitzeempfindliche Vitamine geschädigt.

Anwendung Kartoffeln, Gemüse, Bries, Geflügelfleisch, Fisch. Als Zubereitungsart für fettlose Diät besonders geeignet.

Druckgaren

Spezielles Garen unter Druck im Schnellkochtopf, mit oder ohne Fett, mit geringer oder größerer Flüssigkeitsmenge. Zeitsparend, energiesparend. Hitzeempfindliche Vitamine werden geschädigt.

Anwendung Besonders geeignet für Lebensmittel mit langer Garzeit (grober Struktur), wie Hülsenfrüchte, Rindfleisch, Kartoffeln, Eintöpfe, auch für Suppenhuhn. Für frische Gemüse oder Obst sollte der »Schongang« mit geringem Druck genutzt werden, um Vitamine, Farb- und Aromastoffe zu schonen.

Dünsten

Garen in wenig Fett und eigenem Saft, unter Zugabe geringer Flüssigkeitsmenge, bei mittlerer bis geringer Hitze, im geschlossenen Topf oder in Folie im Ofen. Durch Verwendung geeigneter Fette bilden sich erwünschte Aromastoffe.

Anwendung Für kurz zu garendes Fleisch, Innereien, Fisch, Gemüse (auch Pilze), Kartoffeln, Reis. Die Auslaugverluste bei dieser Zubereitungsart sind relativ gering.

Fritieren

Garen in schwimmendem Fett bei großer Hitze, in Friteusen oder geeigneten Töpfen. Dabei bilden sich Röst- und Aromastoffe, die eine besondere Geschmacksnote erzeugen.

Anwendung Kartoffeln (Pommes frites, Pommes chips u. a.), Kartoffelteig (Kroketten), Gemüse und Obst in Ausbackteig, kleine Stücke von Fleisch oder Fisch in Panade oder Ausbackteig, Schmalzgebäck aus verschiedenen Teigen. Das Ausbackfett muß häufig gewechselt werden, da es sich beim Erhitzen zersetzt, damit gesundheitsschädlich wirkt und den Wohlgeschmack beeinträchtigt.

Garziehen, Pochieren

Garen in siedendem (nicht kochendem!) Wasser, in Brühe oder aromatischem Sud, für empfindliche Lebensmittel, die nicht gekocht werden dürfen. Auslaugverlust bei Mineralstoffen relativ hoch.

Anwendung Fisch, Bries, Hirn, Würstchen, Bier, Knödel, Klöße, Reis, Gemüse, Kompott. Empfehlenswerte Zubereitungsart für Diät ohne Fett sowie für die Erzeugung milder Geschmacksnuancen.

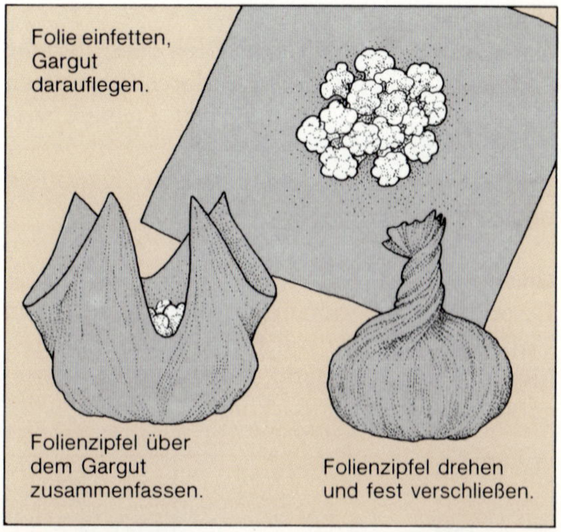

Beutelpackung △

▽ Briefpackung

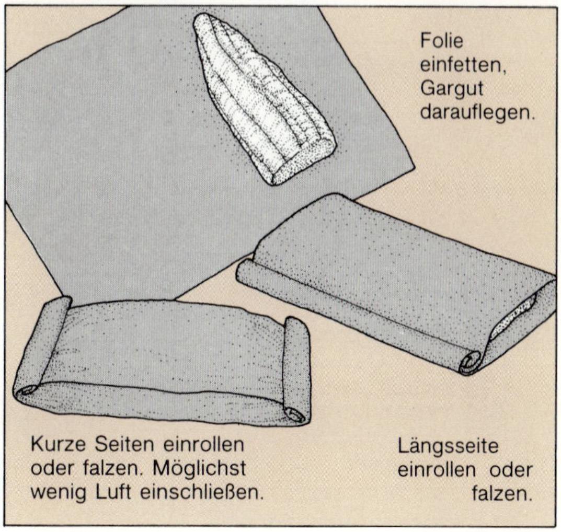

▽ Blockpackung

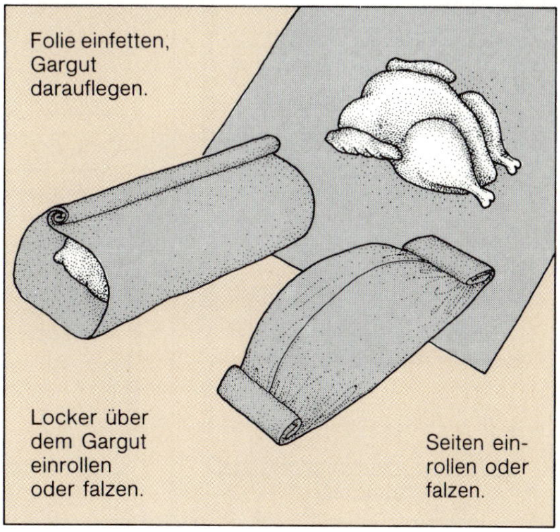

Gratinieren
Garen durch Überbacken im Ofen unter Bildung von Röst- und Aromastoffen durch Zusatz von Sahne, Käse, Eimassen oder Fett. Gemüse werden durch Blanchieren vorgegart.
Anwendung Fisch, Gemüsegerichte, Kartoffeln und Resteverwertung von Fleisch.

Grillen
Besonders schmackhafte Art des Garens von Fleisch ohne Zusatz von Fett, durch Strahlungshitze auf Holzkohlengrill, Kontaktgrill, im Grillgerät oder unter dem Backofengrill.
Anwendung Fleisch in Portionsstücken oder in großen Bratenstücken, Junggeflügel und Fisch in Portionsstücken oder im ganzen.
Holzkohlengrill Grillkohle muß in ausreichender Menge gut durchgeglüht sein. Erst wenn sich auf der Glut eine weiße Aschenschicht zu bilden beginnt, kann das Grillgut aufgelegt werden. Den Grillrost nicht zu direkt über die Glut legen, damit abtropfendes und verbrennendes Fett Geschmack und gesundheitlichen Wert nicht beeinträchtigen kann. Besser als der Waagrechtgrill ist der aufrecht stehende Grill mit seitlicher Anordnung der Kohlenglutbehälter.

Kontaktgrill Nur flache Grillstücke können mit oder ohne Fett auf einer oder zwischen zwei elektrisch beheizten Flächen gegrillt werden.
Grillgerät Durch Infrarotstrahlen können flache Grillstücke auf einem Rost und Bratenstücke oder ganzes Geflügel auf einem Drehspieß gegrillt werden.
Backofengrill Durch Infrarotstrahlen können flache Stücke auf einem Rost oder Bratenstücke sowie Geflügel auf einem Drehspieß gegrillt werden.

Allen Arten von Grill ist gemeinsam, daß sie durch hohe Strahlungshitze an der Oberfläche des Grillgutes einen sofortigen Porenverschluß bewirken und der Fleischsaft nicht austreten kann. Deshalb sind richtig behandelte Grillspeisen besonders saftig.

Heißrühren, Pfannenrühren

Eine aus der asiatischen Küche stammende, sehr bekömmliche Garmachungsart, bei der in minimaler Menge von heißem Öl mundgerecht zerkleinertes Gemüse oder Fleisch unter dauerndem Rühren sekundenschnell gegart bzw. halbgar gemacht wird. Das Gargut behält Farbe, knackige Struktur und natürlichen Eigengeschmack, Vitaminverlust ist sehr gering, Mineralstoffverlust tritt nicht ein.
Anwendung Blättrig geschnittenes Fleisch von Schwein, Rind, Kalb, Geflügel. Fast alle Gemüse, gleichgültig ob von festerer (Karotten, Sellerie, Paprika) oder von weicherer Struktur (Lauch, Spinat, Chinakohl, Brokkoli).

Kochen

Garen in reichlich sprudelndem Wasser im geschlossenen Topf. Langes Kochen wirkt sich auf alle wasserlöslichen und hitzeempfindlichen Wert- und Wirkstoffe am nachteiligsten aus.
Anwendung Suppen, Saucen, Eintöpfe, Kompotte, Spargel, Wirsing, Kartoffeln, besondere Arten der Zubereitung von Blumenkohl. Spezielle Anwendungsform für Pudding, Serviettenkloß ist das Garen im Wasserbad.

Mikrowellengaren

Garen mit oder ohne Fett, mit viel oder wenig Wasser in Geschirr aus Prozellan, Glas, auf Papptellern oder in Spezialgeschirren. Die Wärme zum Garen wird durch Mikrowellen auf das Gargut übertragen. Gerät und Geschirr werden dabei nicht heiß.
Anwendung Fleisch, Fisch, Gemüse, Kartoffeln, Obst, gedünstet, gebraten, geschmort.

Schmoren

Garen in geschlossenem Topf mit wenig Flüssigkeit bei mäßiger Hitzezufuhr (bei vorherigem Anbräunen in Fett unter starker Hitze). Nachgießen von Flüssigkeit ist während des Garens erforderlich. Zum Schmoren eignet sich am besten ein schwerer Topf mit gut verschließbarem Deckel.
Anwendung Fleisch mit grober Faser, wie Rouladen, Gulasch, kleinere Bratenstücke, auch Kohlrouladen und Grünkohl.

Wasser- und fettloses Garen

Garen in geschlossenen Spezialtöpfen mit Sandwich-Boden bei Temperaturen unter dem Siedepunkt. Bei geringem Energieaufwand werden hitzeempfindliche Vitamine nicht zerstört, Mineralstoffe, Farbe und natürliches Aroma bleiben erhalten. Moderne und rationellste Art des Garens mit besonderer Eignung für fett- und natriumarme Diät.
Anwendung Kurzgebratenes, Rouladen, Gulasch, Schmorbraten, portioniertes oder ganzes Geflügel und Fisch, Gemüse und Kartoffeln. Turmkochen möglich.

Milchtopf
Bräter
Stielkasserolle
Dämpfer
Wasserbad
Suppentopf
Fritiertopf
Schmortopf
Fischtopf
Bratreine
Dampfdrucktopf
Omelettpfanne
Brat- und
Schmorpfanne
Passiergerät
Rohkostreibe
Bircherreibe
Seiher
Sieb
Knoblauchpresse

Die wichtigsten Kochgeschirre, Formen und Arbeitsgeräte
Wiegemesser
Allzweckschere
Geflügelschere
Küchenbeil
Tomatenmesser
Schälmesser
Großes Küchenmesser
Fleischgabel
Fleischmesser
Brotmesser
Pieformen
Souffléform
Auflaufform
Salatbesteck
Salatschüssel
Kartoffel-schäler
Spargel-schäler
Schüsseln (Satz)
Kernhaus-ausstecher
Kartoffel-ausstecher
Schnee-besen
Braten-wender
Pfannen-messer
Wendezangen
Schöpfkellen
Kochlöffel
Schaum-löffel

Kochen

Suppen

Grundkenntnisse

Allgemeines

Man unterscheidet folgende Arten:

Klare Suppen
Ohne Einlagen Kraftbrühe, Doppelte Brühe, Bouillon.
Mit Einlagen z. B. mit Croûtons, Eierstich, Suppenbiskuit, Nockerl verschiedener Art, Flädle, Nudeln usw.
Diese Suppen basieren auf Grundbrühen (oder Suppenfond), die aus Fleisch, Geflügel, Fisch, Wild, Knochen, Gemüse oder Fleischextrakt, gekörnter Brühe und »Beeftea« hergestellt werden.

Gebundene Suppen
Einfache gebundene Suppen Aus Brühe mit geringem Anteil eingestreuter oder angerösteter Nährmittel zum Binden (Haferflocken, Grieß, Graupen, Reis oder Mehl), manchmal auch mit Gemüseanteilen.
Feine gebundene Suppen Cremesuppen aus Brühe (meist heller Art) in Verbindung mit feinen Gemüsen, feinem Fleisch, püriert oder passiert, mit reichlich Sahne und Eigelb legiert.
Püreesuppen Dicke Suppen aus Brühen verschiedener Art mit reichlich Gemüsezutaten, Kartoffeln oder Hülsenfrüchten, die nach dem Kochen püriert werden und dadurch der Suppe eine sämig-dickliche Beschaffenheit geben.

Suppengerichte
Selbständige Suppengerichte aus vielseitigen Zutaten, wie Gemüse, Fleisch, Fisch, Nährmittel, Brühe.

Kalte pikante Suppen
Wie Püreesuppen, aber auf kaltem Wege zubereitet und kalt serviert. Aus entfetteten Brühen, Gemüsesäften, Gemüsezutaten hergestellt.

Süße Suppen
Fruchtsuppen Aus Früchten (Beeren-, Stein-, Kernobst), Fruchtsaft und Wein hergestellt, kalt oder warm serviert.
Milchsuppen Meist warme Suppen aus Milch, verfeinert mit Sahne, Eigelb, Eischnee, häufig mit Fruchteinlagen.

Zubereitung

Garmachungsart

Kochen ist die eigentliche Grundgarmachungsart für alle Suppen, selbst wenn dieser Prozeß mit vorherigem Dünsten, Rösten, Anbräunen gewisser Zutaten eingeleitet wird. Dieser dem Kochen vorangestellte Arbeitsgang hat in der Regel das Ziel, Geschmack, Farbe (Aussehen) in vorteilhafter Weise zu beeinflussen. Grundbrühen brauchen reichlich Zeit zum Kochen, während Cremesuppen, Püreesuppen, Gemüsesuppen möglichst kurz gegart werden sollen, da die Hitzeeinwirkung sich nicht nur auf die Vitamine, sondern auch auf Geschmack und Aussehen – insbesondere der Gemüsesuppen – nachteilig auswirkt.

Würzen

Grundbrühen Der Suppenfond für *Fleischbrühen* verlangt eine kräftige, grundlegende Würze, die vielseitige Erweiterungen, Abrundungen, Verfeinerungen zuläßt. Für Brühen aus Rindfleisch, Knochen, Geflügel und Wild sind dies Zwiebel oder Lauch, Sellerieknolle oder Petersilienwurzel, Pastinak, Karotte und wenig Salz. Alle Zutaten werden nach dem Säubern, ganz oder grob zerteilt, der kalten Flüssigkeit beigegeben. Diese Zusammenstellung wird auch häufig als »Wurzelwerk« bezeichnet. Andünsten in Fett, Rösten oder Anbräunen verstärken Geschmack und Farbe, sind also ein zusätzlicher Würzeffekt. Die Grundwürze kann erweitert werden durch Zugabe von Knoblauch, Pfefferkörnern, Lorbeerblatt, Gewürznelken, Wacholderbeeren, Rot- oder Weißwein. Fertige Brühen werden gerne mit geriebener Muskatnuß abgerundet. Helle Brühen, die mit Kalbfleisch, Kalbsknochen oder Geflügel hergestellt werden, haben als Grundwürze Zwiebel oder das Weiße vom Lauch, Petersilie oder Selleriegrün, Karotten. Diese Gewürzzusammenstellung wird häufig als »Suppengrün« oder als »Bouquet garni« bezeichnet. Die Zugabe von frischem Thymian, frischen Champignons und Weißwein oder Zitrone ist besonders für die Weiterverwendung zu Cremesuppen sehr vorteilhaft.

Fischbrühen, die eine relativ kurze Kochzeit haben, werden mit reichlich zerkleinerten Zwiebeln, Lauch, Karotten, Stangensellerie oder Petersilienstrauß, Lorbeerblatt, frischem Thymian, Fenchelgrün, Weißwein, Pfeffer und Salz gewürzt.

Cremesuppen sollten grundsätzlich zurückhaltend, aber rund gewürzt sein, damit ihr typischer Geschmack, wie z. B. Spargel, Champignon, Geflügel, Kräuter, Curry, nicht überlagert oder verdrängt wird. Eigelb und Sahne, die der Cremesuppe den gebundenen Charakter verleihen, sind feine, milde Geschmackskomponenten, die erhalten werden müssen.

Gemüsesuppen und Suppengerichte, ungebunden oder gebunden, sollen in der Wahl ihrer Zutaten so zusammengesetzt sein, daß diese sich in Geschmack, Struktur und Farbe harmonisch ergänzen. Beispiel: Minestrone, die mit geriebenem Parmesan oder fein geschnittenem Schinken und frischen Kräutern nur abgerundet wird.

Kalte pikante Suppen vertragen kräftige Würzen, wie Pfeffer, Tabasco, Zitrone, Knoblauch und viel Kräuter. Wichtigste Grundregel beim Würzen ist der sparsame Umgang mit Salz unter gleichzeitiger Verwendung frischer Kräuter, wie Petersilie, Schnittlauch, Kerbel, Dill, Basilikum, Estragon, Sauerampfer, die niemals kochen, höchstens einige Minuten in der Brühe ziehen dürfen. Pfeffer sollte grundsätzlich nur frisch gemahlen Verwendung finden. Er wird erst der fertigen Suppe zugegeben. Wein, Zitronensaft, Sherry, Portwein dürfen ebenfalls nicht mitgekocht werden.

Fruchtsuppen werden wie Kompotte mit Vanille, Zitronenschale und -saft, Zimtstange, Wein, Rum und Zucker abgeschmeckt.

Milchsuppen erhalten Aroma durch Zugabe von Vanille, Zitronenschale, Zimt, Schokolade, Zukker, manchmal werden sie durch Rum oder Arrak abgerundet.

Hinweise für die Küchenpraxis

- ▷ Auf Vorrat hergestellte Grundbrühen abkühlen und dann entfetten. Die Fettschicht läßt sich mit Löffel oder Gabel leicht abheben. Heiße Brühen lassen sich durch vorsichtiges Abschöpfen mit einem Eßlöffel oder durch Absaugen der Fettschicht mit Küchenkrepp entfetten.
- ▷ Wird Suppe als erster Gang eines Essens gereicht, so sollte sie in Beschaffenheit, Farbe und Geschmack auf die nachfolgenden Speisen abgestimmt sein, sie ergänzen oder auf sie vorbereiten.
- ▷ Die Suppeneinlagen sollen ebenfalls in Zusammensetzung, Nährwert und Geschmack zur Art der Suppe und zu den eventuell nachfolgenden Speisen passen.
- ▷ Gemüsesuppen, die eingefroren werden sollen, knapp gar kochen, damit beim späteren Auftauen und Erwärmen das Gemüse nicht zerfällt bzw. zu weich wird.
- ▷ **Mengenberechnung**

Suppe vor dem Hauptgericht:	¼ l pro Person
Suppe als Hauptgericht:	½–¾ l pro Person

- ▷ Frische Kräuter erst unmittelbar vor der Zugabe schneiden, in der Suppe nur ziehen, nicht kochen lassen.
- ▷ Eigelb und Sahne, die zum Legieren der Suppe zugesetzt werden, nur ziehen, nicht kochen lassen. Ei gerinnt sonst und verliert damit seine Bindefähigkeit.
- ▷ Krosse Suppeneinlagen, wie Croûtons oder Biskuit und Brandteigklößchen, am besten getrennt von der Brühe servieren. Flädle kurz vor dem Servieren in die heiße Brühe einlegen.
- ▷ In der Brühe gegarte Nockerl oder Spätzle nicht kochen, sondern nur sieden lassen. Zur Sicherheit Probenockerl bereiten.
- ▷ Soll die Brühe klar bleiben, Nudeln nicht in der Brühe kochen, sondern in Wasser »al dente« vorgaren, kalt abbrausen, kurz vor dem Servieren in der heißen Brühe erwärmen.
- ▷ Geriebene Muskatnuß erst unmittelbar vor dem Servieren an die Brühe geben.

Brühen, Suppen, Suppengerichte

Brühen

Grundrezept
Kalbs-, Rinds-, Geflügelbrühe Gemüse- und Fischbrühe

Helle Brühe

Fleischbrühen
Vorbereiten 5 Minuten
Garen auf dem Herd 1½–2 Stunden, im Ofen 2–3 Stunden bei 180 °C, im Dampfdrucktopf 45 Minuten

Gemüse- und Fischbrühen
Vorbereiten 15 Minuten
Garen 30–40 Minuten, im Dampfdrucktopf 10–15 Minuten

Gleichbleibende Grundzutaten

2–3 l	Wasser, für Dampfdrucktopf halbe Menge
1	große Zwiebel
2	Möhren, halbiert
½	Sellerieknolle
1	Knoblauchzehe
1	Lorbeerblatt
½ TL	Pfefferkörner
2	Gewürznelken
	Salz
2	Eiweiß zum Klären (nach Belieben)

Spezielle Zutaten

1. Rindsbrühe (Bouillon)

1 kg	Rinderknochen, zerhackt
500 g	mageres Rindfleisch (Brust, Bein)

2. Kalbsbrühe

1 kg	Kalbsknochen, zerhackt
500 g	Kalbsbrust oder -nacken
1	Zweig Thymian

3. Geflügelbrühe

1	Suppenhuhn oder entsprechende Menge Hühnerklein oder Reste und Gerippe von roh entbeintem Huhn, Poularde oder Hähnchen
1	Zweig Thymian

4. Gemüsebrühe

200 g	Möhren, gewürfelt
200 g	Lauch, in Ringe geschnitten
200 g	Kohlrabi, Blumenkohl oder Weißkraut, zerkleinert
100 g	Sellerieknolle oder doppelte Menge Bleichsellerie
100 g	Fenchelknolle, in Streifen geschnitten
½	Kopfsalat, in Streifen geschnitten
1	Zweig Thymian oder frisches Bohnenkraut
¼ l	Weißwein

5. Fischbrühe

1 kg	Stücke von Seefisch, Kopf, Schwanz, Gräten
200 g	Lauch, in Ringe geschnitten
200 g	Fenchelknolle, in Ringe geschnitten, oder Fenchelgrün
1	Strauß Petersilie
1	Zweig frischer Thymian
¼ l	Weißwein
	Saft von ¼ Zitrone

Zubereitung von Fleischbrühen

① Knochen kurz kalt waschen, abtropfen, in großem Topf mit Wasser und Würzzutaten und Fleisch zum Kochen bringen, abschäumen, auf kleiner Hitze fertiggaren.

② Fleischeinlagen herausnehmen, Brühe abseihen, erkalten lassen.

③ Klären: Eiweiß mit Gabel verrühren, an die kalte Brühe mischen, aufkochen lassen, durch feines Sieb gießen, abschmecken, erkalten lassen.

Verwendung Für klare und gebundene Suppen mit beliebigen Einlagen, Grundbrühe für helle Saucen aller Art (Frikassee, Velouté), zum Aufgießen von gedünstetem Reis und Gemüse, für pikante Sulzen, Aspik. Einige Tage im Kühlschrank haltbar, gefriergeeignet.

Zubereitung von Gemüse- und Fischbrühen

① Alle Zutaten in großem Topf mit Wasser zusetzen, auf mittlerer Hitze ankochen, auf kleiner Hitze weitersimmern lassen.

② Brühe durch ein Sieb gießen, evtl. mit Eiweiß klären, abschmecken.

Verwendung von Gemüsebrühe Für klare und gebundene Suppen mit beliebigen Einlagen, als Grundstock für helle Saucen, Aufgießen von Risotto und Dünstgemüse, für Sulzen, Aspik.

Verwendung von Fischbrühe Speziell für Fischsuppen, für feine Saucen zu Fischgerichten, Aufgießen von gedünstetem Fisch, zu Sulzen, Aspik.

▷ Brühen jeweils in genügend großem Topf zubereiten.
▷ Auf mäßiger bis kleiner Hitzestufe garen. Zu intensives Kochen trübt Brühen ein.
▷ Durch langsames und schonendes Garen im Ofen werden Fleischbrühen aller Art besonders geschmacksintensiv.
▷ Vorheriges Anbräunen von Knochen ergibt dunklere Farbe der Brühe.

Ein-Stunden-Brühe

Dunkle Grundbrühe

Vorbereiten 5 Minuten
Garen ¾–1 Stunde

500 g	mageres Hackfleisch vom Rind
2 l	kaltes Wasser
1	Stange Lauch, in grobe Stücke geschnitten
1	Knoblauchzehe, geschält
1	Strauß Petersilie
½	Lorbeerblatt
1	Zweig Thymian (nach Belieben)
10	Pfefferkörner
	Salz
2	Eiweiß zum Klären (nach Belieben)

① Alle Zutaten bis auf Eiweiß mit kaltem Wasser zusetzen, aufkochen lassen, etwas abschäumen, Topf zudecken, auf kleiner Hitze mindestens 45 Minuten köcheln lassen.
② Abseihen, abkühlen lassen. Zum Klären Eiweiß gut mit Gabel verrühren, mit kalter Brühe im Topf aufkochen, kurz ziehen lassen, durch feines Sieb oder Tuch abseihen.

Verwendung Zur raschen Herstellung einer sehr aromatischen Brühe für klare Suppen mit Einlagen, zum Aufgießen von Dünstgemüse, Auffüllen von Saucen, für Aspik und pikante Gelees.

Wildbrühe

Vorbereiten 5 Minuten
Garen 2–3 Stunden, im Ofen 3–4 Stunden bei 180 °C

1 kg	Knochen von Hirsch oder Reh, zerhackt
500 g	Hals oder hautreiche Fleischteile
2 EL	Öl
2	große Zwiebeln, halbiert
2	Nelken, in die Zwiebel gesteckt
1	Sellerieknolle, geviertelt
2	Möhren, halbiert
1 EL	Tomatenmark
1	Lorbeerblatt
½ TL	Pfefferkörner
½ TL	Wacholderbeeren
½ l	Rotwein
2 l	Wasser
	Salz

① Knochen und Fleisch in Öl anbraten, Zwiebeln, Möhren und Sellerie mit anbräunen, Tomatenmark zugeben, andünsten, Gewürze zugeben, mit Rotwein ablöschen, einkochen lassen, Wasser auffüllen, auf kleiner Hitze simmern lassen.
② Die Brühe abseihen, mit Salz abschmecken.

Verwendung Zu Braten und Gulasch von Hirsch und Reh, Saucen für Steaks, Wildragout, Wildsuppe mit Linseneinlage. Einige Tage im Kühlschrank haltbar, gefriergeeignet. Durch weiteres Einkochen (Reduzieren) als dunkler Saucenfond (Glace), ebenfalls gefriergeeignet.

Kraftbrühe vom Rind

Doppelte Bouillon

Garen 1½–2 Stunden, im Ofen 2–3 Stunden bei 180 °C

1½ l	Rinderbrühe
500 g	mageres Rindfleisch am Stück (Vorderhesse, Unterschale)
	Salz
1	Eiweiß zum Klären

① Rinderbrühe zum Kochen bringen, das Fleisch einlegen, nochmals stark ankochen, abschäumen, auf kleiner Hitze simmern lassen.
② Gegartes Fleisch aus dem Topf nehmen. Brühe abseihen, erkalten lassen. Eiweiß mit Gabel gut verrühren, an die kalte Brühe mischen, aufkochen lassen, durch feines Haarsieb gießen.

Verwendung Tassenbrühe mit frischen Kräutern, mit rohem Eigelb, mit Sherry oder Madeira. Grundstock für Filetgulasch, Filetbraten, Steaks aus der Pfanne. Gefriergeeignet.

Einfache gebundene Suppen

GZ Eingestreute Suppe mit Haferflocken, Grieß, Reis, Grütze oder Rollgerste

Garen Haferflocken 5 Minuten, Grieß 10 Minuten, Reis 20 Minuten, Grütze 15 Minuten, Rollgerste 45 Minuten

1¼ l	Brühe
50 g	Haferflocken, Grieß, Reis, Grütze oder Rollgerste
	Salz und Prise Muskat
1	Ei, verquirlt
2 EL	Petersilie oder Schnittlauch, gehackt

① Brühe zum Kochen bringen, gewünschte Bindemittel trocken unter Rühren einstreuen, auf kleiner Hitze bei offenem Topf köcheln.
② Ei mit einigen Eßlöffeln Suppe verrühren, Suppe abschmecken, mit Ei legieren.

GZ Geröstete Suppe mit Haferflocken, Grieß oder Grünkern (Dinkel)

Garen Haferflocken 5 Minuten, Grieß 10 Minuten, Grünkern 30 Minuten

2 EL	Butter, flüssig
60 g	Haferflocken, Grieß oder Grünkernschrot
2	Schalotten, fein gehackt
1¼ l	Brühe
	Salz und Prise Muskat
1	Eigelb (nach Belieben)
2 EL	Petersilie und Schnittlauch, fein gehackt

① Gewünschte Bindemittel auf kleiner Hitze in Butter lichtgelb rösten, Zwiebel zugeben, kurz mitdünsten, Topf beiseite stellen, etwas abkühlen lassen, dann mit Brühe auffüllen, bis zum Garpunkt köcheln, abschmecken.

② Eigelb mit einigen Eßlöffeln Suppe verquirlen, Suppe damit legieren, kurz ziehen lassen, anrichten, mit frischen Kräutern bestreuen und servieren.

Variation

Frisch gemahlenen Weizenschrot nehmen.

Currysuppe

Vorbereiten 10 Minuten
Garen 10 Minuten

2 EL	Butter, flüssig
1	große Zwiebel, fein gehackt
2 EL	Curry
½ l	Brühe
½ l	Milch
4 EL	Weizenvollkornmehl, trocken geröstet
1	Apfel, geschält gerieben, oder 3 EL Apfelmus
	Salz
⅛ l	Sahne oder Crème fraîche

① Weizenschrot in kleinem Pfännchen trocken lichtgelb rösten, erkalten lassen.

② Die Zwiebel in Butter andünsten, Curry zugeben, kurz mitdünsten, mit Brühe und Milch aufgießen, Weizenschrot unter Rühren einstreuen, auf kleiner Hitze garen. Apfel zugeben, abschmecken, Sahne unterziehen, anrichten.

Variationen

- Mit 2 Knoblauchzehen, durchgepreßt, abschmecken.
- Sahne steif schlagen, auf die angerichtete Suppe füllen.

GZ Gedünstete Gemüsesuppe

Vorbereiten 15 Minuten
Garen 25–30 Minuten

500 g	gemischte Gemüse nach Jahreszeit – z. B. je 100 g Möhren, Sellerie, Kohlrabi, Blumenkohl, Fenchel, Zucchini, Tomaten, gewürfelt, Erbsen oder Zuckerschoten (nach Belieben)
2 EL	Butter, flüssig
1	große Zwiebel oder 1 Stange Lauch, gehackt
1¼ l	Brühe
2 EL	Sternchennudeln
	Salz und frisch gemahlener Pfeffer
2 EL	Petersilie und Schnittlauch, fein gehackt

① Die Zwiebel in Butter glasig dünsten, Gemüse zugeben, mitdünsten, mit Brühe ablöschen, auf kleiner Hitze fertiggaren. 10 Minuten vor beendeter Garzeit Nudeln einstreuen.

② Suppe abschmecken, anrichten, mit Suppenkräutern bestreuen.

GZ Gedünstete Pilzsuppe

Vorbereiten 10 Minuten
Garen 15 Minuten

400 g	Steinpilze, Pfifferlinge, Maronen oder Wiesenchampignons, gewaschen, geputzt, zerteilt
2 EL	Butter, flüssig
1	große Zwiebel, fein gehackt
2	Scheiben roher Schinken, fein gehackt
2 EL	Mehl oder Weizenvollkornmehl
1 l	Brühe, kalt
	Salz und frisch gemahlener Pfeffer
2 EL	Crème fraîche oder 4 EL saure Sahne
2 EL	Petersilie, fein gehackt

① Die Zwiebel in Butter andünsten, Schinken zugeben, kurz anrösten, Pilze zugeben, mitdünsten, Mehl darüberstäuben, umrühren, mit kalter Brühe aufgießen, ankochen, auf kleiner Hitze garen.

② Suppe abschmecken, Crème fraîche unterziehen, anrichten, mit Petersilie bestreuen.

Variationen

- Steinpilzsuppe mit ½ EL Paprika edelsüß würzen.
- Champignons mit 2 EL Wein abschmecken.
- Statt Butter 50 g Speck auslassen, Speckwürfel herausnehmen, Zwiebel darin andünsten, Speckwürfel über die fertige Suppe streuen.
- Mit durchgepreßter Knoblauchzehe würzen.

Feine gebundene Suppen

Grundrezept
Cremesuppe aus frischen Kräutern, Spinat, Brennesseln, Kresse

Vorbereiten 10 Minuten
Garen 10 Minuten

Gleichbleibende Grundzutaten

Flüssigkeit

¾ l	helle Brühe (Rind, Kalb, Geflügel, Gemüse)
¼ l	Milch

Geschmackszutaten

	Salz und frisch gemahlener Pfeffer
	Prise Muskat

Zum Verfeinern

4 EL	Weißwein
⅛ l	Sahne
1–2	Eigelb

Spezielle Zutaten

1. Kräutersuppe

200 g	Champignons, geputzt und blättrig geschnitten
200 g	frische Kräuter, gehackt, von einer Art oder gemischt (Kerbel, Sauerampfer)
1	Kopfsalat, in Streifen geschnitten

2. Spinat-, Brennessel-, Kressesuppe

400 g	Blattspinat, Brennesseln oder Kresse
1	Kopfsalat, in Streifen geschnitten

Zubereitung von Kräutersuppe

① Pilze und Kopfsalat in der Brühe zusetzen, ankochen, etwa 10 Minuten simmern lassen. Mit der Hälfte der Kräuter pürieren.

② Milch angießen, weiterköcheln, restliche Kräuter zugeben, abschmecken, ziehen lassen.

③ Eigelb und Sahne verquirlen, an die Suppe gießen, noch kurz ziehen lassen. Anrichten und servieren.

Zubereitung von Spinat-, Brennessel, Kressesuppe

① Spinat bzw. Brennesseln oder Kresse und Kopfsalat in der Brühe aufkochen, 2–3 Minuten ziehen lassen, pürieren.

② Milch angießen, langsam zum Siedepunkt bringen, noch 5 Minuten simmern lassen, abschmecken.

③ Eigelb und Sahne verquirlen, an die Suppe gießen, nochmals ziehen lassen, anrichten und servieren.

▷ Cremesuppen sind feine Suppen mit größerem Sahne- und Eianteil und entsprechend hohem Kalorienwert.
▷ Schonende Zubereitung erhöht den typischen Geschmack der jeweils verwendeten Gemüse und Kräuter.
▷ Sahne und Eigelb nicht mehr kochen, sondern nur ziehen lassen.

Champignoncremesuppe

Vorbereiten 10 Minuten
Garen 15 Minuten

800 g	frische Champignons, geputzt
2 EL	Butter, flüssig
1	Schalotte, fein gehackt
	Salz und frisch gemahlener Pfeffer
¾ l	helle Brühe
2 EL	Weißwein
2 EL	Sahne
1 EL	Petersilie, fein gehackt

① Von den Champignons etwa 15 kleine Pilze zurückbehalten (oder größere Pilze halbieren, evtl. vierteln), Rest der Pilze blättrig zerkleinern.

② Zwiebeln in Butter andünsten, Pilze zugeben, mitdünsten, leicht salzen, mit Brühe ablöschen, etwa 10 Minuten auf kleiner Hitze köcheln.

③ Pilze in der Brühe pürieren oder durch Haarsieb streichen, wieder erwärmen, die zurückbehaltenen rohen Pilze einlegen, in der Suppe ziehen lassen. Abschmecken, mit Sahne verfeinern, anrichten, mit Petersilie bestreuen.

Spargelcremesuppe

Vorbereiten 20–30 Minuten
Garen 25 Minuten

800 g	Spargel, geschält
½ l	Wasser
1 TL	Zucker und Salz
15 g	Butterflöckchen
½ l	helle Brühe
	frisch gemahlener Pfeffer
2 EL	Weißwein (nach Belieben)
2 EL	Sahne
1 EL	Petersilie, fein gehackt

① Spargel von unten nach oben schälen, Spitzen (Köpfe) 2 cm unter dem Ansatz abschneiden, Stangen und Köpfe in feuchtes Tuch einschlagen oder mit feuchtem Küchenkrepp abdecken.

② Spargelschalen mit Wasser etwa 15 Minuten kochen, abseihen, Butter, Zucker und etwas Salz an den Sud geben, Spargelstangen in 3–4 cm große Stücke schneiden, im Sud weich kochen.
③ Mit Mixstab gut pürieren oder durch feines Sieb streichen. Mit Brühe auffüllen, ankochen, Spargelköpfe einlegen, ca. 8–10 Minuten simmern lassen. Abschmecken, mit Sahne verfeinern, anrichten, mit Petersilie bestreuen. Kann auf Vorrat zubereitet werden.

Möhrencremesuppe

Vorbereiten 10 Minuten
Garen 20 Minuten

500 g	Möhren, in Scheiben oder Würfel geschnitten
3 EL	Butter, zerlassen
1	mittelgroße Zwiebel, gehackt
1 l	Brühe
	Saft von 3 kleinen Orangen
	Salz und frisch gemahlener weißer Pfeffer
4 EL	Crème fraîche
1 EL	Petersilie, gehackt
2 EL	Cognac (nach Belieben)

① Möhren und Zwiebel in Butter andünsten, mit Brühe aufgießen, auf kleiner Hitze garen.
② Topfinhalt durch Sieb passieren oder pürieren, in den Topf zurückschütten, auf kleinster Hitzestufe halten, Orangensaft abseihen und an die Suppe rühren, mit Salz und Pfeffer abschmekken. Crème fraîche untermischen, einige Minuten ziehen lassen. Mit Petersilie bestreut anrichten, evtl. mit Cognac verfeinern.

Tomatencremesuppe

Vorbereiten 5 Minuten
Garen 15 Minuten

800 g	Tomaten, geviertelt
2 EL	Öl
1	große Zwiebel, gehackt
1	Knoblauchzehe, durchgepreßt
½ l	Wasser oder Brühe
¼ l	Milch
1/16 l	Weiß- oder Rotwein
	Salz und frisch gemahlener Pfeffer
15 g	kalte Butterflöckchen
1 EL	Petersilie oder Schnittlauch, fein gehackt

① Die Tomatenstücke mit Zwiebel in Öl andünsten, mit Brühe aufgießen, 10 Minuten kochen lassen.
② Pürieren und evtl. durch ein Sieb streichen. In den Topf zurückschütten, Milch angießen, nochmals aufkochen, Wein zugeben, abschmecken.
③ Butterflöckchen in die Suppe legen, zerlaufen lassen, vorsichtig unterziehen, anrichten, mit Petersilie bestreuen.

Variationen
- Tomaten gleich in der Brühe zusetzen, nicht andünsten.
- Statt Wein mehr Brühe zugeben.
- Statt Milch nur Brühe nehmen.
- Nur mit Wasser zubereiten, mit Würfelbrühe abschmecken.
- Statt Butter mit Sahne oder Crème fraîche verfeinern.

Geflügelcremesuppe, Königinsuppe

Vorbereiten (bei rohem Fleisch) 10 Minuten
Garen 30 Minuten, bei vorgekochtem Fleisch 15 Minuten

300 g	rohes oder gegartes Geflügelfleisch von Huhn, Hähnchen oder Putenbrust
½ l	Geflügelbrühe
⅜ l	Milch
	Salz und frisch gemahlener Pfeffer
	Prise Muskat
2 EL	Weißwein oder trockener Sherry
2	Eigelb
2 EL	Sahne
1 EL	Petersilie, fein gehackt, oder Kerbel

① Geflügelfleisch in kleine Würfel schneiden, in der Brühe aufkochen (bei rohem Fleisch Garzeit abwarten, auf kleiner Hitze simmern).
② Fleisch in der Brühe mit Mixstab pürieren, durch feines Sieb gießen, Fleischreste durchpassieren. In den Topf zurückschütten, Milch angießen, nochmals zum Siedepunkt bringen, abschmecken.
③ Eigelb mit Sahne verquirlen, an die heiße, aber nicht mehr kochende Suppe gießen, kurz ziehen lassen, anrichten, mit Petersilie bestreuen.

Variationen
- Fleischmenge verringern, dafür Champignons oder Blumenkohlröschen zugeben, gleiche Art der Zubereitung.
- Mit gerösteten Weißbrotwürfeln servieren.

Fischcremesuppe

Vorbereiten 10 Minuten
Garen 30–40 Minuten

250 g	Seefischfilet, in grobe Stücke zerteilt
2	Fenchelknollen, in Streifen geschnitten
1	große Zwiebel, grob gehackt
	Salz
1 TL	weiße Pfefferkörner
½ l	Fleischbrühe oder Wasser
½ l	Weißwein
1 EL	Speisestärke
¼ l	Sahne
1 EL	Dill, gehackt
1 EL	Fenchelgrün, gehackt
1 EL	Petersilie oder Schnittlauch, gehackt

① Fisch, Fenchel, Zwiebel, Salz, Pfefferkörner mit Brühe und Weißwein zusetzen, auf kleiner Hitze garen.
② Topfinhalt abseihen, durchpassieren oder insgesamt pürieren, in den Topf zurückschütten, wieder erhitzen.
③ Speisestärke und Sahne verquirlen, Suppe damit binden, nicht mehr kochen, nur ziehen lassen. Kräuter zugeben, abschmecken, anrichten.

Püreesuppen

GZ Gemüsesuppe

Vorbereiten 15 Minuten
Garen 30 Minuten, im Dampfdrucktopf 10 Minuten

Hauptzutaten

400 g	verschiedene, in Würfel geschnittene Gemüse, möglichst vielseitig zusammengestellt, z. B. Lauch, Kohlrabi, Blumenkohl, Möhren, Sellerie, Fenchelknolle, Zucchini *oder* je 400 g in Ringe geschnittener Lauch bzw. in Würfel geschnittene Sellerie oder Möhren
400 g	in große Würfel geschnittene Kartoffeln

Flüssigkeit

1½ l	Wasser oder helle Brühe oder halb und halb

Geschmackszutaten

	Salz und frisch gemahlener Pfeffer
2 EL	Schnittlauch, fein gehackt
2 EL	Petersilie, fein gehackt

Zum Verfeinern

¼ l	süße oder saure Sahne

① Die zerkleinerten Gemüse in der Flüssigkeit zusetzen, schonend gar kochen, pürieren.
② Abschmecken, Sahne unterziehen, anrichten, mit Kräutern bestreuen.

Kartoffelsuppe

Vorbereiten 10 Minuten
Garen 30 Minuten, im Dampfdrucktopf 10 Minuten

600 g	Kartoffeln, zerkleinert
2	große Zwiebeln, gehackt, oder entsprechende Menge Lauch, in Ringe geschnitten
½	Sellerieknolle, gewürfelt
2	Möhren, gewürfelt
4 EL	Öl oder flüssige Butter
1¾ l	Brühe oder Wasser oder halb und halb
	Salz und frisch gemahlener Pfeffer
1 EL	süße oder saure Sahne
2 EL	Petersilie und Schnittlauch, fein gehackt
	frischer Majoran oder Bohnenkraut

① Kartoffeln, Gemüse und Zwiebeln im Fett andünsten, mit Flüssigkeit ablöschen, gar kochen.
② Masse pürieren, abschmecken, mit Sahne verfeinern, anrichten, mit Kräutern bestreuen.

Variationen

- 10 g getrocknete, über Nacht eingeweichte Pilze zugeben, mitkochen.
- Kartoffeln und Gemüse in Flüssigkeit zusetzen, garen, pürieren, mit 2 EL Butterflöckchen verfeinern.

Frische Erbsensuppe

Vorbereiten (bei frischen Erbsen) 10–15 Minuten
Garen 20 Minuten

500 g	frische oder TK-Erbsen
¼ l	Brühe
½	Sellerieknolle oder Petersilienwurzel, geraspelt
1	Stange Lauch, in Ringe geschnitten
	Salz und frisch gemahlener Pfeffer
	Prise Muskat
⅛ l	Sahne oder 30 g kalte Butterflöckchen
2	Blätter frische Minze, fein gehackt
2 EL	Petersilie, fein gehackt

① Die Erbsen mit den Gemüsen in der Brühe zusetzen, aufkochen, bei kleiner Hitze garen.
② Pürieren. Suppe in den Topf zurückschütten (evtl. durch Haarsieb gießen), nochmals erwärmen, abschmecken, mit Sahne oder Butterflöckchen legieren, Minze zugeben, ziehen lassen, anrichten, mit Kräutern bestreuen.

Feine Lauchsuppe, Vichy

Vorbereiten 10 Minuten
Garen 30 Minuten, im Dampfdrucktopf 10 Minuten

4	mittelgroße Kartoffeln, geschält, gewürfelt
300 g	Lauch, in Ringe geschnitten
1	mittelgroße Zwiebel, gewürfelt
2 EL	Butter
	Salz und frisch gemahlener Pfeffer
¾ l	helle Brühe (evtl. etwas mehr)
½ l	Milch, gekocht (evtl. mehr)
⅛ l	Sahne
2 EL	Schnittlauch, gehackt

① Zwiebel in Butter glasig dünsten, Lauch zugeben, kurz mitdünsten, Kartoffeln zugeben, dünsten, mit Brühe und Milch ablöschen, Topf zudecken, auf kleiner Hitze garen.
② Alles pürieren, Suppe in den Topf zurückschütten, evtl. mit Brühe oder Milch verdünnen, abschmecken. Suppe mit Sahne verfeinern, vor dem Servieren mit Schnittlauch bestreuen.

Variation
Suppe eisgekühlt mit geschlagener Sahne servieren.

Suppengerichte

Brotsuppe

Vorbereiten 5 Minuten
Garen 25 Minuten

300 g	Schwarzbrotreste
4	Tomaten, vom Stielansatz befreit und in Stücke geschnitten
1	große Zwiebel, in Ringe geschnitten
1 TL	Pfefferkörner
1½ l	kalte Brühe
1	Lorbeerblatt
	Salz
⅛ l	Crème fraîche oder Sahne oder 30 g Butterflöckchen
2 EL	Petersilie, gehackt

① Brot, Tomaten, Zwiebeln, Pfefferkörner mit der Brühe in genügend großem Topf (Brotreste quellen stark auf) zum Kochen bringen, 10 Minuten auf kleiner Hitze kochen lassen. Danach das Ganze pürieren oder durch ein Sieb passieren.
② Die dickflüssige Suppe in den Topf zurückschütten, Lorbeerblatt einlegen, auf kleiner Hitze 10 Minuten simmern lassen, abschmecken, evtl. etwas Brühe nachgießen.
③ Crème fraîche oder Sahne unterziehen oder Butterflöckchen auf die Suppe legen, anrichten, mit Petersilie bestreuen.

Variationen
- Brot in Würfel schneiden, in 6 EL Butter rösten, mit Brühe aufgießen, nach Belieben mit Kräutern würzen, mit Sahne verfeinern.
- Saucenreste zum Aufgießen mitverwenden.

Minestrone

Vorbereiten 15 Minuten
Garen 45 Minuten

4 EL	Olivenöl
4	Tomaten, enthäutet und in Würfel geschnitten
2	Zucchini, geschält und in kleine Würfel geschnitten
1	Stange Lauch, in Ringe geschnitten
½	Bleichsellerie, in kleine Stücke geschnitten
1	Fenchelknolle, geviertelt und in Scheiben geschnitten
1¾ l	Brühe oder Wasser
100 g	grüne Brechbohnen, in kleine Stücke geschnitten
100 g	frische dicke Bohnen
1	Knoblauchzehe, klein geschnitten
	Salz und frisch gemahlener Pfeffer
50 g	Makkaroni, in kleine Stücke gebrochen (nach Belieben mehr, dann entsprechend Flüssigkeitsmenge erhöhen)
100 g	frische Erbsen
4 EL	Petersilie, fein gehackt
8 EL	Parmesan, gerieben

① Öl erhitzen, Tomaten, Zucchini, Sellerie, Lauch, Fenchelknolle darin andünsten, mit Brühe anfüllen, zum Kochen bringen, dicke und grüne Bohnen und Knoblauch zugeben, salzen, pfeffern, auf kleiner Hitze garen.
② Nach etwa 30 Minuten Makkaroni unter Rühren einstreuen, Erbsen zugeben, auf kleiner Hitze fertiggaren, abschmecken, Petersilie zugeben, kurz darin ziehen lassen, anrichten, servieren.
③ Parmesan getrennt zur Suppe reichen.

Französische Zwiebelsuppe à la Bistro

Vorbereiten 20 Minuten
Garen 30 Minuten
Überkrusten 8–10 Minuten

750 g	Zwiebeln, in Halbringe geschnitten
3 EL	Butter, flüssig
1¼ l	Brühe oder Bouillon
½	Lorbeerblatt
	Salz und frisch gemahlener Pfeffer
	Prise Cayennepfeffer
	Prise Thymian oder 1 kleiner, frischer Zweig
2 EL	Wein
4	Scheiben Toastbrot
15 g	Butterflöckchen
3 EL	Reibkäse
1	Eigelb
1	Eiweiß, steif geschlagen

① Zwiebeln unter häufigem Wenden in der Butter lichtgelb rösten, mit Brühe aufgießen, Gewürze und Wein zugeben, auf kleiner Hitze garen.
② Brot toasten oder rösten. Butter schaumig rühren, Eigelb zugeben und verrühren, Reibkäse dazugeben, Eischnee unter die Masse ziehen, kühl stellen.
③ Suppe abschmecken, Lorbeerblatt herausfischen, in ofenfeste Suppenschalen verteilen. Die Brotscheiben mit der Käsemasse bestreichen, unter dem Herdgrill überkrusten, sofort servieren.

Verwendung Typischer Suppensnack, sowohl für mittags als auch für abends passend.

Variationen
- Statt der Käsemischung auf jede Brotscheibe 1½ EL geriebenen Emmentaler streuen.
- Statt in Portionsschalen in ofenfeste Glas- oder Porzellanform füllen, überkrusten.

Bauernsuppe

Vorbereiten 10 Minuten
Garen 2 Stunden, im Dampfdrucktopf 45 Minuten

100 g	Trockenerbsen oder -bohnen, über Nacht in 2 l Wasser eingeweicht
500 g	mageres Suppenfleisch am Stück
100 g	Graupen
½	kleiner Wirsing oder Weißkohlkopf in Stücken
½	Sellerieknolle oder Bleichsellerie in Stücken
2	Möhren in Stücken
2	Stangen Lauch in Ringen
	Salz und frisch gemahlener Pfeffer
2 EL	Petersilie und/oder Schnittlauch, gehackt

① Erbsen im Einweichwasser, auf 2 l aufgefüllt, ankochen, Fleisch, Graupen und Gemüse zugeben, auf mittlerer Hitze gar kochen.
② Das Fleisch aus der Brühe nehmen, Suppe durch ein Sieb gießen, alles andere durchpassieren oder pürieren, wieder an die Suppe rühren, abschmecken.
③ Fleisch in kleine Würfel schneiden, in die Suppe legen, erwärmen, anrichten, mit Petersilie bestreuen. Eine herzhafte, nicht fette, gut sättigende Suppe.

Französische Erbsensuppe

Vorbereiten 10 Minuten
Garen 1¾ Stunden

250 g	Trockenerbsen, über Nacht in 1½ l kaltem Wasser eingeweicht
4	mittelgroße Kartoffeln, in große Würfel geschnitten
½	Sellerieknolle, in große Würfel geschnitten
1 TL	Pfefferkörner und Salz
2	Knoblauchzehen, geschält
1	Lorbeerblatt
1	Stengel frischer Thymian
2 EL	Öl
100 g	durchwachsener Speck, gewürfelt
1	große Zwiebel, in Ringe geschnitten
2	Möhren, klein gewürfelt
1	Stange Lauch, in Ringe geschnitten
¼ l	Brühe oder Wasser
½	Kopfsalat oder entsprechende Menge Spinatblätter, in 1 cm breite Streifen geschnitten
4 EL	saure Sahne oder 2 EL Crème fraîche

① Die Erbsen im Einweichwasser mit Kartoffeln, Sellerie und Gewürzen in ca. 1¼ Stunden gar kochen, danach durch ein Sieb passieren oder pürieren.
② Speck in Öl knusprig braten, Zwiebel, Möhren und Lauch andünsten, mit Brühe aufgießen, garen.
③ Erbsenpüree zum Dünstgemüse geben, durchkochen, abschmecken.
④ Salat- oder Spinatblätter in die abgeschmeckte Suppe geben, etwa 10 Minuten darin ziehen lassen. Suppe mit Sahne verfeinern, anrichten.

Variationen
- In die fertige Suppe (vor Zugabe der Salatblätter) Klößchen aus 400 g Mett einlegen, 20 Minuten auf kleiner Hitze garen.
- Geräucherte Bratwürste in Stücke schneiden (3 cm), 10 Minuten in der Suppe ziehen lassen.

Rumford-Suppe

Vorbereiten 10 Minuten
Garen 1½ Stunden, im Dampfdrucktopf 30 Minuten

100 g	Trockenerbsen oder Linsen, über Nacht in 1½ l kaltem Wasser eingeweicht
2 EL	Öl
3 EL	Rollgerste
1	Zwiebel, fein gehackt
½	Sellerieknolle, klein gewürfelt
2	Möhren, klein gewürfelt
1	große Kartoffel, klein gewürfelt
⅜ l	Wasser oder Brühe
50 g	durchwachsener Speck, klein gewürfelt
	Salz
2 EL	Petersilie, fein gehackt

① Erbsen im Einweichwasser zusetzen, gar kochen, pürieren oder durch ein Sieb passieren.
② Rollgerste in Öl andünsten, Zwiebel, Sellerie, Möhren und Kartoffeln zugeben, mit Flüssigkeit aufgießen, gar kochen.
③ Erbsenpüree und Gemüsemischung zusammenschütten, nochmals einige Minuten miteinander kochen lassen.
④ Speck in kleiner Pfanne langsam knusprig rösten. Suppe abschmecken, anrichten, mit Speck abschmelzen, Petersilie darüberstreuen.

Rheinische Linsensuppe

Vorbereiten 5 Minuten
Garen 1½ Stunden, im Dampfdrucktopf 25–30 Minuten

250 g	geschälte Linsen
1	Bund Suppengrün
1¾ l	Brühe oder Wasser
400 g	Mett oder gewürztes Hackfleisch
2 EL	Mehl
⅛ l	Brühe oder Wasser
4 EL	Essig
1 TL	Zucker
	Salz und frisch gemahlener Pfeffer
4 EL	Petersilie und Schnittlauch, fein gehackt

① Die Linsen mit Suppengrün und Flüssigkeit zusetzen, gar kochen.
② Von fertigem Mett oder Hackfleisch mit kleinem Löffel längliche Klößchen abstechen, auf kleiner Hitze garen lassen.
③ Mehl mit Flüssigkeit verquirlen, an die Suppe rühren, 10 Minuten durchkochen lassen, mit Essig, Zucker, Salz und Pfeffer abschmecken, anrichten, mit Petersilie bestreuen, servieren.

Variation
1 rote, entkernte, in dünne Streifen geschnittene Paprikaschote gleichzeitig mit den Fleischklößchen der Suppe zugeben.

Wildsuppe mit Linsen

Vorbereiten 5 Minuten
Garen 2½ Stunden, im Dampfdrucktopf 45 Minuten

250 g	Linsen
2 l	kaltes Wasser oder Wildbrühe
500 g	Fleisch von Reh, Hirsch, Hase am Stück, Wildknochen
1	Lorbeerblatt
2	Nelken, auf 1 kleine Zwiebel gespickt
100 g	durchwachsener Speck, gewürfelt
1	große Zwiebel, gewürfelt
½	Sellerieknolle, gewürfelt
2	Möhren, gewürfelt
	Salz und frisch gemahlener Pfeffer
1 EL	Tomatenpüree
¼ l	Rotwein

Suppeneinlage

80 g	Mehl, gesiebt
2	Eier, verquirlt
	Salz

① Die Linsen mit Flüssigkeit, Fleisch und Gewürzen zusetzen, ankochen, auf mittlerer Hitze garen. Nach dem Garen Lorbeerblatt und Zwiebel entfernen, Fleisch klein schneiden.
② Speck knusprig rösten, Zwiebel, Sellerie und Möhren darin andünsten, mit Linsen samt Brühe aufgießen, klein geschnittenes Wildfleisch einlegen, alle Gewürze und Rotwein zugeben, nochmals ½ Stunde kochen lassen.
③ Mehl und Eier miteinander verrühren, salzen, sofort mit kleinem Löffel Nockerl abstechen, in die brodelnde Suppe einlegen, darin etwa 8 Minuten ziehen lassen, Garprobe machen. Mit den Nockerln anrichten.

Variation
Die Linsen nach dem Kochen pürieren, Rezeptverlauf gleichbleibend.

Schottische Lauchsuppe

Vorbereiten 10 Minuten
Garen 20 Minuten

750 g	Lauch, in Ringe geschnitten
½ l	helle Brühe
1 l	Milch
3 EL	Hafermehl oder 4 EL Haferflocken
	Salz und frisch gemahlener Pfeffer
⅛ l	Sahne (evtl. mit 1 Eigelb verquirlt)
2 EL	Petersilie, gehackt

Suppeneinlage

	Fleischbällchen von
400 g	Hackfleisch
	Salz und Prise Pfeffer
1	kleine Zwiebel, fein gehackt
1	Eiklar (Eigelb zur Sahne rühren) *oder*
	Fleischbällchen aus
400 g	Bratwurstmasse *oder*
20	kleine Cocktailwürstchen

① Lauch mit Brühe zusetzen, langsam zum Kochen bringen, auf kleinem Feuer 10 Minuten kochen lassen. Milch zugießen, aufkochen lassen.
② Hafermehl oder Haferflocken in die Suppe unter Rühren einstreuen, ziehen lassen.
③ Fleischbällchen herstellen, in die Suppe einlegen, 10 Minuten kochen lassen. Oder Würstchen einlegen, ziehen lassen.
④ Abschmecken, mit Sahne verfeinern, anrichten, mit Petersilie bestreuen, servieren.

Bayerische Leberknödelsuppe

Vorbereiten 10 Minuten
Garen 15 Minuten

5	alte Semmeln, fein geschnitten
3/16 l	kalte Milch
200 g	Rindsleber, gemahlen
2 EL	Butter, flüssig
1	mittelgroße Zwiebel, fein gehackt
2 EL	Petersilie, fein gehackt, oder gleiche Menge frischer Majoran oder Basilikum
	Salz und frisch gemahlener Pfeffer
3	Eier
1¾ l	Brühe
2 EL	Schnittlauch, fein gehackt (nach Belieben)

① Semmeln in flacher Schüssel mit Milch übergießen, gelegentlich wenden.
② Leber und Semmeln zusammen verkneten, Zwiebel in Butter andünsten, zur Masse geben, mit Petersilie (Majoran oder Basilikum), Salz und Pfeffer würzen, durchkneten. Eier zugeben, sehr gut in den Teig einarbeiten, Brühe erhitzen.
③ Aus der Masse Knödel formen (5–6 cm Ø), in die leicht kochende Brühe einlegen, etwa 15 Minuten darin sieden lassen, abschmecken, mit Schnittlauch bestreuen, anrichten, servieren.

Tiroler Speckknödelsuppe

Vorbereiten 25 Minuten
Garen 15 Minuten

5	alte Semmeln oder Brot, dünn geschnitten
3/16 l	kalte Milch
3 EL	Butter, flüssig
1	mittelgroße Zwiebel, fein gehackt
250 g	magerer, geräucherter Schinkenspeck, fein gewürfelt
1¾ l	Brühe
3	Eier
	Salz und frisch gemahlener Pfeffer
	Prise Muskat
2 EL	Petersilie, fein gehackt

① Die geschnittenen Semmeln in flacher Schüssel mit Milch übergießen, durchziehen lassen, gelegentlich wenden.
② Butter erhitzen, Zwiebel und Speck auf kleiner Hitze darin dünsten. Brühe erhitzen.
③ Speck und Zwiebeln unter die Semmeln mischen, Eier, Salz, Pfeffer, Muskat unter die Semmelmasse arbeiten. Knödel von ca. 5–6 cm Ø formen, in die leicht kochende Brühe einlegen, darin gar ziehen lassen. Garprobe machen, Suppe abschmecken, mit Petersilie bestreuen, servieren.

Speziell bei dieser Suppe ist Zurückhaltung beim Salzen angebracht.

Nudeltopf mit Huhn

Vorbereiten 5 Minuten
Garen 1¾–2¼ Stunden, im Dampfdrucktopf 30–40 Minuten

1	kochfertiges Suppenhuhn
1	Bund Suppengrün
2½ l	kaltes Wasser
	Salz und 1 TL Pfefferkörner
1	kleines oder ½ Lorbeerblatt
2	ganze Möhren
100 g	Suppennudeln
2 l	Wasser
	Prise Muskat
2 EL	Petersilie, fein gehackt

Nach Beliebig zusätzlich

100 g	frische oder TK-Erbsen *oder*
100 g	frische Champignons, blättrig geschnitten, *oder*
150 g	frische Brokkoli-Röschen *oder*
100 g	frische Spargelspitzen

① Bürzel und Fettvlomen vom Huhn abschneiden, in Topf legen, mit kaltem Wasser übergießen. Suppengrün, Salz, Pfefferkörner und Lorbeerblatt zugeben, alles zum Kochen bringen, sich bildenden Schaum abschöpfen, Topf zudekken, auf möglichst kleiner Hitze gar kochen, Huhn aus dem Topf nehmen, etwas abkühlen lassen, Brühe durch feines Sieb gießen, evtl. Fett abschöpfen, abschmecken.
② Zum Garen der Nudeln gesalzenes Wasser zum Kochen bringen, Nudeln einlegen, auf mittlerer Hitze »al dente« kochen (Topf offen lassen), abseihen, mit kaltem Wasser überbrausen.
③ Vom Huhn Haut abziehen, Fleisch von den Knochen lösen, in 1–2 cm breite Streifen schneiden.
④ Brühe (1¾ l etwa) wieder erhitzen, Fleisch einlegen, Erbsen, Brokkoli, Spargelspitzen oder Pilze zugeben. 5–10 Minuten in der Brühe ziehen lassen, Nudeln einlegen, umrühren, mit Muskat abschmecken, anrichten, mit Petersilie bestreuen, servieren.

Wird die Suppe auf Vorrat zubereitet, den Prozeß bei ③ im Rezept unterbrechen, erst bei Bedarf fertigstellen.

Variation
Statt Huhn entsprechende Menge Rindfleisch nehmen.

Kartoffelsuppe mit Huhn

Ajiacco

Vorbereiten 15 Minuten
Garen 1¾ Stunden

1	Suppenhuhn, in 8 Stücke zerteilt
1¾ l	Wasser, evtl. etwas mehr, kochendheiß
1 TL	Salz
2	Stengel Sellerieblätter
1	große Zwiebel, geviertelt
1	Lorbeerblatt
1 TL	Pfefferkörner
250 g	Kartoffeln, gewürfelt
⅛ l	Sahne
4	Kolben Zuckermais, frisch oder aus der Dose, in 3–4 cm lange Stücke geschnitten
	frisch gemahlener Pfeffer
1 EL	Petersilie, gehackt

① Die Stücke vom Huhn in einen möglichst flachen Topf legen, mit dem heißen Wasser übergießen, zum Kochen bringen, Salz, Sellerie, Zwiebel und Gewürze zugeben, 1 Stunde kochen lassen.
② Nur das gegarte Huhn herausnehmen, abkühlen lassen. Kartoffeln in die Brühe geben und mit den übrigen Zutaten garen. Hühnerfleisch von den Knochen lösen, in nicht zu kleine Stücke schneiden.
③ Die Brühe abseihen, Kartoffeln und andere Zutaten durchpassieren, in den Topf zurückschütten, mit Sahne abschmecken. Zuckermaiskolben und das Geflügelfleisch in die Suppe legen, so lange simmern lassen, bis der Mais gar ist. Mit Petersilie bestreut anrichten.

Pot-au-feu

Französische Suppenspezialität

Vorbereiten 20 Minuten
Garen 2½–3 Stunden auf dem Herd oder im Ofen bei 130–150 °C

1 kg	Rindfleisch (Beinfleisch)
1	großer Kalbsknochen
2 l	Wasser
1	Bund Suppengrün
1	große Zwiebel im ganzen
1	Knoblauchzehe, ungeschält
2	Nelken, in die Zwiebel gesteckt
	Salz und 10 Pfefferkörner
1	säuerlicher Apfel im ganzen
1	Fenchelknolle im ganzen
2	Möhren im ganzen
½	Wirsingkopf, Strunk entfernt
10	kleine Zwiebeln oder Schalotten
20 g	getrocknete Steinpilze
8	kleine Kartoffeln
4 EL	Petersilie, fein gehackt
8	Scheiben Stangenweißbrot, geröstet, mit Butter beträufelt

① Fleisch und Kalbsknochen in möglichst großen Topf mit schwerem Boden legen, kaltes Wasser zugießen, das Fleisch muß gerade bedeckt sein. Langsam ankochen, sich bildenden grauen Schaum abschöpfen, dann Suppengrün, Zwiebel, Knoblauch, Salz, Pfefferkörner und Apfel zuge-

ben, Deckel auflegen, auf kleiner Hitze kochend halten. Pilze in ½ l kaltem Wasser einweichen.
② Gemüse vorbereiten. Nach etwa 1½ Stunden Kochzeit Suppengrün, Apfel, Zwiebel herausfischen, Pilze mit Einweichwasser (durch feines Sieb gießen) zugeben, alle vorbereiteten Gemüse einlegen, evtl. etwas Flüssigkeit, am besten Brühe, nachfüllen, bei kleinstmöglicher Hitzezufuhr fertiggaren.
③ Fleisch aus dem Topf nehmen, warm halten. Mit Schaumlöffel alle Gemüse herausheben, auf Teller legen. Brühe abseihen, evtl. abschmecken.
④ Fleisch in Scheiben oder Stücke schneiden, auf vorgewärmter, tiefer Platte schuppenartig anrichten, mit den Gemüsen bunt umlegen, einige Eßlöffel Brühe über das Fleisch gießen, Petersilie über Gemüse streuen, alles warm halten.
⑤ Suppe (Bouillon) in Tassen servieren, geröstete Weißbrotscheiben dazu reichen, anschließend Fleisch-Gemüseplatte servieren.

Verwendung Klassisches, leichtes und sehr wohlschmeckendes Hauptgericht zu allen Gelegenheiten.

Ochsenschwanzsuppe

Vorbereiten 10 Minuten
Garen 2½ Stunden, im Dampfdrucktopf 45 Minuten

1 kg	Ochsenschwanz, in Scheiben zerteilt
2 EL	Öl
1	kleines geräuchertes Eisbein oder 250 g durchwachsener Speck
2 l	Brühe oder Wasser, evtl. etwas mehr
2	Möhren, halbiert
2	Zwiebeln
½	Sellerieknolle
1 TL	Pfefferkörner
2	Nelken
1	Lorbeerblatt
3 EL	Mehl, trocken lichtbraun geröstet
	Salz
¼	Rotwein oder Madeira

① Die Ochsenschwanzstücke in schwerem Topf in Öl knusprig anbraten, ebenso Eisbein oder Speck. Mit Flüssigkeit ablöschen, Gemüse und Gewürze – mit Ausnahme von Salz – zugeben, auf mittlerer Hitze gar kochen.
② Geröstetes Mehl erkalten lassen, mit Rotwein verquirlen.
③ Topfinhalt abseihen. Fleisch von den Knochen lösen, nur das magere Fleisch in kleine Würfel schneiden, nach Belieben auch Fleisch von Eisbein verwenden.
④ Brühe zum Kochen bringen, Rotwein mit Mehl unter Rühren zugeben, ½ Stunde durchkochen, Fleisch einlegen, Gemüse durchpassieren, der Suppe zugeben. Nochmals gut ½ Stunde köcheln lassen. Abschmecken, anrichten.

Verwendung Zwischengericht, Suppensnack.

> Schmeckt aufgewärmt noch intensiver. Läßt sich sehr gut einfrieren.

Ungarische Gulaschsuppe

Vorbereiten 20 Minuten
Garen 2½–3½ Stunden

750 g	mageres Rindfleisch von Bug oder Vorderhesse, in 2 × 2 cm große Würfel geschnitten
4 EL	Öl
4	mittelgroße Zwiebeln, gehackt
	Salz und frisch gemahlener Pfeffer
1 EL	Tomatenmark oder
2	frische Tomaten, enthäutet und geviertelt
2 EL	Paprika edelsüß
2 l	Gemüsebrühe oder Wasser
4	mittelgroße Kartoffeln, klein gewürfelt
⅛ l	Sahne, süß oder sauer

① In genügend großem Topf mit schwerem Boden Öl erhitzen, Fleisch in 2–3 Portionen darin scharf anbräunen, häufig wenden, Hitze reduzieren, Zwiebeln zugeben, etwas Salz und Pfeffer darüberstreuen, wenden, 1 Tasse Flüssigkeit angießen, mit dem Fleisch auf kleiner Hitze bei zugedecktem Topf 10 Minuten schmoren.
② Tomatenmark und Paprika in den Topf geben, kurz andünsten lassen, nach und nach restliche Flüssigkeit angießen, auf kleiner Hitze garen. Nach etwa 1 Stunde Kartoffeln zugeben, umrühren, weiterkochen. Die Kartoffeln sollen während des Garprozesses zerfallen und die Suppe binden.
③ Wenn das Fleisch gut gar ist, die Suppe rund abschmecken, Sahne unterrühren, kurz in der Suppe ziehen lassen, servieren.

Verwendung Als kleine Mahlzeit, zur Bewirtung auch einer größeren Anzahl von Gästen als »Mitternachtssuppe«. Gefriergeeignet.

> Gulasch und Gulaschsuppe nie brausend, sondern nur simmernd kochen lassen.

Original Serbische Bohnensuppe

Vorbereiten 10 Minuten
Garen 1¾–2 Stunden, in Dampfdrucktopf 45 Minuten

250 g	weiße Trockenbohnen, über Nacht in 2 l Wasser eingeweicht, oder Konserve
1	Bund Suppengrün
	Salz
500 g	mageres Rindfleisch am Stück
200 g	durchwachsener Speck, klein gewürfelt
2	große Zwiebeln, gehackt
1	grüne Paprika, entkernt, in Stücke geschnitten
1	Peperoni, entkernt, sehr fein geschnitten
1	Knoblauchzehe, durchgepreßt
1 EL	Paprika edelsüß
	Salz und frisch gemahlener Pfeffer
¼ TL	Majoran

① Bohnen, Suppengrün, Salz und Rindfleisch im Einweichwasser zusetzen, zum Kochen bringen, auf mittlerer Stufe garen. Rindfleisch nach etwa 1¼ Stunden herausnehmen, abkühlen lassen, in kleine Würfel schneiden. Nach dem Garen Suppengrün entfernen.

② Speck knusprig rösten, Zwiebeln darin andünsten, Paprika, Peperoni und Knoblauch zugeben, kurz mitdünsten. Vorgekochte Bohnen samt Brühe an die Dünstmischung gießen, zum Kochen bringen, Rindfleischwürfel, Paprika, Pfeffer und Majoran dazugeben, nochmals ½ Stunde kochen lassen, evtl. nachsalzen. So lange auf kleiner Hitze kochen, bis die Bohnen zerfallen.

Chilisuppe

Vorbereiten 5 Minuten
Garen 45 Minuten

500 g	mageres Hackfleisch
2 EL	Öl
2	große Zwiebeln, gehackt
2	Knoblauchzehen, durchgepreßt
2	kleine, grüne Peperoni, sehr fein geschnitten
	Salz und frisch gemahlener Pfeffer
1½ l	Brühe
6 EL	Paprikamark
1 EL	Tomatenmark
⅛ l	Sahne, süß oder sauer
1 EL	Mehl

① Hackfleisch in Öl scharf anbraten, häufig wenden, Zwiebeln, Knoblauch, Peperoni, Salz, Pfeffer zugeben, mit der Hälfte der Brühe aufgießen, bei offenem Topf und mittlerer Hitze Flüssigkeit etwas einkochen lassen, restliche Flüssigkeit zugeben, gar kochen.

② Paprika- und Tomatenmark unterrühren, auf kleiner Hitze weiterkochen. Sahne mit Mehl verquirlen, an die Suppe gießen, noch 10 Minuten simmern lassen, abschmecken, anrichten.

Variationen

- Statt Paprikamark 2 rote, klein gewürfelte Paprikaschoten verwenden.
- Halbe Hackfleischmenge nehmen und 1 Dose (½ l Inhalt) Baked beans zugeben.

Dicke Fischsuppe

Vorbereiten 10 Minuten
Garen 30–45 Minuten

4 EL	durchwachsener Speck, gewürfelt
1	große Zwiebel, fein gehackt
½	Sellerieknolle in kleinen Würfeln
6	mittelgroße Kartoffeln, geschält, gewürfelt
1¼ l	Fisch- oder Gemüsebrühe oder Wasser, kochendheiß
½ l	Milch
	Salz und frisch gemahlener Pfeffer
1 kg	Kabeljau oder Schellfisch am Stück oder als Filet
30 g	kalte Butterflöckchen
2 EL	Petersilie fein gehackt

① Speck auslassen, Zwiebel darin glasig dünsten, Sellerie und Kartoffeln zugeben, mit kochender Flüssigkeit aufgießen, bei zugedecktem Topf und mittlerer Hitze gar kochen.

② Brühe abseihen. Alles pürieren oder durch ein Sieb passieren, in Topf zurückschütten, Milch dazugießen, einige Minuten durchkochen lassen, abschmecken.

③ Fisch in kleine, gulaschgroße Stücke teilen, in die Suppe einlegen, darin ziehen, nicht kochen lassen.

④ Butterflöckchen auf die Suppe legen, zerlaufen lassen, vorsichtig unterrühren, anrichten, mit Petersilie bestreuen.

Fischsuppe La Coruña

Vorbereiten 30 Minuten
Garen 20 Minuten

1,5 kg	Fisch am Stück (Kabeljau, Heilbutt, Steinbutt), in 3 cm dicke Tranchen zerteilt (Kopf und Schwanzstück mit Suppengrün und frischem Salbeiblatt zur Fischbrühe geben)
1½ l	Wasser
2 EL	Olivenöl

2	Stangen Lauch, in dünne Ringe geschnitten
½	Bleichsellerie, fein geschnitten, oder 2 große Sträuße Petersilie, grob gehackt
1	Fenchelknolle mit Grün, fein geschnitten
1	Lorbeerblatt
1¼ l	Fischbrühe
	frisch gemahlener Pfeffer
½ l	Sahne
1	Knoblauchzehe, durchgepreßt
2	Eigelb
2 EL	Petersilie, fein gehackt

① Kopf- und Schwanzstück mit Suppengrün und frischem (nicht getrocknetem) Salbei mit Wasser zusetzen und eine Fischbrühe herstellen, 30 Minuten kochen lassen, abseihen, mit Salz und Pfeffer mild abschmecken, heiß halten.

② In einem möglichst weiten Topf (die Fischstücke müssen nebeneinanderliegend hineinpassen) Olivenöl erhitzen, vorbereitete Gemüse andünsten, leicht salzen, gleichmäßig auf Topfboden verteilen, Lorbeerblatt einlegen. Die Fischstücke darauflegen. Mit heißer Fischbrühe angießen, so daß der Fisch knapp bedeckt ist. Topf zudecken, Fisch garziehen lassen, dazu geringstmögliche Hitze geben (evtl. im vorgeheizten Ofen bei 180 °C). Der Garpunkt ist erreicht, wenn die Fischstücke weiß sind und sich leicht nach oben wölben.

③ Nach dem Garen die Fischstücke auf vorgewärmte tiefe Teller legen, Brühe durch Sieb abgießen, ¼ l Sahne mit durchgepreßtem Knoblauch aufkochen, mit Eigelb vorsichtig verrühren, an die Brühe mischen, mild abschmecken.

④ Die restliche Sahne cremig schlagen, rasch unter die Suppe ziehen, Suppe sofort über die Fischstücke gießen, Petersilie darüberstreuen, servieren.

Beilagen Warmes, krosses Stangenweißbrot.

Variationen

- Statt Sahne eine Äioli-Knoblauchmayonaise (s. Seite 257) bereiten, davon die Hälfte an die Brühe mischen, die andere Hälfte über die Fischstücke verteilen, nachdem sie bereits von der Suppe umgeben sind.
- Als Verfeinerung zusätzlich 250 g Hummerkrabben mit Sahne und Knoblauch erhitzen und an die fertige Suppe geben. Dillzweiglein als Garnitur verwenden.
- Das zur Zubereitung verwendete Gemüse in der Brühe lassen, ansonsten Zubereitung wie im Rezept.

Kalte pikante Suppen

Andalusische Gemüsesuppe

Gazpacho andaluz

Zubereiten 30 Minuten
Kühlen 1½ Stunden

1	Knoblauchzehe, durchgepreßt
4 EL	Olivenöl
600 g	Tomaten, enthäutet, in kleine Würfel geschnitten
1	weiße Paprika, entkernt, geviertelt und in dünne Streifen geschnitten
2	Schalotten, fein geschnitten
	Salz und frisch gemahlener Pfeffer
	Prise Cayennepfeffer
2 EL	Sherry- oder Rotweinessig
⅜ l	kalte Brühe, entfettet, oder Wasser
1	Salatgurke, geschält, entkernt und in sehr kleine Würfel geschnitten oder gehackt
4	Scheiben Weißbrot, gewürfelt
2 EL	Öl
4–6	Eiswürfel (nach Belieben)

① Knoblauchzehe gleich in Schüssel pressen, mit Öl verrühren, Tomaten, Paprika, Zwiebeln, Salz und Pfeffer, Essig, Brühe oder Wasser dazugeben, ½ Stunde zugedeckt ruhen lassen.

② Gurke vorbereiten, 10 Minuten vor dem Servieren an die Mischung geben, abschmecken, kühlen.

③ Brotwürfel in Öl knusprig rösten, zur Suppe servieren. Nach Bedarf Eiswürfel einlegen.

Melonensuppe Jaffa

Vorbereiten 20 Minuten
Zubereiten 10 Minuten
Kühlen 2–3 Stunden

400 g	Honigmelone, geschält, zerteilt, entkernt, in Würfel geschnitten
	Saft von 2 Zitronen
4	mittelgroße Kartoffeln, gewürfelt
⅜ l	Milch
¼ l	Brühe, entfettet
	Salz und frisch gemahlener Pfeffer
⅟₁₆ l	trockener Weißwein oder Sherry
2 EL	grüner Pfeffer
¼ l	saure Sahne oder Sahnedickmilch

① Kartoffeln in Milch kochen, pürieren, erkalten lassen.

② Melonenstücke mit Zitronensaft pürieren, Brühe angießen, mit Schneebesen gut verrühren.

Erkaltete, pürierte Kartoffeln sehr gut untermischen, Wein zugießen, mild abschmecken.
③ Saure Sahne sehr glatt rühren und mit dem grünen Pfeffer an die Suppe mischen, nochmals intensiv mit dem Schneebesen durcharbeiten, sehr gut kühlen.

Auberginensuppe

Vorbereiten 40 Minuten
Zubereiten 20 Minuten
Kühlen 2–3 Stunden

4	große Auberginen, gewaschen, enthäutet, entstielt
4 EL	Olivenöl
1	kleine Zwiebel, fein gehackt
1	Knoblauchzehe, durchgepreßt
	Salz und frisch gemahlener Pfeffer
½ l	kalte Brühe, entfettet
	Saft von 1 Zitrone
1	Becher Joghurt
1	Becher Sahne, steif geschlagen
	einige Spritzer Tabasco-Sauce oder
¼ TL	Cayennepfeffer
2 EL	Petersilie, fein gehackt
1 EL	Dill, fein gehackt

① Auberginen samt Stielansatz auf Grillrost über dem Backblech legen, bei 150 °C im Ofen garen. Sobald die Schale schrumpft, aus dem Ofen nehmen und sofort enthäuten, Stielansatz entfernen, Fruchtfleisch grob hacken.
② Öl erhitzen, Zwiebel glasig dünsten, Auberginen zugeben, auf kleiner Hitze glasig dünsten. Knoblauchzehe zugeben, kurz mitdünsten. Das Ganze durch ein Sieb passieren, würzen, Brühe zugießen, sehr gut mit Schneebesen durchrühren, Zitronensaft zugeben, erkalten lassen.
③ Joghurt mit kleinem Schneebesen glatt verrühren, an die Suppe gießen. Die Sahne steif schlagen, unterziehen, nochmals abschmecken, mit Tabasco oder Cayennepfeffer abrunden. Sehr gut kühlen, mit Kräutern bestreut servieren.

Terlaner Weinsuppe

Zubereiten 10 Minuten
Kühlen 2 Stunden

½ l	helle Brühe, fein abgeschmeckt
½ l	Weißwein
	fein abgeriebene Schale von ¼ Zitrone
	Saft von 1 Zitrone
2	Eigelb
2	ganze Eier
	Prise Muskat
1 TL	Zucker, Salz
2 EL	Estragonblättchen

① Eigelb und ganze Eier im Topf verquirlen, Brühe, Weißwein, Zitronenschale und -saft auf mittlerer Hitze mit Schneebesen rasch und gründlich abschlagen, bis Flüssigkeit an den Siedepunkt kommt und stark aufschäumt.
② Sofort von der Kochstelle nehmen, Muskat dazureiben, abschmecken, in Anrichteschüssel gießen, gut kühlen.
③ Vor dem Servieren nochmals durchrühren, Estragonblättchen obenauflegen.

Verwendung Zur Erfrischung an heißen Tagen. Wird in Südtirol in gleicher Zubereitung auch heiß gegessen.

Variation
Süße Terlaner Weinsuppe daraus bereiten: Dabei helle Brühe durch Apfel- oder Birnensaft ersetzen, entkernte weiße oder blaue Trauben einlegen, die – nach Belieben – vorher einige Minuten in Apfel- oder Birnensaft gegart werden, der zur Suppe verwendet wird.

Süße Suppen

Siehe Kapitel Süßspeisen, speziell Seite 288 ff.

Suppeneinlagen

Gemüseeinlage, Juliennes

Vorbereiten 10–15 Minuten
Garen 4–5 Minuten

300 g	verschiedene Gemüse, 4–5 cm lang und nudelartig geschnitten, nach Wahl zusammengestellt, z. B. Möhren, Sellerie, Lauch und Erbsen *oder* Möhren, Stangensellerie und Blumenkohlröschen *oder* Möhren, Brokkoli, Sellerie und Champignons *oder* Möhren, Champignons, Stangensellerie und Erbsen
Oder	
300 g	Gemüse und Fleisch, nach Wahl zusammengestellt, z. B. rote, gehäutete Paprika, Champignons, Petersilienblätter und Hühnerbrüstchen *oder* Fruchtfleisch von enthäuteten Tomaten, Morcheln, Geflügelfleisch und zarte Blätter von Bleichsellerie

Alle Gemüse waschen, abtropfen, sehr sorgfältig, gleichmäßig und dünn in Streichholzlänge schneiden. Blumenkohl oder Brokkoli in möglichst kleine, gleichmäßige Röschen zerteilen, Champignons blättrig, Morcheln in 1 cm breite Streifen schneiden. In kochender Brühe »al dente« garen.

Verwendung Zu allen Arten von Brühen. Menge auf 1 l Brühe berechnet.

Croûtons

Geröstete Semmel- oder Weißbrotwürfel

Vorbereiten 5 Minuten
Zubereiten 5–8 Minuten

4 EL	Butter, flüssig
2	altbackene Semmeln oder 4 Scheiben Weißbrot, in Würfel von 2 × 2 cm geschnitten

In möglichst weiter, flacher Pfanne die Butter auf kleiner bis mittlerer Hitze zerlassen, Würfel einlegen (Brösel zurückbehalten, da sie leicht schwarz werden), auf reduzierter, gleichmäßiger Hitze unter häufigem Wenden kroß bräunen.

Verwendung Getrennt zu klaren Brühen, Bouillon, Creme- und Püreesuppen servieren. Menge auf 1¼ l Flüssigkeit berechnet.

Geröstete Brotscheiben

Garlic Bread

Vorbereiten 5 Minuten
Zubereiten 10–15 Minuten im Ofen bei 200 °C oder unter dem Herdgrill 2–3 Minuten pro Seite

16	Scheiben altbackenes Stangenweißbrot, 1 cm dick geschnitten
4 EL	Butter, zerlassen, und
4 EL	geriebener Parmesan *oder*
1	Knoblauchzehe, der Länge nach halbiert, und
2 EL	Olivenöl

Brotscheiben nebeneinander auf Backblech legen, im Ofen hellgelb rösten, wenden, mit zerlassener Butter beträufeln, Reibkäse gleichmäßig darüberstreuen, wieder in den Ofen schieben, Käse zerlaufen und ganz leicht Farbe annehmen lassen.
Oder: Beidseitig rösten, dann jede Scheibe auf einer Seite mit Knoblauchzehe (Schnittfläche der Länge nach) einreiben, Olivenöl darüberträufeln, servieren.

Verwendung Getrennt zu klaren Brühen, Bouillon, Creme-, Gemüse-, Püreesuppen servieren, auch zu Eintopfsuppen. Menge auf 1 l Flüssigkeit berechnet.

Eiereinlauf

Zubereiten 2–3 Minuten

1 EL	Mehl
	Salz
2	Eier
1 l	Brühe
	Prise Muskat
2 EL	Schnittlauch oder Petersilie, gehackt

① Mehl und Salz in kleiner Schüssel mischen, Ei einschlagen, mit kleinem Schneebesen glatt rühren.
② Brühe zum Kochen bringen, Teig unter Rühren mit Schneebesen einlaufen lassen, beiseite stellen, nochmals durchrühren, abschmecken, anrichten.

Verwendung Für alle Arten von Brühen geeignet.

Eierstich

Vorbereiten 5 Minuten
Garen 20–25 Minuten

Grundmasse

1	Ei und 1 Eigelb
⅛ l	heiße Brühe, evtl. 1–2 EL mehr
	Prise Muskat
2 EL	Butter, flüssig

Nach Belieben zusätzlich

2 EL	Parmesan, sehr fein gerieben, *oder*
2 EL	Spinat, püriert, *oder*
2 EL	frische Tomaten, püriert, *oder*
2 EL	Kräuter (z. B. Basilikum, Petersilie, Schnittlauch), püriert

① Ei und Eigelb gut verschlagen, nach und nach die Brühe zugeben, weiterschlagen, bis Brühe aufgebraucht ist, abschmecken, evtl. Parmesan, Spinat, Tomaten- oder Kräuterpüree dazugeben.
② Kleine Förmchen mit Butter gut ausstreichen, Eiermasse einfüllen. Metallgitter (Untersatz) in einen Topf legen, mit Wasser auffüllen, so daß die Förmchen zur Hälfte im Wasser stehen, Förmchen einsetzen, Topf zudecken, auf kleiner Hitze garen lassen. Oder im vorgeheizten Ofen bei 150 °C garen. Wasser im Topf darf nicht kochen!
③ Wenn die Masse gestockt ist, Förmchen aus dem Topf nehmen, beiseite stellen, abkühlen lassen. Dann stürzen, Eierstich in kleine Würfel oder in Formen schneiden (kleine Ausstechformen benutzen).

Verwendung Als Einlage in alle klaren Brühen und für Tomatensuppe. Menge auf 1 l Flüssigkeit berechnet.

Suppenbiskuit

Vorbereiten 10 Minuten
Backen 10–15 Minuten im Ofen bei 180 °C

2	Eiweiß, steif geschlagen
2	Eigelb, verquirlt
	Prise Muskat und Prise Salz
4 EL	Mehl, gesiebt
2 EL	Butter, flüssig
1 EL	Mehl

Nach Belieben zusätzlich

1	Scheibe gekochter Schinken, mager, sehr fein gehackt, *oder*
2 EL	Parmesan, frisch gerieben, *oder*
2 EL	Petersilie, gehackt

① Eiweiß sehr steif schlagen, verquirltes Eigelb, Muskat und Salz untermischen, Mehl rasch unterziehen. Nach Belieben Schinken, Reibkäse oder Kräuter leicht daranmischen.
② Teig sofort in mit zerlassener Butter ausgestrichene und mit Mehl bestäubte flache Form oder auf Blech etwa 1 cm dick streichen und backen.
③ Fertigen Biskuit lockern, aus der Form stürzen oder mit Kuchenspatel bzw. großem Messer vom Blech heben, auf Schneidbrett legen, erkalten lassen, in kleine Würfel (3 × 3 cm) oder Rauten schneiden. Getrennt zur Suppe anrichten.

Verwendung Zu guter Bouillon servieren. Menge auf 1¼ l Flüssigkeit berechnet.

Brandteigklößchen

Vorbereiten 15 Minuten
Backen etwa 15 Minuten im Ofen bei 200–220 °C

⅛ l	Milch
20 g	Butter
	Salz
80 g	Mehl, gesiebt
2	Eier
2 EL	Butter
1 EL	Mehl

① Milch, Butter, Salz in kleinem Topf mit schwerem Boden aufkochen, von der Kochstelle ziehen, Mehl auf einmal zugeben, verrühren, Topf wieder auf den Herd (mittlere Hitze) setzen, Mehlkloß unter kräftigem Rühren »abbrennen«, bis der Topfboden sich mit weißer Teighaut überzogen hat.
② Topf wieder von der Kochstelle nehmen, das erste Ei zugeben, sofort unterrühren, gut in den Teig einarbeiten. Zweites Ei zugeben, ebenso verfahren. Teig muß glattes, glänzendes Aussehen haben.
③ Bebuttertes, bemehltes Blech bereitstellen. Teig in Spritzbeutel füllen, kleine Tupfen in doppeltem Abstand aufs Blech spritzen oder mit Teelöffel kleine Häufchen aufs Blech setzen, sofort goldbraun backen. Danach vom Blech nehmen, erkalten lassen.

Verwendung Als delikate Einlage in Rinderbouillon servieren. Menge auf 1¼ l Flüssigkeit berechnet.

Es empfiehlt sich, das Gebäck getrennt von der Brühe zu servieren, da es sich sehr rasch mit Brühe vollsaugt und seine Knusprigkeit einbüßt.

Crêpes, Flädle, Fritatten

Vorbereiten 5 Minuten
Ausbacken 10–15 Minuten

50 g	Mehl
¼ l	Milch, knapp
3	Eier
¼ TL	Salz und wenig Pfeffer
4 EL	Butter, zerlassen
2 EL	Petersilie oder gemischte Kräuter, sehr fein gehackt
1 EL	Butter für die Pfanne

① Mehl in Schüssel sieben, mit Milch glatt rühren, Eier, Salz, Pfeffer und Butter zugeben, mit Schneebesen kräftig durchschlagen, Kräuter einstreuen, unterrühren, Teig muß sämig-flüssig sein.
② Pfanne mit glattem Boden bei mittlerer Temperatur erhitzen, für Ausbacken des ersten Crêpe 1 EL Butter über den Pfannenboden verlaufen lassen oder Pfanne mit Pinsel ausstreichen. Nur so viel Teig einfüllen, daß sich der Pfannenboden mit einer dünnen, schnell trocknenden Teigschicht überzieht. Beim Eingießen Pfanne schräg halten. Sobald die Ränder sich abheben, mit Backschaufel wenden, beidseitig goldbraun ausbacken. Alle nachfolgenden Crêpes ohne Fett bei kleiner Hitze ausbacken.
③ Die ausgebackenen Crêpes (zwei oder drei Stück) nach dem Abkühlen jeweils zusammenrollen und etwa 3–5 mm breit und nudelförmig schneiden.

Verwendung Als Einlage in alle Arten von klarer Brühe. Am besten erst bei Tisch mit heißer Brühe übergießen. Menge auf 1¼ l Flüssigkeit berechnet.

Butterklößchen, Butternockerl

Vorbereiten 15 Minuten
Garen 10–15 Minuten

50 g	Butter
	Salz und Prise Muskat
2	Eier
4 EL	Mehl, gesiebt
2 EL	zarte Haferflocken
1 EL	Petersilie, fein gehackt

① Butter mit kleinem Schneebesen schaumig rühren, würzen, Mehl und Ei abwechselnd dazumischen, Haferflocken und Petersilie zugeben, unterrühren, 10 Minuten quellen lassen.
② Brühe zum Kochen bringen, mit kleinem Löffel vom Teig Nockerl abstechen, in Brühe einlegen, zudecken, auf kleiner Hitze etwa 10–15 Minuten (von der Größe der Nockerl abhängig) sieden lassen, Garprobe machen. In der Brühe servieren.

Verwendung Als Einlage zu allen hellen Brühen. Menge auf 1¼ l Flüssigkeit berechnet.

Variation
1 EL fein geriebenen Käse zugeben.

Grießklößchen, Grießnockerl

Vorbereiten 10 Minuten
Garen 20–25 Minuten

50 g	Butter, zerlassen
1	Ei
	Salz und Prise Muskat
60 g	Grieß
1¼ l	Brühe zum Einlegen

① Butter im Wasserbad oder auf kleiner Hitze zerlaufen lassen, mit kleinem Schneebesen Ei daranrühren, würzen, Grieß einstreuen, gut verrühren, ½ Stunde ruhen lassen.
② Mit kleinem Löffel Nockerl abstechen, in die siedende Brühe einlegen, Topf zudecken, auf kleiner Hitze halten. Garprobe machen.

Verwendung Vor allem als Einlage in Rinds- und Gemüsebrühe.

Variation
Hälfte der Grießmenge durch Haferflocken ersetzen, 1–2 EL Magerquark zur Haferflocken-Grießmischung geben.

Markklößchen

Vorbereiten 20 Minuten
Garen 10 Minuten

50 g	frisches Rindermark
1	Ei
	Salz und Prise Muskat
70 g	Semmelbrösel, evtl. mehr
1½ l	Brühe zum Einlegen

① Rindermark zerteilen, in Pfännchen auf kleiner Hitze zerlaufen lassen, abseihen, abkühlen. Mit Ei schaumig rühren, Salz und Muskat zugeben, verrühren, Semmelbrösel an den Teig mischen, gut durcharbeiten, etwa 10 Minuten ruhen lassen. Probeklößchen machen.

② Hälfte der Brühe erhitzen. Mit nassen Händen Klößchen von ca. 3 cm Ø formen, in kochende Brühe einlegen, 10 Minuten ziehen lassen. Garprobe machen.
③ Fertige Klößchen mit Schaumlöffel herausnehmen, in Anrichteschüssel legen. Brühe abseihen, zur restlichen Brühe gießen, zusammen erhitzen, abschmecken, über die Klößchen gießen.

Verwendung Als Einlage in Rindsbouillon.

Die gegarten Klößchen können mindestens 6 Wochen ohne Qualitätsverlust eingefroren werden.

Leberklößchen, Lebernockerl, Leberspätzle

Vorbereiten 10–15 Minuten
Kühlen 1 Stunde
Garen 10–15 Minuten

125 g	Leber vom Rind, gemahlen
2 EL	Butter, zerlassen
4 EL	Semmelbrösel
1	Ei oder 2 Eiklar
1	Schalotte oder kleine Zwiebel, sehr fein gehackt
½	Knoblauchzehe, durchgepreßt
	Salz und frisch gemahlener Pfeffer
	Prise Muskat oder Majoran
2 EL	Petersilie, fein gehackt
1¼ l	Rinds- oder Gemüsebrühe zum Einlegen
2 EL	Schnittlauch, gehackt

① Die gemahlene Leber mit zerlassener, lauwarmer Butter, Semmelbröseln, Ei, Zwiebel, Gewürzen und Petersilie gut vermischen, Teig muß kompakt sein. 1 Stunde kühlen. Probenockerl machen.
② Brühe in flachem Topf erhitzen. Aus dem Teig entweder mit nassen Händen kleine, runde Klößchen formen oder mit kleinem Löffel längliche Nockerl abstechen, in die siedende Brühe einlegen, etwa 10 Minuten ziehen lassen. Garprobe machen.
③ Die Klößchen oder Nockerl mit Schaumlöffel aus der Brühe nehmen, in Anrichteschüssel legen, Brühe kochendheiß durch Seiher darübergießen, mit Kräutern bestreuen, servieren.
Für Leberspätzle den Teig durch einen Spätzleseiher in die fertig abgeschmeckte, kochende Brühe passieren, 5 Minuten ziehen lassen, anrichten, Kräuter zugeben, servieren.

Verwendung Vorwiegend als Einlage in Rinds- oder Gemüsebrühe.

Klößchen aus Geflügelfleisch oder Fisch

Vorbereiten 10 Minuten
Kühlen 1 Stunde
Garen 8–10 Minuten

400 g	rohes Geflügelfleisch (Putenschnitzel, Putenbrust oder Hähnchenfleisch) oder gleiche Menge Fischfilet (Kabeljau, Schellfisch, Heilbutt)
2	Eiweiß
	Salz und Prise Muskat
1 EL	Petersilie, gehackt
6–8 EL	Sahne
¼ TL	Zitronenschale, abgerieben
1¼ l	helle Brühe

① Geflügelfleisch oder Fisch durch den Wolf drehen, dann mit Mixstab pürieren. Eiweiß verquirlen, an die Fleischmasse mengen, mit Salz und Muskat würzen, mit Knethaken sehr gut verarbeiten, bis die Masse gleichmäßige Beschaffenheit zeigt. In den Kühlschrank stellen.
② Kurz vor Gebrauch Petersilie und Sahne an den Fleischteig mischen, sehr gut einarbeiten, mit Zitrone würzen.
③ Mit Teelöffel kleine, glattgeformte Klößchen (Nockerl) abstechen, in die schwach kochende Brühe einlegen, kurz darin ziehen lassen, vorsichtig wenden.
④ Mit Schaumlöffel aus der Brühe nehmen, in Anrichteschüssel legen, Brühe darüberseihen, anrichten.

Variation
Statt Petersilie 1 EL grünen Pfeffer zugeben, Zitronenschale weglassen.

Eintöpfe

Grundkenntnisse

Allgemeines

Eintöpfe sind vollständige Mahlzeiten, die in *einem* Topf zubereitet werden. Obwohl die Vorbereitung von Eintöpfen manchmal etwas mehr Zeit in Anspruch nimmt, erleichtert ihre Art der Zubereitung die Kocharbeit. Sie können Zeit- und Energieersparnis, Preiswürdigkeit, Vielseitigkeit, Bekömmlichkeit als Vorzüge für sich in Anspruch nehmen.

Zutaten

Sie sollen sich in Nährwert, Geschmack, Struktur und Aussehen vorteilhaft ergänzen.

Fleisch Durchwachsenes oder mageres Fleisch niedrigerer Preisklassen (Bauch, Nacken, Schulter, Hals, Vorderhesse) von Schwein, Rind, Kalb, Hammel, Wild, ganzes Huhn oder in Teilen.

Gemüse Wurzel-, Kohl-, Fruchtgemüse, Hülsenfrüchte, Kartoffeln, Zwiebeln, Lauch, wie sie die Jahreszeit bringt, als wichtige Vitamin-, Mineralstoff- und Ballaststoffträger.

Nährmittel Reis, Graupen, Teigwaren als sättigende Zutaten und als Bindemittel.

Flüssigkeit Brühe, Wasser, Milch, Sauer- oder Buttermilch, Wein als aromatische Lösungsflüssigkeit und Würze.

Fett Öl oder hitzebeständiges Fett zum Anbraten oder Schmoren der meisten Fleischzutaten und speziell zur Aktivierung der fettlöslichen Vitamine.

Kräuter und Gewürze Salz, Pfeffer, Paprikapulver, Lorbeerblatt, Knoblauch, Petersilie, Schnittlauch, Liebstöckel, Oregano zum Erreichen von Wohlgeschmack und Bekömmlichkeit. Die eigentliche Würze liegt aber vor allem in der Harmonie von Aromen, die durch die Zusammenstellung und Abstimmung der Zutaten und deren Qualität erreicht wird, sowie in der sorgfältigen Zubereitung.

Garmachungsarten

Dünsten auf dem Herd oder im Ofen, Kochen, Schmoren, Druckgaren. Der Topf sollte ofenfest, aus Gußeisen (sehr zu empfehlen) oder Cromargan sein, mit schwerem Boden, gut sitzendem, schwerem Deckel und ein Fassungsvermögen von mindestens 3, optimal 5 Litern haben. Er sollte möglichst auch als Bräter verwendbar sein, nicht zu hoch und von konischer Form.

Hinweise für die Küchenpraxis

- ▷ In der Regel mit Fleisch beginnen, Fleischschicht am Boden verhindert Anbrennen von Gemüse.
- ▷ Mit abgeschmeckter, heißer Flüssigkeit aufgießen.
- ▷ Vorsicht mit Salz!
- ▷ Nach dem Anbraten oder Andünsten zum Fertiggaren Hitze auf kleinste Stufe reduzieren. Schonendes Garen erhält Geschmacks- und Farbstoffe, die Struktur der Zutaten und spart Energie.
- ▷ Fertiggekochte Eintopfgerichte lassen sich sehr gut einfrieren, Reste ergeben Gemüsesuppen.
- ▷ Vorgegartes Fleisch (Kasseler, Ripperl, Wurst) erst 20 Minuten vor beendeter Garzeit zugeben.
- ▷ Fisch nur auf den fast fertiggekochten Eintopf legen, etwa 8–10 Minuten garziehen lassen.
- ▷ **Mengenberechnung**
  500 g Fleisch, 1½ kg Gemüse, Kartoffeln usw., ¾–1 l Flüssigkeit (für 4 Personen).

Eintopfgerichte

Amerikanischer Farmereintopf

Vorbereiten 10 Minuten
Garen 30 Minuten

- 250 g Schinkenspeck oder durchwachsener Speck, in kleine Würfel geschnitten
- 2 große Zwiebeln, grob gehackt
- 1 Bleichsellerie, in 3 cm Scheiben geschnitten, Herzblätter mitverwenden
- 1 kleine Chilischote oder roter Paprika, entkernt, klein geschnitten
- 1 kleine Dose Tomaten
- 1 kleine Dose Maiskörner
- 1 große Dose rote Bohnen
- 1 kleine Dose Corned beef, in Stücke zerteilt
- ¼ l Brühe, Tomatensaft oder Wasser
- 1 Lorbeerblatt
- 1 Knoblauchzehe, geschält
- Salz und frisch gemahlener Pfeffer
- 2 EL Essig oder 1 EL Zitronensaft
- ⅛ l saure Sahne

① Auf kleiner Hitze Speck knusprig rösten, Zwiebeln zugeben, unter häufigem Umwenden glasig dünsten. Sellerie untermischen, andünsten, Chili oder Paprika, Tomaten, Maiskörner, Bohnen und Corned beef dazumischen.
② Flüssigkeit angießen, Lorbeerblatt und Knoblauchzehe einlegen, Deckel auflegen, auf mittlerer Hitze garen.
③ Würzen, mit Essig oder Zitronensaft abschmecken, Sahne glatt rühren, untermischen, einige Minuten ziehen lassen, anrichten, servieren.

Beilage Blattsalat mit Joghurt- oder Sahnedressing.

Bohnentopf Cassoulet

Vorbereiten 15 Minuten
Garen 1¾–2 Stunden, im Ofen 2½–3 Stunden bei 180 °C

Verwendung von Trockenbohnen
- 250 g weiße Bohnen (über Nacht eingeweicht in 1¾ l kaltem Wasser)
- 4 EL Olivenöl
- 2 große Zwiebeln, gehackt
- 1 kg Tomaten, enthäutet, geviertelt, oder Dosentomaten

Verwendung von Bohnenkonserven
- 1 Dose mit 400 g Einwaage oder 2 kleine Dosen Baked beans
- ¾ l kaltes Wasser zum Auffüllen
- 4 EL Olivenöl
- 1 große Zwiebel, gehackt
- 750 g Tomaten enthäutet, geviertelt, oder Dosentomaten

Gleichbleibende Zutaten
- 1 Lorbeerblatt
- 1 Zweig frischer Thymian oder Rosmarin oder
- 1 Msp getrockneter Thymian bzw. Rosmarin
- 2 EL Paprika edelsüß
- 1 Knoblauchzehe, durchgepreßt
- 750 g Kalbs- oder Hammelschulter, in 3 × 3 cm große Würfel geschnitten
- Salz und frisch gemahlener Pfeffer
- 4 EL Rundkornreis, gewaschen
- ½ l Brühe oder Tomatensaft oder Wasser, evtl. ⅛–¼ l mehr
- ⅛ l Rotwein (nach Belieben)
- 4 EL Petersilie, grob gehackt

① Im Schmortopf Öl erhitzen, Zwiebel darin lichtgelb andünsten, Tomaten zugeben, mitdünsten, Bohnen samt Einweich- oder Auffüllflüssigkeit dazufüllen, Lorbeerblatt, Thymian, Paprika zugeben. Alles etwa ½ Stunde bei Mittelhitze in sehr gut verschlossenem Topf kochen.
② Knoblauchzehe über dem Fleisch auspressen, Fleisch gut darin wenden, zu den Bohnen im Topf geben. Salzen, pfeffern, Reis und Brühe oder Tomatensaft, evtl. Wein, unterrühren, Topf verschließen, auf möglichst kleiner Hitzestufe halten, damit Kochflüssigkeit nicht verdampft, sondern zum Quellen der Bohnen und für den Reis zur Verfügung steht. Kontrollieren, ob Flüssigkeit ausreicht, evtl. etwas heiße Brühe oder Wasser nachfüllen.
③ Garprobe machen, abschmecken, Lorbeer und Thymian herausfischen, anrichten, mit Petersilie bestreuen, servieren. Typisches Mittelmeergericht, von Feinschmeckern sehr geschätzt.

Das Garen im Ofen ist wesentlich bequemer, da die Gefahr des Anbrennens nicht besteht. Es ist wichtig, einen schweren, möglichst weiten Topf mit gut schließendem Deckel zu verwenden (Dampfdrucktopf ist wegen der Zubereitung in 2 Stufen nicht geeignet). Die Rezeptangabe der Flüssigkeitsmenge ist deshalb variabel gehalten, da sie bestimmt wird von dem Saftgehalt der Tomaten, der Intensität des Garens, der Quellflüssigkeit von Bohnen und Reis. Das Gericht soll im Ergebnis nicht »suppig«, sondern eher »weich« sein.

Elsässer Bäckeofe

Originalrezept

Vorbereiten 15 Minuten
Marinieren Über Nacht, besser 1–3 Tage
Garen 1¾–2 Stunden im Ofen bei 175 °C

Zum Einlegen

¾ l	trockener Weißwein
2	Knoblauchzehen, durchgepreßt
2	Lorbeerblätter
	frisch gemahlener Pfeffer und 1 TL Salz
750 g	Schweineschulter oder Hammelschulter, in gulaschgroße Würfel geschnitten

Zusätzlich

500 g	Kartoffeln, in ½ cm dicke Scheiben geschnitten
750 g	Lauch, in 3 cm breite Ringe geschnitten
500 g	Möhren, halbiert, in 4 cm Stücke geschnitten
100 g	Butter für Form und Belag

① Aus Weißwein, Knoblauchzehen, Lorbeerblättern, Pfeffer und Salz Marinade bereiten, Fleisch einlegen, mehrmals wenden, zudecken, kühl stellen.
② Am nächsten Tag Gemüse vorbereiten, Ofen vorheizen. Große Auflaufform mit Deckel, ofenfesten Topf mit Deckel oder Bratreine mit Deckel gut mit Butter ausstreichen, eine Schicht mit den gemischten Gemüsen auslegen, ⅓ der Fleischmenge darauf verteilen. Eine weitere Schicht mit den Gemüsen bilden, restliches Fleisch darauf verteilen, mit Gemüsen sorgfältig abdecken (wichtig, damit Fleisch nicht austrocknet). Die Weinmarinade darübergießen. Auf der Oberfläche Muster legen mit schuppenförmig angeordneten Kartoffelscheiben, grünen Lauch- und Möhrenstücken, wie es die Originalzubereitung vorschreibt. Butterflöckchen auf der Oberfläche verteilen, Deckel auflegen, Form oder Topf in den Ofen schieben, garen.
③ Gericht in der Form oder im Topf oder in der Reine servieren.

Beilagen Nach Originalrezept keine. Empfehlenswert Feldsalat, Endivien- oder Kopfsalat in Vinaigrettesauce.

Dieses Rezept ist von echten Feinschmeckern hochgeschätzt, da seine Zutaten große geschmackliche Harmonie ergeben. Ein typisches Beispiel für das hohe Niveau ländlich regionaler Küche des Elsaß.

Großmutters Eintopf

Vorbereiten 10 Minuten
Garen 2½–3 Stunden

500 g	Rindfleisch (Suppenfleisch) im ganzen
1½ l	Wasser
1	Bund Suppengrün
	wenig Salz
750 g	Kartoffeln, in Würfel geschnitten
750 g	Möhren, in längliche Würfel geschnitten
4 EL	Sahne
	frisch gemahlener Pfeffer
4 EL	Petersilie, gehackt

① Rindfleisch mit Wasser, Suppengrün und Salz zusetzen, ankochen, langsam gar kochen. Fleisch und Suppengrün aus dem Kochtopf nehmen, auf Platte legen, abkühlen lassen.
② So viel Brühe aus dem Kochtopf schöpfen, daß etwa ½–¾ l zurückbleibt. Restliche Brühe aufheben, weiterverwenden oder einfrieren.
③ Die vorbereiteten Kartoffeln und Möhren in den Topf geben, auf mittlerer Hitze garen. Fleisch in Würfel schneiden. Das gare Gemüse mit Sahne verfeinern, mit Pfeffer und Petersilie abschmecken, Fleischwürfel untermengen, alles nochmals erhitzen, zu Tisch geben.

Variation
Möhren- und Kartoffelmenge etwas reduzieren, dafür grüne Bohnen nehmen.

Hammel mit grünen Bohnen

Vorbereiten 30 Minuten
Marinieren Über Nacht, besser 2 Tage
Garen 50–60 Minuten

Marinade

½ l	Weißwein
2	Knoblauchzehen, durchgepreßt
	Salz und frisch gemahlener Pfeffer
1	Lorbeerblatt

750 g	Hammel- oder Lammschulter, in gulaschgroße Würfel geschnitten
2 EL	Öl
50 g	durchwachsener Speck
2	mittelgroße Zwiebeln, gehackt
500 g	Kartoffeln, in große Würfel geschnitten
750 g	grüne Bohnen
2 EL	frisches Bohnenkraut oder 1 großer Stengel
2 EL	Petersilie, fein gehackt

① Aus Weißwein, Knoblauch, Salz, Pfeffer, Lorbeerblatt Marinade bereiten, Fleisch einlegen,

gründlich von allen Seiten befeuchten, über Nacht kühl stellen.
② Fleisch aus der Marinade nehmen, abtropfen lassen. Öl erhitzen, Fleisch darin mit Speck gut anbraten, mit ⅛ l Marinade ablöschen, bei offenem Topf einkochen lassen, oft wenden, wieder ⅛ l Marinade zugießen, schmoren lassen, bis Flüssigkeit verdampft ist.
③ Zwiebeln, Kartoffeln und grüne Bohnen mit Bohnenkraut zugeben, durchmischen, Marinade oder Brühe zugießen, Topf zudecken, auf kleiner Hitze fertiggaren. Mit Petersilie bestreut anrichten.

Variationen
- Statt Hammel- Schweinefleisch verwenden.
- Mit nicht mariniertem Fleisch zubereiten, das ergibt einen völlig anderen Geschmack.

Matrosen-Labskaus

Kochen der Rinderbrust 1½ Stunden
Zubereiten 20 Minuten

500 g	gepökelte Rinderbrust, gekocht und durch den Wolf gedreht, oder Corned beef (s. Variation des Rezepts)

Sud

1½ l	Wasser
1	Bund Suppengrün
2	Zwiebeln, geschält, geviertelt
1	Lorbeerblatt
½ TL	Wacholderbeeren
½ TL	Pfefferkörner
2	Gewürznelken
1 EL	Zucker

Kartoffelbrei

750 g	Kartoffeln, geschält, geviertelt, gekocht oder gedämpft
$^3/_{16}$ l	Milch

Zusätzlich

2	Matjesfilets (kurz gewässert) oder 1 Salzhering (2 Stunden gewässert), klein geschnitten
250 g	Rote Bete, eingelegt, klein gewürfelt
1	große oder entsprechende Menge kleine Gewürzgurken, klein gewürfelt
3 EL	Butter, flüssig
4	frische Eier
	frisch gemahlener Pfeffer
4 EL	frische Petersilie, gehackt

① Fleisch mit Wasser, Suppengrün, Zwiebeln, Gewürzen und Zucker auf mittlerer Hitze gar kochen, aus dem Sud nehmen, in Stücke schneiden, durch den Wolf drehen.
② Aus den Kartoffeln und der heißen Milch Kartoffelbrei zubereiten.
③ Kartoffeln mit Fleisch in genügend großem Topf mischen, Hering, Rote Bete und Gurken zugeben, unterrühren, evtl. etwas Flüssigkeit (Wasser, Milch oder Sud, Vorsicht mit Salz!) zugießen, abschmecken, warm halten.
④ In Pfanne Butter mild erhitzen, Eier in kleiner Schüssel aufschlagen, in die Pfanne gleiten lassen, langsam braten, Pfeffer darübermahlen, mit Petersilie bestreuen.
⑤ Labskaus entweder portionsweise, mit je 1 Spiegelei belegt oder getrennt voneinander, anrichten.

Verwendung Sättigendes Hauptgericht von ursprünglichem Charakter.

Variation
Bei Verwendung von Corned beef statt Pökelfleisch: Zwiebeln in 3 EL Fett andünsten, Corned beef zugeben, Lorbeerblatt einlegen, pfeffern, etwas Flüssigkeit (⅛ l Wasser) angießen, gar dünsten, mit Kartoffelbrei mischen. Von hier ab Zubereitung wie im Rezept.

Fisherman's Pie

Vorbereiten 10 Minuten
Garen 20 Minuten
Überbacken 15–20 Minuten im Ofen bei 200 °C

750 g	Kartoffeln, geschält, geviertelt, als Salzkartoffeln gekocht
30 g	Butterflöckchen, kalt
⅛ l	Milch
	Salz und frisch gemahlener Pfeffer
4	Fischfilets (Kabeljau, Schellfisch)
	Salz und frisch gemahlener Pfeffer
	Saft von ½ Zitrone
1 EL	Butter, flüssig
2 EL	Petersilie, gehackt

① Kartoffeln grob zerstampfen, mit Butterflöckchen, Milch, Salz und Pfeffer zu Püree verrühren. Ofen vorheizen. Form ausfetten, Püree hineinstreichen.
② Die rohen Fischfilets obenauflegen, leicht salzen, pfeffern, mit Zitronensaft übergießen, flüssige Butter darüberträufeln, in den heißen Ofen geben, überbacken. Mit Petersilie bestreuen.

Beilagen Möhren- und Selleriesalat, Grüner Salat.

Variation

Shepherd's Pie: 300 g Hackfleisch mit gehackten Zwiebeln, Salz und Pfeffer würzen, mit Sahne weich anmachen, Petersilie zugeben. Übrige Zubereitung wie Fisherman's Pie.

Irish Stew

Vorbereiten 20 Minuten
Garen 1¾ Stunden, im Dampfdrucktopf 15 Minuten

500 g	Schweine- oder Hammelschulter, in 3 × 3 cm große Stücke gewürfelt
2 EL	Öl
2	mittelgroße Zwiebeln, gehackt
750 g	Weißkraut oder Wirsing
	Salz und frisch gemahlener Pfeffer
1 TL	Kümmel
500 g	Kartoffeln, in große Würfel geschnitten
½–¾ l	Brühe, abgeschmeckt, kochendheiß
⅛ l	saure Sahne
6 EL	Petersilie, gehackt

① Fleisch in Öl scharf anbraten, Zwiebeln zugeben, mitdünsten, Kohlgemüse auflegen, leicht salzen, pfeffern, mit der Hälfte Kümmel bestreuen, Kartoffeln darüberschichten, leicht salzen, pfeffern, restlichen Kümmel aufstreuen, mit kochender Brühe aufgießen, zudecken, auf mittlerer Hitze garen.
② Nach dem Garen saure Sahne mit Petersilie verquirlen, über den Eintopf gießen, mit großen Löffeln durchmischen, anrichten, servieren.

Reisfleisch

Vorbereiten 15 Minuten
Garen 45 Minuten für Naturreis, 60 Minuten für wilden Reis

500 g	Schweine-, Rind- oder Hammelfleisch aus der Schulter, in 1½ × 1½ cm große Würfel geschnitten, oder 375 g Hackfleisch
4 EL	Öl
1	große Zwiebel, gehackt
½	Sellerieknolle, klein gewürfelt oder
½	Bleichsellerie, in 2 cm dicke Stücke geschnitten
2	Möhren, klein gewürfelt
500 g	Tomaten, enthäutet, in Würfel geschnitten, oder rote Paprika und Tomaten zu gleichen Teilen
250 g	Langkornreis
	Salz und frisch gemahlener Pfeffer
1–1¼ l	Brühe, abgeschmeckt, kochendheiß
2 EL	Petersilie, fein gehackt
4 EL	Reibkäse

① Fleisch in Öl in Topf mit schwerem Boden anbraten, Zwiebel mitdünsten, Sellerie, Möhren, Tomaten oder Paprika und Reis zugeben, durchrühren, würzen, mit heißer Brühe (zunächst 1 l) auffüllen, Hitze reduzieren, Topf zudecken, auf kleiner Hitze fertiggaren.
② Nach etwa ⅔ der Garzeit prüfen, ob evtl. mehr Flüssigkeit erforderlich ist und ggf. restliche Brühe heiß zugießen, Reis ausquellen lassen.
③ Vor dem Anrichten durchmischen, mit Petersilie und Reibkäse bestreuen.

Beilage Blattsalat, Kräuterrahmsauce heiß oder kalt je nach Jahreszeit.

Parboiled Reis braucht etwas weniger Flüssigkeit als normaler Langkornreis.

Variationen

- Statt Öl durchwachsenen Speck (100 g) zum Anbraten verwenden.
- Mit 1–2 EL Paprika edelsüß würzen.

Pichelsteiner

Vorbereiten 15 Minuten
Garen 1½ Stunden, im Dampfdrucktopf 15 Minuten

500 g	Schweine- und/oder Rindfleisch, in 2 × 2 cm große Würfel geschnitten
2 EL	Öl
1	Zwiebel, in Ringe geschnitten
2	Möhren, grob gewürfelt
1	Petersilienwurzel, klein geschnitten
1	kleine Sellerieknolle, gewürfelt
2	Stangen Lauch, in 3 cm breite Ringe geschnitten
1	kleiner Wirsing- oder Weißkrautkopf, 2 cm breit geschnitten
	Salz und frisch gemahlener Pfeffer
500 g	Kartoffeln, geschält, grob gewürfelt
¾–1 l	Brühe, abgeschmeckt, heiß
2 EL	Petersilie, gehackt

① In weitem Topf Fleisch in Öl scharf anbraten, Zwiebel kurz mitdünsten, Hitze reduzieren.
② Möhren, Petersilienwurzel, Sellerieknolle, Wirsing oder Weißkohl und Lauch gemischt auf das Fleisch schichten, salzen, pfeffern, Kartoffeln obenauflegen, etwas Salz darüberstreuen, kochende Brühe angießen, Deckel auflegen, auf mittlerer bis kleiner Hitze garen.
③ Vor dem Anrichten Eintopf mit zwei großen Löffeln gut durchmischen, Petersilie darüberstreuen.

Gemüse

Grundkenntnisse

Gemüse in der Ernährung

Gemüse zählen zu den vollwertigen, aber energiearmen Lebensmitteln. Ihre Inhaltsstoffe je 100 g eßbarem Anteil sind:
Wasser 80–95 g, Eiweiß 0,6–4,3 g, Fett 0,1–1,2 g, Kohlenhydrate 2,9–19,2 g, Rohfaser (Zellulose) 0,5–1,7 g, Mineralstoffe (Calcium, Kalium, Eisen, Magnesium, Phosphor) 0,5–1,7 g, Vitamine A1, B1, B2, B6, C.
Das Verhältnis der Inhaltsstoffe ist bei den einzelnen Gemüsearten sehr unterschiedlich und wird von Erntezeitpunkt, Frischezustand und der Art der Zubereitung entscheidend beeinflußt. Mit ihrem hohen Anteil an unverdaulichen Quell- und Füllstoffen, in Verbindung mit wertvollem Vitamin- und Mineralstoffgehalt, erfüllen sie wichtige physiologische Aufgaben. Sie sind das ideale Gegengewicht zur schlackenarmen »Luxuskost« der zivilisierten Völker.
Deshalb ist es wichtig, Gemüse und Salate nicht nur als pikante Beilagen zu Fleisch- und Fischportionen zu sehen, sondern sie zur Grundlage einer gesunden Ernährung für alle Altersstufen zu machen. Mindestens ein Drittel der täglichen Nahrungsmenge sollte aus frischem Gemüse bestehen.

Beurteilung der Gemüsearten

Blattgemüse
Chicorée, Eissalat, Endivien, Eskariol, Feldsalat (Rapunzel), Kopfsalat, Mangold, Sauerampfer, Spinat, Radicchio, Zuckerhut.
Beurteilung Alle Blattgemüse sind reich an Vitamin A und C, an Mineralstoffen (besonders Eisen), an Geschmacks- und Aromastoffen, z. B. Bitterstoffen bei Endivien, Chicorée und Radicchio, die verdauungsfördernd wirken und deshalb beim Waschen nicht ausgelaugt werden dürfen.

Fruchtgemüse
Aubergine blaurot und weiß, Gurke, Kürbis, Okra, Paprika rot, grün, gelb und weiß, Tomate, Zucchini (Zucchetti).
Beurteilung Als Vitamin A-Träger ragen Paprika, Gurke, Tomate deutlich neben einem bedeutenden Vitamin B- und C-Gehalt aller Fruchtgemüse hervor. Besonders hoch ist ihr Gehalt an Kalium und Phosphor neben Calcium und Natrium. Wichtig sind die Geschmacks- und Aromastoffe, z. B. Bitterstoff bei Aubergine, Fruchtsäure der Tomate.

Hülsen- und Samenfrüchte
Grüne Bohnen, gelbe Bohnen, frische dicke Bohnen, Erbsen, Zuckererbsen (Zuckerschoten), Mais, getrocknete Erbsen, Bohnen und Linsen.
Beurteilung Hülsenfrüchte sind reich an pflanzlichem Eiweiß. Von den Mineralstoffen sind Kalium am meisten, Calcium und Phosphor unterschiedlich hoch vertreten. Die Vitamine B1, B2 und C sind in größeren Mengen als A enthalten.

Kohlgemüse
Blumenkohl, Brokkoli, Chinakohl, Grünkohl, Kohlrabi, Rosenkohl, Rotkohl, Steckrübe weiß und gelb, Weißkohl, Wirsing.
Beurteilung Alle Kohlgemüse sind reich an Vitamin A, B1, B2, C. Sie haben hohen Mineralstoffgehalt (Natrium, Kalium, Calcium, Phosphor, Eisen), wertvolle Geschmacks- und Aromastoffe und in reichem Maße die für die Verdauung wichtigen Quell- und Füllstoffe.

Pilze
Zucht- und Wildpilze.
Beurteilung Pilze enthalten reichlich pflanzliches Eiweiß, viel Mineralstoffe und zeichnen sich durch hohen Vitamin B- und C-Gehalt aus. Sowohl Zucht- als auch Wildpilze werden als selbständige Gerichte, für Füllungen und als Würze verwendet.

Stiel- und Sprossengemüse
Artischocke, Bleichsellerie, Fenchel, Kardone, Mangold, Rübstiel, Spargel.
Beurteilung Alle Stiel- und Sprossengemüse haben hohen Gehalt an Mineralstoffen. Kalium, Calcium, Natrium und Phosphor sind unterschiedlich hoch in den einzelnen Arten enthalten. Hinsichtlich des Vitamin A-, B1-, B2-, C-Gehalts

ragt Fenchel deutlich vor allen anderen Arten heraus. In allen anderen Gemüsen dieser Art sind Vitamine reichlich vertreten.

Wurzel- und Knollengemüse
Karotte, Kartoffel, Knollensellerie, Meerrettich, Möhre (Gelbe Rübe), Pastinake, Petersilienwurzel, Radieschen, Rettich, Rote Rübe (Rote Bete), Schwarzwurzel, Süßkartoffel, Topinambur.
Beurteilung Wurzeln und Knollen sind vor allem reich an Vitamin B1, B2 und C. Die Rote Rübe enthält außerdem viel Vitamin A. Alle haben einen besonders hohen Gehalt an Kalium neben Calcium, Phosphor, Natrium, Eisen. Die Aromastoffe sind sehr ausgeprägt. Die Zusammensetzung der Füllstoffe macht sie leicht verdaulich. Für die Säuglingsernährung und Krankenkost sind Karotten und Möhren hervorragend geeignet.

Zwiebelgemüse
Frühlingszwiebeln (Lauchzwiebeln), große Gemüsezwiebeln gelb und weiß, Knoblauch, Lauch (Porree), mittelgroße (Küchen-) Zwiebeln rot und gelb, Perlzwiebeln, Schalotten, Winterzwiebeln.
Beurteilung Gemüsezwiebeln sind mildschmeckende Sorten, von denen die weiße Zwiebel nur sehr begrenzt haltbar ist. Der hohe Gehalt an ätherischen Ölen (in Verbindung mit Zucker und Wasser) macht Zwiebeln vorwiegend für das Würzen von Fleisch, Gemüse, Salaten, Suppen und Beilagen geeignet. Lauch ragt hinsichtlich seiner Zusammensetzung heraus. Er hat die höchsten Werte an Kalium, Calcium sowie den Vitaminen A, B1, B2, C.

Einkauf

Für das ganzjährig reiche Angebot an Frischgemüse gibt es *gesetzlich festgelegte Mindesteigenschaften:* Ganz, gesund, frisch, sauber, frei von fremdem Geruch und Geschmack, frei von anormaler Feuchtigkeit, frei von Frostschäden. Nach diesen Eigenschaften erfolgt die Einteilung in

Handelsklassen
Klasse Extra Höchste Qualität ohne Fehler, wird fast nur in Delikateßläden geführt und ist entsprechend teuer.
Klasse I Gute Qualität, d.h. vollkommen gesund, sortentypisch, frei von Fehlern, die Aussehen und Haltbarkeit beeinträchtigen. Sortierung und Verpackung müssen sorgfältig sein, wird in der Regel in Spezialgeschäften angeboten.
Klasse II Marktfähige Qualität mit leichten Mängeln. Erzeugnisse dieser Klasse dürfen leichte Form- und Oberflächenfehler haben, entspricht dem Angebot auf Wochenmärkten und in Lebensmittelläden.
Klasse III Noch marktfähige Ware, die aber wegen weitergehender Fehler nicht höher eingestuft werden kann, zum Verzehr geeignet, entspricht häufig dem Angebot in Supermärkten.

▷ Preise vergleichen. Keine »Erstlinge« (Primeurs) kaufen, sondern warten, bis das Angebot größer wird.
▷ Jahreszeitliche Angebote nutzen.
▷ Nur so viel kaufen, wie kurzfristig verwertet werden kann. Besonders während der warmen Jahreszeit keine größeren Mengen kaufen.
▷ So frisch wie möglich kaufen. Für Rohkost das frischeste Gemüse wählen. Je frischer der Zustand, um so höher der Gehalt an Vitaminen und Aromastoffen.
▷ Nach Verwendungszweck kaufen, z.B. billigere Tomaten für Suppen und Saucen, für Salat die teureren wählen.
▷ Frisch geerntetes Gemüse ist in seinem für Ernährung und Geschmack so wichtigen Ergebnis jedem noch so guten Importgemüse weit überlegen, weil es weder durch Transport noch durch Lagerung Werteinbußen erfährt.

Lagerung

Kurzfristig
▷ Kühl, trocken, dunkel, im Keller, in der Speisekammer oder im Gemüsefach des Kühlschranks.
▷ Möglichst kurz lagern, da der Vitamingehalt beim Lagern stark abnimmt.

Langfristig (Wintervorrat)
▷ Möhren, Sellerieknollen, Rote Rüben (Rote Bete) im Keller in Sand einlegen. In sehr trokkenen Kellern Sand gelegentlich befeuchten.
▷ Weiß- und Rotkraut (Weiß- und Rotkohl) und Wirsing, möglichst mit Strunk, auf Horden im Keller lagern.

▷ Zwiebeln und Knoblauch in trockenem, frostfreiem Raum gebündelt aufhängen.
▷ Gemüse nicht direkt zusammen mit Obst lagern.

Garmachungsarten

Die Garmachungsart wählen, die das Gemüse (Gehalt an Eiweiß, Vitamine, Mineralstoffe, Farbe und Aroma) am meisten schont. Gemüse nicht zu lange kochen, sondern mit »Biß« (al dente) auf den Tisch bringen.

Blanchieren Für feines, junges Gemüse, erhält Farb- und Aromastoffe sowie Vitamine und Mineralstoffe. Als Vorbereitung für gratinierte Gemüse (Spinat, Fenchel, Chicorée) und für Gemüse in Ausbackteig (Blumenkohl, Brokkoli, Stangensellerie).

Heißrühren oder Pfannenrühren Für mundgerecht zerkleinertes Gemüse, erhält alle Vitamine und Mineralstoffe neben knackiger Struktur und Farbfrische.

Wasserloses Garen Besonders für Mischgemüse geeignet. Hervorzuheben ist die Schonung aller Aromastoffe, die salzarme Zubereitung gestattet.

Dünsten Für Gemüsearten, die mit wenig Fett und wenig Wasser gegart werden sollen, z. B. Karotten, Erbsen, Mischgemüse, auch für Sauerkraut geeignet.

Dämpfen Für Kartoffeln.

Kochen Für Eintöpfe vorteilhaft, ansonsten hoher Verlust an Vitamin-, Mineral-, Aroma- und Farbstoffen.

Druckgaren Zeitsparend. Für Hülsenfrüchte besonders geeignet. Für Gemüse und Kartoffeln »Schongang« mit geringerem Druck benutzen. Hitzeempfindliche Vitamine werden zerstört, Aroma und Farbstoffe beeinträchtigt.

Schmoren Für Gemüsearten, die lange und intensive Hitzezufuhr benötigen, z. B. Grünkohl, Rotkohl, Weißkraut.

Backen Für besondere Zubereitungen, z. B. knapp gar gekochte Selleriescheiben, Blumenkohlröschen, Rosenkohl oder Fenchel. Paniert in der Pfanne ausbacken. Für Paprika und Auberginen, sie werden bei 150–175 °C im Ofen, einzeln auf dem Blech liegend, gegart.

Grillen Nur für sehr saftige Gemüse anwendbar, z. B. Tomaten.

Fritieren Für besondere Zubereitungen, z. B. Gemüsestücke im Teigmantel. Dazu blanchiertes Gemüse oder rohe Pilze verwenden.

Hinweise für die Küchenpraxis

▷ Gemüse erst waschen, dann zerkleinern, ansonsten Auslaugverlust. Nie im Wasser liegen lassen, sofort abtropfen und zubereiten.
▷ Gemüse in zerkleinertem Zustand nicht offen stehen lassen (Vitaminverlust), sondern unverzüglich garen.
▷ Kürzeste Garmachungsart wählen, möglichst nicht kochen, hoher Auslaugverlust.
▷ Gemüse mit »Biß« (al dente) garen.
▷ Erst nach beendeter Garzeit salzen.
▷ Gemüsesud nicht wegschütten, sondern zu Suppe, Sauce oder mit anderen Gemüsen zu Gemüsecocktail verwenden. Sud von Spinat nicht weiterverwenden.

Gemüsezubereitungen

Gekochte Gemüse

Artischocken

Vorbereiten 10 Minuten
Garen 30–40 Minuten

4	große Artischocken, gewaschen und geputzt
2–2½ l	Wasser
	Saft von 2 Zitronen
	Salz
1 EL	Öl,
	Bindfaden (nach Belieben)

① Artischocken gründlich abspülen, abtropfen. Welke und harte Blätter entfernen, Stiel abdrehen oder abschneiden, Boden gerade schneiden, mit Zitronensaft einreiben. Blattspitzen mit der Küchenschere etwa 2–3 cm waagerecht abschneiden. Nach Belieben mit Bindfaden wie ein Päckchen zusammenschnüren, damit die Artischocke ihre Form behält.

② Wasser mit Salz und Zitronensaft zum Kochen bringen, Artischocken rundherum mit Öl beträufeln, aufrecht in das Kochwasser setzen, etwa 40 Minuten kochen.

③ Garprobe: Sobald sich ein Blatt aus der Mitte ziehen läßt, ist der Garpunkt erreicht. Aus dem Kochwasser nehmen, abtropfen lassen. Faden

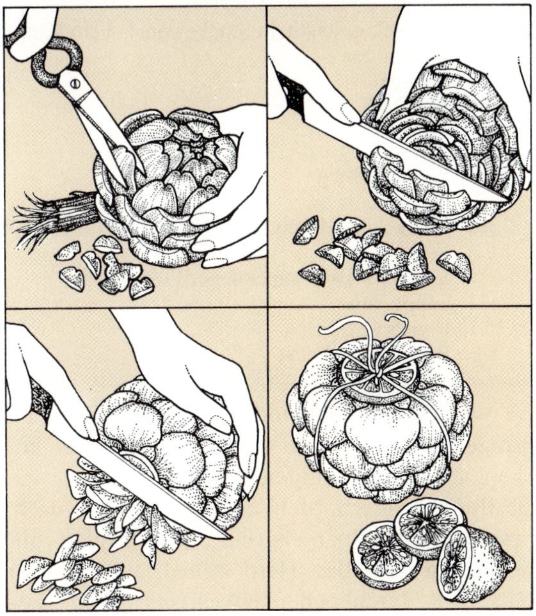

abschneiden. Aus der Mitte der Artischocke mit kleinem Löffel das ungenießbare »Heu« vorsichtig herausholen, sauber ausschaben.

Verwendung Warm oder kalt mit pikanten Saucen, zu Fleisch zu delikaten Snacks, mit Mayonnaisen, Hollandaisen, Vinaigrettes.

Blumenkohl Polnisch

Vorbereiten 20 Minuten
Garen 20 Minuten

1	großer Blumenkohl im ganzen, groben Strunk entfernt, oder 2 kleine Köpfe im ganzen
	Salzwasser
2–3 l	Wasser
½ l	Milch
	Salz
5–6 EL	Butter, flüssig
3–4 EL	Semmelbrösel
1 EL	Petersilie, gehackt

① Blumenkohl mit dem Strunk nach oben mindestens 10 Minuten in Salzwasser legen.

② Wasser und Milch zum Kochen bringen, leicht salzen, mit dem Strunk nach unten einlegen, auf mittlerer Hitze simmern lassen, dabei Topf zudecken. Der Blumenkohl darf nur knapp gar sein, weil er sonst auseinanderfällt und sein appetitliches Aussehen verliert.

③ Mit zwei Schaumlöffeln aus dem Wasser heben, abtropfen, auf vorgewärmte Platte setzen, warm halten.

④ Semmelbrösel in Butter goldbraun rösten, über Blumenkohl verteilen, mit Petersilie bestreuen, servieren.

Verwendung Als Beilage zu Fleischgerichten, als vegetarisches Hauptgericht.

Spargel

Weiß und grün

Vorbereiten 30 Minuten
Garen 15–20 Minuten

1,5 kg	Stangenspargel, sorgfältig geschält
2–3 l	Wasser
1 TL	Salz
1 EL	Zucker
15 g	Butterflöckchen

① Spargel schälen: Das untere, meistens trockene Ende abschneiden. Dabei wird sichtbar, ob

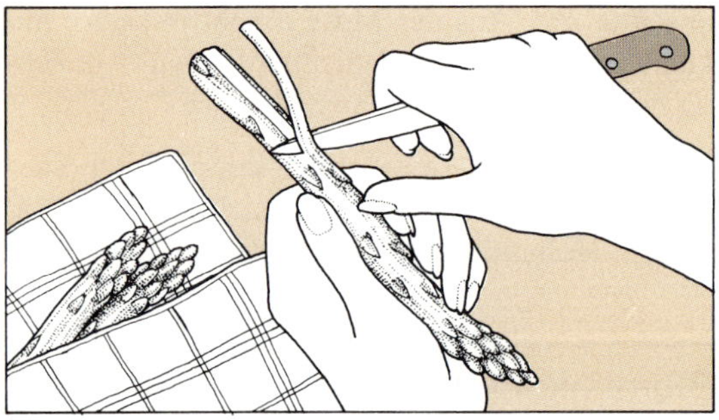

die Spargelstange von holziger oder nur von dünner Schale (bei sehr frischem, zartem Spargel) umgeben ist. Mit einem scharfen Küchenmesser wird die Schale entsprechend dünn oder dick von unten nach oben abgeschält. Nach oben – bis knapp unter den Spargelkopf – das Messer nur flach unter der Schale entlangziehen. Den Kopf nicht schälen. Die geschälten Stangen jeweils sofort in sauberes, feuchtes Küchentuch einschlagen, damit Frische und Aroma erhalten bleiben. Bis zum Gebrauch im Kühlschrank aufbewahren.

② In möglichst weitem Topf (24 cm ∅) Wasser erhitzen, mit Salz und Zucker würzen, zum Kochen bringen, Butterflöckchen zugeben, Spargel einlegen, ankochen, auf kleinstmöglicher Hitzestufe simmern lassen.

③ Garprobe: Der Spargel muß glasig aussehen. Eine Stange, über eine Gabel oder einen Löffel gelegt, darf sich nur elastisch biegen, nicht knikken (im letzteren Falle wäre er bereits zu weich).

④ Garen Spargel vorsichtig mit 2 Schaumlöffeln aus dem Sud heben, kurz auf flachem, engmaschigem Gitter abtropfen lassen, dann sofort auf vorgewärmte Platte legen und servieren.

Klassische Beilagen Sauce Hollandaise, Sauce Maltaise, Sauce Mousseline, Sauce Miracle (s. Seite 252 ff.), Bozener Sauce (s. Seite 259), magerer roher und gekochter Schinken, feine Kräuteromeletts, junge Kartoffeln, krosses Weißbrot, trockener Weißwein.

▷ Spargel von unten nach oben schälen.
▷ Geschälten Spargel sofort bis zum Kochen in feuchtes Tuch einschlagen.
▷ Zum Garen einen möglichst weiten Topf nehmen, da dies ein gleichmäßigeres Ergebnis garantiert.

▷ Spargel dürfen nur eben von der Flüssigkeit bedeckt sein.
▷ Nicht zu weich, sondern »al dente« kochen. Verkochter Spargel hat kein Aroma mehr.
▷ Garpunkt ist sehr stark vom Frischezustand abhängig, frischer Spargel ist rascher gar.
▷ Garprobe: Eine Spargelstange über eine Gabel oder einen Löffel legen, wenn sie sich elastisch darüberbiegt, ist der Garpunkt erreicht.
▷ Sind die Spargel ungleichmäßig dick, empfiehlt es sich, die dickeren zuerst einzulegen, nach 5 Minuten die dünneren zuzugeben.
▷ Spargelabsud als Suppengrundlage weiterverwenden, Spargelschalen nochmals darin auskochen, abseihen.
▷ Spargel in jeglicher Zubereitung immer nur mild abschmecken.
▷ Spargel bei Delikateß-Salaten nur mit feinen Gemüsen, hellem Fleisch, edlem Fisch, Krabben usw. und hellem Grün zusammenbringen.

Spargelgemüse

Vorbereiten 20–30 Minuten
Garen und Zubereiten 20 Minuten

800 g	Spargel, geschält, in Stücke von 4–5 cm Länge geschnitten
¼ l	Wasser
½ TL	Salz und 1 TL Zucker

Sauce

1 EL	Butter, flüssig
1 EL	Mehl
⅜ l	Spargelabsud (mit etwas Wasser auffüllen)
4 EL	Weißwein
	Salz und frisch gemahlener Pfeffer
⅛ l	Sahne, mit
1	Eigelb verquirlt
1 EL	Petersilie, gehackt

① Wasser mit Salz und Zucker zum Kochen bringen, Spargelstücke einlegen, knapp gar kochen, abseihen, abkühlen lassen.

② Butter erhitzen, Mehl darin kurz anschwitzen, beiseite ziehen, Spargelabsud zugießen, glatt rühren, wieder auf den Herd stellen, auf kleinster Hitze gut durchkochen lassen, mit Wein, Salz

und Pfeffer mild abschmecken, Spargelstücke einlegen, nicht mehr kochen, nur ziehen lassen.
③ Sahne an das Gemüse rühren, nicht mehr kochen lassen. Mit Petersilie bestreut servieren.

Verwendung Zu Fleischgerichten mit und ohne eigene Sauce, z. B. panierte Schnitzel von Schwein, Kalb, Geflügel.

Variationen
- In Portionsförmchen füllen, mit Schinkenstreifen und/oder Reibkäse überstreuen, als Vorspeise oder leichtes Abendessen.
- In eine echte, heiße Rahm-Kräuter-Sauce einlegen (ohne Mehl zubereiten).

Gedünstete Gemüse

Grundrezept und GZ
Feine Dünstgemüse

Vorbereiten 10 Minuten
Blanchieren 6–10 Minuten
Garen 5–8 Minuten

Hauptzutat
750 g Gemüse, z. B. Bohnen im ganzen, Rosenkohl in ganzen Sprossen, Brokkoli und Blumenkohl in Röschen, Mangold im ganzen oder halbiert, Bleichsellerie in Stücken von 5 cm Länge

Flüssigkeit
¾ l Wasser, knapp

Fett
4 EL Butter, flüssig

Geschmackszutaten
1 Schalotte (nach Belieben), fein gehackt
Salz und frisch gemahlener Pfeffer
1 EL Petersilie (Ausnahme Brokkoli und Rosenkohl)

① Wasser zum Kochen bringen, Gemüse jeweils in Portionen zu ⅓ einlegen, etwa 4–5 Minuten im simmernden Wasser blanchieren, mit Schaumlöffel herausnehmen, auf Sieb geben und sofort mit kaltem Wasser überbrausen, bis die Gemüse ganz erkaltet sind, abtropfen lassen.
② Die Butter erhitzen, Schalotte darin glasig dünsten, die erkalteten, gut abgetropften Gemüse einlegen, darin wenden, mehr schütteln, schwach salzen und pfeffern, Petersilie zugeben, Gemüse wenden, auf kleinster Stufe erwärmen, anrichten.

Verwendung Zu allen feinen Fleischgerichten.

Da es bei allen diesen Gemüsen auf die Erhaltung ihrer Farbe und Struktur ankommt, ist es nötig, sie vor dem Dünsten zu blanchieren und sofort so lange kalt abzubrausen, bis sie durch und durch erkaltet sind. Die schonende Weiterbehandlung – Erwärmen, vorsichtiges Umwenden – gelingt am besten in einem flachen, weiten Topf.

▷ Wasser beim Blanchieren nur simmern, nicht brausend kochen lassen.
▷ Nach dem Blanchieren sofort kalt abbrausen, bis die Gemüse ganz kalt sind.
▷ Auf kleinster Hitzestufe erwärmen, fertiggaren.
▷ Weiten, flachen Topf oder Pfanne mit hohem Rand benutzen.

Glasierte Karotten mit Kräutern

Vorbereiten 10 Minuten
Garen 10 Minuten

600 g frische Karotten, geputzt und in 3 cm lange, runde Stücke geschnitten
¼ l Wasser, knapp
¼ TL Salz
2 EL Butter, flüssig
2 EL Zucker
1 kleine Zwiebel oder 2 Schalotten, sehr fein gehackt
je 2 EL Petersilie und Kerbel, fein gehackt
frisch gemahlener Pfeffer
4 EL Weißwein
1 EL Zitronensaft

① In Gemüsetopf Wasser mit Salz zum Kochen bringen, Butter zugeben, Karotten einlegen, »al dente« dünsten lassen. Die Kochflüssigkeit soll nahezu verdunstet sein.
② Zucker über Karotten streuen, auf kleinster Hitze Karotten im Topf rütteln, damit sich Zukker und noch vorhandene Butter verbinden können, Zwiebel und Kräuter miteinander vermischen, in den Topf geben, vorsichtig schwenken, Pfeffer darübermahlen, Wein und Zitronensaft zugeben, nochmals kurz erhitzen, durchschwenken, anrichten.

Verwendung Vor allem zu hellem Fleisch wie Geflügel, Kalb, Lamm.

Karotten und Erbsen

Vorbereiten 15–20 Minuten
Garen 10–12 Minuten

350 g	kleine, junge Karotten, geschabt, gewaschen, abgetropft, im ganzen
350 g	frische, junge Erbsen, kalt abgebraust
¼ l	Wasser
½ TL	Salz und 1 TL Zucker
5	Frühlingszwiebeln ohne Grün
3 EL	Butter, flüssig
4 EL	kaltes Wasser
	frisch gemahlener Pfeffer
2 EL	Petersilie, frisch gehackt

① Wasser erhitzen, leicht salzen, zuckern, zum Kochen bringen, Karotten einlegen, sprudelnd kochen lassen. So knapp wie möglich garen (maximal 8 Minuten), sie müssen »Biß« behalten. Herausnehmen, abtropfen.

② In zweitem Topf etwa 10 EL Wasser, leicht gesalzen, erhitzen, Frühlingszwiebeln darin blanchieren, ca. 5–7 Minuten garen, herausnehmen, abtropfen.

③ Butter erhitzen, leicht salzen, mit Wasser aufkochen, mit kleinem Schneebesen intensiv durchschlagen.

④ Karotten, Erbsen und Zwiebeln in die Sauce mischen, mit Pfeffer würzen, auf kleinster Hitze nochmals 3–4 Minuten dünsten, mit Petersilie bestreut servieren.

Verwendung Zu allen Fleischarten passende Gemüsebeilage.

Variation

Leipziger Allerlei

250 g	Karotten
250 g	Erbsen
250 g	Spargel
	alles andere wie im Rezept angegeben

Spargel in Stücke schneiden, in wenig gesalzenem Wasser etwa 6–8 Minuten garen, abtropfen, mit den anderen Gemüsen in die Sauce geben.

Verwendung Zu feinen Fleischgerichten, wie Kalbsbraten, Roastbeef, Filetbraten, und zu panierten Schnitzeln.

Feines Mischgemüse

Vorbereiten 20 Minuten
Garen 15–20 Minuten

3 EL	Butter, flüssig
8	Perlzwiebeln oder Schalotten, geschält
8	sehr kleine Kartoffeln, geschält
200 g	Möhren, klein gewürfelt
200 g	Brechbohnen, in 2–3 cm lange Stücke gebrochen
200 g	Rosenkohl, frisch, geputzt, oder tiefgekühlt
	Salz und frisch gemahlener Pfeffer
⅛ l	Brühe oder Wasser, knapp
150 g	kleine Champignons, der Länge nach halbiert
4 EL	Petersilie, Schnittlauch, Basilikum, Estragon, gehackt

① In möglichst weitem Topf Butter erhitzen, Zwiebeln darin zuerst andünsten, Kartoffeln, Möhren, Bohnen, Rosenkohl nacheinander zugeben, salzen, pfeffern, etwas Flüssigkeit angießen, auf kleiner Hitze vorsichtig dünsten.

② Champignons ganz kurz vor Ende der Garzeit obenauflegen, Topf zudecken, nochmals 5–7 Minuten dünsten.

③ Die Champignons vorsichtig untermischen, Kräuter zugeben, unterheben, anrichten.

Verwendung Selbständiges Hauptgericht, Beilage zu Braten aller Art oder Geflügel, gebraten oder gegrillt.

Variation

250 g mageren rohen Schinken, in 3 cm breite Streifen geschnitten, in der Butter andünsten, ansonsten wie im Rezept.

Geschmolzene Tomaten

Vorbereiten 5 Minuten
Garen 6–8 Minuten

6	Fleischtomaten, enthäutet, halbiert, entkernt
1 EL	Butter, zerlassen
1	kleine Zwiebel, fein gehackt
2 EL	Tomatensaft
1 EL	Rotwein
	Prise Oregano (nach Belieben)
	Salz und frisch gemahlener Pfeffer

① Die Tomaten blanchieren und enthäuten, bei reifen Tomaten läßt sich die Haut auch ohne Blanchieren abziehen, und halbieren. Mit kleinem Löffel Kernhaus entfernen, auf Sieb legen, Saft auffangen.

② Zwiebeln in Butter glasig dünsten, mit Tomatensaft ablöschen, auf mittlerer Hitze reduzieren lassen, Wein, Oregano, Salz und Pfeffer zugeben, Tomaten dazumischen, in der Zwiebelreduktion öfters behutsam wenden, vorsichtig erhitzen, nur kurz heiß werden lassen, abschmecken, anrichten.

Verwendung Beilage zu Steaks, zu pochiertem, gedünstetem, gegrilltem Fisch, zu Gemüseplatten, Omeletts mit grüner Füllung, Kräuteromeletts, zu gebackenem Hirn.

Grundrezept und GZ
Dünstgemüse einfache Art

Vorbereiten 10–15 Minuten
Garen 15–20 Minuten

Hauptzutat

750 g	Gemüse, geputzt, gewaschen, z. B. Möhren in Scheiben oder Stücken, Kohlrabi in halbierten Scheiben, Lauch in dicken Ringen, Fenchel in halbierten Scheiben, Bleichsellerie in Stücken, Zucchini in Scheiben oder Stücken

Fett

3 EL	Pflanzenfett, Öl oder flüssige Butter

Geschmackszutaten

1	mittelgroße Zwiebel (entfällt bei Lauch), fein gehackt
	Salz und frisch gemahlener Pfeffer

Flüssigkeit

⅛–¼ l	Wasser oder helle Brühe

Zum Verfeinern

2 EL	Sahne oder 1 EL Crème fraîche
2 EL	gehackte Petersilie, Schnittlauch, Kerbel (je nach Gemüseart und Vorliebe)

① Fett in Gemüsetopf erhitzen, Zwiebel darin glasig dünsten, Gemüse zugeben, im Fett wenden, leicht salzen und pfeffern, mit Wasser oder Brühe aufgießen (vorerst halbe Flüssigkeitsmenge zugießen, da der Saftgehalt der verschiedenen Gemüse unterschiedlich ist). Deckel auflegen. Auf kleinstmöglicher Hitzestufe gar dünsten.

② Gemüse abschmecken, mit Sahne und Kräutern verfeinern, kurz ziehen lassen, anrichten, servieren.

Verwendung Zu allen Arten von gekochtem, gedünstetem, gebratenem, gegrilltem Fleisch, zu Geflügel, zu Kartoffelgerichten.

- ▷ Zwiebel nur glasig dünsten.
- ▷ Nicht sofort die ganze Flüssigkeit zugießen, da die Saftabgabe der Gemüse sehr unterschiedlich ist.
- ▷ Vorsichtig salzen!
- ▷ Kleinstmögliche Hitzezufuhr verhindert Anbrennen, Überkochen und Zuweichwerden, erhält Aroma, Farbe und Struktur der Gemüse.
- ▷ Sahne und Kräuter erst am Ende des Kochprozesses zugeben, nicht mehr kochen, sondern nur ziehen lassen.
- ▷ Unterschiedliche Garzeiten der einzelnen Gemüsearten beachten, z. B. bei Zucchini, Bleichsellerie kürzer als bei Kohlrabi, bei jungen Möhren kürzer als bei gelagerten.

Gemüsetopf Gärtnerin

Vorbereiten 15–20 Minuten
Garen 30 Minuten

1 kg	Gemüse beliebiger Zusammenstellung (Möhren, Kohlrabi, Bohnen, Blumenkohl, Lauch), zerkleinert
4 EL	Pflanzenfett oder Öl
1	große Zwiebel, fein gehackt
4	Kartoffeln, geschält, in große Würfel geschnitten
	Salz und frisch gemahlener Pfeffer
½ l	Wasser oder Brühe, knapp
4 EL	Kräuter, z. B. Petersilie, Kerbel, Schnittlauch, Estragon, nach Belieben gemischt, gehackt
2 EL	Sahne (nach Belieben)

① In genügend großem Topf Fett erhitzen, Zwiebel darin glasig dünsten.

② Gemüse (mit Ausnahme von Blumenkohl oder frischen Erbsen) und Kartoffeln zugeben, kurz mitdünsten, schwach salzen und pfeffern, mit Flüssigkeit auffüllen, etwa ⅛ l Flüssigkeit zurückbehalten. Topf zudecken, auf möglichst kleiner Stufe garen.

③ Blumenkohlröschen erst 10 Minuten, Erbsen 5 Minuten vor beendeter Garzeit zugeben, fertiggaren.

④ Gemüse durchmischen, abschmecken, mit Sahne verfeinern, Kräuter zugeben, anrichten, servieren.

Verwendung Als selbständiges Hauptgericht. Mit etwas reduzierter Menge als Beilage zu gekochtem Rindfleisch.

Bohnen Italienisch

Vorbereiten 10 Minuten
Garen 15–18 Minuten

750 g	frische Brechbohnen, geputzt, halbiert, oder TK-Bohnen, aufgetaut
½ l	Wasser (entfällt bei TK-Bohnen)
1 TL	Salz
1	Strauß Bohnenkraut
25 g	Butterflöckchen
	Salz und frisch gemahlener Pfeffer
	Saft von 1 Zitrone

① Wasser erhitzen, salzen, Bohnen mit dem Bohnenkraut einlegen, bei offenem Topf leicht kochen lassen, »al dente« garen, abseihen, abtropfen lassen.
② Bohnen in vorgewärmte Schüssel legen, Butterflöckchen untermischen, leicht salzen, pfeffern, mit Zitronensaft übergießen, durchmischen, servieren.

Verwendung Zu hellen und dunklen Fleischgerichten aller Art, Gemüseplatte, Tomaten- und Mailänder Risotto.

Grüne Bohnen

Vorbereiten 10–15 Minuten
Garen 15 Minuten

750 g	grüne Brechbohnen, geputzt, gewaschen, abgetropft, zerkleinert
4 EL	Butter oder Pflanzenfett, zerlassen
1	mittelgroße Zwiebel, fein gehackt
¼ l	Flüssigkeit, knapp
	Salz und frisch gemahlener Pfeffer
1	Stengel Bohnenkraut
1 EL	Petersilie, gehackt

① Fett erhitzen, Zwiebel glasig dünsten, Bohnen zugeben, umwenden, mit Flüssigkeit aufgießen, schwach salzen und pfeffern, Bohnenkraut zugeben, Topf zudecken, auf mittlerer Hitze gar dünsten.
② Gemüse abschmecken, Bohnenkraut entnehmen, mit Petersilie verfeinern, anrichten, servieren.

Verwendung Zu alltäglichen Gerichten mit und ohne Fleisch.

Variation
Statt Butter 100 g durchwachsenen Speck zum Andünsten verwenden.

Chinakohl

Vorbereiten 5 Minuten
Garen 15–20 Minuten

1	große oder 2 kleine Chinakohlstauden, geputzt, geviertelt, Strunkansatz entfernt, gewaschen und gut abgetropft
¼ l	helle, gut abgeschmeckte Brühe
$^1/_{16}$ l	Crème fraîche
	Salz und Pfeffer
1	Ingwerpflaume, in sehr dünne Scheiben geschnitten
1	Eigelb
	Saft von ½ Zitrone

① Chinakohl in möglichst weiten Topf nebeneinanderlegen, mit Brühe übergießen, langsam zum Kochen bringen, auf kleiner Hitze gar dünsten, evtl. etwas mehr Flüssigkeit nachgießen.
② Chinakohl herausnehmen, auf vorgewärmte Platte legen, Sauce mit Crème fraîche verfeinern, würzen, bei milder Hitze Ingwerpflaume zugeben, kurz ankochen, beiseite ziehen, mit Eigelb legieren, Zitronensaft tropfenweise unterrühren, über den Chinakohl gießen.

Verwendung Vor allem zu gedünstetem, gebratenem, kurzgebratenem Geflügel, auch zu Kalb- und Lammfleisch in »hellen« Zubereitungen.

Gedünsteter Wirsing

Vorbereiten 15 Minuten
Garen 15–20 Minuten

1	Kopf frisch geernteter Wirsing, entblättert, in breite Streifen geschnitten, grob gehackt
1	mittelgroße Zwiebel, gehackt
4 EL	Butter, zerlassen
⅛ l	Brühe, heiß
	Salz und Pfeffer
3 EL	Weißwein

① In passendem Topf Zwiebel in Butter andünsten, Wirsing mit wenig Salz überstreuen, locker durchmischen, in Topf geben, kurz andünsten.
② Heiße Brühe angießen, Gemüse öfters wenden, bis es ein wenig zusammenfällt, Deckel auflegen, auf mittlerer Hitze »al dente« garen, abschmecken, mit Wein verfeinern, noch kurz darin ziehen lassen, anrichten.

Verwendung Zu Fleischgerichten aller Art, zu Kartoffelgratin und -auflauf.

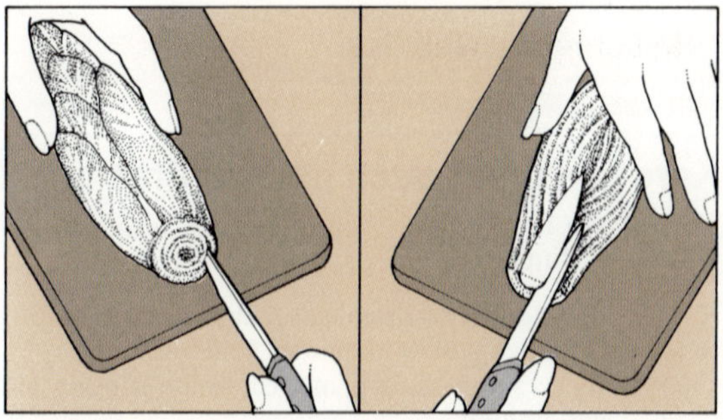

Chicorée in Sahnesauce

Vorbereiten 5 Minuten
Garen 20 Minuten

4	große Chicoréestauden, geputzt, halbiert, Strunk entfernt, gewaschen, abgetropft
1 EL	Butter, zerlassen
⅜ l	Sahne
	Salz und frisch gemahlener Pfeffer
½ TL	Zucker
1	Eigelb, verrührt
1 EL	Zitronensaft
1 EL	Petersilie, fein gehackt

① Einen weiten Gemüsetopf mit Butter ausfetten, Chicoréestauden mit der Schnittseite nach unten dicht nebeneinander in den Topf legen, Sahne mit Salz, Pfeffer und Zucker verquirlen, über den Chicorée gießen, auf milder Hitze gar dünsten.

② Gemüse herausnehmen, in vorgewärmte Anrichteschüssel legen, Sauce mit Eigelb unter Rühren legieren, mit Zitronensaft abschmecken, über den Chicorée gießen, mit Petersilie bestreuen und zu Tisch bringen.

Verwendung Zu Fleisch und Geflügel, gebraten oder gegrillt, in Verbindung mit Kartoffeln oder trockenem Reis.

Schwarzwurzeln in weißer Sauce

Vorbereiten 30 Minuten
Garen 25–30 Minuten

1 kg	Schwarzwurzeln, geschält, in 4–6 cm lange Stücke geschnitten
⅜ l	helle Brühe oder Wasser
	Salz und frisch gemahlener Pfeffer
¼ l	Sahne
1	Eigelb
2 EL	Zitronensaft oder Weißwein
2 EL	Schnittlauch, grob gehackt

① Schwarzwurzeln schälen: Kaltes Wasser in eine Schüssel mit ca. 2–3 l Inhalt füllen, ¼ Tasse Essig und 2 EL Mehl darin verrühren. Schwarzwurzeln schälen und sofort in das Wasser legen, um Braunfärbung zu verhindern.

② Brühe oder Wasser würzen und mit den Schwarzwurzeln zum Kochen bringen, auf kleiner Hitze nicht zu weich (»al dente«) garen, mit Schaumlöffel aus dem Topf nehmen, auf Teller legen, warm halten.

③ Kochflüssigkeit etwas reduzieren lassen, Sahne zugießen, aufkochen, mit Eigelb legieren, mit Zitronensaft oder Weißwein abschmecken. Schwarzwurzeln einlegen, nochmals darin ziehen lassen, in vorgewärmter Schüssel anrichten, mit Schnittlauch bestreuen.

Verwendung Zu hellem und Bratenfleisch.

Zwiebelgemüse

Vorbereiten 10 Minuten
Garen 15–25 Minuten

750 g	weiße Gemüsezwiebeln, geschält
1 EL	Olivenöl
80 g	durchwachsener Speck, klein gewürfelt
1 TL	Zucker
¼ l	helle Brühe, reichlich
1/16 l	trockener Weißwein
1	Lorbeerblatt (nach Belieben)
	Salz und frisch gemahlener Pfeffer
2 EL	Crème fraîche
2 EL	Schnittlauch, grob gehackt

① Zwiebeln so halbieren und vierteln, daß sie am Wurzelende zusammenhängen (wichtig für das Aussehen des fertigen Gemüses).

② Öl in Schmortopf erhitzen, Speck darin langsam kroß braten, Zwiebeln zugeben, vorsichtig wenden, mit Zucker überstreuen, wenden, mit Brühe und Weißwein ablöschen, bei offenem Topf etwas einkochen lassen, Lorbeerblatt, Salz und Pfeffer zugeben, Hitze reduzieren, Topf zudecken, fertiggaren, nicht zu weich werden lassen.

③ Lorbeerblatt entnehmen, etwas mehr Hitze geben, um Flüssigkeit nochmals zu reduzieren (die Zwiebeln dürfen von der Sauce nur gerade umgeben sein). Crème fraîche zurühren, nochmals kurz aufkochen lassen, abschmecken, anrichten, mit Schnittlauch bestreuen.

Verwendung Zu gebratenem, geschmortem und gegrilltem Fleisch, Frikadellen, Cevapcici.

Glasierte Zwiebeln

Vorbereiten 10 Minuten
Garen 15 Minuten

750 g	kleine Zwiebeln, am besten Schalotten, geschält
¼–⅜ l	helle Brühe, gut abgeschmeckt
1	Lorbeerblatt
2	Gewürznelken
2 EL	Öl
1 EL	Zucker
2 EL	Zwiebelabsud
2 EL	Wein
	frisch gemahlener Pfeffer

① Zwiebeln mit Brühe samt Gewürzen in Gemüsetopf zusetzen, auf kleiner Hitze »al dente« garen, abseihen, abtropfen.
② Öl langsam erhitzen, Zucker darin unter ständigem Rühren karamelisieren (darf nur goldbraun werden!), Topf beiseite ziehen, mit Zwiebelabsud ablöschen, aufkochen, Wein zugeben, verrühren, auf kleiner Hitze etwas einkochen lassen.
③ Zwiebeln gut abgetropft in den Karamel legen, langsam erhitzen, vorsichtig wenden, mehr den Topf rütteln als rühren, darauf achten, daß die Zwiebeln gleichmäßig von Karamel überzogen werden.

Verwendung Zu Schweine-, Rinds- und Hammelbraten, zu gegrillten Steaks.

Variationen
- In Vinaigrette einlegen, fürs kalte Büffet eine hervorragende Zubereitung.
- Statt kleiner Zwiebeln oder Schalotten mittelgroße Zwiebeln vierteln. Bei der Zubereitung nicht rühren, sondern nur rütteln, damit die Stücke nicht auseinanderfallen.
- ⅓ der Zwiebelmenge durch Backpflaumen ersetzen. Dazu die Backpflaumen in ca. ⅜ l Wein oder Wasser mit 4 EL Essig, 1 EL Zucker und 2 Gewürznelken weich kochen. Auf Sieb sehr gut abtropfen lassen.

Heißgerührte Gemüse

Karotten und Lauch heißgerührt

Vorbereiten 10 Minuten
Garen 10 Minuten

2	mittelgroße Möhren, geschält, in sehr dünne Scheiben geschnitten oder gehobelt
1	dicke Stange Lauch, in 1 cm breite Ringe geschnitten
4 EL	Öl
	Salz und frisch gemahlener Pfeffer
4 EL	Brühe oder Sahne
2 EL	Petersilie, gehackt

① In großer Pfanne mit hohem Rand Öl erhitzen, Karotten und Lauch vermischen, im Öl unter ständigem Umwenden und Rühren bei starker Hitze andünsten, salzen, pfeffern, weiterrühren, bis der Lauch seine rohe Struktur verliert, aber noch knackig bleibt.
② Brühe oder Sahne zugeben, Gemüse sehr gut darin wenden, nur noch kurz garen lassen, Petersilie untermischen, abschmecken, servieren.

Verwendung Als Beilage zu Braten, Schnitzeln, Steaks, Geflügel, gebraten oder gegrillt, gebackenen Kartoffeln.

Heißgerührte Paprika

Vorbereiten 10 Minuten
Garen 8 Minuten

2	große, rote Paprika und
2	kleinere, grüne Paprika, entkernt und in 1 cm breite Streifen geschnitten
4 EL	Öl
	Salz und Pfeffer
½	Knoblauchzehe, durchgepreßt
4 EL	Sahne
1 TL	Paprika edelsüß
2 EL	Petersilie, gehackt

① Öl in weiter Pfanne mit hohem Rand oder flachem Topf erhitzen, Paprikastreifen zugeben, sofort bei kräftiger Hitze umwenden und rühren, salzen, pfeffern, Knoblauch zugeben, weiterrühren, bis alle Streifen gleichmäßig von Öl und Gewürzen umgeben sind.
② Sahne mit Paprikapulver verquirlen, zugießen, stark ankochen, Gemüse rasch darin wenden, abschmecken, in Pfanne oder auf vorgewärmter Platte servieren, mit Petersilie bestreuen.

Verwendung Als Beilage zu gebratenem und gegrilltem Fleisch aller Art, zu Pfannensteaks, zu gegrilltem Geflügel und Fisch, zu gebackenen Kartoffeln.

Heißgerührter Spinat

Vorbereiten 15 Minuten
Garen 4–6 Minuten

500 g	Spinat, verlesen, gewaschen und sehr gut abgetropft
4 EL	Öl
	Salz und frisch geriebener Muskat
	Spritzer Soja-Sauce (nach Belieben)
1 EL	Butterflöckchen

① Eine möglichst weite Pfanne oder sehr flachen Topf nehmen, Öl darin erhitzen, Spinat einlegen und sofort dauernd umwenden, bis die Blätter zusammenfallen und gar sind, dabei höchstens mittlere Hitzestufe benutzen.
② Abschmecken, auf vorgewärmte Platte legen, Butterflöckchen darüber verteilen und sofort so zu Tisch geben.

Verwendung Als Beilage zu kurzgebratenem Fleisch, zu Hackbraten, Frikadellen, Fleischbällchen, zu gegrilltem Fleisch, Geflügel, Fisch. Weiterverwendung zum Gratinieren.

Spinat ist zum Aufwärmen nicht geeignet, da sich durch Aufbewahren und Wiedererwärmen gesundheitsschädliche Nitrosamine bilden.

Heißgerührte Tomaten

Vorbereiten 10 Minuten
Garen 15 Minuten

4	Fleischtomaten oder entsprechende Menge kleiner Tomaten, enthäutet und in Würfel geschnitten
2 EL	Öl
	Salz und Pfeffer
¼	Knoblauchzehe, durchgepreßt
	Oregano oder frisches Bohnenkraut
je 1 EL	Petersilie, Schnittlauch, Estragon, gehackt
1 EL	Weiß- oder Rotwein (nach Belieben)

① Öl erhitzen, Tomaten einlegen, unter Rühren auf intensiver Hitze andünsten, bis ein Teil des eigenen Saftes reduziert ist, salzen, pfeffern, Knoblauchzehe daranmischen, gut umrühren.
② Kräuter zugeben, mit Wein verfeinern, auf vorgewärmter Platte oder im Topf servieren.

Verwendung Als Beilage zu Fleisch, Fisch, Geflügel, gebraten oder gerillt.

Heißgerührte Zucchini

Vorbereiten 10 Minuten
Garen 8–10 Minuten

4	mittelgroße Zucchini (etwa 20–25 cm), geschält, in 2 mm dünne Scheiben geschnitten
4 EL	Olivenöl
	Salz und frisch gemahlener Pfeffer
4 EL	Brühe, Sahne oder Weißwein
je 1 EL	Petersilie und Schnittlauch (nach Belieben auch Dill), gehackt

① Öl in weiter Pfanne mit hohem Rand oder flachem Topf erhitzen, Gemüse bei starker Hitze scharf anbraten, unablässig wenden, leicht salzen, pfeffern.
② Brühe, Sahne oder Wein zugeben, weiterrühren, bis die Scheiben knapp gar sind. Sie müssen ihre frische, grüne Farbe behalten. Petersilie und Schnittlauch, evtl. auch Dill untermischen, abschmecken, auf vorgewärmter Platte oder in der Pfanne servieren.

Verwendung Als Beilage zu hellem Fleisch (Kalb, Geflügel), gedünstet, gebraten, gegrillt, zu Kartoffelspeisen aller Art.

Geschmorte Gemüse

Ratatouille

Durcheinander

Vorbereiten 15 Minuten
Ruhen Auberginen 1 Stunde
Garen 40 Minuten

2	mittelgroße Auberginen, entstielt, in halbe Scheiben geschnitten und mit Salz eingerieben
4	Fleischtomaten oder entsprechende Menge kleinere Tomaten, enthäutet und geviertelt
2	kleine oder 1 mittelgroße Zucchini, nach Belieben geschält, halbiert, in Scheiben geschnitten
1	Fenchelknolle, halbiert, in Scheiben geschnitten, Fenchelgrün mitverwenden
1	rote und 1 gelbe Paprika, halbiert, geviertelt, in grobe Stücke geschnitten

1	große weiße Zwiebel, geviertelt und in Scheiben geschnitten
1	Knoblauchzehe, durchgepreßt
6 EL	Olivenöl
	Salz und frisch gemahlener Pfeffer
1	Lorbeerblatt (nach Belieben)
¼ TL	Oregano
⅜–½ l	Brühe oder Wasser (vom Saftgehalt der Tomaten abhängig)
4 EL	Petersilie, gehackt

① Saft von den mit Salz eingeriebenen Auberginen abschütten. Öl in Schmortopf erhitzen, Auberginen darin glasig dünsten, Tomaten zugeben, weiterdünsten, häufig umwenden, alle anderen Gemüse und Gewürze daranmischen, gut durchrühren.
② Flüssigkeit angießen, stark ankochen, Hitze auf kleine Stufe reduzieren, Topf zudecken, garen lassen.
③ Lorbeerblatt herausnehmen, abschmecken, anrichten, servieren.

Verwendung Zu Fleisch und gegrilltem Seefisch. Auch als selbständiges Gericht.

Variationen
- Als Vorspeise geeignet, in Portionsschalen füllen, mit je 1–2 EL Reibkäse und Schinkenstreifen bestreuen, überbacken.
- Statt Zucchini weißen Flachkürbis »Squash«, ungeschält, in Scheiben geschnitten, nehmen.
- Bleichsellerie, in 3 cm lange Stücke geschnitten, verwenden.
- Mit ⅛ l Sahne verfeinern.

Geschmorte Gurken, Zucchini und Tomaten

Vorbereiten 15 Minuten
Garen 25 Minuten

500 g	große Gurken und/oder Zucchini, insgesamt, geschält, halbiert, entkernt, in längliche Stücke geschnitten
500 g	Tomaten, enthäutet und geviertelt
1 EL	Öl
50 g	durchwachsener Speck, gewürfelt
1	große Zwiebel, fein gehackt
	Salz und frisch gemahlener Pfeffer
⅛–¼ l	Wasser
4 EL	Sahne
1 TL	Mehl (nach Belieben)
2 EL	Petersilie, Dill, Estragon (nach Belieben), gehackt

① In Schmortopf Öl erwärmen, auf kleiner Hitzestufe Speck darin kroß braten, dann Speckwürfel herausnehmen, auf Teller legen, beiseite stellen.
② Zwiebel glasig dünsten, Gemüse zugeben, scharf anbraten, häufig wenden, leicht salzen, pfeffern, Flüssigkeit – zunächst nur wenig – angießen. Topf zudecken, auf mäßiger Hitze schmoren.
③ Eventuell restliche Flüssigkeit zugießen, von Saftabgabe der Gemüse abhängig. Sahne mit Mehl verquirlen, an das Gemüse geben, abschmecken, Speckwürfel zugeben, mit den gehackten Kräutern verfeinern, kurz ziehen lassen, anrichten.

Verwendung Zu gebackenen Kartoffeln, Risotto mit und ohne Fleisch.

Blaukraut, Rotkohl

Vorbereiten 20 Minuten
Garen 1–1¼ Stunden

500 g	Blaukraut, Strunk entfernt, in dünne Streifen geschnitten oder gehackt
4 EL	Fett
2	säuerliche Äpfel, geviertelt und blättrig geschnitten
1 TL	Zucker
2 EL	Wein- oder Obstessig
1 TL	Salz
1	Zwiebel, ganz, mit
2	Nelken bespickt
⅛–¼ l	Wasser
4 EL	Johannisbeergelee (nach Belieben)

① Fett in Schmortopf erhitzen, Äpfel darin andünsten, Zucker zugeben, kurz karamelisieren lassen.
② Das rohe Gemüse in einer Schüssel mit Essig und Salz gründlich mischen, mit den Händen etwas verdrücken. Gemüse in den Topf geben, darin wenden, Zwiebel einlegen, zunächst ⅛ l Wasser angießen, Topf zudecken, auf mittlerer Hitze garen, öfters umwenden. Darauf achten, daß der Boden immer mit Flüssigkeit bedeckt ist.
③ Wird Johannisbeergelee zugegeben, dieses etwa ½ Stunde mitschmoren lassen. Gemüse abschmecken, anrichten.

Verwendung Als Beilage zu Rinderbraten, Rouladen, Sauerbraten, Wild-, Gänsebraten, in Verbindung mit Kartoffeln, Kartoffelklößen und -knödeln.

Variationen
- Statt Wasser Johannisbeersaft zum Aufgießen verwenden.
- Statt Fett 100 g durchwachsenen oder 50 g fetten Speck nehmen.

Weißkraut, Weißkohl, Wirsing

Vorbereiten 20 Minuten
Garen 1–1¼ Stunden

500 g	Weißkraut oder Wirsing, Strunk entfernt, in dünne Streifen geschnitten oder gehobelt
4 EL	Fett oder 50 g Speck, gewürfelt
1	mittelgroße Zwiebel, gehackt
	Salz und frisch gemahlener Pfeffer
1 TL	Kümmel
⅛–¼ l	Wasser
1 EL	Wein- oder Obstessig (nach Belieben)
1 EL	Petersilie, gehackt

① Fett oder Speck in Schmortopf erhitzen, Speck knusprig braten, Zwiebel in dem Fett glasig dünsten.
② Zerkleinertes Gemüse in einer Schüssel mit Salz, Pfeffer und Kümmel mischen, mit den Händen die feste Struktur des Gemüses etwas zerdrücken, Gemüse in den Topf geben, wenden, mit Wasser (zunächst nur ½ Menge) aufgießen, Deckel auflegen, auf mittlerer Hitze schmoren. Öfter umwenden, kontrollieren, ob genug Flüssigkeit im Topf ist (Boden muß bedeckt sein).
③ Das gegarte Gemüse abschmecken, je nach regionaler Zubereitungsart Essig zugeben, anrichten, mit Petersilie bestreuen.

Verwendung Als Beilage zu gebratenem und gepökeltem Fleisch, mit Kartoffeln und Kartoffelküchle.

Grünkohl mit Speck

Vorbereiten 15 Minuten
Garen 1 Stunde

1 kg	Grünkohlblätter, blanchiert, abgetropft, grob gehackt
2 EL	Öl
1	große Zwiebel, gehackt
125 g	durchwachsener Speck, fein gewürfelt
¼ l	Brühe oder Wasser, reichlich
2 EL	zarte Haferflocken
	Salz und frisch gemahlener Pfeffer

① Etwa 1 l Wasser zum Kochen bringen, Grünkohlblätter einlegen, ca. 5 Minuten kräftig kochen, abseihen, abkühlen lassen, grob hacken. Wasser evtl. zum Aufgießen verwenden.
② Öl erhitzen, Zwiebel und Speck darin anbraten, leicht Farbe annehmen lassen. Gehackten Grünkohl einlegen, wenden, mit Flüssigkeit aufgießen, Topfdeckel auflegen, auf Mittelhitze fertiggaren.
③ An den garen Grünkohl die Haferflocken streuen, darin verrühren, um vorhandene Flüssigkeit zu binden. Evtl. Flüssigkeit nachgießen, um eine Bindung zu erreichen, kurz auf kleiner Hitze kochen lassen. Abschmecken, anrichten.

Verwendung Typisches Wintergemüse, das zu Salzkartoffeln und Bratkartoffeln gegessen wird.

Variation
¼ Stunde vor Ende der Garzeit 4 Scheiben Kasseler oder geräucherte, gekochte Rippchen auf dem Kohl erwärmen, zum Gemüse servieren.

Gebratene und gegrillte Gemüse

Auberginen, in der Pfanne gebraten

Vorbereiten 10 Minuten
Ruhen 1 Stunde
Garen 15–20 Minuten

1 kg	Auberginen, gewaschen, abgetropft, entstielt, in Scheiben von 1½ cm Dicke der Länge nach geschnitten, mit Salz eingerieben
12 EL	Olivenöl
	Salz und frisch gemahlener Pfeffer
2 EL	Petersilie, fein gehackt

① Auberginen vorbereiten (s. Seite 71).
② Öl löffelweise in die Pfanne geben, so daß der Boden bedeckt ist, auf mittlere Hitze bringen, Gemüsescheiben einlegen, beidseitig goldbraun braten, auf vorgewärmter Platte schuppenartig anordnen, mit Pfeffer überstreuen, servieren.

Verwendung Sättigendes vegetarisches Gericht, dazu kalte oder heiße Kräutersaucen.

Variationen
- Mit 4 EL Reibkäse überstreuen, unter dem Grill überkrusten.
- 4 frische oder Dosentomaten in 2 EL Butter mit Zwiebeln andünsten, mit Knoblauch, Salz, Pfeffer und Oregano pikant abschmecken, zu den Auberginen reichen.

Gegrillte Tomaten

Vorbereiten 10 Minuten
Grillen 8 Minuten

8	mittelgroße Tomaten, gewaschen, im ganzen
	Salz und frisch gemahlener Pfeffer
	Knoblauchpulver (nach Belieben)
4 EL	Butter, zerlassen
1 EL	Butter für die Form
8	Petersilienzweiglein

① Stielansatz der Tomaten sehr vorsichtig ein wenig ausschneiden, damit sie nicht auslaufen können. Tomaten oben kreuzweise etwa 3–4 cm einschneiden, in die Öffnung etwas Salz streuen, Saft ziehen lassen. Tomaten mit der Hand leicht auspressen, in die Öffnung Pfeffer, evtl. auch Knoblauchpulver streuen. Mit zerlassener Butter beträufeln.
② Form ausfetten, Tomaten hineinsetzen, unter den Grill (Mittelschiene) schieben, garen lassen, bis die Haut an den Einschnittstellen sich deutlich vom Fruchtfleisch abhebt. Vor dem Servieren je ein Petersilienzweiglein darüberlegen.

Verwendung Zu Steaks, Grilladen von Fleisch, Fisch, Geflügel.

Variationen
- Mit Kräuter- oder Knoblauchbutter nach dem Grillen belegen.
- Reichlich Reibkäse vor dem Grillen darüberstreuen.
- Zwischen die Tomaten Streifen von marinierten Fischfilets in die Form legen.

Gratinierte und überbackene Gemüse

GZ Gemüsegratin

Vorbereiten je nach Gemüseart verschieden
Blanchieren, Vorgaren oder Vordünsten 5–20 Minuten
Tomatensauce zubereiten 10–15 Minuten
Sahnesauce zubereiten 8–10 Minuten
Gratinieren 20–25 Minuten im Ofen bei 190–200 °C

Grundzutaten

1. Blanchierte Gemüse

800 g	Blattspinat, Mangold, Lauch, Fenchel oder Bleichsellerie
⅛ l	Wasser oder Brühe
	Salz

2. Vorgekochte Gemüse

800 g	Spargel, Schwarzwurzeln, Zucchini oder Blumenkohl
¾ l	Wasser oder Brühe
	Salz

3. Vorgedünstete Gemüse

800 g	Auberginen oder Zucchini
	Salz
4–6 EL	Olivenöl

Außerdem

1 EL	Olivenöl oder flüssige Butter für die Form
30 g	Butterflöckchen zum Belegen
1–2 EL	Reibkäse zum Bestreuen

Saucen zum Gratinieren

1. Tomatensauce (für Auberginen, Zucchini, Fenchel)

500 g	Tomaten, gewaschen, entstielt, geviertelt, oder gleiche Menge aus der Dose
2 EL	Olivenöl
1	mittelgroße Zwiebel, in feine Halbringe geschnitten oder gehackt
⅛ l	Brühe oder halb Brühe, halb Rotwein (bei Dosentomaten höchstens einige EL Flüssigkeit zugeben!)
1	große Knoblauchzehe, durchgepreßt
	Salz und frisch gemahlener Pfeffer
	Prise Oregano oder etwas abgeriebene Zitronenschale
4 EL	Reibkäse

2. Sahnesauce (für Spinat, Mangold, Lauch, Fenchel, Zucchini, Bleichsellerie, Blumenkohl, Spargel, Schwarzwurzeln)

⅜ l	Sahne
1	große Knoblauchzehe (nach Belieben)
	Salz und frisch gemahlener Pfeffer oder frisch geriebener Muskat
2 EL	Reibkäse
2	Eier, verquirlt

① Gemüse vorbereiten

Vorbereiten und Blanchieren

Blattspinat und *Mangold* verlesen, waschen, gut abtropfen. *Lauch* waschen, den hellen Stengel in 10 cm lange Stücke schneiden, halbieren, abtropfen. *Fenchelknollen* waschen, Strunkansatz abschneiden, in 2 cm dicke Ringe schneiden. *Bleichsellerie* waschen, Stengel abtrennen, grobe Fäden abziehen, in 10 cm lange Stücke schneiden.
Blanchieren: Wasser oder Brühe in möglichst flachem Topf erhitzen, leicht salzen, zum Kochen bringen. Die vorbereiteten Gemüse *portionsweise* in die kochende Flüssigkeit geben, sehr knapp garen, mit Schaumlöffel aus dem Topf nehmen, auf Sieb gut abtropfen.

Vorbereiten und Vorkochen

Spargel und *Schwarzwurzeln* waschen, abtropfen. Spargel schälen. Schwarzwurzeln schaben und sofort in 1½ l kaltes Wasser, das mit 3 EL Essig und 1 EL Mehl vermischt wurde, legen, um Braunwerden zu verhindern. Spargel und Schwarzwurzeln in 4–5 cm lange Stücke schneiden. *Zucchini* waschen und so schälen, daß Reste der grünen Schale stehen bleiben, damit die Zucchini »gestreift« aussehen, halbieren oder bei dickeren Früchten vierteln. *Blumenkohl* in mittelgroßen Röschen vom Strunk abtrennen, waschen und gut abtropfen.

Vorkochen: Wasser oder Brühe erhitzen, leicht salzen, zum Kochen bringen, die vorbereiteten Gemüse einlegen, »al dente« kochen, abgießen, gut abtropfen.

Vorbereiten und Vordünsten

Auberginen und *Zucchini* waschen, entstielen, geschält oder ungeschält in 1½ cm dicke Scheiben schneiden. Die Auberginenscheiben (nur diese!) beidseitig mit Salz einreiben, aufeinanderlegen, für etwa 1 Stunde ruhen lassen. Danach den durch das Ruhen entstandenen Bittersaft abgießen, Scheiben gut abtropfen.

Vordünsten: In Stielpfanne mit schwerem Boden Öl portionsweise erhitzen, den Pfannenboden locker mit Auberginen- oder Zucchinischeiben belegen, auf beiden Seiten glasig bis goldgelb dünsten, danach gleich in die Gratinform schuppenförmig einlegen.

② Die Gratinform für die blanchierten oder vorgegarten Gemüse mit Öl oder Butter ausfetten, die Gemüse einlegen.

③ Tomatensauce: Zwiebel in Öl oder Butter glasig dünsten, Tomaten zugeben, mitdünsten, mit Brühe ablöschen (erübrigt sich bei Dosentomaten), Knoblauch dazupressen, mit Salz, Pfeffer, Wein und Gewürzen würzig-fruchtig abschmekken, pürieren, Reibkäse zugeben, nicht mehr erhitzen.

④ Sahnesauce: Sahne mit durchgepreßter Knoblauchzehe aufkochen, leicht salzen, mit Pfeffer oder Muskat und Reibkäse abschmecken (Käse in der Sauce auf milder Hitze schmelzen lassen), Eier an die Sauce rühren, nicht mehr heiß werden lassen.

⑤ Die Sauce über die Gemüse gießen, Butterflöckchen und Reibkäse darüber verteilen. Auf die Mittelschiene in den vorgeheizten Ofen stellen, goldbraun überbacken, sofort servieren.

Verwendung Alle Gratins können als Vorspeisen (Mengen entsprechend reduzieren und in Portionsförmchen gratinieren) und als Hauptgerichte serviert werden.

Beilagen Für Vorspeise Brot, für Hauptgericht Risotto, Salzkartoffeln, Kräuterkartoffeln, Bircher-Kartoffeln.

- ▷ Gemüse, die überbacken werden, so kurz wie möglich blanchieren, vorkochen bzw. vordünsten, damit sie »Biß« behalten.
- ▷ Ofen unbedingt vorheizen, da sich das Überbacken sonst zu lange hinzieht und das Gemüse an Geschmack einbüßt.
- ▷ Nur goldgelb bis goldbraun überbacken, da Reibkäse sonst bitter schmeckt.
- ▷ Gratins sofort auf den Tisch bringen, da der Käse durch das Abkühlen an Aroma verliert und schwerer verdaulich wird.

Überbackener Chicorée

Vorbereiten 30 Minuten
Gratinieren 30 Minuten im Ofen bei 180 °C

8	mittelgroße Chicoréestauden, halbiert, Strunk entfernt, blanchiert, abgetropft
½ l	Wasser
2 EL	Butter, zerlassen
2 EL	Mehl
1	kleine Dose Ananas in Stücken
¼ l	Sahne oder Milch
4 EL	Emmentaler oder Gouda, gerieben
	Salz und frisch gemahlener Pfeffer
2 EL	Butter, flüssig, für die Form
4	Scheiben gekochter oder roher Schinken, in Streifen geschnitten

① Chicorée vorbereiten (s. Seite 65). Wasser zum Kochen bringen, Chicorée einlegen, etwa 8–10 Minuten auf kleinster Hitze vorsichtig garen, aus dem Topf nehmen, sehr gut abtropfen.

② Für die Sauce Butter in Topf erhitzen, Mehl darin kurz andünsten, mit Ananassaft, etwa ⅛ l des Gemüsesuds und der Sahne aufgießen, Reibkäse zugeben, evtl. mit Salz abschmecken.

③ Auflaufform mit Butter ausstreichen. Boden mit Chicorée auslegen, darauf Schinken und Ananas verteilen, mit Pfeffer aus der Mühle bestreuen, nächste Lage bilden, die Abdeckung soll möglichst geschlossen sein. Etwa die Menge einer Schinkenscheibe an Streifen zurückbehalten.

④ Die Sauce über den Forminhalt gießen, dabei seitlich ein wenig anheben, damit die Sauce bis auf den Boden der Form dringen kann (bei flacher, weiter Form nicht nötig). Restliche Schinkenstreifen auf der Oberfläche verteilen. Im Ofen goldgelb überbacken.

Verwendung Zu Salzkartoffeln mit Petersilie. Auch ohne Beilagen als kleines Abendessen.

Chicorée mit Schinken und Käse

Vorbereiten 30 Minuten
Gratinieren 15 Minuten im Ofen bei 200 °C

8	Chicoréestauden, Strunk entfernt und halbiert, blanchiert, abgetropft
¼ l	Milch
¼ l	Wasser
1 TL	Salz und 1 EL Zucker
8	Scheiben gekochter Schinken
8	Scheiben Emmentaler, möglichst gleichmäßig, oder Scheiblettenkäse
⅛ l	Sahne
	frisch gemahlener Pfeffer
2 EL	Butter, flüssig, für die Form

① Chicorée vorbereiten (s. Seite 65). Milch und Wasser, mit Salz und Zucker abgeschmeckt, zum Kochen bringen, Chicorée darin auf kleiner Hitze so weit garen, daß er noch nicht durch und durch weich ist. Aus der Kochflüssigkeit nehmen, gut abtropfen, abkühlen.
② Möglichst breite, flache Form ausfetten. Je zwei Chicoréehälften zusammensetzen, mit jeweils einer Scheibe Schinken, dann mit einer Scheibe Käse umwickeln, nebeneinander mit der offenen Seite nach unten in die Form setzen.
③ Sahne mit Pfeffer verquirlen, zwischen die Röllchen gießen, im Ofen goldgelb überbacken. Sofort servieren.

Verwendung Als Vorspeise und Abendessen. Mit krossem Brot, Feldsalat, grünem Salat.

GZ Feines Gemüse-Soufflé

Vorbereiten 15 Minuten
Gratinieren 25 Minuten im Ofen bei 180 °C

1 kg	Gemüse, gewaschen und zerkleinert, knapp vorgedünstet oder blanchiert, z. B. Blumenkohl in Röschen oder Zucchini, geviertelt und in 5 cm lange Stücke geschnitten, oder Spargel und Schwarzwurzeln, in 5 cm lange Stücke geschnitten
½–1 l	Wasser
	Salz und frisch gemahlener Pfeffer
2 EL	Butter, flüssig, für die Form

Soufflémasse

⅜ l	Sahne
4	Eiweiß, steif geschlagen
4	Eigelb, verquirlt
1½ EL	Mehl
4 EL	Parmesan oder Emmentaler, gerieben

① Ofen vorheizen. Wasser erhitzen, salzen, Gemüse darin knapp garen (»al dente«), aus der Flüssigkeit nehmen, abtropfen lassen.
② Gratinform ausbuttern, Gemüse einlegen, Form gut damit ausfüllen, Pfeffer darübermahlen.
③ Sahne und Eiweiß nacheinander steif schlagen, Eigelb verquirlen, unter den Eischnee heben, Sahne darüberfüllen, mit Mehl bestäuben, mit Gummispatel unterheben, Reibkäse locker untermischen, Soufflémasse über das Gemüse geben, locker verteilen, sofort in vorgeheizten Ofen schieben, lichtgelb überbacken. Unmittelbar nach dem Backen servieren, da Soufflé sehr leicht zusammenfällt.

Verwendung Selbständiges Hauptgericht, das keiner Ergänzung bedarf. Krosses Brot ist als Beilage geeignet.

Mangold, Spinat oder Brokkoli Schweizer Art

Vorbereiten 30 Minuten
Gratinieren 30 Minuten im Ofen bei 180 °C

2	Scheiben Weißbrot, in Würfel geschnitten
5 EL	Milch
800 g	Mangold, Spinat oder Brokkoli, blanchiert, abgetropft und gehackt
250 g	frische Pilze (Champignons, Steinpilze, Pfifferlinge), in kleine Stücke geschnitten, oder Mischpilze aus der Dose oder 30 g Trockenpilze, ½ Stunde kalt eingeweicht, in Stücke geschnitten
2	Lauchstangen, in ½–1 cm breite Ringe geschnitten
4 EL	Petersilie, fein gehackt
1	Knoblauchzehe, durchgepreßt
	Salz, frisch gemahlener Pfeffer und Muskat
4	Eier
4 EL	Emmentaler oder Parmesan, fein gerieben
⅛ l	Milch oder Sahne
3 EL	zerlassene Butter für die Form
4 EL	Olivenöl
4 EL	Semmelbrösel

① Ofen vorheizen. Brotwürfel mit Milch tränken. Gemüse vorbereiten.
② Gemüse, Brot, Pilze, Kräuter, Gewürze in einer Schüssel gut miteinander mischen, mild abschmecken. Eier nacheinander einzeln zugeben, jedesmal gut verrühren, Reibkäse, Milch oder Sahne daranmischen.
③ Auflauf- oder Gratinform reichlich mit Butter ausfetten. Die vorbereitete Gemüsemischung in der Form verteilen. Semmelbrösel mit Olivenöl tränken, auf der Mischung verteilen, im Ofen überbacken.

Verwendung In seiner Zusammensetzung vollständiges Gericht als Mittag- oder Abendessen, auch als Vorspeise geeignet.

Überbackener Spinat mit Fischfilet oder Schinken

Vorbereiten 20 Minuten
Gratinieren 15–20 Minuten im Ofen bei 180 °C

1 kg	Blattspinat, verlesen, gewaschen, abgetropft
½ l	Wasser
2 EL	Butter, flüssig, für die Form
	Salz und frisch gemahlener Pfeffer
4	Fischfilets oder 4 Scheiben gekochter Schinken, in Streifen geschnitten
⅜ l	Sahne
4 EL	Reibkäse
1–2	Eigelb (nach Belieben)
1	Zitrone, in Viertel geteilt

① Wasser erhitzen, verlesenen Spinat portionsweise auf mittlerer Hitze blanchieren, mit Schaumlöffel aus dem Topf nehmen, auf Sieb zum Abtropfen legen. Backofen vorheizen.
② Form mit Butter ausstreichen, abgetropftes Gemüse auf dem Boden der Form verteilen, leicht salzen, pfeffern.
③ Fischfilet oder Schinkenstreifen auf das Gemüse legen. Fisch leicht salzen und pfeffern (nicht säuern!).
④ Sahne mit Reibkäse aufkochen, Käse darin auflösen und Eigelb unterrühren, über den Forminhalt gießen, im Ofen goldgelb gratinieren. Mit Zitronenvierteln servieren.

Verwendung Als Hauptgericht mit gedünstetem Reis oder Salzkartoffeln.

Spargelgratin

Vorbereiten 30 Minuten
Gratinieren 10 Minuten im Ofen bei 180 °C

1 kg	frischer Spargel, geschält und vorgekocht
1 EL	Butter, flüssig, für die Form
je 1 EL	Kerbel und Estragon, fein gehackt
	frisch gemahlener Pfeffer
1	Rezept Sauce Miracle (s. Seite 252)

① Spargel schälen (s. Seite 59). Knapp gar kochen. Ofen vorheizen.
② Weite, große Gratinform (bzw. zwei kleinere oder Portionsförmchen) ausfetten, Spargel einlegen, Kräuter darauf verteilen, Pfeffer darübermahlen.
③ Sauce Miracle darübergießen, sofort im Ofen goldgelb gratinieren, sofort servieren.

Verwendung Als Beilage zu magerem, gekochtem oder rohem Schinken, Schnitzel oder Steak vom Kalb, Putenschnitzel, Hühnerbrüstchen, Salzkartoffeln oder Brot.

Spargel Mailänder Art

Vorbereiten 30 Minuten
Gratinieren 10–15 Minuten im Ofen bei 200 °C

1 kg	frischer Spargel oder auch Spargelstücke
1 EL	Butter, flüssig, für die Form
2 EL	Parmesan, gerieben
¼ l	Sahne
	frisch gemahlener Pfeffer
1 EL	Butter
2 EL	Semmelbrösel

① Spargel schälen (s. Seite 59). Knapp gar kochen, gut abtropfen, in ausgefettete Form füllen.
② Reibkäse und Sahne miteinander aufkochen, leicht pfeffern. Semmelbrösel in Butter leicht anrösten.
③ Sahnesauce über den Spargel gießen, Semmelbrösel darüberstreuen, im Ofen goldbraun überbacken.

Verwendung Hauptgericht mit magerem, gekochtem oder rohem Schinken, Beilage zu beliebigen Fleischzubereitungen von Kalb oder Geflügel, zu Petersilienkartoffeln, Salzkartoffeln, krossem Brot.

Fritierte Gemüse

GZ Gemüse im Teigmantel

Vorbereiten 10–20 Minuten
Blanchieren 8–10 Minuten
Ruhen 1 Stunde
Ausbacken 15–20 Minuten

1 kg	Gemüse nach Wahl, gewaschen, gut abgetropft, blanchiert, z. B. Blumenkohl oder Brokkoli in Röschen oder Fenchel in Vierteln (Wurzelansatz nicht entfernen!) *oder* Zucchini, geschält und halbiert und, wie Bleichsellerie, Spargel und Schwarzwurzeln, knapp gar gekocht und in Stücke von 6 cm Länge geschnitten, *oder* Champignons oder Steinpilze im ganzen, nur große Pilze der Länge nach halbiert
1½ l	Wasser zum Blanchieren
	Salz

Ausbackteig

250 g	Mehl
½ TL	Salz und frisch gemahlener Pfeffer
2	Eigelb
8 EL	Olivenöl
⅜ l	Bier oder Weißwein, reichlich
4	Eiweiß, steif geschlagen
	Ausbackfett

① Gemüse vorbereiten. Blanchiertes und gekochtes Gemüse abkühlen, sehr gut abtropfen.
② Ausbackteig in angegebener Reihenfolge – ohne Eiweiß – zubereiten, 1 Stunde bei Raumtemperatur stehen lassen. Evtl. vor Gebrauch ein wenig Flüssigkeit nachgießen, wenn der Teig nicht flüssig genug sein sollte. Unmittelbar vor dem Ausbacken Eiweiß steif schlagen, unter den Teig heben.
③ Reichlich Ausbackfett erhitzen, Gemüsestükke mit Gabel in den Teig tauchen, in das siedende Fett einlegen, goldgelb backen lassen, mit Schaumlöffel herausheben, auf Küchenkrepp abtropfen, heiß servieren.

Verwendung Vorspeise, Hauptgericht, Abendessen. Dazu kalte, würzige Saucen, z. B. Remoulade, Sauce Tartare (s. Seite 257).

Gefüllte Gemüse

Gefüllte Paprikaschoten

Vorbereiten 20 Minuten
Garen 40–50 Minuten

8	kleine oder 6 mittelgroße grüne Paprikaschoten
1	Grundrezept Fleischteig (s. Seite 210)
4 EL	Öl
2	frische Tomaten, enthäutet, gewürfelt
¼ l	Brühe oder Wasser
2 EL	Rotwein
1 EL	Tomatenmark
1 TL	Mehl
3 EL	Sahne
	Salz und frisch gemahlener Pfeffer

① Paprika waschen, Deckel 2–3 cm unter dem Stielansatz abschneiden. Mit einem spitzen Messer Kernhaus und Stielansatz herausschneiden, gründlich waschen, von außen trocken tupfen.
② Den zubereiteten Fleischteig in die Schoten füllen, Deckel daraufsetzen.
③ In einem Schmortopf, Bräter oder feuerfester Form Öl erhitzen, die Paprika hineinsetzen, vorsichtig andünsten. Nach Belieben frische Tomaten dazugeben, mitandünsten. Etwa die Hälfte der Brühe nach und nach angießen, Topf zudekken, vorsichtig weitergaren (nicht braun werden lassen, schmeckt sonst bitter). Während des Garens den Rest der Brühe angießen.

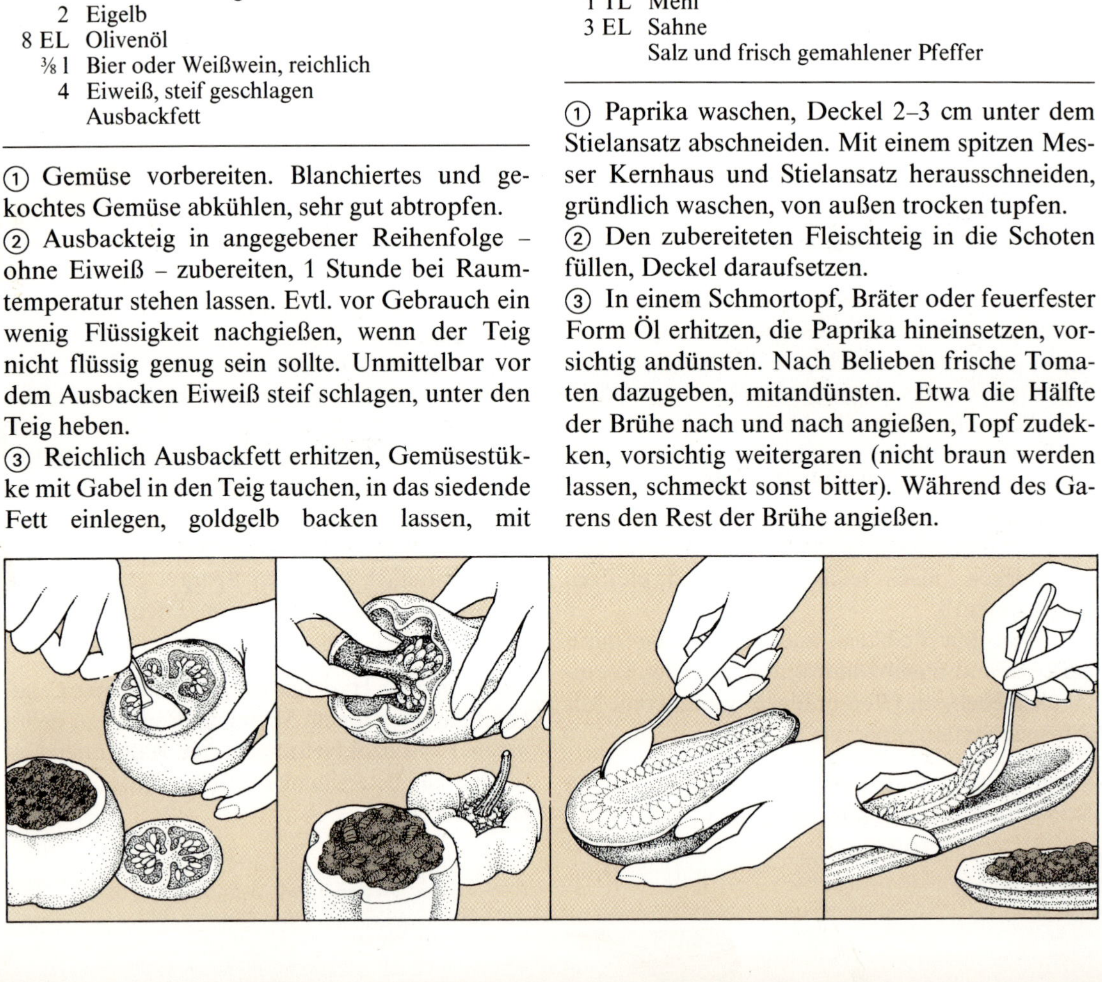

④ Die fertig gegarten Paprika auf vorgewärmte Platte setzen, warm stellen. Bratensatz loskochen, eventuell nochmals einige Eßlöffel Flüssigkeit (Brühe, Milch, Wasser) dazugeben, gut durchkochen. Mit Wein abschmecken, eventuell Tomatenmark einrühren. Sahne und Mehl miteinander verquirlen, die Sauce damit binden, durchkochen lassen, abschmecken, durchseihen. Je 1 EL Sauce über die Paprika träufeln, servieren. Sauce getrennt anrichten.

Verwendung Als Hauptgericht mit gedünstetem Reis, Risotto.

Variationen

- Paprika auf dem Herd andünsten, im Ofen bei geschlossenem Topf garen bei 190 °C.
- 80 g gewaschenen, rohen Reis anstelle eingeweichter Semmel zum Fleischteig geben.

Gefüllte Tomaten

Vorbereiten 15–20 Minuten
Garen 30–40 Minuten im Ofen bei 190 °C

8	große oder 12 mittelgroße Tomaten
2 EL	Butter, flüssig, für die Form

Fleischteig

400 g	gemischtes Hackfleisch
1	mittelgroße Zwiebel, fein gehackt
1	Knoblauchzehe, fein zerdrückt
1 EL	Petersilie, fein gehackt
1 EL	frischer Thymian, fein gehackt, oder ¼ TL getrockneter Thymian
¼ TL	Zitronenschale, fein abgerieben
2 EL	Reibkäse (Emmentaler oder Parmesan)
2 EL	zarte Haferflocken oder 3 gehäufte EL Magerquark
2	kleine Eier
	Salz und frisch gemahlenen Pfeffer

Tomatensauce

	Saft und Kernhäuser der verwendeten Tomaten
2 EL	Wein
1 EL	Reibkäse
	Salz und frisch gemahlenen Pfeffer
2 EL	Sahne oder 1 EL Crème fraîche oder 20 g Butterflöckchen

① Ofen vorheizen. Von einwandfreien Tomaten die Deckel etwa 2 cm unter Stielansatz abschneiden. Mit kleinem Löffel die Tomaten vorsichtig aushöhlen, Saft und Kernhäuser beiseite stellen, später zur Sauce weiterverwenden. Eine flache, feuerfeste Form oder Bratreine ausbuttern.

② Fleischteig nach den Regeln des Grundrezepts (s. Seite 210) mit o.a. veränderten Zutaten in der Reihenfolge zubereiten.

③ Den Fleischteig mit einem kleinen Löffel behutsam in die Tomaten füllen, die Füllmasse in der Mitte bergartig anhäufen, nebeneinander in die Form setzen, in den Ofen schieben.

④ Für die Sauce die Kernhäuser, den Saft und die abgeschnittenen Deckel der Tomaten in eine kleine Kasserolle geben und mit Wein, Reibkäse und Gewürzen durch Einkochen (Reduzieren) eine Sauce bereiten, heiß halten.

⑤ Nach beendeter Garzeit die Tomaten aus dem Ofen nehmen, auf vorgewärmte Platte setzen, warm stellen. Den ausgetretenen Bratensaft zur Tomatensauce gießen, gut durchkochen lassen, durch ein Sieb gießen, sehr dezent abschmecken (Salzgehalt des Reibkäses nicht unterschätzen!), zuletzt mit Sahne, Crème fraîche oder Butterflöckchen binden. Zu den Tomaten servieren.

Verwendung Mit Risotto Mailänder Art, körnigem Reis, Blattsalaten als Hauptgericht.

Gefüllte Gurken und Zucchini

Vorbereiten 15–20 Minuten
Garen 30–40 Minuten

2	Gurken mittlerer Größe (20 cm lang, vollschlank) oder 4 kleinere, rundliche Gurken
	Salz und Pfeffer
3 EL	Öl
¼ l	Brühe oder Wasser

Fleischteig

400 g	gemischtes Hackfleisch
1	mittelgroße Zwiebel, fein gehackt
1	Knoblauchzehe, fein zerdrückt
2 EL	Petersilie, fein gehackt
¼ TL	Zitronenschale, fein abgerieben
2 EL	zarte Haferflocken oder Hafermehl oder 3 EL Magerquark
1 EL	Reibkäse
2	kleine Eier
	Salz und frisch gemahlener Pfeffer

Sauce

2 EL	Weißwein
1 EL	Reibkäse
1 TL	Paprika edelsüß oder ½ EL Tomatenmark
	Salz, Pfeffer
1 TL	Mehl
3 EL	Sahne, süß oder sauer
1 EL	Estragon (nach Belieben)

① Die Gurken waschen, schälen, der Länge nach halbieren. Mit einem kleinen Löffel die Kerngehäuse herausschaben, leicht salzen und pfeffern.
② Den Fleischteig in der Reihenfolge der angegebenen Zutaten zubereiten und je nach erwünschter Geschmacksrichtung würzen (Zucchini sollten im italienischen Stil mit etwas Oregano geschmacklich abgerundet werden). Die Füllung in die vorbereiteten Gemüse füllen, bergartig anhäufen.
③ In einem Schmortopf oder feuerfester Form Öl erhitzen, die gefüllten Gurken/Zucchini hineinsetzen und andünsten, etwas Flüssigkeit angießen, zudecken. Eventuell im auf 190 °C vorgeheizten Ofen offen weiterbraten oder zugedeckt auf dem Herd bei mittlerer Hitze gar dünsten. In beiden Fällen die restliche Flüssigkeit nach und nach zugeben. Die gegarten Gurken/Zucchini auf vorgewärmte Platte setzen.
④ Bratensatz loskochen, mit Wein, Reibkäse, Paprika oder Tomatenmark, Salz und Pfeffer abschmecken, Sahne und Mehl miteinander verquirlen, die Sauce damit binden, aufkochen, durchseihen, Estragon zugeben, kurz darin ziehen lassen. Über jede Gemüsehälfte einen Löffel Sauce träufeln. Getrennt anrichten.

Verwendung Mit Risotto, körnigem Reis, Dillkartoffeln, Salzkartoffeln.

Variation
Den Reibkäse nicht in die Sauce geben, sondern in der letzten Garungsphase über die Füllung streuen, schmelzen lassen.

Gefüllte Auberginen

Vorbereiten 15 Minuten
Ruhen 1–2 Stunden
Garen 45–50 Minuten im Ofen bei 190–200 °C

4	mittelgroße, längliche Auberginen, gewaschen, entstielt, halbiert
	Salz
6 EL	Olivenöl
2	mittelgroße Tomaten, enthäutet, in Achtel zerteilt
4 EL	Reibkäse zum Bestreuen

Fleischteig

400 g	gemischtes Hackfleisch
1	mittelgroße Zwiebel, fein gehackt
1	Knoblauchzehe, fein zerdrückt
2 EL	Petersilie, fein gehackt
	wenig Oregano
¼ TL	Zitronenschale, fein abgerieben
1	Sardellenfilet, gewässert, fein gehackt
	Salz und frisch gemahlener Pfeffer
3 EL	Magerquark oder 2 EL Haferflocken
2	kleine Eier

Sauce

¼ l	Brühe
2 EL	Wein
3 EL	Sahne
1 TL	Mehl
	Salz und frisch gemahlener Pfeffer

① Die gewaschenen Auberginen ungeschält halbieren, mit Salz einreiben, aufeinander in eine flache Schüssel legen, ruhen lassen.
② Später Ofen vorheizen. Nachdem die Auberginen ihren Bittersaft abgegeben haben, mit Küchenkrepp trocken tupfen. In einem Schmortopf Öl erhitzen, die Auberginen in heißem Fett auf beiden Seiten – mit der Schnittfläche zuerst – anbraten und so lange auf reduzierter Hitze brutzeln, bis das Fruchtfleisch weich und glasig ist. Abtropfen und etwas abkühlen lassen. Mit einem Löffel das Kernhaus und etwa ½ cm vom Fruchtfleisch herausschaben, dieses an den Fleischteig geben.
③ Fleischteig in der Reihenfolge der genannten Zutaten herstellen (evtl. genügt die ausgeschabte Auberginenmasse als Binde- und Lockerungsmittel, dann kann auf Quark oder Haferflocken verzichtet werden.). Die Auberginen bergartig mit dem Fleischteig füllen, in eine ausgefettete, flache Form setzen, mit den zerkleinerten Tomaten die Zwischenräume ausfüllen, in den vorgeheizten Ofen stellen, nach ¼ Stunde die Hälfte der Brühe angießen.
④ Nach Beendigung der Garzeit die Auberginen auf eine vorgewärmte Platte setzen, mit Reibkäse bestreuen und nochmals kurz in den Ofen schieben.
⑤ Den Bratensatz mit dem Rest der Brühe loskochen, Wein zugeben, mit in Sahne angerührtem Mehl binden, abschmecken, durchseihen, zu den Auberginen servieren.

In den Ursprungsländern wird zu diesem Gericht, das oft auch kalt gegessen wird, nur Weißbrot gereicht, was die Zubereitung einer Sauce erübrigt.

Weitere Füllungen

Füllung alla Toscana

Für Auberginen, Tomaten, Zucchini, Zwiebeln
Zubereiten 10–15 Minuten

2	mittelgroße Zwiebeln, gehackt
4 EL	Olivenöl
4	kleine Tomaten, enthäutet und geviertelt
2	kleine Zucchini, gehackt
1	Knoblauchzehe, durchgepreßt
	ausgehöhltes Fruchtfleisch des jeweiligen Gemüses
3 EL	Butter, zerlassen
2 EL	Semmelbrösel
	Salz und frisch gemahlener Pfeffer
2 EL	Petersilie, gehackt
½ TL	frischer Thymian, gehackt, oder Msp getrockneter Thymian
100 g	Mozarella oder geriebener Emmentaler

① Zwiebeln in Öl andünsten, Tomaten und Zucchini zugeben, mit den Zwiebeln halbgar dünsten, abkühlen. Knoblauch und ausgehöhltes Fruchtfleisch dazugeben.
② Brösel in Butter rösten. An die Gemüsemasse mischen. Mit Pfeffer, wenig Salz und den Kräutern gut würzen, Hälfte vom Käse zuletzt untermischen. Vorbereitete Gemüse füllen, den restlichen Käse darüber verteilen.

Rosinenreisfüllung

Für grüne Paprikaschoten, Zwiebeln
Zubereiten 25–30 Minuten

200 g	Naturreis
½ l	Tomatensaft, hergestellt aus 250 g Tomaten und ⅜ l Wasser
	Salz
4 EL	Olivenöl
50 g	Rosinen oder Korinthen, gewaschen und abgetropft
100 g	Pinienkerne – Pignoli
4 EL	Butter, zerlassen
	frisch gemahlener Pfeffer
7–8	mittelgroße, grüne Paprika

① Reis in ½ l leicht sämiger Flüssigkeit aus frischen oder Dosentomaten mit Salz und Olivenöl zusetzen, langsam ankochen, auf kleinste Hitze zurückschalten, knapp gar kochen.
② Rosinen oder Korinthen zugeben. Pinienkerne in Butter lichtgelb rösten, zum Reis mischen, mit Salz und Pfeffer abschmecken.

Füllung à la Provençe

Für Auberginen, Tomaten, Zwiebeln
Zubereiten 10 Minuten

	Fruchtfleisch von 4 länglichen Auberginen, bereits mit Salz eingerieben, in Öl vorgebraten
	Fruchtfleisch von 4 mittelgroßen Tomaten
2	Scheiben Weißbrot, kleinwürfelig geschnitten
1/16 l	kalte Milch
1	Knoblauchzehe, durchgepreßt, oder entsprechende Menge Knoblauchpulver
	Salz und frisch gemahlener Pfeffer
½ TL	frischer oder Msp getrockneter Thymian
3 EL	Petersilie, gehackt

① Das Fruchtfleisch der vorbereiteten (gesalzenen, in Öl vorgebratenen) Auberginen ausschaben, in Schüssel geben, Tomatenfruchtfleisch und -kerne aus den halbierten Tomaten mit kleinem Löffel herausschaben, über Sieb abtropfen.
② Brotwürfel in Milch einweichen, vollsaugen lassen, wieder ausdrücken, mit Fruchtfleisch von Auberginen und Tomaten mischen. Knoblauch dazupressen, Füllmasse mit Salz, Pfeffer, Thymian und Petersilie gut würzig abschmecken, sehr gut miteinander mischen.

Füllung alla Siciliana

Für Tomaten, Auberginen, Zucchini
Zubereiten 10–15 Minuten

	Fruchtfleisch und Kerne von 8 großen Tomaten
2 EL	Olivenöl
1	große Zwiebel, fein gehackt
1	Knoblauchzehe, durchgepreßt
2	Scheiben frisches Weißbrot oder 1 Semmel, kleinwürfelig geschnitten
4	Sardellenfilets, gewässert, fein gehackt
200 g	Thunfisch in Olivenöl (Dose), zerpflückt
4	schwarze Oliven, entsteint, gehackt
2 EL	Hüttenkäse
2 EL	Petersilie, gehackt
	frisch gemahlenen Pfeffer

① Von den Tomaten Kappe abschneiden, mit kleinem Löffel Fruchtfleisch und Kernhaus ausschaben, beiseite stellen, Saft abtropfen lassen.
② Zwiebel in Öl dünsten, Knoblauch dazupressen, Brotwürfel in Öl und Zwiebeln mitdünsten, abkühlen lassen. Sardellen und Thunfisch zu der Zwiebel-Brotmischung geben, Kernhaus und Fruchtfleisch von Tomaten sowie Oliven und Hüttenkäse damit verrühren. Mit Petersilie und Pfeffer abschmecken.

Salate

Grundkenntnisse

Salate in der Ernährung

Ob Salate als Vorspeise, Beilage, Zwischenmahlzeit oder als selbständiges Gericht den Speisezettel bereichern, in jeder Form erfüllen sie wichtige ernährungsphysiologische Aufgaben. Ihr hoher gesundheitlicher Wert liegt in der natürlichen und harmonischen Zusammensetzung von Vitaminen (A, B1, B2, B6, B12, C, D, E, K), Mineralstoffen (Kalium, Calcium, Phosphor, Eisen), unverdaulichen Quell- und Füllstoffen, Aroma- und Farbstoffen sowie einem unterschiedlich hohen Wassergehalt. Sie tragen so zur Steuerung und Aktivierung des Stoffwechsels bei.
Z.B. beträgt der durchschnittliche Tagesbedarf eines Erwachsenen an Vitamin A 0,9 mg – enthalten u.a. in 60 g Karotten, 170 g Spinat –, Vitamin B1 1,6 mg – enthalten u.a. in 530 g frischen Erbsen, 370 g Linsen oder 350 g weißen Bohnen –, Vitamin C 75,0 mg – enthalten u.a. in 100 g Blumenkohl, 145 g Spinat, 120 g Gartenkresse, 375 g Sauerkraut, 50 g Petersilie.
Im Gegensatz zu Fleisch, Fisch, Ei, Nährmitteln und Süßigkeiten können Salate in beliebiger Menge genossen werden, da sie – mit wenigen Ausnahmen – wenig Energie liefern. Die Art der Zubereitung spielt allerdings für den Energiegehalt eine wichtige Rolle.

Einkauf

Das Marktangebot ist – wie bei Gemüsen bereits ausgeführt (s. Seite 57) – in Handelsklassen eingeteilt. Wichtigste Einkaufsregel sollte sein: »Je frischer, desto besser«. Besonders die sauerstoff- und lichtempfindlichen Blattsalate und Kräuter sollten unter diesem Gesichtspunkt eingekauft werden. Denn mit dem abnehmenden Frischezustand und dem Verlust an Vitaminen (innerhalb eines Tages bis zu 50%) steigt der Anteil an unverwertbaren Bestandteilen. Freilandprodukte sollten den Treibhauserzeugnissen vorgezogen werden. Salat, der in Polyäthylenbeuteln angeboten wird, hat meist weiche und lasche Blätter.

- ▷ Jahreszeitliche und Tagesangebote nutzen.
- ▷ Nur so viel kaufen, wie kurzfristig verwertet werden kann.
- ▷ Für Blattsalate und Rohkost nur frischestes Gemüse kaufen.
- ▷ Frische Kräuter zur Hauptangebotszeit kaufen, klein geschnitten portionsweise einfrieren.

Lagerung

- ▷ Salatgemüse nur kurzfristig lagern. Es läßt sich kühl, trocken und dunkel am besten aufbewahren. Dafür eignen sich das Gemüsefach des Kühlschranks, ein kühler Keller oder entsprechende Vorratsräume.
- ▷ Alle Blattsalate nicht länger als 2 Tage offen oder in Zeitungspapier eingeschlagen aufbewahren. Geputzter Salat hält sich 1–2 Tage frisch, wenn er nach dem Zerkleinern, in Folie oder Tuch eingeschlagen, im Gemüsefach des Kühlschranks aufbewahrt wird.
- ▷ Wurzeln und Knollen lassen sich ohne nennenswerten Qualitätsverlust 1–2 Wochen aufbewahren. Langfristig eingelagerte Karotten, Rote Rüben und Sellerie werden leicht trokken und faserig.
- ▷ Rettiche und Radieschen rasch verbrauchen.
- ▷ Spargel kann, in ein feuchtes Tuch eingeschlagen, 1–2 Tage im Gemüsefach des Kühlschranks oder im Keller aufbewahrt werden.
- ▷ Von Weiß- und Rotkohl halten sich vor allem die späten Sorten bei kühler, dunkler Lagerung 2–4 Wochen frisch.

Zubereitung

Vorbereiten

Blattsalate werden zuerst geputzt, d.h. alle welken und ungenießbaren Teile werden entfernt. Nicht unter fließendem Wasser, sondern in einer Schüssel mit reichlich Wasser kurz mehrmals waschen. Zum Abtropfen auf großes Sieb legen oder auf einem sauberen Küchentuch ausbreiten. Häufig wird zum Trocknen der Salatblätter auch eine Salatschleuder benutzt. Das Zerkleinern in mundgerechte Stücke oder das Schneiden in

Streifen sollte erst nach dem Abtropfen erfolgen. (Das sorgfältige Abtropfen der Blattsalate ist deshalb wichtig, weil sonst die Konzentration der Salatsauce nicht mehr stimmt.)

Wurzel- und Knollengemüse für rohe Zubereitungen werden gründlich gewaschen, geschält und entweder von Hand oder maschinell gerieben, danach sofort angemacht und serviert.

Wurzel- und Knollengemüse für gegarte Salatzubereitungen werden gründlich gewaschen und entweder in Wasser »al dente« gekocht oder gedämpft, danach mit kaltem Wasser abgeschreckt, was das Schälen erleichtert. Die Ausnahme bilden Kartoffeln für warmen Kartoffelsalat.

Gemüse mit grober Struktur, z. B. Weiß- und Rotkohl, werden geputzt, gewaschen, fein geschnitten und mit heißem Wasser überbrüht.

Fruchtgemüse werden unterschiedlich vorbereitet: Tomaten und Gurken können geschält oder ungeschält zubereitet werden. Paprika lassen sich roh oder im Ofen vorgegart zu Salat verarbeiten. Auberginen müssen vorgegart werden. Dasselbe gilt für Artischocken und Spargel.

Hülsenfrüchte werden ebenfalls vorgegart. Bei jungen Erbsen genügt Blanchieren, grüne Bohnen werden »al dente« gegart.

Pilze werden im allgemeinen vorgedünstet. Sehr frische, noch geschlossene Champignons können in kleineren Mengen in Salatmischungen roh, in Scheiben geschnitten, verwendet werden.

Anmachen

Zum Anmachen der Salate ist eine große, halbkugelförmige Schüssel am besten geeignet, da sich nur hierin Salate locker durchheben lassen.

Blattsalate, Rohkost und gemischte Salate mit hohem Anteil an frischen Blättern dürfen erst kurz vor dem Servieren angemacht werden. Dasselbe gilt für Tomaten und Gurkensalat.

Gegarte Salate werden in warmem Zustand angemacht und mehrere Stunden, auf jeden Fall bis zum Erkalten, zugedeckt ruhen gelassen.

Salatgerichte mit gemischten Zutaten können sowohl kurz vor dem Servieren als auch längere Zeit vorher zubereitet werden.

Saucen, Würzen

Für alle Saucen und Dressings ist die Verwendung von gutem **Öl** und Essig ebenso wichtig wie die Güte der Gemüsezutaten. Kaltgepreßte Salatöle von Oliven, Sonnenblumen, Nüssen, Distel- oder Maiskeimöl sind geschmacklich und vom gesundheitlichen Wert am besten geeignet, da sie hohe Anteile von ein- und mehrfach ungesättigten Fettsäuren enthalten, die der Körper täglich benötigt. Kaltgepreßte Öle sind sehr dickflüssig und sparsam im Gebrauch.

Als **Essig** eignet sich am besten milder Essig, wie Rotwein-, Wein-, Obst-, Sherry- und Kräuteressig, der sich vorwiegend für Blattsalate bewährt.

Zitronensaft paßt sehr gut zu Rohkostsalaten und Salatmischungen mit Früchten.

Die sparsame Verwendung von **Salz,** das Abrunden mit geringen Mengen an **Zucker oder Honig** und frisch gemahlener **Pfeffer** gehören zu den Grundregeln der Salatbereitung.

Kräuter, vor allem frisch, spielen eine große Rolle in der Salatküche. Zu Blattsalaten passen Petersilie, Schnittlauch, Dill, Estragon, Borretsch, Zitronenmelisse, Sauerampfer, Portulak.

Salate aus Fruchtgemüsen, wie Tomaten und Paprika, werden mit **Zwiebeln,** von denen besonders die Schalottenzwiebeln mit ihrer feinen Struktur zu empfehlen sind, und frischen Kräutern, vor allem mit Petersilie, gewürzt.

Knoblauch, frisch gepreßt, ist eine hervorragende Salatwürze. Es genügen bereits geringe Mengen, um eine gute Geschmackswirkung zu erzielen. Deshalb empfiehlt es sich, je nach Geschmack, eine kleine oder halbe Knoblauchzehe grob zerkleinert in der vorbereiteten Vinaigrette ohne Öl ziehen zu lassen. Vor Weiterverwendung die Vinaigrette abseihen und mit Öl fertigstellen.

Hinweise für die Küchenpraxis

- ▷ Blattsalate gut abtropfen, erst unmittelbar vor dem Servieren anmachen.
- ▷ Vorbereitete Rohkostsalate müssen sofort angemacht und nach dem Anmachen sofort gegessen werden.
- ▷ Gegarte Salate im warmen Zustand anmachen und bis zum Erkalten durchziehen lassen. Vor dem Servieren nochmals durchmischen und abschmecken.
- ▷ Grundvinaigrettes lassen sich gut auf Vorrat zubereiten und mehrere Tage zugedeckt im Kühlschrank aufbewahren.
- ▷ Mayonnaisen mit Magerquark, Sahne, Crème fraîche oder Joghurt und Sauermilch strecken.

Salatzubereitungen

Grundsaucen

Grundrezept Sauce Vinaigrette

Zubereiten 5 Minuten

Grundzutaten

2 EL	Essig
¼ TL	Salz
½ TL	Zucker
	frisch gemahlener Pfeffer
4 EL	sehr gutes Öl

Zutaten nach Wahl

4 EL	gehackte Salatkräuter (auf die Salatart abgestimmt) oder Trockenkräuter, fein zerrieben
1	Schalottenzwiebel, sehr fein gehackt
½	Knoblauchzehe, durchgepreßt
1–2 TL	scharfer oder mittelscharfer Senf

Grundzutaten jeweils nacheinander mit kleinem Schneebesen sehr gut verrühren. Zutaten nach Wahl dazumischen.

Verwendung Für Blattsalate, Fruchtgemüsesalate die vorbereiteten Zutaten mit der Vinaigrette übergießen, locker durchmischen, sofort servieren.

▷ Vinaigrette sehr gut mischen, Salz und Zukker müssen gelöst sein.
▷ Bei Verwendung von Zwiebeln diese immer mit Salz ein wenig zerdrücken.
▷ Rohkostsalate mit der Vinaigrette durchmischen, je nach Anweisung sofort oder nach kurzem Durchziehen zu Tisch bringen.
▷ Gegarte Salate am besten noch lauwarm mit der Vinaigrette übergießen, darin einige Stunden oder über Nacht zugedeckt marinieren lassen. Vor dem Servieren nochmals durchmischen.
▷ Zum Nachsalzen Salz jeweils in 1–2 TL Wasser auflösen.

Variationen
- Anstelle von Salz nur Senf oder Diätwürzen verwenden.
- Statt Öl Joghurt, saure Sahne, Sahne, Crème fraîche nehmen.
- Halbe Menge Öl, halbe Menge Joghurt, Sahne usw. verwenden.
- Zucker durch Honig oder Süßmittel ersetzen.
- Essig durch Zitronen-, Grapefruit- und Orangensaft ersetzen.
- Bei Bedarf größere Mengen Vinaigrette herstellen, getrennt in Saucenschüssel anrichten. Bei Tisch mischt sich jeder seinen Salat selbst. Zu empfehlen z. B. bei Versorgung einer großen Tafel mit Blattsalat oder am Salatbuffet, wo angemachter Salat rasch an Frische verlieren würde.

American-Dressing

Zubereiten 10 Minuten
Kühlen 1–3 Stunden

4 EL	Mayonnaise
4 EL	Crème fraîche oder saure Sahne
2 TL	Zucker oder entsprechende Menge Süßmittel
2 EL	Olivenöl
2 EL	Schnittlauch, fein gehackt
¼ TL	Tabasco-Sauce
1 EL	grüne Paprikaschote, sehr fein gehackt
1 EL	rote Paprikaschote, sehr fein gehackt
2	schwarze Oliven, sehr fein gehackt
	Salz
1	Knoblauchzehe, durchgepreßt

Alle Zutaten in angegebener Reihenfolge mit Schneebesen sehr gut mischen, pikant abschmekken, zugedeckt kühlen.

Verwendung Zu Tomaten und Gurken, kaltem Fleisch und Fisch.

Sauerrahm-Dressing

Zubereiten 5 Minuten
Kühlen 1–2 Stunden

2 EL	Mayonnaise
6 EL	saure Sahne oder Crème fraîche
1 EL	Zitronensaft
1 EL	Essig
½ EL	Zucker
	Salz und frisch gemahlener Pfeffer

Alle Zutaten der Reihe nach mit Schneebesen sehr gut verrühren, abschmecken, bis zum Gebrauch zugedeckt kühlen.

Verwendung Zu Sellerie-, Möhren-, Blumenkohlrohkost, zu Rettich- und Kopfsalat.

Variation
1 EL Curry zugeben für alle Salate mit Geflügelfleisch und Fisch.

Joghurt-Dressing

Zubereiten 2 Minuten

1	Becher Joghurt
2 EL	Zitronen- oder 4 EL Grapefruitsaft
	Salz und frisch gemahlener Pfeffer
1 TL	Zucker oder Honig
2 EL	Öl
2 EL	Salatkräuter nach Wahl

Alle Zutaten der Reihe nach verrühren, abschmecken, an den Salat gießen, gut durchmischen.

Verwendung Zu Kopfsalat, Radicchio- und Chicoréesalat.

Roquefort-Dressing

Zubereiten 8–10 Minuten
Kühlen 1–2 Stunden

200 g	Sahne, süß oder sauer, cremig gerührt (nach Belieben)
4 EL	Roquefort-Krümel
	frisch gemahlener Pfeffer
200 g	Hüttenkäse
4 EL	Schnittlauch, fein gehackt

Sahne und Roquefort-Krümel miteinander gut verrühren, gut pfeffern, Hüttenkäse und Schnittlauch unterheben, zugedeckt bis zum Gebrauch kühlen.

Verwendung Zu Gurken- und Tomatensalat anstelle von Vinaigrette.

Variation
Statt Hüttenkäse Mager- oder Sahnequark nehmen, diesen leicht salzen.

Rohe Salate und Salatrohkost

GZ Grüner Salat

Kopfsalat, Eissalat, Lattichsalat, Endiviensalat, Chinakohlsalat, Caledonia

Zubereiten 15 Minuten

1	Salatkopf, geputzt, gewaschen, gut abgetropft, in mundgerechte Stücke zerteilt oder in Streifen geschnitten, *oder* 2 Stauden Caledonia, gewaschen, in 3–5 cm lange Streifen geschnitten

Vinaigrette

3 EL	milder Essig
¼ TL	Salz und frisch gemahlener Pfeffer
1 TL	Zucker
4 EL	Öl
½	Knoblauchzehe (nach Belieben), durchgepreßt
3 EL	Salatkräuter

① Salat vorbereiten. Blattsalate an der Hauptrippe durchschneiden, in mundgerechte Stücke reißen, Endivien und Chinakohl in Streifen schneiden.
② Salatsauce zubereiten. Kräuter schneiden, unter den Salat heben. Kurz vor dem Servieren mit der Vinaigrette übergießen, vorsichtig durchmischen, sofort servieren.

Verwendung Zu Fleisch- und Fischspeisen.

Variationen
- Mit Kresse mischen.
- Mit Feldsalat zu gleichen Teilen mischen.
- Radieschen oder Rettich, in feine Scheiben geschnitten, untermischen.
- Geraspelte Gurke an die Vinaigrette geben.

Frühlingssalat

Zubereiten 15 Minuten

1	kleiner Kopfsalat, geputzt, gewaschen, gut abgetropft, in mundgerechte Stücke zerteilt
2	Tomaten, entstielt, in Achtel geschnitten
¼	Salatgurke, gewaschen, mit der Schale in dünne Scheiben geschnitten
1	Handvoll Kresse, gewaschen, gut abgetropft
1	Bund Radieschen, gewaschen, geputzt, blättrig geschnitten

Vinaigrette

3 EL	Rotwein- oder Sherryessig
¼ TL	Salz
1 TL	Zucker
	frisch gemahlener Pfeffer
½	Knoblauchzehe, durchgepreßt
4 EL	Salatkräuter, fein gehackt (Schnittlauch, Petersilie, Dill, Portulak, Estragon)
4 EL	kaltgepreßtes Öl

① Alle Salatzutaten vorbereiten, sehr gut abtropfen, in genügend große Schüssel füllen.
② Vinaigrette mit kleinem Schneebesen sehr gut verrühren, über den Salat gießen, locker durchmischen, sofort anrichten und servieren.

Verwendung Zu allen Arten von Fleisch ohne Saucen, als Salatmahlzeit, als Vorspeise.

Variationen

- ½ rote oder grüne Paprikaschote zugeben.
- Eine kleine Dose Zuckermais untermischen (Vinaigrettemenge um etwa ⅓ erhöhen).
- In Streifen geschnittenen Chicorée zugeben.

Löwenzahn- oder Kressesalat

Zubereiten 10 Minuten

250 g	Löwenzahn, gewaschen, in Streifen geschnitten, abgetropft, *oder*
250 g	Kresse, gewaschen, abgetropft

Vinaigrette

2 EL	Rotweinessig
¼ TL	Salz
1 TL	Zucker
	frisch gemahlener Pfeffer
½	Knoblauchzehe, durchgepreßt
4 EL	kaltgepreßtes Öl

① Wilden Löwenzahn im ganzen waschen, die zarten, hellen Pflanzenteile in 1 cm breite Streifen schneiden, sehr gut abtropfen. Gartenlöwenzahn im ganzen waschen, einschließlich der Blattspitzen in 2 cm breite Streifen schneiden. Die Kresseblätter mit Stielen abschneiden, sehr gut waschen, sehr gut abtropfen.
② In einer Salatschüssel die Vinaigrette bereiten. Unmittelbar vor dem Servieren den vorbereiteten Salat locker darunterheben.

Verwendung Ergänzung zu Kartoffelsalat, zu Omelett, zu kaltem Fleisch, zu gekochten und pochierten Eiern.

Bunter Radicchiosalat

Zubereiten 20–25 Minuten

2	Köpfe Radicchio, geputzt, gewaschen, gut abgetropft, in mundgerechte Stücke zerteilt
100 g	Feldsalat, geputzt, gewaschen, sehr gut abgetropft
100 g	sehr frische Champignons, geputzt, kurz gewaschen, blättrig geschnitten
1	kleine rote Zwiebel, in feine Ringe geschnitten, mit wenig Salz bestreut

Salatsauce

1 EL	Rotwein- oder Sherryessig
	Saft von ½ Orange oder ½ kleiner Grapefruit
¼ TL	Salz und frisch gemahlener Pfeffer
½	Knoblauchzehe, durchgepreßt
5 EL	Olivenöl

① Salatsauce mit kleinem Schneebesen anrühren, zudecken, bis zum Gebrauch ruhen lassen.
② Salatzutaten vorbereiten, alles sehr gut abtropfen.
③ Auf entsprechend großer Platte alle Salatzutaten entweder geordnet oder bunt gemischt anrichten, mit der Salatsauce beträufeln, sofort servieren.

Verwendung Salatmahlzeit, sehr gut zu kurzgebratenem Geflügelfleisch, zu panierten Schnitzeln oder Koteletts, zu gegrilltem Fleisch.

Fruchtiger Radicchiosalat

Vorbereiten 10 Minuten
Marinieren 15 Minuten

1	Kopf Radicchio, geputzt, gewaschen, abgetropft, in mundgerechte Stücke zerteilt
½	Kopfsalat oder Eissalat, wie Radicchio vorbereitet
½	Honigmelone, geschält, entkernt, in Würfel von 2 × 2 cm Größe geschnitten, oder ungeschält halbiert, entkernt, in Kugeln ausgestochen, ersatzweise 8 Pfirsichhälften, in Würfel von 2 × 2 cm Größe geschnitten

Salatsauce

	Saft von 2 mittelgroßen Orangen
¼ TL	Salz und frisch gemahlener Pfeffer
1 TL	scharfer Senf
5 EL	Olivenöl

① Salat, Melone und/oder Pfirsiche wie angegeben vorbereiten.
② Mit kleinem Schneebesen Salatsauce anrühren, sehr gut vermischen, Melonen- oder Pfirsichwürfel darin marinieren.
③ Sehr gut abgetropften Radicchio- und grünen Salat mit den marinierten Zutaten mischen, anrichten, servieren.

Verwendung Salatvorspeise, Salatmahlzeit.

Variation

50 g Mandelstifte in Butter hellgelb rösten, über den gemischten Salat streuen.

Endiviensalat Fränkisch

Zubereiten 15 Minuten

1	Endiviensalat, geputzt, gewaschen, in Streifen geschnitten

Salatsauce

1	Schalottenzwiebel, fein gehackt
2 EL	Weinessig
2 EL	Öl
	Prise Zucker
	Salz und frisch gemahlener Pfeffer
2 EL	Öl
50 g	durchwachsener Speck, klein gewürfelt

① Von der Salatstaude zunächst nacheinander alle Blätter abnehmen, kurz waschen, gut abtropfen, dann erst in Streifen (1 cm breit) schneiden.
② Zwiebel, Essig, Öl, Zucker, Salz und Pfeffer miteinander mischen, dabei die Zwiebel etwas mit der Gabel zerdrücken.
③ Speck mit Öl auf kleiner Hitze rösten, bis die Würfel knusprig braun sind, zur Salatsauce geben, sehr gut durchrühren, schnell unter den Salat mischen, sofort servieren.

Variation
Die Speckwürfel aus dem Pfännchen und Weiß- oder Schwarzbrotwürfel, in Speckfett geröstet, über den Salat streuen, sofort servieren.

Feldsalat

Zubereiten 25 Minuten

250 g	Feldsalat, verlesen, gewaschen, abgetropft

Vinaigrette

2 EL	Essig
½ TL	Zucker
2 Msp	Salz und frisch gemahlener Pfeffer
½	Knoblauchzehe, durchgepreßt
4 EL	kaltgepreßtes Öl

① Feldsalat vorbereiten, gut abtropfen lassen.
② Salatsauce bereiten, Feldsalat locker daruntermischen, sofort servieren.

Verwendung Zu Omelett, Eiergerichten, Quiche Lorraine, Kartoffelgerichten aller Art, Fleischspeisen, kalten Platten.

Variationen
- Mit gekochten, halbierten Eiern anrichten.
- Mit geschnittenen Radieschen anmachen.

Chicoréesalat mit Früchten

Zubereiten 15 Minuten

4	Stauden Chicorée, gewaschen, abgetropft, vom Strunk befreit, in 1 cm breite Ringe geschnitten
	Petersilienblättchen zur Garnitur

Zutaten nach Wahl

1	Banane, geschält, in Scheiben geschnitten, und
4 EL	Walnüsse oder Mandeln, grob gehackt *oder*
½	Sellerieknolle, fein geraspelt und
4	Ringe Ananas aus der Dose oder frisch, in kleine Stücke geschnitten, *oder*
1	kleine Dose Mandarinen, abgetropft *oder*
1	große rosa Grapefruit, geschält, filetiert, in kleine Stücke geschnitten

Salatsauce

1	Eigelb
1 EL	Essig
1 TL	scharfer Senf
1 TL	Zucker oder Honig
	Salz und frisch gemahlener Pfeffer
8 EL	kaltgepreßtes Öl
4 EL	Joghurt, Sahne oder Crème fraîche

① Salatsauce zubereiten, gut abschmecken.
② Chicorée und Zutat nach Wahl vorbereiten (s. Seite 65).
③ Alle Zutaten mischen, sofort servieren.

Verwendung Als Vorspeise, Salatmahlzeit, Beilage zu Snacks, hellem Fleisch und Fisch.

Chicorée mit Kresse

Zubereiten 15 Minuten

2	Stauden Chicorée, gewaschen, abgetropft, in 2 cm Streifen geschnitten
50 g	Gartenkresse, gewaschen und abgetropft
1	Orange, filetiert

Salatsauce

3 EL	Zitronensaft oder milder Essig
1 TL	Zucker
¼ TL	Salz und frisch gemahlener Pfeffer
3 EL	Öl oder Sahne

① Den vorbereiteten Chicorée (s. Seite 65) mit der gut abgetropften Kresse locker vermischen. Die Orange schälen, das Fruchtfleisch zwischen den Häuten herausschneiden.
② In einer genügend großen Schüssel die Salatsauce bereiten, die Orangen dazugeben, Chicorée und Kresse unterheben, sofort servieren.

Verwendung Sehr gute Vorspeise!

Chinakohl-, Endivien- oder Eissalat mit Früchten

Zubereiten 15 Minuten

1	Staude Chinakohl oder entsprechende Menge Endivien- oder Eissalat, geputzt, gewaschen, gut abgetropft, in ½ cm breite Streifen geschnitten
1	Bund Schnittlauch

Zutaten nach Wahl

2	Orangen, geschält, filetiert (s. Seite 285), in kleine Stücke geschnitten, mit 1 Apfel (oder 1 Birne), geschält und grob geraspelt, *oder*
1	Bund Radieschen, geputzt, gewaschen, abgetropft, blättrig geschnitten, *oder*
1	große rote Paprika, gewaschen, entkernt, in 1 cm breite Streifen geschnitten

Salatsauce

1	Becher Joghurt oder Sahnedickmilch
2 EL	Obst- oder Weinessig
3 EL	kaltgepreßtes Öl
1 TL	scharfer Senf
1 TL	Zucker oder Honig
	Salz und frisch gemahlener Pfeffer

① Salatsauce mit kleinem Schneebesen sehr gut verrühren, pikant abschmecken.

② Salatzutaten nach Wahl zusammenstellen, zerkleinern. Sauce darübergießen, sehr gut mischen, sofort anrichten.

Verwendung Salatmahlzeit und Beilage zu Fleisch, Fisch, Geflügel, Kartoffelgerichten.

Amsterdamer Chinakohlsalat

Zubereiten 15 Minuten

½	Chinakohl, geputzt, gewaschen, in 1 cm breite Streifen geschnitten, abgetropft

Salatsauce

	Saft von 1 Zitrone
½ TL	Zucker
¼ TL	Salz und frisch gemahlener Pfeffer
1	Stück (Pflaumengröße) eingelegter Ingwer, in kleine, dünne Scheiben geschnitten
5 EL	Sahne oder 2½ EL Crème fraîche

① Salat vorbereiten.

② Salatsauce bereiten, gut verrühren. In passender Schüssel mit dem Salat mischen, 2–3 Minuten ziehen lassen, nochmals durchmischen, evtl. etwas nachsalzen (Salz in 2 TL warmem Wasser vorher auflösen) und servieren.

Eissalat mit Schafskäse (Feta)

Zubereiten 15 Minuten

1	Kopf Eissalat, geputzt, gewaschen, sehr gut abgetropft, in mundgerechte Stücke zerteilt
½	Stange Lauch, in ½ cm große Ringe geschnitten
8	schwarze Oliven, entsteint, geviertelt
100 g	Schafskäse, in grobe Krümel zerteilt

Salatsauce

6 EL	Zitronensaft oder Weinessig
	wenig Salz
1 TL	Zucker
1 TL	Senf
½	Knoblauchzehe, durchgepreßt (nach Belieben)
6 EL	Olivenöl
	frisch gemahlener Pfeffer
4 EL	frische Salatkräuter (Dill, Minze, Zitronenmelisse, Petersilie), gehackt, oder 1 Msp trockener Thymian und 1 TL Dillspitzen

① Salatzutaten vorbereiten, in genügend große Schüssel füllen.

② Salatsauce mit kleinem Schneebesen sehr gut verschlagen, über Salatmischung gießen, locker unterheben, sofort servieren.

Verwendung Vorspeise oder Beilage zu Pizza, Grillfisch, Grillfleisch.

Gurkensalat nach Art der Mittelmeerländer

Zubereiten 15 Minuten
Kühlen 1–3 Stunden

750 g	Salatgurken, geschält, grob geraspelt

Salatsauce

2	Becher Joghurt
1	Knoblauchzehe, durchgepreßt
8	Blätter frische Pfefferminze, fein gehackt, oder ½ TL getrocknete Minze
1 TL	Zucker
½ TL	Salz und frisch gemahlener Pfeffer

① Salatsauce anrühren, sehr gut vermischen.

② Geschälte Gurken an die Sauce raspeln, unterheben, zugedeckt kühl stellen.

Verwendung Beilage zu Grillfleisch aller Art, gegrillter Makrele, zu Bratlingen aus Hirse, Buchweizen, Mais. Geeignet als Schonkost, da das Fehlen von Essig und Öl den Salat leicht verdaulich macht.

Tomatensalat

Zubereiten 15 Minuten

750 g	Tomaten, entstielt, gewaschen, halbiert, in halbe Ringe von 1 cm Dicke oder Spalten von etwa 2,5–3 cm Dicke geschnitten
2	Schalotten oder kleine Zwiebeln, sehr fein gehackt, oder entsprechende Menge Zwiebelgrün

Salatsauce

3 EL	Obst- oder Weinessig
1 TL	Zucker oder Honig
¼ TL	Salz und frisch gemahlener Pfeffer
2 EL	Salatkräuter nach Wahl, grob gehackt
5 EL	kaltgepreßtes Öl
½	Knoblauchzehe, durchgepreßt

① Salatsauce mit kleinem Schneebesen rühren.
② Tomaten in flache Schüssel legen, mit der Sauce vorsichtig vermischen, sofort servieren.

Verwendung Zu Fleisch aller Art und Fisch, zu salzigen Aufläufen, Kartoffelgerichten.

Gemischter Tomatensalat

Zubereiten 20 Minuten
Ruhen 15 Minuten

Mischung 1

400 g	Tomaten, entstielt, gewaschen, in Achtel geschnitten
400 g	Gurken, geschält, klein gewürfelt
1	Salatkopf, geputzt, gewaschen, abgetropft, in mundgerechte Stücke zerteilt

Mischung 2

400 g	Tomaten, entstielt, gewaschen, halbiert, in 1 cm dicke Halbringe geschnitten
250 g	grüne Paprika, gewaschen, entkernt, in dünne Streifen geschnitten oder gehobelt
250 g	Zucchetti, gewaschen, dünn geschält, fein gehobelt oder sehr dünn geschnitten

Mischung 3

250 g	Tomaten, entstielt, gewaschen, in Achtel geschnitten
½	Staudensellerie, gewaschen, in 2 cm dicke Streifen geschnitten
2	Fenchelknollen, geputzt, gewaschen, in dünne Scheiben gehobelt oder geschnitten

Salatsauce

3 EL	Essig
1 TL	scharfer Senf
1 TL	Zucker
	Salz und frisch gemahlener Pfeffer
½–1	Knoblauchzehe, durchgepreßt
4 EL	Salatkräuter nach Wahl, fein gehackt
4 EL	Olivenöl

① Mit kleinem Schneebesen Salatsauce rühren.
② Salatzutaten nach Wahl vorbereiten, mit der Sauce übergießen, zugedeckt ruhen lassen, danach nochmals durchmischen, evtl. nachwürzen, servieren.

Verwendung Salatmahlzeit, Beilage zu Fleisch, Fisch, Kartoffelgerichten.

Sauerkrautsalat

Zubereiten 10 Minuten

500 g	rohes Sauerkraut, aufgelockert
2	Äpfel, gewaschen, nach Belieben geschält, grob geraspelt
2	Möhren, geschält, fein gerieben
1	Bund Schnittlauch, fein gehackt

Salatsauce

3 EL	Zitronensaft
2 TL	Honig oder Zucker
1 TL	scharfer Senf
1 Msp	Kümmelpulver
	frisch gemahlener Pfeffer
4 EL	kaltgepreßtes Öl

① Sauerkraut, Äpfel, Möhren in geeigneter Schüssel miteinander mischen.
② Sauce mit kleinem Schneebesen verrühren, über die Salatzutaten gießen, gut vermischen, vor dem Anrichten mit Schnittlauch bestreuen.

Variationen

- Statt Möhren klein gewürfelte Gurken zugeben.
- Statt Möhren oder Gurken ¼–½ frische Ananas, in kleine Würfel geschnitten, untermischen.

Sellerie-Salatplatte

Zubereiten 30 Minuten

500 g	Knollensellerie, geschält, fein gerieben
300 g	Äpfel, geschält, gerieben
	Saft von ½ Zitrone
½	Salatkopf, gewaschen, abgetropft, Blätter ganz
1	Tomate, gewaschen und in Achtel geschnitten
1	Ei, hart gekocht
1	Bund Schnittlauch, fein gehackt

Salatcreme

3 EL	Mayonnaise
6 EL	Sahnedickmilch, Crème fraîche oder Joghurt
	Saft von ½ Zitrone
	Salz und frisch gemahlener Pfeffer
1 Msp	Curry
1 TL	Zucker

① Salatcreme mit kleinem Schneebesen rühren, mild pikant abschmecken, zugedeckt kühl stellen.
② Sellerie in Schüssel reiben, danach Äpfel dazureiben, mit Zitronensaft übergießen, gut mit Sellerie mischen.
③ Mittlere runde oder längliche Platte mit Salatblättern auslegen, Sellerie-Apfelmischung darauffüllen. Die Salatcreme darübergießen, mit Tomate, Ei und Schnittlauch garnieren, sofort zu Tisch geben.

Verwendung Vorspeise, Salatmahlzeit, Beilage zu hellem Fleisch, zu gegrilltem oder foliengegartem Fisch.

Variationen
- Statt Äpfel geschälte Gurke und Möhren verwenden.
- Statt Äpfel ½ frische, in sehr kleine Stücke gehackte Ananas nehmen.

Fruchtiger Bleichselleriesalat

Zubereiten 30 Minuten

500 g	Bleichsellerie, gewaschen, geputzt, in 2 × 2 cm große Stücke geschnitten
2	Birnen, geschält, entkernt, geviertelt, in dünne Blättchen geschnitten
1	große Navelorange, filetiert, in kleine Stücke geschnitten
	Saft von 1 Zitrone
	Zitronenmelisse oder Estragonblätter

Salatcreme

1	Eigelb
2 TL	scharfer Senf
	Salz und frisch gemahlener Pfeffer
2 TL	Zucker
6 EL	kaltgepreßtes Öl
2 EL	Sahnedickmilch oder Joghurt oder Sahne
1 EL	fein geriebener Parmesan

① Zutaten vorbereiten. Birnen zerkleinern, mit Zitrone begießen, Orangenstücke zugeben, zugedeckt 10 Minuten ruhen lassen.
② Salatcreme zubereiten, pikant abschmecken.
③ In genügend großer Schüssel Sellerie, Obst und Salatcreme gut vermischen, anrichten, servieren. Mit Melissen- oder Estragonblättern garnieren.

Verwendung Sehr gute Vorspeise, Salatgericht, Partysalat, Beilage zu Fleisch aller Art, zu Fisch, in Folie gegart und gegrillt.

Gemischter Spinatsalat

Zubereiten 20–25 Minuten

Mischung 1

250 g	sehr frischer, junger Spinat, verlesen, entstielt, gewaschen, abgetropft
1	rote Paprika, gewaschen, entstielt, entkernt, in dünne Streifen geschnitten
5	Stengel Zwiebelgrün, grob gehackt
100 g	Feta (Schafskäse), in grobe Krümel zerteilt

Mischung 2

250 g	sehr frischer, junger Spinat, verlesen, entstielt, gewaschen, abgetropft
250 g	Tomaten, gewaschen, entstielt, in Achtel geschnitten
2	Bund Radieschen, geputzt, gewaschen, in Scheiben geschnitten
½	rote oder grüne Paprika, gewaschen, entkernt, in dünne Streifen geschnitten
1	mittelgroße Zwiebel, in feine Ringe geschnitten
2	Eier, hart gekocht, in Achtel geschnitten

Salatsauce

2 EL	Obst- oder Rotweinessig
¼ TL	Salz und frisch gemahlener Pfeffer
1 TL	Zucker oder Honig
½–1	Knoblauchzehe, durchgepreßt (nach Belieben)
4 EL	kaltgepreßtes Öl

① Alle Zutaten vorbereiten.
② Salatsauce mit kleinem Schneebesen sehr gut verrühren.
③ In genügend großer Salatschüssel alle Zutaten mit der Salatsauce locker vermischen, sofort anrichten und servieren.

Verwendung Vorspeise, Salatmahlzeit, passende Beilage zu kurzgebratenen und panierten Fleischgerichten.

Variation
Spinatmenge etwas reduzieren und 150 g Sojabohnenkeimlinge zugeben.

Gemischter Brüsseler Salat

Zubereiten 20 Minuten

100 g	Feldsalat, geputzt, gewaschen, abgetropft
2	Stauden Chicorée, gewaschen, halbiert, Strunk entfernt, ½ cm breit geschnitten
2	Birnen, geschält, entkernt, geviertelt, blättrig geschnitten
2	Navelorangen, geschält, filetiert (s. Seite 285), in 3 cm breite Stücke geschnitten
5 cm	Lauchstange, gewaschen, in sehr feine Ringe geschnitten

Salatsauce

6 EL	kaltgepreßtes Olivenöl
3 EL	Obst- oder Sherryessig
¼ TL	Salz
1 Msp	Cayennepfeffer
1 TL	Honig oder Zucker
1	Schalottenzwiebel, fein gehackt

① Für die Salatsauce Öl und Essig mit kleinem Schneebesen schlagen, würzen, gut verrühren.
② Birnen, Orangen und Lauch in der Salatsauce mischen, Chicorée und Feldsalat unterheben, anrichten.

Verwendung Vorspeise, Salatmahlzeit, Beilage zu Puten- und Hähnchenfleisch.

Variationen
- Statt Birnen 1 große Banane, in Ringe geschnitten, verwenden.
- Statt Orangen frische Ananas (etwa ¼ Frucht), in kleine Stücke geschnitten, verwenden.

Weißkrautsalat Englisch

Zubereiten 15 Minuten
Ruhen 2–4 Stunden

500 g	Weißkraut, geputzt, vom Strunk befreit, fein gehobelt
1	Grundrezept Mayonnaise (s. Seite 256)
2	Knoblauchzehen, durchgepreßt
	frisch gemahlener Pfeffer

① Mayonnaise zubereiten, mit Knoblauch und reichlich frisch gemahlenem Pfeffer würzen.
② Gehobeltes Kraut mit Mayonnaise sehr gründlich mischen, zugedeckt einige Stunden ruhen lassen, vor dem Servieren nochmals mischen, evtl. würzen.

Verwendung Besonders geeignet zu gegrilltem Fleisch, Hacksteaks und Grillwürstchen.

Blumenkohlrohkost

Zubereiten 15 Minuten

500 g	Blumenkohl, geputzt, gewaschen, roh gerieben
	Zitronenmelisse, fein geschnitten

Salatsauce

¼ l	Sahne oder Joghurt
¼ TL	Salz und frisch gemahlener Pfeffer
1 EL	Honig
	Saft von 1 Zitrone

① Salatsauce aus Zutaten in angegebener Reihenfolge rühren, Honig gut auflösen, mit kleinem Schneebesen Zitrone unterschlagen.
② Blumenkohl in die Sauce reiben, mischen, anrichten, mit Zitronenmelisse bestreuen.

Variationen
- Hälfte der Gewichtsmenge von Blumenkohl durch Möhren ersetzen.
- Mit Petersilie und/oder Schnittlauch ergänzen.

Fenchel-Karotten-Rohkost

Zubereiten 15 Minuten

300 g	Fenchel, geputzt, gewaschen, in feine Scheiben gehobelt oder geschnitten
300 g	Möhren, geschält, fein geraspelt
1	großer, säuerlicher Apfel, geschält, klein gewürfelt
2 EL	Fenchelgrün, klein gehackt

Salatsauce

1	Becher Sahnedickmilch
2 EL	kaltgepreßtes Öl
2 EL	Obstessig oder 4 EL Zitronensaft
1 TL	Honig
¼ TL	Salz und frisch gemahlener Pfeffer

① Zerkleinerten Fenchel mit geraspelten Möhren und klein gewürfeltem Apfel mischen.
② Salatsauce bereiten, über den Salat gießen, sehr gut durchmischen, anrichten, mit Fenchelgrün bestreuen.

Verwendung Vorspeise, Zwischenmahlzeit, Beilage zu Fisch und Geflügelfleisch.

Fenchelrohkost mit Orangen und Äpfeln

Zubereiten 15 Minuten

300 g	Fenchelknollen, gewaschen, geputzt, in feine Ringe geschnitten
2	Navelorangen, geschält, filetiert (s. Seite 285), in 3 cm breite Stücke geschnitten
2	mittelgroße, säuerliche Äpfel, geschält, grob geraspelt
2 EL	Fenchelgrün, fein gehackt

Salatsauce

1	Becher Sahnedickmilch oder Joghurt
2 EL	kaltgepreßtes Olivenöl
	Saft von ½ Zitrone
1 TL	Honig oder Zucker
¼ TL	Salz und frisch gemahlener Pfeffer

① Salatsauce mit kleinem Schneebesen rühren, sehr gut verschlagen.
② Äpfel, Orangen und Fenchel mit der Salatsauce vermischen. Fenchelgrün unterheben, anrichten, sofort servieren.

Verwendung Salatmahlzeit, Vorspeise, Beilage zu Fisch, Kalbfleisch, Hähnchen.

Möhrenrohkost

Zubereiten 15 Minuten

500 g	Möhren, gewaschen, geschält, geraspelt
4	mittelgroße Äpfel, geschält, geraspelt
	Saft von 2 Zitronen oder Orangen
2 EL	Zucker oder Honig
50 g	Walnüsse, gehackt (nach Belieben)
⅛ l	Sahne, steif geschlagen (nach Belieben)

① Möhren fein raspeln, Äpfel mittelfein raspeln, sofort mit Zitronensaft übergießen, mischen, Zucker oder Honig untermengen.
② Walnüsse locker unterheben, in Anrichteschüssel füllen, nach Belieben mit Sahnehaube sofort servieren.

Verwendung Zwischenmahlzeit, Vorspeise.

Variation
Mit folgender pikanter Marinade anmachen: 1 Becher Joghurt, 1 EL Obstessig, 1 TL Honig, Msp Salz, 2 EL gehackte Petersilie.

Paprika-Champignon-Rohkost

Zubereiten 20 Minuten

250 g	frische Champignons, geputzt, gewaschen, sehr gut abgetropft, blättrig geschnitten
1	kleine, grüne Paprika und
1	große, rote Paprika, gewaschen, entstielt, entkernt, in kleine Streifen geschnitten
2 EL	Petersilie, fein gehackt

Salatsauce

6 EL	Olivenöl
4 EL	Zitronensaft oder Sherryessig
1 TL	scharfer Senf
¼ TL	Salz und frisch gemahlener Pfeffer
1 TL	Honig oder Zucker

① Salatsauce mit kleinem Schneebesen sehr gut rühren.
② Pilze und Paprikaschoten unter die Salatsauce mischen, Petersilie zugeben, zugedeckt 10 Minuten ziehen lassen, anrichten, servieren.

Verwendung Salatmahlzeit, Beilage zu Eiergerichten.

Variation
Statt Paprika 1 kleine Staude Endivie, in Streifen geschnitten, nehmen.

Rotkohlrohkost

Zubereiten 25 Minuten

300 g	Rotkohl, geputzt, fein gehackt
300 g	Äpfel, geschält, grob geraspelt
	Saft von 1 Zitrone
100 g	Weißes vom Lauch, in sehr feine Ringe geschnitten

Salatsauce

2 EL	Obstessig
1 TL	Honig oder Zucker
¼ TL	Salz
1 Msp	Kümmelpulver
3 EL	kaltgepreßtes Öl

① Gehobelten Rotkohl und geraspelte Äpfel in Schüssel mischen, Zitrone zugeben, 10 Minuten zugedeckt ziehen lassen.
② Salatsauce rühren, unter Rotkohl und Äpfel mischen, sofort servieren.

Verwendung Vorspeise, Zwischenmahlzeit, selbständiges Abendessen.

Weißkrautrohkost

Zubereiten 15 Minuten
Ruhen 30 Minuten

500 g	Weißkraut, geputzt, vom Strunk befreit, fein gehobelt
1 TL	Salz

Salatsauce

6 EL	kaltgepreßtes Öl
4 EL	Essig
1 EL	Zucker oder Honig
	frisch gemahlener Pfeffer
1 Msp	Knoblauchpulver oder ½ Knoblauchzehe, durchgepreßt
1 Msp	Kümmelpulver
4 EL	Petersilie oder Schnittlauch, grob gehackt

① Gehobeltes Weißkraut mit Salz vermischen, mit den Händen drücken, um die Faser etwas mürbe zu machen.
② Salatsauce anrühren, über das Kraut gießen, sehr gut vermischen, zugedeckt ziehen lassen. Vor dem Anrichten nochmals durchmischen.

Verwendung Zu Schweinebraten, Grillfleisch, Grillwurst.

Variation
Hälfte der Weißkrautmenge als Möhren fein geraspelt dazugeben.

Gemischte Rohkost

Zubereiten 30 Minuten

250 g	Gurken, geschält, gerieben
250 g	Rettich, geschält, gerieben
¼ TL	Salz
250 g	Möhren, geschält, gerieben
	Zitronenmelisseblätter

Salatcreme

3 EL	Mayonnaise
3 EL	Sahnedickmilch, Joghurt, saure Sahne oder Crème fraîche
	Salz und frisch gemahlener Pfeffer
1 TL	Zucker
1 TL	Paprika edelsüß

① Gurken und Rettich jeweils extra in eine Schüssel reiben, leicht salzen, vermischen, zugedeckt etwa 15 Minuten stehen lassen. Möhren reiben.
② Mild abgeschmeckte Salatcreme bereiten, mit Paprikapulver (ersatzweise etwas Tomatenpüree) rosa färben.
③ Saft von Gurken und Rettich abgießen (sehr gut zum Trinken geeignet).
④ Alle drei Gemüse gut miteinander mischen, auf Salatplatte setzen, mit der Creme übergießen, etwas Pfeffer darübermahlen, mit Zitronenmelisseblätter umlegen, sofort servieren.

Verwendung Sehr gute Vorspeise, Beilage zu hellem Fleisch, zu Fisch, zu Grillgerichten.

Gegarte Salate

Salat aus Artischockenböden oder Palmitos (Palmherzen)

Zubereiten 15 Minuten
Ruhen 1 Stunde

8	Artischockenböden, frisch gegart oder aus der Dose, *oder*
2	kleine Dosen Palmitos (Palmherzen)
4 EL	Petersilie, sehr fein gehackt

Vinaigrette

	Saft von 2 Zitronen
	Salz und frisch gemahlener Pfeffer
2 TL	Zucker
6 EL	Olivenöl
1	Ei, hart gekocht, geschält, abgekühlt

① Abgetropfte Artischockenböden vierteln, auf Platte legen.
② Salatsauce mit kleinem Schneebesen sehr gut verrühren, mild (mit wenig Salz) abschmecken. Ei durch Haarsieb drücken, mit der Sauce vermischen, die Artischocken oder Palmitos übergießen, wenden, etwa 1 Stunde bei Zimmertemperatur ruhen lassen. Vor dem Anrichten mit Petersilie überstreuen.

Verwendung Klassische Beilage zu Hors d'oeuvre mit feinem, rohem Schinken, delikater Salami, kaltem Geflügelfleisch.

Auberginen-Caponata

Zubereiten 20 Minuten
Kühlen 1–2 Stunden

750 g	Auberginen, gewaschen, geschält, in Würfel geschnitten
1 EL	Salz
½	Staudensellerie, geputzt, gewaschen, in Stücke von etwa 2–3 cm Länge geschnitten
1/16 l	Olivenöl
2	mittelgroße Zwiebeln, fein gehackt
4	enthäutete Tomaten, in Würfel geschnitten
1	Knoblauchzehe, durchgepreßt
2	Anchovis- oder Sardellenfilets, fein gehackt
	reichlich frisch gemahlener Pfeffer
1 TL	Koriander, zerstoßen
1/16 l	Weinessig oder Saft von 3 Zitronen

① Die in Würfel geschnittenen Auberginen mit Salz vermischen, Saft ziehen lassen. Bittersaft abgießen, Früchte gut abtropfen lassen.

② Zwiebeln in 3 EL Öl dünsten, Sellerie zugeben, mitdünsten, auf kleiner Hitze knapp gar dünsten, aus dem Topf nehmen, in Schüssel legen.
③ Restliches Öl in Topf oder Pfanne gießen, Auberginenwürfel unter Rühren auf mittlerer Hitze darin anbraten.
④ Zwiebeln, Sellerie, Tomaten, Knoblauch, Sardellen, Pfeffer und Koriander zugeben, miteinander etwa 10 Minuten im offenen Topf köcheln lassen, gelegentlich umrühren.
⑤ Die Mischung in Schüssel füllen, Essig oder Zitronensaft dazugeben und unterheben. Zugedeckt erkalten lassen. Im Kühlschrank mehrere Tage haltbar.

Verwendung Vorspeise zu Salami und Schinken mit krossem Weiß- oder Fladenbrot, besonders schmackhafte Beilage zu gegrilltem Fleisch aller Art.

Auberginensalat

Vorbereiten 1–2 Stunden
Zubereiten 15 Minuten
Kühlen ½–1 Stunde

3	große Auberginen, gewaschen, entstielt, nach Belieben geschält, in 1 cm dicke Scheiben geschnitten
	Salz
1/16 l	Olivenöl
	Saft von 2 Zitronen
	reichlich Pfeffer
4 EL	Petersilie, frisch gehackt

① Auberginen beidseitig mit Salz einreiben, aufeinanderlegen, zudecken, Saft ziehen lassen. Saft abgießen, auf Sieb abtropfen lassen.
② Olivenöl in Pfanne erhitzen, Auberginenscheiben bei mäßiger Hitze beidseitig goldbraun backen, schuppenförmig auf Platte mit Rand legen.
③ Zitronensaft über die warmen Auberginen gießen, mit reichlich frisch gemahlenem Pfeffer und Petersilie bestreuen, erkalten lassen.

Verwendung Zu gegrilltem Fleisch aller Art, als Vorspeise mit Schinken, Salami, Ei.

Variation
Mit Tomatenscheiben anrichten: 1 Reihe erkaltete Auberginen, 1 Reihe Tomaten legen. Tomaten leicht salzen.

Salat aus grünen Bohnen

Vorbereiten 15 Minuten
Garen 8–10 Minuten
Zubereiten 5 Minuten
Kühlen 1–3 Stunden

750 g	Brech- oder Schnittbohnen, gewaschen, geputzt, in Stücke von 3–4 cm Länge zerteilt oder dünn geschnitzelt
3/8 l	Wasser
	Salz

Vinaigrette

2	Schalotten oder 1 kleine Zwiebel, sehr fein gehackt
½ TL	Zucker
¼ TL	Salz und frisch gemahlener Pfeffer
3 EL	Wein- oder Obstessig
2 EL	Kochabsud von den Bohnen
4 EL	Öl
1 TL	frisches Bohnenkraut, fein gehackt, oder 1 Msp getrocknetes Bohnenkraut
2 EL	Petersilie, fein gehackt

① Wasser mit Salz zum Kochen bringen, Bohnen darin (je nach Zerkleinerungsgrad) 8–10 Minuten »al dente« garen, abseihen (Kochwasser für Suppe verwenden), etwas abkühlen lassen.
② Zwiebel, Salz, Zucker und Pfeffer mit Gabel vermischen, zerdrücken. Essig, Bohnenabsud, Öl und Kräuter zugeben, sehr gut verrühren, über die Bohnen gießen, sofort gründlich durchmischen, zugedeckt abkühlen lassen. Vor dem Servieren durchmischen, evtl. nachwürzen.

Verwendung Beilage zu allen Fleischgerichten.

Weiße Bohnen – Salat

Zubereiten 25 Minuten
Kühlen 2–4 Stunden

350 g	getrocknete weiße Bohnen, über Nacht in 1½ l Wasser eingeweicht, oder aus der Dose

Salatsauce

1/16 l	Rotweinessig oder Saft von 4 Zitronen
1 TL	Zucker
1 TL	Salz und frisch gemahlener Pfeffer
¼ TL	Chilipulver
1	Knoblauchzehe, durchgepreßt
1/16 l	Olivenöl
1 EL	frisches Bohnenkraut, fein gehackt
4 EL	Petersilie, fein gehackt

① Bohnen im Dampfdrucktopf garen, auf Sieb abtropfen, etwas abkühlen lassen, in Schüssel füllen.

② Salatsauce anrühren, über die Bohnen gießen, gründlich vermischen, zugedeckt durchziehen lassen. Vor dem Anrichten nochmals mischen, evtl. nachwürzen.

Verwendung Mit Salami und rohem Schinken als Vorspeise, zu gegrilltem Hammel- und Lammfleisch.

Variation

4–6 enthäutete Tomaten, in kleine Würfel geschnitten oder püriert, unter den fertigen Salat mischen.

Salat aus gegarten Möhren oder Sellerie

Zubereiten 15 Minuten
Ruhen 1–2 Stunden

750 g	»al dente« gegarte Möhren oder Sellerie, warm geschält, in Scheiben von 1 cm Dicke geschnitten

Vinaigrette

1	mittelgroße Zwiebel, fein gehackt
1 TL	Zucker
½ TL	Salz und frisch gemahlener Pfeffer
4 EL	Essig
5 EL	Öl
2 EL	Petersilie (für Möhren), gehackt

① Für die Vinaigrette gehackte Zwiebel mit Salz, Zucker und Pfeffer bestreuen, mit Gabel verrühren, dabei etwas zerdrücken, damit die Zwiebel Saft abgibt. Danach Essig und Öl dazumischen, mit kleinem Schneebesen sehr gut verrühren.
② Die noch warmen, zerkleinerten Gemüse mit der Vinaigrette übergießen, gut durchmischen, zugedeckt auskühlen lassen. Vor dem Anrichten nochmals durchmischen, evtl. nachsalzen, anrichten, servieren.

Verwendung Zu Fleisch- und Fischspeisen aller Art als Beilage in Verbindung mit beliebigem grünen Blattsalat.

Einfacher Kartoffelsalat

Zubereiten 15 Minuten

1 kg	kleine und mittelgroße Kartoffeln, in der Schale gekocht, heiß geschält, in ½ cm dicke Scheiben geschnitten
1	Bund Schnittlauch, fein gehackt

Salatsauce

1	mittelgroße Zwiebel, fein gehackt
⅛ l	Brühe, reichlich
	Salz und frisch gemahlener Pfeffer
1 TL	Zucker
1 TL	scharfer Senf
6 EL	Essig
6 EL	Öl

① Pellkartoffeln vorbereiten.
② Gehackte Zwiebel und Brühe aufkochen, mit Salz, Pfeffer, Zucker, Senf, Essig und Öl verrühren, über die Kartoffeln gießen, durchmischen, evtl. noch etwas Brühe nachgießen. Der Salat darf nicht zu trocken sein. Abkühlen lassen. Vor dem Servieren mit gehacktem Schnittlauch bestreuen.

Verwendung Zu Siedwürstchen, Bratwurst, Hackbraten, Frikadellen, Schnitzel, Kotelett, Fisch ohne Saucen.

Warmer Kartoffelsalat mit Speck

Zubereiten 15 Minuten

750 g	kleine und mittelgroße Kartoffeln, in der Schale gekocht, heiß geschält, in ½ cm dicke Scheiben geschnitten
200 g	durchwachsener Speck, klein gewürfelt
2 EL	Öl
1	kleine Zwiebel, fein gehackt
⅛ l	Brühe, kochendheiß
	Salz (bei ungesalzener Brühe)
2 TL	scharfer Senf
	frisch gemahlener Pfeffer
6 EL	Essig
2 EL	Zwiebelgrün oder Schnittlauch, gehackt

① Pellkartoffeln schälen und schneiden.
② Gewürfelten Speck in Öl langsam auf kleiner Hitze knusprig goldbraun braten.
③ Brühe mit den Zwiebeln aufkochen, mit Salz und Senf würzen, Pfeffer und Essig dazugeben, über die Kartoffeln gießen, gut vermischen. Speckwürfel mit zerlassenem Fett unterheben, anrichten. Mit Zwiebelgrün oder Schnittlauch bestreuen.

Verwendung Zu Siedwürsten, Leberkäse, paniertem Schnitzel, Kotelett, Naturschnitzel, Hackbraten, Frikadellen.

Variation
Das zerlassene Speckfett mit Eigelb verrühren, an die Kartoffeln mischen, Speckwürfel über den angerichteten Salat streuen.

Amerikanischer Kartoffelsalat

Zubereiten 25 Minuten
Ruhen 1–3 Stunden

750 g	Salatkartoffeln, in der Schale gekocht, erkaltet, geschält, in knapp ½ cm dicke Scheiben geschnitten
¼	roter Paprika, in sehr kleine Stücke gehackt
¼	grüner Paprika, in sehr kleine Stücke gehackt
1	Ei, hart gekocht, geschält, in Scheiben zerteilt

Mayonnaise

1	Eigelb
1 EL	scharfer Senf
	wenig Salz und frisch gemahlener Pfeffer
½	Knoblauchzehe, durchgepreßt
4 EL	Essig
8 EL	Öl
3 EL	Crème fraîche oder 6 EL Joghurt

① Kartoffeln und Paprika vorbereiten.
② Mit kleinem Schneebesen Mayonnaise rühren, pikant abschmecken.
③ Kartoffeln und Paprika mit der Mayonnaise sehr gut mischen, evtl. etwas Brühe zugießen. Der Kartoffelsalat muß geschmeidig, darf aber nicht weich sein. Zugedeckt ruhen lassen. Vor dem Anrichten nochmals durchmischen, evtl. nachwürzen. Mit Eischeiben garnieren.

Linsensalat

Zubereiten 25 Minuten
Kühlen 2–4 Stunden

350 g	trockene Linsen, in 1¼ l Brühe gegart, abgetropft, abgekühlt

Salatsauce

6 EL	Rotweinessig
¼ TL	Salz
1 TL	Zucker
1 EL	scharfer Senf oder ¼ TL Chilipulver
1	Knoblauchzehe, durchgepreßt
2 EL	Olivenöl
2 EL	Petersilie, fein gehackt (nach Belieben)

① Linsen im Dampfdrucktopf zusetzen, garen, auf Sieb abtropfen, in Schüssel füllen.
② Aus angegebenen Zutaten mit kleinem Schneebesen Salatsauce rühren, unter die Linsen mischen, zugedeckt kühlen. Vor dem Anrichten nochmals durchmischen, evtl. nachwürzen, mit Petersilie bestreuen.

Verwendung Zu Hammel- und Lammbraten, gegrilltem Lammfleisch, Cevapcici, Shish Kebab.

Variationen
- Je ½ rote und grüne Paprika, in Streifen geschnitten, untermischen.
- 4 kleine Zwiebeln, in feine Ringe geschnitten, unterheben.

Rote Rüben (Rote Bete)-Salat

Zubereiten 10 Minuten
Ruhen 1–12 Stunden

750 g	Rote Rüben, gekocht, geschält, in gut messerrückendicke Scheiben geschnitten
1 EL	Meerrettich, frisch gerieben, oder ½ TL Ingwerpulver oder ½ TL gestoßener Anis, ersatzweise Kümmel

Salatsauce

6 EL	Wein- oder Obstessig
1 TL	Zucker
½ TL	Salz und frisch gemahlener Pfeffer
2 EL	Öl

① Die Roten Rüben in geeigneter Schüssel mit Meerrettich oder Ingwer oder Anis bzw. Kümmel mischen.
② Salatsauce mit kleinem Schneebesen sehr gut verrühren, über die Rüben gießen, sehr gut durchmischen, zugedeckt abkühlen lassen. Vor Gebrauch nochmals mischen, evtl. nachwürzen.

Verwendung Zu gekochtem Rindfleisch (Tellerfleisch), gepökelter, gekochter Rinderbrust, Gulasch, Rouladen, Schmorbraten, Ragout von Innereien, Lebergerichten. Dieser Salat hält sich gekühlt mehrere Tage.

Schwarzwurzelsalat

Vorbereiten 20 Minuten
Garen 15 Minuten
Zubereiten 5 Minuten
Kühlen 1–3 Stunden

1 kg	Schwarzwurzeln, sehr gut gewaschen, roh geschält, in Stücke von 4 cm Länge geschnitten
⅜ l	Wasser
	Salz
4	Zitronenscheiben
2 EL	Schnittlauch, fein gehackt

Salatsauce

4 EL	Wein- oder Sherryessig
1 TL	Zucker
¼ TL	Salz und frisch gemahlener Pfeffer
4 EL	Kochabsud von Schwarzwurzeln
4 EL	Öl oder 2 EL Öl und 2 EL Crème fraîche

① Jede Schwarzwurzel sofort nach dem Schälen in eine Schüssel mit Wasser legen, dem 4–6 EL Essig und 2 EL Mehl zugesetzt werden, um die Bräunung der Schwarzwurzeln zu verhindern.
② Wasser mit Salz und Zitronenscheiben zum Kochen bringen, Schwarzwurzelstücke einlegen, auf kleiner Hitze »al dente« garen, abseihen, in flache Schüssel legen, etwas abkühlen lassen.
③ Salatsauce mit kleinem Schneebesen rühren, sehr gut verschlagen, über das noch warme Gemüse gießen, zugedeckt marinieren lassen. Vor dem Servieren mit Schnittlauch bestreuen.

Spargel Vinaigrette

Vorbereiten 30 Minuten
Garen 15 Minuten
Marinieren 1–2 Stunden

1,5 kg	sehr gleichmäßiger Stangenspargel, sorgfältig geschält (s. Seite 59)
2–3 EL	Wasser
1 TL	Salz und
1 EL	Zucker

Vinaigrette

4 EL	Kräuter (Estragon, Petersilie, Schnittlauch, Kerbel, Sauerampfer, Zitronenmelisse), fein gehackt
	Salz und frisch gemahlener Pfeffer
2 EL	Zitronensaft oder feiner Essig
	Prise Zucker
8 EL	Öl

① Wasser mit Salz und Zucker in möglichst weitem Topf zum Kochen bringen, geschälten Spargel einlegen, auf kleinster Hitzestufe knapp gar sieden. Spargel mit Schaumlöffel vorsichtig herausheben, dabei abtropfen lassen oder auf engmaschigem Kuchengitter abtropfen. Danach vorsichtig auf Platte legen, abkühlen lassen.
② Vinaigrette zubereiten: Kräutermischung mit Salz und Pfeffer in kleiner Schüssel vermengen, Zitrone oder Essig und Zucker darübergeben, verrühren, Öl mit kleinem Schneebesen einschlagen, mindestens 1 Stunde bei Zimmertemperatur stehen lassen. Durch feines Sieb über den lauwarmen Spargel füllen (Spargelköpfe nicht!), bei Zimmertemperatur marinieren lassen.

Zucchinisalat

Zubereiten 25 Minuten
Kühlen ½ Stunde

8	Zucchini von etwa 15 cm Länge, gewaschen, geputzt, ungeschält, der Länge nach in 1 cm dicke Scheiben geschnitten
¹⁄₁₆ l	Olivenöl

Salatsauce

	Saft von 2 Zitronen
1 TL	Zucker
	Salz und frisch gemahlener Pfeffer
4 EL	Petersilie, fein gehackt

① Zucchinischeiben auf mittlerer Hitze in heißem Olivenöl beidseitig goldbraun braten, schuppenförmig auf Platte mit Rand legen.
② Zitronensaft mit Salz und Zucker abschmekken, über die warmen Zucchini gießen, reichlich Pfeffer darübermahlen, auskühlen lassen, mit Petersilie bestreut servieren.

Salatgerichte

Macedonischer Bauernsalat

Zubereiten 15 Minuten

3	Fleischtomaten, gewaschen, entstielt, in 3 cm dicke Spalten geschnitten
½	Salatgurke, geschält, der Länge nach halbiert oder geviertelt
8	schwarze Oliven, entsteint, halbiert
250 g	Schafskäse, in große Krümel zerteilt
	frisch gemahlener Pfeffer

Salatsauce

	Saft von 1 großen Zitrone
½ TL	Salz
1 TL	Zucker
6 EL	Olivenöl

① Alle Zutaten vorbereiten, gemischt auf tiefe Platte legen, die Käsekrümel darauf verteilen, Pfeffer darübermahlen.
② Salatsauce mit kleinem Schneebesen gut verrühren, über den angerichteten Salat träufeln, sofort servieren.

Verwendung Vorspeise mit Butter und krossem Weißbrot, sehr schmackhafte Zubereitung zu gegrilltem Fisch, besonders passend zu gegrillter Makrele.

Chinakohlsalat

Zubereiten 20 Minuten

1	Kopf Chinakohl, geputzt, wie Endivien geschnitten, gewaschen, überbrüht, kalt abgebraust, abgetropft
½ l	kochendes Wasser zum Überbrühen
400 g	Fleischwurst (Lyoner, Kalbfleischwurst, Putenwurst, Leberkäse), in 2 × 2 cm große Würfel geschnitten
½	rote und ½ grüne Paprika, entstielt, entkernt, in Streifen von 1 cm Breite geschnitten
1	mittelgroße Zwiebel, in feine Ringe geschnitten, mit etwas Salz bestreut

Vinaigrette

4 EL	Weinessig
4 EL	Wasser
	Salz und frisch gemahlener Pfeffer
1 TL	Zucker
4 EL	Öl

① Alle Zutaten vorbereiten, in genügend großer Schüssel mischen.
② Salatsauce anrühren, abschmecken, alle Zutaten damit übergießen, sehr gründlich durchmischen, zu Tisch geben.

Verwendung Leichtes, sättigendes Abendessen.

Hausfrauen-Heringssalat

Zubereiten 15 Minuten
Kühlen 2–8 Stunden

8	Matjes-Filets, 2–3 Stunden in ¼ l Milch gewässert, danach jeweils in 4 Stücke geschnitten
4	Gewürzgurken, kleinwürfelig geschnitten
2	säuerliche Äpfel, gewaschen, geschält, entkernt, feinblättrig geschnitten
2	Schalotten oder 1 mittelgroße Zwiebel, klein gehackt oder in sehr dünne Halbringe geschnitten
1	Lorbeerblatt

Salatcreme

1½	Becher Sahne
1 TL	Meerrettich oder scharfer Senf
	frisch gemahlener Pfeffer
1 TL	Zucker
2 EL	Dill, gehackt

① Zutaten vorbereiten, in passende Schüssel füllen.
② Salatcreme zubereiten, mit den anderen Zutaten mischen, zugedeckt kühl stellen. Vor dem Servieren nochmals durchmischen, Lorbeerblatt entnehmen, servieren.

Verwendung Mit heißen Kartoffeln als Mittag- oder Abendessen, beliebt für Partybuffet.

Süßsaurer Heringssalat

Zubereiten 30 Minuten
Ruhen 2–4 Tage

4	Salzheringe, filetiert, entgrätet, in ½ l kaltem Wasser gewässert

Beize

½ l	Wasser
½	Tasse Weinessig
1	Tasse Rotwein
4 EL	Zucker
1 EL	schwarze Pfefferkörner
1 EL	Pimentkörner
1 EL	Senfkörner
3	Lorbeerblätter
2	große Zwiebeln, in Ringe geschnitten

① Heringe häuten, Filets sorgfältig entgräten, kalt abwaschen, eine Stunde wässern.
② Beizzutaten bis auf die Zwiebel in passendem Topf 10 Minuten kochen, vom Herd nehmen, in Schüssel gießen, Zwiebeln einlegen, abkühlen lassen.
③ Heringsfilets in die abgekühlte Beize legen, zugedeckt kühl stellen, gelegentlich wenden.
④ Zum Servieren die Heringe auf tiefe Platte legen, Zwiebelringe aus der Beize nehmen, auf die Heringe legen, einige Pfeffer-, Piment- und Senfkörner zur Garnitur darüberstreuen, mit 8–10 EL Beize übergießen.

Verwendung Sehr beliebte und delikate Abendmahlzeit zu Butterbrot und Pilsbier, besonders geeignet für kaltes Buffet.

Fisch unterm Schnee

Zubereiten 30 Minuten
Kühlen 1–2 Stunden

750 g	Fischfilet, pochiert oder in Folie gedünstet, abgekühlt, leicht gesalzen, in mittelgroße Stücke zerteilt
1	kleine Sellerieknolle, geschält, roh fein geraspelt, oder ½ Staudensellerie, gewaschen, in sehr feine Stücke geschnitten
1	großer, säuerlicher Apfel
1	mittelgroße Fenchelknolle, gewaschen, geputzt, in sehr feine Halbringe geschnitten
	Saft von 1 Zitrone
	Salz und frisch gemahlener Pfeffer
6	große Tomaten, gewaschen, entstielt, enthäutet, in gleichmäßige Scheiben geschnitten
	Fenchelgrün, Dillsträußchen oder krause Petersilie

Salatcreme

2 EL	Mayonnaise
1 EL	scharfer Senf oder Meerrettich
1	Knoblauchzehe, durchgepreßt
	Salz und frisch gemahlener Pfeffer
1 TL	Zucker
⅜ l	Sahne, nicht ganz steif geschlagen

① Fisch vorbereiten (s. Seiten 144 ff.).
② Sellerie, Apfel und Fenchel wie angegeben zerkleinern, mit Zitrone, Salz und Pfeffer würzen.
③ Mit Tomatenscheiben weite, flache Schüssel oder tiefe Platte auslegen, leicht salzen und pfeffern. Die Sellerie-Apfel-Fenchelmischung auf den Tomaten verteilen, Fischstücke darauflegen.
④ Salatcreme zubereiten, mild-pikant abschmecken und über den Fisch gießen. Zugedeckt bis zum Servieren kühlen. Mit Kräutern garnieren.

Verwendung Vorspeise oder leichtes Abendessen.

Variation
Statt Tomaten Salatblätter nehmen.

Süßsaurer Fischsalat

Zubereiten 20 Minuten
Kühlen ½ Stunde

750 g	Fischfilet, pochiert oder in Folie gegart, abgekühlt, in mittelgroße Stücke zerteilt
8	Stückchen Senfgurke, kleinwürfelig geschnitten
1	große, rote Paprika, entstielt, entkernt, in Streifen von ½ cm Breite geschnitten
1	Banane, der Länge nach halbiert, in 1 cm dicke Scheiben geschnitten
	einige rote Paprikastreifen
	Petersilien- oder Zitronenmelisseblättchen

Salatcreme

2 EL	Mayonnaise
3 TL	Soja-Sauce
	Salz und Pfeffer
4 EL	Senfgurken-Marinade
1	Becher Sahnedickmilch
1 TL	Zucker

① Fisch und alle anderen Zutaten vorbereiten (Fisch s. Seiten 144 ff.).
② Salatcreme anrühren, kräftig abschmecken, über die Zutaten gießen, alles locker mischen, zugedeckt kühl stellen.
③ Vor dem Servieren nochmals mischen, evtl. nachwürzen. Mit Paprikastreifen und frischem Grün anrichten.

Verwendung Zwischenmahlzeit oder leichtes Abendessen.

Variation
Statt frischem Fischfilet Thunfisch aus der Dose nehmen.

Feiner Krabbensalat

Zubereiten 20 Minuten
Kühlen 1–3 Stunden

500 g	TK-Krabben, aufgetaut
500 g	Spargel, weiß oder grün, knapp gar gekocht, abgekühlt, in 3 cm lange Stücke geschnitten
2	Ananasringe aus der Dose, in kleine Stücke geschnitten, oder kleine Dose Mandarinen, abgetropft
12	Krabben zum Garnieren
	einige Blättchen von Zitronenmelisse

Salatcreme

4 EL	Mayonnaise
4 EL	Ananassaft oder Mandarinensaft
	Salz und frisch gemahlener Pfeffer
1	Becher Crème fraîche

① Salatcreme anrühren, mild abschmecken.
② Krabben, Spargel und Ananas in passende Schüssel füllen, mit Salatcreme übergießen, gut mischen, zugedeckt kühlen.
③ Vor dem Servieren nochmals durchmischen, evtl. nachwürzen, in Glasschale füllen, mit Krabben auf der Mitte blütenartig dekorieren, Zitronenmelisseblättchen einstecken, servieren.

Verwendung Feine Vorspeise, zum Sektfrühstück, fürs Salatbuffet. Dazu warmen Toast und leichten Wein, Apéritif oder Sekt reichen.

Salatschüssel Westerland

Zubereiten 30 Minuten

1	kleiner Kopfsalat, geputzt, Blätter halbiert, gewaschen, sehr gut abgetropft
1	kleiner Radicchio-Salatkopf, geputzt, gewaschen, Blätter geviertelt, sehr gut abgetropft
1	Chicoreéstaude, halbiert, Strunk entfernt, gewaschen, sehr gut abgetropft, in einzelne Blätter geteilt
1	große oder 2 kleine Fenchelknollen, geputzt, gewaschen, in 1 cm breite Ringe geschnitten, blanchiert
1	kleiner Staudensellerie, geputzt, gewaschen, in 3 cm breite Streifen geschnitten, blanchiert
¼ l	Wasser
	Saft von 1 Zitrone
500 g	TK-Krabben, aufgetaut, oder gleiche Menge weißes Hühner- oder Hähnchenfleisch, in Brühe oder Folie gegart
4	Eier, hart gekocht, geschält, in Achtel geschnitten
4 EL	Petersilie und/oder Dill, fein gehackt

Salatcreme

6 EL	Mayonnaise
¼ l	Sahnedickmilch
3 EL	Tomatenketchup
	Saft von 1 Zitrone oder ½ Grapefruit
¼ TL	Knoblauchpulver
	Salz und frisch gemahlener Pfeffer
2 TL	Zucker

① Alle Zutaten wie beschrieben vorbereiten.
② Blanchieren: In weitem Topf ¼ l Wasser zum Kochen bringen, Zitronensaft zugeben, Fenchelringe 15 Sekunden blanchieren, mit Schaumlöffel herausnehmen, auf Sieb legen, sofort kalt überbrausen, abtropfen. Mit Staudensellerie ebenso verfahren.
③ Cremige, mild abgeschmeckte Sauce bereiten.
④ Große, schalenförmige Schüssel mit den Salatblättern, Radicchio, Fenchel und Staudensellerie auslegen, Krabben und Eierspalten gleichmäßig darauf verteilen.
⑤ Alles mit Salatsauce begießen, Petersilie und/oder Dill darüberstreuen, die Chicoréeblätter außen am Rand entlang aufrecht einstecken. Servieren.

Verwendung Zwischenmahlzeit oder leichtes Abendessen, Vorspeise.

Dänischer Salat

Zubereiten 30 Minuten
Kühlen 2–3 Stunden

250 g	Nudeln (Bandnudeln oder Hörnchen), »al dente« gekocht, kalt abgebraust, sehr gut abgetropft
250 g	Karotten, »al dente« gegart, in 1 × 1 cm große Würfel geschnitten
250 g	TK-Erbsen, aufgetaut, oder frische Erbsen, blanchiert, kalt abgebraust, abgetropft
250 g	magerer, gekochter Schinken, in 3 cm lange, 1 cm breite Streifen geschnitten
2	Schalotten oder 1 mittelgroße Zwiebel, sehr fein gehackt
4 EL	Petersilie, fein gehackt
1	kleiner Strauß gefüllte Petersilie

Salatcreme

4 EL	Mayonnaise
1 EL	scharfer Senf
1	Becher Sahnedickmilch oder Crème fraîche
	Salz und frisch gemahlener Pfeffer
¼ TL	Knoblauchpulver
1 TL	Zucker

① Alle Zutaten vorbereiten.
② Salatcreme anrühren und mild-pikant abschmecken.
③ In genügend großer Schüssel alle Zutaten mit der Salatcreme vermischen, zudecken, kühl stellen.
④ ½ Stunde vor dem Servieren Salat nochmals durchmischen, evtl. nachwürzen, in Glas- oder farblich kontrastierender Salatschüssel anrichten, mit Petersilienzweigen garnieren, servieren.

Verwendung Partysalat, Zwischenmahlzeit oder Abendessen.

Feiner Geflügelsalat

Zubereiten 30 Minuten
Kühlen 1 Stunde

500 g	gekochtes, möglichst weißes Hühnerfleisch, in 1½ cm breite Streifen geschnitten
150 g	TK-Erbsen, aufgetaut
250 g	sehr frische Champignons, geputzt, gewaschen, sehr gut abgetropft, roh in Viertel oder Achtel – je nach Größe – geschnitten (oder aus der Dose)
250 g	Stangenspargel, frisch gegart oder aus der Dose, abgetropft, in 3–4 cm Stücke geschnitten (die Spitzen zur Garnitur zurücklegen)
4	Ananasringe, frisch oder aus der Dose, jeden Ring in 12 Stücke geschnitten
1	Petersilienstrauß

Salatcreme

6 EL	Mayonnaise
6 EL	Spargelabsud zum Glattrühren
	Salz und frisch gemahlener Pfeffer
1	kleiner Becher Crème fraîche
1 TL	Zucker
1 TL	scharfer Senf
2 EL	Rum

① Alle Zutaten vorbereiten (s. Seite 225).
② Salatsauce zu cremiger Beschaffenheit rühren, mild abschmecken.
③ Alle Zutaten in genügend großer Schüssel mit ⅔ der Salatcreme gut vermischen, zudecken, kühl stellen.
④ ½ Stunde vor dem Servieren Salat nochmals vorsichtig mischen, in Schale füllen, mit der restlichen Salatcreme übergießen, mit Petersilie und Spargelspitzen garnieren, servieren.

Verwendung Vorspeise, leichtes Abendessen, mit Toast oder krossem Weißbrot.

Variationen
- Statt Ananas 4 Birnenhälften, in kleine Würfel geschnitten, verwenden.
- In Grapefruit-Schalen (Körbchen) servieren.
- In großen Salatblättern portionsweise anrichten.

Salatschüssel Tivoli

Zubereiten 30 Minuten
Kühlen 1 Stunde

2	mittelgroße Fenchelknollen, geputzt, gewaschen, abgetropft, halbiert, in feine Halbringe geschnitten
2	mittelgroße Brokkolistauden, geputzt, gewaschen, Röschen blanchiert, abgetropft
¼ l	Wasser zum Blanchieren
4	Tomaten, gewaschen, halbiert, in Achtel geschnitten
1	kleine Dose Spargel, abgetropft
400 g	weißes Hühner- oder Hähnchen- oder Poulardenfleisch, gekocht oder in Folie gegart, in 1 cm breite Streifen geschnitten
2	Frühlingszwiebeln, sehr fein gehackt
8	Spargelspitzen
	kleines Sträußchen Kresse oder Estragonblätter

Salatcreme

4 EL	Mayonnaise
4 EL	Crème fraîche
¼ l	Sahnedickmilch
1 TL	scharfer Senf
1 Msp	Curry
	Salz und frisch gemahlener Pfeffer
¼ TL	Knoblauchpulver
	Saft von 1 Zitrone
2 TL	Zucker

① Alle Zutaten vorbereiten (Geflügelfleisch s. Seite 225).
② Cremige, gut abgeschmeckte Salatsauce rühren.
③ Brokkoli in kochendem Wasser 20 Sekunden blanchieren, sofort kalt abbrausen, gut abtropfen.
④ In nicht zu weite, etwa 15 cm hohe Saltschüssel eine Lage aus gemischten Salatzutaten füllen, Hälfte der Fleischmenge darüberlegen. Mit den restlichen Gemüsen noch eine Lage einfüllen, Fleisch darauf verteilen.
⑤ Mit Salatsauce übergießen, zudecken, kühl stellen.
⑥ Vor dem Servieren mit Spargelspitzen und Kresse oder Estragon garnieren.

Verwendung Zwischenmahlzeit oder leichtes Abendessen, Vorspeise, Partysalat.

Variationen
- Statt Spargel 250 g sehr frische Champignons, gewaschen, abgetropft, geputzt, geviertelt, verwenden.
- Tomaten weglassen, stattdessen 500 g Zuckermelone, geschält, entkernt, in 2 × 2 cm große Würfel oder dünne Scheiben geschnitten, verwenden.

Waldorfsalat mit Huhn

Zubereiten 20 Minuten
Kühlen 1 Stunde

300 g	Sellerie-Knolle, halbgar gekocht, abgekühlt, geschält, grob geraspelt, oder
1	Bleichsellerie, in 2 × 2 cm Stücke geschnitten, blanchiert, abgekühlt
2	mittelgroße, säuerliche Äpfel, geschält, in Würfel von 1,5 × 1,5 cm Größe geschnitten (rotbackige Äpfel ungeschält verwenden)
300 g	gekochtes, weißes Hühnerfleisch, in Streifen geschnitten
1	Navelorange, filetiert und in Stücke geschnitten, *oder*
3–4	Ananasringe, in 1,5 × 1,5 cm große Würfel geschnitten
15	Walnußkerne, grob gehackt
4	Orangenfilets oder Ananasstücke und
4	Walnußkerne zum Garnieren

Salatcreme

4 EL	Mayonnaise
6 EL	Sahne, Milch, Joghurt oder Dickmilch, evtl. etwas mehr
	Saft von 1 Zitrone oder Orange
1 EL	Rum oder Brandy
	Salz und frisch gemahlener Pfeffer
	Zucker

① Sellerieknolle etwa 20 Minuten in Wasser auf kleiner Hitze halbgar kochen, kalt abbrausen, schälen, grob raspeln, auskühlen lassen.
② Äpfel schälen, entkernen, in Scheiben schneiden, sehr klein würfeln, mit Zitronen- oder Orangensaft übergießen, durchmischen, zudecken.
③ Hühnerfleisch in Streifen von 1 cm Breite schneiden (Garen s. Seite 225).
④ Orangen wie Äpfel schälen, alles Weiße entfernen. Mit scharfem Messer das Fruchtfleisch zwischen den Häuten herausschneiden, auf Teller legen. Entstehenden Fruchtsaft in kleine Schüssel gießen. Oder Ananas vorbereiten.
⑤ Mayonnaise zum Orangensaft in die Schüssel geben, verrühren, Milch, Sahne, Joghurt oder Dickmilch nach und nach zugeben, dickflüssig glattrühren. Mit Salz, Pfeffer, Zucker und Alkohol dezent, aber rund abschmecken.
⑥ In genügend großer Schüssel Sellerie, Äpfel, Fleisch und verlängerte Mayonnaise locker mischen. Grob gehackte Nüsse und Orangenfilets unterheben. Zugedeckt im Kühlschrank ziehen lassen. Vor dem Servieren nochmals abschmekken. In Glasschüssel oder Glasschalen oder in bunter (blauer) Schüssel anrichten, mit Orangenfilets und ganzen Nüssen garnieren.

Verwendung Leichtes Zwischengericht, Abendessen, Vorspeise, Partysalat.

Salat à la Nicoise

Zubereiten 25 Minuten

500 g	Hähnchen- oder Poulardenfleisch, in Folie gegart, erkaltet, in 2 cm breite Streifen geschnitten
1	kleiner Salatkopf, geputzt, gewaschen, sehr gut abgetropft
100 g	Feldsalat, geputzt, gewaschen, sehr gut abgetropft
250 g	Prinzeßbohnen, knapp gar gekocht, unter fließend kaltem Wasser abgekühlt
4	mittelgroße oder 2 Fleischtomaten, in 2 cm breite Scheiben geschnitten
4	Eier, hart gekocht, in Achtel zerteilt
2	kleine, rote Zwiebeln, in dünne Ringe geschnitten
8	schwarze Oliven, entkernt, in Achtel geschnitten

Vinaigrette

5 EL	Rotwein- oder Sherryessig
1½ TL	Sardellenpaste oder 2 Anchovisfilets, fein zerdrückt
1	Knoblauchzehe, durchgepreßt
1 EL	Zucker
4 EL	helle Brühe oder Wasser
8 EL	Olivenöl
	frisch gemahlener Pfeffer

① Vinaigrette zubereiten: In kleiner Schüssel Essig und Sardellenpaste oder Anchovisfilets verrühren, mit Knoblauch, Zucker, Brühe und Olivenöl glatt verrühren (kleinen Schneebesen verwenden!).
② Zwiebel in Ringe schneiden, mit Vinaigrette beträufeln, ziehen lassen.
③ Fleisch vorbereiten (s. Seite 224), zurechtschneiden, auf Teller legen, mit 4 EL Vinaigrette beträufeln, ziehen lassen.
④ Geputzte Bohnen in wenig Wasser bei offenem Topf etwa 5–8 Minuten garen, sofort kalt abbrausen, bis sie völlig abgekühlt sind.
⑤ Grünen und Feldsalat putzen, waschen, sehr gut abtropfen.
⑥ Gewaschene Tomaten halbieren, Stielansatz entfernen, in Achtel schneiden.
⑦ Oliven entkernen, in Achtel schneiden.
⑧ Große, runde oder ovale Platte mit Salatblättern auslegen. Alle vorbereiteten Zutaten von außen nach innen darauf blütenförmig in der Weise anordnen, daß in jedem Ring alle Zutaten abwechselnd enthalten sind (marinierte Zwiebeln, Tomaten, Bohnen, Fleisch, Ei, Oliven), Feldsalat locker dazwischenstecken und in die Mitte einen Strauß Feldsalat setzen. Alles mit der restlichen Vinaigrette beträufeln, sofort servieren. Reichlich Pfeffer darübermahlen.

Verwendung Zwischenmahlzeit oder leichtes Abendessen, Vorspeise. Sehr gut passen dazu krosses Weißbrot, frische Butter und Wein.

Indischer Reissalat

Zubereiten 20 Minuten
Kühlen 1–3 Stunden

1½	Tassen Langkornreis, in 3 Tassen heller Brühe gegart, abgekühlt
400 g	Geflügelbrust, in Folie oder in Brühe gegart, abgekühlt, in 1 cm breite Streifen geschnitten
250 g	TK-Erbsen, aufgetaut
2	Navelorangen, filetiert, in kleine Stücke geschnitten
½	rote Paprika, in 1 × 1 cm große Stücke geschnitten
1 TL	Curry (nach Belieben mehr)

Vinaigrette

4 EL	Wein- oder Sherryessig
	Salz und frisch gemahlener Pfeffer
	Saft von 1 Orange
1 TL	Zucker
1 Msp	Ingwerpulver
1 Msp	Knoblauchpulver
6 EL	Öl
	Spritzer Tabasco-Sauce

① Alle Zutaten vorbereiten (Geflügel s. Seite 225).
② Vinaigrette mischen, süßlich abschmecken.
③ Curry und Reis in genügend großer Schüssel mischen, Fleisch, Erbsen, Orangen, Paprika in die Schüssel geben, mit Vinaigrette übergießen, locker durchmischen, zudecken, im Kühlschrank ziehen lassen.
④ Vor dem Servieren nochmals leicht durchmischen, evtl. nachwürzen.

In diesem Salat darf Salz nicht dominieren. Die Geschmacksnote muß von Curry und Orangen bestimmt sein.

Verwendung Zwischenmahlzeit oder leichtes Abendessen, sehr guter Salat fürs kalte Buffet.

Mexikanischer Geflügelsalat

Zubereiten 20 Minuten
Kühlen ½–1 Stunde

400 g	Geflügelfleisch, in Brühe oder Folie gegart, abgekühlt, in Streifen geschnitten
1	große Tomate, enthäutet, in Würfel geschnitten
½	rote oder gelbe Paprika, entstielt, entkernt, in kleine Würfel geschnitten
100 g	Senfgurke, klein gewürfelt
150 g	Salatgurke mit der Schale, in ½ cm breite Streifen geschnitten
1	kleine Dose Maiskörner, auf Sieb abgetropft
1	Schalottenzwiebel, fein gehackt, oder Frühlingszwiebel, gehackt

Vinaigrette

4 EL	Wein- oder Sherryessig
	Salz und frisch gemahlener Pfeffer
	Saft von ½ Orange
1	Knoblauchzehe, durchgepreßt
4 EL	Öl
	Spritzer Tabasco-Sauce oder Chilipulver

① Zutaten vorbereiten (Geflügel s. Seite 225).
② Vinaigrette mit kleinem Schneebesen gut vermischen.
③ Die Zutaten in genügend großer Schüssel mit Vinaigrette übergießen, gut durchmischen, zugedeckt im Kühlschrank ruhen lassen.
④ Vor dem Servieren nochmals durchmischen, evtl. nochmals abschmecken, in flache Schüssel füllen, servieren.

Verwendung Zwischengericht, leichtes Abendessen, fürs Salatbuffet.

Südstaatler Salat

Zubereiten 20 Minuten
Kühlen 1–2 Stunden

400 g	mageres Geflügel- oder Kalbfleisch, in Brühe gegart, abgekühlt, in Streifen von 1 cm Breite oder kleine Würfel geschnitten, oder gleiche Menge feine Fleischwurst oder Putenfleischwurst, in dünne Streifen geschnitten
1	große, grüne Paprika, entstielt, entkernt, das Weiße entfernt, in schmale Streifen geschnitten
4	mittelgroße Tomaten, halbiert, Stielansatz entfernt, in Achtel und diese quer durchgeschnitten
1	kleine Dose Maiskörner, auf Sieb abgetropft
1	kleine Dose rote Bohnen, auf Sieb abgetropft
2	Bund Schnittlauch, fein gehackt

Vinaigrette

4 EL	Wein- oder Sherryessig
¼ TL	Salz
2 EL	scharfer Senf
6 EL	Öl
	einige Spritzer Tabasco oder Msp Chilipulver
1	Knoblauchzehe, durchgepreßt

① Alle Zutaten vorbereiten (Geflügel s. Seite 225).
② Vinaigrette mit kleinem Schneebesen mischen.

③ In großer Schüssel alle Zutaten mit Vinaigrette übergießen, locker, aber gründlich durchmischen, zugedeckt kühl stellen.
④ Vor dem Servieren nochmals durchmischen, evtl. erneut abschmecken, in Glasschüssel oder hübsch kontrastierender bunter Schüssel anrichten, servieren.

Die durch den Mais entstehende, süßliche Geschmacksnote nicht mit Salz, sondern mit Schärfe (Tabasco, Chili) abrunden.

Verwendung Partysalat, leichtes Abendessen.

Variationen
- Zusätzlich zum Schnittlauch reichlich frische Dillspitzen an den Salat mischen.
- Rote Bohnen weglassen, 250 g frische, rohe, in Viertel oder Achtel geschnittene Champignons zugeben.

Exotischer Putenfleischsalat

Zubereiten 25 Minuten

500 g	Putenbrust, in Brühe oder in Folie gegart, abgekühlt, oder gleiche Menge Putenrollbraten, gegart, abgekühlt, jeweils in 8 gleichgroße Scheiben geschnitten
4	Birnenhälften aus der Dose, abgetropft, jeweils halbiert, oder 4 Ananasringe im ganzen
2	Mangofrüchte, geschält, entkernt, in Scheiben, oder 4 halbe Pfirsiche, in gleichgroße Spalten geschnitten
8	konservierte, hellrote Kirschen, abgetropft
1	Kiwi, geschält, in 8 Scheiben oder Spalten geschnitten, oder 20 grüne Weintrauben, gewaschen, halbiert, entkernt
4 EL	Mango-Chutney
	Kresse, gewaschen und abgetropft, oder 4 kleine Zweige Zitronenmelisse

Salatcreme

1	Becher Crème fraîche
	Salz und frisch gemahlener Pfeffer
¼ TL	Ingwerpulver oder 1 Ingwerpflaume, fein geschnitten
1 TL	Currypulver
¹⁄₁₆ l	heller Fruchtsaft
	einige Spritzer Tabasco-Sauce

① Alle Zutaten vorbereiten (Putenbrust wie Seite 225).
② Salatsauce mischen, sehr würzig, aber nicht salzig abschmecken.
③ Putenfleisch auf großer Platte (oder flacher, weiter Schüssel) in der Mitte anrichten, mit den verschiedenen Früchten dekorativ umlegen.
④ Mango-Chutney über das Fleisch füllen, dann einige Eßlöffel Sauce darübergießen (nur über das Fleisch), Kresse oder Zitronenmelisse zwischen Fleisch und Früchten anordnen, sofort servieren. Restliche Sauce getrennt anrichten.

Verwendung Sehr delikate, leichte Vorspeise oder Zwischenmahlzeit mit exotischer Note. Dazu Toast, krosses Weißbrot, trockenen Sherry oder Sekt reichen. Sehr guter Partysalat.

Feine Salatplatte

Zubereiten 30 Minuten
Marinieren 1 Stunde

500 g	frischer Stangenspargel, geschält (s. Seite 59), »al dente« gekocht, kalt abgebraust, gut abgetropft (oder aus der Dose), mariniert
1	Brokkolikopf, geputzt, in etwa 12 Röschen zerteilt, blanchiert, kalt abgebraust, mariniert
8	TK-Hummerkrabben, aufgetaut, mariniert
2	Avocados, geschält, entkernt, in Achtel geschnitten
	Saft von 1 Zitrone
8	dünne Scheiben feiner, roher Schinken
1	Strauß Dill

Marinade

	Saft von ½ Zitrone
6 EL	Weißwein
4 EL	Öl
	Salz und frisch gemahlener Pfeffer
2 TL	Zucker

Salatcreme

½	Becher Sahnedickmilch
3 EL	Mayonnaise
3 EL	Weißwein oder Spargelabsud
	Salz und frisch gemahlener Pfeffer
1 TL	Zucker
2 TL	Dill, sehr fein gehackt

① Spargel und Brokkoli garen. Bis zum völligen Abkühlen kalt abbrausen. Marinade zubereiten. Beide Gemüse jeweils extra (Spargel auf tiefe Platte, Brokkoli in entsprechende Schüssel) legen. Von der Marinade 1 EL zurückbehalten, mit dem Rest Spargel und Brokkoli übergießen, zugedeckt ziehen lassen, dabei öfters wenden.
② Krabben in 1 EL Marinade einlegen, zugedeckt 30 Minuten ruhen lassen, öfters wenden.
③ Salatcreme zubereiten, mildwürzig abschmekken, zugedeckt kühl stellen.

④ Avocados schälen, entkernen, sofort mit Zitronensaft einreiben oder beträufeln, mit den Avocadokernen für 5–10 Minuten in Zitrone einlegen, zudecken.
⑤ Auf großer, runder Platte Spargel fächerartig anrichten, Schinkenscheiben jeweils 1mal locker zusammenlegen, schuppenförmig im Halbkreis auf dem Spargel dekorieren. Links und rechts vom Spargel Avocados und Brokkoli abgetropft auf Platte legen. Krabben auf die Avocados legen. 1–2 EL Salatcreme über den Brokkoli füllen, restliche Salatcreme in kleiner Glasschale getrennt anrichten, mit Dillspitzen garnieren, alles sofort zu Tisch bringen.

Verwendung Vorspeise, besonders leichtes Abendessen, das mit spritzigem Wein oder Sekt vorteilhaft ergänzt werden kann. Beilage: Krosses Weißbrot und Butter.

Rindfleischsalat Nouvelle Cuisine

Zubereiten 15 Minuten
Kühlen ½ Stunde

500 g	mageres Rindfleisch von Vorderhesse, Bug, Hüfte, Rosenspitz, in Brühe gegart, abgekühlt, in sehr dünne Scheiben von etwa 4 × 5 cm geschnitten
1	große, rote Paprika, entstielt, halbiert, das Weiße entfernt, in 1 cm breite, 5–6 cm lange Streifen geschnitten
250 g	sehr frische, rohe Champignons, kurz kalt überbraust, sehr gut abgetropft, geputzt, blättrig geschnitten

Vinaigrette

4 EL	Rotweinessig
2 TL	Zucker
½ TL	Salz und frisch gemahlener Pfeffer
¼ TL	Knoblauchpulver
1 Msp	Ingwerpulver
	Spritzer Tabasco-Sauce
6 EL	Olivenöl

① Rindfleisch, Paprika und Champignons vorbereiten.
② Vinaigrette mischen, mit kleinem Schneebesen kräftig durchschlagen, pikant, aber nicht salzig abschmecken.
③ Geschnittenes Rindfleisch in Salatschüssel legen, Paprika zugeben, mit Vinaigrette übergießen, locker durchmischen, zudecken, marinieren lassen.
④ Pilze blättrig schneiden.
⑤ Kurz vor dem Servieren Salat nochmals abschmecken, Pilze locker untermischen, in flacher Salatschüssel sofort servieren.

Dieser Salat ist um so feiner, je besser die Fleischqualität gewählt wurde. Die Pilze dürfen erst unmittelbar vor dem Servieren zugegeben werden, damit sie ihren Geschmack voll erhalten können.

Verwendung Zwischenmahlzeit, sehr leichter, bekömmlicher Abendsalat, Partysalat.

Königsberger Neujahrssalat

Zubereiten 30 Minuten
Kühlen 1–3 Stunden

4	mittelgroße Pellkartoffeln, geschält, in 1 × 1 cm große Würfel geschnitten
1	mittelgroßer, säuerlicher Apfel, geschält, entkernt, in sehr feine Würfel geschnitten
250 g	mageres Rindfleisch, in Brühe gekocht, abgekühlt, in kleine Würfel geschnitten
250 g	Kalbfleisch, in Brühe gekocht, abgekühlt, in kleine Würfel geschnitten
4	Matjesfilets, 1 Stunde in Milch gelegt, in ½ cm breite Streifen geschnitten
4	Gewürzgurken, in sehr feine Würfel gschnitten
2	Schalotten oder 1 mittelgroße Zwiebel, sehr fein gehackt
2	Eier, hart gekocht, geschält, in Viertel geschnitten
1	Petersilienstrauß

Mayonaise

1	Eigelb
	Salz und frisch gemahlener Pfeffer
2 TL	scharfer Senf
2 TL	Zucker
3/16 l	Öl
4 EL	Crème fraîche

① Mayonnaise nach Regeln des Grundrezepts herstellen (s. Seite 256).
② Vorbereitete Kartoffeln, Apfel, Fleisch (s. Seiten 180, 194), Matjes, Gurken und Zwiebeln in genügend große Schüssel füllen, mit Mayonnaise übergießen und sehr gut durchmischen, zudekken, kühl stellen.
③ ½ Stunde vor dem Servieren aus dem Kühlschrank nehmen, durchmischen, evtl. nochmals nachwürzen, in bunte, hübsch kontrastierende Schüssel füllen, mit Ei und Petersilie garnieren.

Verwendung Sehr guter, typischer Partysalat.

Kartoffeln

Grundkenntnisse

Kartoffeln in der Ernährung

Der Anteil an Kartoffeln im täglichen Speisezettel ist landschaftlich verschieden, doch überall haben sie ihre Bedeutung als Beilage oder Grundlage für verschiedene Gerichte.
Der Eiweißgehalt ist nicht hoch (ca. 2%), aber biologisch hochwertig, er hat vor allem hohen Ergänzungswert. Die Kartoffel enthält kaum Fett, ist deshalb leicht verdaulich. An Mineralstoffen sind Kalium und Phosphor, außerdem Calcium und Eisen enthalten, an Vitaminen A, B, (Thiamin und Niacin) und vor allem C. Der Energiewert ist nicht hoch (100 g Kartoffeln = 364 kJ), er wird erst durch Fett- und Mehlzugabe gesteigert. Der Geschmack ist neutral, deshalb kann sie für Zubereitungen von salzigen und süßen Speisen verwendet werden.

Kartoffelprodukte

Aus Kartoffeln wird von der Industrie eine große Anzahl an Halbfertig- und Fertigprodukten (Convenience-Produkte) angeboten. Man unterscheidet vier Gruppen:
Trockenprodukte Kloßmehl in verschiedenen Variationen (z.B. roh, gekocht), Püreeflocken, Krokettenpulver, Kartoffelpufferreibsel, Kartoffelsuppenmischung (auch als Instantprodukt), Kartoffelstärke (Kartoffelmehl).
Tiefgefrierprodukte Pommes frites, Kroketten, Kartoffelpuffer (vorgebacken), Rösti, Bratkartoffeln (vorgegart und geschnitten), gekochte Kartoffeln und Kartoffelknödel (Klöße).
Naßprodukte Geschälte, hitzesterilisierte Kartoffeln in Gläsern, Dosen oder Folie, hitzesterilisierte Rösti und Bratkartoffeln, Kartoffelsalat.
Fritierprodukte Kartoffelchips und -sticks, verschiedenes Knabbergebäck aus Kartoffeln.

Für den Familienhaushalt sind die Packungsgrößen auf 3–4 Personen ausgerichtet, für den Großverbraucher werden preiswertere Großpackungen angeboten.

Gekochte Kartoffeln: Mittlere Vitamin- und Mineralstoffverluste (in %)

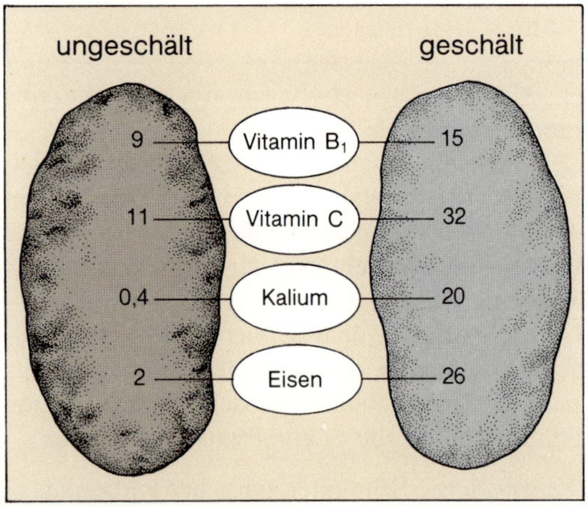

Einkauf

Kartoffeln werden sortiert und verpackt. Sie werden angeboten in vier **Handelsklassen:**

Klasse Extra
Klasse I
Klasse II
Klasse Drillinge (besonders kleine Kartoffeln).

Die Qualitätsmerkmale für die Zuordnung zu den Handelsklassen sind: Sortenrein, unbeschädigt, fest und sauber, frei von Krankheiten, fremdem Geruch und Geschmack sowie frei von Frost- und Hitzeschäden sowie fremden Bestandteilen.
Außerdem können sie direkt vom Erzeuger oder vom Großhandel unsortiert und lose gekauft werden.

Welche der vielen Kartoffelarten verwendet werden soll, entscheiden der persönliche Geschmack und die Kocheigenschaften. Man unterscheidet
- ▷ festkochende Kartoffeln für Salate,
- ▷ vorwiegend festkochende Kartoffeln für Eintöpfe, Salzkartoffeln, Bratkartoffeln, Pommes frites,
- ▷ mehlig festkochende Kartoffeln für Kartoffelbrei, Knödel, Suppen und zum Binden von Suppen und Saucen.

Bei verpackten Kartoffeln müssen Handelsklasse, Sorte, Kochtyp, Einfüllgewicht in kg sowie die Anschrift der Abpackfirma angegeben sein.
Die Preise sind nicht gleichbleibend. Sie richten sich neben Handelsklasse und Sorte nach Jahreszeit, Erntemenge des Jahres und Bezugsquelle. Beim Einkauf von Convenience-Produkten Haltbarkeitsdatum beachten.

Lagerung

Kartoffeln aus der Herbsternte sind einen Winter lang lagerfähig. Der Lagerraum soll kühl (Idealtemperatur +4–+6 °C), dunkel, frostfrei und luftig sein. Nur saubere, gesunde und trockene Ware einkellern, am besten auf Lattenroste schütten (höchstens 40 cm hoch) oder in Lattenkisten einfüllen. Vor dem Einkellern probieren, welche Sorte dem Geschmack und den Verwendungszwecken der Familie am besten entspricht.

Verwendung

Kartoffeln eignen sich als Beilage in vielfältiger Form, als selbständiges Hauptgericht oder bindende Zutat. Mit Ausnahme des Grillens können alle Garmachungsarten angewendet werden.

Hinweise für die Küchenpraxis

- ▷ Kartoffeln, ohne Fett zubereitet, sind als Beilage für fettreiche Fleisch- und Fischspeisen gut geeignet.
- ▷ Keime und grüne Stellen sorgfältig entfernen, sie enthalten das Gift Solanin.
- ▷ Bei der Verwendung von Halbfertig- oder Fertigprodukten die Anleitungen auf der Packung beachten.
- ▷ Geschält gegarte Kartoffeln durch Zugabe von frischer Petersilie aufwerten.
- ▷ Kartoffeln besser dämpfen, in Wasser gekocht ist der Verlust an Wirkstoffen hoch.
- ▷ Kartoffeln so oft wie möglich mit der Schale dämpfen, um Auslaugverlust zu verhindern und Vitamine zu schonen.
- ▷ Töpfe mit gut schließendem Deckel verwenden.
- ▷ Erst kurz vor der Zubereitung schälen, erst unmittelbar vor dem Garen schneiden.
- ▷ Die fertigen Kartoffeln möglichst sofort servieren, nicht lange warm halten.

Kartoffelzubereitungen

GZ Salzkartoffeln

Vorbereiten 8 Minuten
Garen 25–30 Minuten

750 g	Kartoffeln, roh geschält, gewaschen, halbiert
¾ l	Wasser mit Salz
2 EL	Petersilie (nach Belieben), gehackt

① Kartoffeln in Topf mit leicht gesalzenem Wasser oder in Kartoffeldämpfer zusetzen, gar kochen.
② Die Kartoffeln abgießen (oder vom Dampf nehmen), in Servierschüssel anrichten, mit Petersilie bestreuen, servieren.

Verwendung Als Beilage zu Braten aller Art, gekochtem Fleisch, gekochtem, gedünstetem, gebratenem Fisch.

GZ Pellkartoffeln

Vorbereiten 2 Minuten
Garen 25–30 Minuten, im Dampfdrucktopf 8 Minuten

750 g	mehligkochende Kartoffeln, gewaschen
1½ l	Wasser
1 EL	Schnittlauch, gehackt (nach Belieben)

① Kartoffeln in Dämpfeinsatz legen, auf Wasser setzen, kochen, Garprobe nach etwa 25 Minuten machen.
② Vom Dampf nehmen, schälen, warm stellen, sofort servieren oder weiter verwenden.

Verwendung Heiß zu Kräuterquark, Hüttenkäse mit Kümmel, mit frischer kalter Butter und Salz als leichtes Abendessen. Weiterverwendung zu Kartoffelsalat, Kartoffelbrei, Kartoffelteig, Schweizer Rösti.

Petersilienkartoffeln

Vorbereiten 5–8 Minuten
Garen 25–30 Minuten

750 g	Kartoffeln als Salzkartoffeln, nur bei kleinen, neuen Kartoffeln in der Schale gekocht
	Salz
3 EL	Butter
2 EL	Petersilie, fein gehackt

① Kartoffeln als Salz- oder Pellkartoffeln kochen oder dämpfen, abgießen. In der Schale gekochte Kartoffeln abpellen.
② Zerlassene Butter leicht salzen, Petersilie dazugeben, in der Butter ganz kurz anziehen lassen, Kartoffeln einlegen, vorsichtig wenden, besser schütteln, damit die Form der Kartoffeln erhalten bleibt.

Verwendung Als Beilage zu Spargel mit heißen, feinen Saucen, zu sehr vielen Gemüsen, zu Geflügel-, Kalbs-, Rinderbraten, zu gedünstetem und gratiniertem Fisch.

Bircher Kartoffeln

Vorbereiten 10 Minuten
Garen 40 Minuten im Ofen bei 200 °C

750 g	Kartoffeln gleichmäßiger Größe, ungeschält, sehr gut gewaschen, halbiert oder in Scheiben von 3 cm Dicke geschnitten
4 EL	Öl oder flüssige Butter
	Kümmel und Salz

① Ofen vorheizen.
② Kartoffeln gut abtropfen, Schnittflächen und Schalenseiten mit Öl oder Butter bepinseln, auf Backblech setzen, mit Kümmel bestreuen, backen.
③ Nach dem Backen vom Blech nehmen, auf Platte legen, leicht mit Salz bestreuen, sofort servieren.

Verwendung Als Beilage zu Rollbraten, zu Grilladen, in Verbindung mit Sahne- und Quarkkräutersaucen. Als selbständiges Gericht zu Gemüse, Salat und Kräuter-Dips.

Kartoffeln in Alufolie

Vorbereiten 2 Minuten
Garen 40–50 Minuten im Ofen bei 200 °C

8	mittelgroße, mehligkochende Kartoffeln, gewaschen, gebürstet
1 EL	Öl
8	Stücke Alufolie
	Salz und frisch gemahlener Pfeffer

① Alufolien in passend große Quadrate schneiden, sie müssen sich über den Kartoffeln locker zusammenfalten lassen. Folienstücke – glänzende Seite nach innen gerichtet – mit Öl bepinseln.
② Kartoffeln in die Mitte setzen, Folienenden über der Mitte locker zusammenfalten, dann an den Seiten ebenso falten, mit beiden Händen seitlich glattstreichen, in den Ofen auf Gitterrost setzen, backen.
③ Garprobe: Mit Stopf- oder Stricknadel nach etwa 50 Minuten prüfen, ob das Innere weich ist. Vor dem Servieren Folie ein kleines Stück öffnen, Kartoffel kreuzweise einschneiden, das Kartoffelinnere freilegen.

Verwendung Vor allem zu Steaks und pikanten Grilladen mit beliebigen Saucen auf Sahne-, Quark- und Joghurtbasis oder purer Crème fraîche, Salz und Pfeffer.

Die echte Idaho-Kartoffel gibt es leider nur selten auf den Märkten. Wichtig ist, mehligkochende, möglichst große Kartoffeln für diese Zubereitung zu wählen, anderenfalls ist das Ergebnis nicht befriedigend.

Röst- oder Bratkartoffeln

Vorbereiten 5 Minuten
Braten 8–10 Minuten

750 g	Kartoffeln, in der Schale gekocht, erkaltet, geschält, in 2–3 mm dicke Scheiben geschnitten
4 EL	Butter
	Salz und 1 TL Kümmel (nach Belieben)

① Kartoffeln vorbereiten.
② Fett in weiter Pfanne mild erhitzen, salzen, nach Belieben Kümmel zugeben. Kartoffelscheiben einlegen, auf kleiner Hitze anbraten lassen. Sobald sich am Pfannenboden eine Kruste gebildet hat, diese mit Backschaufel vorsichtig lokkern, Kartoffeln wenden, auf der gewendeten Seite braten. Am besten zwei Pfannen verwenden, damit die Erwärmung rascher und gleichmäßiger geht und der Krustenanteil größer wird, was den eigentlichen Reiz der Zubereitung ausmacht.

Verwendung Zu Gemüsen, zu Spiegelei, zu Schweinskopfsülze vinaigrette, mit Resten aus gekochtem Rindfleisch als Resteverwertung.

Schweizer Rösti

Zubereiten 15 Minuten

750 g	Pellkartoffeln, knapp gar gekocht, geschält, kalt auf Obstreibe geraffelt
	Salz und Prise Muskat
4 EL	Butter, zerlassen

① Kalte Pellkartoffeln auf Obstreibe raffeln, leicht salzen, mit Muskat würzen.
② In Pfanne Butter aufschäumen lassen, die geraffelten Kartoffeln hineingeben, mit Backschaufel ein wenig andrücken, zudecken oder mit Teller beschweren, auf kleiner Hitze goldbraun backen.
③ Vor dem Anrichten mit Backschaufel lockern, auf vorgewärmte Platte stürzen.

Verwendung Als Beilage zu Fleischgerichten mit Sauce (anstelle von Knödeln oder Klößen), zu gedünsteten, geschmorten Gemüsen, zu buntgemischten Salaten.

Variation
1 Ei oder 2 Eigelb unter die Kartoffelmasse mengen.

Zitronenkartoffeln

Vorbereiten 10 Minuten
Garen 5 Minuten
Überbacken 20 Minuten im Ofen bei 220 °C

750 g	Kartoffeln, geschält, halbiert
¾ l	Wasser mit Salz
4 EL	Olivenöl
	frisch gemahlener Pfeffer
	Saft von 2 Zitronen
2 EL	Petersilie und Estragon, gehackt

① Ofen vorheizen. Kartoffeln in kochendem Salzwasser 5 Minuten brausend kochen, abgießen, gut abtropfen.
② Gratin- oder flache Auflaufform mit 2 EL Öl ausfetten, Kartoffeln gleichmäßig darin verteilen, mit frisch gemahlenem Pfeffer überstreuen, restliches Öl darüberträufeln, überbacken.
③ Vor dem Servieren mit Zitronensaft begießen, Kräuter darüberstreuen, mit Backschaufel auf vorgewärmte Platte heben.

Verwendung Sehr bekömmliche Kartoffelbeilage zu allen Arten von gebratenem und gegrilltem Fleisch, zu gedünstetem oder gegrilltem Fisch.

Straßburger Kartoffeln

Vorbereiten 15 Minuten
Garen 15–20 Minuten

500 g	Kartoffeln, gewaschen, geschält, roh geraspelt
	Salz
3 EL	Olivenöl oder Butterschmalz

① Nach dem Schälen Kartoffeln waschen, etwas zwischen Küchentuch antrocknen lassen.
② Mit einer groben Gemüseraffel die rohen Kartoffeln in längliche Streifen hobeln.
③ Fett in Pfanne erhitzen, Kartoffeln einlegen, mit Salz bestreuen, 4–6 Minuten auf Mittelhitze anbacken lassen, Hitze klein stellen, Kartoffeln mit Backschaufel zu »Kuchen« drücken, Deckel auflegen, auf kleinster Hitze fertigbacken.
④ Vor dem Servieren mit Backschaufel lockern, auf passenden Teller stürzen, anrichten.

Verwendung Beilage zu gebratenem Fleisch, Grilladen, zu Salatplatten nach Jahreszeit.

Variation
1 Zwiebel, fein gehackt, untermischen.

Gebratene Kräuterkartoffeln

Vorbereiten 15 Minuten
Garen 35–40 Minuten

800 g	Kartoffeln, geschält, halbiert, in dünne Scheiben geschnitten
	Salz und frisch gemahlener Pfeffer
1 EL	frischer Majoran, Basilikum, Dill, Rosmarin oder Kümmel, gehackt
2 EL	Butter, zerlassen
1 EL	Butterflöckchen

① Kartoffeln nach dem Schneiden unter kaltem Wasser waschen, abtropfen, in Küchentuch trocknen, roh mit Salz und Pfeffer würzen, Kräuter zugeben und mischen.
② In Pfanne oder Schmortopf mit Deckel Butter erhitzen, Kartoffeln einlegen, auf Mittelhitze anbraten, Butterflöckchen über die Kartoffeln geben, Deckel auflegen, auf kleiner Hitze fertigbraten. Nicht umwenden!
③ Mit der Backschaufel seitlich lockern, auf runde Platte stürzen, anrichten.

Verwendung Beilage zu gebratenem, gegrilltem, geschmortem Fleisch, gedünstetem Fisch, zu Gemüsen und Salaten.

GZ Kartoffelbrei, Kartoffelpüree

Vorbereiten 2 Minuten
Garen 30 Minuten, im Dampfdrucktopf 8 Minuten

750 g	mehligkochende Kartoffeln, in der Schale gekocht
2 l	Wasser zum Kochen
¼ l	Milch, kochendheiß
	Salz und Prise Muskat
2 EL	Sahne (nach Belieben)

① Kartoffeln kochen, abgießen, schälen, heiß durchpressen, mit Schneebesen oder Rührgerät die Milch (nach und nach) und die Gewürze darunterarbeiten, kräftig weiterschlagen, bis eine flaumige Masse entstanden ist.
② Nach Belieben mit Sahne verfeinern.

Verwendung Als Beilage zu Fleisch mit hellen und dunklen Saucen, in Verbindung mit Gemüsen und Salaten.

Variationen
- Kartoffeln roh schälen, als Salzkartoffeln kochen, abgießen, zerstampfen. Mit Schneebesen kochende Milch daranrühren.
- Statt mit Milch mit heißer Sahne aufschlagen (= Pommes Mousseline).
- Je 1 EL Butter und Semmelbrösel goldgelb rösten, auf das angerichtete Püree geben.
- 1 EL Butterflöckchen, zerlassen und leicht gebräunt, über das angerichtete Püree gießen.
- 2–4 EL frische Kräuter beliebiger Zusammensetzung unter das fertige Püree mischen.

Grundrezept Kartoffelteig

Vorbereiten 1 Stunde
Zubereiten 10 Minuten

1 kg	Kartoffeln, als Pellkartoffeln gekocht
125 g	Mehl (evtl. etwas mehr, von Kartoffelsorte abhängig)
	Salz
2	Eier, im ganzen verquirlt

① Die gekochten Kartoffeln abpellen, noch heiß durch eine Kartoffelpresse drücken, flach auf Arbeitsbrett verteilen, erkalten lassen. Oder die Kartoffeln nach dem Kochen im ganzen erkalten lassen, abpellen, locker reiben.
② Die erkalteten Kartoffeln mit dem Mehl vermischen, abbröseln, Salz darüberstreuen, die verquirlten Eier darübergießen, mit der Gabel leicht untermischen. Den Teig rasch zusammendrükken, gut durcharbeiten. Sollte der Teig noch am Brett kleben, weitere 1–2 EL Mehl zugeben und rasch unterkneten. Der Teig muß sofort weiterverarbeitet werden, da er sonst weich und klebrig wird.

Verwendung als Beilage Gekocht: Kartoffelknödel(-klöße). In Fett gebacken: Kartoffeltaler, Kartoffelküchlein, Kartoffelnudeln, Kartoffelkroketten, Kartoffelbällchen.
Verwendung als Hauptgericht Gekocht: Marillen- oder Zwetschgenknödel, Kartoffelgnocchi. Gebacken: Kartoffelstritzel, Kartoffelquiche mit süßem und salzigem Belag.

- ▷ Pellkartoffeln, nicht Salzkartoffeln heiß durchpressen.
- ▷ Kartoffeln vor der Verarbeitung gut auskühlen lassen, nicht ans offene Fenster stellen!
- ▷ Mehlmenge kann sich bei speckigen Kartoffeln erhöhen.
- ▷ Mehrzugabe von 1 Ei pro Grundrezept bewirkt geringere Fettaufnahme beim Ausbacken.
- ▷ Kartoffelteig erst unmittelbar vor Verwendung herstellen, rasch zusammenkneten und verarbeiten.
- ▷ Knödel mit bemehlten Händen formen. Beim Formen von Halbseidenen und Rohen Klößen Speisestärke verwenden.
- ▷ Kartoffelteig zum Ausbacken in gut heißes Fett geben, da der Teig sonst zuviel Fett ansaugt.
- ▷ Roher Kartoffelteig nicht, fertig gegarte Knödel sehr gut gefriergeeignet.

Kartoffelnudeln, Kartoffeltaler

Ausbacken 15–20 Minuten

1	Grundrezept Kartoffelteig (s. nebenan)
	Fett zum Ausbacken

① Kartoffelteig rasch verarbeiten.
Kartoffelnudeln Aus dem Teig gut daumendikke Rollen formen, Stücke von etwa 5 cm Länge abschneiden, vor allem an den Enden nochmals etwas nachformen.
Kartoffeltaler Teig zu dicker Rolle von etwa

5 cm Durchmesser formen, mit bemehltem Messer Scheiben von ca. 1½ cm Dicke abschneiden, noch etwas in der Rundung nachformen.
② Fett in Pfanne erhitzen, die Nudeln oder Taler einlegen, Pfanne oft rütteln (bei Nudeln) oder vorsichtig wenden, goldbraun backen, servieren.

Verwendung Zu Wildbraten, zu Gemüsen und Salaten der Saison.

Variationen
- 125 g Schinkenstreifen in den Teig geben.
- Teig mit viel frischen Kräutern bereiten.
- 500 g gut ausgepreßten Magerquark unter den Teig mischen.

Kartoffelnockerl

Garen 15 Minuten

1	Grundrezept Kartoffelteig (s. Seite 106) oder 1 Rezept Halbseidene Kartoffelknödel (s. Seite 108)
3 l	Wasser mit Salz
1	Rezept Bologneser Sauce (s. Seite 119) oder Lauchrahmsauce (s. Seite 131)
4 EL	Reibkäse (nach Belieben)

① Den Kartoffelteig in fingerdicke Rollen formen, mit Messer Stücke von 3–4 cm Länge abschneiden.
② Wasser zum Kochen bringen und salzen. Die Nockerl auf drei Portionen verteilen und jeweils eine Portionsmenge in das siedende Wasser legen, etwa 3–5 Minuten simmern lassen. Mit Schaumlöffel herausnehmen und gut abtropfen lassen. Auf vorgewärmte Platte legen, mit Fleisch- oder Lauchrahmsauce übergießen, servieren. Mit Reibkäse bestreuen.

Verwendung Mit Sauce Hauptgericht, ohne Sauce Beilage zu Gulasch, Braten, Ragout.

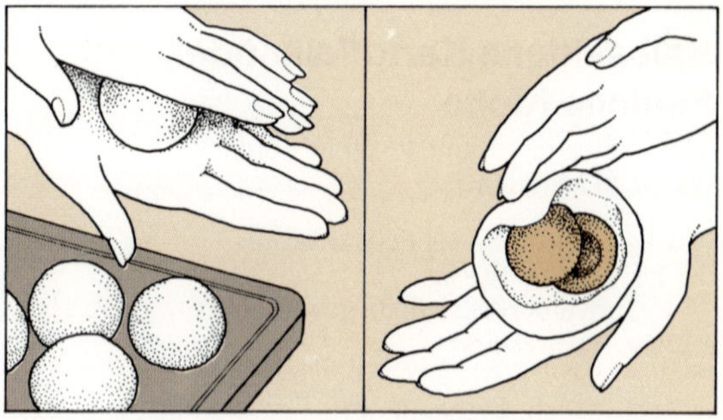

Zwetschgenknödel, Marillen(Aprikosen)knödel

Garen 20 Minuten

1	Grundrezept Kartoffelteig (s. Seite 106)
1 kg	Zwetschgen oder Aprikosen, gut reife Früchte, entsteint
3 l	Wasser zum Kochen (mit Salz)
125 g	Butter, zerlassen, leicht gebräunt
4 EL	Zucker, mit etwas Zimtpulver gemischt

① Früchte waschen, abtropfen, entsteinen. Kartoffelteig herstellen. Rolle formen, mit Messer oder Teigschaber in gleichmäßige Stücke teilen.
② Jede Frucht mit Teigschicht von etwa 1½ cm umhüllen, zu glatten, runden Knödeln formen.
③ Wasser mit Salz zum Kochen bringen, Knödel einlegen, niemals kochen, sondern nur sieden lassen. Garprobe machen. Butter zerlaufen und ganz leicht bräunen lassen.
④ Knödel mit Schaumlöffel aus dem Wasser nehmen, gut abtropfen, sofort servieren. Butter und Zimtzucker mit zu Tisch geben. Auf dem Teller Knödel aufreißen, mit Zimtzucker bestreuen, mit Butter beträufeln.

Verwendung Typisch jahreszeitliches Hauptgericht.

Rollen formen

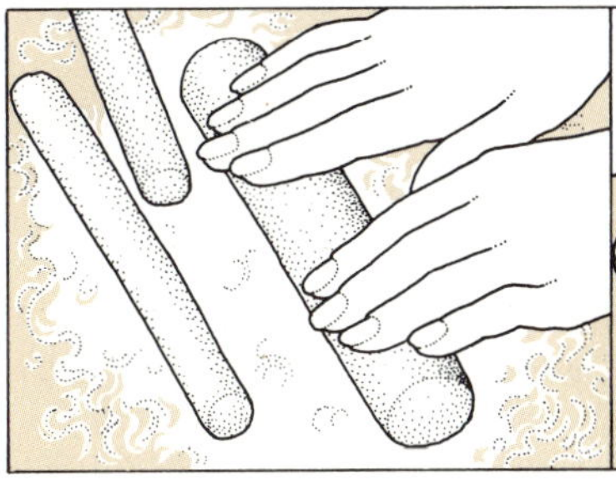

Abschneiden von Kartoffeltalern

Abtrennen von Nockerln und Kroketten

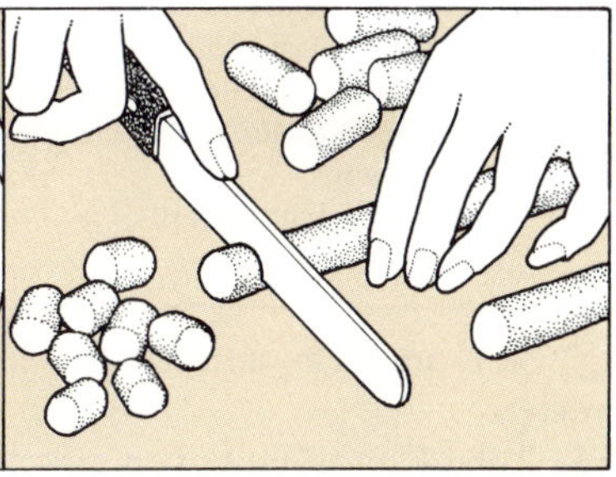

Halbseidene Kartoffelknödel, Seidene Klöße

Vorbereiten insgesamt 40–50 Minuten
Garen 20 Minuten

1 kg	Kartoffeln als Pellkartoffeln
3 EL	Butter, flüssig
3	Weißbrotscheiben, gewürfelt
250 g	Speisestärke
	Salz
⅜ l	Milch, kochendheiß
3 l	Wasser zum Kochen, leicht gesalzen

① Die gekochten Kartoffeln schälen, heiß durchpressen, erkalten lassen. Brotwürfel in Butter goldgelb rösten.

② Speisestärke mit den erkalteten Kartoffeln verbröseln, salzen. Knödelwasser zusetzen.

③ Kochende Milch an die Kartoffelmasse gießen, mit Teiglöffel verrühren, dann mit den Händen gut abkneten, Probeknödel formen, in das siedende Wasser legen. Evtl. Teig etwas fester machen (einige Eßlöffel Speisestärke zugeben).

④ Zum Ausformen der Knödel Hände mit Speisestärke bepudern, gleichmäßig große Knödel formen, in die Mitte etwa 1 TL geröstete Brotwürfel drücken, Knödelmasse gut andrücken.

⑤ Wasser zum Kochen bringen, Knödel einlegen, Deckel auflegen, ankochen lassen, dann Deckel halboffen auf den Topf legen, die Knödel nur simmern lassen.

⑥ Nach 20 Minuten mit Schaumlöffel aus dem Wasser nehmen, abtropfen, auf vorgewärmter Platte anrichten.

Verwendung Zu Braten aus Schweinefleisch, Rindfleisch, zu Gänse- und Entenbraten.

Rohe Kartoffelklöße, Kartoffelknödel

Vorbereiten 40 Minuten
Garen 25 Minuten

500 g	Kartoffeln als Salzkartoffeln
3 EL	Butter, flüssig, zum Rösten
3	Weißbrotscheiben, gewürfelt
1,5 kg	rohe Kartoffeln (stärkereiche Sorte), geschält, gerieben
¼ l	Milch, kochendheiß
3 l	Wasser mit Salz

① Salzkartoffeln aufsetzen, garen, Brotwürfel rösten.

② Rohe Kartoffeln reiben mit Reibeisen, handbetriebener Reibe oder Küchenmaschine. Die geriebenen Kartoffeln in geeignetem Tuch – besser ist ein Leinensäckchen – sehr gut auspressen. Kartoffelsaft auffangen, Stärke absetzen lassen. Milch erhitzen. Wasser für die Klöße aufsetzen.

③ Gekochte Salzkartoffeln heiß durchpressen, an die rohen, ausgepreßten Kartoffeln mischen, abgesetzte Stärke zugeben, mit der kochenden Milch übergießen, alles gut mischen, salzen.

④ Die eher weiche als feste Knödelmasse ausformen. Probeknödel einlegen. Zerfällt der Probeknödel oder ist er zu weich, dem Teig einige Eßlöffel Grieß oder Speisestärke zugeben.

⑤ Gleichmäßig große Knödel formen, je 1 TL geröstete Brotwürfel in die Mitte geben, Teig rundherum gut andrücken, glatt formen und sofort in das kochende Wasser legen, wieder rasch zum Kochen bringen, dann sofort Hitze reduzieren, etwa 20 Minuten nur sieden lassen.

⑥ Fertige Knödel mit Schaumlöffel herausnehmen, gut abtropfen, auf vorgewärmte Platte setzen, sofort servieren.

Verwendung Zu Schweinebraten, zu gebratener Gans und Ente.

▷ Frühkartoffeln und alte Lagerkartoffeln sind für Kloßteig nicht geeignet.

▷ Rohe Kartoffelmasse rasch verarbeiten, um Grauwerden zu verhindern.

▷ Alle Knödel müssen vor dem Einlegen der ersten fertig geformt sein, damit sie zur gleichen Zeit gar werden.

▷ Nur so viele Knödel einlegen, daß sie nebeneinander – nicht zu dicht – liegen können. Notfalls zweiten Topf nehmen.

▷ Nach dem Einlegen der Knödel Wasser wieder an den Siedepunkt bringen, nur ganz leicht simmern lassen. Äußere Schicht muß geschlossen und glatt bleiben.

▷ Wird der Deckel aufgelegt, muß darauf geachtet werden, daß das Wasser stets nur simmert.

▷ Immer kaltes Wasser bereithalten, um etwa zu stark kochende Knödel im Topf auf erforderliche Temperatur zu senken.

▷ Tiefgefrieren: Klöße fertig zubereiten, garen. Einzeln auf Platte vorgefrieren, vorschriftsmäßig verpacken. 2–3 Monate haltbar.

Dem Kartoffelteig sowie der Zubereitung von Knödeln und Klößen verwandt ist Semmelteig für Semmelknödel und -klöße.

Semmelknödel

Vorbereiten insgesamt 30 Minuten
Garen 15–20 Minuten

8	trockene Semmeln, in dünne Scheiben geschnitten
¼ l	kalte Milch
2 EL	Butter, zerlassen
1	kleine Zwiebel, fein gehackt
2 EL	Petersilie oder frischer Majoran, fein gehackt
3	Eier
	Salz und Prise Muskat
3–4 l	Wasser mit Salz

① Semmelscheiben in Schüssel mit Milch übergießen, wenden, zudecken, ziehen lassen.
② Zwiebel in Butter dünsten, Petersilie kurz mitdünsten, abkühlen, Topf mit Wasser zusetzen.
③ Die Semmeln mit Zwiebeln und Petersilie vermischen, Eier dazugeben, einen gleichmäßigen Teig bereiten, mit Salz und Muskat abschmecken. Probeknödel formen.
④ Wasser auf Siedetemperatur bringen, Probeknödel einlegen. Ist der Teig zu weich, 2–3 EL Semmelbrösel oder Grieß zugeben, formen. Mit nassen Händen glatte, gleich große Knödel formen, in das leicht kochende Wasser legen. Dekkel kurz auflegen, Wasser an den Kochpunkt bringen. Deckel wieder abnehmen oder halboffen auf dem Topf liegen lassen. Aufpassen, daß das Wasser nicht kocht, sondern nur simmert.
⑤ Garprobe machen. Knödel mit Schaumlöffel aus dem Wasser nehmen, gut abtropfen, auf vorgewärmter Platte anrichten, servieren.

Verwendung Typisch süddeutsche Beilage zu Braten, gedünsteten Steinpilzen und Pfifferlingen.

Serviettenkloß

Zubereiten insgesamt 1½ Stunden

Grundmasse

6	trockene Semmeln, in Würfel geschnitten
¼ l	kalte Milch
250 g	gekochte Kartoffeln, kalt fein geraspelt
2 EL	Butter, flüssig
1	kleine Zwiebel, fein gehackt
2 EL	Petersilie, fein gehackt oder Basilikum

Schaummasse

60 g	kalte Butter
5	Eigelb
5	Eiweiß, steif geschlagen
	Salz, Prise Muskat

Zum Einschlagen

	große Serviette oder Küchentuch, heiß überbrüht
3–4 l	Wasser mit Salz zum Kochen

① Die geschnittenen Semmeln mit Milch übergießen, wenden, zugedeckt ziehen lassen. Kartoffeln möglichst fein raspeln. Zwiebeln in Butter andünsten, Petersilie kurz mitdünsten, abkühlen lassen. Hohen Topf mit Wasser zusetzen.
② Butter mit Eigelb schaumig rühren. Semmelmasse locker verkneten, mit Kartoffeln an die Butter geben, Zwiebeln und Petersilie dazugeben, gut vermischen. Eischnee unterziehen, mit Salz und Muskat abschmecken. Masse zu Kloß formen, in vorbereitetes Tuch locker einbinden, damit der Kloß gut aufgehen kann. Den Kloß, über Kochlöffelstiel im Wasser hängend, etwa ¾–1 Stunde zugedeckt auf kleiner Hitze kochen lassen.
③ Serviettenkloß aus dem Wasser heben, Tuch öffnen, etwas ausdampfen lassen, in Scheiben schneiden, auf vorgewärmter Platte anrichten.

Verwendung Zu Kalbsbraten, Wildbraten, als Beilage, aber auch als selbständiges Gericht mit purer Tomatensauce.

Restverwertung für Semmelteige Knödel oder Serviettenkloß in Scheiben schneiden, in 2–3 EL Butter in der Pfanne andünsten. 1–2 Eier mit 1/16 l Milch verquirlen, über die Scheiben gießen, zudecken, auf kleiner Hitze aufziehen lassen. Dazu Salate oder auch Apfelmus servieren.

Crêpes Parmentier

Vorbereiten 20 Minuten
Ruhen 30 Minuten
Ausbacken 15–20 Minuten

500 g	Kartoffeln als Pellkartoffeln, durchgepreßt
⅜ l	Milch, kochendheiß
3 EL	Mehl
3 EL	Sahne, süß oder sauer
6	Eier im ganzen
	Salz und frisch gemahlener Pfeffer
3 EL	Kräuter (nach Belieben), frisch gehackt
6 EL	Butter oder Olivenöl zum Ausbacken

① Pellkartoffeln schälen, heiß durchpressen oder zerstampfen, kochendheiße Milch dazumischen, gut verrühren, abkühlen lassen.
② Nach dem Abkühlen Mehl, Sahne, Eier, Salz und Pfeffer an das Püree mischen, ½ Stunde ruhen lassen.
③ Aus dem leicht flüssigen Teig, nach Belieben mit Kräuterzugabe, kleine Pfannkuchen ausbakken, am besten mit kleiner Pfanne arbeiten. Heiß zu Tisch bringen.

Verwendung Zu Wildbraten, Roastbeef, Pfannensteaks, als vegetarisches Hauptgericht.

GZ Fritierte Kartoffeln

Vorbereiten 10–15 Minuten
Fritieren Pommes frites und Kartoffelkissen 10 Minuten, Pommes chips 6 Minuten pro Portion

Pommes frites

800 g	Kartoffeln (geschält gewogen), in kleinfingerdicke und -lange Stücke geschnitten, kalt gewaschen, abgetropft, in Küchenhandttuch eingeschlagen
	Ausbackfett
	Salz

Kartoffelkissen

800 g	Kartoffeln (geschält gewogen) von gleichmäßig runder oder ovaler Form, in 3 mm dicke Scheiben der Form nach geschnitten, kalt gewaschen, abgetropft, in Küchenhandtuch eingeschlagen
	Ausbackfett
	Salz

Pommes chips

800 g	Kartoffeln (geschält gewogen) möglichst gleicher Größe und Form, auf Gurkenhobel zerkleinert, kalt abgebraust, in Küchentuch eingeschlagen
	Ausbackfett
	Salz

① Vorbereitete Kartoffeln vorfritieren: Das Öl auf 180 °C erhitzen, die sehr gut abgetropften Kartoffeln portionsweise einlegen, glasig backen, dabei umrühren, damit sie nicht zusammenkleben. Mit Schaumlöffel aus Fettbad nehmen, sehr gut abtropfen.
② Unmittelbar vor dem Anrichten Fettbad auf 220 °C erhitzen, die vorfritierten Kartoffeln wiederum portionsweise goldbraun fritieren, auf Küchenkrepp abtropfen, anrichten, in letzter Minute leicht mit Salz bestreuen, servieren.

Kartoffelkroketten

Pommes Croquettes
Vorbereiten 1 Stunde
Ruhen 5–8 Minuten
Fritieren 8–12 Minuten je nach Größe

1 kg	Kartoffeln als Pellkartoffeln, heiß durchgepreßt, sehr gut ausgedampft
4 EL	Butter, flüssig
	Pfeffer, Salz, Muskat
2	Eigelb
1	Ei
4 EL	Mehl zum Wenden
	Ausbackfett

① Pellkartoffeln im Dämpfer kochen, nach dem Garen gut abdampfen lassen, schälen, heiß durchpressen, besser durch Sieb passieren.
② Butter unter Kartoffelmasse rühren. Mit Salz, Pfeffer, Muskat würzen, Eigelb und Ei verquirlen, dazumischen.
③ Teig rasch in Portionen teilen. Gut daumendicke oder korkendicke Rollen formen, mit Teigschaber 5 cm lange Stücke abtrennen. Oder Kugeln im Durchmesser von 3 cm formen.
④ Jedes Röllchen bzw. Kugel in Mehl wenden, nicht haftendes Mehl abklopfen, ruhen lassen.
⑤ Fett in Friteuse erhitzen, bei 180 °C ausbakken, auf Küchenkrepp abtropfen lassen.

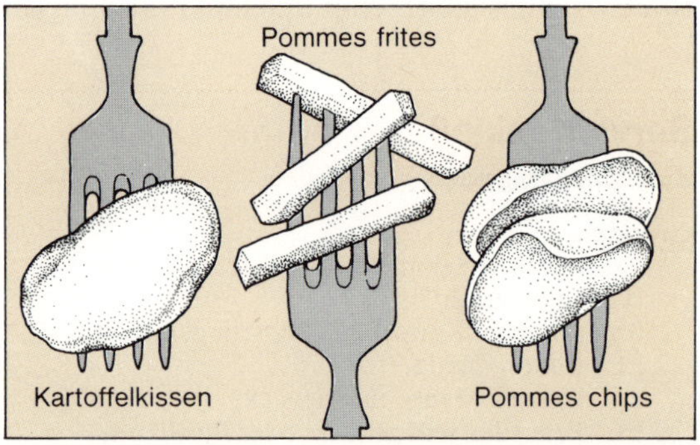

Verwendung Zu Steaks mit Sauce, Roastbeef, Filetbraten, Wildgerichten.

Eine besonders feine Form der Verwendung des Krokettenteigs sind Herzogin-Kartoffeln.

Variationen

- Käse-Kroketten: 150 g feingeriebenen Emmentaler in die Grundmasse mischen.
- Kräuter-Kroketten: 6 EL fein gewiegte Kräuter, wie Petersilie, Schnittlauch, Thymian, Majoran, Basilikum, Dill, an die Grundmasse mischen.
- Mandel-Kroketten: 150 g Mandelblättchen, die Kroketten vor dem Fritieren darin wenden.

Herzogin-Kartoffeln

Backen 25 Minuten im Ofen bei 190 °C

1	Rezept Kartoffelkroketten (s. Seite 110)
2 EL	Butter, flüssig
1	Eigelb

① Ofen vorheizen. Aus der Kartoffelmasse mit Dressiersack Tupfen oder Rosetten auf gefettetes Blech setzen, mit Eigelb leicht bestreichen, im Ofen überbacken. Die Herzogin-Kartoffeln dürfen nur goldgelb werden.

② Aus dem Ofen nehmen, vorsichtig mit großem Messer oder Kuchenspatel vom Blech heben, nebeneinander auf vorgewärmte Platte setzen, sofort servieren.

Verwendung Zu feinen Braten und Steaks.

GZ Gratinierte Kartoffeln

Vorbereiten 10 Minuten
Backen 30–40 Minuten im Ofen bei 200 °C

Reine Kartoffelgratins

Gleichbleibende Grundzutaten

800 g	rohe Kartoffeln, geschält, in 3 mm dicke Längsscheiben geschnitten
	Salz und frisch gemahlener Pfeffer
2 EL	Butter, flüssig, für die Form
30 g	Butterflöckchen als Belag
2 EL	Petersilie und Schnittlauch, gehackt

Spezielle Zutaten

Savoyer Gratin

½	Knoblauchzehe, durchgepreßt
⅜ l	abgeschmeckte Bouillon
4 EL	Reibkäse

Gratinierte Milchkartoffeln (Gratin dauphinois)

½	Knoblauchzehe, durchgepreßt
½ l	Milch
¼ l	Sahne
2	Eier
4 EL	Parmesan, fein gerieben

Kartoffelgratins mit Gemüse

Gleichbleibende Grundzutaten

400 g	rohe Kartoffeln, geschält, in 3 mm dicke Längsscheiben geschnitten
	Salz und Pfeffer
1	Knoblauchzehe, durchgepreßt
¼ l	Bouillon oder Milch
⅛ l	Sahne
2	Eier, verquirlt
4 EL	Reibkäse
3 EL	Butter, flüssig, zur Form
20 g	Butterflöckchen als Belag

Spezielle Zutaten

Kartoffel-Lauchgratin

400 g	Lauch, in 3 cm breite Ringe geschnitten

Kartoffel-Möhren-Lauchgratin

200 g	Lauch, in Ringe geschnitten
200 g	Möhren, in dünne Scheiben geschnitten

Kartoffel-Zucchini-Gratin

400 g	Zucchini, ungeschält, in 3 mm breite Scheiben geschnitten

Kartoffel-Pilz-Lauch-Gratin

200 g	Wild- oder Zuchtpilze beliebiger Art, geviertelt oder in dicke Scheiben geschnitten
200 g	Lauch, in dicke Ringe geschnitten

① Ofen vorheizen. Große, möglichst weite Gratinform ausfetten.
② Kartoffeln schälen, in Scheiben schneiden, dachziegelartig in die Form füllen. Bei Verwendung von Gemüse dieses gleichmäßig zwischen den Kartoffeln verteilen. Salz und Pfeffer darüberstreuen.
③ Flüssigkeit angießen: Bei Savoyer Gratin nur die abgeschmeckte Bouillon seitlich angießen, Käse darüberstreuen. Bei allen anderen Arten der Gratins Milch, Sahne und Eier zusammen verquirlen, die Knoblauchzehe zupressen (nach Belieben weglassen oder nur ½ Zehe nehmen), Reibkäse untermischen, die Flüssigkeit zuerst am Rand entlang, dann auf der Oberfläche zugießen.
④ Alle Gratins mit Butterflöckchen belegen.
⑤ Auf der mittleren Schiene in den Ofen schieben, goldgelb backen. In der Form, mit Petersilie und Schnittlauch bestreut, zu Tisch bringen.

Verwendung Gratins sind von ihrer Zusammensetzung und vom geschmacklichen Ergebnis her ausgewogene und selbständige Gerichte, geeignet für Mittags- und Abendmahlzeiten.
Reine Kartoffelgratins harmonieren gut mit frischen Blattsalaten. Resteverwertung von Fleisch und Schinken!

▷ Möglichst weite, flache Form benutzen.
▷ Wird auf Eier verzichtet, die Flüssigkeitszugabe pro Ei um ⅛ l reduzieren.
▷ Sparsam salzen, da Reibkäse viel eigene Würze besitzt.
▷ Als Reibkäse möglichst nur frischen Parmesan oder Emmentaler verwenden.

Helles Kartoffelgemüse

Vorbereiten 10 Minuten
Garen 30 Minuten

1 kg	Kartoffeln, roh geschält, in Würfel geschnitten
100 g	durchwachsener Speck, in Würfel geschnitten, oder 4 EL Butter, flüssig
1	mittelgroße Zwiebel
½ l	helle Brühe oder Wasser
¼ l	Milch
2 EL	Mehl
	Salz und frisch gemahlener Pfeffer
2 EL	Sahne
	Petersilie und Schnittlauch in beliebiger Menge, gehackt

① Kartoffeln vorbereiten. Speckwürfel in Schmortopf auf kleiner Hitze knusprig braten, mit Löffel herausnehmen, auf Teller legen.
② Zwiebel im Fett glasig dünsten, Kartoffeln zugeben, kurz mitdünsten, mit Brühe oder Wasser ablöschen, gar kochen.
③ Mehl mit Milch verquirlen, an die kochenden Kartoffeln rühren, auf geringer Hitze etwa 10 Minuten köcheln.
④ Mit Salz und Pfeffer abschmecken, Speckwürfel und Sahne zugeben, Petersilie und/oder Schnittlauch untermischen, kurz darin ziehen lassen, servieren.

Verwendung Zu Frikadellen, Hackbraten, gekochtem Rindfleisch, heißen Würstchen aller Art.

Variation
Mehl weglassen, statt Milch Sahne nehmen, vorher Kartoffeln ziemlich verkochen lassen.

Reiberdatschi, Kartoffelpuffer, Reibekuchen

Vorbereiten 15 Minuten
Ausbacken 15–20 Minuten

1 kg	rohe Kartoffeln, gewaschen, geschält und gerieben
	Salz
3 EL	Grieß oder Mehl
3	Eier
	Fett zum Ausbacken

① Die geriebenen Kartoffeln salzen, mit Grieß oder Mehl und Eiern zu glattem Teig rühren.
② Fett in der Pfanne sehr heiß werden lassen. Mit kleinem Schaumlöffel portionsweise kleine Kuchen in die Pfanne füllen, beidseitig knusprig goldbraun ausbacken. Sehr heiß servieren.

Verwendung Hauptgericht mit Apfelmus und/oder Preiselbeerkompott.

▷ Fett vor Gebrauch in kleinem Töpfchen verflüssigen. Beschleunigt das Ausbacken.
▷ Mehrzugabe von 1 Ei erleichtert das Ausbacken, Teig saugt etwas weniger Fett an, die Puffer werden lockerer und knuspriger.
▷ Kartoffelpuffer sind sehr fetthaltig, damit schwer verdaulich, deshalb Apfelmus besser heiß dazu servieren.

Reibekuchen mit Apfelmus
S. 112 S. 286

S

warmer Kartoffelsalat mit Speck
Kotelett ⇒ S. 91
↓
S. 164

Bayer. Creme S. 274

Reis

Grundkenntnisse

Reis in der Ernährung

Neben einem hohen Anteil an Kohlenhydraten und wenig Eiweiß enthält Reis fast kein Fett. Der Gehalt an Mineralstoffen (Kalium, Calcium, Phosphor, Eisen) und Vitaminen (B_1 = Thiamin, B_2-Komplex, besonders Niacin) hängt stark von der Art der vorausgegangenen Bearbeitung ab. Reis kann in vielen verschiedenen Sorten verwendet werden.

Einkauf

Die Reissorten unterscheiden sich:

Nach den Grundsorten
Langkornreis
Rundkornreis

Nach der Bearbeitung
Natur- oder Braunreis = mit Silberhäutchen und Keimling,
Weißreis = geschälter, polierter Reis,
Vollreis = nur ganze Reiskörner,
Parboiled Reis = durch Spezialbehandlung vitaminreich und formbeständig,
Schnellkochreis = vorgegarter Reis (5 Minuten-Reis),
Kochbeutelreis = wird verpackt gegart, (da in perforiertem Beutel).

▷ Der Preis ist bei den verschiedenen Reissorten unterschiedlich. Da keine Preisbindung besteht, lohnen sich Preisvergleiche. Qualität beachten.
▷ Reis wird immer verpackt angeboten. Er muß gekennzeichnet sein mit Anschrift des Herstellers oder der Verkaufsfirma, Inhaltsangabe (Sorte), Nettogewicht und Preis.

Lagerung

Reis soll trocken, luftig und in der Originalverpackung gelagert werden, nicht zusammen mit stark riechenden Lebensmitteln. Polierter Reis ist bis zu 2 Jahren lagerfähig. Von Naturreis keinen langfristigen Vorrat anlegen, er neigt durch den höheren Fettgehalt aus dem Keimling zum Ranzigwerden.

Verwendung

Langkornreis bleibt beim Kochen körnig. Für gedünsteten und gekochten Reis als Beilage, für Reisgerichte mit Fleisch, Fisch, Gemüse, Reissalate geeignet.

Rundkornreis (Milchreis) ist weichkochend und stark bindend. Für Risotto, Aufläufe, Puddings, kalte Süßspeisen geeignet.

Für alle Reisgerichte kann jeweils Naturreis oder polierter Reis verwendet werden.
Reisstärke wird in der Säuglingsernährung verwendet, da sie kleinkörnig und deshalb leicht verdaulich ist.

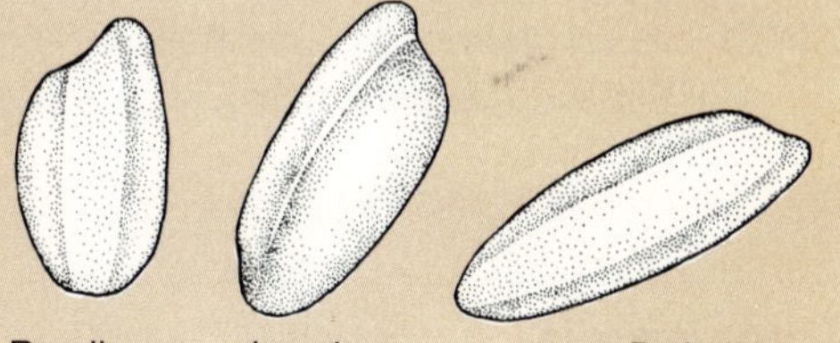

Hinweise für die Küchenpraxis

▷ Reis vor dem Garen in kaltem Wasser waschen, bis das Wasser klar bleibt.
▷ Reisreste können im Sieb über Wasserdampf wieder erhitzt werden. Reste von gegartem Reis bzw. Reisgerichten eignen sich auch zum Einfrieren.
▷ Reis ist leicht verdaulich und eignet sich in entsprechender Zubereitung auch für Diäten.
▷ Naturreis ist schwerer verdaulich, stärker sättigend und ernährungsphysiologisch wertvoller. Der Geschmack ist kräftiger.

Reiszubereitungen

GZ Gekochter Reis

Vorbereiten 1 Minute
Garen 35–40 Minuten

2	Tassen Wasser oder helle Brühe
1	Tasse Naturreis oder Langkornreis
½ TL	Salz

① Flüssigkeit und Salz zum Kochen bringen.
② Reis kalt abbrausen, abtropfen, ins kochende Wasser geben, aufkochen lassen, umrühren, Deckel auflegen, auf kleinster Stufe fertiggaren, auf Sieb schütten, anrichten.

Verwendung Zu Fleisch- und Gemüsegerichten als Beilage, als Grundlage von Salatgerichten, mit Milch gekocht für Aufläufe, Puddings.

- ▷ Natur-Langkornreis benötigt längere Garzeiten als geschälter Reis.
- ▷ Kleinstmögliche Hitzezufuhr verhindert Anbrennen und ermöglicht gutes Ausquellen.
- ▷ Neutral gekochter Reis läßt sich vielseitig abwandeln.
- ▷ Mengenverhältnis: 1 Tasse Reis auf 2 Tassen Wasser, das entspricht 200 g Reis auf ⅜ l Wasser.

Tomatenreis

Zubereiten 10 Minuten

1	Rezept Gekochter Reis (s. oben)
2 EL	Öl oder Butter, flüssig
1	kleine Zwiebel, fein gehackt
4	Tomaten, enthäutet, entkernt, abgetropft, zerkleinert
4 EL	Wasser oder Brühe
	Salz und frisch gemahlener Pfeffer
2 EL	Petersilie, fein gehackt

① Reis zubereiten, jedoch mit ca ⅓ Tasse reduzierter Flüssigkeit zusetzen.
② Zwiebel in Butter glasig dünsten, Tomaten zumischen, mitdünsten, mit Flüssigkeit ablöschen, salzen, pfeffern, an den Reis geben, durchmischen, 15 Minuten mitgaren lassen. Mit Petersilie bestreut anrichten.

Verwendung Zu hellem Fleisch, Gemüsegerichten, zu Salaten, vorzugsweise Blattsalaten.

Ringform oder Tasse sorgfältig einfetten, warmen Reis einfüllen, ausdrücken, 15 Minuten warm halten, dann erst stürzen

Kräuterreis

Zubereiten 10 Minuten

1	Rezept Gekochter Reis (s. nebenan)
2 EL	Butter, flüssig
1	kleine Zwiebel, fein gehackt
je 1 EL	Petersilie, Schnittlauch und Basilikum, gehackt
	Salz und frisch gemahlener Pfeffer

① Reis zubereiten.
② Butter erhitzen, Zwiebel darin glasig dünsten, Kräuter kurz in der Butter anziehen lassen, leicht salzen, pfeffern, unter den fertigen Reis mischen, anrichten.

Verwendung Zu Fleisch, Fisch, Gemüse. Läßt sich gut im Reisrand formen.

Curryreis, Safranreis

Zubereiten 2 Minuten

1	Rezept Gekochter Reis (s. nebenan)
2 EL	Butter, flüssig
2 EL	Currypulver oder 1 TL Safran, gemahlen

① Reis zubereiten.
② Butter sanft erhitzen, Curry oder Safran kurz darin anziehen lassen (dient der Entfaltung des vollen Aromas), unter den Reis mischen, einige Minuten zugedeckt stehen lassen, anrichten.

Verwendung Vorzugsweise zu Fleisch und Geflügel mit heller Sauce, zu Gemüsegerichten, in Verbindung mit Fleisch- und Fischgerichten exotischer Note, zu gebackenen Bananen, als Grundlage für feine, kalte Salate.

Kreolischer Reis

Riz créole

Vorbereiten 5 Minuten
Garen 15–18 Minuten
Wärmen im Ofen 15 Minuten bei 200 °C

2 l	Wasser mit 1 EL Salz
250 g	Langkornreis
30 g	Butterflöckchen
3 EL	Pistazien, Mandeln oder Pinienkerne, gehackt
1 EL	Butter, flüssig

① Wasser in großem Topf zum Kochen bringen, salzen, Reis einstreuen, sprudelnd kochen lassen, nicht ganz gar, sondern »mit Biß« (al dente) kochen, abseihen, kalt abbrausen.
② Ofen vorheizen. Große Gratinform oder Grillpfanne mit Butter ausfetten, abgetropften Reis hineinlegen, mit Folie abdecken, im Backofen erwärmen.
③ Pistazien, Mandeln oder Pinienkerne hell in Butter rösten, an den im Ofen erwärmten Reis mischen, nochmals für 5 Minuten zugedeckt in den Ofen schieben, in vorgewärmter Schüssel anrichten, servieren.

Verwendung Zu hellen Fleischarten mit feiner Geschmacksnote. Als Reisrand oder für Portionsförmchen sehr geeignet.

GZ Gedünsteter oder gebrühter Reis

Vorbereiten 5 Minuten
Garen 25–30 Minuten

4 EL	Öl oder Butter, zerlassen
1	große Zwiebel, fein gehackt
250 g	Langkornreis, kalt überbraust, abgetropft
1 l	helle Brühe, kochendheiß, abgeschmeckt
2 EL	Petersilie oder Schnittlauch, fein gehackt

① In Schmortopf Fett erhitzen, Zwiebel darin glasig dünsten, Reis zugeben, unter Rühren lichtgelb mit andünsten, mit kochender Brühe ablöschen, durchrühren, Flüssigkeit einziehen lassen.
② Topf zudecken, auf kleinster Hitzestufe etwa 20 Minuten ausquellen lassen.
③ Kurz vor dem Anrichten Topf öffnen, vorsichtig umrühren, Dampf entweichen lassen, anrichten, mit Petersilie bestreuen.

Verwendung Vorwiegend zu hellem Fleisch aller Art, zu Gemüsegerichten, nicht für kalte Salate. Bestens geeignet für Reisrand, Reiskugel.

▷ Mit Zwiebel in Fett dünsten beginnen.
▷ Zwiebel nur glasig werden lassen.
▷ Reis lichtgelb andünsten.
▷ Mit kochender Flüssigkeit aufgießen.

Risi bisi

Vorbereiten 5 Minuten
Garen wie Grundzubereitung

1	Rezept Gedünsteter Reis (s. nebenan)
2	Möhren, fein gewürfelt
100 g	frische Erbsen, blanchiert, oder TK-Erbsen, aufgetaut

① Gedünsteten Reis zubereiten, 15 Minuten vor beendeter Garzeit Möhren untermischen.
② Erbsen in den gegarten Reis mischen, kurz darin ziehen lassen.

Verwendung Vorzugsweise als Reisrand und -kugel zu Frikassee, Fleischklopsen, zu hellem Braten, Kalbs- und Putenschnitzel.

Variationen
- Curryreis: 2 EL Curry mitdünsten.
- Reste von Fleisch, Schinken und von Geflügel kurz vor beendeter Garzeit untermischen.

Kalifornischer Reis

Vorbereiten 5 Minuten
Garen 25–30 Minuten

250 g	Langkornreis
4 EL	Öl oder Butter, flüssig
½ TL	Safranpulver
1 l	Milch, kochendheiß
	Salz
50 g	Rosinen, gewaschen, abgetropft

① Reis in Butter lichtgelb andünsten, Safran zugeben, mitdünsten, Milch angießen, salzen, kurz bei offenem Topf kochen lassen, Rosinen untermischen, Topf zudecken, auf kleinster Hitze ausquellen lassen.
② Vor dem Anrichten Topf öffnen, Dampf entweichen lassen, sehr vorsichtig mischen, anrichten, zu Tisch geben.

Verwendung Typische Beilage zu pikant mit scharfem Pfeffer gebratenem Geflügel und Lamm.

Mailänder Reis

Risotto alla milanese

Vorbereiten 5 Minuten
Garen 15–20 Minuten

4	Tassen helle Brühe, kochendheiß
4 EL	Butter, flüssig
1	kleine Zwiebel, fein gehackt
1½	Tassen Rundkornreis, kurz kalt gewaschen, abgetropft
⅛ l	trockener Weißwein
1 Msp	Safranpulver (nach Belieben)
50 g	Parmesan, frisch gerieben
50 g	kalte Butter am Stück

① Die Brühe erhitzen. In einem schweren Topf Butter und Zwiebel glasig dünsten, den Reis dazugeben und unter Rühren mitdünsten, bis die Körner glänzen und beginnen, glasig zu werden.
② Den Wein angießen und weiterdünsten, dabei umrühren, bis er ziemlich verdunstet ist. Die Brühe zur Hälfte angießen, umrühren, brodelnd kochen lassen. In der restlichen Brühe Safran miterhitzen, Brühe angießen, den Reis gut weiterkochen lassen, gelegentlich umrühren. Topf zudekken, Hitze auf kleinste Stufe reduzieren.
③ Garprobe machen. Mit einer Gabel Butter und Parmesan an den Reis rühren. Die Beschaffenheit muß sahnig (nicht trocken) sein. Sofort servieren.

Verwendung Als Beilage zu Saltimbocca, Osso buco, gefüllten Gemüsen, Gemüsegratins.

Zitronenreis

Risotto al limone

Vorbereiten 5–10 Minuten
Garen 15–20 Minuten

5 l	Wasser mit 2 EL Salz
1½	Tassen italienischer Rundkornreis, gewaschen
2 EL	Butter
2	Eier
1	Tasse Parmesan, frisch gerieben
6 EL	Zitronensaft
	wenig abgeriebene Zitronenschale

① In einem Suppentopf Wasser erhitzen, Salz dazugeben. Den Reis langsam in das Wasser schütten, damit das Wasser am Kochen bleibt. Mehrmals umrühren, Hitze reduzieren.
② Nach etwa 15 Minuten Garprobe machen, Reis auf großem Sieb abtropfen lassen, nicht kalt überbrausen.
③ In passendem (flachen) Topf Butter zerlassen, den Reis zugeben, die Eier verquirlen, Käse, Zitronensaft und -schale daruntermischen und über den Reis gießen. Vorsichtig unter den Reis rühren, auf kleinster Hitzestufe etwa 2 Minuten ziehen lassen, der Reis muß cremige Beschaffenheit haben. Sofort servieren.

Verwendung Als Hauptmahlzeit mit gefüllten Fruchtgemüsen wie Tomaten, Auberginen, Zucchinis, Gurken.

Gebratener Reis

Vorbereiten 5 Minuten
Braten 7–8 Minuten

4	Tassen gekochter Langkornreis
4 EL	Öl
½ TL	Salz und frisch gemahlener Pfeffer
4	Eier, mit
2 EL	Wasser oder Sherry verquirlt
2 EL	Zwiebelgrün, grob gehackt

① Kalten, gekochten Reis mit den Händen zerkrümeln, um die verklebten Körner voneinander zu trennen.
② In großer Pfanne Öl rauchheiß werden lassen, Reis hineingeben und sofort mit Spatel oder Backschaufel wenden, um Ankleben oder Anbacken am Pfannenboden zu verhindern.
③ Salz und Pfeffer zugeben, gut mischen.
④ Die verquirlten Eier über den Reis laufen lassen, weiterrühren, bis alles Ei kleinflockig gestockt ist. Zwiebelgrün untermischen, kurz im Reis heiß werden lassen, sofort servieren.

Verwendung Sehr gute Resteverwertung, die sich durch folgende Zutaten zu einer selbständigen Mahlzeit ausbauen läßt:

TK-Krabben, aufgetaut, gründlich miterhitzt, *oder* gekochtes Hühnerfleisch und gekochter Schinken, in kleine Stücke geschnitten, *oder* geröstete Zwiebeln, Schinken, Krabben *oder* eingeweichte schwarze Pilze mit Geflügelfleisch und Zwiebelgrün *oder* frische, grüne Paprikaschoten, in etwa 2 × 2 cm große Stücke zerteilt, mit Hühnerfleisch und Pilzen *oder* frische Champignons mit frischen Erbsen und Schinken.

Alle diese Zutaten sollten etwa 300 g Gewicht ausmachen und bei Zubereitungsstufe 2. dem Reis zugesetzt werden.

Teigwaren

Grundkenntnisse

Teigwaren in der Ernährung

In der Bundesrepublik Deutschland besteht eine Teigwarenverordnung. Danach sind Teigwaren »kochfertige Lebensmittel, die aus Weizengrieß oder Weizenmehl mit oder ohne Ei durch Einteigen, Ausformen und Trocknen bei gewöhnlicher Temperatur oder bei mäßiger Wärme hergestellt werden«. Teigwaren enthalten immer einen hohen Anteil an Kohlenhydraten und kaum Fett. Der Gehalt an hochwertigem Eiweiß, Mineralstoffen (Calcium, Phosphor, Eisen) und Vitaminen (A, B_1, B_2-Komplex) richtet sich nach der Menge der verwendeten Eier und dem Ausmahlungsgrad der Rohstoffe (Weizengrieß, Weizenmehl).

Einkauf

Qualitätsstufen

Eifreie Teigwaren Ohne Eizugabe, es dürfen Vitamine und Lecithin zur Gelbfärbung zugesetzt sein.
Eierteigwaren Mindestens 2¼ Eier (frisch oder als Dauerware) je kg Grieß oder Mehl.
Teigwaren mit hohem Eigehalt 4 Eier (frisch oder als Dauerware) je kg Grieß oder Mehl.
Frischeiteigwaren Je nach Bezeichnung 2¼ oder 4 frische Eier je kg Grieß oder Mehl.
Vollkornnudeln sind aus Vollkornmehlen, oft auch unter Zusatz von Buchweizenmehl hergestellt.

Färbungen und Geschmacksabwandlungen werden erreicht durch Zugabe von verschiedenen Gemüsen und Kräutern (z. B. grüne Nudeln aus Spinat, rote Nudeln aus Rote Bete oder Tomatenmark). Zusätze von künstlichen Farbstoffen sind verboten.
In Spezialgeschäften findet man auch Nudeln aus anderen Grundstoffen, z. B. Glasnudeln aus Sojabohnenmehl, Reisnudeln, Soba aus Buchweizenmehl.

Sehr vielfältig sind die **Formen** der Teigwaren, z. B. Sternchen, Muscheln, Band- und Krausnudeln, Spätzle, Spaghetti, Makkaroni und viele andere.
Teigwaren müssen **gekennzeichnet** sein. Erforderlich sind:
Anschrift des Herstellers oder der Verkaufsfirma,
Inhaltsangabe (Qualitätsstufe),
Nettogewicht,
Preis.

▷ Der Preis richtet sich nach den Qualitätsstufen, ist aber nicht gebunden. Preisvergleiche lohnen sich.
▷ Teigwaren werden auch als Fertiggerichte in Dosen angeboten.

▷ Teigwaren müssen in durchsichtigem Material verpackt sein, Kartons müssen Sichtfenster aufweisen. Gelbfärbung dieses Verpackungsmaterials ist nicht gestattet.
▷ Zusätze, z. B. Lecithin, müssen deklariert sein.

Lagerung

Teigwaren sollen trocken, luftig, getrennt von stark riechenden Nahrungsmitteln aufbewahrt werden. In der Originalverpackung können sie ½–1 Jahr gelagert werden. Zweckmäßig ist es, auf den Packungen den Einkaufstag zu vermerken.
Selbst hergestellte Teigwaren und Vollkornteigwaren möglichst nicht längere Zeit lagern.

Verwendung

Teigwaren haben neutralen Geschmack und können sowohl süß als auch pikant zubereitet werden. Sie sind in ihrer Vielfalt geeignet als Suppeneinlage, Beilage, Salatzutat, vor allem aber als Hauptgericht in den variabelsten Zubereitungen.

▷ Teigwaren immer in reichlich kochendem, leicht gesalzenem Wasser garen.
▷ Teigwaren nicht zu weich kochen, sondern mit »Biß« (al dente). Frisch verwendeter Nudelteig hat kürzere Garzeit.

Hinweise für die Küchenpraxis

- ▷ Etwas Öl im Kochwasser (etwa 1 EL auf 2 l Wasser) verhindert das Zusammenkleben, heißes Abbrausen dadurch zumeist unnötig.
- ▷ Kaltes Abbrausen gegarter Nudeln nur dann notwendig, wenn sie in Salaten verwendet oder wenn sie wiedererwärmt werden.
- ▷ Teigwaren sind leicht verdaulich. Sie können ohne größere Fettzugabe auch für Diäten verwendet werden.
- ▷ Vollkornteigwaren schmecken kräftiger, sind ernährungsphysiologisch wertvoller, sättigen länger anhaltend. Sie können ebenso wie die hellen Teigwaren eingesetzt werden.
- ▷ Frische, selbst hergestellte Teigwaren sind besonders schmackhaft. Rohstoffe sind Mehl, auch Vollkornmehl, Eier, Salz, evtl. Wasser.
- ▷ Gegarte Teigwaren und Nudelgerichte lassen sich einfrieren. Spätzle und Nudeln noch gefroren in kochendes Wasser geben, sofort nach dem Auseinanderfallen abseihen, sofort servieren.

Teige und Zubereitungen

Nudeln

Grundrezept **Nudelteig**

Zubereiten 10 Minuten
Ausrollen 15 Minuten
Trocknen 45 Minuten

250 g	Mehl oder Weizenvollkornmehl
2	Eier, verquirlt
2 EL	Wasser (evtl. etwas mehr oder weniger, abhängig von Eigröße und Eifrische)
¼ TL	Salz
	Mehl zum Auswellen

① Auf ein trockenes Backbrett das Mehl in die Mitte häufen, eine kleine Vertiefung machen. Die Eier verquirlen, in die Grube gießen, mit der Gabel vermengen, Wasser zugeben, Salz darüberstreuen, rasch von innen nach außen zu einem festen Teig verkneten.

② Den Teig so lange kneten, bis er ganz glatt ist. Er darf nicht mehr am Backbrett hängen bleiben und muß beim Durchschneiden streifige, wellige Linien zeigen.

③ Den Teig in 2–3 Portionen einteilen, mit einem Tuch oder umgestülpter Schüssel bedecken. Das Brett ganz leicht mit Mehl bestäuben, mit der flachen Hand verreiben. Jede Teigportion mit dem Nudelholz von innen nach außen zu dünnen Fladen auswellen, auf ein sauberes, trockenes Tuch oder Brett legen, an der Luft trocknen lassen.

④ Sind die Fladen getrocknet, mit scharfem Messer halbieren, aufeinanderlegen, zusammenrollen und in gewünschter Breite schneiden. Die geschnittenen Rollen wieder auflockern, verteilen und wieder trocknen lassen.

Abkneten · Zusammenlegen · Schneiden · Auseinanderfalten

Verwendung Zu Suppeneinlagen, als Beilage zu Braten, Gulasch, Rouladen, als selbständiges Gericht wie Schinkennudeln, Schinkenfleckerl, Ravioli, Lasagne al forno, Maultaschen.

- ▷ Nudeln aus Weizenvollkornmehl müssen besonders gut abgeknetet werden.
- ▷ Mit der Wasserzugabe sehr vorsichtig sein.
- ▷ In kleinen Fladen auswellen.
- ▷ Werden Nudeln auf Vorrat zubereitet, dem Teig kein Salz zugeben, da Salz Feuchtigkeit anzieht und die Haltbarkeit der Nudeln beeinträchtigt. Auch ohne Salz hergestellte Nudeln für den Vorrat sehr gut abtrocknen lassen, in luftdichten Dosen aufbewahren.
- ▷ Möglichst frische Eier verwenden!
- ▷ Die Menge des Grundrezepts entspricht 250 g Trockennudeln.
- ▷ **Mengenberechnung**
  Als Beilage für 4 Personen 1 Grundrezept bzw. 250 g Trockennudeln. Als Hauptgericht jeweils doppelte Menge.

Grüner Nudelteig

Zubereiten etwa 15 Minuten

350 g	Mehl, evtl. etwas mehr
150 g	TK-Spinat, aufgetaut, abgetropft, püriert
3	Eier, verquirlt
3 EL	Olivenöl

① Mehl auf eine Arbeitsfläche sieben, in die Mitte eine Grube drücken, Eier mit Öl verquirlen, nach und nach in die Grube gießen, mit einer Gabel von innen nach außen grob mit dem Mehl vermengen.

② Den Spinat zur Mischung geben und gründlich durchkneten, bis der Teig eine glatte Beschaffenheit aufweist. Sollte er noch klebrig sein, einige EL Mehl nach und nach einarbeiten, bis der Teigklumpen gleichmäßig durchgearbeitet und glatt ist.

③ Den Teig in drei oder vier Portionen teilen und sofort zu Fladen gleichmäßig dünn ausrollen oder in einer Nudelmaschine entsprechend bearbeiten. Trocknen lassen.

Verwendung Grüne Nudeln, Lasagne al forno.

GZ Gekochte Nudeln

Bandnudeln, Formnudeln, Makkaroni, Spaghetti, Suppennudeln

Garen 10 Minuten

250 g	trockene Nudeln
2–3 l	Wasser
	Salz

① Wasser mit Salz in möglichst weitem, genügend großem Topf zum Kochen bringen. Die Nudeln in das sprudelnde Wasser geben, umrühren, Wasser am Siedepunkt halten, simmern, nicht sprudelnd kochen lassen.

② Die Nudeln »al dente« kochen, in genügend großes Sieb abgießen.

③ Nudeln als Beilage: Nach dem Abgießen sofort mit kaltem Wasser abbrausen, gut abtropfen lassen. Vor dem Servieren in einigen Eßlöffeln flüssiger Butter erwärmen.

④ Nudeln als Hauptgericht: Nach dem Abgießen **nicht** kalt überbrausen, sondern sofort weiterverarbeiten bzw. anrichten.

Verwendung Als Suppeneinlage. Als Beilage zu Gulasch, Braten von Kalb, Rind, Wild. Als Hauptgericht, z. B. Nudeln mit Butter, Reibkäse, Kräutern, Schinken, Pilzen, Hackfleischsaucen, überbacken und als Auflauf mit Fleisch- und Käsesaucen.

Spaghetti Bolognese

Spaghetti kochen 10 Minuten
Sauce vorbereiten 15 Minuten
Garen 40 Minuten

400 g	Spaghetti
100 g	geriebener Parmesan

Bologneser Sauce

1	große Zwiebel, gehackt
4 EL	Olivenöl
400 g	mageres Hackfleisch
2	Stengel Bleichsellerie oder
¼	Sellerieknolle, fein gewürfelt bzw. geraspelt
2	Möhren, geschält, fein gewürfelt
500 g	Tomaten, enthäutet, gewürfelt (oder aus der Dose)
¾ l	Brühe oder Wasser
⅛ l	Rotwein
2 EL	Mehl
	Salz, Pfeffer, Prise Oregano

① Spaghetti zubereiten.

② Für die Sauce in Schmortopf Zwiebel in Öl andünsten, Hackfleisch zugeben, unter Rühren intensiv andünsten, zerkleinerte Gemüse zugeben, mit Flüssigkeit ablöschen, auf kleiner Hitze bei zugedecktem Topf köcheln. Nach etwa 30 Minuten Mehl mit Rotwein verquirlen, an die Fleischsauce rühren, nochmals 10–15 Minuten kochen lassen. Mit Salz, Pfeffer und Oregano abschmecken.

③ Abgetropfte Spaghetti sofort auf Tellern anrichten, mit der Sauce übergießen. Geriebenen Parmesan getrennt dazu servieren.

Eiernudeln mit Käse, Kräutern und Pilzen

Zubereiten 30 Minuten

500 g	weiße oder grüne Bandnudeln
3 l	Wasser
	Salz
100 g	Butterflöckchen
6 EL	frische Kräuter (Petersilie, Kerbel, Estragon, Zwiebelgrün, Zitronenmelisse, Basilikum), gehackt
6 EL	Reibkäse *oder*
250 g	frische Champignons, blättrig geschnitten
	Salz und frisch gemahlener Pfeffer

① Nudeln »al dente« kochen, in großes Sieb abgießen.

② In vorgewärmter Terrine oder Auflaufform die heißen Nudeln mit Butterflöckchen und den Kräutern, Pilzen oder dem Käse mischen, abschmecken und sofort servieren.

Variation

Mit Pesto alla Genovese (s. Seite 259) eine ursprüngliche und sehr wohlschmeckende Art, Nudeln zu servieren.

Schinkennudeln und Schinkenfleckerl

Kochen 10 Minuten
Zubereiten 15 Minuten

500 g	Bandnudeln oder in 3 × 3 cm Quadrate geschnittener, frischer Nudelteig aus doppeltem Grundrezept (s. Seite 118)
3 l	Wasser
	Salz
100 g	frische Butter in Flöckchen
300 g	magerer, gekochter oder roher Schinken, in feine Streifen oder kleine Quadrate von 2 × 2 cm geschnitten
	frisch gemahlener Pfeffer

① Wasser zum Kochen bringen, salzen, Nudeln einlegen, umrühren, auf mittlerer Hitze »al dente« garen, auf großes Sieb gießen, abtropfen, heiß halten.

② Die heißen Nudeln in vorgewärmter, großer Terrine oder Auflaufform mit den Butterflöckchen mischen, bis die Butter zerlaufen ist, Schinken untermischen, mit Salz und Pfeffer abschmekken, sofort servieren.

Spaghetti nach Art der Köhlerin

Spaghetti alla Carbonara

Kochen 10–12 Minuten
Zubereiten 15 Minuten

500 g	Spaghetti, 1–2 mal gebrochen
3 l	Wasser
	Salz
250 g	geräucherter, durchwachsener Speck, in dünne Streifen geschnitten
2 EL	Olivenöl
4	Eigelb
⅛ l	Sahne
6 EL	Parmesan, frisch gerieben, oder Pecorinokäse
	frisch gemahlener Pfeffer

① Spaghetti »al dente« kochen, abgießen, abtropfen lassen, heiß halten.

② Speckstreifen in Öl in großem Topf knusprig braten, Spaghetti dazugeben, gut durchmischen.

③ Eigelb, Sahne und Reibkäse mit Schneebesen gut verquirlen, über die Spaghetti gießen, schnell umrühren, vom Herd nehmen, mit Pfeffer abschmecken. Sofort servieren.

Grüne Lasagne al forno

Kochen insgesamt 40 Minuten
Weiße Sauce 20 Minuten
Fleischsauce 45 Minuten
Überbacken 20 Minuten im Ofen bei 200 °C

1	doppeltes Rezept Grüner Nudelteig (s. Seite 119) oder trockene Lasagneblätter
3 l	Wasser
	Salz
6 EL	Parmesan, frisch gerieben

Weiße Sauce

4 EL	Butter
2 EL	Mehl
½ l	Milch, reichlich
1	Lorbeerblatt
	Salz und frisch gemahlener Pfeffer
	Prise Muskat

Fleischsauce

4 EL	Öl
1	mittelgroße Zwiebel, fein gehackt
1	Stengel Bleichsellerie, fein gewürfelt oder
3 EL	geriebene Sellerieknolle
1	Möhre, fein gehackt
500 g	Tomaten, enthäutet, in kleine Stücke geschnitten
400 g	mageres Hackfleisch
100 g	magerer, roher Schinken, fein gehackt
	Prise Oregano
¾ l	Brühe
100 g	frische Butter
	Rotwein

① Bei frischem Teig: Dünn, möglichst länglich ausrollen und daraus rechteckige Scheiben von 10 × 15 cm schneiden, auf leicht bemehltes Brett legen. Reichlich Wasser zum Kochen bringen, die Lasagneblätter in 3–4 Portionen einlegen, jeweils »al dente« kochen, mit Schaumlöffel herausnehmen, einzeln auf ausgebreitetes, trockenes Küchentuch legen.

Bei trockenen Blättern: In reichlich Wasser portionsweise »al dente« kochen, mit Schaumlöffel herausnehmen, einzeln auf ausgebreitetes, trockenes Küchentuch legen.

② Weiße Sauce: Butter schmelzen, Mehl kurz darin anschwitzen, Topf beiseite ziehen, Milch zugießen, mit Schneebesen sehr intensiv glatt rühren. Lorbeerblatt einlegen. Auf geringster Hitzestufe bei offenem Topf etwa 15 Minuten durchkochen, mit Salz, Pfeffer, Muskat abschmecken. Lorbeerblatt vor Verwendung der Sauce herausnehmen. Backofen vorheizen.

③ Fleischsauce: Zwiebel in Öl andünsten, Sellerie, Möhre und Tomaten zugeben, Hackfleisch und Schinken daruntermischen, auf intensiver Hitze in der Gemüsemischung dünsten, Oregano zugeben, mit der Hälfte der Brühe ablöschen, bei offenem Topf unter gelegentlichem Rühren mindestens 20 Minuten dick einkochen lassen. Restliche Brühe und frische Butter zugeben, Topf zudecken, auf kleiner Hitze köcheln lassen. Mit Rotwein abschmecken.

④ Den Boden einer flachen, reichlich großen Auflaufform mit 2 Schöpflöffeln Fleischsauce bedecken. Eine Schicht Teigblätter darauflegen, wieder Fleischsauce aufgießen, darüber eine Schicht Weiße Sauce geben, mit Parmesan bestreuen. So fortfahren, bis die Zutaten verbraucht sind. Letzte Schicht muß Fleischsauce, darüber Weiße Sauce und Parmesan sein.

⑤ Lasagne im Ofen goldbraun überbacken, heiß servieren.

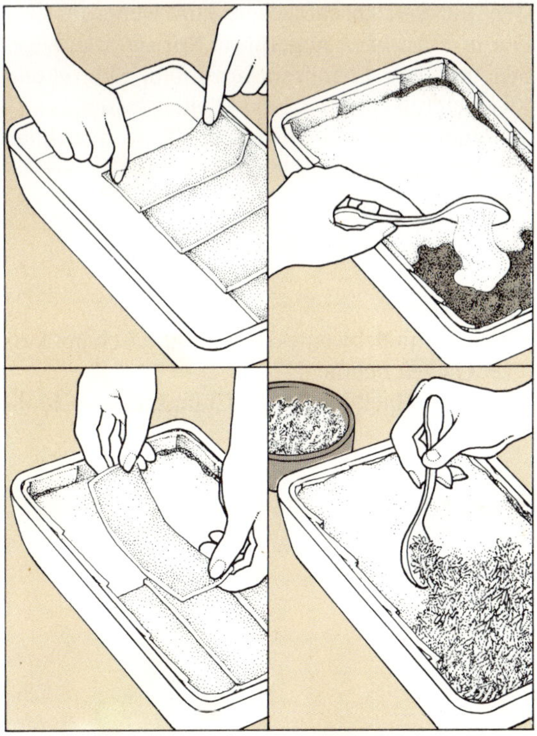

Variationen

- Mit weißem Nudelteig zubereiten.
- Statt Parmesan 250 g in Würfel geschnittenen Mozarella-Käse verwenden.
- Sellerie und Möhre weglassen, nur mit Tomaten zubereiten.
- Weiße Sauce durch Sahne ersetzen.
- Schinken weglassen.

Veroneser Soufflé

Vorbereiten 10 Minuten
Überbacken 40 Minuten im Ofen bei 190 °C

1	Rezept Grüner Nudelteig (s. Seite 119), in schmale Bandnudeln von 3 mm Breite geschnitten, oder 250 g trockene, schmale, grüne Bandnudeln
2 l	Wasser
	Salz
½ l	Sahne, steif geschlagen
3	Eigelb, verquirlt
1 EL	Mehl
4 EL	Parmesan, fein gerieben
3	Eiweiß, steif geschlagen
2 EL	Butter zur Form

① Ofen vorheizen. Wasser zum Kochen bringen, Nudeln einlegen, umrühren. Frische Nudeln nach 1½ Minuten abseihen, kurz kalt überbrausen, sehr gut abtropfen. Trockene Nudeln »al dente« kochen, abseihen, kalt abschrecken, abtropfen.
② Sahne steif schlagen, Eigelb unterziehen, Mehl und Reibkäse unterheben, die Sahne mit den abgetropften Nudeln vermischen. Eiweiß sehr steif schlagen und unterziehen, alles in vorbereitete, flache Auflaufform füllen, sofort im heißen Ofen überbacken. Heiß servieren.

Verwendung Sehr wohlschmeckendes Hauptgericht nach oder mit einer farblich kontrastierenden Rohkostplatte.

Variation
Schinkenstreifen unter die Nudeln mischen.

Nudelauflauf

Vorbereiten 30 Minuten
Überbacken 30 Minuten im Ofen bei 190 °C

250 g	Makkaroni oder Hörnchen- oder Bandnudeln
3 l	Wasser
	Salz
½	Rezept Bologneser Sauce (s. Seite 119)
4 EL	Reibkäse
2 EL	Butterflöckchen
¼ l	Milch
2	Eier
1 EL	Butter zur Form

① Nudeln in leicht gesalzenem Wasser »al dente« kochen, abseihen, kalt überbrausen. Ofen vorheizen.
② Sauce nach Rezept ohne Mehl als Bindemittel zubereiten.
③ Boden einer gefetteten Auflaufform mit Nudeln bedecken, eine Schicht Sauce darübergießen, mit Parmesan bestreuen, nächste Schicht wieder Nudeln, dann Sauce und Parmesan. Die letzte Schicht sollen die Nudeln bilden. Mit Butterflöckchen belegen. Eier und Milch verquirlen, am Rand entlang in die Form gießen. Im Ofen goldgelb überbacken.

Verwendung Hauptgericht in Verbindung mit Salaten der Saison. Besonders geeignet für Resteverwertung von Fleisch und Schinken.

Gebratene Nudeln mit Huhn

Zubereiten 20–30 Minuten

400 g	schmale Bandnudeln
3 l	Wasser
4 EL	Öl für die Nudeln
4 EL	Öl für das Fleisch
200 g	Hühnerbrust (TK-Packung), aufgetaut und in dünne Scheiben geschnitten
100 g	Möhren, in dünne Scheiben geschnitten
3	Frühlingszwiebeln, grob gehackt
100 g	frische Champignons, blättrig geschnitten, oder 2 EL eingeweichte, chinesische Trockenpilze, in Streifen geschnitten
	Salz
1 TL	Speisestärke, mit
3 EL	Brühe oder 2 EL Wasser und
1 EL	Soja-Sauce angerührt
4 EL	Sherry
	Grün der Frühlingszwiebeln, grob gehackt

① Die Nudeln halbgar kochen, bei frischen Nudeln etwa 1½ Minuten, abseihen, kalt abbrausen, gut abtropfen.
② Öl erhitzen, die Nudeln etwa 1 Minute darin braten, dauernd umwenden, um Anbrennen zu verhindern.
③ In zweiter Pfanne 2 EL Öl erhitzen, das Fleisch bei starker Hitze unter Rühren scharf anbraten, Möhren, Zwiebeln und Pilze zugeben, mitdünsten, mit Salz abschmecken, kurz weiterdünsten. Die in Flüssigkeit angerührte Speisestärke zugeben, mit den Gemüsen verrühren, Sherry und Zwiebelgrün zugeben, kurz köcheln lassen.
④ Nudeln auf vorgewärmter Platte anrichten, mit der Sauce übergießen, mischen, sofort servieren.

Verwendung Vollwertiges Hauptgericht.

Variationen
- Statt Huhn Schweine- oder Rindfleisch mit kurzer Garzeit nehmen.
- Mageres Hackfleisch und Chinakohl statt Möhren.

Spätzle

Grundrezept und GZ
Spätzleteig, Spätzle

Teig bereiten 5 Minuten
Zubereiten und Garen 15 Minuten
(Schaben 30 Minuten)

Spätzleteig (Grundrezept)

400 g	Mehl oder Weizenvollkornmehl
¼ l	Wasser
4	Eier
	Salz

Für die Zubereitung

3–4 l	Wasser
1 TL	Salz
4 EL	Butter allein oder mit
3 EL	Semmelbrösel

① Spätzleteig: In einer Schüssel alle Zutaten zu einem zähen Teig rühren. Bei Verwendung von Spätzlehobel oder -seiher: Den Teig nur gut vermischen, nicht abschlagen. Für brettgeschabte Spätzle und für die Verwendung der Spätzlepresse: Den Teig abschlagen, bis er Blasen wirft, dabei Rührgerät mit Knethaken benutzen.

② Spätzle zubereiten: Wasser in einem Topf von höchstens 20 cm Höhe zum Kochen bringen, salzen. Den Teig portionsweise in das verwendete Gerät (Hobel, Seiher, Presse) füllen und in das kochende Wasser tropfen lassen. Wird der Teig geschabt, ein Schneidebrettchen in kaltes Wasser tauchen, mit 2–3 EL Teig belegen. Den Teig dünn gegen das Brettchenende streichen und mit einem Küchenmesser (Länge der Klinge etwa 15 cm) rasch dünne, längliche, höchstens 1 cm breite Streifen abschaben, direkt in das siedende Wasser.

③ Die Spätzle etwa 2 Minuten bei offenem Topf kochen lassen, mit Schaumlöffel herausnehmen, auf ein Sieb legen, sofort kalt überbrausen, abtropfen lassen, auf großer Platte oder Holzbrett ausbreiten, damit sie kernig bleiben. So verfahren, bis der Teig aufgebraucht ist. Zum Anrichten in Butter erwärmen.

Oder: Spätzle heiß abbrausen, gut abtropfen, auf vorgewärmter Platte anrichten. Butter und Semmelbrösel in Pfännchen miteinander goldbraun rösten, die Spätzle damit überstreuen.

Verwendung Als Beilage zu Fleischgerichten mit Sauce, wie Braten vom Rind, Kalb, Wild, Gulasch.

- ▷ Werden mehr Eier als im Grundrezept angegeben verwendet, verringert sich die Flüssigkeitsmenge, die Spätzle oder Mehlklöße oder Mehlnockerl werden kerniger und besser im Geschmack.
- ▷ Bei der Zubereitung von Spätzle immer einen Topf mit warmem Wasser zum Nachgießen bereitstellen, da die Kochflüssigkeit sich rasch verringert.
- ▷ Wird Vollkornmehl verwendet, den Teig etwa ½ Stunde quellen lassen.
- ▷ **Mengenberechnung**
  Für 4 Personen als Beilage 1 Grundrezept, für 4 Personen als Hauptgericht 1½ Grundrezepte.

Gespritzte Spätzle, Eierspätzle

Zubereiten 20 Minuten

200 g	Mehl
4	Eier
2 l	Wasser
	Salz
125 g	Butter
100 g	Semmelbrösel
	Prise Salz

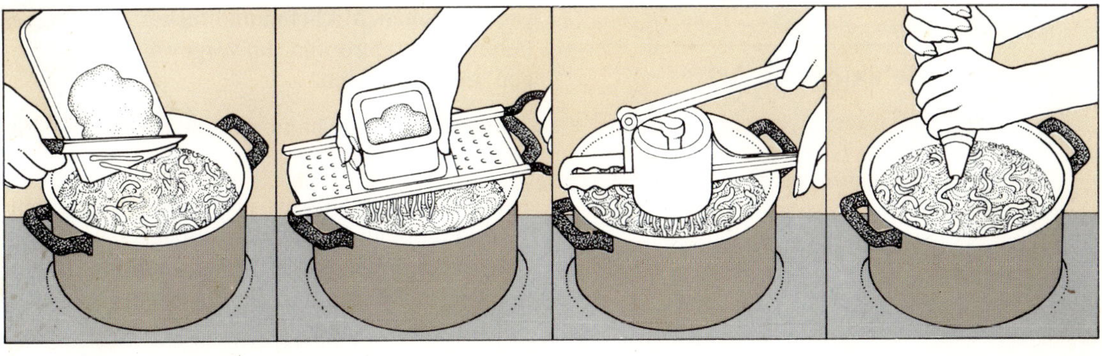

① Aus Mehl und Eiern einen zähen Teig schlagen.
② Wasser zum Kochen bringen, salzen. Teig portionsweise in großen Spritzbeutel füllen, mit der glatten Tülle etwa 10 cm lange »Würstchen« in das siedende Wasser drücken, 1–2 Minuten leicht kochen lassen, herausnehmen, auf vorgewärmte Platte legen.
③ Butter, Semmelbrösel mit etwas Salz auf Mittelhitze goldbraun rösten. Sobald die Butter aufschäumt, die Brösel über die Spätzle verteilen, sofort servieren.

Verwendung Als Beilage zu Kalbs- und Rindsgulasch, Schmorbraten, auch als Hauptgericht mit Salaten der Saison.

Allgäuer Käsespätzle

Zubereiten 25–35 Minuten

1	Grundrezept Spätzleteig (s. Seite 123)
125 g	Emmentaler, gerieben
1	große Zwiebel, in Ringe geschnitten
6 EL	Butter, flüssig

① Die Zwiebelringe in Butter unter ständigem Rühren goldbraun rösten, mit Gabel aus dem Fett nehmen, auf Teller legen, beiseite stellen.
② Den Spätzleteig in Portionen abkochen. Jede Portion mit Schaumlöffel aus dem Kochwasser nehmen, gut abtropfen, nicht kalt überbrausen, auf vorgewärmte Platte legen, gleichmäßig verteilen, etwa 2 EL Reibkäse darüberstreuen. Mit der nächsten Lage Spätzle ebenso verfahren, bis der Teig aufgebraucht ist. Platte immer warm halten. Zum Schluß restlichen Käse darüberstreuen.
③ Butter nochmals leicht erwärmen, über den Spätzleberg gießen, Zwiebeln darauf verteilen.

Verwendung Deftiges Hauptgericht. Dazu wird im Allgäu gekochtes Sauerkraut gegessen.

Fränkische Mehlklöße 1. Art

Vorbereiten 5 Minuten
Garen 15 Minuten

3 l	Wasser zum Kochen mit Salz
500 g	Mehl
5	Eier
¼ l	kaltes Wasser oder Milch
	Salz
4 EL	Butter, zerlassen

① Wasser zusetzen, erhitzen.
② Mehl, Eier, Wasser und Salz zu einem Teig rühren, gut abschlagen, bis der Teig glatt ist.
③ In das kochende Wasser mit Eßlöffel abgestochene, längliche Teignocken legen, dabei Wasser nur sieden, nicht sprudelnd kochen lassen.
④ Butter in Pfännchen leicht bräunen lassen. Garprobe machen. Sobald die Klöße durch und durch gar sind, mit Schaumlöffel aus dem Wasser nehmen, gut abtropfen, auf Platte oder in flache Schüssel legen, mit Butter übergießen, servieren.

Verwendung Zu Gulasch, Rinderschmorbraten, als Einlage in Wildbrühe mit Linsen.

Variationen
– 6 EL gehackte Kräuter unter den Teig mischen.
– 4 EL Magerquark, Kräuter zugeben.

Fränkische Mehlklöße 2. Art

Vorbereiten 8 Minuten
Ruhe 45 Minuten
Garen 25–30 Minuten

2	trockene Semmeln, in Würfel von 2 × 2 cm Größe geschnitten
4 EL	Butter oder Öl
300 g	Mehl, gesiebt
3	Eier
¼ l	Milch
	Salz und Prise Muskat
3 l	Wasser zum Kochen, mit Salz

① Semmelwürfel in Butter goldgelb rösten.
② Aus Mehl, Eiern, Milch, Salz und Muskat einen glatten Teig rühren, gut abschlagen, die gerösteten Würfel untermischen und etwa 45 Minuten ziehen lassen.
③ Wasser zum Kochen bringen, salzen. Mit Vorlegelöffel vom Teig Nocken abstechen, ins kochende Wasser legen. Während des Garens nur simmern lassen. Nach etwa 25–30 Minuten Garprobe machen. Mit Schaumlöffel aus dem Wasser nehmen, gut abtropfen, auf vorgewärmte Platte legen, sofort servieren.

Verwendung Zu Schmorbraten, Rouladen, Sauerbraten.

Resteverwertung Klöße in Scheiben schneiden, in der Pfanne in Butter leicht anbacken, mit Eiermilch übergießen, kurz Deckel auflegen, aufziehen lassen. Mit Kompotten oder Saucen aus Resten und Salat reichen.

Eier

Grundkenntnisse

Das Ei in der Ernährung

Die vielseitige Verwendbarkeit von Ei in der Küche beruht auf seiner einzigartigen Vollkommenheit. Das Ei enthält auf kleinstem Raum viele lebenswichtige Stoffe, wie Proteine (Albumin, Globulin), Mineralstoffe (Calcium, Phosphor, Eisen, Jod, Kupfer), Vitamine (A, B, D, E).
Die besonders günstige Zusammensetzung ist ebenso gut wie in Milch, besser als beim besten Fleisch, beim besten Fisch. Nur die Innereien Leber, Niere, Herz lassen sich in dieser Hinsicht mit dem Ei vergleichen.
Der hohe Gehalt an Cholesterin im Eidotter und das Fehlen von Ballaststoffen gebieten trotz der hohen biologischen Wertigkeit einen maßvollen Verbrauch an Eiern in der Ernährung. Speziell bei Gallenerkrankungen und Streßsymptomen, wie auch bei erhöhtem Harnsäuregehalt des Blutes, den Anzeichen von Gicht.

Einkauf

Das Angebot auf dem Markt umfaßt Eier von Hühnern, Enten, Perlhühnern, Wachteln. In der Mehrzahl werden Hühnereier angeboten. Ihre Sortierung erfolgt nach Güte- und Gewichtsklassen, deren Kennzeichnung für Eierverpackungen bis 30 Stück gilt.

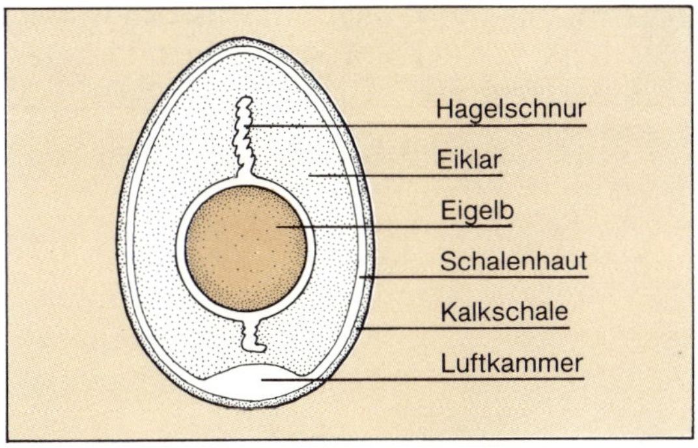

Güteklassen
Klasse »Extra«
Luftkammer nur bis zu 4 mm hoch. Diese Bezeichnung dürfen Eier bis zum 7. Tag nach der Verpackung – bei entsprechender vorheriger Einstufung – tragen. Der Verpackungstag muß angegeben sein.

Güteklasse A oder »frisch«
Luftkammer bis 6 mm hoch.

Güteklasse B
oder »2. Qualität« oder »haltbar gemacht«
Luftkammer bis 9 mm hoch (Kühlung oder Art des Haltbarmachens müssen angegeben sein).

Güteklasse C oder »aussortiert«
Für die Nahrungsmittelindustrie bestimmt.

Gewichtsklassen

Gewichtsklasse	1 = 70 g und darüber
Gewichtsklasse	2 = 65 g bis unter 70 g
Gewichtsklasse	3 = 60 g bis unter 65 g
Gewichtsklasse	4 = 55 g bis unter 60 g
Gewichtsklasse	5 = 50 g bis unter 55 g
Gewichtsklasse	6 = 45 g bis unter 50 g
Gewichtsklasse	7 = unter 45 g

- ▷ Eier, die direkt vom Erzeuger ab Hof oder auf Wochenmärkten gekauft werden, sind von dieser Regelung ausgenommen.
- ▷ Die Preise für Eier sind bei gleicher Gewichts- und Güteklasse nicht einheitlich. Vor den Festtagen Ostern und Weihnachten steigen die Preise.
- ▷ Eier aus deutschen Landen sind kenntlich an der Anfangsziffer 2 der aufgedruckten Verpackungsnummer.

Lagerung

- ▷ An geruchsfreiem, kühlem Ort (Speisekammer, Kühlschrank) in Eierkartons.
- ▷ Mit der Spitze nach unten, da Eidotter leicht an der Schale festkleben.
- ▷ *Eier einfrieren:* Ohne Schale, indem Eigelb und Eiklar unter Zugabe von wenig Salz oder Zucker miteinander verrührt und in geeignete Behälter gefüllt werden. *Eiklar* läßt sich allein (ohne Salz und Zucker) sehr gut einfrieren und nach dem Auftauen wie frisch verwenden. *Eigelb* sollte man vor dem Einfrieren mit einer Prise Salz verrühren.

Verwendung

Bindemittel In Teigen mit und ohne Schaummasse, von fester, weicher oder flüssiger Beschaffenheit, in Cremes und Saucen und als Panaden.
Emulgator In Mayonnaisen, mehlfreien Saucen (Hollandaise, usw.).
Lockerungsmittel In Teigen, vor allem bei getrennter Verwendung von Dotter und Eiweiß, bei Brandteig, Eierteig, Biskuit- und Eischwerteig, Pfannkuchen und Crêpes.
Zur geschmacklichen Verfeinerung Legieren von Suppen und Saucen, wo es zugleich als Bindemittel wirkt und wo Mehl durch Ei ersetzt wird.

Hinweise für die Küchenpraxis

▷ *Frischeprobe:* Das frische Ei zeigt aufgeschlagen einen hochgewölbten Dotter. Das Eiklar grenzt sich deutlich in zwei Schichten ab, einer dichteren um den Dotter, und einer dünneren äußeren.
Bei Durchleuchtung ist eine kleine Luftkammer zu sehen.
▷ Zum Pochieren frische Eier verwenden, da nur bei diesen das Eiklar den Dotter richtig umhüllt.
▷ Nestfrische Eier lassen sich nicht gut trennen. Eiklar läßt sich nicht zu Schnee schlagen. Dasselbe gilt für konservierte (eingelegte) Eier.
▷ Das Eiklar älterer Eier ergibt wenig Schnee.
▷ Die Farbe der Schale ist ohne Einfluß auf die Qualität.
▷ Ei gerinnt bereits bei 60 °C. Legierte Speisen nicht mehr kochen lassen.
▷ Mehrzugabe von Ei bei vielen Teigen (Pfannkuchen, Hefeteig, Biskuit-, Rühr- und Sandteig) macht sie lockerer. Flüssigkeitszugabe (z. B. Milch) kann dadurch verringert werden.
▷ Eiklar zum Klären von Brühen, Bouillons, Sulzflüssigkeiten verwenden.

Frischeprobe

Schwimmprobe | **Aufschlagprobe**

Frisches Ei

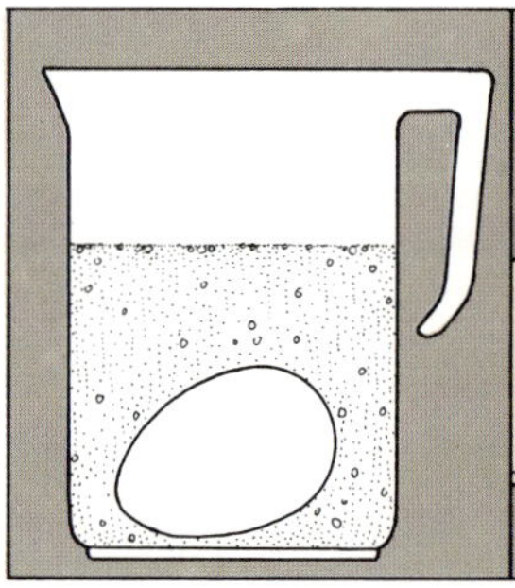

Ei sinkt zu Boden

Eiklar steht, Dotter ist hochgewölbt

7 Tage altes Ei

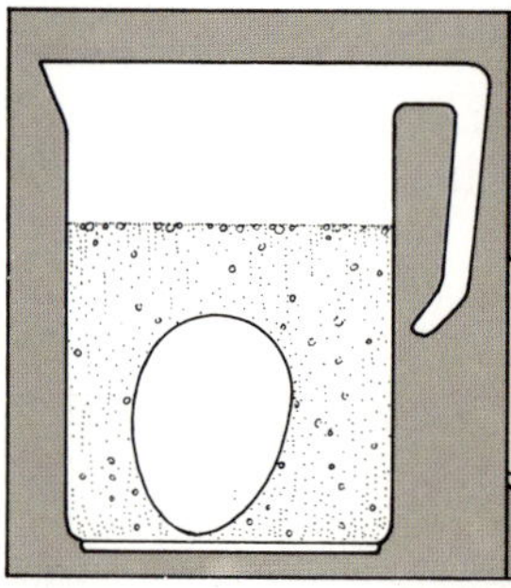

Ei steht auf

Eiklar und Dotter vermischen sich

3 Wochen altes Ei

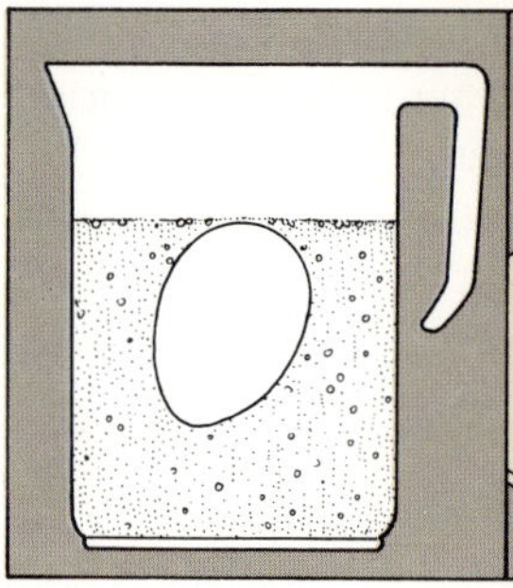

Ei schwimmt

Eiklar zerfließt, Dotter wird flacher

Eizubereitungen und Eierteige

Gekochte Eier

GZ Gekochte Eier

Garzeiten für Gewichtsklasse 3: weich 4 Minuten, wachsweich 6 Minuten, hart 10 Minuten

½–¾ l	Wasser (abhängig von Topfgröße)
½ EL	Salz
4	frische Eier

① Eier am runden Ende mit Nadel oder »Eierpick« anstechen. Wasser und Salz in passendem Topf zum Kochen bringen, Eier auf Löffel legen, vorsichtig in das kochende Wasser gleiten lassen, wieder zum Kochen bringen. Je nach gewünschter Garzeit auf kleiner Hitze köcheln lassen.
② Aus dem Topf nehmen oder Kochwasser abgießen.
③ Eier, die geschält oder auch als Ostereier weiterverwendet werden sollen, kalt abbrausen.

Verwendung Warme Eier im Glas und als Frühstücksei. Kalte Eier für gefüllte Eier, Sol- und Würzeier, Ostereier, zu kalten, pikanten Saucen, als Garnitur.

- ▷ Eier zum Kochen nicht direkt aus dem Kühlschrank nehmen, damit sie nicht platzen.
- ▷ Eier am dicken Ende anstechen (schützt vor Zerspringen).
- ▷ Eier müssen während des Kochens immer ganz mit Wasser bedeckt sein.
- ▷ Bei größeren Eiern als Gewichtsklasse 3 1–1½ Minuten Kochzeit zugeben.

Kräuterei

Zubereiten 15 Minuten

4	frische Eier, wachsweich gekocht, der Länge nach halbiert
	Salz und frisch gemahlener Pfeffer
1 EL	Schnittlauch, Dill und Petersilie, fein gehackt

① Eier kochen, kalt überbrausen. Ei in die Hand nehmen, mit größerem Küchen- oder Tafelmesser mit leichtem Schlag der Länge nach halbieren, mit kleinem Löffel aus der Schale lösen.
② Die Eihälften durch feines Sieb streichen, mit Salz, Pfeffer und Kräutern würzen, leicht verrühren, in die Eischalen zurückfüllen, servieren.

Verwendung Zu Salatplatten mittags und abends, zum Brunch, als kleine Appetithappen, zu Schinkenbrot, zu frischen Matjes.

GZ Gefüllte Eier

Vorbereiten 10 Minuten
Füllung 20–30 Minuten

4	Eier, hart gekocht, geschält, halbiert

Füllung 1

4	Eidotter, hart gekocht, durch Sieb gestrichen
2 EL	Mayonnaise
1 EL	Magerquark
1 TL	scharfer Senf
1 EL	schwarzer oder roter Kaviar
	frisch gemahlener Pfeffer
1 EL	Zitronensaft

Füllung 2

4	Eidotter, hart gekocht, durch Sieb gestrichen
2 EL	Sahnequark
1 EL	Cognak (nach Belieben)
2 EL	Zitronensaft
2	Scheiben gekochter Schinken, sehr fein gewiegt
	Salz und frisch gemahlener Pfeffer
1 TL	Estragonblätter, fein gehackt
1	Blatt Pfefferminze, fein gehackt

Füllung 3

4	Eidotter, hart gekocht, durch Sieb gestrichen
2 EL	Mayonnaise
1	Sardelle oder Anchovisfilet, sehr fein gehackt
1 TL	scharfer Senf
1 TL	Kapern, gehackt
1 TL	Petersilie, sehr fein gehackt
	frisch gemahlener Pfeffer

Füllung 4

4	Eidotter, hart gekocht, durch Sieb gestrichen
1 EL	Mayonnaise
1 EL	Magerquark
1 TL	Schnittlauch, fein gehackt
1 TL	Petersilie, fein gehackt
1 TL	Dill, fein gehackt
1 TL	Estragonblätter, fein gehackt
2	Scheiben Räucherlachs, sehr fein gewiegt
	Salz und frisch gemahlener Pfeffer
1 EL	trockener Weißwein

① Die durch ein Sieb gestrichenen Eidotter mit Mayonnaise oder Quark, Senf, Zitronensaft und Kräutern – je nach Rezeptvorschrift – verrühren.
② Schinken, Sardellen oder Lachs sehr fein wiegen, unter die Creme mischen, abschmecken.

③ Entweder mit kleinem Löffel die Creme in die Eihälften füllen oder die Masse mit Spritzbeutel und großer Tülle in die Eihälften spritzen. Kühl stellen.

Serviervorschlag Eine Platte mit Salatblättern auslegen, Eier daraufsetzen, mit kontrastreichen Farben, z. B. Tomatenvierteln und Petersilie, arrangieren.

Unter der Vielzahl von Möglichkeiten, Eierfüllungen zusammenzustellen, konnten hier nur einige typische Zubereitungen erwähnt werden. Grundsätzlich können auch Fleischreste, durch den Wolf gedreht, verwendet werden.

Soleier

Vorbereiten 10 Minuten
Kochen 10 Minuten

10 frische Eier, hart gekocht
1–1¼ l Wasser zum Kochen mit 2 EL Salz
Schalen von etwa 10 Zwiebeln

Beize
1 l Wasser mit 2 EL Salz

① Wasser mit Zwiebelschalen aufkochen, salzen, zudecken, 10 Minuten ziehen lassen.
② Eier am runden Ende anpicken, in den Zwiebelschalensud legen, etwa 10 Minuten kochen lassen, herausnehmen, kalt abschrecken.
③ Salz und Wasser aufkochen, so lange rühren, bis Salz gelöst ist, erkalten lassen.
④ Die Eier rundherum mit Messer anklopfen oder auf Holzbrett anschlagen, in genügend großes Einweckglas schichten, mit dem Salzwasser übergießen, sie müssen ganz bedeckt sein, mehrere Tage ziehen lassen.

Verwendung Zu kaltem Abendessen, kaltem Buffet mit ursprünglicher Note.

Beilagen Scharfer Senf, Brot, pikanter Hering, roher Schinken.

Würzeier

Zubereiten 20 Minuten

10 frische Eier, hart gekocht
1¼ l Wasser

Beize
¼ l Weißweinessig
¼ l Wasser
2 Lorbeerblätter
2 rote Peperoni im ganzen
2 grüne Peperoni im ganzen
1 TL Pfefferkörner
4 Gewürznelken
1 EL Zucker
1 EL Salz

① Eier nach Grundzubereitungsart hart kochen, kalt abbrausen, Schale rundherum anklopfen.
② Die angegebenen Zutaten für die Beize miteinander 5 Minuten kochen, abkühlen lassen.
③ Eier in großes Glas oder passendes Gefäß legen, mit der Marinade übergießen, 2–5 Tage darin ziehen lassen. Kühl stellen.

Verwendung Snacks bei Parties im Winter und Sommer.

Beilagen Salatplatte, Appetithappen, Matjes, Zwiebelfisch.

Eier in Aspik

Zubereiten 20 Minuten

6 Eier, hart gekocht, geschält
20 möglichst kleine Cornichons
1 EL Kapern
einige Streifen von rotem, eingelegtem Paprika
viel Petersiliengrün, Estragon oder Salatblätter

Aspik
⅜ l helle Brühe, mit Eiweiß geklärt
¼ l trockener Sherry oder Weißwein
Salz und Spritzer Tabasco
10 Blatt weiße Gelatine

① Gelatine in kaltem Wasser quellen lassen. Brühe, Sherry, Salz, Tabasco erhitzen, sehr gut abschmecken, gequollene Gelatine ausdrücken, in der heißen Flüssigkeit unter Rühren auflösen, erkalten lassen.

② 4 Förmchen oder Tassen mit einer Schicht – etwa 1½ cm hoch – angießen, gelieren lassen.
③ Die Eier nach Belieben in Spalten oder runde Scheiben teilen. Auf die gelierte, unterste Schicht die Eier in gefälligem Muster legen, Cornichons, Kapern und Paprikastreifen hübsch dazwischen anordnen, wieder mit gelierender Masse angießen, fest werden lassen, gut kühlen.
④ Zum Servieren die Tassen rasch in heißes Wasser tauchen, auf Teller oder Platte stürzen, mit Estragon, Petersilie oder Salatgrün umlegen, servieren.

Verwendung Vorspeise, Snacks.

Beilagen Salatplatte, Brot.

Eier auf pikanter Kräutersauce

Zubereiten 12 Minuten
Kühlen 30 Minuten

4	Eier, 6 Minuten gekocht, abgeschreckt, geschält, längs halbiert

Sauce

1	Knoblauchzehe, durchgedrückt
3 EL	scharfer Senf
3 EL	Weinessig
1½ EL	Zucker
4 EL	Crème fraîche
1 EL	Estragon, grob gehackt
1 EL	Zitronenmelisse, grob gehackt
1 EL	Sauerampfer, grob gehackt
1 EL	Zwiebelgrün oder Schnittlauch, grob gehackt
	frisch gemahlener Pfeffer

① Knoblauchzehe in Schüssel pressen, Senf, Essig und Zucker gründlich darin verrühren, Crème fraîche dazugeben, mit kleinem Schneebesen sehr gut vermischen. Alle Kräuter zugeben, mit reichlich Pfeffer abschmecken, 30 Minuten kühlen lassen.
② Sauce auf Platte gießen, die kalten Eier mit der Schnittseite nach oben auf die Sauce legen, servieren.

Verwendung Snacks, Vorspeise, vitaminreiche Zwischenmahlzeit.

Beilage Toast oder krosses Weißbrot.

Pochierte Eier

GZ Pochierte Eier

Garen je Ei 3–4 Minuten

4	sehr frische Eier
1 l	Wasser
2 EL	Weinessig

① Wasser und Essig in einem flachen Topf zum Sieden bringen.
② Eier jeweils einzeln in Tasse aufschlagen und einzeln in das siedende Wasser gleiten lassen.
③ Eier wachsweich kochen. Das Eiweiß muß völlig gestockt sein.
④ Eier einzeln mit dem Schaumlöffel herausnehmen. Auf Küchenkrepp abtropfen lassen (für kalte Verwendung) oder sofort den vorbereiteten Gerichten zufügen.
⑤ Beim Pochieren verformte oder auch nur fransige Eier sehr vorsichtig in Form schneiden.

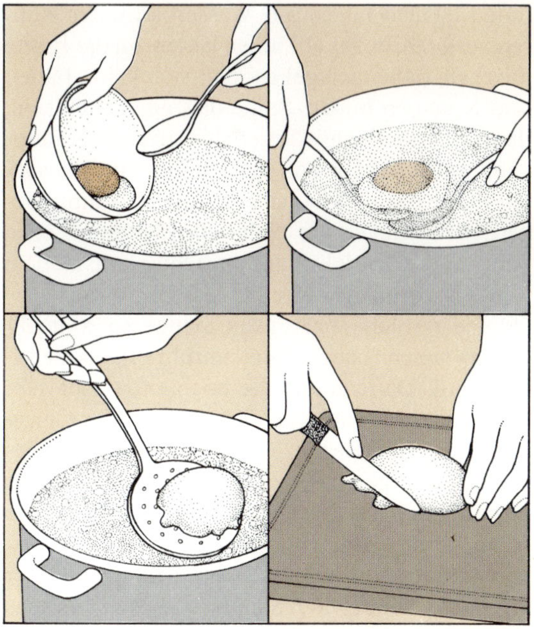

▷ Flacher Topf erleichtert Einlegen und Herausnehmen der Eier.
▷ Wasser nicht salzen, Salz beeinträchtigt die Eiweißgerinnung.
▷ Nur frische Eier verwenden.
▷ Beim Aufschlagen zerlaufene Eier eignen sich nicht zum Pochieren.

Eier in Gelee

Zubereiten insgesamt 1½–2½ Stunden

4 pochierte Eier (s. Seite 129)

Gelee

1 l	helle, geklärte, sehr gut abgeschmeckte Brühe
¹⁄₁₆ l	trockener Weißwein
2 EL	Weinessig
3 P	gemahlene, weiße Gelatine

Garnitur

1	Tomate in Achteln oder
4	Radieschenrosetten
	Hummerkrabben
1	schwarze Olive, in kleine Stücke geschnitten
4	Zweiglein Estragon, Dill, Kresse oder Portulak

① Eier nach Grundzubereitung pochieren. Gut abtropfen lassen.

② Gelee: Geklärte Brühe Zimmertemperatur annehmen lassen, ¼ l zum Auflösen der Gelatine abschöpfen. Wein und Essig zur Brühe geben. Gelatine mit kalter Brühe verrühren, etwa 10 Minuten quellen lassen, im Wasserbad unter Rühren auflösen, etwas abkühlen lassen, an die Brühe mischen, dabei achtgeben, daß sich keine Fäden und Klumpen bilden. Sollte dies geschehen sein, die Brühe wieder erwärmen, bis sich alle Klümpchen gelöst haben. Von der mit Gelatine versetzten Brühe etwa ¼ l in Schüssel füllen. Hauptmenge der Flüssigkeit auf eine tiefe Platte und etwa 3 mm Geleeflüssigkeit auf Anrichteplatte gießen, im Kühlschrank erstarren lassen.

③ Die restliche Flüssigkeitsmenge so weit abkühlen lassen (dabei öfters umrühren), bis sie sämig wird. Dann sofort die pochierten Eier sehr vorsichtig in Form schneiden und mit der Geleeflüssigkeit überziehen, darauf achten, daß dies gleichmäßig geschieht. Die Hummerkrabben in das sämig-flüssige Gelee tauchen, auf eine Platte legen, ebenso die Tomatenachtel oder Radieschenrosetten und Oliven. Sollte das Gelee dafür zu rasch dicken, die Schüssel in handwarmes Wasserbad setzen und von neuem richtigen Zeitpunkt abwarten.

④ Das völlig erstarrte Gelee auf der tiefen Platte mit großem Messer in möglichst kleine Würfel von 1,5 × 1,5 cm schneiden. Mit Kuchengabel oder Backschaufel die Würfel abheben, auf Geleeschicht der Anrichteplatte so verteilen, daß es den Eindruck von Eisbröckchen erweckt. Die pochierten, glasierten Eier auf dem Gelee anordnen, in der Mitte eine Rosette aus den vorbereiteten Tomaten oder Radieschen oder Hummerkrabben legen. Die Oberfläche der Eier mit Estragonblättern blüten- oder sternförmig belegen, die Zweige als Blütenstiel benutzen, mit Olivenstückchen das Blüteninnere farblich hervorheben. Platte bis zum Gebrauch in den Kühlschrank stellen.

Verwendung Als feine Vorspeise oder zum kalten Buffet.

Beilage In Butter geröstete Weißbrotwürfel, Sekt.

Diese Zubereitungsart für Eier aus der klassischen, feinen Küche erfordert viel Sorgfalt und auch ein wenig Übung. Aber die Mühe lohnt sich.

Pochierte Eier auf grünem Bett

Zubereiten 20 Minuten

500 g	Blattspinat, verlesen, gewaschen, sehr gut abgetropft
1	Knoblauchzehe, geschält und halbiert
4 EL	Butter, flüssig
	Salz und frisch gemahlener Pfeffer
4	pochierte Eier (s. Seite 129)

① Knoblauchzehe auf spitzes Messer stecken, Pfanne reichlich damit ausreiben, zerlassene Butter hineingeben, aufschäumen lassen, Spinat einfüllen, mit Backschaufel vorsichtig wenden, auf milder Hitze so weit garen, bis die Blätter weich sind, auf vorgewärmte Teller füllen, im Ofen bei 150 °C warm halten, mit Salz und Pfeffer überstreuen.

② Eier nach Grundzubereitung pochieren. Jeweils 1 Ei auf vorbereitetes Spinatbett legen, mit Salz und frischem Pfeffer überstreuen, sofort servieren.

Verwendung Mit Brot und Butter als kleines Zwischengericht oder Vorspeise.

Variationen

- Statt Spinat Lauch verwenden, vorher in Butter knapp gar dünsten, mit 2–3 EL Sahne verfeinern, salzen, pfeffern.
- 500 g Brokkoli in Butter dünsten, pürieren, salzen, pfeffern, wie Spinat verwenden.

Verlorene Eier in Lauchsauce

Zubereiten insgesamt 20 Minuten

Lauchsauce

1	große Lauchstange, helles und zartgrünes Stück der Länge nach dünn geschnitten
2 EL	Butter, zerlassen
	Salz und frisch gemahlener Pfeffer
4 EL	Weißwein
1 EL	Crème fraîche
1 EL	Basilikum oder Petersilie, gehackt

Außerdem

4	Scheiben Toastbrot, goldbraun geröstet
4	pochierte Eier (s. Seite 129)

① Lauch in Butter andünsten, mit schwacher Hitze zubereiten, leicht salzen, pfeffern, Wein angießen, mischen, bei offenem Topf 3–4 Minuten weitergaren, aufpassen, daß der Lauch nicht weich wird. Beiseite stellen.

② Brot toasten, diagonal durchschneiden, jede Hälfte nochmals durchschneiden (Dreiecke).

③ Eier nach Grundzubereitung pochieren.

④ Lauchsauce nochmals kurz erhitzen, Crème fraîche unterziehen, Kräuter untermischen. Auf vorgewärmter kleiner Platte Lauchsauce anrichten, Eier auf das Saucenbett legen, mit frisch gemahlenem Pfeffer bestreuen, mit Brotdreiecken umlegen, sofort servieren.

Verwendung Als kleine Mahlzeit zu trockenem Wein servieren.

Gebratene Eier

Spiegelei, Setzei, Ochsenauge

Zubereiten 2 Minuten

4	frische Eier
3 EL	Butter, flüssig, oder Öl
	Salz
2 EL	Schnittlauch (nach Belieben)

① Jedes Ei in kleine Schüssel oder Tasse vorsichtig aufschlagen.

② Butter in Pfanne auf kleiner Hitze aufschäumen lassen, Eier hineingießen, eventuell mit Löffel vorsichtig die Dotter so verschieben, daß alle etwa gleichmäßig von Eiweiß umgeben sind. Auf kleinstmöglicher Hitzestufe garen, damit das Eiklar gleichmäßig gerinnt. Alles Eiklar muß fest, d.h. weiß werden.

③ Nur weißen Rand um den Dotter salzen, auch nur diesen mit Schnittlauch bestreuen. Am besten in der Pfanne servieren, da beim Zerteilen der Eier der Dotter leicht verletzt wird und ausläuft.

Verwendung Kleines Blitzgericht, Zwischenmahlzeit.

Beilagen Salatplatte nach Jahreszeit, Spinat, Mangold, Salzkartoffeln, Schwarzbrot.

Variation
Auf Butterbrot, mit reichlich rohem Schinken belegt, als »Strammer Max«.

- ▷ Nur frische Eier verwenden.
- ▷ Eier zur Kontrolle einzeln vorher aufschlagen.
- ▷ Nur bei gleichmäßiger Hitze garen, sonst kein gleichmäßiges Ergebnis.
- ▷ Dotter nicht mit Salz bestreuen, da die Salzkristalle weiße Pünktchen hinterlassen.

Ham and Eggs

Garen 3 Minuten

4	frische Eier
½ EL	Öl
8	schmale Scheiben durchwachsener Speck
	Salz und frisch gemahlener Pfeffer

① Öl in Pfanne erhitzen, auf mittlerer Hitze Speckscheiben sehr kroß ausbraten, 4 Scheiben herausnehmen, auf Teller legen, beiseite stellen.

② Auf jede in der Pfanne verbliebene Speckscheibe ein aufgeschlagenes Ei setzen, langsam stocken lassen, Eiweiß salzen.

③ Die vorher entnommenen Scheiben wieder in die Pfanne zurücklegen, etwa kreuz- oder sternförmig zwischen den Dottern anordnen. Mit Pfeffer »übermahlen«.

Verwendung Blitzgericht und typische Zutat zu »Brunch«, mit Tassenbrühe und Schwarzbrot.

Grundrezept Rührei

Vorbereiten 1 Minute
Garen 2–3 Minuten

4	frische Eier
4 EL	Milch oder Sahne
	Salz und frisch gemahlener Pfeffer
2 EL	Butter, flüssig
1 EL	Schnittlauch, gehackt

① Eier mit Milch bzw. Sahne verquirlen, mit Salz und Pfeffer leicht würzen.
② Fett in genügend großer Pfanne oder flacher, feuerfester Form erhitzen, verquirlte Eier bei kleiner Hitze in die Pfanne gleiten lassen, Hitzezufuhr nicht verstärken. Sobald die Masse stockt, mit Gabel vorsichtig längs und quer durchziehen. Die Eier sollen gestockt, aber auf der Oberfläche noch feucht und glänzend sein.
③ Mit Backschaufel vorsichtig vom Pfannenboden lockern, auf vorgewärmte Platte gleiten lassen oder in feuerfester Form servieren. Mit Schnittlauch bestreuen.

Verwendung Kleines Schnellgericht, für Zwischenmahlzeiten, zu Blattsalaten, Kartoffelsalat, auf Toast mit Sardellen oder Schinkenstreifen, zu Schwarzbrot.

▷ Nur frische Eier verwenden.
▷ Kleine Hitzestufe benutzen.
▷ Nur leicht durchrühren oder durchziehen.
▷ Oberfläche muß feucht und glänzend bleiben.

Rührei mit Zwiebeln oder Bacon

Vorbereiten 2 Minuten
Zubereiten 5 Minuten

1	Grundrezept Rührei (s. oben)
3 EL	Olivenöl
1	mittelgroße Zwiebel, in feine Ringe geschnitten, oder 4 Scheiben durchwachsener Speck
1 EL	Petersilie oder Schnittlauch, gehackt

① Öl in Pfanne erhitzen, Zwiebel oder Speckstreifen kroß goldbraun braten, mit Gabel wieder herausnehmen, auf Teller legen, beiseite stellen. Hitze reduzieren.
② In das mäßig heiße Öl Eimasse eingießen, mit Gabel vorsichtig kurz durchrühren, mit Backschaufel vom Pfannenboden lösen, auf vorgewärmte Platte gleiten lassen, Zwiebelringe bzw. Speckstreifen auflegen, mit Grün bestreuen.

Rührei Flamenco

Vorbereiten 10 Minuten
Zubereiten 10 Minuten

1	Grundrezept Rührei (s. nebenan)
3 EL	Öl
1	Schalotte
2	Fleischtomaten, enthäutet, gewürfelt
	Salz und Pfeffer
½	grüne Paprikaschote, entkernt, in dünne Streifen geschnitten
2	schwarze Oliven, entsteint, in Achtel geschnitten
1	Knoblauchzehe, durchgepreßt
1 EL	Petersilie oder Schnittlauch, gehackt

① Öl in Pfanne erhitzen, Zwiebel darin glasig dünsten, Tomatenwürfel zugeben, bei mäßiger Hitze reduzieren lassen, salzen, pfeffern. Paprika, Oliven und Knoblauch zugeben, höchstens 2 Minuten in der Tomatenmischung erhitzen.
② Verquirlte Eier zugießen, mit Gabel einmal längs, einmal quer durchziehen, auf geringer Hitze stocken lassen, mit Petersilie bestreuen, in der Pfanne servieren.

Verwendung Typische »Eierpfanne«, als Blitzgericht für Zwischenmahlzeiten oder Mittag- und Abendessen, mit Schwarz- und Weißbrot.

Variation
Dünne Scheiben von kleinen Salamiwürsten vor den Tomaten zugeben, mitgaren.

Gebackene und gratinierte Eier

Krabbenei

Vorbereiten 5 Minuten
Garen 15–20 Minuten im Ofen bei 150 °C

2 EL	Butter, flüssig
1	Schalotte, sehr fein gehackt
100 g	frische oder TK-Krabben
2	Scheiben roher Schinken, dünn geschnitten
1 EL	Weißwein oder Sahne
	Salz und frisch gemahlener Pfeffer
1 TL	Dillspitzen, gehackt
4	Eier
2 EL	Butter, flüssig, für Portionsförmchen
1 EL	Schnittlauch, fein gehackt

① Ofen vorheizen. Souffléförmchen mit Butter ausstreichen. Schalotte in Butter glasig dünsten, Krabben und Schinkenstreifen zugeben, kurz andünsten, mit Wein oder Sahne ablöschen, salzen, pfeffern, Dillspitzen zugeben.
② Dünstmischung in Portionsförmchen verteilen, jeweils 1 Ei vorsichtig aufschlagen, auf die Unterlage in die Förmchen gleiten lassen.
③ Die Förmchen in flachem Topf ins Wasserbad, das bis auf halbe Höhe der Förmchen reichen darf, stellen, im Ofen garen. Sobald das Eiweiß geschlossen weiß ist, aus dem Ofen nehmen, mit Schnittlauch bestreut servieren.

Beilagen Toast, frisches Weißbrot.

Variationen
- Mit gekochten Schinkenwürfeln, in Butter und Petersilie gedünstet, zubereiten
- Mit in Streifen geschnittenen Scheiben von graved Lachs mit Estragon würzen.

Tomatenei

Vorbereiten 10 Minuten
Garen 10–15 Minuten im Ofen bei 175 °C

4	große Fleischtomaten, gewaschen, abgetropft
	Salz und frisch gemahlener Pfeffer
	Prise Knoblauchpulver (nach Belieben)
	Prise Thymian oder 1 EL Petersilie, fein gehackt
4	Eier
4	dünne Scheiben Lachsschinken, in Streifen geschnitten
2 EL	Emmentaler oder Gouda, gerieben
2 EL	Butter, flüssig, zur Form
4	Petersilienzweige zum Anrichten

① Ofen vorheizen. Von den Tomaten Stielansatz mit Deckel abschneiden, mit kleinem Löffel vorsichtig das Innere herausnehmen, nicht salzen, umgedreht auf Teller setzen, damit überflüssiger Saft ablaufen kann. Flache Auflaufform oder ofenfeste Portionsschalen ausbuttern.
② Die Tomaten mit Pfeffer, evtl. wenig Knoblauchpulver, Thymian oder Petersilie ausstreuen, jeweils 1 Ei vorsichtig aufschlagen, hineingleiten lassen. Schinkenstreifen darauflegen, mit Reibkäse bestreuen, in Auflaufform oder Portionsschalen stellen, das Tomateninnere auf den Boden der Form füllen, im Ofen garen.
③ Vor dem Servieren neben die Tomaten je 1 Petersilienzweig legen.

Beilagen Toast und Butter, Wein.

Variationen
- 2 fein gehackte Schalotten, mit gehackter Petersilie in Butter gedünstet, vor dem Ei in die Tomaten füllen.
- 100 g Krabben oder Scampi mit 4 EL Sahne erhitzen, 1 EL fein gehackten Dill zugeben, leicht salzen und pfeffern, vor dem Ei in die Tomaten füllen. Verlangt ausgesprochen große Tomaten.

Gratinierte Eier

Vorbereiten 15 Minuten
Überbacken 8–10 Minuten im Ofen bei 250 °C

4	frische Eier
4 EL	Butter, flüssig
2	Schalotten, sehr fein gehackt
500 g	Spinatblätter, gewaschen und gut abgetropft, oder entsprechende Menge TK-Spinat, aufgetaut und abgetropft
1	Knoblauchzehe, geschält, halbiert
	Salz und Pfeffer
	Prise Muskat
2 EL	Butter für die Form

Zum Gratinieren

¼ l	Sahne
4 EL	Reibkäse
2	Eigelb zum Legieren

① Eier wachsweich kochen, mit kaltem Wasser abschrecken, noch in der Schale lassen.
② Schalotten in Butter andünsten, Spinat zugeben, bei kleiner Hitze häufig umwenden, Knoblauchzehenstücke auf Gabel spießen, damit den Spinat oft umrühren, mit Salz, Pfeffer, Muskat würzen. Form ausbuttern, Spinat einlegen, Eier vorsichtig schälen, auf Spinat legen.
③ Sahne aufkochen, Reibkäse zugeben, gut darin verrühren, Eigelb verquirlen, Käsesauce damit legieren. Sauce über die Eier gießen, im Ofen gratinieren. Sofort servieren.

Verwendung Mit Toast oder krossem Stangenbrot als kleine Mahlzeit.

Eierteige und Eierteiggerichte

Grundrezept Omelett

Für 2 Personen

Vorbereiten 1 Minute
Garen 3 Minuten

4	frische Eier
2 EL	Wasser oder Milch
	Salz und frisch gemahlener Pfeffer
2 EL	Olivenöl oder Butter, flüssig

① Eier und Flüssigkeit miteinander verquirlen, mit Salz und Pfeffer würzen.
② Öl oder Butter in Pfanne erhitzen, Eiermasse hineingießen, auf geringer Hitze stocken lassen. Dabei mit Gabel einmal durchrühren, mit Backschaufel vom Rand her die Eimasse vom Boden lockern. Pfanne während des Backens leicht rütteln, damit die Eimasse nicht wieder anbäckt. Die Oberfläche muß – wie beim Rührei – feucht und glänzend bleiben.
③ Sobald das Omelett an seiner Unterseite goldgelb gebacken ist, mit der Backschaufel die eine Hälfte auf die andere klappen, auf vorgewärmten Teller oder Platte gleiten lassen, sofort servieren.

Variationen
- Käseomelett: 3 EL frisch geriebenen Parmesan oder Emmentaler unter die Eimasse quirlen.
- Kräuteromelett: 3 EL gehackte Kräuter beliebiger Mischung (Petersilie, Dill, Schnittlauch, Estragon, Kerbel) unter die Eimasse quirlen.
- Schinkenomelett: 2 Scheiben mageren Schinken (roh oder gekocht) in feine Streifen schneiden und gleichmäßig auf die Eimasse in der Pfanne streuen.

Omelett-Füllungen

Lauchfüllung

Vorbereiten 5 Minuten
Garen 8 Minuten

200 g	Lauch, nur das Hellgrüne bis Weiße in ½ cm breite Ringe geschnitten, gewaschen, gut abgetropft
2 EL	Butter, flüssig, oder Olivenöl
	Salz und frisch gemahlener Pfeffer
1 EL	Sahne oder Weißwein

① Butter oder Öl in Pfanne erhitzen, die Lauchringe darin heißrühren, mit Salz und Pfeffer würzen, Sahne und/oder Weißwein zugeben, weiterrühren, bis Flüssigkeit ziemlich verdunstet ist.
② Omelett wie im Grundrezept zubereiten. Vor dem Zusammenklappen der Omeletts die Füllung auf eine Hälfte legen, andere Hälfte darüberklappen.

Pilzfüllung

Vorbereiten 10 Minuten
Garen 5 Minuten

250 g	Champignons, Austernpilze oder Pfifferlinge, blättrig geschnitten oder geviertelt
1 EL	Butter, flüssig, bei Pfifferlingen winzige Speckwürfel, kroß gebraten
1	Schalotte oder sehr kleine Zwiebel, fein gehackt
1 EL	Weißwein
1 EL	Petersilie, fein gehackt
	Salz und frisch gemahlener Pfeffer

① Zwiebel in Butter glasig dünsten, bei Verwendung von Speck diesen langsam sehr kroß braten, Würfel aus der Pfanne nehmen, auf Teller legen.
② Pilze an die im Fett gedünstete Zwiebel geben, unter Zufuhr kräftiger Hitze heißrühren, Weißwein und Petersilie zugeben, etwas reduzieren lassen, leicht salzen und pfeffern (Speckwürfel unterziehen).
③ Omelett nach Grundrezept zubereiten. Vor dem Zusammenklappen Füllung auf eine Hälfte geben, andere Hälfte darüberlegen.

Spinatfüllung

Vorbereiten 10 Minuten
Garen 5 Minuten

300 g	frischer Blattspinat oder TK-Spinat, aufgetaut, gut abgetropft
2 EL	Butter, flüssig, oder Olivenöl
½	Knoblauchzehe, durchgepreßt
	Salz und frisch gemahlener Pfeffer

① Butter oder Öl in weiter Pfanne erhitzen, frische Spinatblätter in zwei Portionen darin heißrühren, mit Knoblauch, Salz und Pfeffer würzen. TK-Spinat nur in Butter erwärmen, würzen.
② Omelett nach Grundrezept zubereiten. Vor dem Zusammenlegen Spinatfüllung auf eine Hälfte legen, andere Hälfte darüberklappen.

Schaum- oder Biskuitomelett

Vorbereiten 5–7 Minuten
Überbacken 8–9 Minuten im Ofen bei 200 °C

15 g	Butterflöckchen für die Pfanne
6	Eiweiß, sehr steif geschlagen
	Salz und 1 EL Zitronensaft
30 g	Mehl, gesiebt
	fein abgeriebene Schale von ¼ Zitrone
3	Eigelb, verquirlt
2 EL	Butter, flüssig

① Ofen vorheizen. Mit der Zubereitung der Omelettmasse erst beginnen, wenn die Ofentemperatur erreicht ist. Boden und Rand einer Pfanne von ca. 20 cm ∅ gleichmäßig mit Butterflöckchen ausstreichen.

② Eiweiß mit Salz und Zitronensaft sehr steif schlagen, Eigelb unter den Schnee heben, Zitronenschale untermischen, Mehl auf den Schnee sieben, rasch mit leichter Hand unterziehen, flüssige Butter zuletzt rasch unterheben. Herdplatte auf mittlere Stufe schalten.

③ Die Masse gleichmäßig dick in die Pfanne streichen, leicht anbacken, bis die Butter zu schäumen beginnt, dann sofort in den vorgeheizten Ofen stellen, lichtgelb überbacken.

Füllungen wie für Omelett verwenden (s. Seite 134).

Variationen

- Mit 2 EL heller Marmelade, mit Rum oder Obstgeist verrührt, füllen, mit Puderzucker besieben.
- Mit frischen, zerkleinerten und gezuckerten Erdbeeren, noch besser Walderdbeeren, füllen und zum Kaffee reichen.
- Mit Früchten aus dem Rumtopf, gut abgetropft, füllen.
- Mit gedünsteter, in Streifen geschnittener Kalbsleber füllen.

Grundrezept Crêpes

Vorbereiten 5 Minuten
Ruhen ½–1 Stunde
Ausbacken 15–20 Minuten

125 g	Mehl, gesiebt
½ TL	Salz
¼ l	Milch
3	Eier
4 EL	Butter, lauwarm zerlassen
20 g	Butter oder reines Pflanzenfett zum Ausbacken

① Mehl in Schüssel mit Salz, Milch und ganzen Eiern zu glattem Teig verrühren, ruhen lassen. Danach evtl. etwas Milch angießen.

② Lauwarm zerlassene Butter in den Teig rühren.

③ Auf mittlerer Hitze Fett in Pfanne erwärmen, mit kleinem Schöpflöffel Teig in die schräg gehaltene Pfanne laufen lassen, evtl. Drehbewegungen ausführen, damit sich der Pfannenboden mit einer dünnen Teigschicht überzieht. Lichtgelb ausbacken, wenden. Nach dem Backen die Crêpes entweder aufeinanderlegen und bis zur weiteren Verwendung warm halten oder erkalten lassen.

Verwendung Suppeneinlage, Hauptgericht mit salzigen und süßen Füllungen, Desserts, besonders zu festlichen Menus und Diners.

- ▷ Teig anrühren, ruhen lassen, damit das Mehl quellen kann. Wichtig für das Backergebnis.
- ▷ Pfanne mit glattem Boden benutzen.
- ▷ Nur für das erste Crêpe die Pfanne ausfetten, alle anderen ohne Fett backen.
- ▷ Crêpes nur bei milder Hitze ausbacken.
- ▷ Crêpes lassen sich mit salzigen und süßen Füllungen sehr vielseitig verwenden.

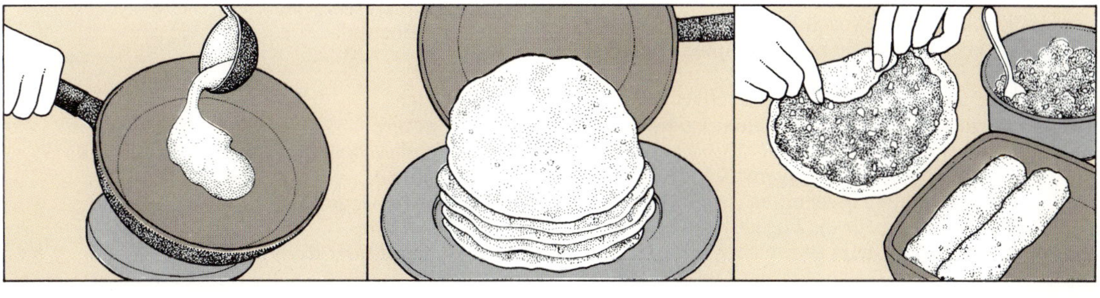

Crêpes nach Hausfrauenart

Zubereiten 15 Minuten
Überbacken 20 Minuten im Ofen bei 200 °C

1	Grundrezept Crêpes (s. Seite 135), fertig ausgebacken

Füllung

2 EL	Öl oder Butter, flüssig
2	Schalotten, sehr fein gehackt, oder 1 kleine Zwiebel
400 g	Hackfleisch, mager und frisch oder aus fein durchgedrehten Fleischresten
2	mittelgroße Tomaten, enthäutet, in Würfel geschnitten
	Salz und frisch gemahlener Pfeffer
1 EL	Petersilie, gehackt
1 Msp	Thymian, Oregano oder ½ Knoblauchzehe, durchgepreßt
	wenig abgeriebene Zitronenschale
1 EL	Rotwein
2 EL	Butter, flüssig, für die Form
1/16 l	Sahne oder 6 EL flüssige Butter

① Ofen vorheizen. Zwiebel im Fett glasig dünsten, Hackfleisch zugeben, auf milder Hitze mitdünsten, Tomaten zugeben, mit Hackfleisch vermischen, Hitzezufuhr verstärken, den Tomatensaft unter ständigem Rühren reduzieren, würzen, mit Kräutern und Rotwein abschmecken, abkühlen lassen. Flache Auflauf- oder Gratinform ausfetten. Jedes Crêpe mit 1–2 EL Füllung bestreichen, locker zusammenrollen, mit offener Seite nach unten nebeneinander in die Form legen.
② Alle Crêpes mit Sahne oder Butter überpinseln. Im Ofen goldgelb überbacken.

Crêpes Veronese

Zubereiten 10 Minuten
Überbacken 15–20 Minuten im Ofen bei 200 °C

1	Grundrezept Crêpes (s. Seite 135), fertig ausgebacken

Füllung

4 EL	Butter, flüssig
½	Knoblauchzehe (nach Belieben), durchgepreßt
750 g	frischer Blattspinat oder TK-Spinat, aufgetaut und abgetropft
	Salz und frisch gemahlener Pfeffer
150 g	Mozarella-Käse, in kleine Brösel zerteilt, oder 250 g Hüttenkäse
4	Scheiben gekochter, magerer Schinken, in feine Streifen geschnitten (nach Belieben)
2 EL	Butter, flüssig, für die Form
2 EL	Butter, flüssig, zum Bestreichen

① Ofen vorheizen. Für die Füllung in kleiner Pfanne Butter zerlaufen lassen, nach Belieben mit durchgepreßter Knoblauchzehe würzen.
Frischen Spinat in vier Portionen einteilen, zu der Butter in die Pfanne geben, ständig rühren, mit Salz und Pfeffer würzen. Wenn die Blätter zusammenfallen, sofort aus der Pfanne nehmen, auf Teller legen, beiseite stellen. Restlichen Spinat ebenso bearbeiten.
TK-Spinat auftauen, gut abtropfen, in der Butter nur heiß werden lassen, dabei mehrfach wenden. Würzen und ebenfalls beiseite stellen.
② Jedes Crêpe mit Spinatblättern gleichmäßig dünn belegen, Mozarella-Krümel und Schinkenstreifen darauf verteilen, zusammenrollen, mit offener Seite nach unten nebeneinander in die gefettete Form legen, mit Butter bepinseln, goldgelb überbacken.

Verwendung Vorspeise, Hauptgericht, vor allem mit geschmolzenen Tomaten (s. Seite 62).

Variationen
- Die Crêpes nicht zusammenrollen, sondern, nachdem sie mit Füllung belegt sind, aufeinanderschichten, im Ofen warm halten, servieren, wie eine Torte aufschneiden.
- Mit gewürztem Brokkoli-Fenchel-Püree füllen.

Crêpes Klausenburg

Zubereiten 15–20 Minuten
Überbacken 15–20 Minuten im Ofen bei 200 °C

1	Grundrezept Crêpes (s. Seite 135), fertig ausgebacken
2 EL	Butter, flüssig, zur Form
2 EL	Butter, flüssig, zum Bestreichen
	Puderzucker

Füllung

250 g	Walnüsse oder Mandeln, fein gerieben
⅛ l	Sahne, reichlich
	Prise Vanillinzucker
2	Eiweiß, steif geschlagen
4 EL	Johannisbeergelee
2 EL	Zitronensaft

Sauce

¼ l	Milch
2 EL	Zucker
½	Vanilleschote und ausgeschabtes Mark
¼ l	Sahne
2	Eigelb, verquirlt
	Prise Salz
1 EL	Cognac oder Rum

① Ofen vorheizen. Form ausfetten.
② Füllung: Walnüsse oder Mandeln auf trockener Pfanne lichtgelb rösten, abkühlen lassen, mit Sahne verrühren, Eischnee unter die Nußmischung ziehen, mit Vanillinzucker aromatisieren.
③ Johannisbeergelee mit Zitronensaft glatt verrühren, Crêpes dünn damit bestreichen. Nußmasse so darauf verteilen, daß alle Crêpes gleichmäßig gefüllt werden können: Bis auf etwa 2 cm vom Rand entfernt auftragen, glatt verstreichen, locker zusammenrollen. Nicht zu dicht nebeneinander in die Form legen, mit Butter bestreichen, im Ofen lichtgelb überbacken. Mit Puderzucker bestreuen.
④ Sauce: Milch mit Zucker, Vanilleschote und ausgeschabtem Mark aufkochen, Sahne einrühren, nochmals erhitzen, etwas abkühlen lassen. Eigelb mit einigen Eßlöffeln Milch/Sahne verquirlen, an die Sauce rühren, mit kleinem Schneebesen kalt schlagen, mit Salz, Cognac oder Rum abschmecken. Zu den heißen Crêpes servieren.

Verwendung Warme Süßspeise, Dessert mit besonderer Note nach leichtem Essen.

Crêpes mit Quarkfüllung, Palatschinken

Zubereiten 15 Minuten
Überbacken 15–20 Minuten im Ofen bei 200 °C

1	Grundrezept Crêpes (s. Seite 135), fertig ausgebacken
1 EL	Butter, flüssig, für die Form
	Puderzucker

Füllung

2	Eigelb
2 EL	Zucker
250 g	Magerquark
	Prise Vanillinzucker oder abgeriebene Zitronenschale
3 EL	Rosinen, gewaschen und abgetropft
2	Eiweiß, steif geschlagen

Zum Überbacken

⅛ l	Sahne
1	Ei

① Ofen vorheizen. Form ausfetten.
② Eigelb mit Zucker schaumig rühren, Quark untermischen, mit Vanillinzucker oder Zitrone abschmecken, Rosinen zugeben, steif geschlagenen Eischnee unterziehen.
③ Die Crêpes mit der Quarkmasse gleichmäßig bestreichen, locker zusammenrollen, nebeneinander in die Form legen.
④ Ei und Sahne miteinander verquirlen, am Rand entlang in die Form gießen. Im Ofen lichtgelb überbacken. Warm, mit reichlich Puderzucker bestreut, servieren.

Verwendung Warme Süßspeise als Hauptgericht, Dessert nach leichten Menus.

Crêpes à l'Abricot

Zubereiten 5 Minuten
Übergrillen 1 Minute

1	Grundrezept Crêpes (s. Seite 135), fertig ausgebacken
6 EL	Aprikosenmarmelade
1	Schnapsglas Marillengeist
2 EL	Butter, flüssig
	Puderzucker

① Crêpes ausbacken. Dicke Aprikosenmarmelade mit Marillengeist glatt verrühren, die Crêpes dünn damit bestreichen, zusammenklappen, nochmals (auf Viertel) klappen, schuppenartig auf runder Platte so anordnen, daß die offenen Seiten am Plattenrand liegen, mit Butter bestreichen, Puderzucker darübersieben.
② Platte auf mittleren Rost in den Ofen stellen, kurz unter dem Grill ganz leicht karamelisieren.

Verwendung Winterliches Dessert zu Mokka.

Crêpes Semiramis

Zubereiten 5 Minuten
Übergrillen 1 Minute

1	Grundrezept Crêpes (s. Seite 135), fertig ausgebacken
400 g	frische Feigen, zerkleinert und püriert
2 EL	Zitronensaft
1 EL	Crème fraîche
4 EL	Butter, flüssig
	Puderzucker
¼ l	Sahne
1 EL	Vanillezucker (aus echter Vanille!) oder Prise Vanillinzucker

① Feigen waschen, gut abtropfen, halbieren, Fruchtmark ausschaben, beiseite stellen. Schalen grob mit Messer zerkleinern, dann mit Zitronensaft pürieren. Püree und Fruchtmark zusammenmischen, Crème fraîche unterziehen.

② Die Crêpes mit Fruchtmischung dünn bestreichen, zusammenklappen, auf Viertel legen, schuppenartig auf runder Platte so anordnen, daß die offenen Seiten am Plattenrand liegen. Mit flüssiger Butter bestreichen, Puderzucker übersieben, unter dem Grill (mittlere Schiene) ganz kurz karamelisieren.
③ Sahne mit Vanillezucker verquirlen, zu den Crêpes servieren.

Verwendung Dessert zum Mokka bei besonderen Anlässen.

Flambierte Crêpes

Vorbereiten 5 Minuten
Ruhen ½–1 Stunde
Ausbacken 15–20 Minuten
Flambieren 1 Minute

125 g	Mehl
$^3/_{16}$ l	Milch, knapp
	Salz und 1 EL Zucker
3	Eier
125 g	Butter, lauwarm zerlassen
	Puderzucker
$^1/_{10}$ l	Grand Marnier oder Mischung aus Cognac und Cointreau zu gleichen Teilen oder nur Cognac

① Mehl mit Milch, Salz, Zucker und Eiern verrühren, quellen lassen. Butter zerlassen, auf Handwärme abkühlen, gleichmäßig unterrühren. Aus diesem Teig hauchdünne Crêpes hell ausbacken.
Die ausgebackenen Crêpes sofort halbieren und dann geviertelt zusammenklappen, auf einer runden Platte sternförmig so anrichten, daß die offenen Seiten nach außen zum Plattenrand liegen. Im Ofen bei 75 °C warm halten, evtl. mit Alufolie bis zum Gebrauch abdecken, um Austrocknen zu verhindern.
② Kurz vor Gebrauch mit Puderzucker bestäuben, unter eingeschaltetem Grill auf mittlere Schiene stellen, kurz den Zucker lichtgelb karamelisieren lassen. Servieren.
③ Alkohol in kleinem Pfännchen erhitzen, die Crêpes bei Tisch damit übergießen, anzünden (flambieren), heiß essen.

Verwendung Besonderes Dessert für festliche Diners in der kalten Jahreszeit, zum Mokka und auch für eine außergewöhnliche Kaffee-Einladung.

Grundrezept

Eierkuchen, Pfannkuchen

Vorbereiten 20–30 Minuten
Ausbacken 15–20 Minuten

250 g	Mehl oder Vollkornweizenmehl
⅜ l	Milch (wahlweise die Hälfte der Flüssigkeitsmenge in Bier)
4	Eier
¼ TL	Salz
	abgeriebene Schale von ¼ Zitrone
150 g	wasserfreies Fett, zerlassen, oder Öl

① In einer Schüssel das Mehl mit der Flüssigkeit anrühren, quellen lassen.
② Die Eier ganz oder als Eigelb und Eischnee dazugeben, mit Salz und Zitrone abschmecken.
③ In einer Omelettpfanne (mit flachem, schrägem Rand) Fett erhitzen. Mit einem Schöpflöffel den Teig etwa ¼ cm hoch auf die Pfannenmitte gießen, anbacken lassen, mit Backschaufel lokkern, wenden. Das Backen muß bei Mittelhitze erfolgen, da die Gefahr des Anbrennens besteht. Pfannkuchen soll nur goldbraune Farbe bekommen. Die fertigen Pfannkuchen auf vorgewärmte Platte legen, warm stellen. Entweder alle Pfannkuchen aufeinanderschichten oder jeden Fladen halbiert zusammenklappen und schuppenförmig anrichten. Möglichst rasch servieren.

Verwendung Als Beilage zu Gemüsen, wie Spinat, gekochter Spargel. Gefüllt als Hauptgericht. Mit etwas dünnerem Teig ausgebacken und zerschnitten als Suppeneinlage. Mit veränderten Zutaten als Kaiserschmarrn, Kuchenmichel usw.

▷ Die Zugabe von mehr Ei macht den Teig lockerer und spart Fett beim Ausbacken.
▷ Wird Ei getrennt – also steifer Eischnee – zugegeben, so erhält man besonders knusprige Pfannkuchen. Teige dieser Zusammensetzung grundsätzlich bei mittlerer Hitze oder noch weniger Temperatur ausbakken.
▷ **Mengenberechnung**
Für 4 Personen als Beilage 1 Grundrezept, als Hauptgericht 2 Grundrezepte, als Suppeneinlage ½ Grundrezept.

Eierkuchen-Füllungen

Fleischfüllung

Vorbereiten 5–10 Minuten
Garen 8–10 Minuten

300 g	Fleisch- und/oder Schinkenreste, durch den Wolf gedreht, oder frisches Hackfleisch
2 EL	Butter, zerlassen
1	mittelgroße Zwiebel, fein gehackt
2	Tomaten, enthäutet, gewürfelt
⅛ l	Sahne
	Salz, Pfeffer, Paprikapulver
2 EL	Petersilie, fein gehackt
2 EL	Wein

① Fleischreste zerkleinern und durch den Wolf drehen.
② Zwiebel in Butter glasig dünsten, Tomatenwürfel zugeben, andünsten. Durchgedrehtes oder Hackfleisch zugeben, dünsten, mit Sahne ablöschen, leicht durchkochen lassen, mit Salz, Pfeffer und Paprika würzen, mit Petersilie und Wein abrunden.
③ In vorbereitete Pfannkuchen füllen, zusammenrollen. Diese entweder nochmals überbacken oder gleich servieren.

Spinatfüllung

Vorbereiten 10–15 Minuten
Garen 5–8 Minuten

1	Paket TK-Spinat, aufgetaut und abgetropft
2 EL	Butter, zerlassen
1	mittelgroße Zwiebel, fein gehackt
¹⁄₁₆ l	Sahne
2 EL	Reibkäse
1	Eigelb
3 EL	Hüttenkäse
	Salz, frisch gemahlener Pfeffer, Prise Muskat
4	Scheiben gekochter Schinken, in feine Streifen geschnitten

① Aufgetauten Spinat auf Sieb abtropfen lassen. Zwiebel in Butter glasig dünsten. Spinat zugeben, unter Rühren dünsten und Feuchtigkeit verdunsten lassen. Abkühlen lassen.
② Sahne in kleinem Topf erhitzen, Reibkäse unter Rühren darin schmelzen, beiseite stellen, Eigelb dazurühren, abkühlen lassen, gelegentlich umrühren.
③ Spinat, Sahnesauce, Hüttenkäse zusammenmischen, mit Salz, Pfeffer, Muskat abschmecken.
④ Vorbereitete Pfannkuchen mit der Spinatmasse füllen, Schinkenstreifen gleichmäßig darauf verteilen, zusammenrollen, mit der offenen Seite nach unten in gefettete Form setzen, mit Butter bestreichen, überbacken.

Quarkfüllung

Zubereiten 10 Minuten

2	Eigelb
4 EL	Zucker
400 g	Magerquark
	abgeriebene Schale von ½ Zitrone oder ¼ P Vanillinzucker
50 g	Rosinen, gewaschen und abgetropft
4 EL	Butter, flüssig
2	Eiweiß, steif geschlagen
4 EL	Sahne

① Rosinen waschen, gut auf Küchenkrepp abtropfen. Eigelb mit Zucker schaumig rühren, Quark zugeben, gut verrühren, mit Zitrone oder Vanillinzucker abschmecken, Rosinen dazumischen, flüssige Butter unterrühren, zuletzt Eischnee zugeben, locker unterheben.
② Vorbereitete Pfannkuchen damit füllen, zusammenrollen, in vorgefettete Form, mit der offenen Seite nach unten, legen, mit Sahne bestreichen, im Ofen überbacken.

Apfel-Quarkfüllung

Vorbereiten 3 Minuten
Zubereiten 10 Minuten

2	Eigelb
4 EL	Zucker
250 g	Magerquark
2	große Äpfel, mit der Schale fein gerieben
	Saft von ½ Zitrone für die Äpfel
	abgeriebene Schale von ½ Zitrone
50 g	Rosinen, gewaschen und abgetropft
4 EL	Butter, flüssig
2	Eiweiß, steif geschlagen
4 EL	Sahne

Zubereitung wie Quarkfüllung. Äpfel an den mit Ei und Zucker vermischten Quark rühren.

Mit Quark gefüllte Eierkuchen können mit Fruchtpüreesaucen nach Jahreszeit, heißer oder kalter Vanillesauce gereicht werden.

Marmeladenfüllung

Für diese Füllung den Pfannkuchenteig mit steif geschlagenem Eiweiß zubereiten.

Zubereiten 2 Minuten

6 EL	Marmelade (Hagebutten-, Erdbeer-, Himbeer-, Aprikosen-, Orangenmarmelade)
4 EL	Rum
	Puderzucker

① Die Marmelade mit Rum gut verrühren.
② Die ausgebackenen Pfannkuchen sofort dünn mit Marmelade füllen, hälftig zusammenklappen, mit Puderzucker bestreuen, gleich servieren, da der Pfannkuchen rasch zäh wird.

Pfannkuchen mit Heidelbeeren, Kirschen oder Äpfeln

Vorbereiten 10 Minuten
Ausbacken 15–20 Minuten

1	Grundrezept Pfannkuchenteig (s. Seite 138), mit getrennten Eiern zubereitet
500 g	Heidelbeeren oder feinblättrig geschnittene Äpfel oder entsteinte und halbierte Kirschen
	Fett zum Ausbacken
	feiner Zucker oder Puderzucker zum Bestreuen

① Teig zubereiten, Obst vorbereiten.
② Fett in Pfanne erhitzen, mit Schöpflöffel etwa ½ cm Teig in die Pfanne gießen, Obst auf dem Pfannkuchen gleichmäßig verteilen, bei mittlerer Hitze goldbraun anbacken lassen, mit Backschaufel lockern, wenden, wie vorher backen.
③ Pfannkuchen hälftig zusammenklappen, auf vorgewärmte Platte legen, mit Zucker bestreuen, sofort servieren.

Verwendung Hauptgericht nach Suppe, Eintopf oder Salatplatte, Zwischenmahlzeit.

Hollerküchle

Vorbereiten 10 Minuten
Ausbacken 5–10 Minuten

½	Grundrezept Pfannkuchenteig (s. Seite 138), mit getrennten Eiern zubereitet und mit fein geriebener Schale von ½ Zitrone
15	Holunderblüten mit Stiel, trocken
	Fett zum Ausbacken
	Puderzucker

① Teig mit Zitronenschale zubereiten.
② Reichlich Fett in Pfanne erhitzen. Blütendolden zweimal in Teig eintauchen, dabei am Stiel halten, sofort in das heiße Fett, mit der Blütenseite nach unten, legen, knusprig goldbraun backen lassen, mit Zucker oder Puderzucker bestreuen, sofort servieren.

Kaiserschmarrn

Vorbereiten 30–40 Minuten
Ausbacken 15 Minuten

250 g	Mehl, gesiebt
⅜ l	kalte Milch
5	Eigelb
	Salz
100 g	Butter, flüssig
80 g	Rosinen, gewaschen und abgetropft
5	Eiweiß, steif geschlagen
	fein abgeriebene Schale von ½ Zitrone
	Butter, flüssig, oder Pflanzenfett zum Ausbacken
	Puderzucker

① Rosinen waschen, gut abtropfen. Mehl mit Milch glatt verrühren, Eigelb und Salz zugeben, verrühren. Flüssige Butter unterziehen, Rosinen einstreuen. Eiweiß sehr steif schlagen, mit der Zitronenschale locker unter den Teig heben.
② Fett in Pfanne erhitzen, mit Schöpflöffel etwa 1 cm hoch Teig eingießen, auf Mittelhitze goldbraun anbacken, wenden, mit Backschaufel zerstoßen oder mit zwei Gabeln in Stücke zerreißen, häufig wenden, bis alle Stücke goldbraun sind.
③ Auf vorgewärmte Platte legen, mit Puderzucker bestreuen, möglichst sofort servieren, da der Kaiserschmarrn durch längeres Stehen zäh wird.

Verwendung Hauptgericht nach Suppe, Eintopf oder Salatplatte, Zwischenmahlzeit.

Grießschmarrn

Teig bereiten 2 Minuten
Ruhen 30 Minuten
Ausbacken 25–35 Minuten bei 200 °C

¾ l	Milch
350 g	Grieß
4	Eier
	Salz
¼ TL	Zitronenschale, fein abgerieben
50 g	Kokosfett, flüssig
	Puderzucker oder Zucker zum Bestreuen

① Milch, Grieß, Eier, Salz und Zitronenschale sehr gut miteinander verquirlen, Teig zum Aufquellen ruhen lassen.
② Teig nach dem Ruhen nochmals sehr gut durchrühren. Backofen vorheizen.
③ Bratreine mit flüssigem Fett ausgießen, Teig einfüllen, im Ofen hell backen. Vor dem Servieren in Stücke schneiden, auf Platte legen, mit Zucker bestreuen.

Variation
250 g gekochte, durchgepreßte Kartoffeln unter den Teig mischen, Grießmenge dafür um etwa 80 g reduzieren. Apfelmus oder Kompott dazu reichen.

Augsburger Kuchenmichl, Kirschenmichl

Vorbereiten 5 Minuten
Backen ca. 25 Minuten im Ofen bei 190 °C

250 g	Mehl, gesiebt
¼ l	kalte Milch
	Salz
4	Eier
125 g	Butter
4 EL	Zucker
	Puderzucker

① Ofen vorheizen. Mehl, Milch, Salz zu glattem Teig verquirlen, Eier unterrühren, Teig sehr gut mit Schneebesen schlagen, bis er ganz glatt ist.
② Auf der Grillpfanne des Backofens oder in großer Bratreine die Butter leicht verlaufen lassen, sie soll noch etwas cremig sein, Zucker darüberstreuen, Teig eingießen, sofort in den Ofen auf Mittelschiene stellen.
Bei Mitverwendung von Kirschen oder Äpfeln: Kirschen entsteinen, auf den eingefüllten Teig legen. Äpfel ggf. schälen, Kernhaus entfernen, dünne Blättchen schneiden, auf den eingefüllten Teig legen. Sofort in den heißen Ofen stellen.
③ Der Teig zieht sich während des Backvorgangs besonders an den Rändern hoch. Sobald der Kuchenmichl schön goldgelb gebacken ist, aus dem Ofen nehmen, in Stücke schneiden. Mit Puderzucker bestreuen, in der Reine oder auf Platte servieren.

Verwendung Hauptgericht nach Suppen oder Salatplatte. Zum Nachmittagskaffee.

Variationen
- Käsemichl: Zucker weglassen, 4 EL feinen Reibkäse und viel Kräuter in die Teigmasse geben, mitbacken.
- Schinkenmichl: Statt Obst 250 g Schinkenstreifen und/oder blättrig geschnittene Champignons auflegen.

Yorkshire-Pudding

Originalrezept
Vorbereiten 5 Minuten
Kühlen 1 Stunde
Backen 25–30 Minuten im Ofen bei 250 °C

100 g	Mehl, gesiebt
½ TL	Salz und frisch gemahlener Pfeffer
1	großes Ei oder 2 kleine
¼ l	Milch
¼ l	Wasser
60 g	Butterflöckchen für Form

① Das gesiebte Mehl mit Salz und Pfeffer vermischen, Grube in die Mitte drücken, Ei einschlagen, zunächst nur etwas Milch und Wasser zu gleichen Teilen angießen, mit dem Schneebesen sehr glatt rühren, so viel weitere Milch und Wasser zugeben, bis der Teig leicht vom Schneebesen tropft. In Kühlschrank stellen, nicht zudekken. Ofen vorheizen.
② Fett in Auflauf- oder Gratinform geben, etwas verteilen, Form in den Ofen stellen, Fett darin heiß werden lassen, bis Butter aufzuschäumen beginnt.
③ Teig aus dem Kühlschrank nehmen und nochmals durchrühren, in das heiße Fett gießen, sofort wieder in den Ofen auf Mittelschiene stellen, backen, bis der Pudding goldbraun ist. In der Form servieren.

Verwendung Als Beilage zu Roastbeef, Rinderbraten, mit Spinat oder Bohnen und Karotten servieren.

Variationen
- In den Teig viel frische Kräuter mischen.
- Dünne, rohe Bratwürstchen in die Form legen, Teig darübergießen. Typisch englisches Gericht (Toad in The Hole).

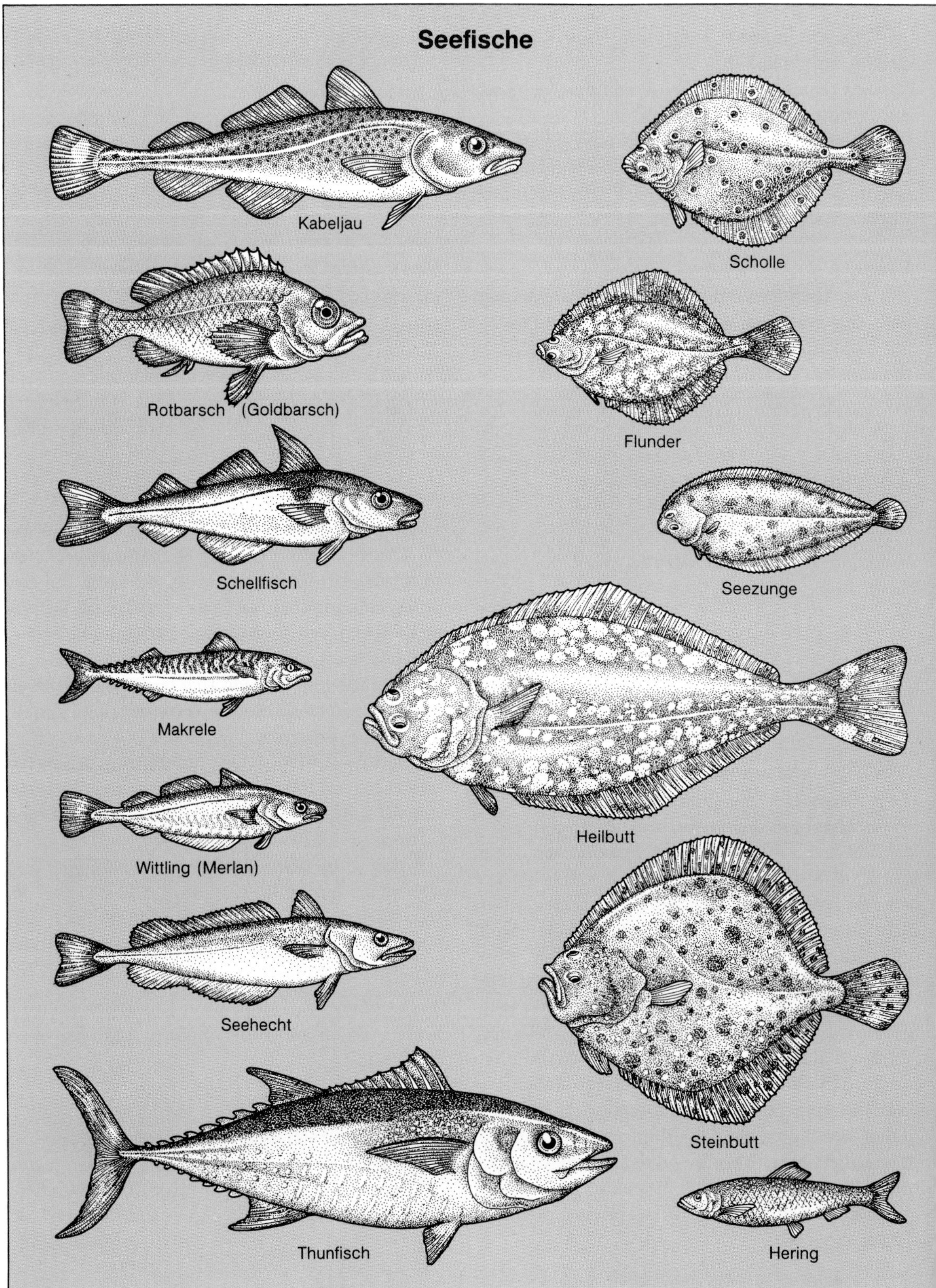
Seefische
Kabeljau
Scholle
Rotbarsch (Goldbarsch)
Flunder
Schellfisch
Seezunge
Makrele
Heilbutt
Wittling (Merlan)
Seehecht
Steinbutt
Thunfisch
Hering

Süßwasserfische

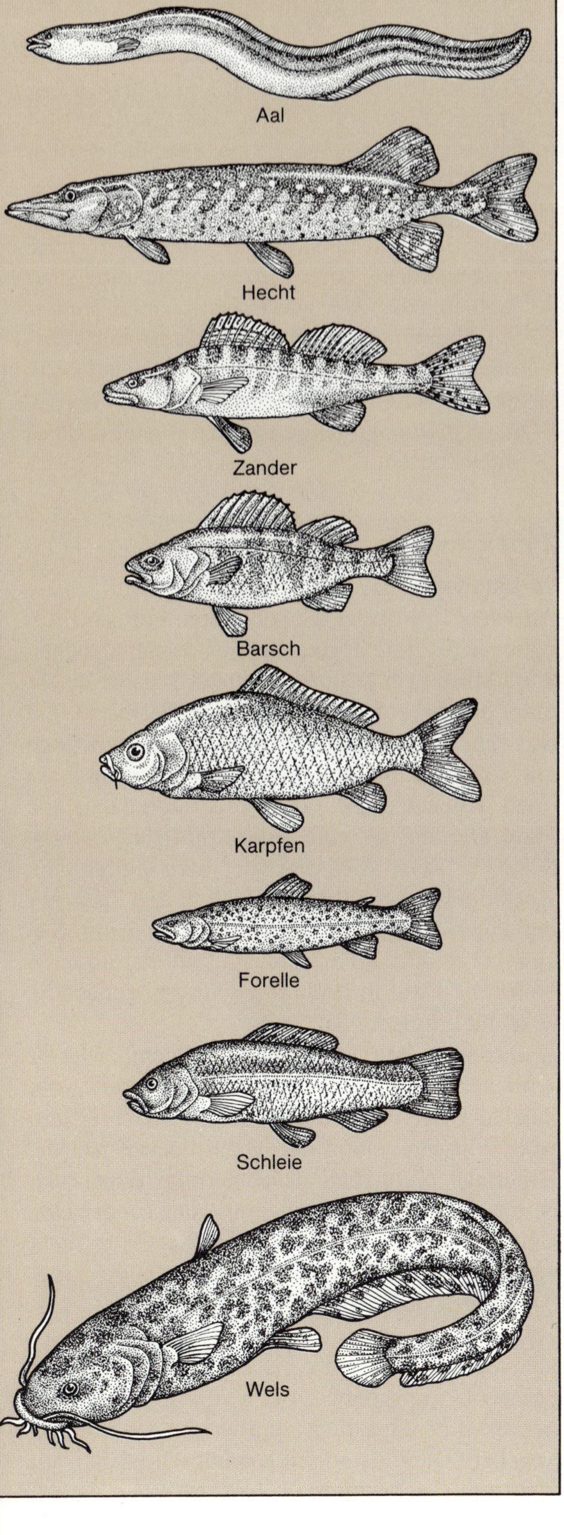

Fisch

Grundkenntnisse

Fisch in der Ernährung

Fisch ist, wie Fleisch und Milch, ein wichtiger Eiweißträger. Er liefert dem Körper u.a. die essentiellen Aminosäuren und ist reich an Mineralstoffen, von denen besonders der Jodgehalt herausragt. So decken z.B. 200 g Kabeljaufilet den Jodbedarf (Schilddrüsenfunktion) für etwa 2 Tage und 200 g Schellfisch für etwa 6 Tage.
Die Eiweiß/Fettrelation ist bei den einzelnen Fischarten unterschiedlich hoch. So enthalten z.B. 100 g Aal 15 g Eiweiß und 25 g Fett, 100 g Kabeljau 17 g Eiweiß und nur Spuren von Fett. Kohlenhydrate sind nur in Spuren enthalten, an Mineralstoffen Natrium, Calcium, Phosphor, Eisen und Jod, an Vitaminen A, D, B1, B2.
Fischfleisch besteht zu 76–80% aus Wasser. Es ist bindegewebsarm, daher leicht verdaulich. Der Sättigungswert ist relativ gering, d.h. die Sättigung hält nicht lange an, weshalb bei Fisch die zu berechnenden Mengen pro Person und Mahlzeit wesentlich höher sind als bei Fleisch. Die Magerfische sind bei entsprechender Zubereitung vor allem für fettarme Diät und Schonkost geeignet.

Die Vielzahl der Fischarten läßt sich einteilen:

Nach dem Lebensraum
Seefische Kabeljau, Seelachs, Goldbarsch, Rotbarsch, Schellfisch, Makrele, Hering, Blauleng, Wittling, Seehecht, Thunfisch, Merlan, Heilbutt, Steinbutt, Scholle, Flunder, Seezunge usw.
Süßwasserfische (Fische aus Binnenseen, Flüssen und Teichen) Aal, Hecht, Zander, Barsch, Karpfen, Forelle, Renke, Schleie, Wels usw.

Nach dem Energiegehalt
Fettfische Lachs, Aal, Hering, Makrele, Thunfisch, Sardelle usw.
Magerfische Hecht, Kabeljau, Seelachs, Merlan, Schellfisch, Blauleng, Steinbutt, Heilbutt, Seezunge, Scholle, Wildwasserforelle usw.

Einkauf

Der größte Teil der Fische kommt zerlegt oder filetiert auf den Markt. Frische Filets haben elastisch-festes Fleisch und frischen See- oder Wassergeruch.
Für den Einkauf von ganzem Fisch oder Fisch am Stück gelten folgende *Frischemerkmale:*
klare, glänzende Augen,
dunkelrote Kiemen,
elastisch-festes Fleisch,
glatte, fest anliegende Schuppen,
frischer Geruch nach Meer oder Wasser (bei Süßwasserfischen).

Sind die Kiemen bräunlich-blaß, bleibt beim Druck auf das Fleisch eine Delle, verliert der Fisch Schuppen und riecht er stark (»fischelt«), dann ist der Fisch zu alt. In diesem Zustand läßt er sich zwar immer noch zubereiten, hat aber bereits wesentlich an Geschmack eingebüßt und eignet sich nicht mehr für die Zubereitung in »blau«, zum Pochieren oder zum Grillen.
Das Angebot von frischem Fisch ist jahreszeitlich und auch regional sehr unterschiedlich. Deshalb ist besonders auf die Tagesangebote zu achten. Auf See gefrosteter Fisch hingegen wird fast überall zu annähernd gleichen Preisen angeboten.

Lagerung

▷ Am besten den Fisch fangfrisch zubereiten, also überhaupt nicht lagern.
▷ Wegen der leichten Verderblichkeit muß Fisch immer im Kühlschrank bei 2–3 °C aufbewahrt werden. Lagerdauer 6–8 Stunden für Filet, Kotelett oder Fisch in größeren Stücken. Ganzer, frisch gefangener Fisch (in der Regel Süßwasserfisch) kann bis zu 24 Stunden im Kühlschrank gelagert werden, wenn er nicht geschuppt und nicht ausgenommen wurde.
▷ Einwickeln in feuchtes Pergamentpapier und danach Einschlagen in Alufolie oder in Polyäthylenbeutel erhält den Fisch feucht und verhindert sowohl das Austreten von Geruchsstoffen als auch das Annehmen von Kühlschrankgeruch.
▷ Bei Fischen, die »blau« zubereitet werden sollen (Forelle, Karpfen, Schleie), darf die äußere Schleimschicht nicht verletzt werden. Deshalb sollte jedes Stück einzeln in feuchtes Papier eingeschlagen werden.
▷ Ganze Fische gerade und flach lagern, da besonders frisch gefangene Fische sich während der Lagerung leicht verformen, was die Handhabung bei der Vor- und Zubereitung erschwert.
▷ Zum Einfrieren eignen sich grundsätzlich nur Magerfische und Krustentiere. Die Gefrierdauer sollte möglichst kurz gewählt werden und höchstens 2 Monate betragen.
▷ Das Einfrieren geschieht am besten in Einweg-Portionsschalen, in die die Filet- oder Kotelettstücke oder ganze Fische möglichst flach eingelegt werden. Kommen mehrere Lagen übereinander, so empfiehlt es sich, zwischen die einzelnen Stücke Folie oder Pergamentpapier zu legen, denn Fisch kann bereits im angetauten oder gefrorenen Zustand zubereitet werden.

Zubereitung

Vorbereiten

Abziehen Seezunge, Scholle, Steinbutt und Aal haben eine feste Haut, die sich leicht abziehen läßt. Mit einem scharfen, spitzen Messer macht man bei Seezunge, Scholle und Steinbutt am Schwanz einen kleinen Einschnitt, hält den Fisch mit einer Hand fest und zieht mit der anderen (evtl. Küchenkrepp oder -tuch benutzen) die Haut erst auf der einen, dann auf der anderen Seite ab. Beim Aal schneidet man hinter dem Kopf die Haut rundherum ein, faßt den Fisch mit der einen Hand am Kopf (am besten mit Küchenkrepp oder -tuch) und zieht mit der anderen Hand die Haut in Richtung Schwanz vorsichtig, aber mit kräftigem Ruck ab.
Ausnehmen Mit scharfem, spitzem Messer schneidet man den Fisch an der Bauchseite vom Schwanz her in Richtung Kopf vorsichtig auf, wobei die eine Hand den Fisch flach gegen die Unterlage preßt (evtl. Küchenkrepp oder -tuch benutzen). Beim Herausnehmen der Eingeweide sehr vorsichtig arbeiten, damit die Galle nicht verletzt wird, der Fisch würde dadurch ungenießbar. Rogen oder Milchner kann im Blausud mitverwertet oder extra zubereitet werden. Blut sowie schwarze und silberne Bauchinnenhaut mit Messer herausschaben. Bei Karpfen die Kiemen herausschneiden, da sie moderigen Geschmack abgeben. Die Flossen mit Küchenschere evtl. auf 2 cm zurückschneiden.

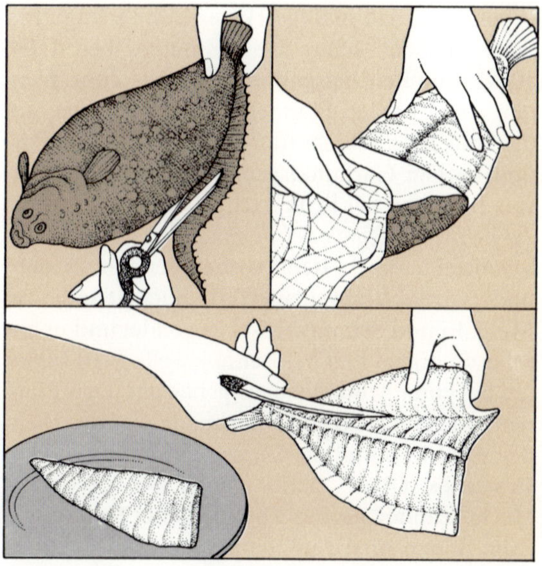

Schuppen Etwa 1 Stunde vor Zubereitung. Dabei den Fisch mit einer Hand am Schwanzende festhalten (Küchenkrepp erleichtert das Halten). Mit Fischschupper oder Küchenmesser mit breiter Klinge den Fisch unter fließendem kaltem Wasser »gegen den Strich«, also in Richtung vom Schwanz zum Kopf schuppen. Bei Karpfen in Blausud kann das Schuppen unterbleiben, da beim Essen die Haut ohnehin entfernt wird.

Tranchieren oder Filetieren im Rohzustand Fisch auf die Seite legen, Haut am Rücken entlang der Rückenflosse vom Kopf bis zum Schwanz mit spitzem, scharfem Messer einritzen. Nur bei kleinen Fischen jetzt vorsichtig die Haut abziehen, große Fische erst nach dem Filetieren häuten. Kopf und Schwanz abtrennen. Das obere, dickere Filet mit Messer vorsichtig vom Rücken her von den Gräten lösen. Rückgrat mit den Gräten herausnehmen, feine Gräten einzeln entfernen.

Plattfische zunächst enthäuten. Flach auf Arbeitsfläche legen, entlang der Rückenlinie bis auf das Rückgrat einschneiden. Vom Kopfende zum Schwanz mit dem Messer an den Gräten entlang die Filets abtrennen.

Säubern, Säuern, Salzen Die drei »S« Säubern, Säuern, Salzen gelten noch immer als goldene Regel, obwohl bei manchen Garmethoden das Säuern mit Zitronensaft erst nach dem Garen ein besseres Geschmacks- und Qualitätsergebnis bringt.

Säubern Ganzen Fisch innen und außen unter fließendem kalten Wasser gründlich, möglichst kurz waschen und sofort mit Küchenkrepp trokken tupfen.

Säuern Etwa 10 Minuten vor der Zubereitung den Fisch mit frisch gepreßtem Zitronensaft beträufeln. Nachteil dieser Methode ist, daß die konzentrierte Säure sehr oft die lockere Struktur von Fisch auslaugt und dessen eigenen Saft zum Austreten zwingt. Deshalb ist es besser, den Fisch erst bei Tisch, also nach dem Garen, mit Zitronensaft zu beträufeln. Auf diese Weise wird auch der Geschmack von nicht erhitztem Zitronensaft frisch und rein erhalten. Diese Methode ist in allen Mittelmeerländern von jeher üblich. Vorteil des Säuerns ist, daß das Fleisch weißer und fester (aber trockener) bleibt und Fischgeruch gebunden wird. Bei Fisch »blau« erübrigt sich Säuern.

Salzen Fisch darf erst unmittelbar vor der Zubereitung gesalzen werden, da Salz dem Fisch seinen eigenen Saft entzieht. Für Diätzubereitungen und Fisch »blau« nicht salzen.

Garmachungsarten

Da Fischfleisch eine sehr lockere Struktur besitzt, sein Wassergehalt zwischen 76 und 80% schwankt und die Eiweißstoffe bereits bei etwa 70 °C gerinnen, läßt sich Fisch bei sanfter Hitze unter dem Siedepunkt bei Temperaturen zwischen 75–80 °C am schonendsten garen. Der Ausdruck »Kochfisch« ist also fehl am Platze.

Pochieren oder Garziehen Ist vorwiegend für ganze Fische aller Arten und Größen geeignet. In einer aromatischen Brühe (Court-Bouillon) oder in mit entsprechenden Würzzutaten gut durchgekochtem, sauer abgeschmecktem Sud (Blausud) werden die Fische unter dem Siedepunkt gar gesotten. Richtig »blau« werden dabei nur lebend frische Fische, deren Haut mit einer Schleimschicht überzogen ist, wie Forelle, Schleie, Renke, Karpfen, Aal. Deshalb darf diese Schleimschicht nicht verletzt werden. Nach dem Säubern werden solche Fische auf eine flache Platte »stehend« gesetzt und mit heißem Essigwasser (½ Wasser, ½ Weinessig) übergossen. Man läßt sie nochmals 10 Minuten ruhen, legt sie dann in die nicht mehr kochende Flüssigkeit ein und läßt sie garziehen. Die Fische müssen von der Flüssigkeit bedeckt sein. Der Garpunkt ist erreicht, wenn die Augen weiß geworden sind und aus den Höhlen treten. Dies ist, abhängig von der Größe, nach 8–10 Minuten der Fall. Ein Spezialtopf mit Einsatz erleichtert das Herausnehmen.

Dämpfen Ähnelt im Ergebnis dem Pochieren oder dem Blausieden. Es ist auch hier eine aromatische, mit Kräutern und Gewürzen angereicherte Flüssigkeit vorzubereiten. Unterschied zum Pochieren: Der Fisch wird auf einen Einsatz gelegt und über der heißen, niemals kochenden Flüssigkeit in geschlossenem Topf bei etwa 80 °C gegart. Da der Fisch mit Flüssigkeit nicht in Berührung kommt, eignet sich dieses Verfahren sehr gut für kleinere Portionsfische, wie Forelle, Schleie, Renke und für Filets oder Fischkoteletts, vor allem aber für Diät und Schonkost.

Dünsten

Auf Gemüse Vorbereitete Fischfilets, Fischkoteletts oder kleine Portionsfische werden auf vorgedünstetes Gemüse gelegt und bei geschlossenem Topf bei etwa 80 °C vorsichtig gegart. Auch dieses Verfahren ist für Diät sehr geeignet.

In der Folie Portionen von Fischfilets, Fischkoteletts oder Portionsfische werden nach dem Vorbereiten nach Rezeptangabe gewürzt, in leicht geölte Folien locker eingeschlagen, an den Rändern fest verschlossen und bei 180 °C im vorgeheizten Ofen gegart. Sobald sich die Folie wölbt, ist der Fisch gar. Die Folienpäckchen einige Minuten ruhen lassen, mit geschlossener oder bei geöffneter Folie servieren. Auf keinen Fall aus der Folie nehmen, da wertvoller Saft verlorenginge.

In Sauce In eine fertig zubereitete Kräuter-, Tomaten-, Champignon-, Kapernsauce von cremiger Beschaffenheit werden die leicht gesalzenen Fischfilets oder -koteletts eingelegt und darin bei kleinster Hitzestufe auf dem Herd gegart.

In Butter Die vorbereiteten Fischstücke werden in zerlassener Butter, die mit Zwiebeln und Kräutern gewürzt sein kann, gewendet und bei kleiner Hitze gegart. Für Fischgulasch geeignet.

Gratinieren Fischstücke werden nach dem Vorbereiten auf ein Gemüsebett aus blanchiertem Blattspinat oder Lauch gelegt, mit Pfeffer gewürzt, mit Sahne, Crème fraîche oder zerlassener Butter bestrichen und, mit geriebenem Parmesan bestreut, unter den eingeschalteten Grill gestellt. Sobald sich das Fischfleisch zusammenzieht und wölbt, ist der Garpunkt erreicht. Käse nicht zu dunkel werden lassen, er schmeckt sonst bitter.

Braten in der Pfanne

Müllerin-Art Kleine Portionsfische, Filets oder Koteletts werden nach der Vorbereitung in Mehl gewendet und in aufschäumender Butter oder anderem geeignetem Fett goldbraun gebraten. Wichtig ist, daß mäßige Hitzezufuhr erfolgt. Pro Seite rechnet man 5–8 Minuten bei Filet, 10–12 Minuten bei ganzen Fischen. Zum Wenden einen breiten Pfannenwender benutzen, um die knusprige Schicht nicht zu verletzen. Bei Portionsfischen Garpunkt genau beachten. Evtl. etwas Butter an der Seite nachgeben.

Paniertes Fischfilet oder Fischkotelett Wird – wie Schnitzel – nach dem vorbereitendem Säuern und Salzen leicht gepfeffert, nacheinander in Mehl, Ei und Semmelbrösel gewendet und in hitzebeständigem Fett beidseitig jeweils 5–10 Minuten bei guter Mittelhitze ausgebacken. Den Pfannenboden nicht zu voll belegen, da dies das Wenden erschwert und die Garzeit verzögert.

Braten im Ofen Dafür eignen sich besonders Hecht, Zander, großer Kabeljau oder Schellfisch. Zum Braten wird der Ofen auf ca. 200 °C vorgeheizt und nach dem Einschieben des Fisches auf 180 °C heruntergeschaltet. Der Fisch wird nach dem Vorbereiten gewürzt. Besonders magerer Fisch, wie Hecht und Zander, wird mit zerlassener Butter oder Speckfett übergossen und, wie ein Braten aus Fleisch, in eine möglichst flache Bratreine oder auf den Grillrost über die Fettpfanne gelegt. Die Garzeit beträgt für große, ganze Fische 40–60 Minuten. Scheiben oder Filets brauchen 20–30 Minuten, je nach Dicke. Garprobe bei ganzen Fischen: Sobald sich die Rückenflosse herausziehen läßt, ist der Fisch gar.

Portionsfische, wie Forelle und Renke, können auf die gleiche Weise gegart werden. Es lassen sich 6–8 Stück auf einmal problemlos zubereiten. Sie sind gar, wenn das Auge weiß geworden ist und sich vorwölbt.

Backen in schwimmendem Fett Für diese Art der Zubereitung eignen sich besonders Fischfilet und kleine Portionsfische. Nach dem Vorbereiten werden sie trocken getupft, mit Pfeffer gewürzt, in Backteig gewendet und in reichlich schwimmendem Fett oder in der Friteuse goldgelb ausgebacken, danach abgetropft.

Grillen Auf dem Holzkohlengrill oder unter dem Herdgrill können Portionsfische und Fischfilets oder -koteletts sehr schmackhaft zubereitet werden. Nach dem Vorbereiten werden sie gewürzt, mit Öl bestrichen (erübrigt sich bei frischer Makrele) und beidseitig bei mäßiger Hitzezufuhr gegrillt, dabei 1–2mal gewendet. Garprobe: Die Rückenflosse läßt sich herausziehen, das Auge wird weiß und wölbt sich deutlich vor.

Würzen

Court-Bouillon zum Pochieren Wasser, Wein, Brühe oder Milch mit Zwiebel, Petersilie, Selleriegrün, Dill, Fenchelkraut, Estragon, Pfefferkörnern, Zitronenscheiben – je nach Rezept und Fischart – miteinander kochen.

Blausud Helle Brühe oder Wasser, in dem Zwiebel, Sellerie oder Petersilie, Karotte, Lorbeer, Pfefferkörner, Salbei (möglichst frischer) ausgekocht wurden. Mit gutem Wein oder Estragonessig, Salz und etwas Zucker den Sud geschmacklich abrunden.

Dünsten Neben Zitrone und Salz frisch gemahlener Pfeffer, gehackte Zwiebel, möglichst frische Kräuter, wie Petersilie, Schnittlauch, Dill, Estragon und Fenchelkraut. Es ist häufig von Vorteil, mit Weißwein oder einigen Tropfen Zitronensaft den Geschmack abzurunden. Gemüsezutaten müssen wegen der kurzen Garzeit von Fisch vorgedünstet werden.

Gratinieren Neben Zitrone und Salz wird auch Pfeffer und Reibkäse verwendet. Die begleitenden Gemüse (Spinat, Lauch usw.) geben zusätzliche Würze.

Braten in der Pfanne (Müllerin-Art und paniertes Filet) Neben wenig Zitrone und Salz nur noch Pfeffer. Wichtig bei Müllerin-Art sind *frische* Butter, die als wichtige geschmackgebende Zutat auftritt, sowie das Garnieren mit Zitronenscheiben und das Bestreuen mit gehackter Petersilie. Für paniertes Fischfilet kann geriebener Parmesan in die Panade gemischt werden.

Braten im Ofen Vorbereiteter, ganzer Fisch oder Fischfilet wird zusätzlich gepfeffert und kann mit Senf oder Tomatenmark bestrichen werden. Dill, Petersilie oder Estragon werden dem ganzen Fisch als Strauß in die Bauchhöhle gelegt, dem Fischfilet fein gehackt zugegeben. Zusätzliche Würze können Scheiben, Würfel von Speck oder zerlassenes Speckfett geben.

Grillen Hier empfiehlt es sich, die Fische (1 Stunde bei größeren Fischen, etwa ½ Stunde bei kleinen Fischen, Fischfilets oder -koteletts) in eine Marinade aus Zitronensaft und Kräutern, wie frische Petersilie, Dill, Estragon, Spuren von Knoblauch, und reichlich frisch gemahlenem Pfeffer einzulegen. Es ist wichtig, die Marinade in die Bauchhöhle zu gießen und die Fische nebeneinander mit der offenen Bauchseite nach oben liegen zu lassen. Vor dem Grillen mit Küchenkrepp trocken tupfen.

Fritieren In schwimmendem Fett gebackener Fisch erhält seine Würze durch das vorbereitende Säuern und Salzen oder durch kurzes Einlegen in Soja-Sauce sowie durch den Teigmantel, der mit Bier, Wein oder Milch angerührt sein kann und mit Pfeffer und wenig Salz zusätzlich gewürzt wird. Sehr wichtig ist die Verwendung von frischem, hitzebeständigem Fett.

Hinweise für die Küchenpraxis

- ▷ Fisch möglichst frisch zubereiten.
- ▷ Fisch nicht scharf würzen.
- ▷ Zitrone und Salz vor dem Garen nur in geringen Mengen und erst kurz vor der Zubereitung verwenden. Besser ist es, Zitrone erst nach der Zubereitung über den Fisch zu träufeln.
- ▷ Vor dem Einlegen in heißes Fett den Fisch mit Küchenkrepp trocken tupfen.
- ▷ Panierten Fisch nicht liegen lassen, sondern sofort zubereiten.
- ▷ Garzeit für Fisch blau und Fisch pochiert: 15–20 Minuten pro kg Fisch am Stück, 10–15 Minuten für kleinere Portionsfische.
- ▷ Für alle Zubereitungsarten, außer Backen in schwimmendem Fett, möglichst geringe Temperaturen wählen.
- ▷ Fisch im Sud niemals kochen lassen.
- ▷ Viel frische Kräuter zum Pochieren, Dünsten und Marinieren verwenden.
- ▷ **Mengenberechnung**
  Als Hauptgericht pro Person 200–300 g Fischfilet bzw. 400–500 g ganzer Fisch. Als Vorspeise pro Person 150–200 g.

Fischzubereitungen

Pochierter Fisch

Fischsud 1: Court-Bouillon mit Essig

Vorbereiten 5–8 Minuten
Kochen 15–30 Minuten

- 1½ l Wasser, evtl. ¼–½ l mehr, abhängig von Topfgröße
- 2 mittelgroße Zwiebeln, in Scheiben geschnitten
- 1 Stange Lauch, in Ringe geschnitten
- 1 große Möhre, in dünne Scheiben geschnitten
- 1 kleine Sellerieknolle oder ½ Stange Bleichsellerie, in kleine Stücke geschnitten
- 1 Stengel frischer Thymian oder 2 Blätter frischer Salbei, ersatzweise 1 Msp trockener Thymian bzw. Salbei
- 1 Strauß Dill
- 1 Lorbeerblatt
- 1 TL Salz oder 1 TL gekörnte Brühe
- 2 TL Zucker
- 1 TL Pfefferkörner
- ¼ l milder Weinessig

Alle Zutaten in großem, geeignetem Topf mindestens 15, besser 30 Minuten durchkochen, evtl. danach abseihen oder Gemüsezutaten mit Schaumlöffel aus der Flüssigkeit nehmen, da dies den Garvorgang für den Fisch erleichtert.

Verwendung Für Grundzubereitung Fisch blau, für Karpfen, Waller (Wels), Renken, Schleien, Forellen, Saibling, auch für Schellfisch, Kabeljau, Heilbutt, ganz oder in Stücken.

Fischsud 2: Court-Bouillon mit Wein

Vorbereiten 10 Minuten
Kochen 20–30 Minuten

- ¾ l trockener Weißwein
- ¾ l helle Brühe oder Wasser
- Schale von ¼ Zitrone, dünn abgeschält
- 2 mittelgroße Möhren, fein geraspelt
- ½ kleine Sellerieknolle, fein geraspelt
- 1 große Zwiebel, in feine Ringe geschnitten
- 2 Lorbeerblätter
- 1 kleiner Dillstrauß
- 2 EL grüner Pfeffer oder reichlich frisch gemahlener Pfeffer
- 1 TL Salz
- 2 TL Zucker

Alle Zutaten miteinander langsam zum Kochen bringen, auf kleiner Hitze mindestens 20 Minuten kochen lassen, danach Sud gut abschmecken, Gemüseteile evtl. mit Schaumlöffel herausnehmen, da es die Arbeit beim späteren Garvorgang erleichtert.

Verwendung Speziell für kleinere Portionsfische, wie Forelle, Schleie, Renke, oder für Teile von Heilbutt.

Fischsud 3: Court-Bouillon mit Wurzelgemüse

Vorbereiten 10 Minuten
Kochen 10 Minuten

- 1½ l sehr gut abgeschmeckte helle Fleischbrühe
- ¼ l milder Weinessig
- 1 mittelgroße Sellerieknolle, grob geraspelt
- 2 mittelgroße Möhren, grob geraspelt
- 1 Strauß Dill
- 2 Lorbeerblätter
- 4–6 frische Salbeiblätter oder 1 Msp Salbei, sehr fein zerrieben
- 2 TL schwarze Pfefferkörner
- 1 EL Zucker

Alle Zutaten miteinander langsam zum Kochen bringen, etwa 10 Minuten kochen lassen, Dillstrauß entfernen.

Für diesen Sud ist es typisch, daß der Fisch mit dem im Sud enthaltenen Wurzelgemüse serviert wird.

Verwendung Spezieller Sud für Karpfen und Wels, aber auch sehr geeignet für Kabeljau, Schellfisch und Goldbarsch, ganz oder in Stükken.

Fischsud 4: Court-Bouillon mit Milch

Vorbereiten 1 Minute
Kochen 2 Minuten

- ¾ l helle Brühe oder Gemüsebrühe, sehr gut abgeschmeckt
- ¼ l Milch
- 1 TL grüner Pfeffer oder frisch gemahlener Pfeffer
- 1 große oder 2 kleine Zitronen, geschält, entkernt, in sehr dünne Scheiben geschnitten

Brühe mit Milch aufkochen, Pfeffer und Zitronenscheiben zugeben, bis zur Verwendung am Siedepunkt halten.

Verwendung Vor allem für Fischfilet und Portionsstücke von Seefischen, speziell für Heilbutt. Sehr geeignet für Diätzubereitungen.

GZ Fisch blau

Karpfen, Wels, Schleie, Saibling, Renke, Forelle (lebend frisch)

Vorbereiten 15–20 Minuten
Garen Je nach Größe der Fische pro kg 10–15 Minuten

Court-Bouillon mit Essig, Wurzelgemüse oder mit Wein, gut durchgekocht und abgeschmeckt (s. Seite 148)
4 Portionsfische von je 150 g oder 1 Fisch von 600–700 g
1/10 l Essig
1 Strauß krause Petersilie
4 Zitronenspalten oder -scheiben

① Court-Bouillon bereiten, sehr gut durchkochen lassen, abschmecken. Für große Fische die Court-Bouillon auf etwa 50 °C abkühlen lassen, für kleine Fische heiß halten.
② Die lebend frischen Fische ausnehmen, dabei sehr darauf achten, daß die den Fisch umgebende Schleimschicht nicht verletzt wird, Fische kalt auswaschen, abtropfen lassen. In Form binden.
③ Essig erhitzen, Fische auf Platte oder Teller legen, löffelweise mit heißem Essig übergießen.
④ Große Fische in den warmen Sud legen, langsam erhitzen. Sobald die Flüssigkeit an den Kochpunkt kommt, Topf an die Seite stellen und zugedeckt noch einige Minuten ziehen lassen. Kleine Fische in den kochenden Sud einlegen, an den Siedepunkt kommen lassen, beiseite stellen und zugedeckt einige Minuten ziehen lassen.
⑤ Garprobe machen. Die Fische oder den Fisch vorsichtig aus dem Sud heben, auf vorgewärmter Platte anrichten, garnieren, sofort servieren.

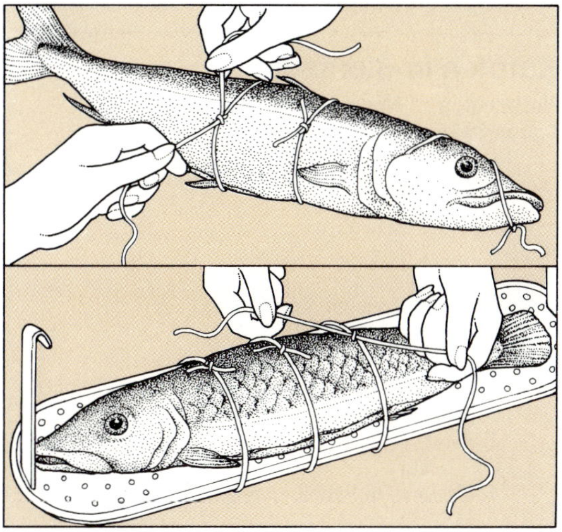

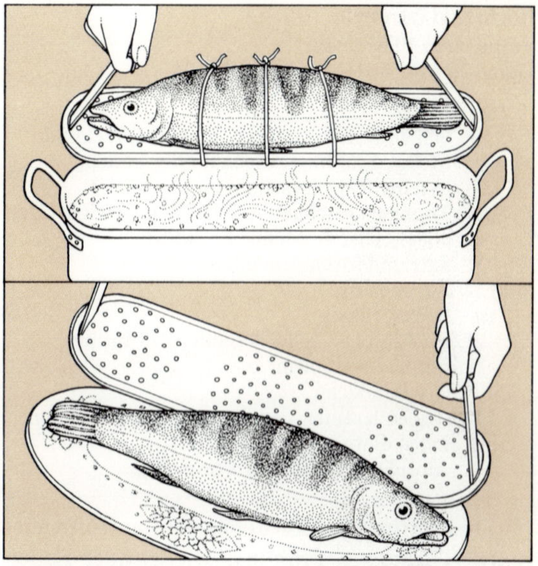

Beilagen Beurre blanc, Sauce Mousseline, Salzkartoffeln.

GZ Pochierter Fisch

Fischfilet oder Tranchen von Kabeljau, Schellfisch, Steinbutt

Pochieren auf dem Herd

Vorbereiten 5–10 Minuten
Garen 8–10 Minuten

Court-Bouillon mit Milch, gut durchgekocht und abgeschmeckt (s. Seite 148)
4 Tranchen Fisch mit je 200–250 g Gewicht oder entsprechende Menge Fischfilet
1 Bund krause Petersilie oder Dillstrauß
4 Zitronenspalten oder -scheiben

① Die Court-Bouillon zum Kochen bringen, Fischstücke einlegen, nochmals an den Siedepunkt bringen, beiseite stellen und zugedeckt einige Minuten ziehen lassen.
② Die garen Fischstücke mit Schaumlöffel vorsichtig aus dem Sud nehmen, auf vorgewärmter Platte anrichten, garnieren, sofort servieren.

Beilagen Beurre blanc, Dillsauce, Grüne Sauce, Senfsauce, Salzkartoffeln.

Pochieren im Ofen
Vorbereiten 10 Minuten
Garen 20 Minuten im Ofen bei 220 °C

10 g	Butter
1	Schalotte, fein gehackt, oder entsprechende Menge Frühlingszwiebeln oder Lauch, in feine Ringe geschnitten
4	Tranchen Fisch mit je 200–250 g Gewicht oder entsprechende Menge Fischfilet
	Salz und frisch gemahlener Pfeffer
2 EL	Zitronensaft
1 EL	Butter, flüssig
⅛ l	Fischfond (s. Seite 249) oder 1/16 l Brühe mit 1/16 l Weißwein
2 EL	Crème fraîche
2 EL	frische Kräuter, fein gehackt (Dill, Estragon, Petersilie)
1	Alufolie in Größe der Form

① Ofen vorheizen. Eine flache Auflaufform ausbuttern, Schalotte, Frühlingszwiebel oder Lauch gleichmäßig darin verteilen.

② Fischstücke leicht salzen, pfeffern und flach in die Form legen, mit Zitrone beträufeln, mit flüssiger Butter bestreichen.

③ Fischfond oder Brühe mit Wein seitlich angießen, Form mit Folie abdecken, seitlich etwas andrücken, in den Ofen stellen, nach etwa 15 Minuten mit der Flüssigkeit begießen.

④ Nach beendeter Garzeit Flüssigkeit abgießen, in Saucentopf einkochen, mit Crème fraîche abziehen, abschmecken, Kräuter zugeben und kurz in der Sauce erwärmen. Die Sauce über den Fisch in der Form gießen. Oder: Fisch auf vorgewärmter Platte anrichten, mit einigen Eßlöffeln Sauce beträufeln, restliche Sauce getrennt anrichten.

Beilagen Salzkartoffeln oder körniger Reis, Blattsalate, Tomatensalat.

Variationen
- 100 g blättrig geschnittene Champignons mit in die Form geben, mitdünsten, danach die Flüssigkeit um etwa 4 EL reduzieren, mit 1 EL Crème fraîche abziehen.
- 2 TL Curry an die reduzierte Sauce geben, mit Crème fraîche abziehen, mit Prise Zucker oder 1 EL Ananassaft abrunden. Evtl. 150 g Krabben mit in der Sauce erwärmen.
- Juliennes aus 1 kleinen Möhre, ¼ Sellerieknolle, 1 Frühlingszwiebel oder entsprechender Menge Lauch mit in die Form geben, mitdünsten, Sauce fertigstellen wie in Grundzubereitung, jedoch ohne Kräuter.

Seefisch Matrosenart

Vorbereiten 15 Minuten
Garen 15–20 Minuten

Sauce	
6 EL	Olivenöl
1	Zwiebel, fein gehackt
1	Knoblauchzehe, fein gehackt
4 EL	Weißbrotkrumen
300 g	Tomaten, enthäutet, geviertelt (frisch oder aus der Dose)
	Salz und frisch gemahlener Pfeffer
1 EL	Petersilie, fein gehackt
1 EL	Dill, fein gehackt
2	Salbeiblätter, fein gehackt
2 EL	Zitronensaft oder Wein
	Fischsud 1 oder 2 (s. Seite 148)
750 g	Fischfilet

① In einem Schmortopf Olivenöl erhitzen, Zwiebel und Knoblauch darin glasig dünsten, Weißbrotkrumen dazugeben, mitanrösten. Mit den Tomaten ablöschen, gut durchrühren, auf kleiner Flamme köcheln. Abschmecken, Kräuter zugeben, warm stellen.

② Den gut durchgekochten Fischsud auf Temperatur knapp unter dem Siedepunkt halten, die Filets einlegen, darin 5–7 Minuten ziehen lassen. Garprobe machen. Fisch aus dem Sud nehmen, abtropfen.

③ Die Sauce in eine flache Schüssel gießen, die Filets darin anrichten.

Beilagen Dämpfkartoffeln, Salat, Weißbrot.

Gedünsteter Fisch

Karpfen in Biersauce

Vorbereiten 15 Minuten
Garen 30 Minuten

1	Karpfen von 600 g Gewicht, in 5 cm breite Stücke zerteilt
	Saft von ½ Zitrone
Sauce	
60 g	Butter
1	große Zwiebel, fein gehackt
50 g	Schwarzbrotbrösel
⅜ l	dunkles Bier
	Salz und frisch gemahlener Pfeffer
½ TL	Ingwerpulver
1	Lorbeerblatt
1 TL	Zucker
1	Zitrone, in Scheiben geschnitten

① Den Karpfen zerteilen, mit Zitronensaft beträufeln.
② Die Zwiebel in Butter andünsten, Schwarzbrotbrösel zugeben, mitrösten, mit Bier ablöschen, Gewürze zugeben, ca. 10 Minuten gut kochen lassen, gelegentlich umrühren, abschmecken.
③ Die Fischstücke in die Sauce einlegen, darin ca. 15 Minuten ziehen lassen. Garprobe machen. Die Fischstücke aus der Sauce nehmen, auf vorgewärmter Platte anrichten, warm halten. Die Sauce etwas einkochen lassen, durchpassieren, über den Fisch gießen. Mit Zitronenscheiben servieren.

Beilagen Salzkartoffeln, Blattsalate der Saison.

Fischeintopf

Vorbereiten 15 Minuten
Garen 40 Minuten

6 EL	Olivenöl
1	große Zwiebel, fein gehackt
2	Knoblauchzehen, zerdrückt
300 g	Tomaten, enthäutet, in Würfel geschnitten
400 g	Kartoffeln, in ½ cm dicke Scheiben geschnitten
1 TL	Paprika edelsüß
1 TL	Salz und frisch gemahlener Pfeffer
¼ l	Wasser, kochendheiß
¼ l	Weiß- oder Rotwein
500 g	Thunfisch- oder Heilbuttfilet, in 5 cm breite Streifen geschnitten
1 TL	frischer Thymian, fein gehackt
1	altbackene Semmel, klein gewürfelt, in
30 g	Butter geröstet
1 EL	Petersilie, fein gehackt

① In einer breiten Kasserolle Öl erhitzen, Zwiebeln und Knoblauch darin andünsten, leicht bräunen lassen. Tomaten zugeben, mit andünsten, dabei umrühren. Kartoffelscheiben zugeben, Paprika, Salz und Pfeffer einstreuen, umrühren. Wasser und Wein zugießen, so daß die Kartoffelscheiben von der Flüssigkeit bedeckt sind. Topf zudecken, auf mittlerer Hitze kochen, bis die Kartoffeln zerfallen.
② Vorbereiteten Fisch zugeben und sehr vorsichtig weitergaren. Fisch darf nicht »trocken« werden. Sehr vorsichtig umrühren. Thymian zugeben, abschmecken.
③ Zwischenzeitlich die Weißbrotwürfel rösten, über den Topfinhalt geben, mit Petersilie bestreuen.

Beilagen Blattsalate.

GZ Fisch in Folie

Vorbereiten 10–15 Minuten
Garen 30–40 Minuten im Ofen bei 190–200 °C

750 g	Fischfilet, frisch oder aufgetaut
	Salz und frisch gemahlener Pfeffer
2	mittelgroße Tomaten, in runde, dünne Scheiben geschnitten
2 EL	Gouda oder Emmentaler, gerieben
4	Petersilienzweige
2 EL	Öl oder Butter, zerlassen

① Ofen vorheizen. Folie zurechtschneiden, mit Öl oder Butter befetten. Die Fischfilets ganz wenig salzen, pfeffern, mit Tomatenscheiben belegen, auf die Folie legen. Über die Tomaten den Reibkäse streuen, obenauf einen Petersilienzweig legen. Die Folien schließen (s. Seite 25).
② Auf Rost oder Blech legen, im Ofen garen. Der Fisch ist fertig, wenn sich die Folie wölbt. Aus dem Ofen nehmen, geschlossene Päckchen auf eine Platte legen, mit einer Schere in der Mitte oben aufschneiden, Folien nach beiden Seiten zurückbiegen, servieren.

Beilagen Salzkartoffeln, Salate der Saison.

Forellen, Felchen, Saibling, Renken in Folie mit Lauchcreme

Vorbereiten 15 Minuten
Garen 20 Minuten im Ofen bei 200 °C

4	mittelgroße Süßwasserfische, ausgenommen, gesäubert, trocken getupft
1 EL	Butter, zerlassen
	Salz und frisch gemahlener Pfeffer
2 EL	Weißwein
2	Knoblauchzehen, ausgepreßt
Sauce	
½	mittelgroße Zwiebel, fein gehackt
300 g	zarter Lauch, in Ringe geschnitten
1 EL	Butter, flüssig
2 EL	Weißwein
⅛ l	Sahne
1 EL	Petersilie, fein gehackt
	Salz und frisch gemahlener Pfeffer
	Prise Muskat, frisch gerieben

① Ofen vorheizen. 4 passende Folienstücke in Rechteckform zurechtschneiden, mit Butter bepinseln. Die Fische innen und außen mit Salz und Pfeffer einreiben. Durchgepreßten Knoblauchsaft mit dem Wein vermischen, die Fische damit beträufeln, die Folie schließen (s. Seite 25).

Die Päckchen auf Blech oder Grillrost legen und ca. 20 Minuten dünsten.

② Zwiebeln und Lauch sehr vorsichtig in Butter andünsten, mit Wein ablöschen, 5–10 Minuten weiterdünsten, Sahne zugießen, köcheln lassen. Nach 10 Minuten vom Feuer nehmen und mit dem Mixstab pürieren.

③ Sobald sich die Folien nach oben wölben, ist der Fisch gar. Aus dem Ofen nehmen, 2–5 Minuten ruhen lassen, dann öffnen, Saft zur Lauchcreme gießen. Sauce warm halten, Petersilie zugeben, abschmecken. Zu den Fischen (die in der Folie serviert werden) auf den Tisch bringen.

Beilagen Gedämpfte Kartoffeln.

Kabeljau Hausfrauenart

Vorbereiten 10–15 Minuten
Garen 35 Minuten im Ofen bei 180 °C

750 g	Kabeljau oder Schellfisch am Stück, geschuppt, gesäubert, abgetropft
100 g	Butter
	Salz und frisch gemahlener Pfeffer
12	kleine Zwiebeln
16	kleine, neue Kartoffeln, geschält und halbiert
3 EL	Öl
3 EL	Petersilie, gehackt
1	Zitrone, in Achtel zerteilt

① Ofen vorheizen. Große, feuerfeste Form im Ofen vorwärmen, Butter darin zerlassen. Den Fisch außen und innen mit Salz und Pfeffer einreiben, in die Mitte der Form legen. Mit kleinen Zwiebeln und Kartoffeln umlegen. Bei älteren Gemüsen empfiehlt es sich, diese vorher zu blanchieren oder anzudünsten. Immer müssen die Gemüse auf dem Boden der Form liegen und von der Butter umgeben sein. Mit Öl beträufeln.

② Die Form in den Ofen schieben. Während des Garens den Fisch 1–2mal mit Butter und ausgetretenem Saft begießen, die Gemüse wenden. Vor dem Servieren mit Petersilie bestreuen. In der Form auf den Tisch bringen, mit Zitronenachteln garnieren.

Fischfilet auf Blattspinat

Vorbereiten 15–20 Minuten
Garen 25–30 Minuten im Ofen bei 220 °C

750 g	Fischfilet von Kabeljau, Schellfisch, Goldbarsch
500 g	Blattspinat, blanchiert, abgetropft, oder TK-Spinat, aufgetaut, abgetropft
1 EL	Butter, zerlassen
	Salz und frisch gemahlener Pfeffer
¼ l	Sahne
2 EL	Gouda oder Edamer, gerieben
50 g	Butterflöckchen

① Ofen vorheizen. Spinat verlesen, waschen, 2–3 Minuten blanchieren, abtropfen.

② Eine Gratinform ausbuttern, mit ⅔ des Spinats den Boden belegen, die Fischfilets nebeneinander darauflegen, leicht salzen und gut pfeffern. Den restlichen Spinat so über den Fisch legen, daß der Fisch nicht völlig bedeckt ist. Die Sahne seitlich angießen, den Reibkäse auf der Oberfläche verteilen, Butterflöckchen daraufsetzen, nochmals Pfeffer darübermahlen.

③ Form in den Ofen setzen. Nach etwa 20–25 Minuten, bevor der Fisch seinen Saft abgibt, für 2 Minuten übergrillen, sofort servieren.

Beilagen Brot oder Salzkartoffeln.

Variationen

- Statt Spinat blanchierten Lauch mit 1 geraspelten Möhre verwenden.
- Blanchierten Mangold verwenden.

Fischröllchen

Vorbereiten 10 Minuten
Garen 15–20 Minuten im Ofen bei 200 °C

4	große Fleischtomaten, quer halbiert, entkernt und ausgehölt
	Salz und frisch gemahlener Pfeffer
	Butter für die Form
4	Fischfilets von Seezunge, Scholle, Rotbarsch, in 4 cm breite und 20 cm lange Streifen geschnitten (8 Streifen insgesamt)
2 EL	Petersilie, gehackt
1 EL	Dill, gehackt
150 g	Butter, ½ zerlassen, ½ in Flöckchen
1	Knoblauchzehe, mit Salz fein zerdrückt
1	Zitrone, in Scheiben geschnitten

① Ofen vorheizen. Die Tomatenhälften leicht salzen, pfeffern, nebeneinander in eine gut ausgebutterte, feuerfeste Form setzen.

② Die Filetstreifen leicht salzen, pfeffern, jedes einzelne mit der Hälfte der Kräuter bestreuen, aufrollen. Die Röllchen in die vorbereiteten Tomatenhälften setzen, Butterflöckchen drauflegen. In den Ofen schieben, etwa 15–20 Minuten braten lassen.
③ Restliche Butter in Pfanne zerlassen, Knoblauch darin dünsten, die restlichen Kräuter zugeben. Den gegarten Fisch aus dem Ofen nehmen, die Buttersauce darübergießen, mit Zitronenscheiben garnieren.

Beilagen Kartoffelpüree, grüner Salat.

Seezunge in Sahne

Vorbereiten 10 Minuten
Garen 10–15 Minuten

4	Seezungen oder Schollen à 300 g, gesäubert
2 l	Wasser, leicht gesalzen
⅛ l	Sahne, gesalzen
	Prise Muskat
	Prise Cayennepfeffer
4 EL	Zitronensaft
1 TL	Zitronenschale, fein abgerieben

① In möglichst flachem Topf Wasser zum Kochen bringen, Fische einlegen, höchstens 2 Minuten simmern lassen, herausheben und abtropfen.
② Die Fische in einen Bräter oder Schmortopf legen, die Sahne zugießen (die Fische sollen davon fast bedeckt sein), Muskat und Cayennepfeffer darüberstreuen, evtl. noch etwas Salz. Auf kleinstem Feuer langsam erhitzen und ca. 8–10 Minuten köcheln lassen. Garprobe machen.
③ Fische auf vorgewärmte Platte legen. Die im Topf verbliebene Sahne mit Zitronensaft aufkochen, Zitronenschale darangeben, abschmecken, über die Fische gießen, sofort servieren.

Beilagen Salzkartoffeln, Blatt-, Möhrensalat.

Zitronenfisch

Vorbereiten 10 Minuten
Garen 1 Stunde im Ofen bei 180 °C

750 g	Schellfisch oder Kabeljau am Stück
2 EL	Petersilie oder frischer Majoran, gehackt, *oder*
1 EL	frischer Estragon und 1 EL Dill, gehackt
	Salz und frisch gemahlener Pfeffer
4 EL	Zitronensaft
1/16 l	Olivenöl
500 g	Kartoffeln, in dünne Scheiben geschnitten

① Ofen vorheizen. Den Fisch an seiner dicksten Stelle auf beiden Seiten 2–3mal schräg ½–1 cm tief einschneiden, einen Teil der Kräuter in diese Einschnitte schieben. Den Fisch innen und außen mit Salz und Pfeffer einreiben, mit Zitronensaft beträufeln.
② Eine flache, feuerfeste Form gut mit Öl einreiben, den Fisch hineinlegen. Die Kartoffelscheiben salzen, schuppenförmig um den Fisch legen, mit Zitronensaft und Öl übergießen, mit der restlichen Petersilie bestreuen. Alufolie über die Form spannen, in den Ofen schieben.
③ Nach 40 Minuten Folie entfernen, noch 20 Minuten offen weiterbraten, mit ausgetretenem Saft übergießen. Sofort servieren.

Beilage Blattsalat nach Jahreszeit.

Gebratener, gebackener und überbackener Fisch

Toskaner Fischschnitzel

Vorbereiten 45 Minuten
Garen 5–8 Minuten

750 g	Kabeljaufilet in kleinen Scheiben von 1½–2 cm Dicke
2	Eier, verquirlt
	Salz
1	Knoblauchzehe, mit Salz zerdrückt
2 EL	Petersilie, gehackt
1 EL	Mehl
1 EL	Semmelbrösel
1 EL	Parmesan, gerieben
⅛ l	Olivenöl
	frisch gemahlener Pfeffer
2	Zitronen, halbiert

① Eier verquirlen, auf tiefe Platte gießen, Fisch darin einlegen, wenden, ruhen lassen.
② Nach 45 Minuten herausnehmen, abtropfen lassen. Salz, Knoblauch, Petersilie, Mehl, Semmelbrösel, Parmesan vermischen, mit einem Teil des verquirlten Eies zu einer dickcremigen Paste rühren, die Filets von beiden Seiten damit bestreichen.
③ In Pfanne Öl erhitzen, die Filets einlegen, beidseitig goldgelb backen, auf Küchenkrepp abtropfen, Pfeffer darübermahlen, auf vorgewärmter Platte mit Zitronenhälften servieren.

Beilagen Blanchierter Blattspinat in Butter, Blattsalate, gedämpfte Kartoffeln, Kartoffelsalat.

Seefisch Müllerin-Art

Vorbereiten 5 Minuten
Garen 5–10 Minuten

4	Filets von Kabeljau, Schellfisch oder Scholle à 200 g
1/8–1/10 l	Milch
2 EL	Mehl
	Salz und frisch gemahlener Pfeffer
1/16 l	Öl
2 EL	Zitronensaft
2 EL	Petersilie, gehackt
50 g	Butter
1	Zitrone, in Viertel geschnitten

① Die Filets in einen Teller legen, Milch darübergießen, alle Stücke damit befeuchten.
② Mehl mit Pfeffer und Salz auf einem flachen Teller mischen, alle Filets darin beidseitig wenden, die Panade etwas andrücken.
③ In einer Bratpfanne Öl stark erhitzen, die vorbereiteten Filets hineinlegen, auf beiden Seiten goldbraun backen, auf Küchenkrepp abtropfen, auf vorgewärmte Platte legen, mit Zitronensaft beträufeln, nochmals mit Pfeffer bestreuen. Die Petersilie darauf verteilen.
④ In einem Pfännchen die Butter zerlassen, unter Rühren leicht anbräunen lassen, über die bestreuten Filets gießen. Mit Zitronenstücken garnieren, sofort servieren.

Beilagen Alle Arten von Salat, gedünsteter Lauch, Salzkartoffeln.

Hamburger Scholle

Vorbereiten 10–15 Minuten
Garen 4–6 Minuten

4	Schollen à 400 g, gesäubert, abgespült und trocken getupft
4 EL	Zitronensaft
100 g	geräucherter, durchwachsener Speck, in kleine Würfel geschnitten
2 EL	Öl
	Salz, Pfeffer
4 EL	Mehl
1	Zitrone, in Achtel geschnitten
1	Strauß Petersilie

① Die vorbereiteten Fische mit Zitronensaft innen und außen begießen, 10–15 Minuten ziehen lassen.
② Speckwürfel in Öl knusprig braun braten, aus der Pfanne nehmen, warm halten.
③ Die Fische leicht mit Salz innen und außen einreiben, in Mehl wenden, im gut heißen Speckfett von jeder Seite 2–4 Minuten goldbraun werden lassen. Mit der hellen Seite nach oben auf vorgewärmter Platte anrichten, die Speckwürfel auf den Fischen verteilen, mit Zitrone und Petersilie garnieren, sofort servieren.

Beilagen Alle Arten von Salat.

Gebackener Heilbutt

Vorbereiten 5 Minuten
Garen 25–30 Minuten im Ofen bei 190 °C

4	Scheiben Heilbutt von 2,5 cm Dicke (Fischkoteletts)
4 EL	Öl
	Salz und frisch gemahlener Pfeffer
1	Bund Frühlingszwiebeln mit Grün, gehackt
1	Stange Lauch in Ringen
2 EL	Dill, gehackt
2 EL	Petersilie, gehackt
4 EL	Tomatensaft oder Gemüsesaft oder Brühe
4 EL	Zitronensaft

① Ofen vorheizen. Eine feuerfeste, flache Form mit 1 EL Öl ausstreichen, die Fischkoteletts hineinlegen, mit Salz und Pfeffer bestreuen.
② Die Frühlingszwiebeln, Lauch, Petersilie und Dill weitgehend in die Zwischenräume füllen, restliche auf dem Fisch verteilen. Restliches Öl darüberträufeln, Tomaten- und Zitronensaft ebenso auf dem Fisch gleichmäßig verteilen, in den Ofen stellen. Nach 25 Minuten Backzeit sofort servieren.

Beilagen Kartoffelpüree, Dämpfkartoffeln, Salate nach Jahreszeit.

Überbackener Heilbutt

Vorbereiten 8–10 Minuten
Garen 25–30 Minuten im Ofen bei 190 °C

2 EL	Butter, flüssig
1	mittelgroße Zwiebel, sehr fein gehackt
2 EL	Dill, fein gehackt
	Salz und frisch gemahlener Pfeffer
4	Heilbutt- oder Schollenfilets (pro Person etwa 150–200 g), frisch oder aufgetaut und trocken getupft
1/8 l	Weißwein
1/16 l	Brühe oder Milch
100 g	Shrimps oder Krabben aus der Dose, besser frisch

1 EL Speisestärke
⅛ l Sahne
1 Eigelb
2 EL Gouda oder Emmentaler, gerieben
20 g Butterflöckchen
1 Zitrone, geviertelt

① Ofen vorheizen. Eine flache Auflaufform (Gratinform) ausbuttern, die Zwiebeln mit Dill, Salz und Pfeffer vermischen, auf dem Boden der Form verteilen. Die Filets in die Form legen, leicht salzen, pfeffern, mit Wein begießen, zugedeckt in den Ofen schieben, dünsten lassen.

② Nach 12–15 Minuten aus dem Ofen nehmen, Brühe oder Milch und eigenen Saft in eine kleine Kasserolle abgießen, aufkochen lassen, Shrimps oder Krabben samt ihrer Flüssigkeit dazutun, miterhitzen. Speisestärke und Sahne verrühren, die Sauce damit binden, mit Eigelb legieren, abschmecken.

③ Sauce über den Fisch gießen, mit Käse bestreuen, Butterflöckchen daraufsetzen, im Ofen überbacken. Die Oberfläche muß goldgelbe Krusten haben. Mit Zitronenvierteln servieren.

Beilagen Salzkartoffeln mit Dill oder Petersilie, Kartoffelpüree, Blattsalate.

Überbackene Seezunge

Vorbereiten 20 Minuten
Garen 25–30 Minuten im Ofen bei 220 °C

2 Seezungen à 300 g, gesäubert, abgespült, trocken getupft
Butter für die Form
4 EL Petersilie, gehackt
4 EL Frühlings- oder Schalottenzwiebeln, gehackt
150 g Champignons, teils blättrig geschnitten, teils gewürfelt
Salz und frisch gemahlener Pfeffer
50 g Semmelbrösel
80 g Butter
⅛ l trockener Weißwein oder Brühe
1 EL Brandy

① Ofen vorheizen. Eine flache Auflaufform mit Butter ausstreichen. Von Petersilie, Zwiebeln und Champignons je die Hälfte auf den Boden der Form streuen, mit Salz und Pfeffer würzen. Den Fisch auf das vorbereitete Bett legen, die restlichen Gemüse und Petersilie darübergeben.

② Semmelbrösel in 2 EL Butter rösten, auf die Gemüse streuen, Rest der Butter zerlassen oder in Flöckchen zugeben, Flüssigkeit seitlich angießen.

③ Im Backofen mindestens 25 Minuten backen. Garprobe machen. Evtl. kurz überziehen.

Beilagen Gedünsteter Spinat, Weißbrot, Petersilienkartoffeln, Salate der Saison.

Überbackene Garnelen

Vorbereiten 5–6 Minuten
Garen 20 Minuten im Ofen bei 220 °C

500 g Garnelen, frisch oder aufgetaut
150 g Butter
frisch gemahlener Pfeffer
2 EL Brandy
⅜–½ l Sahne
8 grüne, äußere Salatblätter, in schmale Streifen geschnitten
50 g Butter
Butter für die Form

① Ofen vorheizen. In einer Pfanne mit Deckel die Garnelen mit der Butter andünsten. Pfeffern, nicht salzen! Nach einigen Minuten Brandy zugießen, einkochen lassen. Mit Sahne aufgießen, ½ Minute köcheln lassen, beiseite stellen, warm halten.

② Salatstreifen in Butter andünsten, kurz Deckel auflegen und 2–3 Minuten vorsichtig garen. Danach den Salat unter die Garnelen mischen.

③ Eine flache Gratinform ausbuttern, die Mischung hineinfüllen und ca. 10–15 Minuten überbacken. Sobald sich an der Oberfläche Blasen bilden und sie goldbraun ist, aus dem Ofen nehmen, in der Form servieren.

Echtes Feinschmeckerrezept für ein leichtes Abendessen.

Beilagen Toast, herber Weißwein.

Fritierter Fisch

Fischklößchen Spanische Art

Vorbereiten 20 Minuten
Garen 35–40 Minuten

500 g	Fischfilet (Schellfisch, Goldbarsch, Kabeljau)
½ l	helle Brühe, leicht gesalzen
1	kleine Zwiebel, sehr fein gehackt
40 g	frische Semmelbrösel oder Weißbrotkrumen
2	Eier, verquirlt
2 EL	Petersilie, gehackt
¼ TL	trockener Oregano, fein gerieben
1 EL	Basilikum oder Dill, grob gehackt
½ TL	Salz und frisch gemahlener Pfeffer
125 g	Mehl
	Saft von 1 Zitrone
1/16–⅛ l	Olivenöl

Sauce

¼ l	Brühe vom Pochieren
1	kleine Zwiebel, fein gehackt
2 EL	Petersilie, gehackt
1 TL	Butter, flüssig
50 g	Mandeln, geschält, gerieben

① Die Brühe in einem flachen Topf erhitzen, die Filets einlegen und sehr vorsichtig garen, nach 2–4 Minuten herausnehmen, abtropfen.
② Fisch möglichst fein zerpflücken. Zwiebel, Semmelbrösel, Eier, Kräuter, Salz und Pfeffer vermischen und alles miteinander verkneten.
③ Aus dem Teig Klößchen von 3–4 cm ∅ formen, in Mehl, Zitronensaft und nochmals in Mehl wenden. In einer Pfanne Öl erhitzen, die Klößchen darin goldgelb backen.
④ In einen flachen Schmortopf die Klößchen nebeneinanderlegen, Zwiebel und Petersilie dazwischenfüllen, etwa 1 Tasse Brühe angießen, zugedeckt ca. 10 Minuten köcheln lassen.
⑤ Die Mandeln in wenig Butter goldgelb anrösten, über die Fischklößchen streuen, köcheln, bis die Sauce dicklich wird. Im Topf servieren.

Gebackener Karpfen

Vorbereiten 10 Minuten
Garen 10–12 Minuten

1	Karpfen von 600 g Gewicht, in Stücke zerteilt, oder 2 kleine Karpfen, halbiert
	Salz und frisch gemahlener Pfeffer
	Ausbackteig (s. Seite 157)
	Ausbackfett für Friteuse oder ½ l Öl für Pfanne
2	Zitronen, in Viertel zerteilt

① Mit einem großen Küchenmesser oder Küchenbeil den Fisch zerteilen, leicht würzen.
② Ausbackteig herstellen. Die Fischstücke portionsweise in den Teig tauchen, im heißen Fett knusprig goldbraun backen, aus dem Fett nehmen, abtropfen lassen, mit der Zitrone auf vorgewärmter Platte anrichten.

Beilagen Sauce Tartare, Kartoffel-, Blattsalat.

Fischfilet in Bierteig

Vorbereiten 6–8 Minuten
Garen 8–12 Minuten

750 g	Fischfilet, frisch oder tiefgekühlt (Seelachs, Goldbarsch, Kabeljau, Schellfisch), aufgetaut, in gleichgroße Stücke von je 100–150 g zerteilt
	Salz und frisch gemahlener Pfeffer
1 TL	mittelscharfer Senf
⅛ l	Öl oder Fett zum Ausbacken
1	Zitrone, in Viertel geteilt

Ausbackteig

⅛ l	Bier
6 EL	Mehl
1 EL	Öl
1 TL	Zucker
2	Eiweiß, zu Schnee geschlagen

① Die Filets trocken tupfen, leicht salzen, pfeffern, mit Senf sehr dünn bestreichen.
② Mehl und Bier anrühren, Öl und Zucker zugeben, mit geschlagenem Eiweiß vermischen.
③ Fett oder Öl zum Ausbacken erhitzen (in einer Pfanne etwa 1½ cm hoch). Die Filets in den Ausbackteig tauchen, so daß der Teig sie ganz umhüllt, in das heiße Fett legen, auf beiden Seiten goldgelb backen, abtropfen lassen, auf vorgewärmte Platte legen, mit Zitronenvierteln anrichten, sofort servieren.

Beilagen Joghurt-Kräuter-Dip, Gurkensalat, Kartoffelsalat.

Fischfilet oder Meeresfrüchte im Teigmantel

Vorbereiten 15 Minuten
Garen 15–20 Minuten

750 g	Seefischfilet oder Scampi oder Hummerkrabben, Filet in Stücke von 4 × 5 cm geschnitten, Scampi und Krabben aus der Schale genommen, blanchiert
¾ l	Öl zum Ausbacken

Ausbackteig

160 g	Mehl
½ TL	Salz und frisch gemahlener Pfeffer
2 EL	Olivenöl
3/16 l	Bier oder Wasser
3	Eiweiß, zu steifem Schnee geschlagen

① Die vorbereiteten Filetstücke oder Schalentiere auf eine Platte legen. In einem schweren, flachen Topf das Ausbackfett langsam erhitzen.
② In der Zwischenzeit in einer Schüssel Mehl, Salz, Pfeffer, Olivenöl mit Flüssigkeit zu einem glatten, dickflüssigen Teig rühren. Eischnee unterziehen.
③ Die Fischstücke mit zwei Gabeln im Teig wenden, so daß sie von allen Seiten vom Teig umhüllt sind, in das sehr heiße Öl geben, knusprig goldbraun braten. Mit dem Schaumlöffel herausnehmen, abtropfen lassen, warm stellen, bis alle Stücke fertig sind, sofort servieren.

Beilagen Sauce Tartare, Sauce Remoulade, Gurken-Dip.

Shrimpbällchen mit Spinat

Vorbereiten 15–20 Minuten
Garen 10 Minuten

Shrimpbällchen

400 g	Krabben, frisch oder aufgetaut
150 g	Schweineschulter oder Schweinehack (beides im Mixer oder im Fleischwolf zerkleinert)
3 EL	Speisestärke
2 EL	Soja-Sauce
2 EL	Sherry
½ EL	Salz
½ EL	Zucker
1	Ei, verquirlt
	Öl zum Ausbacken oder Fritieren

Spinat

400 g	Spinatblätter, verlesen, gewaschen, abgetropft
2 EL	Pflanzenöl
1	Knoblauchzehe, mit Salz zerdrückt
¼ TL	Salz und frisch gemahlener Pfeffer
1 EL	Soja-Sauce
1 EL	Sherry

① Aus Krabben, Fleisch, Speisestärke, Soja-Sauce, Sherry, Salz, Zucker und Ei einen kompakten Teig bereiten. Daraus walnußgroße, runde Bällchen formen.
② In der Pfanne Öl erhitzen, die Bällchen darin rundum goldbraun braten, herausnehmen, abtropfen, warm stellen.
Für die Zubereitung in der Friteuse die Bällchen in einen Fritierkorb legen, Öl erhitzen, den Korb einhängen. 1½ Minuten fritieren, Korb herausnehmen, abkühlen lassen und nochmals 1½–2 Minuten fritieren, gut abtropfen lassen, auf vorgewärmte Platte legen, warm stellen.
③ Für den Spinat das Öl in einer Pfanne erhitzen, den Spinat mit dem Knoblauch darin unter dauerndem Wenden 2 Minuten auf intensiver Hitze braten, mit Salz, Pfeffer, Soja-Sauce und Sherry würzen und noch kurz in der Pfanne auf reduzierter Hitze durchrühren.
④ Auf vorgewärmter Platte den Spinat ausbreiten, die Shrimpbällchen darauf anrichten, sofort servieren.

Beilagen Körniger, weißer Reis und Sambal Oelek (= sehr scharfe asiatische Würzpaste).

Gegrillter Fisch

Gegrillte Forelle

Vorbereiten 15–20 Minuten
Ruhen 1 Stunde
Garen 10–15 Minuten

4	Forellen, der Länge nach halbiert und entgrätet
50 g	Butter
4 EL	Zitronensaft
	Salz und frisch gemahlener Pfeffer
1 EL	Dill, fein gehackt

① Butter zerlassen, Zitronensaft, Salz, Pfeffer und Dill daranmischen. Die Filets sorgfältig mit dieser Sauce bestreichen und 1 Stunde ruhen lassen.
② Aus Alufolie (glänzende Seite nach innen) 4 Förmchen machen, deren Ränder an allen Seiten etwa 2½ cm hoch sind, die Länge der Förmchen den Forellen anpassen. Die Fischfilets mit der Hautseite nach unten in die Förmchen legen.
③ Über gutem Grillfeuer die Förmchen auf einen Grillrost stellen, mit Alufolie zudecken. Nach 10 Minuten Deckel abheben und mit der restlichen Buttermischung oder ausgetretenem Saft begießen. Garprobe machen.
④ In den Förmchen servieren.

Beilagen Junge, gekochte Kartoffeln mit viel Dill, Gurkensalat.

Gegrillte Seezunge

Vorbereiten 10 Minuten
Garen 10–20 Minuten

4	Seezungen oder Schollen à 300 g, enthäutet
	Salz und frisch gemahlener Pfeffer
4 EL	Zitronensaft
50 g	Butter
2 EL	Mehl oder Grieß

Sauce

3	Sardellenfilets, gewässert, sehr fein gehackt
50 g	Butter
6 EL	trockner Weißwein
4 EL	Zitronensaft
1 EL	Crème fraîche

① Die enthäuteten Fische mit Salz, Pfeffer, Zitronensaft einreiben. Die Butter zerlassen, die Fische damit gleichmäßig bestreichen, sofort in Mehl oder Grieß wenden.
② Grill einschalten, die Fische beidseitig grillen. Auf vorgewärmter Platte warm halten.
③ Die Sardellenfilets mit der Butter in kleiner Kasserolle unter Rühren erhitzen, möglichst gut zerdrücken. Wein und Zitronensaft angießen, aufkochen lassen, Crème fraîche zugeben, gut verrühren, die Fische damit überziehen. Sofort servieren.

Gegrillte Makrele

Vorbereiten 10 Minuten
Ruhen 1–2 Stunden
Garen 10–15 Minuten

4	Makrelen grün à 350 g, ausgenommen, abgespült, abgetropft
1	große Zwiebel, sehr fein gehackt
1	Knoblauchzehe, sehr fein verrieben
2 EL	frischer Dill, fein gehackt
2 EL	frische Petersilie, fein gehackt
	Saft von 1 Zitrone
¼ TL	Salz und reichlich frisch gemahlener Pfeffer

① Aus Zwiebel, Knoblauch, Dill, Petersilie, Zitronensaft, Salz und Pfeffer eine Marinierpaste bereiten, die Fische innen und außen damit einreiben. An den Seiten 2–3 Schrägschnitte ziehen, auf tiefer Platte ruhen lassen. Grill einschalten.
② Die Fische auf den Grillrost legen, öfters wenden. Am besten in einen Wenderost legen. Während des Grillens öfters mit restlicher Marinierpaste (Reste von der Platte) beträufeln.

Beilagen Kartoffelsalat mit Speck, Graubrot.

Thunfisch am Spieß

Vorbereiten 15–20 Minuten
Ruhen 1–3 Stunden
Garen 20 Minuten

750 g	Thunfischkotelett, 4 cm dick
500 g	Zucchini oder Gurken, halbiert, entkernt, in 3 cm dicke Scheiben geschnitten
⅛ l	Olivenöl
	Saft von 1 Zitrone
1 EL	Petersilie, gehackt
1 EL	Dill, gehackt
1	große Zwiebel, sehr fein gehackt
¼ TL	Salz und frisch gemahlener Pfeffer

① Den Fisch und die Gemüsestücke in eine Marinade aus Öl, Zitrone, Kräutern, Zwiebel, Salz und Pfeffer legen, gleichmäßig befeuchten, zudecken, ruhen lassen, gelegentlich wenden.
② Die Fischstücke mit den Gemüsen abwechselnd auf Grillspieße stecken. Auf dem Kohlengrill oder unter dem Herdgrill garen, dabei mit Marinade beträufeln, öfters wenden, ausgetretenen Saft darübergießen.

Beilagen Kartoffel- und Blattsalat, Tomatensalat mit viel frischen Kräutern.

Gegrillte Wildwasserforelle

Vorbereiten 10 Minuten
Garen 10–12 Minuten

4	rosafleischige Forellen à 250 g, ausgenommen, abgespült, trocken getupft
	Salz
1 EL	Rosenpaprika
80 g	Butter, zerlassen
2	Zitronen, in 1 cm dicke Scheiben geschnitten
4	Stengel Estragon

① Die vorbereiteten Forellen an ihren dicksten Stellen seitlich 2–3mal schräg einschneiden, innen und außen mit Salz und Paprika einreiben.
② Die zerlassene Butter auf eine längliche Platte gießen, die Fische beidseitig darin wenden.
③ In einem Wenderost auf den Grill legen, beidseitig grillen. Der Garpunkt ist erreicht, wenn die Augen der Fische sich weiß hervorheben.
④ Auf vorgewärmter Platte mit Zitronenscheiben umlegen, die Estragonstengel jeweils schräg auf die Fische legen, sofort servieren.

Beilagen Herzhaft gewürzter Kartoffelsalat, Blattsalat nach Jahreszeit, Sahnemeerrettich.

Fleisch

Allgemeines

Als Fleisch bezeichnet man alle Teile aus der quergestreiften Skelettmuskulatur und die Innereien geschlachteter warmblütiger Tiere, die zum Verzehr für den Menschen bestimmt sind. Im engeren Sinne fällt hierunter das Fleisch von Schwein, Rind, Kalb, Lamm und Hammel.
Fleisch, das zum Verkauf angeboten wird, unterliegt der gesetzlichen Kontrolle durch die amtliche Fleischbeschau. Es wird in folgende Kategorien eingeteilt und durch Stempel gekennzeichnet: Tauglich, bedingt tauglich, minderwertig, untauglich. Unter die gesetzliche Fleischbeschau fallen Rinder, Schweine, Schafe, Ziegen und Pferde.

Fleisch in der Ernährung

Fleisch zählt zu den Grundnahrungsmitteln. Wie Milch, Ei und Fisch enthält es lösliche Eiweiße (Albumin und Globulin), die im Fleischsaft enthalten sind. Das in den Muskelfasern eingelagerte unlösliche Eiweiß (unlösliches Protein) ist reich an essentiellen Aminosäuren. Der Nährstoffgehalt von Fleisch unterliegt einer großen Schwankungsbreite hinsichtlich seines Eiweiß- und Fettgehalts. Dies erklärt sich aus der natürlichen, sehr unterschiedlichen Zusammensetzung der einzelnen Fleischarten (Schwein, Rind, Kalb) und aus der stark voneinander abweichenden Zusammensetzung gewisser Fleischteile innerhalb einer Tierart (z. B. mageres Schnitzel im Gegensatz zu durchwachsenem Bauchfleisch). Pro 100 g eßbarem Anteil gilt:

Da Fleisch vom Körper nahezu restlos ausgewertet werden kann, ist seine biologische Wertigkeit sehr hoch. Mit Ausnahme von Leber ist Fleisch arm an Kohlenhydraten. Von Bedeutung ist der Vitamin-B-Gehalt bei Schweinefleisch und bei Leber. So decken z. B. 100 g mageres bis mittelfettes Schweinefleisch die Hälfte des täglichen Vitamin-B1-Bedarfs und 50 g Schweineleber zwei Drittel des Vitamin-B2-Bedarfs eines Erwachsenen. Der Bedarf an Vitamin B 12 ist nur über den Verzehr tierischer Lebensmittel zu decken. Das im Fleisch enthaltene Eisen kann bis zu 30% vom Körper ausgenutzt werden.
Die Art der Zubereitung ist für die Erhaltung der Inhaltsstoffe und den Verdaulichkeitsgrad von Fleisch von großer Bedeutung. So beträgt z. B. der Vitamin-B1-Verlust beim Kochen 30–60%, beim Schmoren 30–75%, beim Garen im Dampfdrucktopf etwa 60%, beim Grillen 25–45%. Die große Schwankungsbreite ergibt sich aus der Intensität der Hitzezufuhr.
Mageres, gekochtes Rindfleisch sowie gekochtes und gedünstetes Kalbfleisch sind für Schonkost und Diät unentbehrlich. Die täglich benötigte Menge an Fleisch sollte der Arbeitsleistung und dem Alter der Personen angepaßt sein. Für eine ausgewogene Ernährung ist zu Fleisch reichlicher Verzehr von frischem Gemüse und Salat wichtig.

Einkauf

Fleisch ist das teuerste aller Grundnahrungsmittel. Die Beurteilung der Fleischqualität setzt Kenntnis und Erfahrung voraus. Auf drei Merkmale muß besonders geachtet werden:
Fleischfarbe Bei jungen Tieren kräftig rot, bei älteren Tieren dunkelrot. Gut abgehangenes Rindfleisch ist dunkler als frisches Rindfleisch.
Fleischfaser Bei jungen Tieren fein, bei älteren Tieren mittelgrob, bei alten Tieren grob.
Fettfarbe Bei jungen Tieren weiß und feingemasert in das Bindegewebe eingelagert, bei älteren und alten Tieren gelb und in groben Maserungen in das Bindegewebe eingelagert.

Eiweiß	8–22%	(lösliches und unlösliches Eiweiß),	Mineralstoffe	1– 2%	(Kalium, Calcium, Magnesium, Phosphor, Eisen, Jod),
Fett	2–40%,		Vitamine	A, B 1, B 2,	
Kohlenhydrate	– 0,18%	(Glykogen, für die Fleischreifung von Bedeutung),	Energiegehalt	389–1628 kj	

Frisches Fleisch wird unverpackt in Fachgeschäften und Supermärkten und verpackt nur in Supermärkten angeboten. Bei verpacktem Fleisch ist es wichtig, auf das Verpackungs- oder Mindesthaltbarkeitsdatum zu achten. Verpackt gekauftes Fleisch sollte 30–40 Minuten vor der Zubereitung aus der Verpackung genommen werden, damit es durch die Einwirkung von Luftsauerstoff seine blasse Farbe verliert. Der im Beutel oder in der Verpackung befindliche Fleischsaft ist nicht genußtauglich.
Gefrorenes Fleisch muß eine Kerntemperatur von −12 °C aufweisen. Tiefgefrorenes Fleisch muß verpackt sein. Die Kerntemperatur muß −18 °C betragen.

▷ Preis- und vor allem Qualitätsangebote vergleichen.
▷ Sonderangebote beachten.
▷ Auf vorgeschriebene Lagertemperatur achten.
▷ Gefrorenes und tiefgefrorenes Fleisch mit rauhreifartigem Belag von Eiskristallen entspricht nicht der geforderten Qualitätsnorm.

Lagerung

Fleisch ist leicht verderblich. Deshalb sollte es nur im Kühlschrank oder bei Temperaturen zwischen 2–3 °C gelagert werden. Da Fleisch nach dem Abhängen die besten Geschmackswerte besitzt, sollte es anschließend so rasch wie möglich verwendet werden.

Lagerdauer im Kühlschrank:

Rohes Fleisch	4–5 Tage,
Zubereitetes Fleisch	2–5 Tage,
rohes Hackfleisch oder Schabefleisch	6–8 Stunden.

Durch verschiedene Verfahren kann Fleisch kurz- oder langfristig haltbar gemacht werden. Kurzfristige Haltbarmachung ist möglich durch Einlegen in Beize oder durch Pökeln für 4–14 Tage, langfristige Haltbarmachung durch Räuchern (nach dem Pökeln), Sterilisieren und durch Tiefgefrieren für 2–12 Monate, je nach Fleischart und Konservierungsart.

▷ Frisches Fleisch nicht mit stark riechenden Lebensmitteln im Kühlschrank lagern.
▷ Bei Aufbewahrung im Kühlschrank stets zudecken (Folie, Pergamentpapier oder Gefäße mit Deckel benutzen).
▷ Vor Fliegen, Wärme und Sonnenlicht schützen.
▷ Fleisch erst nach dem Eintreten der Totenstarre einfrieren (beim Schwein etwa 4–6 Stunden, beim Rind etwa 14–20 Stunden nach dem Schlachten).
▷ Schweinefleisch möglichst kurzfristig einfrieren, da lange Gefrierzeiten seinen Geschmack stark beeinträchtigen. Fettes Schweinefleisch eignet sich nicht zum Einfrieren, mageres Schweinefleisch höchstens 2–3 Monate tiefgefroren aufbewahren.

Grundregeln für die Garmachungsarten

Kochen von Fleisch

Gekochtes Rindfleisch, Tafelspitz, Zunge, Eisbein, Pökelbrust, Ragout, Frikassee von Kalb und Huhn, gekochtes Huhn, Hähnchen oder Poularde.
Am besten geeignete Fleischstücke sind Beinfleisch, Rippenstücke, Schulter, die von gelatinehaltigem Bindegewebe umgeben sind.

▷ Genügend großen Suppentopf mit schwerem Boden und schwerem Deckel benutzen.
▷ Wichtigste Grundregel: Das Fleisch darf nur simmern, niemals brausend kochen, sonst wird es zäh und trocken.
▷ Große Fleischstücke (ab 750 g) in handwarmem – nicht heißem – Wasser mit Würzzutaten nach Rezept zusetzen, sanft ankochen, auf kleinstmöglicher Hitzestufe auf dem Herd, besser im Ofen bei 100–120 °C garen. Nach 30 Minuten Temperatur kontrollieren, auf geringstmöglicher Hitzestufe fertiggaren.
Die Zubereitung im Ofen garantiert deshalb ein besseres Ergebnis, weil der Topf während des Garvorgangs von allen Seiten gleichmäßig von Hitze umgeben ist und die Fleischfaser dadurch zart und mürbe wird.

- ▷ Kleine Fleischstücke jeweils in das mit Würzzutaten zum Kochen gebrachte Wasser einlegen, auf kleinstmöglicher Hitzestufe fertiggaren.
- ▷ Das Fleisch muß während des Garvorgangs stets von Flüssigkeit bedeckt sein, damit es nicht austrocknet.
- ▷ Fleisch während des Garens nicht mit der Gabel anstechen, da es sonst Saft verliert. Zum Wenden besser zwei große Löffel benutzen.
- ▷ *Garprobe:* Wenn das Fleisch auf Druck mit dem Löffel nicht mehr nachgibt bzw. wenn beim Anstechen mit spitzem Messer kein rosa gefärbter Saft mehr austritt, ist es gar.
- ▷ Nach beendeter Garzeit Fleisch aus der Flüssigkeit nehmen, zugedeckt mindestens 15 Minuten warm halten, damit sich der Fleischsaft in die Faser zurückziehen kann.
- ▷ Fleisch, das in Scheiben geschnitten werden soll, immer gegen die Faser schneiden.
- ▷ Nach dem Anrichten auf Platten oder Tellern mit einigen Eßlöffeln Fleischbrühe beträufeln, sofort servieren.
- ▷ Zum Schneiden immer ein großes, scharfes Messer (Tranchiermesser) und ein Fleischbrett mit Saftrinne benutzen.
- ▷ Fleisch für Ragout oder Frikassee, das in Würfel oder Streifen geschnitten werden soll, erst gut abkühlen lassen, da es sich im warmen Zustand leicht faserig schneidet.
- ▷ Das Garen bei möglichst geringer Hitze garantiert folgende Vorteile: Das Fleisch bleibt saftiger, die Brühe wird klar und kräftig im Geschmack, der Topf kann geschlossen bleiben, weil wenig Dampf entsteht und dadurch kein Nachfüllen von Flüssigkeit notwendig wird.
- ▷ Sollte Nachfüllen von Flüssigkeit einmal nötig sein, ist es wichtig, jeweils heiße Flüssigkeit zuzugießen, damit der Garvorgang nicht unterbrochen wird.

Gegen die Faser schneiden

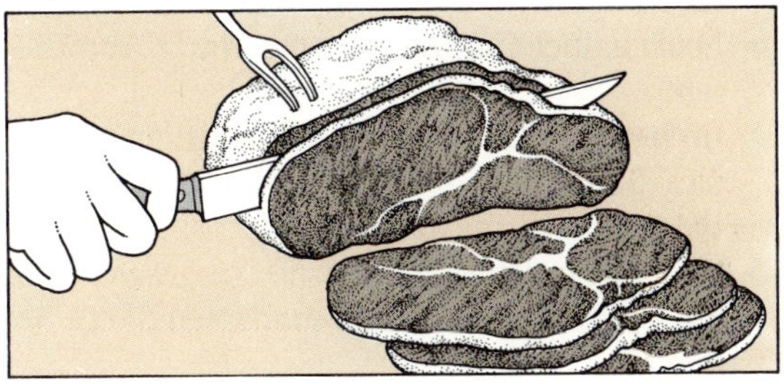

Dünsten von Fleisch

Ganze Stücke oder portioniertes, zartes, mageres Fleisch von Schwein, Rind, Lamm, Hähnchen, Poularde, Pute.

Dünsten in der Pfanne oder im Topf

- ▷ Als Fett jeweils Butter, Margarine oder gutes Öl verwenden.
- ▷ Fett nur mäßig erhitzen. Butter oder Margarine darf nicht braun werden. Am Fleisch soll nur geringe Bräunung entstehen.
- ▷ Fleisch vor Verwendung kurz kalt waschen, sofort trocken tupfen.
- ▷ Fleisch vor dem Andünsten niemals salzen, da es sonst durch Austreten des Fleischsaftes trocken wird.
- ▷ Gulasch und Geschnetzeltes portionsweise andünsten.
- ▷ Gewürze nach Rezeptanweisung verwenden.
- ▷ Fleisch nur mit kochendheißer Flüssigkeit in jeweils geringen Mengen aufgießen.
- ▷ Bei geschlossenem Topf mit gut schließendem Deckel auf möglichst geringer Hitzestufe fertiggaren.
- ▷ Sauce erst nach Ende der Garzeit abschmekken.
- ▷ Verfeinerungszutaten, wie Sahne, Wein, etc., erst kurz vor dem Servieren zur Sauce geben.

Dünsten in der Folie

- ▷ Folie mit flüssiger Butter oder Öl bestreichen, Fleisch und Würzzutaten nach Rezeptanweisung darin einschlagen, Folie verschließen.
- ▷ Im vorgeheizten Ofen garen.
- ▷ Nach dem Garen in der geschlossenen Folie 5–10 Minuten ruhen lassen. Am besten mit der Folie servieren.

Schmoren von Fleisch

Gulasch von Rind und Schwein, Schmorbraten, Ochsenschwanz, Rouladen, geschmortes Ragout von Hammel und Wild.

- ▷ Schweren Topf mit Deckel benutzen.
- ▷ Fleisch nach Rezept vorbereiten, evtl. in Form binden.

In Form binden

▷ In hitzebeständigem Fett (Öl, Speck oder Palmfett) kräftig anbraten. Beim Schmoren wird starke Bräunung gewünscht.
▷ Gulasch portionsweise anbraten.
▷ Mit kochendheißer Flüssigkeit nach und nach aufgießen, auf mäßiger Hitze fertiggaren.
▷ Zum Aufgießen am besten Fond verwenden.
▷ Die jeweils zugegossene Flüssigkeit einkochen lassen, erst dann nachgießen. (Die Gefahr des Anbrennens ist größer als beim Dünsten.)
▷ Schmorgerichte immer langsam garen.
▷ Bratensaucen von Schmorgerichten sind intensiv in Farbe und Aroma.
▷ Vorsichtig salzen, vor allem wenn Räucherspeck bei der Zubereitung verwendet wurde.

Braten von fettem Fleisch

Große Braten ab 800 g vom Schwein (mit und ohne Schwarte), Enten- und Gänsebraten.

Vorbereiten
▷ Fleisch jeweils kurz kalt (Geflügel auch von innen) waschen, trocken tupfen.
▷ Fleischstück mit Schwarten auf der Schwartenseite mit scharfem Messer entweder längs bzw. im Fischgrätenmuster im Abstand von 1½–2 cm oder in Karos bzw. Rauten von ca. 2 × 2 cm so tief einschneiden, daß die Schwarte durchschnitten und die darunterliegende Fettschicht freigelegt ist.

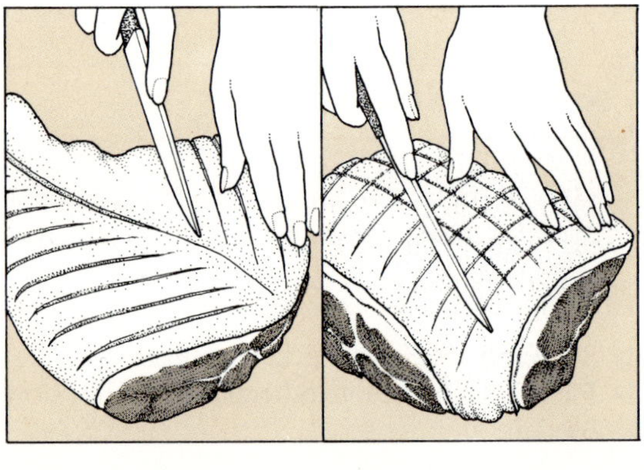

▷ Die Bratenstücke mit Salz und Pfeffer gründlich einreiben.
▷ Geflügel von innen würzen, evtl. nach Rezeptanweisung füllen.

Braten auf dem Rost oder in der Bratreine
▷ Vorbereitete Bratenstücke auf den Rost über der Grillpfanne oder in die Bratreine legen, in den auf 250 °C vorgeheizten Ofen schieben, 30–40 Minuten anbraten, wenden, auf der anderen Seite ebenso anbraten.
▷ Etwa ½ l heißes Wasser nach und nach zugießen, Würzzutaten nach Rezeptanweisung zugeben.
▷ Braten öfters wenden, dabei gelegentlich begießen.
▷ Im letzten Drittel der Garzeit mit kaltem Salzwasser von allen Seiten bestreichen, damit eine schöne Kruste entsteht.
▷ Nach beendeter Garzeit Braten im ausgeschalteten Ofen 15 Minuten ruhen lassen. Geflügel mit der Brustseite nach unten ruhen lassen, damit der Fleischsaft in das Brustfleisch dringen kann.
▷ Sauce nach Rezept zubereiten, bei Bedarf entfetten.

Braten im Bratentopf oder Bräter
▷ Vorbereitete Bratenstücke in Bratentopf oder Bräter legen, mit ½–¾ l kochendheißem Wasser begießen, Deckel auflegen, auf dem Herd bei kräftiger Hitzezufuhr ankochen, damit Fett austritt.
▷ Deckel abnehmen, Würzzutaten nach Rezept zugeben, im vorgeheizten Ofen bei 250 °C bräunen lassen.
▷ Öfters wenden, dabei begießen.
▷ Nach halber Garzeit Hitze auf 200 °C reduzieren.
▷ Im letzten Drittel der Garzeit rundum mit kaltem Salzwasser mehrmals bepinseln, macht die Kruste (Schwarte) knusprig.
▷ Nach beendeter Garzeit im ausgeschalteten Ofen ruhen lassen. Währenddessen Sauce bereiten.

Braten von magerem Fleisch

Magerer Schweinebraten, Lamm-, Kalbs-, Rinder- und Wildbraten, Wildgeflügel, Pute, Hähnchen, Poularde.

Braten auf dem Herd (Schmorbraten)
Kleine Bratenstücke bis etwa 800 g, ausgenommen Geflügel jeglicher Art
- ▷ Magere Bratenstücke benötigen zusätzliches Fett in Form von Öl, Pflanzenfett, flüssiger Butter, durchwachsenem oder fettem Speck. Spicken führt zu Verlust von Fleischsaft und wird deshalb selten angewandt.
- ▷ Fleisch kurz kalt waschen, trocken tupfen, danach mit Pfeffer und Gewürzen nach Rezept einreiben.
- ▷ Bratentopf mit Deckel benutzen.
- ▷ In heißem Fett, am besten Öl, von allen Seiten im offenen Topf gut anbräunen.
- ▷ Mit vorbereitetem, leicht gesalzenem, heißem Saucenfond oder Brühe nach und nach aufgießen, bei geschlossenem Topf unter mäßiger Hitzezufuhr garen.
- ▷ Nach beendeter Garzeit aus dem Topf nehmen, zugedeckt warm etwa 15 Minuten ruhen lassen. Währenddessen Sauce zubereiten.
- ▷ Fleisch erst kurz vor dem Servieren schneiden, anrichten, mit Sauce leicht beträufeln.

Braten im Ofen
Große Bratenstücke von 800 g–2,5 kg und Wildgeflügel
- ▷ Fleisch nach Rezeptangabe und wie oben beschrieben vorbereiten und würzen.
- ▷ Entweder mit sehr heißem Fett übergießen, mit flüssiger Butter einpinseln oder mit dünnen Scheiben von durchwachsenem Speck belegen (bardieren), Speckscheiben am Fleischstück mit Küchenzwirn festbinden, z. B. bei Fasan, Wildente, Reh- und Hasenrücken, aber auch bei magerem Rinder- oder Kalbsbraten.
- ▷ Flachen Bratentopf oder Bratreine benutzen.
- ▷ Im auf 200–220 °C vorgeheizten Ofen von allen Seiten anbräunen, mit vorbereitetem, leicht gesalzenem Saucenfond nach und nach aufgießen, Fleisch begießen und wenden.
- ▷ Den fertigen Braten vor dem Tranchieren 15 Minuten im ausgeschalteten Ofen, Geflügel mit der Brustseite nach unten, ruhen lassen. Sauce zubereiten.
- ▷ Mit großem, scharfem Messer auf Fleischbrett gegen die Faser in gleichmäßige Scheiben schneiden.
- ▷ Erst nach dem Anrichten leicht mit Sauce beträufeln.

Hähnchen, Poularde, Pute
- ▷ Nach Rezeptangabe vorbereiten.
- ▷ Mit Öl oder zerlassener Butter bepinseln.
- ▷ Im vorgeheizten Ofen bei 220 °C auf dem Rost über der Grillpfanne von allen Seiten anbräunen.
- ▷ Mit Saucenfond oder Wasser und Würzzutaten aufgießen, Geflügel begießen, öfters wenden.
- ▷ Gegen Ende der Garzeit mit kaltem Salzwasser oder mit Honigwasser bestreichen (Krustenbildung).
- ▷ Nach beendeter Garzeit Geflügel mit Brustseite nach unten im ausgeschalteten Ofen ruhen lassen.
- ▷ Kurz vor dem Anrichten tranchieren, dabei immer warm halten, mit etwas Sauce bestreichen, eventuell nochmals kurz für 1–2 Minuten unter den Grill stellen.

Kurzbraten von Fleisch

Allgemeine Regeln
- ▷ Kurzbraten erfolgt in der Pfanne bei starker Hitze in heißem, wasserfreiem Fett oder Öl. Dünne Kalbsschnitzel können in Butter bei schwacher Hitze gebraten werden.
- ▷ Nur zartes, abgehangenes Fleisch verwenden.
- ▷ Fleisch vor der Zubereitung Zimmertemperatur annehmen lassen, damit es gleichmäßiger gart.
- ▷ Pfanne mit schwerem Boden benutzen.
  Größe der Pfanne: Die ideale Pfanne sollte zwei große Schnitzel oder drei mittelgroße Steaks fassen. Ist die Pfanne zu klein oder wird sie zu voll gelegt, sammelt sich Fleischsaft am Boden und bringt das Fleisch zum Schmoren bzw. Dünsten, anstatt es zu braten. Ist die Pfanne zu groß, besteht die Gefahr, daß Fett und Fleischsaft verbrennen.
- ▷ Panierte Fleischstücke brauchen mehr Platz und mehr Fett als Steaks und Naturschnitzel.

Schnitzel und Koteletts natur oder naturel

▷ Fleischstücke klopfen, evtl. Knochen auslösen, mit Pfeffer und evtl. mit Trockengewürzen einreiben, 5–10 Minuten ruhen lassen, in der Regel nicht salzen.

▷ Hitzebeständiges Fett, am besten gutes Olivenöl, gut erhitzen, Fleischstücke einlegen, auf mittlerer Hitze von beiden Seiten anbräunen.

▷ Zum Wenden Zange oder zwei Eßlöffel nehmen.

▷ Jeweils nur 2 Fleischstücke gleichzeitig braten.

▷ Gebratenes Fleisch auf vorgewärmte Platte legen, leicht salzen, warm halten.

▷ Evtl. mit 2–3 EL Brühe oder Wein Saucenfond loskochen, reduzieren (einkochen lassen), Fleischsaft, der sich während des Warmhaltens bildet, zugießen, mit Butterflöckchen oder Crème fraîche abziehen (einrühren und darin auflösen), die Fleischstücke mit Sauce übergießen.

Schnitzel und Koteletts mit Sauce

▷ Alle Würzzutaten nach Rezeptanweisung für Sauce vorbereiten.

▷ Fleisch nach Rezept würzen, im heißen Fett beidseitig leicht anbräunen, aus der Pfanne auf Teller legen, warm halten.

▷ Vorbereitete Zutaten für die Sauce im Bratenfond andünsten, mit Flüssigkeit ablöschen, 5–10 Minuten durchkochen lassen. Saft vom warm gehaltenen Fleisch zugießen.

▷ Sauce abschmecken, Schnitzel wieder einlegen, in der Sauce zugedeckt 5–15 Minuten ziehen, keinesfalls mehr kochen lassen.

▷ Anrichten nach Art der Rezepte verschieden.

Schnitzel und Koteletts paniert

▷ Fleisch klopfen, mit Salz und Pfeffer leicht einreiben, auf Teller aufeinanderlegen, 10 Minuten ruhen lassen.

▷ Fleisch mit Küchenkrepp trocken tupfen, beidseitig in Mehl, verquirltem Ei und Semmelbröseln wenden. Panade andrücken.

▷ Zum Ausbacken wasserfreies Fett nehmen. Reichlich Fett in die Pfanne geben, flüssig etwa ¼ cm hoch, gut erhitzen.

▷ Jeweils nur zwei Schnitzel einlegen, bei mäßiger Hitze langsam auf beiden Seiten goldbraun backen.

▷ Zum Wenden Backschaufel benutzen.

▷ Schnitzel paniert (oder in Ausbackteig) können auch in der Friteuse zubereitet werden.

▷ Bei allen Arten von panierten Schnitzeln oder Koteletts empfiehlt sich das Abtropfen des überflüssigen Fettes vor dem Anrichten.

Steaks in eigener Sauce

▷ Pfannensteaks sollen nicht weniger als 2,5 cm Dicke haben.

▷ Fleisch trocken tupfen (nicht waschen), keinesfalls klopfen.

▷ Steaks niemals vor dem Braten salzen, höchstens pfeffern.

▷ Fett so weit erhitzen, daß es zischt, wenn man zur Probe eine Ecke des Steaks hineinhält.

▷ Steaks einlegen, auf jeder Seite etwa 2–2½ Minuten scharf braten, wenden. Nach Rezeptanweisung fertigbraten. In der Regel gilt: Zum Fertigbraten die Hitze reduzieren.

▷ Zum Wenden zwei Löffel benutzen, damit durch Anstechen kein Saft verlorengeht.

▷ Garstufen: medium-rare, medium, well-done (s. Seiten 165/166).

▷ Steaks auf vorgewärmte Platte legen, warm halten.

▷ Bratensatz mit geringen Mengen Brühe, Fond, Wein, Zitronensaft oder Sahne bei starker Hitze unter Rühren loskochen (ablöschen), gut durchkochen lassen, abschmecken.

▷ Sauce heiß über die angerichteten Steaks gießen.

Grillen von Fleisch

Spießbraten von Schwein, Kalb, Hammel oder Lamm, Steaks, Schnitzel, Koteletts von Schwein, Kalb, Rind und Lamm, Grillspieße.

▷ Zum Grillen immer sehr gut abgehangenes Fleisch verwenden, das rasch gar wird.

▷ Nur wirklich hochwertige Fleischteile grillen.

▷ Grillfleisch in großen oder portionierten Stükken jeweils nach Rezept marinieren, beizen oder würzen, vor dem Garen wieder Zimmertemperatur geben. Große Stücke 1–2 Tage einlegen, im Kühlschrank aufbewahren. Kleine Teile entsprechend kürzer beizen oder marinieren oder nur mit Olivenöl einreiben, bei Zimmertemperatur ruhen lassen.

- ▷ Restliche Marinade während des Grillens auf das Fleisch träufeln oder mit Spezialsaucen bestreichen.
- ▷ Bei Rumpsteaks Fettrand mehrmals 1–2 cm tief einschneiden.
- ▷ *Grillgerät* gut vorbereiten: Holzkohlengrill etwa 40–50 Minuten vorheizen. Die oberste Kohlenschicht muß vor dem Auflegen des Grillgutes durchgeglüht sein. Vorsicht beim Hantieren mit Spiritus! Elektro- und Gasgrill 8–10 Minuten vorheizen.
- ▷ Als Faustregel gilt: Je dünner das Steak, um so näher muß es an der Kohlenglut oder den Grillstäben sein, damit es möglichst rasch gart und nicht austrocknet. Etwa 4 cm dicke Filetsteaks brauchen 7–8 cm Abstand von der Hitzequelle. Sehr dicke Steaks werden zunächst nah an die Hitzequelle gelegt und »versiegelt« (= rasche Erzeugung einer beidseitigen Kruste). Danach werden sie in weiterem Abstand von der Hitzequelle zu Ende gegrillt.
- ▷ Mageres, zartes Fleisch, wie Kalbssteak oder Filetsteak, während des Grillens mit flüssiger Butter oder Olivenöl 2–3mal bepinseln, um Austrocknen zu verhindern.
- ▷ Schweinesteaks grundsätzlich nur säuerlich marinieren, nicht mit Öl bestreichen.
- ▷ Steaks möglichst nur 2–3mal wenden, damit der Fleischsaft nicht verlorengeht.
- ▷ Spieße häufiger wenden, dabei jeweils eine Vierteldrehung geben, damit die Fleischwürfel gleichmäßig garen.
- ▷ Garzeiten sind abhängig von Fleischart, Fleischqualität, Dicke des Fleischstücks, der gewünschten Garstufe und der Grillhitze.
- ▷ **Garstufen**

  very rare oder blue = blau Ist scharfes Anbraten von beiden Seiten – etwa 1 Minute. Das Innere der Fleischfaser bleibt dabei roh, die Hitze dringt um etwa ½–¾ cm vor. Wird vor allem bei Rumpsteaks angewendet.

  rare = blutig bis rosa Ist scharfes Anbraten auf beiden Seiten, jeweils etwa 3 Minuten lang. Das Steak wird innen rosa und hat einen blutigen Kern.

  medium-rare = rosa Wie »rare« behandelt, nur länger gebraten, so daß die Kruste dicker wird und die Hitze bis zum Kern des Steaks vordringen kann. Die Fleischfaser muß im Kern noch hellrosa und saftig sein. Beste Garstufe für Filetsteaks.

  medium = halb durchgebraten Ist längeres Braten als bei allen vorhergegangenen Garstufen, etwa 6–7 Minuten pro Seite. Die Kruste muß dunkel, der Kern noch rosa und der austretende Fleischsaft klar sein. Noch gut geeignet für Filetsteaks.

  well done = durchgebraten Die Bratzeit wird auf 8–9 Minuten pro Seite verlängert. Diese Garstufe ist für Rumpsteaks, Hochrippe, Porterhouse- und T-Bone Steak sowie für Kalbs-, Hammel- und Schweinekoteletts, Schweinenackensteaks, Frikadellen und Spieße zu empfehlen. Filetsteaks werden bei dieser Garstufe zu trocken.
- ▷ Die Grillzeiten für Rindfleisch, Kalbfleisch, Lamm-, Hammel- und Schweinefleisch können nur ungefähr angegeben werden, da folgende Faktoren den Grillvorgang beeinflussen: Fleischqualität, Dicke des Fleischstücks, Temperatur und Abstand von der Hitzequelle. Im allgemeinen gilt folgende Faustregel: Pro cm Dicke 1 Minute Grillzeit, berechnet auf den Zustand »rosa« bei Filet. Deshalb empfiehlt es sich, bei Unsicherheiten eine Garprobe zu machen.
- ▷ *Garprobe* Mit Daumen oder Mittelfinger auf das Fleisch drücken. Je mehr das Fleisch unter Druck nachgibt, um so geringer ist die erreichte Garstufe.

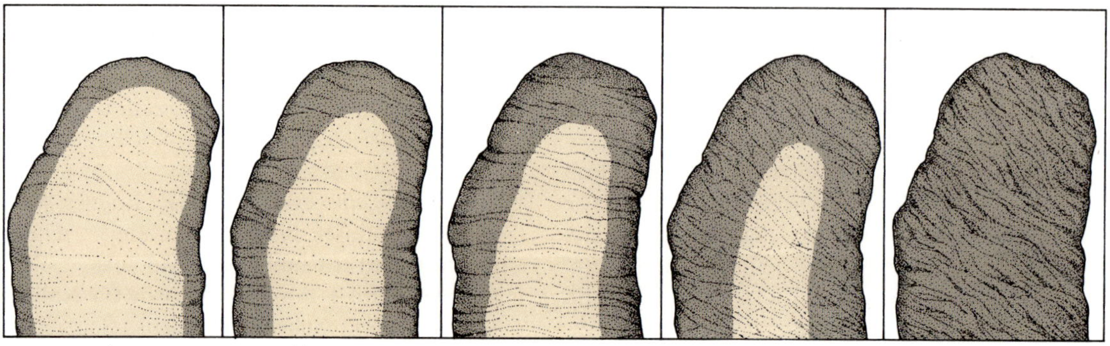

very rare oder blue = blau | rare = blutig bis rosa | medium-rare = rosa | medium = halb durchgebraten | well done = durchgebraten

Grillzeiten in Minuten pro Seite, bei Grillspießen pro ¼-Drehung

Fleischart	Dicke des Fleischstücks	blau **very rare**	blutig bis rosa **rare**	rosa **medium-rare**	halb durchgebraten **medium**	durchgebraten **well-done**
Fleisch ohne Knochen						
Rinderfilet	3 cm 7 cm	1–2 3–4	2–3 4–4½	3–4 4½–5½	4– 5 6– 7	— —
Kalbsfilet	2,5 cm	—	—	2⅓–3	3– 4	—
Schweinefilet	2 cm	—	—	—	2– 3	—
Roastbeef (Rumpsteak)	2,5 cm 5 cm	1½–2 2½–3	2–2½ 3–3½	2½–3 3½–4	3– 4 4– 5	7 9
Kluftsteak (Beefsteak)	2,5 cm	1½–2	2½–3	3½–4	4½–5	—
Frikadellen	3 cm	—	—	—	—	8– 9
Schweinenackensteaks	2 cm	—	—	—	—	6– 7
Fleisch mit Knochen						
Hochrippe	6 cm	—	7–8	8–9	9–11	12–14
T-Bone-Steak (mit Filet)	2,5 cm	—	3–3½	4–5	6– 7	7– 8
Porterhouse-Steak	3 cm	—	4–4½	6–7	8– 9	10–12
Schweinekoteletts	2 cm	—	—	—	—	7– 8
Hammelkoteletts	2 cm	—	—	—	—	6– 7
Kalbskoteletts	2 cm	—	—	—	—	6– 7
Grillspieße	4 cm	—	—	—	—	6– 8

Schweinefleisch

Grundkenntnisse

Das Angebot

Im preislichen Durchschnitt liegt Schweinefleisch hinter Kalb- und Rindfleisch. Die Qualität von Schweinefleisch ist abhängig vom Alter, der Art der Fütterung und der Haltung der Tiere während der Mast.
Hochwertiges Schweinefleisch läßt wenig Fett erkennen. Das Fleisch junger Schlachtschweine, welches den Großteil des Angebots ausmacht, zeigt eine hellrote Farbe und feine Fleischfaser. Das Fleisch älterer Tiere zeigt dunklere Farbe und eine gröbere Faser. Es ist aromatischer, aber trockener als junges Fleisch. Das Angebot verschiedener Teile von Schweinefleisch ist jahreszeitlich sehr unterschiedlich und dadurch häufigen Preisschwankungen unterworfen.

Preisgruppen
Gruppe 1 Teuerste Fleischpartien sind Filet und Schinkenschnitzel.
Gruppe 2 Schinken ohne Knochen, Rollbraten, Schulterbraten, Kasseler und Filetkotelett (knochenarm) liegen in der Regel auf demselben Preisniveau, sind aber deutlich billiger als Gruppe 1.
Gruppe 3 Stielkotelett (Stiel = Rippe), Nackenkotelett und Nacken sind nur halb so teuer wie Filet. Diese Fleischpartien finden sich häufig in Sonderangeboten.
Gruppe 4 Bauchfleisch und Eisbein (Schweinshaxe) ohne Pfötchen (Füße) machen nur etwa ein Viertel des Preises von Gruppe 1 aus.

Zubereitung

Im Gegensatz zu Rindfleisch sollte Schweinefleisch so frisch wie möglich verarbeitet werden. Zur Reifung benötigt es nur 4–6 Tage. Schweinefleisch kann auf vielfältige Art sehr schmackhaft zubereitet werden.

Garmachungsarten
Kochen Vor allem gepökeltes Fleisch, Eisbein, Bauchfleisch (Wammerl), dicke Rippe, Schälrippe, Pfötchen.
Braten Hüfte (Schinkenspeck), Unterschale, Bug (Schulter, ohne Knochen), Nuß, Oberschale, Rollbraten vom Schinken, vom Rücken, vom Nacken und von der Schulter, Nacken, Kasseler, Schweinshaxe.

Lage und Bezeichnung der Teilstücke beim Schwein

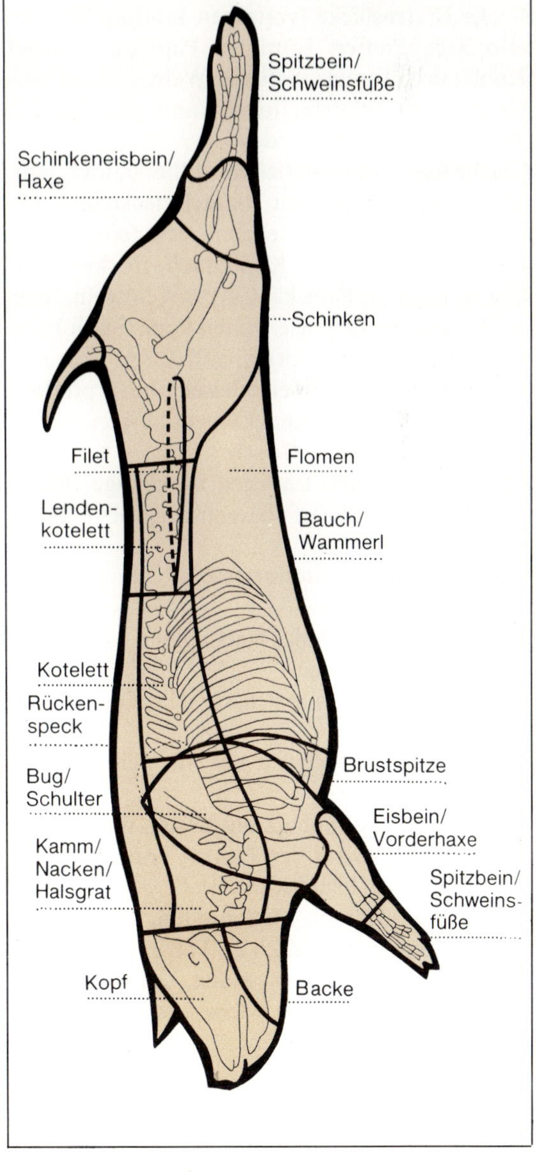

Schmoren (Gulasch und Rouladen) Hüfte, Unterschale, Bug, Schulter von älteren Tieren.
Dünsten Oberschale, Unterschale, Nuß, Filet, Kotelett.
Kurzbraten Filet, Schnitzel, Stiel- und Filetkotelett.
Grillen Rollbraten vom Rücken, vom Nacken, Nackenkotelett, Filet- und Stielkotelett, Filet.

Würzen

Schweinefleisch läßt sich vielseitig, von kräftig über mild bis süßsauer, würzen. Die Auswahl der Gewürze sollte sorgfältig mit der Garmachungsart abgestimmt werden.
Große Bratenstücke (vertragen kräftige Würzen, also Salz, Pfeffer, Kümmel, Paprika, Zwiebel, Knoblauch, Tomate, Sellerie, Wein.
Geschmortes Schweinefleisch kann grundsätzlich wie Braten gewürzt werden.
Gedünstetes Schweinefleisch sollte milder, aber sehr abwechslungsreich abgeschmeckt sein. Neben Salz und Pfeffer eignen sich feingehackte Zwiebel, Spuren von Knoblauch, trockene und frische Kräuter, Paprika, Curry, Weißwein, Sherry. An frischen Gemüsezutaten kommen in Frage Pilze, frische, rote Paprika, enthäutete Tomaten.
Kurzgebratenes Schweinefleisch gut pfeffern, schwach salzen, in gutem Olivenöl braten.
Gegrilltes Schweinefleisch wird besonders schmackhaft durch Einlegen in würzige Beizen, die von mild bis scharf abgeschmeckt sein dürfen.

Hinweise für die Küchenpraxis

- ▷ Nur sparsam Salz, statt dessen viele Gewürze verwenden.
- ▷ Kurzgebratenes erst nach dem Garen salzen.
- ▷ Aufgießen möglichst nur mit heißen Brühen oder Jus.
- ▷ Fleisch nicht übergaren. Braten und Kurzgebratenes »auf den Punkt« braten, es soll innen noch leicht rosa sein.
- ▷ Saucen nicht mit Mehl binden.
- ▷ Wo immer es möglich ist, Fett einsparen.
- ▷ Gutes Olivenöl verwenden, es ist zugleich eine hervorragende Würze.

Zubereitungen von Schweinefleisch

Gekochtes Schweinefleisch

Eisbein in Sauerkraut

Vorbereiten 10 Minuten
Garen 1¾–2 Stunden

1	kleines Eisbein oder Schweinshaxe von 750–800 g, gepökelt oder frisch
750 g	Sauerkraut
1	Apfel, ungeschält, entkernt, in dünne Spalten geschnitten
1	Lorbeerblatt
1 TL	Wacholderbeeren
½ TL	Pfefferkörner
1	Zwiebel, fein gehackt
1	Knoblauchzehe im ganzen
½–¾ l	Wasser oder ungesalzene Brühe.

① Sauerkraut mit Apfel und Gewürzen in Schmortopf füllen, Eisbein einlegen, so daß es vom Sauerkraut umgeben ist, Flüssigkeit zugießen, auf mittlerer Hitze zum Kochen bringen und zugedeckt langsam auf möglichst niedriger Hitzestufe fertiggaren. Gelegentlich wenden und darauf achten, daß immer genug Flüssigkeit während des Kochvorgangs vorhanden ist.
② Das gare Fleisch aus dem Topf nehmen, warm halten. Sauerkraut gut vermischen, Lorbeerblatt entfernen, auf tiefer Platte oder in flacher Schüssel anrichten. Fleisch in Stücke schneiden, auf das Sauerkraut legen, servieren.

Beilagen Kartoffelpüree, Salzkartoffeln, Erbspüree.

Geeignet für Zubereitung im Schnellkochtopf. Die Garzeit verkürzt sich auf ¾ Stunde.

Gebratenes Schweinefleisch: Große Braten

GZ Fettbraten

Schweinebraten Bayerisch

Vorbereiten 15 Minuten
Garen 1½–2 Stunden im Ofen bei 220–250 °C

750 g	Schweinefleisch am Stück, aus der Keule, vom Halsgrat oder Bug
½ TL	Salz und frisch gemahlener Pfeffer
⅛ l	kochendes Wasser
½ TL	Kümmel
1	große Zwiebel, geviertelt
1	Möhre, geviertelt
¼	Sellerieknolle, in dicke Scheiben geschnitten
½	Scheibe Graubrot oder 1 Stück Brotrinde
⅜ l	Wasser oder ungesalzene Brühe, heiß.

① Ofen vorheizen. Fleisch mit Salz, Pfeffer und Kümmel gut einreiben, in Bratentopf oder Braterine mit Deckel legen, mit kochendem Wasser begießen, zudecken, ¼ Stunde auf mittlerer Hitze dämpfen, einmal wenden.
② Deckel abnehmen, Zwiebel, Möhre, Sellerie und Brot zugeben, etwas Flüssigkeit angießen, in den Ofen stellen. Während des Bratens mehrmals mit austretendem Bratensaft begießen, 2–3 mal wenden und restliche Flüssigkeit angießen. Gegen Ende der Garzeit mehrmals mit kaltem Wasser bestreichen, um gute Kruste zu erreichen.
③ Das gare Fleisch aus der Sauce nehmen, zugedeckt ruhen lassen. Bratensaft mit Würz- und Gemüsezutaten durch Sieb passieren oder mit dem Mixstab pürieren, evtl. etwas Wasser oder Brühe zugießen und nochmals reduzieren lassen, gut abschmecken.
④ Fleisch in gleichmäßig dicke Scheiben schneiden, auf vorgewärmter Platte schuppenförmig anrichten, mit einigen Eßlöffeln Sauce beträufeln, servieren.

Beilagen Kartoffelknödel, Kartoffelbrei, Salzkartoffeln, gedünstete oder geschmorte Gemüse.

Schweinebraten Badisch-Fränkisch

Vorbereiten 10 Minuten
Garen 1½–1¾ Stunden, auf dem Herd bei mittlerer Hitze, im Ofen bei 200 °/160 °C

750 g	mageres Schweinefleisch aus der Keule
½ TL	Salz und frisch gemahlener Pfeffer
1 EL	Schmalz oder Olivenöl
4 EL	Zwetschgenwasser
¼–⅜ l	Wasser oder Brühe, kochendheiß
1	große Zwiebel, mit
2	Nelken gespickt
je 1	Zweig Petersilie und Bohnenkraut oder Thymian
2	Brotrinden
2 EL	Essig
1 TL	Zucker

① Ofen auf 200 °C vorheizen. Bei Fleisch mit Schwarte diese kreuzweise einschneiden, Fleisch rundherum mit Salz und Pfeffer einreiben.
② In ofenfestem Schmortopf Fett erhitzen, Fleisch darin von allen Seiten scharf anbraten, mit Zwetschgenwasser ablöschen, Flüssigkeit verdampfen lassen, Wasser oder Brühe nach und nach dazugießen. Zwiebel, Kräuter, Brotrinden, Essig und Zucker zugeben, Deckel auflegen. Entweder Topf in den Ofen schieben oder auf dem Herd garen. Bei Garen im Ofen: Sobald der Topfinhalt siedet, Temperatur auf 160 °C reduzieren. Nach Hälfte der Garzeit Fleisch wenden. Begießen ist nicht notwendig.
③ Nach dem Garen Bratenstück zugedeckt 15 Minuten ruhen lassen, Sauce abseihen, Brotrinden und Zwiebel durchpassieren, bei Bedarf etwas Wasser oder Brühe zugießen und nochmals einige Minuten einkochen lassen, gut abschmecken. Fleisch in gleichmäßige Stücke schneiden, auf vorgewärmter Platte schuppenförmig anrichten, mit einigen Eßlöffeln Sauce beträufeln, servieren.

Beilagen Spätzle, Kartoffelknödel, Kartoffelbrei, Salate der Saison.

Schweinshaxe

Vorbereiten 10 Minuten
Garen 1½–1¾ Stunden im Ofen bei 220 °C

1 kg	Schweinshaxe (mit Knochen)
1 TL	Salz und frisch gemahlener Pfeffer
⅛ l	kochendes Wasser
1	Knoblauchzehe
½ TL	Kümmel
1	große Zwiebel, halbiert
¼	Sellerieknolle, halbiert
1	Möhre, halbiert
⅜ l	kochendes Wasser oder ungesalzene Brühe
1 TL	Mehl, mit
2 EL	Wasser oder Saucenflüssigkeit verrührt, zum Binden

① Ofen vorheizen. Die Schwarte mit scharfem Messer gerade, streifenweise oder kreuzweise einschneiden, Fleisch rundherum mit Salz und Pfeffer einreiben, in Bräter legen, kochendes Wasser seitlich angießen, zudecken und ¼ Stunde auf dem Herd bei mittlerer Hitze dämpfen.
② Gewürze und Gemüse zugeben, etwa ⅛ l kochende Flüssigkeit angießen, offen in den Ofen schieben. Während des Bratens öfters wenden und begießen. Fleisch und Gemüsezutaten sollen gleichzeitig bräunen.
③ Gegen Ende der Garzeit restliche Flüssigkeit zugießen, die Schwarte rundherum mehrmals mit kaltem Wasser oder Bier bestreichen, damit sie knusprig wird, evtl. kurz den Grill einschalten.
④ Sobald sich das Fleisch leicht vom Knochen trennen läßt, ist der Braten gar. Das Fleisch aus der Sauce nehmen, zugedeckt warm halten. Bratensatz loskochen und mit den Gemüsezutaten durch Sieb passieren, in Saucentopf durchkochen, evtl. Fett abschöpfen und einige Eßlöffel heißes Wasser oder Brühe zugeben. Die Sauce binden und nochmals gut durchkochen, abschmecken. Die Haxe entweder im ganzen anrichten und bei Tisch tranchieren oder in Stücken vom Knochen lösen und auf vorgewärmter Platte anrichten.

Beilagen Rohe oder gekochte Kartoffelknödel, Semmelknödel, Kartoffelsalat, Salate der Saison.

GZ Rollbraten

Vorbereiten 15–20 Minuten
Garen 1½–1¾ Stunden im Ofen bei 200 °C

Gleichbleibende Zutaten

750 g	Rollbratenstück aus dem Rücken
1 TL	Salz und frisch gemahlener Pfeffer
2 EL	Butter, flüssig, und
1	mittelgroße Zwiebel, fein gehackt, und
1	Strauß Petersilie, fein gehackt, für die Füllung
2 EL	Olivenöl zum Anbraten
¼ l	Wasser oder Brühe, kochendheiß
2 EL	trockener Weißwein und
1 EL	Butterflöckchen oder 1 EL Crème fraîche für die Sauce

Spezielle Zutaten

Schinkenfüllung

1	Zweig frischer Thymian, fein gehackt, oder 1 Msp trockener Thymian, fein verrieben
¼	Zitronenschale, fein abgerieben
	frisch gemahlener weißer Pfeffer
4	Scheiben gekochter Schinken, fein gehackt oder gemahlen

Kräuter-Ei-Füllung

je 1	Zweig Rosmarin und Estragon, fein gehackt
2	Eier, hart gekocht, fein gehackt
1	Ei, verquirlt
2	Sardellenfilets, fein gehackt
4	gefüllte grüne Oliven, fein gehackt
2 EL	Sherry oder Weinbrand
	frisch gemahlener Pfeffer

Pilzfüllung

150 g	frische Champignons, fein gehackt
2 EL	Weißwein
2 EL	Sahne
	Salz und frisch gemahlener Pfeffer
1	Ei, verquirlt

① Fleisch auf Arbeitsbrett legen, leicht mit Salz und Pfeffer einreiben, Ofen vorheizen.
② Für die Füllung jeweils Zwiebel in Butter glasig dünsten, Petersilie zugeben, kurz mitdünsten, kurz auskühlen lassen. Je nach gewünschter Füllung die entsprechenden Zutaten an die vorgedünsteten Zwiebeln und Petersilie geben, gut vermischen, mild abschmecken.
③ Füllmasse auf dem Fleischstück verteilen, von der langen Seite her zusammenrollen und im Abstand von 2 cm schnüren.
④ Öl in Bräter erhitzen, Fleisch darin rundherum scharf anbraten, mit kochender Flüssigkeit aufgießen, im Ofen fertigbraten, während des Bratens öfters wenden und begießen.

⑤ Nach dem Braten Fleisch auf Platte legen, warm halten. Bratensatz mit etwas Brühe loskochen, Wein zugeben, gut durchkochen lassen, abschmecken, Butterflöckchen mit kleinem Schneebesen in die Sauce einrühren. Schnürung abnehmen, Fleisch in 2 cm dicke Scheiben schneiden, schuppenförmig auf Platte anrichten, mit etwas Sauce beträufeln, servieren.

Beilagen Kartoffelbrei, Kartoffelkroketten, gedünstete Karotten und Erbsen, gedünstete Zucchini, Lauchgemüse, Blatt- und Wurzelsalate.

Auf dieselbe Weise werden Kalbs-, Lamm- und Putenrollbraten zubereitet. Auch die Füllungen sind gleich gut geeignet, wobei der Kräuter-Ei-Füllung beim Lammrollbraten der Vorzug gegeben werden sollte.

Spießbraten

Vorbereiten 15 Minuten
Ruhen 1 Stunde bei Zimmertemperatur, 3–6 Stunden im Kühlschrank
Garen ca. 1 Stunde

2 EL	Petersilie, fein gehackt
2 TL	Basilikum, fein gehackt
2 EL	frisches Bohnenkraut, fein gehackt
4	Knoblauchzehen, zerdrückt
1	mittelgroße Zwiebel, sehr fein gehackt
2 EL	Weinessig
	reichlich frisch gemahlener schwarzer Pfeffer
1½ TL	Salz
1 kg	magere Schweineschulter (dicke Fetteile entfernt), als längliches, flaches Stück geschnitten
	dünne Hanfschnur zum Binden
2 EL	Öl

① Die Kräuter mit Knoblauch, Zwiebeln, Essig, Pfeffer und Salz zu einer Paste verarbeiten, das Fleischstück auf einer Seite damit bestreichen und zu einer länglichen Rolle formen. Im Abstand von je 3 cm gleichmäßig fest schnüren, in Folie oder Plastikbeutel packen und ruhen lassen (bei großen Stücken sollte die Ruhezeit entsprechend verdoppelt werden, bis zu 2 Tagen).

② Auf den Spieß des Ofens oder Tischgrills schieben, mit Öl bepinseln und – je nach Größe des Fleischstückes – ¾–1 Stunde braten. In Scheiben von 1½ cm Dicke schuppenförmig auf Holzbrett anrichten.

Geschmortes Schweinefleisch

Schweineröllchen

Vorbereiten 20 Minuten
Garen 1 Stunde im Ofen bei 180 °C

4	Schweineschnitzel aus der Keule, sehr dünn und groß geschnitten
	Salz
	reichlich frisch gemahlener schwarzer Pfeffer
200 g	frische Champignons, blättrig geschnitten
2 EL	Öl
100 g	mageres Schweinehack
2 EL	Petersilie, fein gehackt
2 EL	Basilikum, fein gehackt
	Salz und frisch gemahlener Pfeffer
1 TL	Paprika edelsüß
1	Ei
2 EL	Öl
⅜ l	Brühe
¼ l	trockener Rotwein
15 g	kalte Butterflöckchen (nach Belieben)

① Ofen vorheizen. Schnitzel auf eine Platte legen, vorsichtig salzen und gut pfeffern. Champignons in dem Öl andünsten, oft umrühren, alle Flüssigkeit muß verdampft sein. Hackfleisch mit den Kräutern vermischen, salzen, pfeffern, mit Paprika würzen, die abgekühlten Champignons dazumischen, Ei zugeben und sehr gut abkneten. Diese Masse auf die Schnitzel gleichmäßig verteilen, zusammenrollen und Fleischenden feststekken.

② Öl in einem Schmortopf erhitzen, die Rouladen darin gleichmäßig scharf anbraten, mit Brühe und Wein aufgießen. Zugedeckt im Ofen ca. 1 Stunde schmoren.

③ Danach die Rouladen herausnehmen, warm stellen. Die Sauce ca. 5 Minuten reduzieren lassen, den Topf beiseite stellen, die Butter mit einem Schneebesen vorsichtig unter die Sauce ziehen. Sauce über die Rouladen gießen, sofort servieren.

Beilagen Körniger Reis, Salzkartoffeln, Kartoffelpüree, Salate der Saison.

Szegediner Gulasch

Vorbereiten 15 Minuten
Garen 1½ Stunden

500 g	Schweineschulter oder -hals, in 3 × 3 cm große Würfel geschnitten
2 EL	Fett oder Schmalz
2	große Zwiebeln, grob gehackt
2	Knoblauchzehen, zerdrückt
2 EL	Paprika edelsüß
1	kleine Dose Sauerkraut
1	Lorbeerblatt
2 TL	Salz
¾ l	Brühe, kochendheiß
	frisch gemahlener schwarzer Pfeffer
⅛ l	saure Sahne

① Das in Würfel geschnittene Fleisch im heißen Fett scharf anbraten, danach das Fleisch auf einen Teller legen. Die Zwiebeln mit dem Knoblauch im Bratfett andünsten, das Fleisch wieder zugeben, Paprika zugeben, durchmischen.
② Sauerkraut zerpflücken, mit Lorbeerblatt und Salz zum Fleisch geben, mit der heißen Brühe auffüllen. Zugedeckt auf kleiner Hitze etwa 1½ Stunden schmoren lassen. Mit Pfeffer abschmecken, evtl. nachsalzen, Sahne unterrühren, servieren. Dieses Gulasch wird aus tiefen Tellern gegessen.

Beilage Schwarzbrot, Salzkartoffeln.

Kümmelfleisch

Zubereiten 1½ Stunden

1 kg	mageres Schweinefleisch, in 3 × 3 cm große Würfel geschnitten
1 EL	Öl
1 EL	Kümmel, gemahlen, gestoßen oder gehackt
1	große Knoblauchzehe, durchgepreßt oder zerdrückt
1 TL	Salz
⅛ l	trockener Weißwein
¹⁄₁₆ l	Brühe oder Wasser
1 TL	Paprika edelsüß
	viel frisch gemahlener schwarzer Pfeffer
8	dünne Zitronenscheiben, in Viertel geschnitten
2 EL	Kerbel oder Petersilie, fein gehackt

① In einem Schmortopf Fett erhitzen, Fleisch darin scharf anbraten, bis es von allen Seiten gleichmäßig gebräunt ist, Kümmel, Knoblauch und Salz darüberstreuen, kurz mit anbraten.
② Wein und Brühe zugeben, mit Paprika und Pfeffer würzen, stark ankochen. Topf zudecken und auf kleinster Hitze 50–60 Minuten schmoren lassen, evtl. 4–6 EL Wein nachgießen. Garprobe machen.
③ Nach dem Garpunkt die Zitronenscheiben zum Fleisch geben, Hitze verstärken und bei offenem Topf das Fleisch häufig umrühren, bis alle vorhandene Flüssigkeit eingekocht ist. Abschmecken, evtl. nachsalzen. Kräuter untermischen und servieren.

Beilagen Frisches Weißbrot oder Baguettes, Salate oder Gemüse der Saison.

Schweinegulasch mit Aprikosen

Vorbereiten 10 Minuten
Garen 1½–2½ Stunden

750 g	Schweinefleisch aus der Keule, in 3 × 3 cm große Würfel geschnitten
4 EL	Öl oder Schmalz
1	große Zwiebel, grob gehackt
½ TL	Salz
	reichlich frisch gemahlener schwarzer Pfeffer
1 Msp	Piment, gemahlen
¼ TL	Ingwer, gemahlen
1 EL	grüner Pfeffer
¼ l	Brühe oder Wasser, kochendheiß
¼ l	Apfelwein oder leichter Weißwein
250 g	Aprikosen, frisch oder aus der Dose, halbiert, in Scheiben geschnitten
1	kleiner Becher Crème fraîche oder 150 g Sahne

① In einem Schmortopf die Fleischwürfel im heißen Fett kräftig braun anbraten, Zwiebel dazugeben, Salz und Pfeffer darüberstreuen, durchrühren, dünsten, Piment, Ingwer und grünen Pfeffer daruntermischen und nach und nach mit heißer Flüssigkeit ablöschen. Topf zudecken und auf kleiner Hitze schmoren lassen.
② Nach der Hälfte der Garzeit in jeweils kleinen Mengen den Apfelwein angießen, weiterschmoren lassen.
③ Garprobe machen. Die Hälfte der Aprikosen pürieren und an das Fleisch geben, weitere 15 Minuten schmoren lassen. Evtl. noch etwas Brühe angießen.
④ Restliche Aprikosen dazugeben, Sahne oder Crème fraîche unterziehen, abschmecken, sofort servieren.

Beilagen Körniger Reis, in Butter geschwenkte Nudeln, Blattsalate.

Geschmortes Schweinefleisch in Wein mit Röstbrot

Marinieren 2 Stunden bei Zimmertemperatur,
8 Stunden im Kühlschrank
Garen 50–60 Minuten

Marinade

3/16 l	trockener Weißwein
4 EL	Weinessig
2	Knoblauchzehen, zerdrückt oder fein gehackt
1	Lorbeerblatt, grob zerrieben
2	Gewürznelken, zerstoßen
½	Stengel frisches Bohnenkraut, grob gehackt
1	Stengel frischer Majoran, grob gehackt
½ TL	Salz
	reichlich frisch gemahlener schwarzer Pfeffer
800 g	mageres Schweinefleisch ohne Knochen aus Schnitzelstück oder Keule, in Scheiben von 1 cm Dicke, 4 cm Länge, 1 cm Breite geschnitten
2 EL	Fett oder Öl
	Saft von 1 Orange
1	Orange, in Achtel zerteilt
4	Scheiben Weißbrot
4 EL	Butter, flüssig

① Wein, Essig, Knoblauch und Gewürze in einer flachen Schüssel vermischen, das geschnittene Fleisch darin einlegen, mehrmals wenden und zugedeckt ruhen lassen, gelegentlich wieder wenden.

② Fleisch aus der Marinade nehmen, auf Küchenkrepp abtropfen lassen, Marinade beseite stellen.

③ Fett im Schmortopf erhitzen, Fleisch darin kräftig anbraten, oft wenden, bis es gleichmäßig gebräunt ist. Aus dem Topf auf einen Teller legen, mit der Marinade den Bratensatz loskochen, gut aufkochen lassen und Fleisch wieder einlegen, auf schwacher Hitze 40–50 Minuten weiterschmoren. Die Marinade soll dabei weitgehend reduziert werden. Garprobe machen. Vor dem Servieren ggf. mit Salz und Orangensaft abschmecken, in eine flache Schüssel füllen, mit Orangenachteln garnieren.

④ Die Weißbrotscheiben rasch in Butter goldbraun rösten, um das Fleisch herumlegen, sofort servieren.

Beilagen Salate der Saison.

Gedünstetes Schweinefleisch

Satarrasch

Vorbereiten 15 Minuten
Garen 15–20 Minuten

4	Schweineschnitzel aus der Keule, in 1 cm breite Streifen geschnitten
4 EL	Öl oder Schmalz
2	große Zwiebeln, in dünne Ringe oder Halbringe geschnitten
4	große Paprika (2 grüne und 2 rote), entkernt und in 1 cm breite Streifen geschnitten
2–4	Knoblauchzehen, mit etwas Salz fein zerdrückt
3 EL	Paprika edelsüß oder Paprikamark
1 EL	Mehl
¼ l	Sahne
1 TL	Salz

① Das in Streifen geschnittene Fleisch mit dem Fett in einem flachen Schmortopf andünsten, dabei umrühren, damit sich bei allen Fleischstücken möglichst rasch die Poren schließen. Aus der Pfanne nehmen, auf einem Teller beiseite stellen.

② Im Bratfett die Zwiebeln rasch andünsten, beide Arten Paprika zugeben, mit andünsten, Knoblauch rasch unterheben, vermischen, Topf zudecken und 5 Minuten auf kleiner bis mittlerer Hitze dünsten.

③ Sobald alle Gemüse gleichmäßig kurz gegart und noch knackig sind, das Fleisch wieder zugeben, gut untermischen, Topf wieder verschließen und nochmals 5 Minuten dünsten.

④ Paprika und Mehl mit Sahne und Salz verrühren, an das Fleisch und die Gemüse gießen, gleichmäßig unterziehen (mit zwei Löffeln arbeiten, damit die Paprikastreifen erhalten bleiben). Evtl. nochmals einige Löffel Sahne zugießen. Topf wieder zudecken und 8–10 Minuten auf kleinster Hitze garen lassen. Sofort servieren.

Beilagen Frisches Weißbrot oder Graubrot mit Gewürzen.

Kurzgebratenes, gebackenes und gegrilltes Schweinefleisch

Paniertes Kotelett
Paniertes Schweineschnitzel

Vorbereiten 15 Minuten
Garen 10 Minuten

- 4 magere Schweinekoteletts bzw. Schweineschnitzel, geklopft
- ½ TL Salz und frisch gemahlener Pfeffer
- 2 kleine Eier
- 1 EL Öl
- ¼ l Olivenöl oder entsprechende Menge Ausbackfett
- 2 EL Mehl
- 6 EL Semmelbrösel
- 1 Zitrone

① Die Fleischstücke klopfen und am Rand mehrmals 1 cm tief einschneiden, Fettstreifen entfernen. Bei den Koteletts das Fleisch entweder mit einem scharfen Messer ganz vom Knochen lösen oder am Knochen entlang bis zum Wirbelknochen abtrennen, da die Gefahr besteht, daß das Fleisch am Knochen nicht gar wird. Sparsam mit Salz und Pfeffer einreiben, 10 Minuten liegen lassen.
② Die Eier mit Öl verquirlen. Fett in der Pfanne erhitzen. Jedes Fleischstück beidseitig in Mehl wenden, durch das verquirlte Ei ziehen und in die Semmelbrösel drücken. Nicht haftende Brösel abklopfen, Fleisch in das heiße Fett legen. Bei mittlerer Hitze auf jeder Seite goldbraun anbraten. Die fertig gebackenen Fleischstücke auf Küchenkrepp abtropfen, sofort servieren.

Beilagen Alle Arten von Salat.

Werden die Fleischstücke fritiert, so verringert sich die Garzeit um 2 Minuten.

Spanische Koteletts

Vorbereiten 10 Minuten
Ruhen 1–2 Stunden
Garen 20 Minuten

- 2 Knoblauchzehen, zerdrückt
- ½ TL Salz
- 2 EL Öl
- reichlich frisch gemahlener schwarzer Pfeffer
- 8 dünne Schweinekoteletts ohne Knochen, je ½ cm dick
- 2 EL Fett oder Öl
- 2 große, rote Paprikaschoten, Rippen und Kerne entfernt, in längliche, 1 cm breite Streifen geschnitten
- ⅛ l trockener Weißwein
- 1/16 l Brühe
- 2 EL Crème fraîche oder saure Sahne
- 1 Zitrone, in Achtel zerteilt

① Knoblauch, Salz, Öl, Pfeffer zu einer Paste verreiben, die Fleischstücke damit bestreichen, aufeinanderlegen und zugedeckt ruhen lassen (im Kühlschrank bis zu 3 Stunden).
② In einer schweren Pfanne Fett erhitzen, die Fleischscheiben darin nacheinander rasch anbraten, auf einen Teller legen. Paprika im Bratfett unter Rühren ca. 5 Minuten garen, nicht bräunen lassen, ebenfalls auf einen Teller legen.
③ Den Bratensatz mit Wein und Brühe loskochen, etwas reduzieren lassen. Fleisch und Paprika in die Sauce zurückgeben, auf kleinster Hitze zugedeckt ca. 10–15 Minuten köcheln. Garprobe machen. Auf vorgewärmter Platte anrichten. Die Sauce nochmals stark ankochen, reduzieren lassen, Crème fraîche daranrühren, abschmecken, über das Fleisch gießen, mit Zitronenachteln sofort servieren.

Beilagen Salzkartoffeln, Kartoffelpüree, frische Baguettes, Salate der Saison.

Zigeunerkoteletts

Zubereiten 50 Minuten

- 4 magere Schweinekoteletts, 2–3 cm dick
- ½ TL Salz
- frisch gemahlener schwarzer Pfeffer
- 2 EL Mehl
- 4 EL Olivenöl
- 1 große Zwiebel, fein gehackt
- 2 Knoblauchzehen, zerdrückt
- 1 Lorbeerblatt oder 1 kleiner, frischer Rosmarinzweig
- 4 mittelgroße Tomaten, enthäutet, in Würfel geschnitten
- 4 Scheiben durchwachsener Speck, in feine Streifen geschnitten
- ¼ l Brühe
- 2 EL Rotwein
- 1 EL Petersilie, grob gehackt
- 8 schwarze Oliven, entsteint

① Die Koteletts leicht klopfen, mit Salz und Pfeffer einreiben, in Mehl wenden. Öl in einer

schweren Pfanne erhitzen, Fleisch rasch gleichmäßig anbraten, auf einen Teller legen.
② Im Bratenfett Zwiebel, Knoblauch, Gewürz, Tomaten und Speck in der genannten Reihenfolge andünsten, ständig umrühren, bis alle Flüssigkeit verdampft ist. Brühe und Wein zugeben, kräftig durchkochen, Petersilie und Oliven dazugeben, durchrühren und das Fleisch wieder einlegen, evtl. ausgetretenen Saft dazugießen. Zugedeckt auf kleinster Flamme 30–40 Minuten köcheln lassen.
③ Die Koteletts auf vorgewärmter Platte oder in flacher Schüssel anrichten, Sauce darübergießen, sofort servieren.

Beilagen Körniger Reis, gedünstete Hirse, Spätzle, Dünstgemüse, Salate der Saison.

Schweineschnitzel Dijon

Vorbereiten 10 Minuten
Garen 20 Minuten

4	Schweineschnitzel, geklopft
	frisch gemahlener Pfeffer
2 EL	Butter, zerlassen
2 EL	Zwiebeln, fein gehackt
¼ TL	Salz
2 EL	Dijonsenf, grobkörnig, und
2 TL	Dijonsenf, fein
1 EL	Estragonblätter, fein gehackt
4 EL	Weißwein
⅛ l	Sahne
1 EL	Brandy

① Fleisch klopfen, mit Pfeffer bestreuen, in schwerer Pfanne in Butter anbraten, Hitze reduzieren und 5 Minuten weiterbraten. Zwiebeln darangeben, über beides Salz streuen, ca. 8 Minuten zugedeckt weiterdünsten.
② Fleisch herausnehmen, warm stellen. Senf, Estragon und Weißwein in die Pfanne geben, unter Rühren Bratensatz lösen, kurz aufkochen. Sahne und Brandy daranrühren, abschmecken.
③ Auf vorgewärmter Platte Fleisch anrichten, mit Sauce übergießen, sofort servieren.

Beilagen Schweizer Rösti, auf dem Blech gebackene Kümmelkartoffeln, Blatt und Wurzelsalate.

Variationen
- Statt Estragon frischen, gehackten Majoran nehmen.
- Brandy weglassen.

Schweinefilet Zigeunerbaron

Vorbereiten 10–15 Minuten
Garen 15–20 Minuten

500 g	Schweinefilet, in 1 cm dicke Scheiben geschnitten
3 EL	Olivenöl
100 g	geräucherter, durchwachsener Speck, gewürfelt
½	grüne und ½ rote Paprikaschote, in dünne Streifen geschnitten
2	mittelgroße Zwiebeln, in dünne Halbringe geschnitten
	Salz
1	Fleischtomate, enthäutet, in Würfel geschnitten
1	kleine Gewürzgurke, in sehr kleine Würfel geschnitten
1	Lorbeerblatt
$\frac{1}{16}$ l	Brühe oder heißes Wasser und
$\frac{1}{16}$ l	Wein
¼ TL	Salz und viel frisch gemahlener Pfeffer

① In einer schweren Pfanne Olivenöl erhitzen, die Filets darin beidseitig anbraten, auf einen Teller legen, beiseite stellen.
② Speckwürfel im Bratenfett anrösten, zu den Filets auf den Teller legen. Paprika und Zwiebeln im Fett andünsten, leicht salzen, kurz zugedeckt garen, ca. 5 Minuten.
③ Tomate, Gurkenstückchen und Lorbeerblatt zugeben, unter ständigem Rühren eindampfen lassen. Nach und nach Flüssigkeit angießen, jeweils wieder einkochen lassen, bis die Sauce dicklich ist. Lorbeerblatt wieder herausnehmen. Mit Salz und Pfeffer abschmecken.
④ Die Filets samt ausgetretenem Fleischsaft wieder einlegen, in der Sauce wenden und noch 5 Minuten darin ziehen lassen, servieren.

Beilagen Körniger Reis oder frisches, möglichst krustiges Brot.

Schweinefilets auf Gemüsebett

Vorbereiten 15 Minuten
Garen 25 Minuten im Ofen bei 190 °C

750 g	Lauch, in 3 cm breite Ringe geschnitten, oder Blattspinat oder Mangold, in jedem Fall blanchiert
2 EL	Butter, flüssig
	Salz und frisch gemahlener Pfeffer
4 EL	Öl
500 g	Schweinefilet, in 1½ cm dicke Scheiben geschnitten
¼ TL	Salz und frisch gemahlener Pfeffer
⅛ l	Sahne
4 EL	Zitronensaft oder Weißwein
4	Scheibletten (Emmentaler Geschmacksrichtung)
1 EL	Tomatenketchup

① Die vorbereiteten Gemüse in ganz wenig Wasser kurz blanchieren, gut abtropfen, in eine gebutterte Gratinform oder tiefe, feuerfeste Platte legen, leicht salzen und pfeffern. Ofen auf 190 °C vorheizen.

② Öl erhitzen, die Filets darin rasch anbraten, nebeneinander auf das Gemüsebett legen, mit Salz und Pfeffer bestreuen.

③ Bratensatz mit Sahne loskochen, mit Zitronensaft, Salz und Pfeffer abschmecken, rasch gut durchkochen. Die Scheibletten diagonal durchschneiden, auf die Fleischstücke legen, mit Tomatenketchup bestreichen. In den Ofen schieben und so lange überbacken, bis sich am Rande der Form Bläschen bilden und der Käse zerlaufen ist. Evtl. 1 Minute übergrillen, um Bräunung zu erzielen.

Schweinefilet in Blätterteig

Vorbereiten 60–80 Minuten
Garen 30 Minuten im Ofen bei 250 °C

500 g	Schweinefilet am Stück
	frisch gemahlener Pfeffer
2 EL	Butter, flüssig
200 g	frische Champignons, blättrig geschnitten
½ TL	Salz
1	große Zwiebel, fein gehackt
2 EL	Petersilie, fein gehackt
100 g	magerer, gekochter Schinken, fein geschnitten
100 g	sehr kalte Butter
	frisch gemahlener Pfeffer
½ TL	Zitronenschale, abgerieben
1 TL	Worcestersauce
1	Paket TK-Blätterteig
1	Eigelb

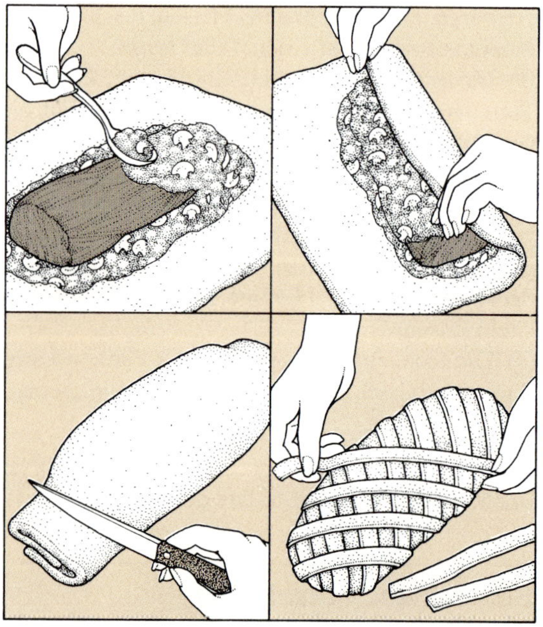

① Fleisch von Fett, Häuten, Sehnen befreien, mit Pfeffer einreiben. Butter in einer Pfanne zerlaufen lassen, Filet darin rundum knusprig anbraten. Abkühlen lassen. Champignons schneiden. Ofen vorheizen.

② Pilze mit Salz vermengen, in Topf ohne Fett dünsten, alle Flüssigkeit reduzieren lassen. Abkühlen lassen.

③ Die Pilze mit Zwiebel, Petersilie, Schinken, Zitronenschale, Worcestersauce, Pfeffer und Butter im Mixer oder mit dem Pürierstab zu einer Farce vermischen, die feinkörnig sein soll. Diese Mischung im Kühlschrank fest werden lassen.

④ Blätterteig nach Vorschrift auftauen, zu Rechteck formen, dabei die 3 Teigstücke so neben- und übereinanderlegen, daß sie sich etwa 1½ cm breit überlappen. Diese »Nahtstellen« festdrücken.

⑤ Die Hälfte der Farce auf dem Teig verteilen, das Fleischstück daraufsetzen, mit der restlichen Farce bestreichen. Den Teigmantel über das Fleisch legen, überstehenden Teig an der Seite und den Enden abschneiden, in Streifen schneiden, diese als Verzierung beliebig auf die Teighülle legen. Alle Ränder festdrücken, die Enden unterschlagen. Das verquirlte Eigelb sorgfältig darübersteichen, das ganze Stück auf ein mit kaltem Wasser abgespültes Blech setzen, im Ofen backen, danach bei geöffneter Ofentüre noch 10 Minuten ruhen lassen. Sofort servieren.

Schweinefilet im Ausbackteig

Vorbereiten 20 Minuten
Ruhen 1 Stunde
Garen 10–15 Minuten

500 g	Schweinefilet, in 1 cm dicke Scheiben geschnitten und jeweils halbiert
4 EL	Soja-Sauce
1 EL	Sherry
	reichlich frisch gemahlener Pfeffer
⅛ l	Brühe
⅛ l	Ananassaft
1 Msp	Ingwerpulver
1 EL	Speisestärke, mit Salz und
1 EL	Soja-Sauce und
3 EL	Weinessig und
½ TL	Tabasco-Sauce verquirlt
5	Scheiben Ananas, in Viertel zerteilt

Ausbackteig

125 g	Mehl
3/16 l	Bier oder Wasser
¼ TL	Knoblauchgranulat
1 EL	Öl
2	Eiweiß, zu Schnee geschlagen
	Ausbackfett

① Die Schweinefilets zurechtschneiden. In einer Schüssel Soja-Sauce mit Sherry vermischen, mit Pfeffer würzen. Das Fleisch darin befeuchten, zugedeckt ruhen lassen.

② Zwischenzeitlich Brühe und Ananassaft in einer Kasserolle erhitzen, aufkochen, mit Ingwer würzen. Speisestärke mit den Flüssigkeiten anrühren, Sauce damit binden, kurz aufkochen, beiseite stellen.

③ Für den Ausbackteig Mehl in eine flache Schüssel sieben, mit Bier oder Wasser verquirlen, Öl und Knoblauchgranulat daruntermischen, 15 Minuten quellen lassen.

④ Eiweiß zu sehr steifem Schnee schlagen. Fett in Friteuse oder Pfanne erhitzen. Eiweiß an den Mehlteig mischen. Fleischstückchen auf Küchenkrepp abtropfen, jedes einzeln durch den Teig ziehen, in das heiße Fett geben und goldgelb fritieren.

⑤ Die ausgebackenen Fleischstücke auf Küchenkrepp kurz abtropfen, dann auf vorgewärmte Platte legen.

⑥ Die süßsaure Sauce pikant abschmecken, Ananasstücke einlegen, erhitzen und mit einem Löffel über die Schweinefilets füllen. Sofort servieren.

Beilage Körniger Reis.

Gegrilltes Schweinesteak
Gegrillte Koteletts

Vorbereiten 5 Minuten
Ruhen 3–4 Stunden
Grillen 8–10 Minuten pro Seite

Marinade

8 EL	Zitronensaft, abgeseiht
	frisch gemahlener Pfeffer, reichlich
1	Knoblauchzehe, durchgepreßt
	Prise Thymian
2 EL	Olivenöl
4	Schweinenackensteaks oder Koteletts, etwa 2 cm dick geschnitten

① Zitronensaft mit Pfeffer, Knoblauch, Thymian und Öl mit kleinem Schneebesen gut vermischen.

② Die Steaks mit der Marinade übergießen, auf tiefe Platte legen, zugedeckt bei Zimmertemperatur ruhen lassen, gelegentlich wenden.

③ Vor dem Grillen das Fleisch auf Gitter abtropfen lassen, dann auf den Rost legen und beidseitig grillen, möglichst 1–2 mal wenden.

Beilagen Salate nach Jahreszeit, Kartoffelsalat, Yoghurtsauce oder Kräuter-Dip, krosses Brot.

Rindfleisch

Grundkenntnisse

Das Angebot

Unter diesem Begriff zusammengefaßt werden angeboten das Fleisch von Färsen, jungen und älteren Kühen, das Fleisch von Jungbullen und Ochsen. Den größten Anteil stellt das Fleisch junger Tiere. Es ist wesentlich teurer als Schweinefleisch. Fütterung und Haltung der Tiere während der Mast üben einen großen Einfluß auf die Qualität aus.

Hochwertiges, gut ausgemästetes Rindfleisch zeigt ein von kleineren und größeren Fettadern durchzogenes hell- bis kräftig rotes, feinfaseriges Bindegewebe mit kleinem Fettrand. Es eignet sich besonders gut zum Braten und Kurzbraten. Beim Garen nimmt es an Volumen zu.

Fleisch von Kühen ist dunkler und von gröberer Faser, von gelblichen Fettadern durchzogen und von größerer Fettschicht umgeben. Es wird vorwiegend zu Sauerbraten, als Gulasch- und Suppenfleisch und zur Wurstherstellung verwendet.

Ochsenfleisch ist nur noch selten auf dem Markt. Es ist feiner als Kuhfleisch und mit Fettadern durchwachsen, die es beim Garen saftig erhalten. Für bestimmte Zubereitungen wird es besonders geschätzt, z. B. gepökelte Ochsenbrust, gekochtes Ochsenfleisch, Hohe Rippe vom Ochsen.

Preisgruppen

Gruppe 1 Teuerste Fleischpartien sind Roastbeef und Lende (Filet).

Gruppe 2 Oberschale, Kugel, Blume (Hüfte, Rosenspitz), Schwanzstück und Hochrippe liegen im Preis deutlich niedriger als Gruppe 1, zählen aber ebenfalls zu den teuren Qualitäten.

Gruppe 3 Zungenstück (Kamm, Fehlrippe), Schwanzrolle, Schaufelstück, Falsches Filet, dikkes Bugstück, Dünnung (Flanke), Spannrippe, Brust, Hinterhesse (Beinscheibe) zählen zu den billigeren Fleischteilen und finden sich häufig im Sonderangebot.

Zubereitung

Von allen Fleischarten läßt sich Rindfleisch am vielseitigsten zubereiten. Es muß gut abgehangen sein, sonst bleibt es auch bei gewissenhafter Zubereitung zäh. Rindfleisch zum Kochen kann 4–6 Tage nach der Schlachtung, zum Braten 5–8 Tage nach der Schlachtung, zum Kurzbraten und Grillen 10–20 Tage nach der Schlachtung verwendet werden.

Garmachungsarten

Kochen Hinterhesse (Beinscheibe), Flanke (Dünnung), Hochrippe, Spannrippe, Brust, Schaufelstück, Zungenstück, Falsches Filet und Rosenspitz.

Braten Oberschale, Blume (Hüfte), Kugel, Schwanzstück, Schwanzrolle, Filet und Roastbeef.

Schmoren Oberschale, Kugel, Schwanzstück, Bugstück, Schaufelstück, Falsches Filet, Kamm, Hinterhesse und Schwanz (Ochsenschwanz).

Dünsten Filet und Filetspitzen (Filetgulasch).

Kurzbraten Keule (Schwanzstück, Oberschale,

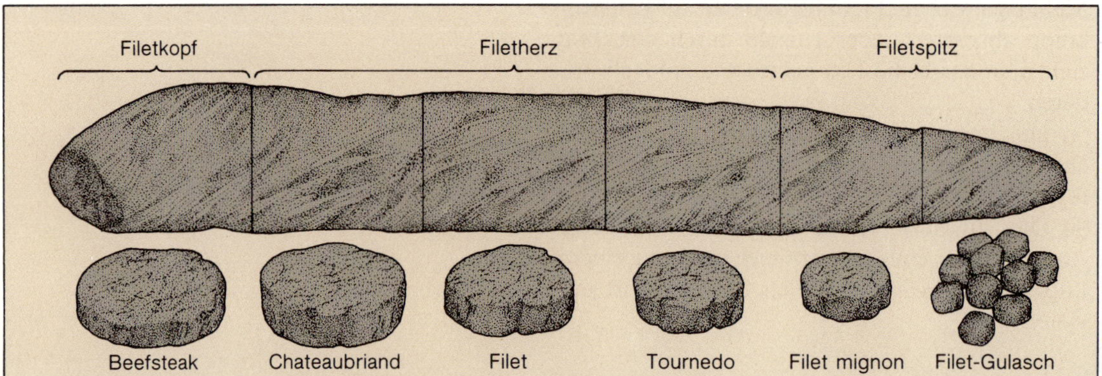

Lage und Bezeichnung der Teilstücke beim Rind

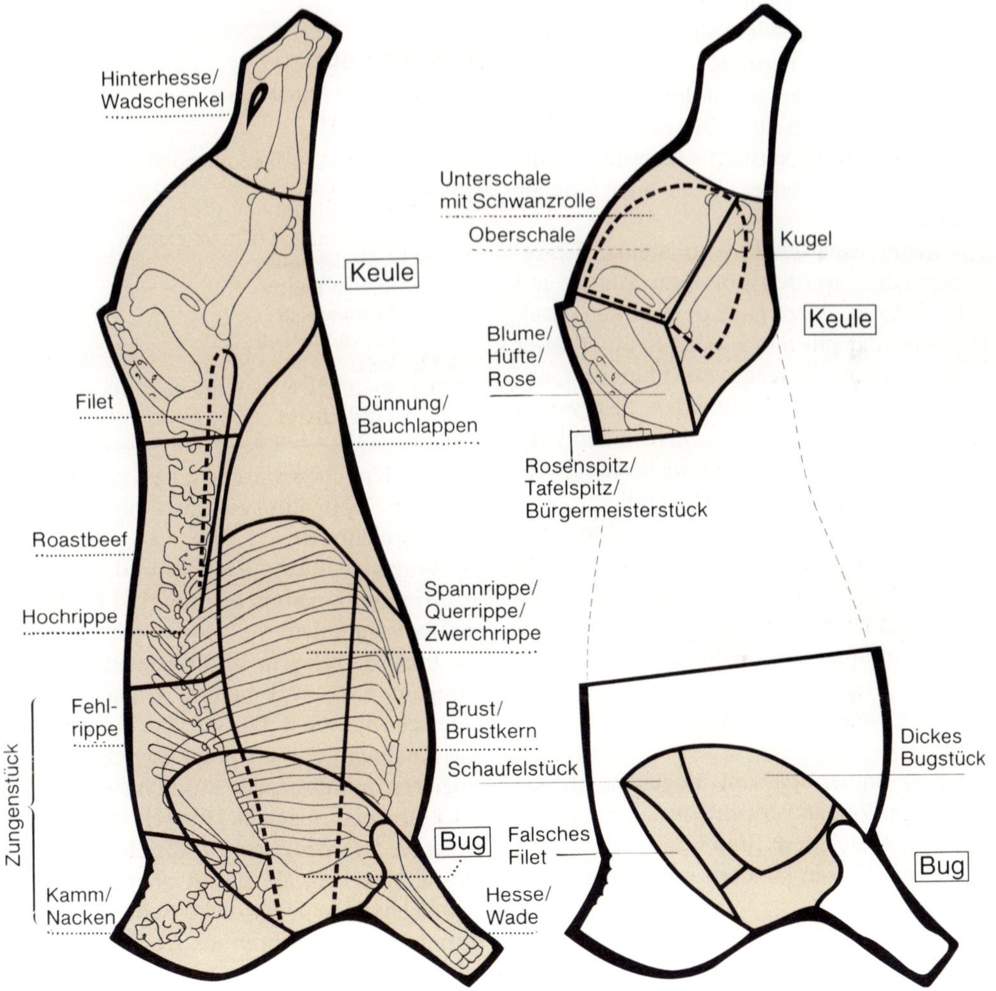

Blume [Hüfte], Schwanzrolle), Filet (Steak, Tournedos) Roastbeef (Rumpsteak, Entrecôte).
Grillen Hochrippe, Filet und Roastbeef.

Würzen

Die Vielfalt an Gewürzzutaten, mit denen Rindfleisch zubereitet werden kann, läßt sich kaum aufzählen. Deshalb sollen nur die Grundzüge richtiger Gewürzanwendung erläutert werden.

Gekochtes Rindfleisch hat eine gleichwertige Stellung gegenüber den anderen Zubereitungsarten. Es verlangt den Zusatz kräftiger Aromen, wie Suppengrün oder Kräuterstrauß mit reichlich Petersilie oder Sellerie, die durch gering dosierte Zugabe von Gewürznelken oder Lorbeer (oder beider Gewürze) und wenig Salz abgerundet werden.

Gebratenes Rindfleisch in großen Stücken wird mit wenig Salz, reichlich Pfeffer, Zwiebeln und Karotten, aber vor allen Dingen durch das Aufgießen mit Brühe gewürzt. Sauerbraten erhält seine typische Geschmacksnote durch die Beize, die auch beim Braten mitverwendet wird. Der Geschmack von geräuchertem Speck rundet den Beizengeschmack vorteilhaft ab. Spicken mit Speck ist heute nicht mehr üblich.

Geschmortes Rindfleisch mit dunklen Saucen verträgt kräftige Würzen, wie Salz, Pfeffer, Zwiebeln, Speck, Kümmel, Paprika.

Gedünstetes Rindfleisch wird in der Regel nur als Boeuf Stroganoff zubereitet. Dieses Gericht aus Filet oder Filetspitzen verträgt nur mildes Würzen mit wenig Salz, Pfeffer, Wein oder Cognac und Sahne.

Kurzgebratenes Rindfleisch, also Steaks, Entrecôte, Tournedos, werden vor dem Braten mit reichlich Pfeffer gewürzt, nach dem Braten gesalzen und entweder mit Sauce oder Kräuterbutter zu Tisch gegeben. Saucen von Pfannensteaks sollten immer rund gewürzt werden, also weder zu scharf noch zu mild. Sehr entscheidend für den Geschmack ist die Verwendung besten Fettes zum Braten: Butter oder gutes Olivenöl.

Gegrilltes Rindfleisch braucht Vorbereitung, damit es seinen Geschmack voll entfalten kann. Einlegen in Olivenöl oder in aromatische, ungesalzene Marinaden ist die beste Art, den Fleischgeschmack vorteilhaft zur Geltung zu bringen.

Hinweise für die Küchenpraxis

- ▷ Mit Salz immer sparsam umgehen, dafür vielseitige Würzen verwenden.
- ▷ Steaks erst nach dem Braten salzen.
- ▷ Nicht mit Wasser, sondern mit Brühe aufgießen.
- ▷ Braten, Rouladen, Gulasch immer mit kochender Flüssigkeit auffüllen.
- ▷ Braten und Kurzgebratenes »auf den Punkt« garen.
- ▷ Saucen nicht mit Mehl, sondern mit pürierten Gemüsen, Sahne oder Crème fraîche binden.
- ▷ Gutes Fett verwenden. Für Kurzgebratenes Butter und gutes Olivenöl, für Braten und Schmorgerichte gutes Olivenöl oder Pflanzenfett nehmen.

Zubereitungen von Rindfleisch

Gekochtes Rindfleisch

Tellerfleisch

Vorbereiten 10 Minuten
Garen 2 Stunden

500 g	Rinderknochen mit möglichst 1–2 Markknochen
1½ l	Wasser
4	Möhren, geschält, im ganzen
½	Sellerieknolle
1	Stange Lauch
1	Lorbeerblatt
2	Gewürznelken
1 TL	Salz
750 g	Rindfleisch am Stück, von Brustkern oder Vorderhesse

① Die Knochen waschen, kalt mit dem Wasser in einem Suppentopf zusetzen, zum Kochen bringen, abschäumen.

② Wurzelgemüse, Gewürze und Salz zugeben, 15 Minuten zusammen sprudelnd kochen, nochmals abschäumen.

③ Fleisch einlegen, Brühe wieder zum Kochen bringen. Evtl. ¼ l heißes Wasser nachgießen (Fleisch muß vom Wasser bedeckt sein). Sobald die Kochtemperatur wieder erreicht ist, Hitze reduzieren, mindestens 2 Stunden sieden lassen.

④ Garprobe machen. Fleisch aus der Brühe nehmen, zugedeckt ca. 10 Minuten ruhen lassen. Brühe abseihen, als Vorrat oder Suppe verwenden. Fleisch in 1 cm dicke Scheiben schneiden, anrichten, die Möhren als Garnitur verwenden.

Beilagen Frisch geriebener Meerrettich, Essiggurke, Preiselbeeren. Dies ist ein typisch süddeutsches Gericht.

Wiener Tafelspitz

Vorbereiten 15 Minuten
Garen 1½ Stunden im Ofen bei 180 °C

1¼ l	Wasser oder Rinderbrühe
½ TL	Salz
1	Zwiebel, mit 2 Nelken bespickt
1	kleines Lorbeerblatt
1	Möhre, der Länge nach geteilt
1	Strauß Petersilie
500 g	Rindfleisch vom Tafelspitz (Bürgermeister- oder Pastorenstück)

① Ofen vorheizen. In Suppentopf Wasser mit Salz, Zwiebel, Lorbeerblatt, Möhre und Petersilienstrauß zusetzen.
② Fleisch einlegen, auf mittlerer Hitze ankochen, weiterkochen, dabei Hitze soweit reduzieren, daß der Topfinhalt nur leise kocht.
③ Den Topf in den Ofen schieben. Nach 1 Stunde Garprobe machen. (Ein echter Tafelspitz muß spätestens in 1½ Stunden gar sein.)
④ Fleisch aus der Brühe nehmen, zugedeckt an warmem Ort 10 Minuten ruhen lassen. In 1 cm dicke Scheiben (quer zur Faser) aufschneiden, auf vorgewärmter Platte schuppenförmig anrichten. Brühe abseihen, als Vorrat verwenden.

Beilagen Warme Meerrettichsauce, Preiselbeeren, Salzkartoffeln.

Das Garen im Ofen bei schonender Hitze ist dem Kochen auf dem Herd in diesem Fall vorzuziehen, weil es das Austrocknen der Randschichten beim Tafelspitz verhindert.

Boeuf Ficelle

Gesottenes Rinderfilet

Vorbereiten 5 Minuten
Garen 30–45 Minuten

500 g	Rinderfilet, in Form gebunden
1½ l	Fleisch- oder Gemüsebrühe

① In schwerem Topf Brühe erhitzen, Fleisch einlegen, ankochen, nur noch simmern lassen.
② Je nach gewünschter Garstufe – innen rosa oder durchgegart – nach 30–45 Minuten aus dem Topf nehmen. Die hochkonzentrierte Brühe für Suppen, Saucen usw. weiterverwenden.

Die Zubereitungsart eignet sich für den Verzehr im warmen oder kalten Zustand gleichermaßen gut. Für fettarme Diät besonders empfehlenswert.

Beilagen für warme Zubereitung Gedünstete Feingemüse, junge Kartoffeln, Sauce Hollandaise, Grüne Sauce, warme Meerrettichsauce.
Beilagen für kalte Zubereitung Sauce Cumberland, Dillrahm-Dip, Meerrettich-Sahne-Apfel-Dip, Curry-Krabben-Dip.

Gesottenes Rindfleisch

Klassische französische Art

Vorbereiten 10 Minuten
Garen 2–2½ Stunden auf dem Herd, im Ofen 3 Stunden bei 150 °C

500 g	Rinderknochen, in 5 cm große Stücke gesägt
500 g	Tafelspitz (Bürgermeister- oder Pastorenstück), Bug, Querrippe oder Vorderhesse, in Form gebunden
½	Suppenhuhn (nach Belieben)
1½ l	Wasser
1 TL	Salz
4	Möhren
4	Lauchstangen (nur das Weiße)
1	Staude Bleichsellerie
2	Pastinaken
2	Zwiebeln
2	Gewürznelken, auf 1 Zwiebel gesteckt
½ TL	Pfefferkörner

Nach Belieben

2	weiße Rüben, geschält
1	Fenchelknolle, halbiert
1	kleiner Blumenkohl oder ½ Wirsingkopf
1	säuerlicher Apfel

① Die gewaschenen, abgetropften Rinderknochen in einen Bräter mit Deckel nebeneinander auf den Boden des Topfes legen, Fleisch darüberlegen, mit Wasser aufgießen und salzen. Ohne Deckel ganz langsam erhitzen, dabei sich bildenden Schaum abschöpfen. Dieser Vorgang ist für das Zustandekommen einer klaren Brühe sehr wichtig, er nimmt etwa 15–20 Minuten in Anspruch. Sobald die Flüssigkeit kocht, ca. 5 EL kaltes Wasser zugießen, damit sich erneut Schaum bilden kann, diesen dann wieder abschöpfen. Vorgang noch einmal wiederholen. Der sich zum dritten Mal bildende Schaum sollte nur noch weiß und nicht mehr grau-schmutzig sein, wie bei dem vorhergehenden Prozeß. Will man ganz sicher gehen, so empfiehlt es sich, die Flüssigkeit viermal abzuschäumen, d. h. viermal löffelweise kaltes Wasser zuzugießen.
Wird ein Suppenhuhn – ganz oder halb – mitgekocht, so muß dies auch kalt zugesetzt werden. Dadurch vergrößert sich die Flüssigkeitsmenge um ½–¾ l.
② Ist aller Schaum beseitigt, Gemüse und Gewürze einlegen, auf kleiner Hitze weiterkochen, denn sprudelndes Kochen trübt die Brühe. Den Topfdeckel nicht ganz dicht schließen (etwa fingerbreit offen lassen), so daß sich bildender Dampf entweichen kann.

③ Nach 2 Stunden Garprobe machen. Fett von der Brühe abschöpfen, Fleisch entnehmen und, warm zugedeckt, vor dem Schneiden mindestens 10 Minuten ruhen lassen. Brühe abseihen. Gemüse auf vorgewärmte Platte legen, Fleisch schneiden, zum Gemüse arrangieren, sofort servieren. Brühe kann, mit Petersilie und Muskat gewürzt, davor in Tassen serviert werden.

Beilage Frische Baguettes oder Roggenbrot.

Bei großen Mengen ist das Garen im Ofen anzuraten. Nach dem Abschäumen den Topf mit geschlossenem Deckel in den auf 150 °C vorgeheizten Ofen stellen. Man erhält in beiden Fällen eine erstklassige Brühe, die sich für Suppen, Saucen usw. weiterverwenden und auch sehr gut einfrieren läßt.

Gebratenes Rindfleisch: Große Braten

Sauerbraten

Vorbereiten 10 Minuten
Ruhen 2–4 Tage
Garen 1½–2 Stunden im Ofen bei 200 °C

Beize

⅜ l	kaltes Wasser
¼ l	Rotweinessig oder ⅛ l Weinessig
1	Möhre, halbiert
½	Sellerieknolle oder Petersilienwurzel, in dicke Scheiben geschnitten
1	große Zwiebel, geviertelt
1	Lorbeerblatt
1 TL	Wacholderbeeren
1 TL	Pfefferkörner
1 TL	Salz
2	Gewürznelken
750 g	Rindfleisch am Stück, von Bug oder Schwanzrolle
2 EL	Öl oder Fett
50 g	Brotrinden oder 1 Scheibe Roggenbrot
4	Scheiben geräucherter Speck
1 EL	flüssiges, wasserfreies Fett
1 EL	Zucker
1 EL	Mehl
1 EL	Crème fraîche

① Aus Wasser, Essig, Wurzelgemüse, Zwiebel und Trockengewürzen eine Beize herstellen, salzen und das Fleisch darin einlegen. Zugedeckt mehrere Tage an kühlem Ort stehen lassen.

② Ofen vorheizen. Fleisch aus der Beize nehmen, trocken tupfen. In einem Bräter Fett erhitzen, das Fleisch von allen Seiten darin gut anbraten. Brotrinde mit anrösten, mit der Hälfte der Beizflüssigkeit aufgießen, Gemüse und Gewürze aus der Beize in den Bräter geben, zudecken und 1 Stunde im Ofen braten.

③ Fleisch im Bräter wenden, mit Speckscheiben belegen, offen weiterbraten, öfter begießen, evtl. mit Wasser verdünnte Beize nachgießen, fertigbraten, Garprobe machen.

④ In kleinem Pfännchen aus Fett und Zucker Karamel herstellen, mit Mehl stäuben, mit Beizflüssigkeit ablöschen.

⑤ Fleisch aus dem Topf nehmen, 10 Minuten zugedeckt ruhen lassen. Bratensaft durch ein Sieb gießen, Möhren, Sellerie oder Petersilienwurzel und Zuckereinbrenne zur Sauce geben, mit dem Mixstab pürieren oder durch Sieb streichen, gut durchkochen, 5 Minuten reduzieren lassen. Mit Crème fraîche abziehen, heiß halten, nicht mehr kochen lassen.

⑥ Fleisch in 1 cm dicke Scheiben schneiden, auf vorgewärmter Platte anrichten, mit einigen Eßlöffeln Sauce beträufeln. Sauce getrennt reichen.

Beilagen Alle Arten von Knödel, Rotkraut, geschmortes Weißkraut, Wintersalate.

Variation

Bratenstück nach dem Beizen mit 100 g in schmale Streifen geschnittenem Speck im Faserverlauf spicken. Weiterbehandlung wie bei Braten.

Rheinischer Sauerbraten

Vorbereiten 20 Minuten
Ruhen 2–3 Tage
Garen 2½ Stunden im Ofen bei 190 °C, auf dem Herd 2–2¼ Stunden bei mittlerer Hitze

	Beize wie bei Sauerbraten (s. nebenan)
750 g	Rindfleisch am Stück aus Oberschale oder Kugel
3 EL	Schmalz
100 g	Rosinen, gewaschen, in Wasser eingeweicht
50 g	Saucenlebkuchen, in Stücke zerteilt
1 EL	Apfelkraut oder Sirup von Rüben
⅛ l	saure Sahne

① Alle Beizzutaten in einen Topf geben, 15 Minuten sprudelnd kochen, abkühlen lassen. Fleisch mit abgekühlter Beize übergießen, 2–3 Tage an kühlen Ort stellen, gelegentlich wenden.

② Ofen vorheizen. Fleisch abtropfen lassen, in heißem Schmalz rundum scharf anbraten. Beize abseihen, mit ¼ l der Beize das Fleisch ablöschen, im Ofen weiterbraten, dabei öfter begießen und wenden.
③ Rosinen ¼ Stunde vor Beendigung der Garzeit in den Bräter geben, mitgaren.
④ Fleisch aus der Sauce nehmen, zugedeckt 10 Minuten ruhen lassen. Sauce abgießen, ggf. Fettschicht abschöpfen, Lebkuchen in die Sauce bröseln, umrühren, andicken lassen, mit Apfelkraut und Sahne abschmecken, evtl. etwas nachsalzen.
⑤ Fleisch in 1 cm dicke Scheiben schneiden, auf vorgewärmter Platte schuppenförmig anrichten, mit einigen Löffeln der Sauce beträufeln, restliche Sauce getrennt reichen.

Beilagen Alle Arten von Kartoffelklößen oder Kartoffeltaler, Kartoffelkroketten, Salate, Apfelmus.

Filetbraten

Vorbereiten 5 Minuten
Ruhen 1–2 Tage
Garen 15 Minuten pro 500 g Gewicht im Ofen bei 220/180–190 °C

1	Rinderfilet von mindestens 1 kg Gewicht, gut abgehangen, gehäutet
	reichlich frisch gemahlener Pfeffer
3 EL	Öl
3 EL	Kräutermischung der Provence oder von frischen Kräutern, wie Rosmarin, Thymian, Basilikum, Lorbeer, gehackt
2 EL	Wein oder Zitronensaft
1	Knoblauchzehe, zerdrückt, oder Saft von 2 Knoblauchzehen oder Knoblauchgranulat

① Das Fleischstück sauber von Häuten befreien, gut mit Pfeffer einreiben. Öl, Kräuter, Wein und Knoblauch zu einer Paste vermengen, das Filet intensiv damit einreiben. In Folie oder Plastikbeutel packen und mindestens 1, höchstens 2 Tage im Kühlschrank ruhen lassen.
② Garzeit nach Gewicht berechnen. Dabei beachten, daß das Filet nach dem Braten etwa 10–15 Minuten ruhen soll, damit beim Tranchieren nicht zuviel Saft verlorengeht. Ofen auf 220 °C vorheizen. Fleisch auf den Grillrost legen, in den heißen Ofen schieben. Nach 15 Minuten auf 190–180 °C reduzieren. Den Braten mit austretendem Saft mehrmals begießen.
③ Fleisch aus dem Ofen nehmen, auf vorgewärmte Platte setzen. Erst bei Tisch tranchieren.

Beilagen Meerrettichsauce kalt, Roquefort-Sahne-Sauce, Sauce Cumberland, Sauce Béarnaise, alle Arten von Salat, feine Dünstgemüse, Herzogin-Kartoffeln.

Geschmortes Rindfleisch

Siebenbürgerfleisch

Vorbereiten 20 Minuten
Garen 2 Stunden

¾ l	Buttermilch
1	mittelgroße Zwiebel, grob gehackt
1	Stange Lauch, in 1 cm Ringe geschnitten
1	Sellerieknolle, in kleine Würfel geschnitten
1	Möhre, in kleine Würfel geschnitten
1 TL	Salz
500 g	Rindfleisch am Stück aus Vorder- oder Hinterhesse
1 EL	Fett
½ TL	Zucker
1 TL	Mehl
½ l	Fleischsud
1 TL	Tomatenpüree
1 EL	saure Sahne
	Salz und frisch gemahlener Pfeffer

① Buttermilch, Wurzelgemüse und Salz in Schmortopf füllen, Fleisch einlegen, langsam zum Kochen bringen, auf kleinem Feuer 2 Stunden köcheln. Garprobe machen.
② In Pfännchen Fett mit Zucker karamelisieren, Mehl kurz mit anrösten, beiseite stellen.
③ Fleisch aus dem Sud nehmen, zugedeckt an warmem Ort 10 Minuten ruhen lassen.
④ Den Fleischsud mit Wurzelgemüse in Saucentopf füllen, mit dem Mixstab pürieren, damit die Sauce bindet. Die Roux an die Sauce geben, unter Rühren erhitzen, ca. 5 Minuten durchkochen lassen, Tomatenmark und saure Sahne zugeben, mit Salz und Pfeffer abschmecken.
⑤ Fleisch in 3/4 cm dicke Stücke schneiden, in Schüssel anrichten, mit der Sauce übergießen.

Beilagen Knödel, Nudeln, Spätzle, Salate.

Dieses Gericht ist für die Zubereitung im Dampfdrucktopf geeignet. Garzeit etwa 45 Minuten.

GZ Magerbraten Rinderschmorbraten

Vorbereiten 30 Minuten
Garen 2–2½ Stunden

750 g	Rindfleisch aus der Keule, Nacken oder Hochrippe von jungem Rind
1 TL	Salz und frisch gemahlener Pfeffer
3 EL	Mehl
3 EL	Öl
1	Möhre, in kleine Würfel geschnitten
1	Petersilienwurzel, in kleine Würfel geschnitten
1	große Zwiebel, in kleine Würfel geschnitten
1	kleines Lorbeerblatt
⅜–½ l	Wasser oder Brühe, kochendheiß
2	Tomaten, enthäutet (½ kleine Dose), püriert
1 EL	Rotwein
	Salz

① Fleisch von Fett und Haut befreien. Mehl, Salz und Pfeffer vermischen, das Fleisch gut damit einreiben. Mit dem Rücken eines großen Küchenmessers das Mehl in das Fleischstück klopfen, alles Mehl auf diese Weise einarbeiten.
② In Schmortopf Öl erhitzen, Fleisch darin unter häufigem Wenden bei mittlerer Hitze knusprig anbraten. Vorbereitete Gemüse und Lorbeerblatt zugeben, leicht mit anbräunen, etwas salzen. Mit der kochenden Flüssigkeit aufgießen. Tomatenpüree an das Fleisch geben, umrühren. Topf zudecken. Auf mittlerer Hitze fertiggaren, dabei Fleisch mehrmals wenden.
③ Garprobe machen. Fleisch aus dem Topf nehmen. Zugedeckt 15 Minuten ruhen lassen. Bratensatz mit der im Topf verbliebenen Sauce loskochen, evtl. einige Eßlöffel Flüssigkeit hinzugeben, mit Rotwein abschmecken.
④ Fleisch auf vorgewärmter Platte in 1 cm dikken Scheiben schuppenförmig anrichten, mit der Sauce, die alle Gemüse sichtbar enthalten soll, übergießen, sofort servieren.

Beilagen Kartoffelbrei, Spätzle, Nudeln, Dünstgemüse, Rotkraut, Salate der Saison.

Variationen
- Statt mit Öl in 150 g Speckwürfeln oder 100 g durchwachsenem Speck, in Würfel geschnitten, anbraten.
- Fleischstück mit 100 g Speck spicken und wie Schmorbraten weiterbehandeln.

Rindsrouladen

Vorbereiten 15 Minuten
Garen 1½ Stunden

4	große Rouladen aus Oberschale, Hüfte oder Kugel, in 1 cm dicke Scheiben geschnitten
2 TL	mittelscharfer Senf
8	Scheiben durchwachsener, geräucherter Speck
	reichlich frisch gemahlener schwarzer Pfeffer
2	Gewürzgurken, längs halbiert
2	Möhren, längs halbiert
2 EL	Mehl
2 EL	Fett oder Öl
1	große Zwiebel, klein gehackt
1	Fleischtomate, enthäutet, in Würfel geschnitten
	Salz
½ l	Brühe

① Die Rouladen flach auf ein Fleischbrett legen, mit Senf bestreichen, auf jede Fleischscheibe 2 Scheiben Speck legen, Pfeffer darübermahlen. Jedes Fleischstück an einem Ende mit je ½ Gurke und ½ Möhre belegen und von dieser Seite her fest zusammenrollen. Mit Rouladennadeln oder Zahnstochern das Ende feststecken oder mit Küchenzwirn binden.
② Die Rouladen in Mehl wenden. In Schmortopf Fett erhitzen, Rouladen darin scharf anbraten, wieder herausnehmen, auf einen Teller legen.
③ Im Bratfett Zwiebel und Tomate dünsten, leicht salzen, eindicken lassen und mit der Brühe angießen, wieder zum Kochen bringen. Fleisch einlegen, stark ankochen, Hitze reduzieren und 1½ Stunden simmern lassen. Die Sauce evtl. mit 1 TL Mehl und 4 EL Saucenflüssigkeit binden, abschmecken, durch Sieb gießen. Rouladen in flacher Schüssel mit Sauce übergossen servieren.

Beilagen Nudeln, Spätzle, Salzkartoffeln, Salate der Saison.

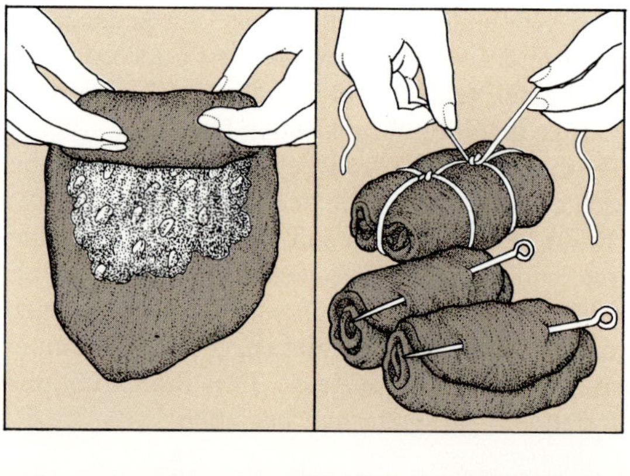

Eignet sich zum Aufwärmen, kann als Vorrat zubereitet werden.

Variation

Statt mit Gurke und Möhre können die Rouladen mit je 1 Sardellenfilet und je 1 hart gekochten, gehackten Ei, je 1 TL klein gehackten Kapern und 1 TL frischer, gehackter Petersilie gefüllt werden (Nizza-Art). Sardellenfilet evtl. vorher wässern. Als Beilage Rundkornreis, gedünstet, Karotten, gedünstet, Zwiebeln und Petersilie servieren.

Ungarisches Kesselgulasch

Vorbereiten 15 Minuten
Garen 1¾–2½ Stunden

500 g	Rindfleisch aus der Schulter oder Beinfleisch, in 3 × 4 cm große Würfel geschnitten
4 EL	Öl oder Schmalz
2	große Zwiebeln, in Ringe geschnitten
2	Knoblauchzehen, zerdrückt
1 TL	Salz
	reichlich frisch gemahlener schwarzer Pfeffer
1 TL	Kümmel, gehackt oder gestoßen
2 EL	Paprika edelsüß
2	Tomaten, enthäutet, in Würfel geschnitten
½ l	Brühe
¼ l	trockener Rotwein
1	grüne Paprika, frei von Rippen und Kernen, in kleine Streifen geschnitten
2 EL	Crème fraîche oder saure Sahne

① In schwerem, genügend großem Topf Fett erhitzen, Fleischwürfel darin portionsweise scharf anbraten. Fleischwürfel herausnehmen und auf einen Teller legen. Im Bratfett Zwiebel mit Knoblauch andünsten, Salz, Pfeffer, Kümmel, Paprikapulver und Tomaten zugeben, unter Rühren weiterdünsten, bis die Flüssigkeit verdunstet ist.
② Mit Brühe und Wein angießen, stark ankochen, Fleisch zugeben. Die Hitze erst reduzieren, wenn der Topfinhalt brodelnd kocht. Paprikastreifen zugeben, Topf zudecken und auf kleiner Hitze 1¾–2½ Stunden köcheln, gelegentlich umrühren. Garprobe machen.
③ Mit Crème fraîche oder Sahne unmittelbar vor dem Anrichten abschmecken.

Dieses Gericht kann 1–2 Tage vorher zubereitet werden. Gekühlt aufbewahren, bei Bedarf sehr langsam erwärmen.

Variationen

- 4 große Kartoffeln in große Würfel schneiden, wie Salzkartoffeln kochen und ¼ Stunde vor Beendigung der Garzeit mit dem Gulasch schmoren. Evtl. 1 Tasse des Kartoffelwassers angießen, mit ¼ l saurer Sahne verfeinern (originale ungarische Zubereitung). In tiefen Tellern mit Schwarzbrot servieren.
- Nockerln aus 1 Ei, 3 EL Mehl, 1 Msp Salz, gut untereinander vermengt, herstellen. 5 Minuten vor dem Servieren mit einem Teelöffel in das fertige Gulasch einlegen, kurz darin garziehen lassen. Garprobe machen (österreichisch-wienerische Art).

Geschmortes Rindfleisch Irisch

Vorbereiten 10 Minuten
Garen 1½–2 Stunden

2 EL	Öl oder Schmalz
2	Lorbeerblätter
4	Portionsstücke Rindfleisch ohne Knochen, Bug, Vorder- oder Hinterhesse, je 150 g Gewicht
1	große Zwiebel, in Längsscheiben geschnitten
1 EL	Mehl
¼ l	dunkles Bier
⅛ l	Wasser
½ TL	Salz und frisch gemahlener Pfeffer
2	Gewürznelken
2 EL	Petersilie, gehackt
200 g	Möhren, in dicke Scheiben geschnitten
100 g	Backpflaumen (nach Belieben eingeweicht)

① Fett in Schmortopf erhitzen, Lorbeerblätter kurz darin rösten, dabei Topf kurz zudecken. Fleischstücke im Fett gut anbraten, dabei oft wenden, Zwiebel zugeben, mit dem Fleisch glasig dünsten, Mehl darüberstäuben, nicht braun angehen lassen. Mit Bier und Wasser ablöschen. So viel Flüssigkeit zugießen, daß die Fleischstücke knapp bedeckt sind. Salz, Pfeffer, Nelken, Petersilie und Möhren zugeben.
② Entweder den zugedeckten Topf in den kalten Ofen schieben und bei 150 °C 2 Stunden garen oder auf sehr kleiner Hitze (so daß es gerade noch köchelt) auf dem Herd 1½ Stunden garen. Dabei muß mehrmals umgerührt werden.
③ 1 Stunde vor Beendigung der Garzeit Backpflaumen zugeben, umrühren und evtl. noch Flüssigkeit zugießen. Die Sauce soll sämig sein. Im Topf oder in flacher Schüssel anrichten.

Beilagen Alles aus Kartoffelteig, Kartoffelpüree.

Provençalischer Schmortopf

Vorbereiten 10 Minuten
Garen 3–4 Stunden

500 g	Rindfleisch vom Bein, in 3 × 3 cm große Würfel geschnitten
2 EL	Olivenöl
50 g	durchwachsener Räucherspeck
2	Knoblauchzehen
2	Nelken
3 cm	Orangenschale
1	Lorbeerblatt
1 Msp	gemahlener Zimt
1 TL	Salz und frisch gemahlener Pfeffer
¼ l	Rotwein
¼ l	Brühe

① Olivenöl im Schmortopf erhitzen, Fleischwürfel und alle Gewürze dazugeben, auf mittlerer Hitze leicht anbraten. Mit der Flüssigkeit ablöschen, bei offenem Topf zum Kochen bringen, 5 Minuten einkochen lassen.

② Topf zudecken, auf kleiner Hitze gar schmoren. Besser noch im Ofen zubereiten, diesen auf 150 °C vorheizen. Die Garzeit verlängert sich um 1–1½ Stunden. Garprobe machen.

Beilagen Kartoffeln, Graubrot und Blattsalate.

Brüsseler Rindfleischtopf

Vorbereiten 10 Minuten
Garen 2 Stunden

500 g	Rindfleisch aus der Keule, in 2 × 3 cm große Würfel geschnitten
40 g	Butter
⅜ l	Brühe, kochendheiß
125 g	getrocknete Aprikosen, gewaschen und abgetropft
½ TL	Zucker
4	Stangen Lauch, in 3 cm breite Streifen geschnitten
1 TL	Salz und frisch gemahlener Pfeffer
	Schale von ½ abgeriebener Zitrone

① In Schmortopf Butter erhitzen, Fleisch darin bei starker Hitze anbräunen, mit Brühe ablöschen.

② Aprikosen und Zucker hinzufügen, wieder ankochen lassen. Lauch zugeben, mit Salz und Pfeffer würzen, zudecken und 2 Stunden simmern lassen. Garprobe machen. 5 Minuten vor dem Anrichten die fein abgeriebene Zitronenschale zugeben, kurz ziehen lassen, anrichten.

Rindsragout

Vorbereiten 15 Minuten
Garen 2 Stunden

2	große Zwiebeln, grob gehackt
125 g	durchwachsener, geräucherter Speck, in Würfel geschnitten
4 EL	Öl
800 g	Rindfleisch vom Bein, in walnußgroße Würfel geschnitten
1 TL	Salz und reichlich frisch gemahlener Pfeffer
1	mittelgroße Zwiebel, mit 3 Nelken besteckt
1	Bouquet garni (Kräuterstrauß aus je 1 Zweig Petersilie, Thymian, Bohnenkraut)
¼ l	Brühe, kochendheiß
1 TL	Mehl
4 EL	trockener Rotwein oder 3 EL Weinessig
1 TL	Zucker

① Zwiebeln und Speck in Schmortopf mit Öl goldbraun anbraten, Rindfleisch dazugeben, unter häufigem Wenden mit anbraten. Mit Salz und Pfeffer würzen.

② Die ganze Zwiebel und Bouquet garni zugeben, mit Brühe angießen, zudecken und auf kleiner Hitze (oder bei 180 °C im vorgeheizten Ofen) 2 Stunden simmern lassen. Danach evtl. noch etwas Brühe angießen, mit in Wein oder Essig angerührtem Mehl binden, nochmals durchkochen, mit Zucker abschmecken.

Beilagen Salzkartoffeln, Feldsalat, grüner Salat, Radicchio-Salat.

Dieses Gericht läßt sich ausgezeichnet am Vortag zubereiten. Außerdem ist es gut zum Einfrieren geeignet.

Variation

10 grüne und 10 schwarze Oliven, entsteint, sowie 4 mittelgroße Kartoffeln, in Würfel geschnitten, vor dem Aufgießen mit Brühe zugeben. Dabei die Menge der Brühe um ca. ⅛ l erhöhen (südfranzösische Art).

Pikanter Partytopf

Vorbereiten 20 Minuten
Garen 2–2½ Stunden

500 g	Rindfleisch, Vorder-, Hinterhesse, Bug oder Keule, in dünne Scheiben geschnetzelt
4 EL	Olivenöl
½ TL	Salz
	reichlich frisch gemahlener schwarzer Pfeffer
3 EL	Mehl
1	große Zwiebel, fein gehackt
⅜ l	Rotwein
50 g	Rosinen, gewaschen
1	Lorbeerblatt
5	grüne Oliven, entsteint
5	schwarze Oliven, entsteint

① Fleisch von Fett befreien und in kleine, recht dünne Scheiben (Schnetzel) schneiden. In Schmortopf Öl erhitzen. Fleisch mit Salz, Pfeffer und Mehl bestreuen, gut durchmischen und sofort im heißen Öl anbraten. Häufig wenden, Zwiebel zugeben, kurz mitdünsten und zunächst mit wenig Rotwein ablöschen. Einkochen lassen, restliche Flüssigkeit nachgießen, Topf zudecken und auf sehr kleiner Hitze 1 Stunde simmern lassen.
② Nach halber Garzeit Rosinen, Lorbeerblatt und Oliven zugeben. Gut umrühren und evtl. Flüssigkeit nachgießen. Fleisch soll immer von Flüssigkeit bedeckt sein. Nach 2–2½ Stunden – je nach Fleischqualität – kann das Gericht serviert werden.

Beilagen Frisches Weiß- und Schwarzbrot.

Läßt sich sehr gut im voraus zubereiten, kann z. B. als Mitternachtsgericht aufgewärmt serviert werden.

Rostbraten Esterházy

Vorbereiten 15 Minuten
Garen 2 Stunden

500 g	Roastbeef, in 1 cm dicke Scheiben geschnitten
3 EL	Schmalz
1	große Zwiebel, in dünne Längsscheiben geschnitten
1	Möhre und
½	Sellerieknolle und
1	Petersilienwurzel und
1	Pastinake, zu Juliennes geschnitten
⅜ l	heißes Wasser oder Brühe
1	Lorbeerblatt
1 TL	Salz
½ TL	frisch gemahlener Pfeffer
30 g	Butter
	Saft und Schale von ½ Zitrone
1 TL	Senf
1 TL	Mehl
¼ l	saure Sahne
1 EL	Petersilie, gehackt

① Fleischscheiben klopfen, Fett in großer Bratpfanne (mit Deckel) zerlassen, Fleischstücke nacheinander scharf darin anbraten, jede Seite 1–2 Minuten. Auf Teller legen, beiseite stellen.
② Hälfte der Juliennes im Bratfett kurz anbraten, mit Wasser aufgießen, Lorbeerblatt, Salz, Pfeffer zugeben. Fleisch wieder in die Pfanne legen, zugedeckt auf kleinstem Feuer 2 Stunden garen.
③ Butter in zweitem Topf zerlassen, übrige Gemüse darin andünsten, evtl. 2–3 EL Wasser zugeben, Zitronenschale mitdünsten, al dente garen.
④ Garprobe machen. Fleisch in vorgewärmte Schüssel legen, Gemüse aus der Pfanne pürieren oder durch Sieb streichen, in Saucentopf mit Senf, Zitronensaft und evtl. 2 EL Wasser wieder erhitzen, Mehl, mit einigen Löffeln der sauren Sahne verquirlt, daranrühren, gut durchkochen lassen, restliche Sahne zugeben.
⑤ Die sehr konzentrierte Sauce über das Fleisch gießen, die gedünsteten Gemüse darüber verteilen, mit Petersilie bestreuen.

Beilagen Tarhonya (ungarische Teigwaren in Graupenform), Kartoffeln, Kartoffelbrei, frische Salate.

Beefsteak Cazuela

Vorbereiten 5 Minuten
Ruhen 6–12 Stunden
Garen 1¼–1½ Stunden

4	Scheiben á 200 g Rump- oder Kluftsteak
½ TL	Salz und frisch gemahlener Pfeffer
¼ l	frischer Saft von Bitterorangen oder von Grapefruit und Orangen zu gleichen Teilen
3 EL	Öl
2	mittelgroße Zwiebeln, fein gehackt
	Saft von 3 Knoblauchzehen oder 2 Knoblauchzehen, fein zerrieben
1 Msp	Oregano, gerebelt, oder 1 EL Bohnenkraut, frisch gehackt
2–3 EL	Rinderbrühe

① Die Steaks klopfen, beidseitig mit Salz und Pfeffer einreiben, in eine tiefe Platte oder flache

Schüssel legen, mit dem durchgeseihten Fruchtsaft begießen. Für mindestens 6 Stunden oder über Nacht im Kühlschrank zugedeckt ziehen lassen, möglichst 1–2mal wenden.

② Fleisch aus dem Saft nehmen, trocken tupfen, Fruchtsaftbeize aufbewahren. Fett in schwerer Pfanne mit Deckel oder passendem Topf erhitzen, Zwiebeln und zerriebenen Knoblauch (falls Knoblauchsaft verwendet wird, kommt dieser erst beim Abschmecken dazu) mit Oregano leicht andünsten, an den Rand schieben. Fleisch in diesem Fett beidseitig gut anbraten, Hälfte der Fruchtsaftbeize und Brühe angießen. Topf zudecken und auf möglichst geringer Hitze gar schmoren.

Beilagen Kartoffelgratin, Chicoréegratin, Schwarzwurzelgratin, überbackene Crêpes, Blattsalate mit Sahnemarinade.

Ochsenschwanz Burgunder Art

Vorbereiten 15 Minuten
Ruhen 24 Stunden
Garen 3½ Stunden

Beize	
1	Zwiebel, halbiert
2	Möhren, geraspelt
½	Sellerieknolle, geraspelt
1 TL	Salz
2	Knoblauchzehen, zerdrückt
1 TL	Pfefferkörner
¼ l	Rotwein
¼ l	Weißwein
1	Zweig Thymian
2	Lorbeerblätter

1 kg	Ochsenschwanz, in Scheiben geschnitten
4 EL	Öl
1	Kalbsfuß, in 2 Teile gesägt
1	Zwiebel, halbiert
1	Möhre, in Scheiben geschnitten
½ l	Brühe
1	Kräuterstrauß aus je 1 Zweig Rosmarin, Bohnenkraut und Petersilie
½ TL	Salz und frisch gemahlener Pfeffer

① Aus genannten Zutaten Beize herstellen, Ochsenschwanzstücke einlegen und 24 Stunden darin ziehen lassen.

② Fleisch aus der Beize nehmen, abtropfen lassen. In Schmortopf Öl erhitzen, Fleischstücke darin anbraten, Kalbsfuß, Zwiebel und Möhre mit anbräunen, mit Brühe und etwa ¼ l Beize ablöschen, Kräuterstrauß zufügen (alle Zutaten müssen von der Flüssigkeit bedeckt sein). Zum Kochen bringen und auf mittlerer Hitze garen. (Evtl. Ofen auf 180 °C vorheizen und darin fertiggaren.)

③ Sobald das Fleisch sich leicht von den Knochen trennt, auslösen, Fleisch in möglichst große Würfel schneiden. Sauce durch Sieb gießen, alle Gemüse durchpassieren. So lange einkochen lassen, bis die Sauce sämig ist. Mit Salz und Pfeffer abschmecken. Fleisch in flacher Schüssel anrichten, mit heißer Sauce begießen.

Beilagen Kartoffelgratin, Salzkartoffeln, Kartoffelbrei, Salate der Saison.

Ochsenschwanz in der Kruste

Vorbereiten 5 Minuten
Garen 2–3 Stunden
Überkrusten 10 Minuten

1 kg	Ochsenschwanz, in Stücke geschnitten
1 TL	Salz
	reichlich frisch gemahlener schwarzer Pfeffer
4 EL	Öl
2	Lorbeerblätter
	Saft und Schale von ¼ Zitrone
1	Zwiebel, halbiert
1	Tomate
½ l	Rotwein
1	Kräuterstrauß
3 EL	scharfer Senf (Dijon-Senf)
100 g	Semmelbrösel
80 g	Butter, zerlassen

① Ochsenschwanzstücke mit Salz und Pfeffer einreiben, in Schmortopf in heißem Öl scharf anbräunen. Lorbeerblätter, Zitronensaft und -schale, Zwiebel, Tomate kurz mitdünsten, mit Wein ablöschen, Kräuterstrauß einlegen, alles zum Kochen bringen und auf kleinster Hitze bei zugedecktem Topf schmoren.

② Garprobe machen. Fleischstücke aus der Sauce nehmen, abtropfen lassen. Mit Dijon-Senf rundum bestreichen, in Semmelbröseln wälzen. Sauce ¼ Stunde einkochen lassen.

③ Feuerfeste, flache Form mit Butter ausstreichen, die panierten Fleischstücke hineinlegen. Auf jedes Stück flüssige Butter träufeln und im Herd auf der mittleren Stufe unter dem Grill goldbraun überkrusten, wenden und mit der anderen Seite ebenso verfahren. Vor dem Servieren mit der reduzierten Sauce beträufeln.

Beilagen Alle Arten von Salat.

Gedünstetes Rindfleisch

Boeuf Stroganoff

Vorbereiten 8 Minuten
Garen 15 Minuten

2 EL	Öl
500 g	Rinderfilet von den sich verjüngenden Teilen (Spitzen) des Filetstücks, in 3 × 3 cm große Würfel geschnitten
2 EL	Butterflöckchen
1 TL	Paprika edelsüß oder 1 TL Tomatenpüree
1/16 l	trockener Rotwein
1/16 l	Brühe
	Salz und frisch gemahlener schwarzer Pfeffer
150 g	(1 Becher) Crème fraîche
1 EL	Madeira

① In schwerer Pfanne oder Kasserolle Öl erhitzen, die Fleischwürfel portionsweise scharf darin anbraten, die »fertigen« Fleischwürfel (sie müssen innen noch blutig sein) auf einem Teller beiseite stellen.
② Mit Küchenkrepp Bratfett aus der Pfanne wischen. Auf mittlerer Hitze die Butter in der Pfanne schmelzen, Paprika oder Tomatenpüree darin andünsten, mit Wein und Brühe ablöschen und auf die Hälfte reduzieren lassen.
③ Fleisch auf dem Teller salzen und pfeffern, den ausgetretenen Fleischsaft zur Sauce rühren. Crème fraîche mit einem Schneebesen gleichmäßig unter die Sauce ziehen, mit Madeira abrunden, Fleischwürfel einlegen und noch 8–10 Minuten in der Sauce vorsichtig erwärmen. Sofort servieren.

Beilagen Kartoffelkroketten, gedünstete, frische Brechbohnen.

Variationen
- 200 g frische, gedünstete, blättrig geschnittene Champignons vor dem Anrichten daruntermengen.
- Knusprig gebratene Ringe einer großen Zwiebel über das in der Schüssel angerichtete Fleisch geben.

Gedünstetes Roastbeef

Vorbereiten 10 Minuten
Ruhen 1 Stunde
Garen 5–8 Minuten

Beize	
1	große Zwiebel, fein gehackt
2	Knoblauchzehen, zerdrückt
½ TL	Salz
½ TL	frisch gemahlener Pfeffer
2 EL	Soja-Sauce
1 EL	brauner Zucker

4	Scheiben Roastbeef, 1 cm dick geschnitten, auf ½ cm dünn geklopft und quer halbiert
2 EL	Butter, flüssig, oder Öl
1	große Zwiebel, in dünne Längsscheiben geschnitten
¼	Stange Zimt und 2 Nelken
1	Fleischtomate, enthäutet, gehackt
2 EL	Wasser

① Aus Zwiebel, Knoblauch, Salz, Pfeffer, Soja-Sauce und Zucker eine Paste rühren, die Fleischscheiben damit einreiben, auf einen Teller legen, zugedeckt 1 Stunde ruhen lassen.
② Butter oder Öl in schwerer Pfanne erhitzen, die in Längsscheiben geschnittene Zwiebel darin andünsten, an die Seite schieben. Die Fleischscheiben samt der sie umhüllenden Beize rasch gleichmäßig anbraten. Zimt, Nelken und die zerkleinerte Tomate hinzufügen, gleichmäßig auf dem Pfannenboden verteilen, bei offenem Topf weiterschmoren, bis die Flüssigkeit verdunstet ist. Wasser zugeben, umrühren, nochmals kurz einkochen lassen.
③ Vor dem Servieren Zimtstange herausnehmen, alles auf vorgewärmter Platte anrichten, sofort servieren.

Beilagen Körniger Reis, gedünstete Bananen.

Rindergeschnetzeltes mit Paprika

Vorbereiten 25 Minuten
Garen 10 Minuten

200 g	Rinderfilet, in 1 cm breite, 4–5 cm lange Streifen geschnitten
2 EL	Soja-Sauce, mit
2 EL	Sherry und
½ TL	Zucker verrührt
2 EL	Öl
2	grüne oder rote Paprikaschoten, entkernt und in 3 × 3 cm große Quadrate geschnitten
4 EL	Brühe
½ TL	Speisestärke
1 EL	Soja-Sauce
1 EL	trockener Sherry

① Das vorbereitete Fleisch in einer flachen Schüssel in der Mischung aus Soja-Sauce, Sherry und Zucker marinieren, 15 Minuten darin ziehen lassen, gelegentlich wenden.

② 1 EL Öl in einer Bratpfanne erhitzen, Paprika zugeben und unter ständigem Rühren 2–3 Minuten andünsten (er muß seine grüne Farbe behalten), dann auf Teller legen.

③ Das restliche Öl erhitzen, die abgetropften Fleischstreifen unter stetem Rühren darin anbraten, bis sie leicht gebräunt sind. Fleisch ebenfalls auf einen Teller legen.

④ Den Bratfond mit in Brühe angerührter Speisestärke loskochen, bis die Sauce gleichmäßig dicklich ist, mit Soja-Sauce und Sherry verlängern, abschmecken, evtl. vorsichtig salzen. Fleisch und Paprika wieder in die Sauce geben, durchrühren, damit die Sauce alles überzieht, und sofort servieren.

Beilage Körniger Reis.

Kurzgebratenes und gegrilltes Rindfleisch

Pfeffersteak

Vorbereiten 1–2 Minuten
Garen 4–6 Minuten
Flambieren 1 Minute

4	Rumpsteaks, je ca. 150 g schwer, 2,5 cm dick
	Salz
4 EL	grüner Pfeffer, etwas zerdrückt, oder grob gehackter schwarzer Pfeffer
2 EL	Butter, flüssig
2 EL	Olivenöl
4 EL	Brandy
0,2 l	Sahne

① Die Steaks leicht salzen, in den Pfefferkörnern wenden und diese leicht andrücken.

② In schwerer Pfanne Butter und Öl erhitzen, die Steaks bei mittlerer Hitze einlegen und Hitze verstärken. Auf jeder Seite etwa 2–3 Minuten scharf anbraten. Wenn sie gebräunt sind, aus der Pfanne nehmen, auf vorgewärmte Platte legen.

③ Restliches Bratfett abgießen. Den Bratensatz mit Brandy ablöschen, erhitzen und anzünden. Den aus den Steaks ausgetretenen Saft in die Pfanne gießen, mit der Sahne aufkochen und kurz reduzieren lassen. Abschmecken und über die Steaks gießen, sofort servieren.

Beilagen Weißbrot, frische Salate oder gedünstete Zucchini.

Filetsteak Estoril

Vorbereiten 10 Minuten
Garen 5–6 Minuten

2	große Knoblauchzehen, mit dem Messer zerdrückt
1 EL	Rotweinessig
1 TL	Salz
	reichlich frisch gemahlener schwarzer Pfeffer
4	Filetsteaks, 2 cm dick geschnitten
2 EL	Olivenöl
2 EL	Butter, flüssig
1	Lorbeerblatt, gut gerieben
8	dünne Scheiben roher Schinken
1/16 l	trockener Rotwein
2 TL	Zitronensaft
1 EL	Petersilie, fein gehackt
	Salz
1	Zitrone, in Achtel zerteilt

① Ofen auf 150 °C vorheizen. Knoblauch, Essig, Salz und Pfeffer zu einer Paste vermengen, die Steaks beidseitig damit einreiben.

② Olivenöl und Butter in schwerer Pfanne erhitzen, das zerriebene Lorbeerblatt darin unter Rühren rösten, bis es bräunt. Die Steaks in das sehr heiße Fett legen, auf jeder Seite 3 Minuten braten. Mit Zange oder zwei Löffeln wenden. Die Bräunung muß rasch und gleichmäßig erfolgen, damit das Fleisch innen rosa bleibt.

③ Die Steaks auf tiefe Platte legen, im Ofen warm stellen. Die Schinkenscheiben im restlichen Fett anbraten, dabei mehrmals wenden. Jedes Steak mit 2 Schinkenscheiben belegen.

④ Bratensatz mit Wein loskochen, unter Rühren reduzieren, mit Zitronensaft, Petersilie und Salz abschmecken, über die Steaks gießen. Jedes Fleischstück mit 2 Zitronenspalten belegen, sofort servieren.

Texaner Steak

Vorbereiten 5 Minuten
Ruhen 24 Stunden
Grillen 20–30 Minuten

1 kg	Hochrippe oder Porterhouse-Steak am Stück, 4–5 cm dick

Beize

1–2	Knoblauchzehen, zerdrückt
2	Lorbeerblätter, in kleine Stücke gebrochen
2 EL	Olivenöl
½ TL	Salz
1 TL	Zucker
1/16 l	Rotweinessig oder halb Essig, halb Wasser

① Beize herstellen, das Fleischstück beidseitig damit befeuchten, 24 Stunden darin ziehen lassen, gut abgedeckt in den Kühlschrank stellen, 1–2mal wenden.
② Fleisch Zimmertemperatur annehmen lassen, mit Küchenkrepp abtupfen. Beize aufheben! Grill anheizen. Wird ein Holzkohlengrill – wie original üblich – benutzt, so braucht dieses Steak mindestens 6–8 cm durchgeglühte Holzkohle, um die erwünschte braune Kruste zu bekommen. Auf dem Elektrogrill höchste Stufe einstellen.
③ Fleisch auf den Grill legen und auf jeder Seite scharf angrillen, damit der Fleischsaft in der Faser bleibt. Möglichst wenig wenden, da bei diesem Vorgang der auf dem Fleisch angesammelte Saft verlorengeht.
④ Sobald das Steak von beiden Seiten braun ist, nochmals für 10 Minuten in die Marinade zurücklegen (5 Minuten pro Seite). Danach auf dem Grill fertigbraten. In Portionsstücke schneiden und servieren.

Beilagen Kalte Saucen und Dips nach Wahl, Sauce Béarnaise, Blattsalate, gemischte und fruchtige Salate.

Gegrilltes Filetsteak

Vorbereiten 5–8 Minuten
Ruhen 2–6 Stunden
Grillen 8–10 Minuten pro Seite, je nach gewünschtem Gargrad

Beize

4 EL	Zitronensaft oder Weinessig
4 EL	Olivenöl
2 EL	Sherry oder Portwein
	frisch gemahlener Pfeffer, reichlich
	Prise geriebener Thymian
4	Filetschnitten, 3–4 cm dick
	Salz

① Zitronensaft oder Essig mit Öl, Sherry und Gewürzen mit kleinem Schneebesen sehr gut verrühren.
② Fleischstücke in flacher Schüssel oder auf tiefer Platte in der Beize übergießen, gut darin wenden, zugedeckt ruhen lassen, dabei öfters wenden.
③ Vor dem Grillen Filets auf Küchenkrepp abtropfen, restliche Beize aufheben.
④ Fleisch auf dem Grill beidseitig knusprig braten, dabei gelegentlich mit restlicher Beize bepinseln, damit es saftig bleibt. Höchstens 2mal pro Seite wenden.
⑤ Fertige Steaks erst unmittelbar vor dem Servieren salzen.

Variationen
- Vor dem Grillen die Filets in reichlich geschrotetem Pfeffer wenden, Pfeffer mit dem Handballen leicht andrücken (Pfeffersteak).
- Steaks in Paprikaöl (Fertigprodukt) und durchgepreßtem Knoblauch einlegen (Balkansteak).
- Dünne Scheiben von durchwachsenem Speck um den äußeren Rand wickeln, mit Hölzchen feststecken.

Georgisches Schaschlik

Vorbereiten 10 Minuten
Ruhen 3 Stunden
Garen 25–35 Minuten

Beize

1	große Zwiebel, fein gerieben oder sehr fein gehackt
4 EL	Rotweinessig oder 2 EL Zitronensaft oder 2 EL Weinessig
1 TL	Salz
½ TL	Rosmarinpulver
	viel frisch gemahlener schwarzer Pfeffer
1 kg	Rinderfilet, in 4–5 cm große Würfel geschnitten
20	Schalottenzwiebeln
⅛ l	Wasser oder Weißwein
1 TL	Salz
1 TL	Zucker
3 EL	Essig
8 EL	Butter, zerlassen
1	Zitrone, in Achtel zerteilt

① Fleisch in Beize aus Zwiebeln, Essig, Salz, Rosmarin und Pfeffer einlegen, mindestens 3 Stunden bei Zimmertemperatur darin ziehen lassen, mehrmals wenden.
② Die Schalottenzwiebeln schälen und in kleinem Topf mit Flüssigkeit, Salz, Zucker, Essig halbgar dämpfen, auskühlen lassen.
③ Fleischstücke abtropfen lassen, abwechselnd mit den Zwiebeln auf 25–30 cm lange Spieße stecken, mit zerlassener Butter beträufeln und grillen (am besten auf Holzkohlenfeuer). Mit Zitronenspalten garnieren, sofort servieren.

Originale Beilagen Korianderbrot, geviertelte Fleischtomaten, mit Frühlingszwiebeln (ersatzweise viel Schnittlauch) und Petersilie bestreut.

Kalbfleisch

Grundkenntnisse

Das Angebot

Der Marktanteil von Kalbfleisch ist in der Bundesrepublik Deutschland im Vergleich zu Rindfleisch und Schweinefleisch relativ klein. In der Preisskala liegt Kalbfleisch deutlich über dem Durchschnittspreis der anderen angebotenen Fleischarten und wird von Wild noch deutlich übertroffen.

Lage und Bezeichnung der Teilstücke beim Kalb

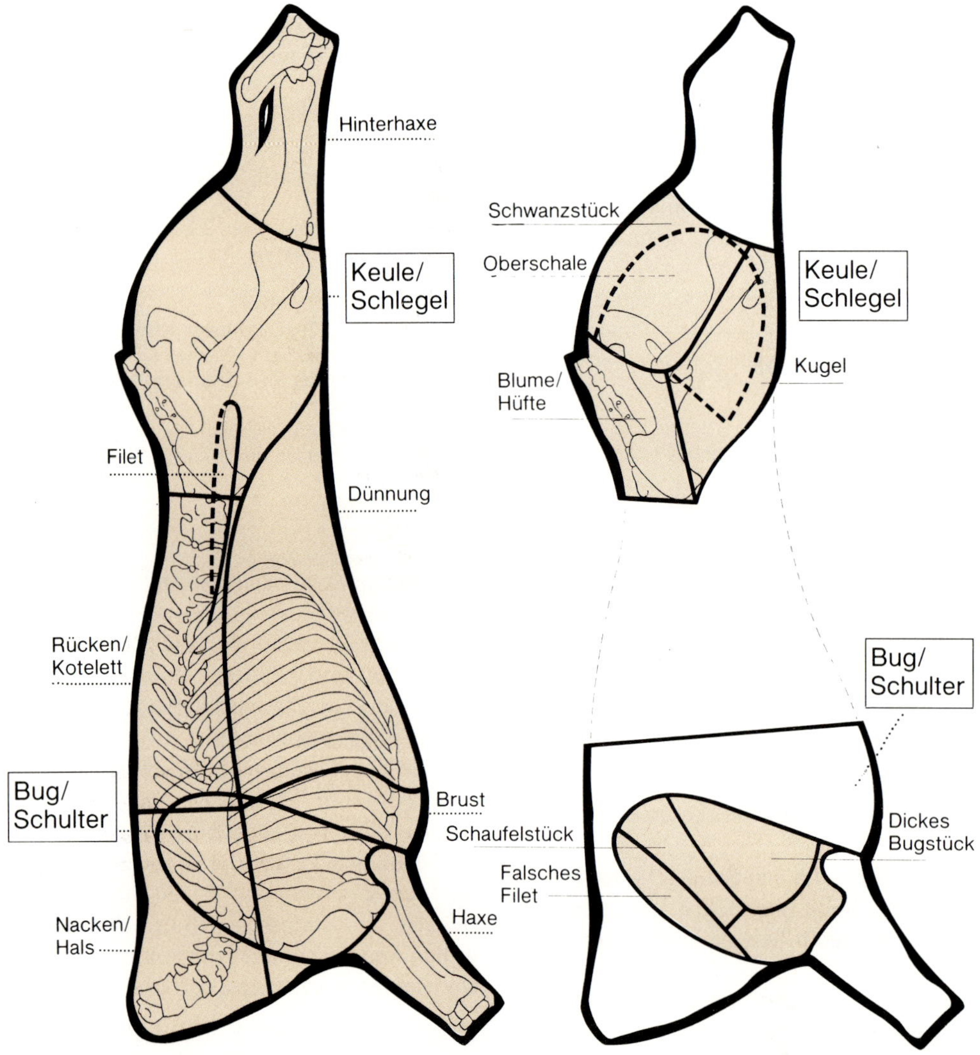

Es ist fettarm, feinfaserig, zart und entspricht in vieler Hinsicht den Vorstellungen jener Fleischart, aus der feine, leicht verdauliche, mild gewürzte Gerichte zubereitet werden können.
Mastkälber liefern festes, hellrosa Fleisch mit wenig Fett. Das Fleisch älterer sowie mit Heu oder Stroh gefütterter Kälber ist hellrosa bis kräftig rosa, hat einen kleinen, festen Fettrand und eine festere Struktur. Das jahreszeitliche Angebot schwankt beträchtlich. Außerdem ist es regional sehr unterschiedlich hoch.

Preisgruppen

Gruppe 1 Teuerstes Kalbfleisch ist zum einen das Schnitzel, das aus der Oberschale, der Blume (Hüfte), der Unterschale (Frikandeau) und aus der Kugel (Nuß) geschnitten wird, zum anderen das Filet, das sich besonders zum Kurzbraten, ganz oder in Steaks geteilt, eignet.
Bratenfleisch aus dem »Schnitzelstück« fällt auch unter diese Preisgruppe.
Gruppe 2 Billiger, aber noch zu den teuren Teilen zählend, ist Bratenfleisch aus der Brust, der Dünnung (Roll- und Nierenbraten), vom Nakken, vom Bug (Schaufelstück , Falsches Filet).
Gruppe 3 Bis hin zur Hälfte des Preises von Gruppe 1 werden angeboten Koteletts sowie das Fleisch aus der Brust und Dünnung, das sich für Ragout und Frikassee eignet und häufig im Sonderangebot zu finden ist.
Gruppe 4 Haxe, im ganzen oder in Scheiben angeboten, ist das billigste Kalbfleisch. Vorderhaxe ist billiger als Hinterhaxe.

Zubereitung

Kalbfleisch kann 1–2 Tage nach dem Schlachten in der Küche verwertet werden.

Garmachungsarten

Kochen Fleisch für Frikassee und Ragout, Kleinfleisch zum Herstellen von Brühe.
Braten Keule, Oberschale, Unterschale (Frikandeau), Schulter und Brust (Rollbraten, Nierenbraten), Kalbshaxe.
Schmoren Beinscheiben oder Haxe im ganzen.
Dünsten Schnitzel, Geschnetzeltes, Kalbsgulasch.
Kurzbraten Filet, Schnitzel, Rückensteak, Kotelett.
Grillen Filet, Schnitzel, Rückensteak, Kotelett.

Würzen

Der zarte Geschmack von Kalbfleisch darf durch Gewürze nicht überdeckt werden. Deshalb kommen nur milde Würzen für jede Garmachungsart in Betracht.
Grundlegend wichtig ist die sorgfältige Behandlung beim Garen: Die Verwendung bester Fette zum Anbraten, Braten oder Verfeinern sowie die Verwendung mildgewürzter Brühen oder Jus zum Aufgießen oder zum Ablöschen für die Gewinnung von Saucen.
Die vorsichtige Dosierung von Würzen, wie Salz, Pfeffer, Zitronenschale und -saft, Thymian, Weißwein, Tomatenpüree, Paprikapulver, Curry. Blättrig geschnittene Champignons als Würze sind besonders vorteilhaft. Frische Kräuter (für Rollbraten und gefüllte Kalbsbrust), gekochter Schinken, geringe Mengen von Reibkäse, Sahne, Crème fraîche sollen den Fleischgeschmack auf sanfte Weise variieren, aber niemals überlagern.

Hinweise für die Küchenpraxis

- ▷ Salz sehr sparsam verwenden, statt dessen geeignete Kräuter und Gewürze bevorzugen.
- ▷ Kurzgebratenes erst nach dem Garen salzen.
- ▷ Zum Aufgießen und Ablöschen stets Brühe oder Jus nehmen.
- ▷ Kalbfleisch unter kleinstmöglicher Hitzezufuhr garen. Zu stark gekochtes Fleisch wird faserig. Auch Steaks und Koteletts nicht auf scharfer, sondern nur auf mittlerer Hitze braten.

Zubereitungen von Kalbfleisch

Gekochtes Kalbfleisch

Gefüllte Kalbsbrust, in Brühe gesotten

Vorbereiten 20 Minuten
Garen 1½ Stunden

Füllung

500 g	Blattspinat oder Mangold, blanchiert, gut abgetropft
4 EL	Semmelbrösel, geröstet
3 EL	Butter, flüssig
2	Eier, verquirlt
	Salz und frisch gemahlener Pfeffer
	Prise Muskat
	wenig abgeriebene Zitronenschale

½	Kalbsbrust, ausgelöst
½ TL	Salz
1½–2 l	helle Brühe, kalt (oder kaltes Wasser)
8	Möhren, geschält, im ganzen
1	Zwiebel, mit 3–4 Nelken besteckt
1	Lorbeerblatt
1	Strauß Petersilie
1	Zweig Thymian
1	Zweig Bleichsellerie

① Die Kalbsbrust vom Metzger auslösen und eine Tasche für die Füllung hineinschneiden lassen. Innen mit Salz und Pfeffer ausreiben.
② Für die Füllung Gemüse 2–3 Minuten blanchieren, abtropfen, gut ausdrücken. Brösel in Butter goldgelb rösten. Eier verquirlen, mit Gemüse und Bröseln gut vermischen. Mit Salz, Pfeffer, Muskat und Zitronenschale abschmecken. In die Tasche füllen. Die Innenlappen der Kalbsbrust um die Füllung herumlegen, fest andrükken, die Seitenteile der Kalbsbrust über der Innentasche zusammennehmen und mit großen Stichen vernähen.

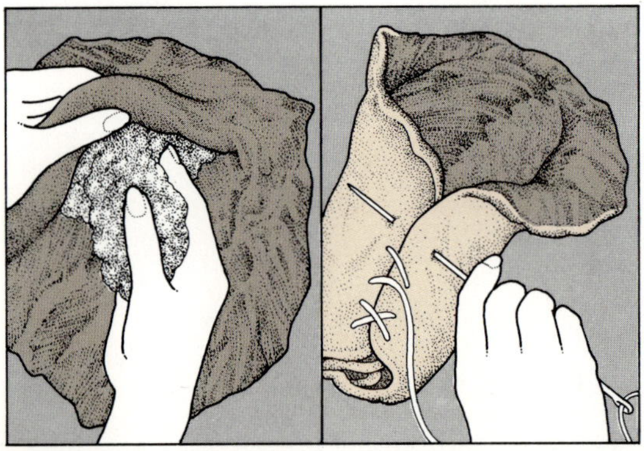

③ Das gefüllte Fleischstück von außen trocken tupfen, mit wenig Salz und Pfeffer einreiben.
④ In geeignetem Schmortopf oder Bräter die Brühe oder kaltes Wasser erwärmen, Fleisch einlegen. Zwiebel, die vorbereiteten Möhren, Gewürze und Kräuter zu beiden Seiten des Fleischstückes dazugeben, ankochen. Danach Hitze wieder reduzieren und 1½ Stunden simmern lassen.
⑤ Fleisch auf vorgewärmte Platte legen, 15 Minuten zugedeckt ruhen lassen. Danach in dicke Scheiben schneiden, anrichten, mit den Möhren umlegen.

Beilagen Kartoffel- und Fenchelgratin, warme und kalte Kräutersaucen.

Diese Zubereitung ist für kalten und warmen Verzehr gleich gut geeignet. Läßt sich am Tage vorher zubereiten.

Kalbsfrikassee

Kalbsblanquette

Vorbereiten 15 Minuten
Garen 1¼ Stunden

1¼ l	helle Brühe oder Wasser
1	große Zwiebel im ganzen
1	Lorbeerblatt
3 cm	Zitronenschale am Stück, 1 cm breit
1	Kräuterstrauß (Petersilie, Bleichsellerie, Thymian)
1 TL	Salz
500 g	Kalbfleisch von Hals, Nacken, Brust oder Haxe, am Stück oder in groben Stücken
4	Möhren, geviertelt
150 g	frische Champignons

Sauce

50 g	Butter
2 EL	Mehl
	frisch gemahlener weißer Pfeffer
1	Eigelb
4 TL	Sahne

① In schwerem Topf Flüssigkeit erwärmen, Zwiebel, Lorbeerblatt, Zitrone, Kräuterstrauß, Salz hinzufügen. Ankochen, Fleisch einlegen, evtl. 1–2mal abschäumen, nur ganz leicht simmern lassen.
② ½ Stunde vor Beendigung der Garzeit Möhren und Champignons zum Fleisch geben, wieder verstärkt Hitze zuführen, bis der Topfinhalt kocht, sofort erneut Hitze reduzieren.

③ Garprobe machen. Fleisch, Möhren und Champignons aus der Flüssigkeit nehmen, warm stellen. Brühe abseihen.
④ Für die Sauce im geeigneten Topf die Butter zerlaufen lassen, mit dem Mehl eine helle Roux herstellen, diese nach und nach mit der Brühe aufgießen, ankochen und offen mindestens 15 Minuten köcheln lassen. Sich bildende Haut abschöpfen.
⑤ Möhren und Champignons in die Sauce geben. Fleisch entweder in 1 cm dicke Scheiben oder in große Würfel schneiden (je nach Art der verwendeten Stücke), ebenfalls in die Sauce legen, warm halten, mit Pfeffer abschmecken. Eigelb und Sahne miteinander verquirlen, an die heiße Sauce rühren, nicht kochen, sondern nur ca. 5–7 Minuten ziehen lassen.

Beilagen Körniger Reis, Blattsalate.

Variation
Statt der großen Zwiebel 10–15 Schalottenzwiebeln zugeben, die mit den Möhren und Champignons in der Velouté (Sauce) serviert werden.

Kalbsragout – Ragout fin

Vorbereiten 15 Minuten
Garen 1½–2 Stunden

1	kleine Kalbszunge
1 l	Wasser
1	Zwiebel, halbiert
1	Lorbeerblatt
1	dicke Zitronenscheibe
1 TL	Salz
10	Pfefferkörner
300 g	Kalbfleisch am Stück aus Schulter oder Hals

Sauce

2 EL	Butter
2 EL	Mehl
⅜ l	Brühe vom Absud, evtl. etwas mehr
150 g	frische Champignons, halbiert oder geviertelt
2 EL	Weißwein
2 EL	Sahne, mit
1	Eigelb verquirlt

① In einem Suppentopf die Kalbszunge mit Wasser, Zwiebel, Lorbeerblatt, Zitronenscheibe, Salz und Pfefferkörnern zusetzen, ½ Stunde kochen.
② Fleisch in den Topf zur Kalbszunge geben, 1½–1¾ Stunden zusammen auf kleiner Hitze sieden. Garprobe machen.
③ Zunge und Fleisch aus dem Sud nehmen. Von der Zunge die Haut abziehen. Zunge und Fleisch, abgekühlt, in Würfel von ca. 1 × 1 cm Größe schneiden. Fleischsud abseihen.
④ In geeignetem Topf aus Butter und Mehl eine helle Einbrenne (Roux) herstellen, nach und nach mit ⅜–½ l Fleischsud aufgießen, etwa 15 Minuten durchkochen lassen.
⑤ Pilze in der Sauce 1–2 Minuten mitkochen, Sauce mit Wein und Sahne abschmecken, Fleisch zugeben, darin erwärmen. Zum Schluß mit Eigelb legieren. Nicht mehr kochen lassen.

Beilagen Mit Toast oder in Blätterteigpasteten als warme Vorspeise. Mit körnigem Reis und Salaten als Hauptgericht.

Variation
In gebutterte Förmchen oder auf geröstete Toastscheiben füllen, mit Reibkäse bestreuen, überbakken.

Vitello Tonnato

Kalter Kalbsschlegel in Thunfischsauce
Vorbereiten 15 Minuten
Garen 1 Stunde
Kühlen 2–3 Stunden, besser über Nacht

1 kg	Kalbsschlegel am Stück, geschnürt
2	Anchovisfilets in ganz kleinen Stücken
1	Knoblauchzehe, zerdrückt
1 l	Brühe oder Wasser, kochendheiß
1	Tasse trockener Weißwein
1	Tasse Wasser
1	große Zwiebel, halbiert
1	große Möhre, halbiert
½	Sellerieknolle in Scheiben
1	Lorbeerblatt
3	Petersiliensträuße
1 TL	Pfefferkörner

Sauce

100 g	Thunfisch in Öl (Dose)
2	Anchovisfilets, gewässert, zerhackt
2	Eigelb
	frisch gemahlener Pfeffer
2 EL	Zitronensaft
½	Tasse Olivenöl
8 EL	Sahne
6 EL	Kalbsbrühe, kalt
1 EL	Kapern

Garnitur

	viel frisch gehackte Petersilie
2	Zitronen, in ½ cm dicke Scheiben geschnitten
2 EL	Kapern
10	schwarze Oliven, entsteint

① Das Fleisch mit Anchovisfilets und Knoblauch bestreichen, so einschnüren, daß es eine kompakte Form bekommt.
② In passendem Topf Brühe oder Wasser zum Kochen bringen, das Fleisch ca. 2 Minuten darin blanchieren, wieder herausnehmen, kurz abkühlen lassen.
③ Die Flüssigkeit mit Wein und allen Würzzutaten aufkochen lassen, das Fleisch einlegen und auf kleinster Hitze simmern lassen.
④ Fleisch in der Brühe erkalten lassen.
⑤ Thunfisch und Anchovisfilets mit Zitronensaft im Mixer fein pürieren. Eigelb, Pfeffer und ¼ des Öls in kleiner Schüssel cremig rühren und an die Thunfischcreme mischen. Das restliche Öl löffelweise daranrühren. Die Sahne leicht cremig schlagen, unter die Sauce rühren, mit der Brühe auffüllen. Die Sauce muß eine cremig-flüssige Beschaffenheit haben. Die Kapern kurz mit kaltem Wasser überspülen, abtropfen lassen, an die Sauce mischen. Kühl stellen.
⑥ Das abgekühlte Fleisch von Häuten und Knorpeln befreien, die Schnürung abtrennen, in gleichmäßig dünne Scheiben schneiden.
⑦ Den Boden einer tiefen Platte oder flachen Servierschüssel mit Sauce begießen, die Fleischscheiben – je nach Größe der Platte – entweder nebeneinander oder flach schuppenförmig darauflegen. Die restliche Sauce so darübergießen, daß alle Fleischscheiben bedeckt sind. Die Platte mit einer Folie überspannen und nochmals für 1–2 Stunden in den Kühlschrank stellen.
⑧ Vor dem Servieren die gehackte Petersilie darüberstreuen, mit Zitronenscheiben den Rand umlegen, die Oliven in einem Häufchen in der Mitte oder am Rand anrichten, die Kapern über der Petersilie verteilen.

Garniturvorschläge Geschälte, geviertelte Tomaten, von Saft und Kernhaus befreit. 1 cm dicke Lauchringe, ganz kurz blanchiert. Gekochte, geviertelte oder in Scheiben geschnittene Eier. Gegarter, marinierter Brokkoli.

Dieses Gericht steht mit an der Spitze aller Fleischgerichte der kalten Küche. Da es am Vortag zubereitet werden kann, ist es aus organisatorischer Sicht sehr zu empfehlen.

Gebratenes Kalbfleisch: Große Braten

Kalbsbraten

Vorbereiten 10 Minuten
Garen 1–1¼ Stunden im Ofen bei 250 °C

750 g	Kalbfleisch am Stück aus Keule oder Rücken
	Salz und frisch gemahlener Pfeffer
1 Msp	Thymian oder Rosmarin, gerebelt
4 EL	Öl
1	Zwiebel, geviertelt
1	Möhre, in Scheiben geschnitten
¼	Sellerieknolle, in Scheiben geschnitten
1	kleine Tomate, enthäutet, halbiert
¼–⅜ l	kochendes Wasser oder Brühe
1 EL	Crème fraîche
1 EL	trockener Weißwein

① Ofen vorheizen. Fleisch evtl. häuten, mit Salz und Trockengewürzen gut einreiben, in einen Bräter legen. Fett erhitzen, den Braten damit übergießen. Bratzutaten (Zwiebeln, Möhre, Sellerie, Tomate) um das Fleisch herumlegen, heiße Flüssigkeit zugießen. Bräter offen in den heißen Ofen schieben.
② Während des Bratens das Fleisch 1–2mal wenden (dabei nicht mit der Gabel anstechen), mit dem Bratensaft begießen. Garprobe machen.
③ Das gegarte Fleisch zugedeckt 10 Minuten ruhen lassen. Die Flüssigkeit abgießen, mit dem Pürierstab die Bratzutaten zerkleinern, evtl. 2–3 EL Wasser oder Brühe zufügen, gut durchkochen, abschmecken, Crème fraîche mit Schneebesen darunterrühren, Wein zugeben.
④ Fleisch in 1 cm dicke Scheiben schneiden, schuppenförmig auf großer, vorgewärmter Platte anrichten, mit Beilagen umlegen, einige Löffel Sauce über das Fleisch gießen, restliche Sauce getrennt anrichten, sofort servieren.

Beilagen Kartoffelpüree, trockener Reis oder Risotto, Dünstgemüse von jungem Gemüse.

Gefüllte Kalbsbrust

Vorbereiten 20 Minuten
Garen 1½–2 Stunden im Ofen bei 220/180 °C

1	kleine Kalbsbrust, ausgelöst
½ TL	Salz und frisch gemahlener Pfeffer
50 g	Butter oder 3 EL Öl
¼ l	Brühe, kochendheiß
2 EL	Weißwein
1 TL	Mehl

Füllung 1 (süddeutsch, bürgerlich)

1	Semmel, in kleine Würfel geschnitten, geröstet
1	Ei, mit 4 EL Milch verquirlt
2 EL	Butter, flüssig
1	kleine Zwiebel, fein gehackt
2 EL	Petersilie, gehackt
¼ TL	Salz und frisch gemahlener Pfeffer
	Prise Muskat

Füllung 2 (feine Küche)
s. gefüllte Kalbsbrust, in Brühe gesotten (Seite 194)

① Die Kalbsbrust am besten vom Metzger auslösen und eine Tasche für die Füllung hineinschneiden lassen. Innen mit Salz und Pfeffer ausreiben.

② Für die Füllung 1 die klein gewürfelte Semmel goldgelb anrösten, abkühlen, mit der Eiermilch übergießen, 5 Minuten durchziehen lassen. In der Zwischenzeit die Zwiebel in Butter glasig andünsten, Petersilie dazugeben, kurz mitdünsten, würzen, abkühlen. Alle Füllungszutaten gut vermischen, evtl. noch etwas mit Milch befeuchten.
Die Füllung in die Fleischtasche geben. Den inneren Fleischlappen dabei fest um die Füllung schlagen. Die beiden Seitenteile der Kalbsbrust über der inneren, gefüllten Tasche zusammenziehen und mit großen Stichen zusammennähen (s. Seite 194).

③ Die so vorbereitete Kalbsbrust mit Küchenkrepp trocken tupfen, nicht mehr salzen und pfeffern. Ofen vorheizen auf 220 °C.

④ Butter oder Olivenöl im Bräter erhitzen, Fleisch darin bei mittlerer Hitze rundherum anbraten, mit der Hälfte der Brühe ablöschen, in den heißen Ofen stellen. Nach ca. 20 Minuten Hitze auf 180 °C reduzieren. Mit Bratensaft öfter begießen.

⑤ Garprobe machen. Nach ca. 1½ Stunden Fleisch auf vorgewärmte Platte legen. Zugedeckt 10–15 Minuten warm stellen. Danach in 2 cm dikke Scheiben schneiden.

⑥ Bratensatz mit der restlichen Brühe loskochen, reduzieren lassen. Mit Weißwein abschmecken, evtl. (mit dem Wein) binden. Sauce getrennt servieren.

Beilagen In Süddeutschland Semmelknödel, Kartoffelpüree, Kartoffelkroketten, feine Dünstgemüse, heißgerührter Lauch, Spargelgemüse.

Variation
Weitere Füllungen s. Rollbraten, Seite 170.

Marinierter Kalbsbraten

Vorbereiten 15 Minuten
Ruhen 4–6 Stunden im Kühlschrank
Garen 2 Stunden im Ofen bei 220/175 °C

Marinade

⅛ l	Olivenöl
¼	Tasse Weinessig
1	große Zwiebel, grob gehackt
1	Knoblauchzehe, zerdrückt
1 EL	Petersilie, fein gehackt
1 EL	Thymian, frisch gehackt
1 Msp	Cayennepfeffer
1 TL	Salz
	reichlich frisch gemahlener schwarzer Pfeffer
800 g	Kalbfleisch aus Keule oder Schulter, in Form gebunden

① Für die Marinade die Hälfte des Olivenöls, den Essig und alle Gewürze und Kräuter in einer tiefen Schüssel gut vermengen, das Fleisch hineinlegen, von allen Seiten gut befeuchten und mehrere Stunden im Kühlschrank ruhen lassen, mehrmals wenden.

② Ofen auf 220 °C vorheizen. Fleisch aus der Marinade nehmen, anhaftende Zwiebel- oder Kräuterreste entfernen, in eine flache Kasserolle oder Bratreine legen, im vorgeheizten Ofen 20 Minuten braten. Danach mit 1 EL Olivenöl begießen, Hitze auf 175 °C reduzieren, weiterbraten, dabei mehrmals wenden und mit dem restlichen Öl begießen.

③ Vor Beendigung der Garzeit die Marinade zum Kochen bringen, Bratensatz damit ablöschen, ca. 5 Minuten bei kleiner Hitze köcheln, abschmecken, evtl. nachsalzen. Den Braten auf einer tiefen, vorgewärmten Platte in Scheiben schuppenförmig anrichten, mit der Sauce übergießen. Sofort servieren.

Beilagen Salate der Saison, Weiß- oder Graubrot.

Geschmortes Kalbfleisch

Kalbsschmorbraten

Vorbereiten 10–15 Minuten
Garen 1¼ Stunden

750 g	Kalbfleisch aus der Kugel, in Form gebunden
½ TL	Salz und frisch gemahlener Pfeffer
	Prise Thymian (trocken)
2 EL	Mehl
80 g	Butter
3	Möhren, halbiert
¼–⅜ l	helle Brühe
100 g	frische Champignons im ganzen
1 EL	Weißwein
1 EL	Zitronensaft
20 g	kalte Butter in Stückchen

① Salz, Pfeffer, Thymian und Mehl vermischen, Fleisch damit einreiben, mit dem Messerrücken in die Faser einklopfen.

② In Schmortopf Butter langsam erhitzen, bereits bei niedriger Temperatur Fleisch einlegen und in der Butter wenden. Hitze verstärken, um das Fleisch allseitig knusprig braun zu bekommen. Möhren zugeben, mit andünsten.

③ Nach und nach (in kleinen Portionen) mit Brühe ablöschen. Topf zudecken und bei mittlerer Hitze gar schmoren. Garprobe machen.

④ Fleisch und Möhren aus dem Topf nehmen. Bratensatz mit 2–3 EL Flüssigkeit loskochen, Champignons einlegen, rasch gar dünsten. Sauce mit Wein und Zitronensaft abschmecken, evtl. Fett abschöpfen und mit Butter abziehen.

Osso buco alla Milanese

Kalbshaxe in Scheiben

Vorbereiten 15 Minuten
Garen 1½ Stunden

4	Scheiben Kalbshaxe mit viel Fleisch
2 EL	Mehl
4 EL	Butter, flüssig
je 1	Zwiebel, Möhre, Stengel Bleich- oder ½ Wurzelsellerie, alles klein gehackt
1	Knoblauchzehe, zerdrückt
1 EL	frischer Thymian, gehackt
1	Stück Zitronenschale, 3 cm lang, 1 cm breit
1 TL	Salz und frisch gemahlener Pfeffer
¾	Tasse trockener Weißwein
1	Fleischtomate, enthäutet, gewürfelt
¹⁄₁₆ l	Brühe
	abgeriebene Schale von ½ Zitrone

① Fleischscheiben in Mehl wenden. Beidseitig auf mittlerer Hitze in breitem Schmortopf in 2 EL Butter anbraten.

② Das vorbereitete Gemüse, Knoblauch, Thymian, Zitronenschale hinzufügen, mit Salz und Pfeffer würzen. Die Gemüse leicht mit anbräunen lassen, mit Wein ablöschen und mit gleicher Hitze bei offenem Topf einkochen lassen.

③ Tomaten und Brühe zugeben, Deckel auflegen und auf kleiner Hitze ca. 1½ Stunden weitergaren.

④ Kurz vor Beendigung der Garzeit die abgeriebene Zitronenschale zugeben, umrühren. Die evtl. zu stark eingedickte Sauce mit einigen Eßlöffeln Brühe verdünnen und noch einige Minuten köcheln lassen, restliche Butter in Sauce einrühren, abschmecken.

⑤ Auf vorgewärmter, tiefer Platte anrichten, mit der Sauce begießen, sofort servieren.

Osso buco con Gremolata

Kalbshaxe in Scheiben

Vorbereiten 10 Minuten
Garen 1¼ Stunden

2 EL	Butter, flüssig, oder Olivenöl
4	Scheiben Kalbshaxe, 5 cm dick, mit viel Fleisch
2 EL	Mehl, mit Salz und Pfeffer vermischt
⅛ l	trockener Weißwein
1	Tasse Rinderbrühe, kochendheiß
1 EL	Petersilie, fein gehackt
1	Knoblauchzehe, mit wenig Salz zerdrückt
	fein abgeriebene Schale von 1 Zitrone
2 EL	Butter, zerlassen
1 TL	Mehl (nach Belieben)

① Butter oder Öl in breitem Schmortopf erhitzen, Fleischscheiben im gewürzten Mehl wenden und im Fett bei mittlerer Hitze allseitig knusprig anbraten.

② Mit Wein ablöschen, bei offenem Topf eindampfen lassen. Heiße Brühe angießen, zugedeckt ca. 1¼ Stunden schmoren. Garprobe machen.

③ 15 Minuten vor Beendigung der Garzeit die Gremolata aus Petersilie, Knoblauch und Zitronenschale in den Topf geben, gut durchrühren, ziehen lassen. Bei Bedarf die Sauce mit Brühe oder Wein etwas verdünnen oder mit 2 EL zerlassener Butter, verrührt mit 1 TL Mehl, binden.

Beilagen Risotto, Dünstgemüse, Blattsalate.

Gedünstetes Kalbfleisch

Zürcher Geschnetzeltes

Vorbereiten 15 Minuten
Garen 10 Minuten

400 g	Kalbfleisch vom Tafelspitz oder Filet, in ½ cm dünne Scheibchen geschnetzelt
2 EL	Butter, flüssig
1	große Zwiebel, sehr fein gehackt
1 EL	Butter
	Salz
⅛ l	trockener Weißwein (Riesling)
⅛ l	helle Brühe
200 g	Champignons, blättrig geschnitten
	frisch gemahlener Pfeffer
1 EL	Crème fraîche oder 4 EL Sahne

① Butter in Pfanne erhitzen, Fleisch darin portionsweise unter häufigem Rühren rasch leicht anbraten, jeweils auf Teller legen, beiseite stellen.
② Zwiebel in der Pfanne mit Butter andünsten, leicht salzen, mit Wein und Brühe ablöschen, einkochen lassen.
③ Pilze an die Zwiebelsauce rühren, kurz miteinander dünsten, am Siedepunkt mit Crème fraîche oder Sahne abziehen, salzen, pfeffern.
④ Das Fleisch in die Sauce zurückfüllen, gut durchrühren, kurz darin ziehen lassen. In vorgewärmte flache Schüssel oder tiefe Platte füllen.

Beilagen Schweizer Rösti, Reis, Bandnudeln, gemischte Blattsalate mit Fenchel.

Kalbsfilet in der Folie

Vorbereiten 30 Minuten
Garen 30 Minuten im Ofen bei 250 °C

4	Scheiben Kalbsfilet à 100 g
6 EL	Brandy oder Cognac
200 g	Champignons, in kleine Würfel geschnitten
1	mittelgroße Zwiebel, fein gehackt
3 EL	Weißwein
	Salz und frisch gemahlener weißer Pfeffer
1 EL	Crème fraîche
2 EL	Butter, zerlassen
4	kleine Zweige Estragon oder Petersilie

① Fleischstücke auf eine Platte legen, von beiden Seiten mit Brandy beträufeln, 30 Minuten ruhen lassen, wenden, zudecken. Ofen vorheizen.
② Die gewürfelten Champignons in einer Pfanne bei mittlerer Hitze mit Zwiebeln, Wein, Salz und Pfeffer dünsten, bis alle Flüssigkeit reduziert ist. Crème fraîche daranrühren, abschmecken.
③ Die Fleischstücke leicht salzen, mit Pfeffer einreiben. Vier Alufolienstücke in 20 × 15 cm Größe schneiden, in der Mitte in Größe der Fleischstücke mit Butter bestreichen, Fleisch daraufsetzen, Champignons darüber verteilen.
④ Die Längsseiten der Folien hochklappen, in der Mitte zusammenfalten. Schmalseiten zweimal zur Mitte hin nach oben falten. Die Päckchen auf ein Blech oder feuerfeste Platte legen und im Ofen garen. Zum Servieren die Folie nur mit einer Küchenschere der Länge nach einschneiden. Sofort servieren.

Beilagen Dünstgemüse wie Zucchini, Karotten-Erbsenmischung, Fenchel, Salzkartoffeln, Petersilienkartoffeln.

Variation
Statt der Champignons die Fleischscheiben mit viel gehackten Kräutern und je 20 g Reibkäse oder je ½ Scheiblette belegen.

Kurzgebratenes und überbackenes Kalbfleisch

Kalbsschnitzel natur

Vorbereiten 2 Minuten
Garen 5–8 Minuten

4	Kalbsschnitzel aus der Keule, 1 cm dick geschnitten, auf ½ cm Dicke geklopft
	Salz und frisch gemahlener Pfeffer
	Prise getrockneter Thymian, fein zerrieben
2 EL	Öl
2 EL	Butter, flüssig
3 EL	Zitronensaft oder Brühe

① Die geklopften Kalbsschnitzel nur leicht salzen, mit Pfeffer und Thymian einreiben.
② Öl und Butter in einer schweren Pfanne erhitzen. Die Schnitzel im nicht zu heißen Fett auf beiden Seiten goldbraun anbraten. Auf vorgewärmte Platte legen.
③ Den Bratensatz mit Zitronensaft oder Brühe ablöschen, gut verrühren, abschmecken und über die Schnitzel gießen.

Beilagen Petersilienkartoffeln, gedünstete Feingemüse, Spargel oder Brokkoli, Blattsalate.

Kalbsschnitzel in Sherry

Zubereiten 25 Minuten

2 EL	Öl
2	große Zwiebeln, fein gehackt
2	Knoblauchzehen, mit dem Messer zerdrückt
1	kleine, grüne Paprikaschote, Rippen und Kerne entfernt, in kleine Würfel geschnitten
100 g	frische Champignons, blättrig geschnitten
4	mittelgroße Tomaten, enthäutet, grob gehackt
2	Scheiben roher Schinken, fein gewürfelt
4	Kalbsschnitzel, 1 cm dick geschnitten, auf ½ cm Dicke geklopft
	reichlich frisch gemahlener schwarzer Pfeffer
	Salz
3 EL	Mehl
2 EL	Öl
⅛ l	Sherry
4 EL	Wasser

① In einem Topf Olivenöl erhitzen, Zwiebeln und Knoblauch darin andünsten, Paprika dazugeben, unter Rühren 5 Minuten weiterdünsten, Champignons, Tomaten und Schinken dazugeben, unter ständigem Rühren und starker Hitze dünsten, um die Flüssigkeit zu reduzieren.
② Die Schnitzel rasch mit Salz und Pfeffer einreiben, in Mehl wenden.
③ In einer Pfanne Olivenöl erhitzen, die Schnitzel darin auf beiden Seiten gut bräunen, mit Zange oder zwei Löffeln wenden. Auf Teller legen, beiseite stellen.
④ Den Bratensatz mit Sherry und Wasser loskochen, die gedünsteten Gemüse dazumischen, gut 1–2 Minuten durchkochen, restliches Wasser zugeben, nochmals durchkochen, mit Salz und Pfeffer abschmecken. Die Schnitzel einlegen und bei kleiner Hitze ca. 5 Minuten köcheln lassen. Auf tiefer Platte das Fleisch schuppenförmig anrichten, mit der Sauce übergießen, sofort servieren.

Beilagen Gedünsteter Reis, Kartoffelgratin, gemischte Blattsalate mit Radicchio und Fenchel.

Cordon bleu

Vorbereiten 10 Minuten
Garen insgesamt 35 Minuten, im Ofen bei 190 °C etwa 20–25 Minuten

8	sehr dünne Kalbsschnitzel aus der Keule
	Salz und frisch gemahlener Pfeffer
4	Scheiben Greyerzer oder Emmentaler
4	dünne Scheiben roher Schinken
1	Eiklar, verquirlt
4 EL	Mehl
1	Ei, mit
1 EL	Öl verquirlt
4 EL	Semmelbrösel
2 EL	Butter, flüssig
2 EL	Öl
1	Zitrone, in Viertel geschnitten

① Ofen vorheizen. Die Schnitzel mit Salz und Pfeffer einreiben, evtl. leicht einklopfen, Ränder glatt schneiden. 4 der Schnitzel mit je 1 Scheibe Käse und 1 Scheibe Schinken belegen. Überstehenden Käse und Schinken abschneiden. Auf jedes belegte Schnitzel ein anderes legen, an den Rändern mit Eiklar bestreichen, fest zusammendrücken, mit Zahnstochern feststecken.
② Die gefüllten Fleischstücke zuerst in Mehl, dann in Ei wenden, mit Semmelbröseln panieren.
③ Öl und Butter in einer schweren Pfanne erhitzen, die Schnitzel darin goldbraun braten.
④ Das Bratfett in eine flache Reine oder Gratinform abgießen, die Schnitzel nebeneinander hineinlegen und weitere 25–30 Minuten im Ofen braten, einmal dazwischen wenden. In der Form oder auf vorgewärmter Platte servieren.

Beilagen Frische Salate, Kartoffelsalat.

Schweizer Kalbskoteletts

Vorbereiten 5 Minuten
Garen 20 Minuten
Überbacken 10 Minuten im Ofen bei 180–200 °C

4	Kalbskoteletts, 2–2½ cm dick
4 EL	Butter, flüssig
1 EL	frischer Thymian, fein gehackt
	Salz und frisch gemahlener Pfeffer
150 g	Käse gerieben, am besten Greyerzer oder Emmentaler
1	Ei
2 EL	Sahne
	Muskatnuß, gerieben
	Prise Cayennepfeffer
½	Tasse Weißwein
2 EL	Zitronensaft

① Die Butter in einer schweren Pfanne zerlassen, Kalbskoteletts bei mittlerer Hitze einlegen, Hitze verstärken, Fleisch beidseitig goldbraun anbraten. Hitze wieder reduzieren, Koteletts mit Salz und Pfeffer würzen, zugedeckt etwa 20 Minuten garen, einmal wenden.
② Ofen vorheizen. Käse, Ei, Sahne mischen, mit Muskatnuß und Cayennepfeffer würzen. Die Butter aus der Pfanne in eine Gratinform gießen, Fleischstücke nebeneinander hineinlegen, Käsemischung auf den Koteletts verteilen, Wein und Zitronensaft zugießen, in den Ofen stellen und überbacken. Dabei noch einmal mit der abgegossenen Butter beträufeln. Die Käsekruste soll goldgelb werden. In der Form servieren.

Beilagen Blattsalate, Chicoréesalat mit Äpfeln und Orangen, frisches Weißbrot.

Saltimbocca alla Milanese

Vorbereiten 5 Minuten
Garen 15–20 Minuten

8	sehr dünne, länglich geschnittene Kalbsschnitzel aus der Keule
2	Knoblauchzehen, zerdrückt
	Salz und frisch gemahlener Pfeffer
5 EL	Butter, flüssig
4	dünne Scheiben roher Schinken
4	frische Salbeiblätter
⅛ l	Marsala oder fruchtiger Rotwein

① Die Schnitzel mit dem zerdrückten Knoblauch einreiben, mit wenig Salz und Pfeffer würzen, in Pfanne mit der Butter leicht krustig anbraten, auf Teller legen.
② Schinkenscheiben ebenfalls kurz anbraten, aus dem Fett nehmen.
③ 4 der Schnitzel mit dem Schinken und je 1 Salbeiblatt belegen, die restlichen 4 Fleischstükke darauflegen. Mit Zahnstochern an den schmalen Enden zusammenstecken.
④ Bratensatz mit Wein loskochen, gut verrühren und kurz reduzieren lassen. Schnitzel in die Sauce legen und noch ca. 15 Minuten bei schwacher Hitze garen. In der Sauce servieren.

Beilagen Rundkornreis gedünstet, Prinzeßbohnen mit Butter und Petersilie, gedünsteter oder heißgerührter Blattspinat, Blattsalate.

Kalbsschnitzel mit Zitrone

Vorbereiten 5 Minuten
Garen 20 Minuten

8	dünne Kalbsschnitzel, auf ½ cm Dicke geklopft
	Salz und frisch gemahlener Pfeffer
2 EL	Butter, flüssig
2 EL	Olivenöl
2 EL	Mehl
½	Tasse Brühe oder Sud
12	Zitronenscheiben
2 EL	Zitronensaft
30 g	Butterflöckchen

① Die geklopften Schnitzel leicht mit Salz einreiben, pfeffern, auf eine Platte legen. In schwerer Pfanne jeweils 1 EL Butter und 1 EL Öl erhitzen. Sobald die Butter schäumt, die Schnitzel rasch in Mehl wenden, überflüssiges Mehl abklopfen, in das heiße Fett legen, auf jeder Seite 2 Minuten braten. Die garen Schnitzel auf eine Platte legen, warm stellen, die anderen ebenso braten.
② Mit der Brühe den Bratensatz loskochen, etwas reduzieren lassen.
③ Fleisch in die Pfanne zurücklegen, jedes Schnitzel mit 3 Zitronenscheiben belegen. Topf zudecken, auf kleinster Stufe 5–8 Minuten köcheln lassen.
④ Auf vorgewärmter Platte die Schnitzel anrichten. Die Sauce unter Rühren nochmals kurz durchkochen, mit Zitronensaft abschmecken, mit kalten Butterflöckchen binden, über alle Schnitzel gießen. Mit den Zitronenscheiben garnieren und servieren.

Beilagen Gedünsteter Reis, Blattsalate, Wurzelsalate.

Gebratene Kalbsmedaillons

Vorbereiten 5 Minuten
Garen 10–15 Minuten

500 g	Kalbfleisch aus der Kugel, in Medaillons zu je 50 g geschnitten,
	Salz und frisch gemahlener Pfeffer
2 EL	Mehl
2 EL	Öl
4 EL	Butter, flüssig
30 g	kalte Butter
2 EL	Zitronensaft
1 EL	Petersilie, fein gehackt

① Die Medaillons mit wenig Salz und Pfeffer einreiben, in Mehl wenden, überflüssiges Mehl abklopfen.
② Butter und Öl in Bratpfanne erhitzen, die Medaillons bei starker Hitze auf jeder Seite etwa 3 Minuten anbraten, auf vorgewärmte Platte legen.
③ Die kalte Butter in dem Bratensatz auflösen, vorsichtig erhitzen, Zitronensaft zugeben, evtl. salzen, leicht ankochen, über die Medaillons gießen, mit Petersilie bestreuen.

Beilagen Frisches Weißbrot, geröstete Toastscheiben, Blattsalate.

Wiener Schnitzel

Vorbereiten 10 Minuten
Garen 3–4 Minuten

4	Kalbsschnitzel á 100 g, leicht geklopft
	Salz und wenig frisch gemahlener Pfeffer
4 EL	Mehl
1	Ei, verquirlt
100 g	feine Semmelbrösel
¼ l	Öl
1	Zitrone, in Viertel geschnitten

① Die Schnitzel klopfen, leicht salzen und pfeffern, etwa 10 Minuten ruhen lassen.
② Danach in Mehl, Ei und zuletzt in Semmelbröseln wenden, Panade leicht einklopfen oder andrücken.
③ Öl in einer tiefen Pfanne erhitzen, die Schnitzel darin auf jeder Seite goldgelb backen, auf Küchenkrepp abtropfen und sofort servieren, mit Zitronenvierteln anrichten.

Zuerst in Mehl, dann in verquirltem Ei und Semmelbröseln wenden

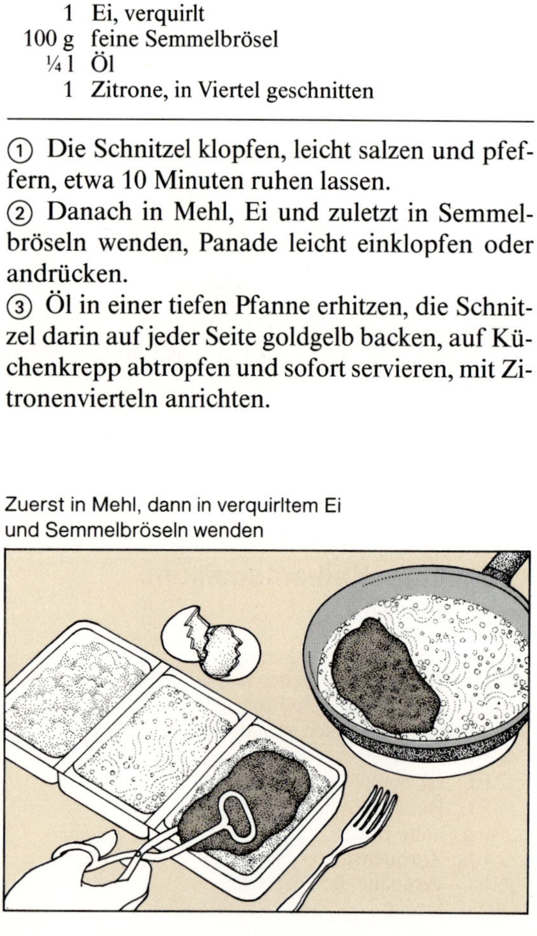

Beilagen Kartoffelsalat, gemischter Blattsalat, Kartoffelpüree, gedünstetes Karotten-Erbsengemüse, Lauchgemüse.

Mailänder Schnitzel

Vorbereiten 10 Minuten
Ruhen 2 Stunden
Garen 3–5 Minuten

4	Kalbsschnitzel aus der Keule, 1½ cm dick geschnitten, auf 1 cm geklopft
	Saft von 2 Zitronen
4 EL	Olivenöl
1 EL	Petersilie, fein gehackt
1 EL	frisches Bohnenkraut, fein gehackt
2	Blätter frischer Salbei, fein gehackt
½ TL	Salz
	frisch gemahlener schwarzer Pfeffer
4 EL	Parmesankäse, fein gerieben
2	Eier
1 EL	Wasser
5 EL	Semmelbrösel
⅓ l	Olivenöl oder Ausbackfett für die Friteuse

① Die geklopften Schnitzel an den Rändern leicht einschneiden und in eine Marinade aus Zitronensaft, Olivenöl, Kräutern und Gewürzen einlegen, ruhen lassen.
② Auf Küchenkrepp abtropfen, möglichst viel Kräuter am Fleisch belassen. Die Schnitzel einzeln in Parmesankäse wenden, leicht andrücken. Die Eier mit Wasser verquirlen. Die Schnitzel jeweils einzeln auf beiden Seiten durch das verquirlte Ei ziehen, darauf achten, daß der Käse dabei gut befeuchtet wird, darauf in Semmelbröseln wenden, andrücken und restliche Semmelbrösel darüberstreuen, damit die Panade gleichmäßig und dick wird. Mit dem Rücken eines großen Küchenmessers die Panierung kreuzweise in die Schnitzel kerben, damit sie besser haftet. Die Schnitzel ruhen lassen.
③ Öl in einer schweren Pfanne erhitzen (auch Friteuse möglich), die Schnitzel einlegen und auf jeder Seite 3–5 Minuten goldgelb backen, auf Küchenkrepp abtropfen, sofort servieren.

Beilagen Dünstgemüse von Fenchel, Karotten, Brokkoli, frische Blattsalate, Weißbrot.

Lammfleisch Hammelfleisch

Grundkenntnisse

Das Angebot

In der Regel wird für das Fleisch von Lämmern, Hammeln, Schafen und Böcken der Begriff Schaffleisch verwendet. Der Marktanteil dieser Fleischart ist noch sehr gering. Da aber in zunehmendem Maße seine geschmacklichen und ernährungsphysiologischen Vorzüge entdeckt werden, ist auch die Nachfrage im Steigen begriffen.

Folgende Sorten werden angeboten:
Milchlammfleisch Von Lämmern, die noch keine 6 Monate alt sind.
Mastlammfleisch Von Lämmern im Alter bis zu 12 Monaten.
Hammelfleisch Von kastrierten männlichen und nicht zur Zucht benutzten weiblichen Tieren im Alter bis zu 2 Jahren.
Schaffleisch Von weiblichen und kastrierten männlichen Tieren, die über 2 Jahre alt sind.

Das am häufigsten angebotene Fleisch stammt von Lämmern. Es ist besonders aromatisch, vor allem im späten Frühjahr (Mai) und im Herbst (von August bis November). In diese Zeit fallen auch die günstigsten Angebote. Das zarteste Fleisch stammt von Milchlämmern. Es zeigt feine Faser, reinweißes Fett und lachsrosa Farbe. Das Fleisch der Mastlämmer ist kräftiger rot gefärbt, das Fett ist weiß, die Fasern sind kerniger als bei Milchlämmern, aber dennoch zart. Die Knorpel sind weich. Ältere Tiere haben dunkelrotes Fleisch, das von gelblichweißem Fett durchzogen und umgeben ist.

Preisgruppen

Gruppe 1 Die teuersten Teile sind Keule ohne Knochen und Chops sowie ausgelöster Rücken mit Filet.

Gruppe 2 Etwas niedriger im Preis als Gruppe 1, aber zu den teuren Teilen zählend, sind Keule mit Knochen und Schulter ohne Knochen.

Gruppe 3 Etwas mehr als die Hälfte des Preises von Gruppe 1 kosten Schulter mit Knochen und Rücken mit Knochen (wie gewachsen), als Kotelett geschnitten.

Gruppe 4 Fleisch für Ragout, wie gewachsen, aus Hals (Nacken, Kamm), aus Brust und Dünnung (Flanke) ist das billigste Teilstück.

Lage und Bezeichnung der Teilstücke bei Lamm und Hammel

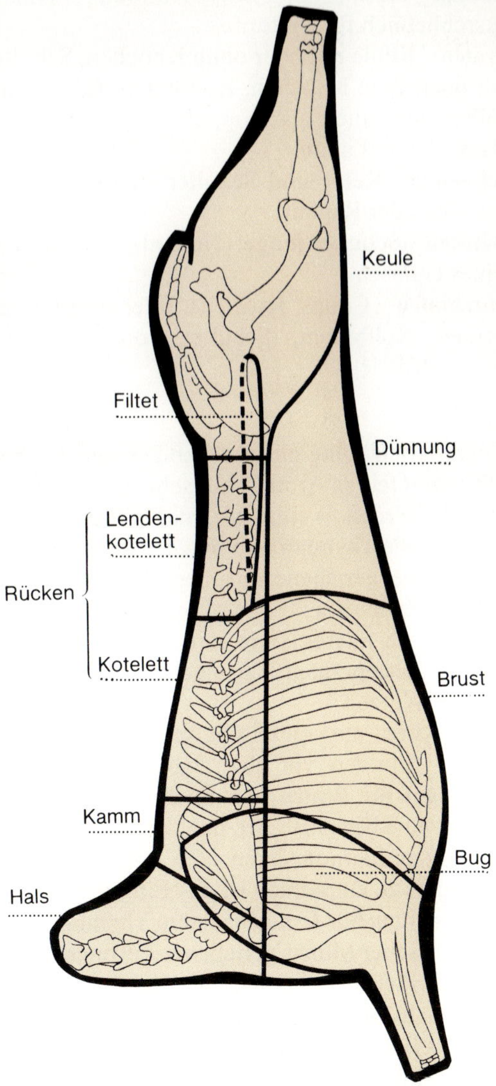

Zubereitung

Bei Kennern wird Lammfleisch wegen seiner besonders kurzen Garzeit und des feinen Aromas geschätzt. Aber auch die älteren Tiere liefern hervorragende Fleischqualität, die von der Weidehaltung herrührt. Begehrtestes Stück ist die Keule, die besonders saftiges, mürbes Fleisch liefert. Lamm- und Hammelrücken (oder Chops = ausgelöster Rücken, in Portionsstücke geschnitten) sind auch gleichwertige und gefragte Stücke. Das Fleisch von Tieren über 1 Jahr soll vor dem Gebrauch etwa 1 Woche abgehangen sein.

Garmachungsarten

Kochen Hals, Kamm, Brust, Dünnung (Flanke), ausschließlich für Eintöpfe.
Braten Keule mit oder ohne Knochen, Schulter mit oder ohne Knochen, Rollbraten, Rücken als halber oder auch als Doppelrücken, Hals oder Nacken vom Lamm.
Schmoren Keule und Schulter älterer Tiere als Gulasch oder Ragout.
Dünsten Schulter junger Tiere als Ragout oder feines Gulasch.
Kurzbraten Chops, Koteletts, Filet vom Lamm.
Grillen Rollbraten, Schulter von Lämmern, Chops, Koteletts.

Würzen

Lammfleisch sollte entsprechend seiner Zartheit und seines feinen Aromas nur sehr zurückhaltend gewürzt werden. Wenig Salz, mäßig Pfeffer, zarte Kräuter, wie Thymian und frischer Rosmarin, frische Minze, geriebene Zitronenschale, Zitronensaft und Zwiebeln.
Das Fleisch älterer Tiere mit einem wesentlich stärker ausgeprägten Eigengeschmack verträgt kräftige Würzen.
Einstreichen mit mittelscharfem Senf, mindestens 6 Stunden vor der Zubereitung (besser 1–2 Tage) für **Braten** aus Keule und Schulter. Dies ist eine bewährte Art, den ausgeprägten Geschmack zu harmonisieren.
Besonders zu empfehlen ist das Einreiben mit einer Mischung aus fein gehacktem Thymian, Rosmarin, frischer Minze, geriebener Zitronenschale, reichlich Pfeffer, etwas Knoblauchsaft und Zitronensaft. In dieser Kräuter-Trockenbeize kann man das Bratenstück 1–2 Tage ruhen lassen.
Bei ausgelösten Keulen oder Schultern empfiehlt es sich, die Würzmischung in die Fleischspalten (an die Stelle der ausgelösten Knochen) einzureiben und die Fleischstücke zu binden, dann auch von außen einzureiben, in Folie einzuschlagen und 1–2 Tage darin beizen zu lassen. Das Ergebnis ist verblüffend.
Fleisch zum **Dünsten oder Schmoren** (als Gulasch oder Ragout) kann auch sehr vorteilhaft in Trokkengewürz-Beizen präpariert werden. Besonders exotische Gewürze kommen hier zur vollen Entfaltung, wie Curry, Ingwer, Safran, Kardamom, Muskat, Piment, mit Zucker oder Rosinen abgerundet.
Fleisch, das **kurzgebraten oder gegrillt** werden soll, erfährt die beste Vorbehandlung, wenn es eingelegt wird in eine Beize aus frischem Tomaten- und Zitronensaft mit reichlich Zwiebelringen und für 2–3 Stunden darin ruht. Bei Lammkoteletts genügt es, wenn sie 1 Stunde darin marinieren.
Zur Abrundung von **Saucen** können Weißwein, trockener Sherry, frisches Tomatenpüree, Zucker, Sahne oder Crème fraîche dienen.

Hinweise für die Küchenpraxis

- ▷ Die »Pergamenthaut« und dicke Fettschichten vor der Zubereitung (bei Keulen und Schultern) entfernen. Dünne Fettschicht belassen, sie hält das Fleisch saftig.
- ▷ Kurze Garzeit bei Lammfleisch beachten.
- ▷ Mit Salz sparsam umgehen. Nur große Stücke vor der Zubereitung salzen.
- ▷ Fleisch rechtzeitig marinieren.
- ▷ Saucen vor dem Abschmecken entfetten.
- ▷ Fleisch und Saucen gut heiß zu Tisch bringen, da das Fett beim Abkühlen rasch erstarrt.
- ▷ Keine kalten Beilagen, wie z. B. Salate, sondern nur heiße Beilagen zu Hammelgerichten mit Sauce reichen. Auch keine kalten, sondern nur temperierte Getränke (Weine) dazu servieren.

Zubereitungen aus Lamm- und Hammelfleisch

Gebratenes Lammfleisch: Große Braten

Lammkeule mit Minze

Vorbereiten 15 Minuten
Ruhen 12 Stunden im Kühlschrank
Garen 1½–1¾ Stunden im Ofen bei 250/180 °C

1	Lammkeule oder Lammschulter, entbeint
3 EL	Petersilie, fein gehackt
2 EL	frische Pfefferminze, fein gehackt
2	Knoblauchzehen, zerdrückt
1 EL	Zitronensaft oder Rotweinessig
1 TL	Rosenpaprika
1 TL	Salz und frisch gemahlener Pfeffer
2 EL	Olivenöl

① Die Keule am Knochen entlang aufschneiden, Knochen herauslösen, alles sichtbare Fett abschneiden. Dicke Fleischpartien mit spitzem Fleischmesser 1–2 cm breit und tief einschneiden.

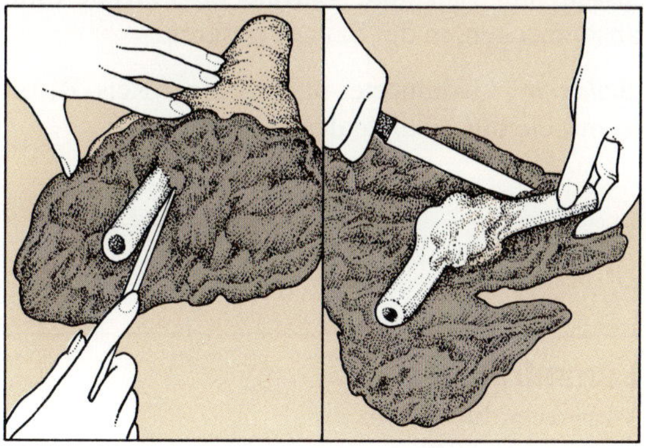

② Kräuter, Gewürze und Salz miteinander vermischen, diese Mischung gleichmäßig auf die Innenseite des Fleisches einreiben und in zuvor eingeschnittene Spalten drücken. Eine feste Rolle aus dem Fleisch formen, gut zusammenschnüren. In Folie oder Plastikbeutel packen und 12 Stunden im Kühlschrank durchziehen lassen.

③ Ofen auf 250 °C vorheizen. Fleisch mit Olivenöl bestreichen, auf Grillrost über Bratpfanne setzen und 30 Minuten braten. Hitze auf 180 °C reduzieren und weiterbraten. Bei Verwendung eines Bratenthermometers muß das Fleisch immer 75 °C erreichen, um durchgebraten zu sein.

④ Fertigen Braten in 1 cm dicke Stücke schneiden, schuppenförmig anrichten.

Beilagen Kartoffelsalat, Tomaten-, Bohnen-, Gurkensalat, Schwarz- und Weißbrot, Grillsaucen, Dips, Paprikagemüse, Ratatouille.

Variation
Die Kräuterfüllung mit 100 g rohem, magerem, fein gehacktem Schinken anreichern und als Spießbraten im Infrarot- oder Holzkohlengrill zubereiten. Dabei mehrmals mit Salzwasser bepinseln.

Lammkeule Nouvelle Cuisine

Vorbereiten 8–10 Minuten
Garen 35–45 Minuten im Ofen bei 220 °C

1	Lammkeule von jungem Lamm, etwa 750–850 g, entbeint
	Salz
	Prise Zimt (nach Belieben)
	frisch gemahlener Pfeffer
2	Knoblauchzehen, durchgepreßt
2	Schalotten, fein gehackt
2	Zweige frischer Rosmarin, in 2 cm lange Stücke gehackt
2	Zweige Petersilie, in grobe Stücke gehackt
2 EL	Olivenöl
⅛–3/16 l	Rotwein und/oder Brühe
2 EL	Orangen- oder Zitronensaft
1 EL	Crème fraîche

① Ofen vorheizen. Die entbeinte Lammkeule vorsichtig häuten. Aus Salz, Zimt, Pfeffer, Knoblauch, Schalotten, Rosmarin und Petersilie Paste bereiten, Fleisch rundum gut damit einreiben, auf Innenseite der Keule mit Messerspitze kleine Taschen schneiden, Würzpaste hineindrücken.

② Auf dem Herd in Bratreine Öl erhitzen, Fleisch darin von beiden Seiten rasch anbraten, in den heißen Ofen auf Mittelschiene stellen, nach 10 Minuten wenden, mit austretendem Saft begießen, weiterbraten, insgesamt etwa 2mal wenden, darauf achten, daß die Ofenhitze konstant bleibt.

③ Nach etwa 40 Minuten – bei sehr jungem Lamm bereits nach 30–35 Minuten – Fleisch aus dem Ofen nehmen, auf Platte legen, zugedeckt warm halten.

④ Bratensatz mit Rotwein ablöschen, sehr gut durchkochen, abseihen, mit Orangensaft vermischen, nochmals durchkochen, mit Crème fraîche abziehen, mild abschmecken.

⑤ Fleisch in 1½ cm dicke Scheiben schneiden – es muß innen noch rosa sein, darf aber nicht mehr bluten –, auf vorgewärmter Platte in Keulenform anrichten, mit Prinzeßbohnen und Herzoginkartoffeln garnieren. Sauce getrennt anrichten. Sofort servieren.

Beilagen Prinzeßbohnen oder gedünsteter Blattspinat, Herzoginkartoffeln, Kissenkartoffeln oder krosses Weißbrot.

Variation
Nach dem Braten vor dem Tranchieren 2 EL Rum und 2 EL Cognac erhitzen, die Keule damit übergießen und flambieren.

Geschmortes Lammfleisch

Lammtopf Java

Vorbereiten 1–2 Stunden
Garen ¾–1¼ Stunden

500 g	mageres Lamm- oder Hammelfleisch aus Schulter oder Keule, in 3 × 3 cm große Würfel geschnitten
½ TL	Korianderpulver
¼ TL	Cayennepfeffer
1 TL	Kümmelpulver
½ TL	Safranpulver
½ TL	Ingwerpulver
1	Knoblauchzehe, zerdrückt
2 TL	Salz
⅛ l	Weinessig
2 EL	Öl
⅛ l	Wasser, kochendheiß

① Fette Teile vom Fleisch abschneiden, dann in Würfel schneiden. Gewürze und Salz mischen, Fleischwürfel gut damit einreiben, in eine Schüssel legen, Essig dazugießen, zugedeckt 1–2 Stunden ruhen lassen, gelegentlich wenden.
② Fleisch aus der Marinade nehmen, auf Küchenkrepp abtropfen. In einem Schmortopf Öl erhitzen, Fleisch darin portionsweise anbraten, Wasser angießen. Marinade abseihen, zurückbleibende Gewürze dem Fleisch zugeben, zugedeckt auf kleiner bis mittlerer Hitze schmoren.
③ Bei Fleisch von Jungtieren ist die Garzeit 45 Minuten, bei älteren Tieren 1–1¼ Stunden. Garprobe machen. Evtl. 2 EL Marinade oder heißes Wasser angießen, Bratensatz damit loskochen, sehr heiß auf den Tisch bringen.

Lamm-Curry

Vorbereiten 10 Minuten
Garen ¾–1¼ Stunde, je nach Alter des Tieres

500 g	Lamm- oder Hammelschulter, in gulaschgroße Würfel geschnitten
2 EL	Curry
1 EL	Mehl
4 EL	Olivenöl
1	große Zwiebel, fein gehackt
2	Knoblauchzehen, durchgepreßt
¼ l	Gemüsebrühe oder Wasser, kochendheiß
¼ l	Sahne
	Salz
2 EL	Weißwein oder 1 EL Zitronensaft

① Curry und Mehl mischen, Fleischwürfel darin wenden.
② Öl erhitzen, Fleischwürfel auf mittlerer Hitze darin anbraten, Zwiebeln und Knoblauch zugeben, Topf zudecken, auf kleiner Hitze etwa 10 Minuten dünsten. Nach und nach heiße Flüssigkeit zugießen, auf möglichst geringer Hitze fertiggaren.
③ Sahne zugeben, nochmals gut durchkochen lassen, mit Salz und Zitrone oder Wein rund abschmecken, in der Sauce servieren.

Beilagen Gedünsteter und körniger Reis, Risotto mit Gemüse, Salate der Saison.

Gedünstetes Lammfleisch

Lammfrikassee

Vorbereiten 10 Minuten
Garen 1¼ Stunden

750 g	magere Lammschulter, in 3 × 3 cm große Würfel geschnitten
½ TL	Salz und frisch gemahlener schwarzer Pfeffer
3 EL	Olivenöl
1	große Zwiebel, fein gehackt
2	Knoblauchzehen, mit Salz zerdrückt
2	Tomaten, enthäutet, in Würfel geschnitten
1 EL	Rosenpaprika
1	kleiner Stengel Rosmarin oder Thymian
1	Lorbeerblatt
1	Tasse Brühe, kochendheiß
½	Tasse trockener Weißwein
1 TL	mittelscharfer Senf
2 EL	Crème fraîche

① Das vorbereitete Fleisch mit Salz und Pfeffer bestreuen, durchmischen.

② In einem Schmortopf in heißem Olivenöl das Fleisch gut anbraten, evtl. portionsweise vorgehen. Die angebratenen Fleischstücke auf einen Teller legen.
③ Zwiebel, Knoblauch, Tomaten und die anderen Gewürze im Bratfett andünsten, mit Brühe und Wein aufgießen, gut durchkochen lassen. Fleisch mit evtl. angesammeltem Saft wieder in die Sauce geben, mit Senf würzen und bei zugedecktem Topf auf kleinem Feuer etwa 1 Stunde köcheln. Mit Crème fraîche verfeinern.

Beilagen Körnig gekochter Reis, gebackene Auberginen.

Lamm-Geschnetzeltes

Vorbereiten 8–10 Minuten
Garen 15–20 Minuten

400 g	Lamm- oder Hammelfilet oder Lammnuß, in dünne Scheibchen geschnetzelt
	frisch gemahlener Pfeffer
2 EL	Olivenöl
¼ l	Sahne
2 TL	scharfer Senf
1	Knoblauchzehe, durchgepreßt
1 TL	Mehl, in
2 EL	Weißwein angerührt
	Salz

① Fleisch mit gemahlenem Pfeffer vermischen. Öl in Pfanne erhitzen, Fleisch portionsweise darin kurz anbraten, aus der Pfanne nehmen, auf Teller legen, Pfanne kurz beiseite stellen.
② Sahne, Senf und Knoblauch vermischen, Bratensatz damit loskochen, mit Mehl in Weißwein binden, sehr gut durchkochen lassen, mit Salz abschmecken.
③ Fleisch in die Sauce zurückfüllen, noch etwa 5–8 Minuten darin ziehen lassen, in der Sauce servieren.

Beilagen Körniger Reis, gedünstete Zucchini oder Kartoffelgratin und Salate der Saison.

Variation
100 g blättrig geschnittene Champignons in der Sauce 5 Minuten vor Fleischzugabe mitdünsten.

Kurzgebratenes und gegrilltes Lammfleisch

Lammkoteletts natur

Vorbereiten 5–8 Minuten
Garen 8–10 Minuten

8	kleine Lammkoteletts, leicht geklopft, am Stiel etwa 2–3 cm abgetrennt
	frisch gemahlener Pfeffer
4 EL	Öl
1 TL	frische Rosmarinnadeln oder Bohnenkrautblätter
2 EL	Zitronensaft
1 EL	Weißwein oder Sherry
	Salz

① Koteletts mit Pfeffer beidseitig einreiben. Öl in Pfanne erhitzen, auf mittlerer Hitze Fleisch darin beidseitig hell anbraten, auf Platte legen, zugedeckt warm halten.
② Rosmarin oder Bohnenkraut bei milder Hitze in die Pfanne geben, kurz im Bratensatz dünsten, mit Zitronensaft und Wein loskochen, abgetropften Fleischsaft von den Koteletts dazugießen, gut durchkochen lassen, mit Salz abschmecken.
③ Sauce am besten mit Löffel oder Pinsel einzeln auf jedes Kotelett träufeln, auf vorgewärmter Platte anrichten, sofort servieren.

Beilagen Körniger Reis, Kissenkartoffeln, Lauchgemüse, Blattspinat, bunte Salate aller Art.

Variation
Vor dem Beträufeln mit Sauce die Koteletts mit 1 Glas heißem Cognac übergießen, flambieren.

Lammkoteletts in Orangensauce

Vorbereiten 10 Minuten
Garen 5–10 Minuten

8	magere Lammkoteletts, am Knochen entlang 3–5 cm einschneiden, abtrennen, nicht ganz auslösen
	frisch gemahlener Pfeffer
2 EL	Butter, zerlassen
¼ TL	Salz
¼ TL	Rosmarinnadeln, frisch gehackt
	Saft von 2 Knoblauchzehen
	Saft und abgeriebene Schale von 1 Orange
3/16 l	Weißwein
1 EL	Sahne

① Koteletts mit den Daumen leicht drücken, mit Pfeffer einreiben. Butter in Pfanne erhitzen, Koteletts darin rasch anbräunen, auf vorgewärmten Teller legen, warm stellen.
② Die Rosmarinnadeln im Bratenfond anrösten, Knoblauchsaft und Salz dazugeben. Mit Orangensaft und Weißwein Bratenfond loskochen, Orangenschale zugeben und auf die Hälfte reduzieren lassen, abschmecken, mit Sahne verfeinern.
③ Koteletts wieder in die Sauce zurücklegen, darin ca. 5 Minuten ziehen, nicht kochen lassen. Sofort servieren.

Beilagen Kartoffelgratin, Dünstgemüse wie Karotten, Zucchini, Fenchel.

Gegrilltes Lammfleisch

Vorbereiten 5–8 Minuten
Ruhen 3–4 Stunden bei Zimmertemperatur oder über Nacht im Kühlschrank (bei Milchlammfleisch genügt halbe Ruhezeit)
Garen 10 Minuten

8	Lamm- oder Hammelkoteletts, 2 cm dick, oder Fleischscheiben in Schnitzelgröße aus der Keule

Marinade

	Saft von 1 Zitrone, durchgeseiht
2 EL	Weißwein oder Sherry
2	Schalotten und
1	Knoblauchzehe, durchgepreßt
	frisch gemahlener Pfeffer
1 Msp	trockener Thymian, fein verrieben
	Prise Zimtpulver
1 TL	scharfer Senf
2 EL	Olivenöl

① Aus den Zutaten in angegebener Reihenfolge Marinade bereiten, Fleisch beidseitig damit einreiben und marinieren lassen, gelegentlich wenden.
② Vor dem Grillen Fleisch aus der Marinade nehmen, war es im Kühlschrank, Zimmertemperatur annehmen lassen, trocken tupfen.
③ Auf gutem Grillfeuer oder Elektrogrill Fleisch auf beiden Seiten jeweils 5–8 Minuten grillen, nicht zu oft wenden, um Saftverlust zu vermeiden.

Beilagen Pikante und milde Dips, alle Arten sommerlicher Salate, Fenchel- und Lauchgemüse, Kartoffelgratin.

Grillspieße, Shish-Kebab

Orientalisches Originalrezept

Vorbereiten 30 Minuten
Ruhen 3–4 Stunden
Garen 30 Minuten

2	große Zwiebeln, fein gehackt
4	Knoblauchzehen, zerdrückt
1 TL	Salz
	Saft von 4 Zitronen
	abgeriebene Schale von 1 Zitrone
	reichlich frisch gemahlener schwarzer Pfeffer
2 EL	frischer Thymian, grob gehackt
1 EL	frischer Salbei, grob gehackt
2 EL	frische Minze, grob gehackt
1 kg	Lammschulter, in 4 × 4 cm große Würfel geschnitten
12	Schalottenzwiebeln, geschält
4	Fleischtomaten, in Achtel zerteilt
2	grüne Paprika, von Rippen und Kernen befreit, in Achtel zerteilt

① Zwiebeln und Knoblauch mit Salz zu einem Brei verrühren, mit Zitronensaft und -schale sowie Gewürzen und Kräutern in einer flachen Schüssel mischen.
② Die vorbereiteten Fleischwürfel hineinlegen, mehrmals darin wenden. Die Schalottenzwiebeln einlegen und zugedeckt mehrere Stunden ruhen lassen.
③ Zum Grillen Fleischwürfel, Zwiebeln, Tomaten und Paprika abwechselnd auf große Spieße stecken, während des Grillens die Spieße (vor allem die Fleischstücke) mit der restlichen Marinade begießen. Garprobe machen.

Beilagen Fladenbrot, Joghurt-Dips, Griechischer Gurkensalat.

Variationen

- Statt Lammfleisch Kalbsschulter nehmen, in gleicher Weise vorbereitet, Minze weglassen.
- Schweinefilets, ebenso vorbereitet, eignen sich genauso, auch hier Minze weglassen. Schweinefleisch von anderen Teilen, z. B. Kotelett, Schnitzel, ist ebenso geeignet.

Hackfleisch

Grundkenntnisse

Das Angebot

Hackfleisch, auch als Gehacktes, Gewiegtes, Faschiertes bezeichnet, ist durch den Wolf gedrehtes Fleisch, zumeist aus den weniger edlen und damit billigeren Fleischpartien von Schwein, Rind, Kalb oder auch vom Lamm.

Es gibt folgende Hackfleischarten:
Schabefleisch Wird ausschließlich aus Rinderfilet und Steakfleisch (Oberschale, Rouladenstück, Zungenbug) hergestellt und als »Beefsteak Tatar« roh gegessen. Der zugelassene Fettgehalt darf 6% nicht übersteigen.
Rinderhackfleisch, Schweinehackfleisch Aus sehnenarmem oder grob entsehntem Skelettmuskelfleisch von Rind bzw. Schwein. Zugelassener Fettgehalt bis 20% bei Rinder-, bis 35% bei Schweinehackfleisch.
Gemischtes Hackfleisch Mischung aus Rinder- und Schweinehackfleisch. Zugelassener Fettgehalt bis 30%.
Zubereitetes Hackfleisch Zubereitetes Schweinehack mit den erlaubten Zusätzen von Zwiebeln, Speisesalz und Gewürzen. Regionale Zusammensetzungen sind Thüringer oder Braunschweiger Mett (Gemischthack) und Hackepeter (Schweinemett). Zugelassener Fettgehalt bis 35%.

Herstellung und Verkauf von Hackfleisch unterliegen gesetzlichen Bestimmungen. Die *Hackfleischverordnung* im Lebensmittelgesetz legt fest, welche Fleischteile zu Hackfleisch verarbeitet werden dürfen und wie hoch der Fettgehalt sein darf.

Zubereitung

Die Möglichkeiten, Hackfleisch auf die verschiedensten Arten zuzubereiten, sind beinahe unbegrenzt und lassen der eigenen Kreativität großen Spielraum.

Garmachungsarten

Kochen Königsberger Klopse, Fleischklöße, Hackfleischpudding.
Dünsten Haschee, Hackfleischbällchen in Sauce, gefüllte Gemüse.
Schmoren Krautwickel bzw. Kohlrouladen, gefüllte Auberginen, gefüllte Zwiebeln usw.
Braten Hackbraten, Frikadellen bzw. Fleischpflanzl, Fleischklößchen oder -bällchen.
Fritieren Frikadellen, Fleischbällchen.
Gratinieren Gewürztes Hackfleisch mit geeigneten Gemüsen.
Grillen Cevapcici, Frikadellen.

Würzen

Hackfleisch erlaubt wegen seiner vielseitigen Verwendungsmöglichkeiten auch eine große Vielfalt in der Geschmacksgebung. Die herkömmliche, **deutsche Art** des Würzens mit Salz, Pfeffer, Muskat, Zwiebeln, Petersilie, manchmal verfeinert mit frischen, fein gehackten Champignons, wird angewandt bei Hackbraten, Fleischpudding, Füllmassen für verschiedene Gemüse, Deutsches Beefsteak, Bouletten, Fleischpflanzl.
Der **italienische Geschmackstyp** erfordert neben der Zugabe von Salz, Pfeffer, Zwiebeln, Petersilie das Würzen mit Oregano, Thymian, Zitrone, Basilikum, frischem Tomatenpüree oder enthäuteten, gehackten Tomaten. Zur Abrundung werden oft feingeriebener Parmesan und Rotwein zugegeben. Alle diese Gewürze erzeugen die unverwechselbare Geschmacksnote der mediterranen Küche. Auf diese Weise gewürztes Hackfleisch läßt sich zu Hackbraten, Fleischpudding, als Füllmasse für verschiedene Gemüse und für Hackfleischsauce nach Bologneser Art sowie als Pizzabelag verwenden.
Der derbere **Balkangeschmackstyp** benötigt für seine markante Würznote neben Salz, Pfeffer, reichlich Zwiebeln und Petersilie vor allem Knoblauch, Paprika und geringe Mengen Oregano. Diese Art des Würzens ist besonders zu empfehlen für gegrilltes Hackfleisch, wie z. B. für Cevapcici, aber auch zum Füllen von Paprika und von Kohlrouladen (Krautwickel).
Der fernöstliche, **chinesisch-indonesische Geschmackstyp** bezieht seine Würze aus der Verwendung von milder Soja-Sauce, Spuren von Ingwer und Knoblauch, Salz und Pfeffer. Anzuwenden bei fritierten Fleischbällchen, die mit süßsaurer Sauce oder Joghurt-Dips gereicht werden.

Eine besondere Variante des Würzens von Hackfleisch stellen die Königsberger Klopse dar. Hier wird durch die Zugabe von Salz- oder Matjeshering (oder Sardellen, Anchovis) und Kapern in Verbindung mit Zwiebel, Pfeffer, Muskat eine Geschmacksnote erreicht, die nur auf dieses eine Gericht beschränkt ist.
Wird Lamm- oder Hammelfleisch als Hackfleisch verwendet, empfiehlt sich eine besonders sorgfältige Abstimmung von Salz, Pfeffer, Muskat, Zwiebel, wenig Knoblauch, Thymian mit frischer Minze und Spuren von Zimt.

Binde- und Lockerungsmittel

Eingeweichte alte Semmel Semmelbrösel (Paniermehl) Weißbrotkrumen Mehl oder Speisestärke Haferflocken oder Hafermehl Eier Magerquark (Diätküche)	untereinander austauschbar

Hinweise für die Küchenpraxis

- ▷ Hackfleisch möglichst direkt beim Metzger durch den Wolf drehen lassen.
- ▷ Hackfleisch so frisch wie möglich zubereiten, sofort garen!
- ▷ Gefrorenes Hackfleisch unmittelbar nach dem Auftauen zubereiten und garen!
- ▷ Hackfleisch ohne Kühlung nur 30 Minuten, bei +8 °C nur 4 Stunden lagern. Die Zerfaserung der Fleischoberfläche ist für die Vermehrung zersetzender Bakterien ein idealer Nährboden.
- ▷ Das klassische Mischungsverhältnis für Hackfleisch ist ⅓ Rind-, ⅓ Kalb-, ⅓ Schweinefleisch. Wird aber heute fast nirgendwo mehr eingehalten wegen des hohen Preisniveaus von Kalbfleisch.
- ▷ Wer saftigen Fleischteig vorzieht, nimmt ½ Rind-, ½ Schweinefleisch. Bei überwiegend Rindfleisch wird der Fleischteig trokkener, aber auch magerer.
- ▷ In den Fleischteig können auch vermahlene Reste von gekochtem oder gebratenem Fleisch eingearbeitet werden.

Zubereitungen aus Hackfleisch

Grundrezept Fleischteig

Vorbereiten 15 Minuten
Garen 10–50 Minuten je nach Verwendungsart

Grundzutat
400 g Hackfleisch, gemischt

Bindemittel zur Wahl
1 trockene Semmel, in kaltem Wasser eingeweicht und wieder ausgedrückt, *oder*
2 EL Semmelbrösel, in
4 EL kalter Milch eingeweicht, *oder*
2 EL zarte Haferflocken, in
4 EL kalter Milch eingeweicht, *oder*
4 EL Magerquark

Lockerungsmittel
2 Eier

Geschmackszutaten
2 EL Öl
1 mittelgroße Zwiebel, fein gehackt
2 EL Petersilie, gehackt
Salz und frisch gemahlener Pfeffer
Muskatnuß, frisch gerieben
etwas fein geriebene Zitronenschale (nach Belieben)

① Semmel oder Bindemittel nach Wahl vorbereiten.
② Öl erhitzen, Zwiebel und Petersilie darin andünsten, etwas abkühlen lassen, an das Fleisch geben.
③ Alle anderen Zutaten ebenfalls an das Fleisch geben und einen geschmeidigen Teig bereiten, mild abschmecken.
Verwendung des Grundrezeptes Hackbraten, Fleischpudding, Fleischpflanzl, Frikadellen, Bouletten, Deutsches Beefsteak, Füllung von Gemüsen, Fleischknödel oder -klopse, Fleischbällchen.
Verwendung mit veränderten Geschmackszutaten Königsberger Klopse, Füllung von Gemüsen, Cevapcici.

Hackbraten

Vorbereiten 15 Minuten
Garen ¾–1 Stunde im Ofen bei 220 °C

1 Grundrezept Fleischteig (s. oben)
1 Tomate, enthäutet, gewürfelt
2 EL Öl
2 EL Tomatenketchup (nach Belieben)

① Nach den Regeln des Grundrezepts Fleischteig herstellen. Die Tomatenwürfel in den Teig einarbeiten. Bräter oder feuerfeste Glasform mit 1 EL Öl ausfetten. Ofen vorheizen.
② Aus dem Fleischteig einen länglichen Wekken formen oder, falls der Teig etwas weich ist, die Form ganz damit ausfüllen. Mit dem Rücken eines Messers auf der Oberseite im gleichmäßigen Abstand 3–4 Schrägschnitte von 1 cm Tiefe führen. Die Oberfläche zuerst mit dem restlichen Öl, dann mit Ketchup bestreichen.
③ In den Ofen schieben und 45–60 Minuten braten, evtl. mehrmals mit austretendem Saft begießen. Soll eine besonders schöne Kruste entstehen, so empfiehlt es sich, vor dem Herausnehmen den Braten 2–3 Minuten zu übergrillen.

Beilagen Alle Arten von Dünst- und Schmorgemüse, Salzkartoffeln, Kartoffelpüree, Salate der Saison.

Fleischpflanzl, Frikadellen, Fleischküchle

Vorbereiten 15 Minuten
Garen 8–10 Minuten pro Seite

1	Grundrezept Fleischteig (s. Seite 210)
6–8 EL	Öl oder Ausbackfett

① Fleischteig nach den Regeln des Grundrezeptes herstellen.
② Aus der Teigmasse mit nassen Händen 8 Fleischküchlein formen (nach Belieben auch mehrere kleinere).
③ In einer schweren Pfanne Öl oder Fett erhitzen, die Küchlein einlegen, scharf anbraten, sodann Hitze reduzieren, gleichmäßig weiterbraten. Nicht zu oft wenden, damit sie ihre Form gut behalten und nicht zuviel Saft verlieren. Garprobe machen (die Küchlein dürfen innen nicht mehr rosa sein). Abtropfen, auf vorgewärmte Platte legen, servieren.

Beilagen Salzkartoffeln, Kartoffelpüree, Kartoffelsalat, Dünst- und Schmorgemüse, Salate der Saison.

Variationen
- Mit Spiegelei belegt als Deutsches Beefsteak.
- Werden Frikadellen kalt gereicht (bei kalten Buffets, Picknick usw.), so empfiehlt es sich, sie etwas kleiner zu formen, um einen möglichst hohen Anteil schmackhafter Krusten zu bekommen.
- Vor dem Ausbacken in Pinienkernen oder gestiftelten Mandeln wenden.
- Mit walnußgroßem Stück Edelpilzkäse füllen.

Fleischpudding

Vorbereiten 15–20 Minuten
Garen 1½ Stunden

2	Grundrezepte Fleischteig (s. Seite 210)
20 g	Butter
40 g	Semmelbrösel

① Fleischteig nach den Regeln des Grundrezepts herstellen, jedoch die Eier trennen und das Eiweiß geschlagen erst zuletzt vorsichtig unter die Teigmasse heben. Eine Puddingform mit halbflüssiger Butter sehr sorgfältig und dick ausstreichen, mit Semmelbröseln gleichmäßig ausstreuen, den Teig einfüllen.
② Die Form verschließen und ins Wasserbad stellen, so daß sie bis auf ⅔ ihrer Höhe von dem siedenden Wasser umgeben ist. Das Wasser nur simmern lassen. Nach beendeter Garzeit die Form aus dem Wasserbad nehmen, Deckel öffnen, den Dampf abziehen lassen. Nach 10 Minuten mit spitzem Messer die Ränder vorsichtig lösen, den Pudding auf eine vorgewärmte Platte stürzen, servieren.

Beilagen Salate der Saison, Salzkartoffeln, Kartoffelpüree, Tomatensauce, Joghurt- und Curry-Dips.

Königsberger Klopse

Vorbereiten 15–20 Minuten
Garen 20–30 Minuten

1	Grundrezept Fleischteig (s. Seite 210)
2	Sardellenfilets, gewässert, fein gewiegt, *oder*
50 g	Matjesfilet, fein gehackt, *oder*
3	Anchovisfilets

Sauce

40 g	Butter
40 g	Mehl
½ l	Brühe
¼ l	Milch
2 EL	Kapern
	Salz und frisch gemahlener Pfeffer
2 EL	Crème fraîche oder 4 EL Sahne
1 EL	Weißwein (nach Belieben)

① Fleischteig nach Grundrezept zubereiten. Die gewässerten Sardellen, Anchovis- oder Matjesfilets untermischen und sehr gut in den Teig einarbeiten. Mit nassen Händen 12 Klopse formen.
② In möglichst weitem Topf Mehl in Butter hell angehen lassen, mit Brühe und Milch ablöschen, gut durchkochen lassen, die sich evtl. bildende Haut mit dem Schneebesen unterrühren.
③ Die Fleischklöße in die kochende Sauce einlegen, auf kleiner Hitze etwa 10 Minuten kochen, danach nur noch ziehen lassen. Garprobe machen.
④ Die garen Klopse in eine Servierschüssel legen, warm stellen. Die Sauce in eine Kasserolle abseihen, dabei heiß halten, mit Kapern, Salz und Pfeffer, Crème fraîche und Wein abschmekken, über die Klopse gießen, servieren.

Beilagen Salzkartoffeln, Salate der Saison.

Variationen
- Sardellen, Anchovisfilets oder Hering weglassen.
- Walnußgroße Bällchen formen und in Lauchgemüse einlegen, gratinieren.

Krautwickel, Kohlrouladen

Vorbereiten 25–30 Minuten
Garen 30–40 Minuten

1	mittelgroßer, nicht zu fester Weißkraut(-kohl)kopf
2 l	Wasser, leicht gesalzen
1	Grundrezept Fleischteig (s. Seite 210)
3 EL	Öl
¼ l	Brühe
1 TL	Paprika edelsüß oder 1 EL Tomatenmark
1 TL	Mehl
2 EL	Sahne

① Aus dem ganzen Krautkopf Strunk herausschneiden, Blätter vorsichtig lösen, pro Person 3–4 Blätter zum Füllen berechnen, ins kochende Wasser einlegen und etwa 6 Minuten kochen. Oder den Kopf im ganzen halbgar kochen, aus dem Wasser nehmen, abkühlen lassen und danach die Blätter vorsichtig lösen. Die Blattrippen mit einem scharfen Messer abflachen (Kohlkopfrest zu Krautsalat verwenden oder im Fleischteig, s. Variation).
② Fleischteig nach Grundrezept zubereiten.
③ Die Krautblätter auf ein Brett legen, die Fleischfüllung von der Mitte aus etwa 1½ cm dick darauf verteilen. Die seitlichen Ränder möglichst 2 cm einschlagen, vom Rippenansatz her aufrollen. Darauf achten, daß die Füllung gut eingepackt ist.
④ In flachem Schmortopf oder Bräter Öl erhitzen, die Rouladen einlegen, vorsichtig von allen Seiten bräunen, Brühe angießen, Topf zudecken. Auf dem Herd oder im vorgeheizten Ofen gar schmoren.
⑤ Nach beendeter Garzeit die Rouladen auf vorgewärmte Platte legen, warm stellen. Den Bratensatz mit restlicher Flüssigkeit loskochen, mit Paprika oder Tomatenmark und Salz abschmekken, Sahne und Mehl miteinander verquirlen und die Sauce binden, gut durchkochen lassen, evtl. abseihen. Vor dem Servieren etwas Sauce über die Rouladen träufeln, die Sauce selbst getrennt anrichten.

Beilagen Kartoffelpüree, Salzkartoffeln, Krautsalat, beliebige Salate der Saison.

Variation
Ganz oder teilweise anstelle von Bindemittel etwa 150 g fein gewiegte Krautblätter in den Fleischteig geben.

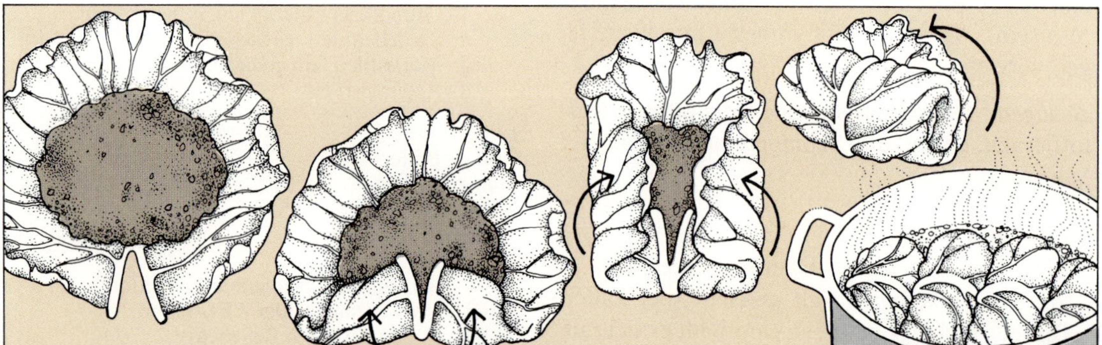

Innereien

Grundkenntnisse

Das Angebot

Unter diesem Sammelbegriff werden die inneren Organe von Schlachttieren (Schwein, Rind, Kalb, Lamm, Hammel) angeboten.

Hirn	von Kalb und Lamm
Bries	von Kalb und Lamm
Niere	von Kalb und Schwein
Leber	von Kalb, Schwein und Rind
Lunge	vom Kalb
Zunge	von Kalb, Schwein und Rind
Herz	von Kalb, Schwein und Rind

Alle Innereien sind reich an den Mineralstoffen Calcium und Eisen und an den Vitaminen A, B_1, B_2, C in Leber, A, B, C in Nieren und Herz, B_1, B_2, C in Hirn.
Sie enthalten sehr wenig Fett und – mit Ausnahme der Rinderleber – auch wenig Kohlenhydrate. Ihr sehr konzentrierter Eiweißgehalt in Verbindung mit Purinstoffen (Harnsäurebildner) schränkt den unbegrenzten Genuß allerdings ein. Bei Stoffwechselerkrankungen, die durch zuviel Harnsäure hervorgerufen werden, dürfen Innereien nicht auf dem Speisezettel stehen. Auch weist die Ernährungsforschung darauf hin, daß Leber und Niere erhöhte Mengen von Umwelt-Schadstoffen (Schwermetalle) enthalten können. Dabei sind allerdings die Werte selbst, welche dem menschlichen Organismus schaden können, wissenschaftlich noch umstritten. Ihre Schädlichkeit ist aber nachgewiesen.

Zubereitung

Garmachungsarten

Kochen Kalbslunge, Zunge.
Pochieren Bries, Hirn.
Dünsten Schweine-, Kalbsherz, Leber, Hirn.
Schmoren Rinderherz.
Kurzbraten Leber, Bries.
Ausbacken Leber, Bries, Hirn.
Grillen Kalbs- und Schweineleber.

Würzen

Trockengewürze Salz, Pfeffer und getrocknete Kräuter eignen sich für alle Garmachungsarten und für alle Arten von Saucen.
Kräuter, frisch oder tiefgefroren, wie Petersilie, Schnittlauch, Dill, Estragon, Thymian, Basilikum eignen sich vorwiegend für »sanfte« Garmachungsarten, wie Pochieren und Dämpfen, sowie für gedünstete Zubereitungen mit hellen Saucen. Ihre möglichst vielseitige Verwendung läßt eine sparsame Verwendung von Salz zu, das vor allem bei Leber und Nieren nur in ganz geringen Mengen und dann erst am Schluß zugegeben werden darf.
Sonstige Würzmittel und geschmackgebende Zutaten Wurzelgemüse, Pilze, Zitronensaft und -schale, Rotwein und Madeira sind besonders für das Würzen dunkler Saucen gedünsteter und geschmorter Gerichte geeignet. Tomaten, Senf, Kapern, Weißwein, Sherry, Champignons passen besonders gut zu Saucen gedünsteter Zubereitungen von heller bis mittlerer Farbe. Fertigwürzen und Würzsaucen lassen sich bei allen Garmachungsarten und für alle Arten von Saucen einsetzen.

Hinweise für die Küchenpraxis

- ▷ Nur frische Innereien kaufen.
- ▷ Durch zu frühes und zu starkes Salzen wird dem Gewebe viel Saft entzogen, Leber und Nieren werden zäh. Deshalb erst kurz vor dem Servieren salzen oder nur sehr wenig Salz verwenden.
- ▷ Hirn und Bries nicht kochen, sondern pochieren bzw. dünsten.
- ▷ Leber und Nieren nur kurz und schonend garen.
- ▷ Leber, Zunge und Herz lassen sich gut einfrieren.

Zubereitungen aus Innereien

Hirn

Kalbshirn Müllerin-Art

Vorbereiten 20 Minuten
Blanchieren 30 Minuten
Garen 8–10 Minuten

500 g	Kalbshirn, blanchiert, gereinigt
	Salz und frisch gemahlener Pfeffer
2 EL	Mehl
50 g	Butter
	Saft von ½ Zitrone
1 EL	Butterflöckchen, kalt
2 EL	Petersilie, fein gehackt

① Hirn mit warmem Wasser übergießen, 30 Minuten darin liegen lassen, abtropfen, von Blutgerinnsel, Häuten und Adern befreien. In 1 cm dikke Scheiben schneiden, leicht salzen, pfeffern, in Mehl wenden, überflüssiges Mehl abklopfen.
② In einer Pfanne die Butter erhitzen, die bemehlten Hirnscheiben einlegen, auf beiden Seiten rasch anbraten, Hitze reduzieren und noch etwa 5 Minuten weitergaren. Auf vorgewärmte Platte legen, Zitronensaft darüberträufeln.
③ Die kalte Butter im Bratfett auflösen, über die Hirnscheiben gießen, mit Petersilie bestreuen.

Gebackenes Hirn

Vorbereiten 15–20 Minuten
Pochieren 30 Minuten
Garen 5–8 Minuten

Sud

1 l	Wasser
1 TL	Salz
	Saft von ½ Zitrone
1	Lorbeerblatt
1	Zwiebel, in Ringe geschnitten
1	Zweig frischer Thymian

500 g	Kalbshirn, gewaschen, pochiert
	Salz und frisch gemahlener Pfeffer
3 EL	Zitronensaft
2 EL	Mehl
2	Eier, verquirlt
5 EL	Semmelbrösel
4 EL	Öl zum Ausbacken
3 EL	Butter, flüssig
½	Zitrone, geviertelt
1	Strauß Petersilie

① Aus den angegebenen Zutaten einen Sud herstellen, etwa 10 Minuten kochen lassen, abseihen, abkühlen. Das gewaschene Hirn in den kalten Sud legen, langsam ankochen, evtl. abschäumen, etwa 10 Minuten auf kleinster Stufe ziehen lassen. Herausnehmen, abkühlen lassen.
② Vom Hirn alle Häute entfernen, in Scheiben schneiden, leicht salzen und pfeffern, mit Zitronensaft beträufeln, kurz darin ziehen lassen.
③ Die Scheiben zuerst beidseitig in Mehl, dann in den verquirlten Eiern und den Semmelbröseln wenden. Öl und Butter erhitzen und die Scheiben darin vorsichtig goldgelb backen.

Beilagen Geschmolzene Tomaten, grüner Salat, Kartoffelsalat.

Hirn-Soufflé

Vorbereiten 20 Minuten
Garen 15–20 Minuten im Ofen bei 225 °C

3	Kalbs- oder 4 Schweinehirne (insgesamt ca. 450–500 g)
¾ l	Wasser
	Saft von 2 Zitronen
	Salz
2 EL	Butter, flüssig
1	Zwiebel, fein gehackt
	Salz und frisch gemahlener Pfeffer
1 EL	Weißwein

Soufflé

¼ l	Sahne
3	Eier, getrennt
1 EL	Mehl oder Weizenvollkornmehl
4 EL	Gouda, gerieben
3 EL	Butter, flüssig, zur Form

① Die Hirne mit warmem Wasser übergießen, sorgfältig Blutgerinnsel, Adern und Häute entfernen. Wasser mit Zitrone und Salz aufkochen, Hirne einlegen und ca. 5–8 Minuten sehr vorsichtig darin garen (Wasser darf nicht kochen!). Sobald Hirn gar ist, wird es durch und durch weiß. Herausnehmen, abtropfen, erkalten lassen. Ofen vorheizen. Eine flache Auflaufform ausfetten.
② Hirn in kleine Stücke schneiden. Die Zwiebel in Butter andünsten, Hirn zugeben, kurz mitdünsten, mit Salz, Pfeffer und Weißwein abschmekken, diese Mischung auf dem Boden der Form gleichmäßig verteilen.
③ Die Sahne steif schlagen, Eischnee herstellen, Eigelb verquirlen. Sahne, Eischnee und Eigelb vorsichtig miteinander vermischen, Mehl dar-

überstäuben, Reibkäse zugeben, unterziehen, alles über die vorbereitete Mischung in der Form gießen, sofort auf die Mittelschiene in den Ofen geben und backen. Sobald sich eine goldbraune Oberfläche gebildet hat, aus dem Ofen nehmen und sofort servieren.

Beilagen Als Vorspeise mit Weißwein oder Rosé zu frischem Weißbrot, als Hauptgericht mit Salzkartoffeln und Blattsalaten.

Variationen

- In Portionsförmchen zubereiten.
- Statt Hirn Bries verwenden.
- Auf getoastetes Weißbrot füllen, nebeneinander in die Grillpfanne oder auf das Kuchenblech setzen, mit der Sofflémasse überziehen und backen.

Bries

Kalbsbries-Schnitzel

Vorbereiten 30 Minuten
Garen 5–8 Minuten

500 g	Kalbsbries, pochiert, in gleichmäßige Scheiben von 1½ cm Dicke geschnitten
¾ l	Wasser
	Salz
1	Zitrone, in Scheiben geschnitten
	frisch gemahlener Pfeffer
3 EL	Mehl
60 g	Butter
2 EL	Brühe oder Weißwein
1	Strauß Petersilie
1	Zitrone, geviertelt

① Bries ca. 15 Minuten in kaltes Wasser legen, um die evtl. angetrocknete Außenhaut zu durchfeuchten. Herausnehmen, mit kochendem Wasser übergießen. Dann in nicht zu großem Topf mit kaltem Wasser aufsetzen, zum Kochen bringen, im Wasser wenden, herausnehmen, mit kaltem Wasser abschrecken. Den runden und den länglichen Teil voneinander trennen, knorpelige, fette und faserige Anhängsel abschneiden, evtl. pressen: Bries zwischen zwei Brettchen legen, beschweren, es läßt sich so viel besser schneiden (höherer Zeitaufwand!).

② Das in Scheiben geschnittene Bries leicht salzen, pfeffern, in Mehl wenden. Überflüssiges Mehl abklopfen.

③ Die Butter in einer Pfanne erhitzen, die Briesscheiben in die heiße Butter einlegen und beidseitig goldgelb braten. Dann auf vorgewärmter Platte anrichten, warm stellen.

④ Mit Brühe oder Wein den Bratensatz loskochen, über die angerichteten Schnitzel gießen. Mit Petersilie und Zitronenvierteln garnieren.

Beilagen Sauce Tartare, Blattsalat, Blattspinat.

Kalbsbries in Kräuter-Mousseline

Vorbereiten 30 Minuten
Garen 15–20 Minuten

500 g	Kalbsbries, pochiert, in Scheiben von 1½ cm Dicke geschnitten

Sud

1 l	Wasser
1 TL	Salz
	Saft von ½ Zitrone
1	Lorbeerblatt
1	Zwiebel, in Ringe geschnitten
1	Zweig frischer Thymian

Sauce

3	Eigelb
4 EL	Flüssigkeit (vom Sud, Weißwein oder Brühe)
	Salz und frisch gemahlener Pfeffer
2 EL	Zitronensaft
2 EL	Petersilie, sehr fein gehackt
2 EL	Schnittlauch, sehr fein gehackt
2 EL	Kerbel oder Estragon, sehr fein gehackt
80 g	Butter, zerlassen, lauwarm
2 EL	Magerquark
⅛ l	Sahne, geschlagen

① Aus den angegebenen Zutaten einen Sud herstellen, etwa 10 Minuten kochen lassen, abseihen. Bries in den Sud legen, langsam erhitzen, etwa 15 Minuten auf kleinster Hitze darin sieden lassen. Herausnehmen, den runden und den länglichen Teil voneinander trennen, knorpelige, fette und faserige Anhängsel abschneiden. Das so vorbereitete Kalbsbries warm halten.

② Für die Sauce auf dem Wasserbad die Eigelb mit der Flüssigkeit, Salz, Pfeffer und Zitronensaft sehr schaumig schlagen. Die gehackten Kräuter mit etwas Salz zu einer Paste rühren, zu dem Eischaum geben. Die flüssige, nur leicht warme Butter langsam unterziehen, dabei weiterschlagen, bis die Masse glänzend ist. Zuletzt Magerquark und geschlagene Sahne unterrühren, abschmecken. Einige Löffel der Sauce über die Briesscheiben füllen, die übrige Sauce anrichten.

Kalbsbries mit Pilzen

Vorbereiten 10 Minuten
Garen 20 Minuten

400 g	Kalbsbries
⅜ l	helle Brühe
50 g	getrocknete Morcheln oder Steinpilze, in kaltem Wasser gequollen, oder 125 g frische Champignons oder 125 g frische Pfifferlinge
2 EL	Zwiebeln, fein gehackt
2 EL	Butter, flüssig
6 EL	Brühe
¼ l	Sahne
	Salz und frisch gemahlener Pfeffer
	Muskat, frisch gerieben
2 EL	Crème fraîche
1 EL	Petersilie, fein gehackt oder gleiche Menge frischer Majoran, fein gehackt

① In passendem Topf die Brühe zum Kochen bringen, das Bries einlegen, auf kleiner Hitze 10 Minuten darin ziehen lassen. Herausnehmen, abtropfen, erkalten lassen.
② Die gequollenen Pilze in Stücke, frische Pilze blättrig oder in Viertel schneiden. Die Zwiebeln in Butter andünsten, Pilze zugeben, mit Brühe ablöschen, Flüssigkeit auf mittlerer Hitze verdampfen lassen, Sahne angießen. Mit Salz, Pfeffer, Muskat mild würzen, unter gelegentlichem Umrühren sämig kochen lassen.
③ Das Bries von Häuten und Blutgefäßen befreien, in 1 cm dicke Scheiben schneiden und in die Sauce einlegen. Zugedeckt auf kleiner Hitze 5–8 Minuten ziehen lassen. Crème fraîche unterziehen, nochmals abschmecken. Petersilie oder frischen Majoran dazugeben. Sofort servieren.

Beilagen Salzkartoffeln, körnig gekochter Reis, Blattsalate oder gedünsteter Blattspinat.

Variationen
- Auf geröstetem Toast als kleines Gericht servieren.
- In Blätterteigpasteten reichen, dazu mit 2 EL trockenem Weißwein oder 1 EL Madeira abschmecken.

Nieren

Kalbsnieren in Madeira

Vorbereiten 10 Minuten
Garen 20 Minuten

2	Kalbsnieren, gehäutet, entfettet
	frisch gemahlener Pfeffer
50 g	Butter
⅛ l	Madeira oder Portwein
⅛ l	Brühe
1 TL	Speisestärke
	Salz und Pfeffer
20 g	Butterflöckchen

① Die Nieren häuten, Fettansätze abschneiden, waschen, trocken tupfen, in 3 × 3 cm große Würfel schneiden, mit Pfeffer überstreuen.

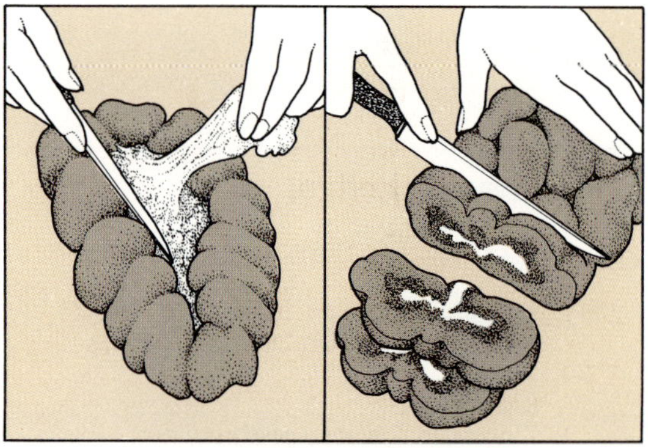

② In einer Pfanne die Butter erhitzen, die Nieren portionsweise einlegen, auf scharfer Hitze anbraten, oft wenden. In der Pfanne auf keinen Fall Saft ziehen lassen! Auf vorgewärmten Teller legen, zudecken.
③ Mit Madeira den Bratensatz loskochen, reduzieren lassen, die Hälfte der Brühe angießen, weiterkochen. Speisestärke mit einigen Eßlöffeln Brühe verquirlen, zur Sauce gießen, gut umrühren, noch weitere 2–3 Minuten kochen lassen. Topf vom Feuer nehmen, mit Salz und Pfeffer abschmecken, die Butter unterziehen. Die Nieren samt ausgetretenem Saft wieder in die Sauce zurückgeben, nochmals gut erwärmen, servieren.

Beilagen Körniger Reis, Kartoffelpüree, Salzkartoffeln, Salate der Saison.

Variation
Statt Madeira 2 EL Dijon-Senf nehmen, mit Sahne oder Crème fraîche verfeinern.

Kalbs- oder Schweinenieren in Sherrysauce

Vorbereiten 8–10 Minuten
Garen 8–10 Minuten

400 g	Kalbs- oder Schweinenieren, enthäutet und gewaschen, in 3 × 3 cm große Würfel geschnitten
	frisch gemahlener Pfeffer
2 EL	Olivenöl

Sauce

1	große Zwiebel, fein gehackt
1	Knoblauchzehe, fein zerdrückt
	Salz
1 TL	Mehl
⅛ l	Brühe
1	kleines Lorbeerblatt
4 EL	trockener Sherry
1 EL	Crème fraîche oder 2 EL Sahne
2 EL	Petersilie, fein gehackt

① Die Nieren häuten (nur bei Kalbsnieren nötig), Fettansätze abschneiden, gründlich waschen, trocken tupfen, in Würfel schneiden, mit Pfeffer überstreuen.
② Olivenöl in einer Kasserolle erhitzen, die Nieren sehr rasch darin anbraten – portionsweise arbeiten –, danach auf einen Teller legen, beiseite stellen.
③ Im Bratfett – evtl. unter Zugabe von etwas mehr Öl – die Zwiebeln und den Knoblauch andünsten, unter Rühren den Bratensatz mit ablösen, leicht salzen, mit Mehl bestäuben und mit der Brühe ablöschen. Lorbeerblatt zugeben, unter Rühren weiterkochen, bis die Sauce sämig wird. Sherry dazugeben, noch einige Minuten köcheln lassen, dann mit Crème fraîche oder Sahne abziehen, Petersilie darunterrühren. Die Nierenstücke samt ausgetretenem Saft in die Sauce zurücklegen, unter sehr sanfter Hitze wieder darin erwärmen, abschmecken, Lorbeerblatt entfernen, sofort servieren.

Beilagen Körniger Reis, Salzkartoffeln, Blatt- und Wurzelsalate der Saison.

Leber

Eingelegte Leber

Vorbereiten 10 Minuten
Ruhen 1–2 Stunden
Garen 8–10 Minuten

Beize

⅛ l	Rotwein
1	Knoblauchzehe, fein zerdrückt
1	Lorbeerblatt, zerrieben
1 EL	Thymian, frisch gehackt
400 g	Kalbs- oder Schweineleber
3 EL	Olivenöl
2	Scheiben durchwachsener Speck, in Streifen von 2 cm Breite geschnitten
⅛ l	Beize zum Ablöschen
	Salz und frisch gemahlener Pfeffer
1 EL	Crème fraîche
2 EL	Petersilie, fein gehackt

① Beize bereiten. Die Leber waschen, Häute, Adern und sehnige Teile abtrennen, in dünne Scheiben schneiden, in die Beize legen und ruhen lassen.
② Leber aus der Beize nehmen, abtropfen. Olivenöl in einer Kasserolle erhitzen, die Speckstreifen darin knusprig braten, aus dem Fett nehmen, beiseite stellen. Die Leberscheiben in das heiße Fett legen, sehr rasch beidseitig anbraten, auf einen Teller legen, beiseite stellen.
③ Die Beize in die Pfanne gießen, den Bratenansatz unter Rühren loskochen, auf die Hälfte reduzieren lassen, mit Salz und Pfeffer abschmekken, mit Crème fraîche verfeinern. Die Leberscheiben in die Sauce zurücklegen, bei sehr sanfter Hitze darin erwärmen. Mit Petersilie bestreuen. In vorgewärmter Schüssel anrichten, mit krossen Speckstreifen belegen.

Beilagen Salzkartoffeln, Kartoffelpüree, körniger Reis, Salate der Saison.

Gegrillte Leber

Vorbereiten 10–15 Minuten
Grillen 7–10 Minuten

500 g	Leber vom Kalb oder Schwein, in 1½ cm dicke Scheiben geschnitten
50 g	Butter, lauwarm zerlassen
1	Zitrone, geviertelt
	Salz und frisch gemahlener Pfeffer

① Die Leber waschen, Häute, Adern und sehnige Teile abtrennen, in Scheiben schneiden.
② Die Butter zerlassen, mit einem Pinsel auf die Leberscheiben beidseitig auftragen.
③ Auf oder unter den vorgeheizten Grill legen, leicht bräunen lassen, wenden. Möglichst nur einmal wenden, da sonst unnötig viel Saft verlorengeht. Mit den Zitronenvierteln anrichten und sofort servieren. Salz und Pfeffer am besten erst bei Tisch darüberstreuen.

Beilagen Alle Salatarten der Saison, Kartoffelpüree, gefüllte Äpfel.

Variation
Statt der Zitronenviertel mit frisch gepreßtem Knoblauchsaft beträufeln.

Gebackene Leber

Vorbereiten 5–8 Minuten
Garen 8–10 Minuten

500 g	Leber von Kalb, Schwein
2 EL	Mehl
2 EL	Olivenöl
4 EL	Butter, flüssig
4 EL	Brühe oder Milch
	Salz und frisch gemahlener Pfeffer
1 EL	Petersilie, fein gehackt

① Die Leber waschen, Häute, Adern und sehnige Teile abtrennen, in 1–1¼ cm dicke Scheiben schneiden.
② Die Leberscheiben in Mehl wenden, überflüssiges Mehl abklopfen. In einer Pfanne Öl und Butter erhitzen, die Leber darin beidseitig bei mittlerer Hitze anbräunen, auf vorgewärmte Platte legen, warm stellen.
③ Mit Brühe oder Milch den Bratensatz loskochen, mit Salz und Pfeffer abschmecken, über die angerichtete Leber gießen, mit Petersilie bestreuen, sofort servieren.

Beilagen Gedünstete Champignons, Kartoffelpüree, Reis, alle Arten von Salat.

Variationen
- Vor dem Ablöschen 1 TL Paprika edelsüß in die Pfanne geben.
- Statt Paprika 1 TL Curry verwenden, dann aber die Beilagen entsprechend abstimmen, z. B. gebackene Bananen und Reis.

Kalbs- oder Schweineleber in Senfrahmsauce

Vorbereiten 1 Stunde
Garen 10 Minuten

4	Scheiben Kalbs- oder Schweineleber, auf 1½ cm Dicke geschnitten
¼ l	Milch, Butter- oder Sauermilch
3 EL	Mehl
3 EL	Butter, flüssig, oder Öl
3 EL	trockener Weißwein
1 TL	scharfer oder 1 EL mittelscharfer Senf
¼ l	Sahne
	Salz und frisch gemahlener Pfeffer
1 EL	frische Estragonblätter, grob gehackt

① Die Leberscheiben auf eine tiefe Platte legen, mit Milch übergießen. Schweineleber 1 Stunde darin ruhen lassen, gelegentlich wenden. Kalbsleber höchstens 30 Minuten einlegen.
② Die Leberscheiben auf Küchenkrepp abtropfen, beidseitig in Mehl wenden, überflüssiges Mehl abklopfen. In einer Pfanne Fett erhitzen, die Leber auf milder Hitze beidseitig anbraten, jeweils 2–3 Minuten. Die Scheiben auf eine Platte legen, beiseite stellen, warm halten.
③ Den Bratensatz mit Wein ablöschen, unter Rühren einkochen lassen. Senf zugeben, gut verrühren. Sahne angießen, auf kleinster Hitze unter Rühren sämig köcheln, abschmecken. Estragonblätter unterziehen. Die Sauce über die Leberscheiben gießen, sofort servieren.

Beilagen Kartoffelpüree, körniger Reis, Blattsalate, Möhrenrohkost, Tomaten-, Fenchelsalat.

Schweine- oder Kalbsleber, in Folie gedünstet

Vorbereiten 15 Minuten
Garen 20–25 Minuten im Ofen bei 200 °C

4	Scheiben Kalbs- oder Schweineleber à 125 g
2 EL	Butter, flüssig, oder Öl
1	mittelgroße Zwiebel, fein gehackt
3	Tomaten, enthäutet, in Scheiben geschnitten
200 g	Champignons, blättrig geschnitten
2 EL	Butter, flüssig, oder Öl
2 EL	Öl für die Folie
	Salz und frisch gemahlener Pfeffer
2 EL	Petersilie, grob gehackt

① Ofen vorheizen. Leber von Hautresten, Röhren, Sehnen befreien, beiseite stellen.

② Zwiebeln, Tomaten und Pilze in Fett andünsten, würzen. Die Leberscheiben mit zerlassener Butter oder Öl bestreichen.
③ Eine Alufolie von 40 × 60 cm Größe zur Hälfte befetten. Die Leberscheiben schuppenartig darauflegen, dabei auf jede Scheibe 2 EL der Zwiebel-Tomaten-Pilzmasse geben. Zum Schluß Pfeffer und Petersilie darüberstreuen. Die andere Hälfte der Folie locker darüberklappen, die Ränder 2 cm breit nach der Mitte zu falten.
④ Das Folienpaket in eine Auflauf- oder Gratinform oder in die Grillpfanne legen, auf der mittleren Schiene in den Ofen schieben, etwa 20–25 Minuten garen lassen.
⑤ Nach beendeter Garzeit die Folie noch einige Minuten geschlossen halten, in der Folie servieren, erst bei Tisch öffnen.

Beilagen Kartoffelschnee, Salzkartoffeln, Kartoffelsalat, Dünstgemüse, Blattsalate.

Variationen
- Statt Tomaten Blattspinat verwenden.
- Die Füllung zusätzlich mit 2 EL Rotwein und einer Prise Rosmarin abschmecken.

Lunge

Kalbslunge, Kalbsbeuschel sauer

Vorbereiten 15 Minuten
Garen 1–1½ Stunden

500 g Kalbslunge am Stück, gewaschen

Sud
2 l	Wasser
	Salz
2	Lorbeerblätter
10	Pfefferkörner
1	Möhre, halbiert
½	Sellerie, in grobe Scheiben geschnitten
2	Zwiebeln, geviertelt
2	Gewürznelken
⅛ l	Essig
½	Zitrone, in Scheiben geschnitten
1 EL	Zucker

Sauce
40 g	Fett
40 g	Mehl
⅜–½ l	Sudflüssigkeit
2 EL	Rot- oder Weißwein
2 EL	saure Sahne oder Crème fraîche

① Aus den genannten Zutaten einen Sud herstellen, etwa 10 Minuten kochen lassen. Lunge einlegen und 1–1½ Stunden kochen, herausnehmen, abtropfen lassen, auf eine Platte legen, mit einem Schneidebrett und etwa 2 kg Gewicht beschweren, bis zum Erkalten pressen. Dann nudelartig schneiden.
② Aus Fett und Mehl eine mittelfarbene Einbrenne herstellen, mit der Sudflüssigkeit aufgießen, ziemlich dünn halten, etwa 10 Minuten durchkochen lassen. Die geschnittene Lunge zugeben, weitere 10–20 Minuten auf kleinster Hitze köcheln, mit Wein abschmecken, Sahne unterziehen.

Beilagen Semmelknödel, Salzkartoffeln, Kartoffelpüree, Salate der Saison.

Zunge

Kalbs- oder Schweinszunge in Velouté

Vorbereiten 10–15 Minuten
Garen 45 Minuten

1 Kalbs- oder 2 Schweinezungen im ganzen, gewaschen und abgetropft

Sud
1½ l	Wasser
½ TL	Salz
½ TL	Pfefferkörner
1	Lorbeerblatt
2	Möhren, halbiert
1	bouquet garni aus Petersilie, Thymian, Estragon
1	große Zwiebel in Achteln oder 10 kleine Zwiebeln

Velouté
50 g	Butter
50 g	Mehl
¾ l	Sud
2 EL	Wein
2 EL	Sahne oder 1 EL Crème fraîche
2 EL	Petersilie, fein gehackt

① In einem passenden Topf den Sud zum Kochen bringen, die Zunge(n) zugeben und auf mittlerer Hitze 1–1½ Stunden kochen lassen, bis man die Zungenspitze mit der Gabel leicht stechen kann. Herausnehmen und kalt abbrausen, die feste Haut sorgfältig abziehen (bei der Spitze beginnen), alle Knorpelteile entfernen. Sud abseihen.

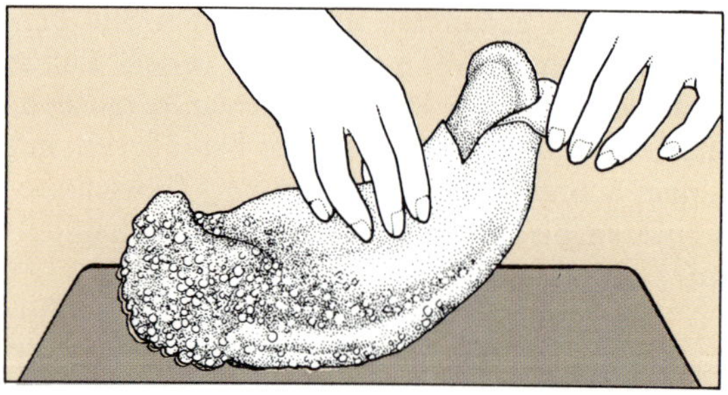

② Aus Butter und Mehl eine helle Einbrenne herstellen, mit Sud aufgießen, gut durchkochen lassen, evtl. 1–2mal die sich beim Kochen bildende Haut abschöpfen.
③ Die Möhre und die kleinen Zwiebeln in die Velouté zurücktun. Die Zunge(n) in ¾ cm dicke Scheiben schräg aufschneiden, in der Sauce erwärmen, mit Wein abschmecken, mit Sahne abziehen. In eine Servierschüssel füllen, Petersilie darüberstreuen, servieren.

Beilagen Körniger Reis, Kartoffelpüree, Salzkartoffeln, Blattsalate.

Ochsen-(Rinder-)zunge in Madeira

Vorbereiten 10–15 Minuten
Garen 2–3 Stunden, im Dampfdrucktopf ca. 40 Minuten

1	frische Rinderzunge

Sud

3 l	Wasser
	Salz
1	Zwiebel, halbiert
1	Sellerieknolle, halbiert
1	Möhre, halbiert
1	Lorbeerblatt
10	Pfefferkörner
2	Gewürznelken

Sauce

3 EL	Fett
1 TL	Zucker
3 EL	Mehl
½ l	Sud
⅛ l	Madeira oder halb Rotwein, halb Madeira
	Salz und Pfeffer
2 EL	Sahne

① In großem Topf die gut gewaschene Zunge mit kaltem Wasser und allen Gewürzzutaten aufsetzen und zum Kochen bringen, gar sieden. Wenn möglich, Dampfdrucktopf verwenden, da dies erheblich Zeit spart (s. Zeitangabe). Sobald sich die Zungenspitze weich ansticht, aus dem Sud nehmen. Die gekochte Zunge mit kaltem Wasser abspülen, rasch die Haut abziehen (bei der Spitze beginnen), die Zunge im Sud warm halten.
② Aus Fett, Zucker und Mehl eine mittelbraune Einbrenne herstellen, mit dem Sud aufgießen, ausgiebig durchkochen lassen. Sich bildende Haut abschöpfen, evtl. Sud nachfüllen. Wein zugießen, noch 10 Minuten weiterkochen lassen. Die Sauce abschmecken, Sahne unterziehen. Zunge in ½ cm dicke Scheiben schneiden, auf vorgewärmte Platte dicht schuppenförmig legen, mit heißer Sauce übergießen.

Beilagen Kartoffelpüree, feine Kartoffelgerichte, feine Dünstgemüse.

Variation
Der Sauce 150 g Champignonköpfe zugeben.

Herz

Gedünstetes Herz von Kalb und Schwein

Vorbereiten 15 Minuten
Garen 50 Minuten (junge Tiere) bis 1¼ Stunden

750 g	Herz von Kalb oder Schwein
2	Möhren, grob gewürfelt
½	Sellerieknolle, in Streifen geschnitten
1	Zwiebel, grob gehackt
2	Tomaten, enthäutet, in Achteln
3 EL	Öl
¼ l	Brühe oder Weißwein (oder halb und halb)
⅛ l	Crème fraîche oder ¼ l Sahne
	Salz und frisch gemahlener Pfeffer
2 EL	Basilikum, grob gehackt

① Herz gut säubern, Sehnen, Häute, Fett abtrennen, waschen, trocken tupfen, vierteln, mit Pfeffer und Salz einreiben, Gemüse vorbereiten.
② Öl in Schmortopf erhitzen, Herz darin scharf anbraten, die Gemüse zugeben, Deckel auflegen, auf mittlerer Hitze 5 Minuten schmoren lassen. Nach und nach (in kleinen Mengen) Brühe oder Wein zugießen, bei zugedecktem Topf weiterschmoren lassen, je nach Tierart Garzeiten beachten.
③ Sobald sich das Herz weich ansticht, aus dem Topf nehmen, warm stellen. Sahne oder Crème fraîche unter die Sauce rühren, abschmecken,

Gemüse mit der Gabel leicht zerdrücken, um die Sauce sämig zu bekommen. Herzstücke in die Sauce zurücklegen, einige Minuten darin ziehen lassen. In der Sauce anrichten, mit Basilikum bestreuen.

Beilagen Kartoffelpüree, Salzkartoffeln, Reis, Bandnudeln, Salate der Saison.

Rinderherz kann auf die gleiche Weise zubereitet werden. Die Garzeit verlängert sich um ca. ½ Stunde.

Variationen
- Die Gemüse mit dem Mixstab pürieren.
- Statt Möhren und Tomaten Paprika rot und grün verwenden.
- Statt Weißwein Rotwein verwenden.

Herzragout

Vorbereiten 5 Minuten
Garen 1–1½ Stunden, je nach Art der Herzen
Bereiten der Sauce 20–25 Minuten

750 g	Herz von Kalb, Rind, Schwein, gewaschen, geviertelt

Sud

1 l	Wasser, evtl. ⅛ l mehr
	Salz
1	Lorbeerblatt
½ TL	Pfefferkörner
1	Stange Lauch, gewaschen, oder 1 mittelgroße Zwiebel, halbiert
1	Möhre, gewaschen, halbiert
1	kleine Sellerieknolle, gewaschen, geviertelt
1	Tomate oder ½ TL Tomatenmark
1	Zweig frischer oder 1 Msp getrockneter Thymian
2	Zitronenscheiben (nach Belieben)

Sauce

¾ l	Sudflüssigkeit, evtl. etwas mehr
2 TL	Mehl, mit Sudflüssigkeit angerührt
	Salz
2 EL	Wein oder Sherry
4 EL	Sahne oder 2 EL Crème fraîche

① Aus den angegebenen Zutaten Sud zum Kochen bringen, Herzstücke zugeben, auf kleiner Hitze garen.
② Herz aus dem Sud nehmen, abkühlen lassen. Sud abseihen, feste Bestandteile durchpassieren.
③ Sud mit dem durchpassierten Gemüse wieder zum Kochen bringen, mit angerührtem Mehl binden, köcheln lassen.
④ Herzstücke von Adern befreien, in kleine Würfel von 2 × 2 cm oder in 1 cm breite Streifen schneiden, in der Sauce etwas mitkochen lassen.
⑤ Ragout mit Salz, Wein oder Sherry abschmekken, mit Sahne oder Crème fraîche abziehen, in tiefer Schüssel servieren.

Beilagen Salzkartoffeln, Kartoffelbrei, Kartoffelknödel, Salate nach Jahreszeit.

Variationen
- Mit Speck: 4 Scheiben geräucherten, durchwachsenen Speck, in Streifen geschnitten, in 1 TL Öl knusprig geröstet, kurz vor dem Anrichten unter das Ragout mischen oder darüberstreuen.
- Mit Pilzen: 100 g frische Pilze unter das fertig zubereitete Ragout (vor der Sahnezugabe) mischen und etwa 8–10 Minuten mitköcheln lassen. Evtl. nochmals mit ½–1 TL Mehl, in Sahne angerührt, binden.
- Mit Rahm: ¼ l Sudflüssigkeit zur Sauce durch Sahne ersetzen, fertigstellen, wie im Rezept beschrieben. 3–4 EL gehackte Petersilie oder frisches Basilikum kurz vor dem Anrichten untermischen. Hierzu passen auch Nudeln oder Spätzle als Beilage.
- Mit Essig: Zur Sudflüssigkeit vor dem Kochen ⅛ l Weinessig geben (von der Flüssigkeitsmenge abziehen). Garen, wie im Rezept beschrieben. Aus 2 EL Öl mit 1 TL Zucker und 1 EL Mehl Zuckereinbrenne herstellen, mit Sudflüssigkeit aufgießen. Fertigstellen, wie im Rezept beschrieben.

Geflügel

Grundkenntnisse

Das Angebot

Der Sammelbegriff Geflügel umfaßt die Arten des Schlachtgeflügels, nämlich Hühner, Enten, Gänse und Puten. Alle kommen frisch geschlachtet (oder schlachtfrisch), gefroren oder tiefgefroren, ganz oder in Teilen, brat-, koch- oder grillfertig zum Verkauf.
Das große Angebot läßt sich gliedern in Magergeflügel und Fettgeflügel.

Magergeflügel

Hähnchen sind männliche oder weibliche Jungmasttiere mit einem Gewicht von 700–1 150 g. Das Fleisch dieser Tiere ist zart, saftig, reich an Eiweiß und arm an Kalorien.
Poularden sind gemästete Junghühner mit einem Gewicht von 1 150–1 500 g. Die Fleischqualität ist der von Hähnchen sehr ähnlich.
Hühner sind Tiere, die bereits 1–2 Legeperioden hinter sich haben. Ihr Fleisch ist kernig in der Struktur, von kräftigem Aroma, eiweißreich und fetter als das der Hähnchen und Poularden.
Puten (Truthahn, Indian, Welschhahn, Bigauderer) sind in der Regel männliche und weibliche Jungmasttiere von 2–15 kg Gewicht. Das Fleisch dieser Geflügelart ist von herausragender Qualität und besitzt alle jene Eigenschaften, die für eine zeitgemäße Ernährung wichtig sind, nämlich: niedriger Fettgehalt, reich an vollwertigem Eiweiß, zart bis kernig in der Struktur, fein bis kräftig im Aroma.

Geflügelteile im Angebot sind
- Hähnchen-Schenkel, Puten-Oberschenkel (Keule)
- Hähnchen-Brustfilets, Puten-Bruststücke
- Putenschnitzel, Hähnchenschnitzel, Putensteaks, Hähnchen-Cordon bleu, Putenrollbraten
- Puten-Unterschenkel, ganze Flügel, Flügelkeulen
- Hühnerklein, Putenklein
- Hähnchenleber, Putenleber, Geflügelmägen

Fettgeflügel

Enten, eingeteilt nach Gewichtsklassen:
Grillenten haben ein Gewicht von 900–1 200 g, sind von feiner, saftiger und magerer Fleischqualität.
Jungmastenten sind 1 200–1 600 g schwer, in der Qualität den Grillenten ähnlich, aber mit ausgeprägterem Eigengeschmack, fester und fetter im Fleisch.
Mastenten liegen im Gewicht von 1 500–3 500 g. Ihr Fleisch ist kernig und von typischem Eigengeschmack. Der Fettgehalt ist je nach Rasse und Fütterung unterschiedlich hoch.

Gänse
Da Gänse größtenteils nicht in der Bundesrepublik erzeugt, sondern aus Polen und Ungarn importiert werden, sind sie nicht in Gewichtsklassen eingeteilt.
Jungmastgänse werden in unterschiedlichen Größen von 3,5–5 kg Gewicht angeboten. Sie sind weniger fett als größere Tiere.
Hafermastgänse (6–8 kg) haben besonders begehrtes, aromatisches Fleisch von kerniger Struktur. Mit dem Gewicht des Tieres steigt auch der Fettanteil im Fleisch.

Die in der Bundesrepublik Deutschland gültige Qualitätsnorm für Geflügel basiert auf gesetzlichen Regelungen: dem Futtermittelgesetz, dem Lebensmittel- und Bedarfsgegenständegesetz, dem Geflügelfleischhygienegesetz (vergleichbar der Fleischbeschau).

Geflügel in der Ernährung

Neben den hohen geschmacklichen Vorzügen sind es vor allem ernährungsphysiologische Werte, die Geflügelfleisch für die Ernährung so wertvoll machen. Z.B. enthalten 100 g Putenfleisch (Jungtiere)

22 g Eiweiß mit hohem Proteinanteil mit essentiellen Aminosäuren,
7 g Fett, davon sind 25% mehrfach ungesättigte Fettsäuren,
keine Kohlenhydrate,

die Vitamine B1 und B2,
vor allem Eisen neben vielen anderen Mineralstoffen,
reichlich Geschmacks- und Aromastoffe.

Kohlenhydrate sind in Geflügelfleisch nicht enthalten. Die günstige Zusammensetzung mit Eiweiß, Fett, Vitaminen, Mineral-, Geschmacks- und Aromastoffen macht Geflügelfleisch auch für Diätkost sehr geeignet (Diabetes, fettreduzierte Diät) und damit für Gesunde und Kranke zur idealen Fleischkost.

Einkauf

In der Bundesrepublik Deutschland erzeugtes Geflügel und Geflügelteile werden nach **Handelsklassen** angeboten.

Klasse A Beste Qualität. Das Geflügel ist einwandfrei gerupft, ohne Verletzungen und Verfärbungen.

Klasse B Gesundes Geflügel mit geringen Verletzungen (Hautrisse) und ungleichmäßigem Fettansatz.

Klasse C Geflügel dieser Klasse wird nur industriell verarbeitet.

»Deutsches Markengeflügel« (mit der CMA-Marke) muß sofort nach der Schlachtung bei −40 °C schockgefrostet sein. Es kann danach tiefgefroren oder gefroren in den Handel kommen.

Angebotszustände gelten für inländisches und importiertes Geflügel:

Frischgeflügel Lagerung bei 0–+4 °C. Bis zu 6 Tagen haltbar. Bratfertig und kochfertig (mit Innereien), grillfertig (ohne Innereien).

Gefrorenes Geflügel Bei −12 °C eingefroren und ebenfalls bei −12 °C gelagert. Bratfertig, kochfertig, grillfertig. Mindestens 4 Monate haltbar.

Tiefgefrorenes Geflügel Bei −40 °C schockgefrostet (CMA-Marke), bei −18 °C gelagert. Bratfertig, kochfertig, grillfertig. 9 Monate haltbar.

- ▷ Auf unversehrte, glatt anliegende Verpackung achten (Verunreinigungs- und Austrocknungsgefahr).
- ▷ Packungen mit Schneebildung oder bräunlichweißen Flecken (»Gefrierbrand«) nicht kaufen.
- ▷ Nicht aus stark vereisten Gefriertruhen kaufen.

Lagerung

- ▷ Frisch geschlachtetes Geflügel ist bei +3–+6 °C im Kühlschrank bis 6 Tage nach dem Schlachten haltbar.
- ▷ Tiefgefrorenes und gefrorenes Geflügel, das nach dem Einkauf nicht angetaut sein darf, kann im Gefrierfach bis zu 1 Jahr (Verpackungsdatum beachten) gelagert werden.
- ▷ Gebratenes oder gegrilltes Hähnchen- und Putenfleisch hält sich, in Folie verpackt, 2–3 Tage frisch. Es sollte danach zu kalten Zubereitungen verwendet werden, da sich beim Wiedererwärmen die Geschmacks- und Aromastoffe verändern.
- ▷ Gegarter Putenrollbraten läßt sich, vorschriftsmäßig verpackt, einfrieren. Nach dem Auftauen kann er in Scheiben geschnitten und, wie Schnitzel paniert, ausgebacken oder als Aufschnitt verwertet werden.

Auftauen

- ▷ Zum Auftauen die Verpackung abnehmen, in Schüssel legen und langsam, am besten in Kühlschrank, Speisekammer oder Keller auftauen. Mit Folie oder Topfdeckel zudecken.
- ▷ Hähnchen oder Poularden benötigen im Kühlschrank 8–10 Stunden, bei Zimmertemperatur 3–5 Stunden.
- ▷ Enten, Gänse, Puten benötigen im Kühlschrank – je nach Größe – 12–36 Stunden, bei Zimmertemperatur 8–20 Stunden, im Heißluftherd (40–60 °C) 1½–4 Stunden.

- ▷ Frischgeflügel im Kühlschrank möglichst bei +3–+6 °C lagern.
- ▷ Gegartes Fleisch nicht aufwärmen, sondern kalt verwerten.
- ▷ Gefrorenes Geflügel vor dem Auftauen aus der Verpackung nehmen.
- ▷ Zum Auftauen genügend Zeit einkalkulieren. Auftauen im Kühlschrank ist am besten.
- ▷ Auftauendes Geflügel zudecken.
- ▷ Flache Geflügelteile (Schnitzel, Filet, Steak) können ohne Auftauen zubereitet werden. Garzeit verlängert sich etwa um ein Drittel.
- ▷ Größere, kompakte Geflügelteile sind vor der Zubereitung aufzutauen.

Zubereitung

Garmachungsarten

Braten Ganzes Geflügel, Putenkeulen, Putenrollbraten, Hähnchenschenkel.

Dämpfen Hähnchen und Poularden.

Dünsten Hähnchen und Poularden, portioniert, Putenbrust, Putenschnitzel.

Foliengaren Portionierte Hähnchen, Poularden, Putenbrust, Putensteak, Putenschnitzel.

Schmoren Hähnchen, portioniert, Hähnchenschenkel, Putenkeulen.

Kurzbraten Hähnchen-, Poularden-, Putenbrust, Brustfilet, Putenschnitzel, Putensteak.

Grillen Hähnchen, Poularden, Grillenten.

Kochen Suppenhuhn, Hühner- und Putenklein.

Würzen

Da Geflügelfleisch sich sehr vielseitig garen läßt, kann die ebenfalls vielseitige Auswahl an Gewürzen auf die jeweilige Zubereitungsart abgestimmt werden. Wichtig für alle Zubereitungsarten ist die Methode des *Salzens:* Ganzes Geflügel, das gebraten, gegrillt oder gedämpft werden soll, muß kurz vorher innen und außen mit Salz eingerieben werden. Portioniertes Geflügelfleisch dagegen darf erst nach dem Dünsten, Schmoren oder Kurzbraten gesalzen werden, damit es saftig bleibt. In der Regel genügt es, die Sauce gut zu würzen und das Fleisch 5–15 Minuten (je nach Dicke der Stücke) darin ziehen zu lassen.

Wird Geflügel vor der Zubereitung *gebeizt,* so ist grundsätzlich zu beachten: Zartes Fleisch in ungesalzene Beizen einlegen oder, bei trockenen Kräuter- und Gewürzbeizen, damit einreiben. Kräftiges und kerniges Fleisch in leicht gesalzene Beize legen oder damit einreiben.

Hinweise für die Küchenpraxis

- ▷ Ganzes Geflügel vor der Zubereitung innen und außen kurz unter fließendem kaltem Wasser waschen, sofort mit Küchenkrepp innen und außen trocken tupfen.
- ▷ Keine Holzbretter für die Vorbereitung rohen Geflügels benutzen (Salmonellosegefahr).
- ▷ Ganzes Geflügel vor der Zubereitung innen und außen mit Salz und beliebigen trockenen Gewürzen einreiben.
- ▷ Flach portionierte Fleischstücke (Schnitzel, Filet, Brust) erst nach dem Braten oder Dünsten salzen (Foliengaren macht eine Ausnahme).
- ▷ Kurzbratstücke nur 1½–2 Minuten auf jeder Seite braten, zugedeckt 5 Minuten nachgaren lassen.
- ▷ Bratgeflügel während des Bratens öfters mit Sauce begießen.
- ▷ Knusprige Haut kann bei Bratgeflügel mit Bestreichen von Salz-, Honig-, Zuckerwasser, Bier oder Brandy erreicht werden.
- ▷ Fertigen Braten vor dem Tranchieren 10 Minuten im heißen, ausgeschalteten Ofen ruhen lassen, dabei Brustseite nach unten drehen, damit der Fleischsaft dorthin dringen kann.

Geflügel tranchieren

Ziffern in der Reihenfolge der Arbeitsschritte

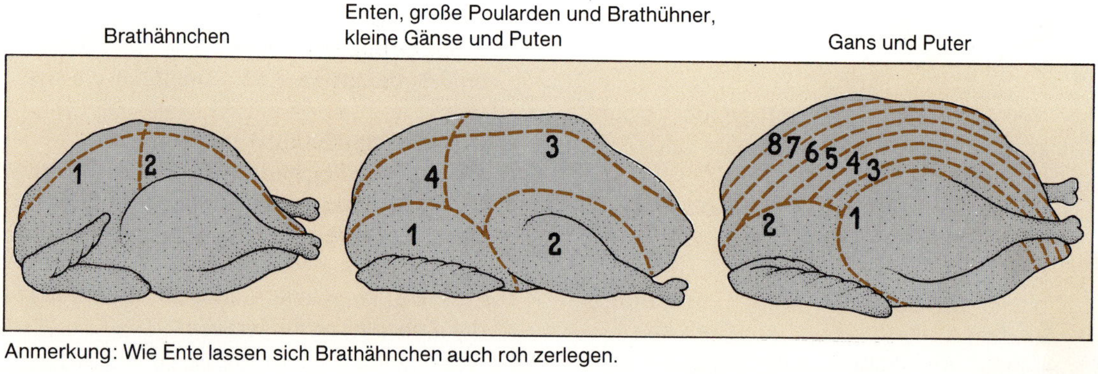

Anmerkung: Wie Ente lassen sich Brathähnchen auch roh zerlegen.

Zubereitungen von Geflügel

Huhn

Hühnerfrikassee

Vorbereiten 5 Minuten
Garen 45–60 Minuten (je nach Alter des Tieres)

1	Suppenhuhn, ausgespült, trocken getupft, in 4 oder 6 Stücke geteilt
3 EL	Butter, flüssig
	Salz und frisch gemahlener Pfeffer
1	Kräuterstrauß aus Selleriegrün, Lauchblatt, Thymian- oder Rosmarinzweig
½ l	Wasser oder Gemüsebrühe (dann kann Kräuterstrauß entfallen), kochendheiß

Sauce

⅛ l	Sahne
⅜ l	Brühe (Sud)
2 TL	Speisestärke, mit 3–4 EL Milch angerührt
100 g	frische Champignons, je nach Größe halbiert oder geviertelt
	wenig fein abgeriebene Zitrone
	Salz und Pfeffer
2 EL	Wein
1	Eigelb
2 EL	Estragonblätter

① Die gewaschenen Hühnerteile mit Küchenkrepp trocken tupfen. Butter in Schmortopf erhitzen, die Portionsstücke darin einzeln auf mittlerer Hitze anbraten, danach leicht salzen und pfeffern, mit dem kochenden Wasser aufgießen, Kräuterstrauß zugeben, zudecken, auf möglichst kleiner Hitze garen.

② Die gegarten Fleischstücke aus dem Topf nehmen, nach Belieben auslösen oder zerkleinern, auf Platte legen, warm halten, dabei mit Folie oder Deckel zudecken.

③ Im Saucentopf Sahne und die abgeseihte Brühe mischen, unter Rühren miteinander aufkochen, mit in Milch angerührter Speisestärke binden, nochmals gut durchkochen lassen.

④ Champignons einlegen, in der Sauce ziehen lassen, mit Zitrone, Salz und Pfeffer abschmekken. Eigelb mit Wein verquirlen, an die heiße Sauce mischen, nicht mehr kochen lassen. Estragonblätter einlegen, 1 Minute in der Sauce ziehen lassen. Die Fleischstücke mit etwa ⅓ der Sauce übergießen, restliche Sauce getrennt reichen.

Beilage Gedünsteter oder gekochter weißer oder Naturreis und heißgerührter Spinat.

Das Huhn kann auch im ganzen gekocht werden. Die hier beschriebene Art ist jedoch einfacher und zeitsparender. Sie ist insbesondere dazu geeignet, auch Hähnchen oder Poularden für Frikassee zu verwenden, deren Fleisch beim Kochen im ganzen die kernige Struktur einbüßt.

Hühnerbrust-Koteletts

Vorbereiten 15 Minuten
Garen 15 Minuten

Fleischteig

2 EL	Butter, flüssig oder Olivenöl
2	Möhren, fein geraspelt
1	mittelgroße Zwiebel, klein gehackt
1	trockene Semmel oder entsprechende Menge Weiß- oder Toastbrot, in
6 EL	Milch eingeweicht
3	Hühnerbrüste, durch den Fleischwolf gedreht oder im Mixer püriert
1 EL	Petersilie, fein gehackt
1	Eiweiß
	Salz und frisch gemahlener Pfeffer
	wenig fein abgeriebene Zitronenschale
	Prise Thymian

Panade

2 EL	Mehl
1	Eigelb und 1 Ei, miteinander verquirlt
3 EL	Semmelbrösel
8 EL	Butter, flüssig, oder Olivenöl
1/16 l	helle Brühe
2 EL	Sahne
1 EL	Wein oder ½ EL Zitronensaft
	Salz und frisch gemahlener Pfeffer
4	Zitronenscheiben oder -achtel

① Zwiebel und geraspelte Möhren in Butter andünsten. Ausgedrückte Semmel mit der Dünstmischung, Geflügelfleisch, Petersilie, Eiweiß und den Gewürzen zu sehr gleichmäßigem Fleischteig verkneten, mild abschmecken.

② Aus dem Fleischteig 4 gleichgroße, etwa 2½–3 cm dicke Koteletts formen, in Mehl drükken, in verquirltem Ei und dann in Semmelbröseln wenden.

③ Fett in Pfanne erhitzen, bei milder Hitze die Koteletts einlegen, beidseitig langsam goldbraun braten, möglichst nur 1–2 mal wenden, damit die Kruste erhalten bleibt.

④ Ausgebackene Koteletts auf vorgewärmte Platte legen, warm halten. Bratensatz mit Brühe loskochen, mit Sahne verfeinern, 1–2 Minuten kochen lassen, mit Wein oder Zitronensaft, Salz und Pfeffer abschmecken. Einige Eßlöffel Sauce über die Koteletts füllen, den Rest getrennt servieren. Koteletts mit Zitronenscheiben und Gemüsen garnieren.

Beilagen Gekochter, in Butter geschwenkter Spargel, glasierte Karotten, in Butter geschwenkte Erbsen, Petersilienkartoffeln oder einfacher Kartoffelgratin. Natürlich passen dazu auch mild abgeschmeckte Salate.

Bologneser Hühnerbrüste

Vorbereiten 10–15 Minuten
Kurzbraten 8–10 Minuten
Überbacken 10–15 Minuten im Ofen bei 160 °C

4	Hühnerbrüste, entbeint und enthäutet Salz und frisch gemahlener Pfeffer
2 EL	Butter, flüssig
2 EL	Olivenöl
2 EL	Mehl
2 EL	Butter für die Form
4	Scheiben roher Schinken, dünn aufgeschnitten
4	Scheiben Gouda, dünn aufgeschnitten
2 EL	Parmesan, frisch gerieben
2 EL	Brühe oder Milch, kalt

① Ofen vorheizen. Das Fleisch waagerecht so durchschneiden, daß aus jedem Stück 2 Scheiben entstehen. Diese mit der Klinge eines breiten Messers flach klopfen, leicht salzen, Pfeffer darübermahlen.
② Butter und Öl in schwerer Pfanne erhitzen. Die Fleischscheiben rasch in Mehl wenden und bei mittlerer Hitze in die Pfanne legen, goldbraun braten, etwa 4–5 Minuten auf jeder Seite.
③ Feuerfeste Platte oder Gratinform mit Butter ausstreichen, die gebratenen Fleischstücke möglichst nebeneinander hineinlegen. Auf jede Scheibe Fleisch eine halbe Scheibe Schinken und darüber eine halbe Scheibe Käse legen, mit Parmesan bestreuen, Brühe darüberträufeln.
④ Platte in den heißen Ofen stellen und in etwa 10–15 Minuten den Käse schmelzen lassen, evtl. kurz übergrillen.

Variation
Statt mit Schinkenscheiben die Fleischstücke mit in Butter gerösteten Kokosflocken und Mandelstiften belegen, mit Butter begießen, im Ofen nochmals kurz überbacken.

Hähnchen

Hähnchen in Sauerampfersauce

Vorbereiten 5 Minuten
Garen 35 Minuten

1	Hähnchen, ausgespült, trocken getupft, in 4 Portionsstücke geteilt Salz und frisch gemahlener Pfeffer
1 EL	Olivenöl
2 EL	Butter, flüssig
4	Schalotten, fein gehackt, oder entsprechende Menge Zwiebeln
200 g	frischer Sauerampfer, sehr fein geschnitten (Chiffonade)
¼ l	trockener Weißwein
¼ l	Sahne, knapp
1	Eigelb

① Hähnchenstücke trocken tupfen, mit Salz und Pfeffer bestreuen. Öl und Butter in Schmortopf oder großer Pfanne mit Deckel erhitzen. Fleischstücke zuerst mit der Hautseite im heißen Fett goldbraun ca. 5 Minuten anbraten, Stücke wenden, weitere 10 Minuten auf mittlerer Hitze braten.
② Zwiebeln um die Fleischstücke streuen, kurz andünsten lassen. Sauerampfer darüber verteilen, Wein zugießen. Deckel auflegen, auf kleiner Hitze etwa 5–8 Minuten köcheln.
③ Deckel abnehmen, Hälfte der Sahne zugießen, Stücke in der Sauce wenden, mit der Hautseite nach oben liegen lassen. Pfanne zudecken, von der Kochstelle nehmen, 10 Minuten ziehen lassen.
④ Kurz vor dem Anrichten Deckel abnehmen, Pfanne mit Inhalt nochmals zum Kochpunkt bringen, 5 Minuten durchkochen.
⑤ Fleischstücke in vorgewärmte flache Anrichteschüssel legen. Sahnerest mit Ei verquirlen und an die Sauce rühren, sofort von der Kochstelle ziehen, gut verrühren, abschmecken, über die Fleischstücke gießen, servieren.

Beilagen Körniger Reis oder krosses Weißbrot, gedünstete Zucchini, gedünsteter Brokkoli, heißgerührter Spinat.

Variationen
- Statt Sauerampfer Lauch, in Ringe oder längliche, feine Streifen geschnitten, verwenden.
- Statt Sauerampfer Basilikumblätter (etwa 100 g) nehmen.

Hähnchen mit frischen Kräutern

Vorbereiten 25 Minuten
Garen 1¼ Stunden

Kräuterbutter

2 EL	Petersilie, sehr fein gehackt
1 EL	Estragonblätter, sehr fein gehackt
1 EL	Kerbel, sehr fein gehackt
3	Pfefferminzblätter, fein gehackt
	Salz und frisch gemahlener Pfeffer
1 EL	Zitronensaft
100 g	frische Butter, schaumig gerührt

1	großes Hähnchen
	Salz und frisch gemahlener Pfeffer
2 EL	Butter, flüssig
1	Salbeiblatt
1	Thymianzweig
1	Rosmarinzweig
1	kleines Lorbeerblatt
1	Kräuterstrauß zum Garnieren

① Petersilie, Estragon, Kerbel, Pfefferminze mit Salz, Pfeffer und Zitronensaft an die schaumig gerührte Butter mischen, daraus länglichen Klumpen formen, im Gefrierfach etwa 10 Minuten anfrieren lassen.

② Hähnchen waschen und trocken tupfen, mit wenig Salz und Pfeffer innen ausreiben.

③ Die angeeiste Kräuterbutter in 6–8 Scheiben schneiden. Hähnchen auf den Rücken legen. Mit Zeige- und Mittelfinger von hinten nach vorne unter die Haut fahren, diese bis zum Halsansatz vorsichtig lösen und die Kräuterbutter zwischen Haut und Fleisch schieben, besonders an den Bruststücken. Die Haut am Schenkelansatz mit spitzem Messer aufritzen, Butterstückchen auch hier hineinschieben oder – streichen. Evtl. übrige Butter in die Körperhöhle streichen.

④ Hähnchen binden, 2 EL Butter in Schmortopf erhitzen, das vorbereitete Hähnchen mit der Brustseite nach unten hineinlegen, auf milder Hitze etwa 10 Minuten von allen Seiten goldbraun anbraten. Dann auf den Rücken legen.

⑤ Die restlichen Kräuter in den Topf um das Hähnchen legen. Deckel auflegen. Bei geringer Hitze sehr gleichmäßig garen, öfters mit ausgetretenem Bratensaft begießen.

⑥ Hähnchen auf vorgewärmte Platte legen, im Ofen warm stellen. Kräuter aus dem Topf nehmen, Bratensaft etwas einkochen lassen, bis er goldfarben ist. Hähnchen in Portionsstücke teilen, anrichten, mit Bratensaft übergießen, mit Kräuterstrauß anrichten, servieren.

Hähnchen Levantinische Art

Vorbereiten 10 Minuten
Garen 35 Minuten

1	großes oder 2 kleine Hähnchen, ausgespült, trocken getupft, in 4 bzw. 8 Stücke geteilt, Haut abgezogen
2 EL	Olivenöl
1	große Gemüsezwiebel, grob gehackt
500 g	Tomaten, abgezogen, in Würfel geschnitten
⅛ l	trockener Weiß- oder Rotwein (evtl. etwas mehr)
	Salz und frisch gemahlener Pfeffer
4	schwarze Oliven, entsteint, in Achtel geschnitten
1	Lorbeerblatt
1 EL	Paprikamark oder 1 TL Paprika edelsüß
1	Knoblauchzehe, durchgepreßt
	grob abgeriebene Schale von ¼ Zitrone
1	Schuß Milch

① Die enthäuteten Portionsstücke mit Küchenkrepp trocken tupfen. Öl in weitem Schmortopf oder schwerer Pfanne mit Deckel erhitzen, alle Hähnchenstücke beidseitig goldgelb anbraten, danach auf Teller legen, beiseite stellen.

② Die Zwiebel im Bratensatz glasig dünsten. Tomaten zugeben, mitdünsten, umrühren, Wein zugießen, alle Gewürze zugeben, Hitze verstärken, bei offenem Topf gut durchkochen. Milch zugießen, öfters umrühren, etwa 10 Minuten kochen lassen, abgetropften Fleischsaft zugießen.

③ Sauce gut abschmecken, auf kleiner Hitze köcheln, die vorgebratenen Portionsstücke mit der dickeren Fleischseite nach unten einlegen, mit einigen Eßlöffeln Sauce begießen, Deckel auflegen und nochmals 15–20 Minuten (je nach Größe der Stücke) simmernd garen. Sehr ursprünglich zubereitetes Gericht, das im Topf oder in der Pfanne serviert wird.

Beilagen Krosses Weißbrot oder gedünsteter Reis.

Variationen

- Tomatenmenge verringern und durch rote und/oder gelbe Paprika, in Streifen geschnitten, ersetzen.
- In kleine Würfel geschnittene Zucchini zu den Tomaten geben.

Hähnchen im Topf

Vorbereiten 15 Minuten
Garen 1 Stunde im Ofen bei 180 °C

1	Hähnchen, ausgespült, trocken getupft, in Portionsstücke geteilt
4	Tomaten, enthäutet, gewürfelt
8	kleine Schalotten oder Perlzwiebeln im ganzen
1	kleines Lorbeerblatt
1	große Knoblauchzehe, durchgepreßt
1 EL	scharfer Senf
⅛ l	Weiß- und/oder Rotwein oder Portwein
200 g	magerer, gekochter Schinken, in kleine Quadrate geschnitten
2 EL	Butter, flüssig, zur Form
	Salz und frisch gemahlener Pfeffer
3 EL	Brandy (nach Belieben)

① Ofen vorheizen. Alle Gemüse und Gewürze einschließlich Schinken und Wein in ofenfestem Topf mit Deckel oder entsprechend großer, ausgebutterter Auflaufform mischen.
② Hähnchenstücke mit Salz und Pfeffer einreiben, auf die Gemüsemischung legen, Topf zudekken, im Ofen schmoren. Die Hähnchenstücke müssen braun und zart sein.
③ Fleisch aus dem Topf nehmen, auf tiefe, vorgewärmte Anrichteplatte legen, mit Brandy beträufeln. Die Gemüse abschmecken und um das Hähnchen legen, Lorbeerblatt entfernen, sofort servieren.

Beilagen Bircher Kartoffeln, Pommes frites.

Poularde oder Hähnchen mit Gemüsen

Vorbereiten 20 Minuten
Garen 45 Minuten

1	Poularde oder 2 kleine Hähnchen, ausgespült, trocken getupft, in 4 Stücke zerteilt
4	Scheiben durchwachsener Speck
4 EL	Butter, flüssig
16	kleine Zwiebeln, geschält, in kochendem Wasser kurz blanchiert und abgetropft
1	Knoblauchzehe, ungeschält
20	kleine, runde oder längliche Karotten, halbiert
4	kleine Zucchini, ungeschält, in Größe der Karotten geschnitten
20	Champignons von etwa gleicher Größe
	Salz und frisch gemahlener Pfeffer
⅛ l	helle Brühe
1/16 l	Malaga oder lieblicher Weißwein
1/16 l	Sahne oder 2 EL Crème fraîche
2 EL	Petersilie, grob gehackt

① Portioniertes Geflügel mit Küchenkrepp trokken tupfen. Butter erhitzen, Fleischstücke darin beidseitig anbraten, auf Teller legen, beiseite stellen.
② Speck im Bratenfett knusprig braten, Zwiebeln, Knoblauch, Karotten, Zucchini, Champignons zugeben, salzen, pfeffern, mit Brühe und Wein ablöschen. Abgetropften Fleischsaft zugießen.
③ Fleischstücke wieder einlegen, dabei die Gemüse wegschieben, so daß das Fleisch auf dem Boden des Topfes liegt und das Gemüse die Fleischstücke abdeckt. Alles zusammen auf mittlerer bis geringer Hitze garen. Nicht länger als unbedingt nötig.
④ Nach dem Garen die Sahne zurühren, Petersilie untermischen oder darüberstreuen, im Topf servieren.

Beilagen Krosses Weißbrot oder Kartoffelbrei, leichter Weißwein.

Geschmortes Hähnchen nach Art der Bäuerin

Vorbereiten 20 Minuten
Garen 50–60 Minuten im Ofen bei 180 °C

1	großes Hähnchen, ausgespült, trocken getupft
	Salz und frisch gemahlener Pfeffer
1	kleiner Petersilienstrauß oder Thymianzweig
40 g	Butter
1	mittelgroße Zwiebel, in Ringe geschnitten
2	Stangen Bleichsellerie oder Sellerieherz, grob zerteilt
100 g	frische, grüne Brechbohnen (auch TK-Bohnen, aufgetaut)
100 g	frische, grüne Erbsen (auch TK-Erbsen, aufgetaut)
100 g	Brokkoli-, Blumenkohlröschen oder Rosenkohl
4	Möhren, geschält, gewürfelt
	Salz und Pfeffer
2 EL	Butter
4	Scheiben roher Schinken
⅛ l	helle Brühe oder Wasser, heiß

① Ofen vorheizen. Das gewaschene Hähnchen mit Küchenkrepp trocken tupfen, innen mit Salz und Pfeffer würzen, Petersilie oder Thymian einlegen, binden.
② In Gemüsetopf Butter erhitzen, Zwiebel darin glasig dünsten, alle anderen Gemüse zugeben, leicht salzen und pfeffern, auf sehr kleiner Hitze dünsten, Deckel auflegen.

③ In zweitem, ofenfestem Topf (mit Deckel) Butter erhitzen, Hähnchen von allen Seiten darin goldgelb anbraten, Deckel auflegen, etwa 5 Minuten auf kleiner Hitze dünsten. Kurz herausnehmen, auf Teller legen.
④ Den Topfboden mit Schinkenscheiben auslegen, Hähnchen (mit Brust nach oben) daraufsetzen, mit vorgedünsteten Gemüsen umlegen, Brühe angießen, Deckel auflegen, im Ofen bei Mittelhitze garen, keinesfalls größere Hitzestufe wählen, da sonst die Gemüse braun werden.

Beilagen Keine oder nur Petersilienkartoffeln.

Gegrilltes Hähnchen

Vorbereiten 5 Minuten
Grillen 50–70 Minuten je nach Größe

1	Hähnchen oder Poularde, ausgespült, trocken getupft
	Salz und frisch gemahlener Pfeffer
1	Kräuterstrauß oder trockene Kräuter

① Hähnchen oder Poularde innen und außen mit Küchenkrepp trocken tupfen, mit Salz und Pfeffer innen und außen leicht einreiben, Kräuterstrauß in das Innere stecken oder mit Trockenkräutern innen ausreiben.
② Auf Grillspieß befestigen (je nach Grill mit Klammern oder kleineren Metallstäben in Halterungen auf dem Stab).
③ Grillvorrichtung über Grillpfanne setzen, einschalten und grillen. Das Hähnchen ist gar, wenn kein blutiger Saft mehr abtropft. Nach beendeter Garzeit noch 5–10 Minuten ruhen lassen, damit der beim Grillen entstandene Fleischsaft sich in die Fleischpartien zurückzieht. Mit großem Messer oder Geflügelschere tranchieren, auf vorgewärmter Platte anrichten.

Beilagen Salate aller Art, würzige, kalte Saucen auf Joghurt- oder Sahnebasis mit vielen Kräutern.

Gebratenes Hähnchen mit Füllung

Vorbereiten 20 Minuten
Garen ¾–1 Stunde im Ofen bei 250/200 °C

Füllung

1	trockene Semmel, in kleine Würfel geschnitten
6 EL	Milch, kalt
1 EL	Butter, zerlassen
1	kleine Zwiebel, gehackt
1	Hähnchenleber, grob gehackt
1	Hähnchenherz, grob gehackt
	Prise Muskat
1 EL	gehackte Petersilie
	Salz und frisch gemahlener Pfeffer
1	Ei
1	großes Hähnchen, am besten schlachtfrisch, ausgespült, trocken getupft
	Salz und frisch gemahlener Pfeffer
1 EL	Öl
1 EL	Mehl
¼ TL	Paprika edelsüß
4 EL	Butter, zerlassen
⅛ l	helle Brühe
4 EL	Weißwein

① Semmelwürfel in kalter Milch einweichen, öfters wenden, um sie gleichmäßig zu durchfeuchten. Zwiebel in Butter andünsten, Leber und Herz zugeben, einige Minuten auf geringer Hitze mitdünsten, abkühlen lassen.
② Ofen vorheizen auf 250 °C. Semmelwürfel, Dünstmischung, Muskat, Petersilie, Salz, Pfeffer und Ei zu gleichmäßiger Beschaffenheit verkneten, mild abschmecken.
③ Hähnchen von innen und außen mit Salz und Pfeffer würzen. Die Bauchhöhle des Hähnchens mit der Farce ausstopfen, Halsansatz und die Bauchhöhle verschließen.
④ Aus Öl, Mehl, Paprikapulver und Salz eine Paste rühren, das Hähnchen damit einreiben. Auf den Grillrost (über der Grillpfanne) legen, in den sehr heißen Ofen schieben und zunächst mit dem Rücken nach oben 10 Minuten scharf anbraten, wenden, weitere 10 Minuten anbraten. Hitze auf 200 °C reduzieren.
⑤ Das vorgebratene Hähnchen in ofenfeste Kasserolle oder Glasform setzen, mit zerlassener Butter bestreichen, etwa die Hälfte der heißen Brühe dazugießen, garen lassen. Öfters mit austretendem Saft und restlicher Brühe begießen, damit die Haut knusprig wird.
⑥ Nach dem Braten das Hähnchen mit dem Rücken nach oben im ausgeschalteten Backofen bei offener Tür etwa 5–10 Minuten liegen lassen, danach tranchieren oder auf vorgewärmte Platte setzen und erst bei Tisch tranchieren.
⑦ Saucenfond mit Wein loskochen, etwas reduzieren lassen, abschmecken, getrennt zum Hähnchen servieren.

Beilagen Feine Dünstgemüse, kleine Petersilienkartoffeln.

Weitere Füllungen

Feine Gemüsefüllung

Zubereiten 15–20 Minuten

150 g	Champignons, gewaschen, abgetropft, feinblättrig geschnitten
¼	Stange Lauch, in feine Ringe geschnitten
1	Stengel Bleichsellerie, in dünne Scheiben geschnitten
2 EL	Butter, flüssig
1 EL	Petersilie, fein gehackt
1	Hähnchenleber, fein gehackt
1	Hähnchenherz, fein gehackt
	Salz und frisch gemahlener Pfeffer
	Prise Thymian
1	hart gekochtes Ei, fein gehackt
1 EL	Sahne

Die fein geschnittenen Gemüse nacheinander in Butter andünsten, mit Champignons beginnen. Petersilie, Hähnchenleber und Herz zugeben, kurz mitdünsten, mild abschmecken, etwas abkühlen lassen. Ei und Sahne zugeben, sehr gut vermischen.

Feine Fleischfüllung

Zubereiten 15 Minuten

2 EL	Butter, flüssig
1	kleine Zwiebel, fein gehackt
150 g	mageres Kalbfleisch, fein durchgedreht oder püriert
1	Hähnchenleber
1	Hähnchenherz, püriert oder fein gehackt
1 EL	Petersilie, fein gehackt
	Prise Thymian
	wenig abgeriebene Zitronenschale
	Salz und frisch gemahlener Pfeffer
1	Ei

Zwiebel in Butter andünsten, Fleisch, Hähnchenleber und -herz mitdünsten, mit Persilie, Thymian, Zitronenschale, Salz und Pfeffer abschmecken, mit Ei sehr gut vermischen.

Hähnchen auf Dampf gegart

Vorbereiten 15 Minuten
Garen 1 Stunde

1	großes, schlachtfrisches Hähnchen, ausgespült, trocken getupft
¼ TL	Safranpulver
1 TL	Salz
2	Tomaten, enthäutet, halbiert, abgetropft
2	Petersilienstengel
4	dünne Zitronenscheiben
4	Frühlingszwiebeln
50 g	weiche Butter
	Cayennepfeffer, Kreuzkümmel, Salz

① Hähnchen mit Küchenkrepp trocken tupfen. Mit Safranpulver und Salz innen und außen einreiben.

② In Kartoffeldämpfer so viel Wasser füllen, daß es einige Millimeter unter dem Aufsatz bleibt, langsam erhitzen.

③ Tomaten, Petersilie, Zitronenscheiben, Frühlingszwiebeln, Butter und Gewürze vermischen, in das Hähnchen füllen, mit weicher Butter von außen gründlich einreiben. Hähnchen auf den Aufsatz legen, mit einer doppelten Lage Nessel (oder zusammengefaltetem Küchentuch) abdekken, Deckel auflegen und 1 Stunde bei mäßiger Hitze dämpfen lassen, ohne den Deckel hochzunehmen.

④ Nach beendeter Garzeit Hähnchen sofort servieren.

Diese Art der Zubereitung ist sehr gut diätgeeignet, dazu sehr wohlschmeckend.

Beilagen Fladenbrot, Joghurtsauce mit Kräutern, Cayennepfeffer, Kreuzkümmelpulver und Salz.

Geschmorter Hahn nach Gutsherrenart

Vorbereiten 20 Minuten
Garen 1¾–2 Stunden im Ofen bei 180 °C

1	Hahn, ausgespült, trocken getupft
	Salz und frisch gemahlener Pfeffer
2 EL	Butter oder Olivenöl
2	mittelgroße Zwiebeln, in Scheiben geschnitten
2	Knoblauchzehen, durchgepreßt
2	gelbe und/oder rote Paprikaschoten, entkernt, in Streifen geschnitten
1	Kräuterstrauß aus Rosmarin, Lorbeer, Thymian
⅛ l	Wein, reichlich
4	Tomaten, enthäutet, in Würfel geschnitten
4	Scheiben magerer, roher Schinken, in Streifen geschnitten
2	Zucchini, 25 cm lang, in Scheiben geschnitten
2 EL	Petersilie, grob gehackt

① Den gewaschenen Hahn trocken tupfen, innen mit Salz und Pfeffer ausreiben, binden. Butter in genügend großem, ofenfestem Topf erhitzen, Hahn von allen Seiten darin anbraten, dabei darauf achten, daß die Butter nicht zu dunkel wird. Hahn aus dem Topf nehmen. Ofen einschalten.
② Zwiebeln und Knoblauch zum Fett in den Topf geben, leicht goldbraun werden lassen, häufig wenden. Paprika zugeben, kurz mit andünsten. Kräuterstrauß zugeben, mit Wein aufgießen. Tomaten und Schinken zugeben, alles zum Kochen bringen.
③ Hahn wieder in den Topf legen, mit Deckel verschließen, im Ofen garen. Nach etwa 1¾ Stunden Zucchini und Petersilie in den Topf geben, Deckel auflegen, fertiggaren, abschmecken.
④ Zum Anrichten den Hahn tranchieren, mit Sauce übergießen, mit Zucchini umlegen, servieren.

Beilagen Trockener Reis oder krosse Baguettes.

Hähnchen in Joghurtsauce

Vorbereiten 10 Minuten
Marinieren über Nacht im Kühlschrank oder 4–6 Stunden bei Zimmertemperatur
Garen 15 Minuten

1	Hähnchen, ausgespült, trocken getupft, Haut abgezogen, in etwa 10 Stücke geschnitten
1 EL	Öl oder Butter
1	großer Petersilienstrauß, gehackt

Marinade

⅜ l	Vollmilchjoghurt
1	große, rote Paprikaschote, entkernt und in sehr kleine Stücke gehackt oder gerieben
1 TL	Paprika edelsüß
1	Stück frische Ingwerwurzel, 5 cm lang, gerieben, oder ½ TL Ingwerpulver
4	Knoblauchzehen, durchgepreßt
1	grüne Chilischote oder scharfe Peperoni, entkernt und fein gehackt
	Salz und frisch gemahlener Pfeffer

① Vom Hähnchen die Haut abziehen, in etwa 10 Stücke teilen, alle Fleischteile oft mit Gabel einstechen.
② Aus den angegebenen Zutaten Marinade herstellen, Fleischstücke einlegen, darin wenden, zudecken, beizen lassen, gelegentlich wenden.
③ Schweren, flachen Topf oder Pfanne mit hohem Rand erhitzen, Öl einfüllen, sehr heiß werden lassen, Fleisch samt Marinade auf einmal in den Topf schütten. Petersilie zugeben, umrühren, Deckel auflegen, 5 Minuten auf starker, dann auf geringer Hitze dünsten (Joghurtsauce nicht bräunen lassen!).
④ Sobald von der Joghurtmenge nur noch einige Eßlöffel übrig sind, Fleischstücke darin wenden, kurz dünsten, sofort heiß servieren.

Beilage Körniger, trockener Reis.

Geschmorte Hähnchenkeulen

Vorbereiten 5 Minuten
Garen 20 Minuten
Übergrillen 1 Minute

4	Hähnchenkeulen
	Salz und frisch gemahlener Pfeffer
	einige frische Rosmarinnadeln oder etwas trockener Thymian
4 EL	Öl
4	kleine Zwiebeln
4	mittelgroße Tomaten, enthäutet, gewürfelt
½	Lorbeerblatt
6 EL	helle Brühe oder Wein
2 EL	Crème fraîche oder Sahne

① Hähnchenkeulen mit Salz, Pfeffer, Rosmarin oder Thymian einreiben.
② Öl in Pfanne erhitzen, Keulen darin scharf beidseitig anbraten, danach herausnehmen, auf Teller legen, beiseite stellen.
③ Zwiebeln und Tomaten im Bratfett andünsten, Lorbeerblatt zugeben, unter dauerndem Rühren einkochen, mit Brühe oder Wein ablöschen, umrühren, abschmecken. Keulen wieder einlegen, zudecken, auf mittlerer Hitze gar schmoren. Danach Lorbeerblatt entnehmen.
④ Die Hähnchenkeulen auf ofenfeste Platte legen, mit der Sauce übergießen, mit Crème fraîche überziehen, unter den Grill stellen und leicht Farbe annehmen lassen.

Beilagen Trockener Reis oder krosses Brot, Salate nach Jahreszeit.

Gans und Ente

Gebratene Gans

Vorbereiten ½–1 Stunde
Braten 2–2½ Stunden im Ofen bei 250/220 °C

Brühe aus Gänseklein

	Kopf, Hals, Magen und Herz
1	Bund Suppengrün
2	Möhren
1	große Zwiebel
1	Lorbeerblatt
2	Nelken
1 TL	Pfefferkörner
1	Zweig trockener Beifuß
	Salz
¾ l	Wasser
⅛ l	Rotwein

1	Gans, 3–4 kg schwer, ausgespült und abgetropft
	Beifuß, Salz, frisch gemahlener Pfeffer
¼ l	Gänsekleinbrühe
2 TL	Speisestärke, in Brühe angerührt
2 EL	Brandy

① Gänseklein mit allen Gewürzzutaten und Flüssigkeit zusetzen, auf mittlerer Hitze etwa ¾–1 Stunde kochen, abseihen.
② Ofen vorheizen. Fett aus dem Inneren der Gans entfernen (zum Auslassen beiseite stellen). Fettdrüse ausschneiden. Die Gans innen und außen mit Beifuß, Salz und Pfeffer einreiben, mit einer der beschriebenen Füllungen (s. Seite 234) füllen, zunähen. Oder ohne Füllung braten.
③ Auf Grillrost (über Fettpfanne), mit der Bauchseite nach unten, legen, in den vorgeheizten Ofen schieben, 30 Minuten braten, dann Bauchseite nach oben kehren, weitere 30 Minuten braten.
④ Temperatur auf 220 °C reduzieren. Brühe in die Fettpfanne gießen, Gans mit Gabel oder Stopfnadel an den Flanken einstechen, damit das Fett austreten kann, mit der Brühe begießen.

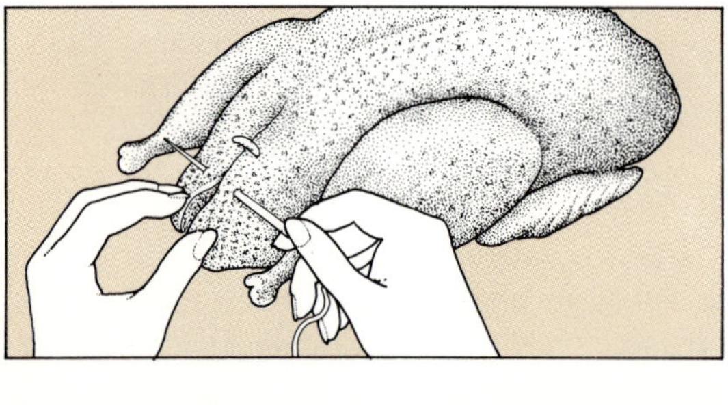

Während der nachfolgenden 1½ Stunden die Gans noch 4–5 mal gleichmäßig mit Saucenfond begießen. Sollte dieser weniger werden, zwischendurch einen Schöpflöffel Brühe in die Fettpfanne nachfüllen.
⑤ Sobald die Gans – nach ca. 1¾–2¼ Stunden, je nach Größe – knusprig braun ist, wieder auf die Bauchseite legen. Pfanne mit dem Saucenfond herausnehmen. Unter die Gans Anrichteplatte zum Erwärmen stellen. Ofen ausschalten, Ofentür offen lassen.
⑥ Saucenfond loskochen, abseihen, in Saucentopf mit Brühe aufkochen, sorgfältig Fett abschöpfen. Es müssen etwa ⅜–½ l Sauce entstehen. Angerührte Speisestärke unter Rühren zugießen, auf geringer Hitze einige Minuten reduzieren lassen, abschmecken, mit Brandy verfeinern.
⑦ Gans aus dem Ofen nehmen, tranchieren, auf heiße Platte legen, servieren.

Beilagen Rotkohl, Knödel, heißes Apfelmus mit Rosinen.

Gebratene Gans oder Ente ländliche Art

Vorbereiten 20 Minuten
Beizen 6–12 Stunden
Garen 1½ Stunden im Ofen bei 220 °C

1	junge Gans oder Ente, ausgespült und trocken getupft, roh in 8 Teile tranchiert
	Salz und frisch gemahlener Pfeffer
	frischer Majoran oder Beifuß
2	große Zwiebeln, in Scheiben oder Ringe geschnitten
½ l	Brühe aus Gänseklein bzw. ¼ l Brühe aus Entenklein (s. nebenan)
2 TL	Speisestärke, in
4 EL	Brühe angerührt

① Gans- oder Ententeile leicht salzen, gut pfeffern, mit Majoran oder Beifuß einreiben, in Topf mit Deckel schichten, zwischen die einzelnen Fleischteile Zwiebeln legen, letzte Schicht nur Zwiebeln, zudecken, ruhen lassen.
② Aus dem Gänseklein (Entenklein) Brühe kochen, abseihen.
③ Ofen vorheizen. Die Fleischstücke in Bräter mit Deckel legen. Die Brühe kochendheiß über das Fleisch gießen, Deckel auflegen, im heißen Ofen etwa 30 Minuten dünsten. Danach Deckel abnehmen und offen braten. Die Stücke dabei öf-

ters wenden. Oder: Nach beendetem Dünstvorgang die Geflügelteile auf Grillpfanne legen, fertigbraten.
④ Bratensatz mit Brühe loskochen, sorgfältig abfetten, abschmecken, eventuell etwas verlängern, dann nochmals einige Minuten einkochen, nach Belieben binden.
⑤ Die Fleischstücke auf ofenfeste Platte nebeneinanderlegen, mit Sauce bepinseln und kurz unter den Grill stellen, damit die Haut recht knusprig wird.

Eine herzhafte, aber sehr wohlschmeckende und für die Hausfrau bequeme Art des Bratens.

Beilagen Rohe Klöße oder Halbseidene Knödel, Rotkraut, Apfelmus.

Echte kalte Ente aus Kanton

Vorbereiten 15 Minuten
Garen 1–1¼ Stunden im Ofen bei 190 °C

1	junge, etwa 2 kg schwere Ente, ausgespült und trocken getupft
¹⁄₁₆ l	Soja-Sauce
2 EL	trockener Weißwein oder Sherry
1	Knoblauchzehe, durchgepreßt
1 TL	Honig oder brauner Zucker
1 TL	Orangenschale, fein abgerieben
2	Frühlingszwiebeln oder Schalotten, geviertelt
1	kleines Stück frische Ingwerwurzel, geschält, oder 1 TL Ingwerpulver
1 TL	Honig
6 EL	Oliven- oder Nußöl
½ TL	Salz und frisch gemahlener Pfeffer

① Ofen vorheizen. Fettdrüse der Ente ausschneiden. Soja-Sauce, Wein, Knoblauch, Honig, Orangenschale, Zwiebeln und Ingwer miteinander mischen, diese würzige Mischung in die Bauchhöhle der Ente geben, mit Zahnstocher oder Faden verschließen.
② Honig, Öl, Salz, Pfeffer vermischen. Die Ente allseitig mit der Ölmischung bepinseln, auf Grillrost über Grillpfanne in den heißen Ofen schieben, braten, dabei alle 10–15 Minuten von neuem mit der Ölmischung bepinseln.
③ Nach dem Braten bei Zimmertemperatur abkühlen lassen, in Folie locker einschlagen, für einige Stunden in Kühlschrank stellen. Vor dem Servieren tranchieren.

Beilagen Salate, Brot, würzige kalte Saucen.

Variation
Heiß zu Salatplatte reichen.

Ente à l'orange

Vorbereiten 15 Minuten
Garen 45–60 Minuten im Ofen bei 250/220 °C

1	junge, etwa 2 kg schwere Ente (Flugente), ausgespült und trocken getupft
	Salz und frisch gemahlener Pfeffer
	fein abgeriebene Schale von ½ Orange
1	große Zwiebel, in Halbringe geschnitten
	Entenleber und -magen
4 EL	Öl
1	große Möhre, geviertelt
1	Strauß Petersilie mit Rosmarin und Thymian
¼ l	Brühe oder Wasser, heiß
4	Orangen, filetiert
⅛ l	Orangensaft, frisch gepreßt
1 TL	Speisestärke
1 EL	Orangenlikör oder Brandy
2 EL	Butter, flüssig

① Ofen auf 250 °C vorheizen. Fettdrüse der Ente ausschneiden, innen und außen mit Salz und Pfeffer einreiben. Mit Orangenschale innen gründlich ausreiben, die Hälfte der Zwiebel samt Leber und Magen in die Bauchhöhle legen, mit Zahnstocher verschließen.
② Öl erhitzen, über die Bauchseite der Ente gießen, auf Grillrost über Grillpfanne legen, im heißen Ofen etwa 15 Minuten braten, zuerst auf dem Bauch, dann auf dem Rücken liegend.
③ In ofenfesten Schmortopf restliche Zwiebel, Möhre und Kräuterstrauß legen, mit etwa ⅓ Brühe zum Kochpunkt bringen. Ente in den Schmortopf legen, wieder in den Ofen schieben, nicht zudecken, Hitze auf 220 °C reduzieren. Während des Bratens öfter begießen, damit die Haut knusprig wird. Dabei löffelweise die Flüssigkeit zugießen, damit die Temperatur im Ofen möglichst unverändert bleibt und sich nicht zu viel Feuchtigkeit entwickelt. Nur so viel Flüssigkeit zugießen, daß das Gemüse nicht anbrennt.
④ Die Orangen filetieren, in leicht gesalzener, flüssiger Butter auf geringer Hitze erwärmen.
⑤ Die gebratene Ente aus dem Topf nehmen, mit der Bauchseite nach unten nochmals 10 Minuten in den ausgeschaltenen Ofen legen. Bratensatz mit restlicher Flüssigkeit loskochen, abseihen.

⑥ In kleinem Saucentopf die erhaltene Sauce aufkochen, Fett abschöpfen, frisch gepreßten Orangensaft mit Speisestärke verrühren, an die Sauce gießen, gut durchkochen, abschmecken.

⑦ Die Ente tranchieren, auf vorgewärmter Platte bergartig anrichten. Die heißen Orangenfilets mit Alkohol verfeinern, um die Ente legen, einige Eßlöffel Sauce über das Fleisch gießen, sofort servieren. Restliche Sauce getrennt reichen.

Beilagen Pommes frites, gedünsteter Chicorée.

Füllungen für Gans, Ente und Pute

Fleischfüllung

Zubereiten 15 Minuten

Ente		Gans und Pute	
100 g	Kalbfleisch	200 g	Kalbfleisch
100 g	Schinkenspeck	200 g	Schinkenspeck
	Herz, Magen, Leber		Herz, Magen, Leber
3–4 EL	Milch	7–8 EL	Milch
1 EL	Öl	2 EL	Öl
1	mittelgroße Zwiebel, fein gehackt	1	große Zwiebel, fein gehackt
1	Petersilienwurzel *oder*	2	Petersilienwurzeln *oder*
4 EL	Petersilienkraut, fein gehackt	8 EL	Petersilienkraut, fein gehackt
	Salz und frisch gemahlener Pfeffer		Salz und frisch gemahlener Pfeffer
	Prise Thymian		Prise Thymian
1	Ei	2	Eier
2 EL	Semmelbrösel	4 EL	Semmelbrösel

① Alle Fleischzutaten durch den Wolf drehen oder im Mixer grob pürieren, dabei nach und nach die Milch zugeben.

② Zwiebel und Petersilienwurzel oder -kraut in Öl andünsten, an die Fleischmasse geben, mit den Gewürzen, Ei und Semmelbröseln gut verkneten, abschmecken.

Apfelfüllung

Zubereiten 15 Minuten

Ente		Gans und Pute	
1 kg	säuerliche Äpfel, geschält, entkernt, in Achtel und dann blättrig geschnitten	1,5 kg	Äpfel (wie bei Ente vorbereitet)
1	mittelgroße Zwiebel, grob gehackt	1	große Zwiebel, grob gehackt
250 g	magerer, roher Schinken, fein gewürfelt	400 g	magerer, roher Schinken, fein gewürfelt
1	frisches Brötchen, in sehr kleine Würfel geschnitten und in	2	frische Brötchen, in sehr kleine Würfel geschnitten und in
3 EL	Milch eingeweicht	6 EL	Milch eingeweicht
2	Eier	3	Eier
	Salz und Pfeffer		Salz und Pfeffer
1 EL	grüner Pfeffer	2 EL	grüner Pfeffer
2 EL	Petersilie, grob gehackt	4 EL	Petersilie, grob gehackt
¼ TL	Thymian	½ TL	Thymian
¼ TL	abgeriebene Zitronenschale	½ TL	abgeriebene Zitronenschale
	Leber, Magen und Herz, fein gehackt		Leber, Magen und Herz, fein gehackt

Alle Zutaten in der angegebenen Reihenfolge miteinander vermischen.

Kartoffelfüllung für Gänse und Puten

Zubereiten 20 Minuten

100 g	Speckwürfel, knusprig zerlassen
1	große Zwiebel, fein gehackt
	Leber von Gans oder Pute, fein gehackt
400 g	Salzkartoffeln, grob zerstampft
4 EL	Petersilie oder 1 Bleichsellerieherz, gehackt
2	frische Salbeiblätter, grob gehackt, oder Prise getrockneter Salbei
1	Knoblauchzehe, durchgepreßt (nach Belieben)
2	trockene Brötchen, gewürfelt und in
50 g	Butter geröstet
4 EL	Sherry oder Weißwein
	Salz und frisch gemahlener Pfeffer
2	Eier

Zwiebeln mit Speck andünsten, Leber zugeben, mitdünsten. Alle anderen Zutaten in angegebener Reihenfolge und Zerkleinerungsgrad miteinander mischen, die Dünstmischung dazugeben, gut verkneten.

Pute

Putenbraten

Vorbereiten 20–40 Minuten
Garen 1 Stunde im Ofen bei 250/220 °C

1	ca. 2 kg schwere Babypute, ausgespült und trocken getupft
	Salz und frisch gemahlener Pfeffer
	Thymian, fein zerrieben
	Füllung nach Wahl (s. Seite 234)
6 EL	Butter, flüssig
½ EL	Honig
	Salz und Cayennepfeffer
2 EL	Butter für den Bräter
½ l	helle Brühe aus Putenklein (wie Seite 232)
1 EL	Crème fraîche
1 EL	Brandy

① Ofen auf 250 °C vorheizen. Pute innen und außen mit Salz, Pfeffer und Thymian ausreiben, nach Belieben füllen, zunähen.

② Butter, Honig, Salz, Cayennepfeffer erwärmen, die Pute damit bestreichen. Auf Grillrost über Grillpfanne legen, Bauchseite nach unten kehren, im Ofen 15 Minuten anbraten, dann die Bauchseite nach oben drehen, ebenfalls 15 Minuten braten. Hitze reduzieren.

③ Die Pute vom Rost nehmen, in einen ausgefetteten Bräter legen, einen Schöpflöffel der heißen Brühe über die Pute gießen, in den Ofen stellen, braten lassen. Alle 15 Minuten wieder mit ausgetretenem Bratensaft begießen, dabei in kleinen Portionen Brühe für die Sauce angießen.

④ Nach dem Braten Pute wieder auf den Rost mit der Bauchseite nach unten legen, im ausgeschalteten Ofen nochmals mindestens 15 Minuten bei leicht geöffneter Tür liegen lassen. Bratensatz mit etwas Brühe loskochen, abseihen, in kleinem Saucentopf durchkochen, abfetten, mit Crème fraîche binden, abschmecken, mit Brandy verfeinern.

⑤ Die Pute tranchieren, auf vorgewärmter Platte anrichten, mit einigen Eßlöffeln Sauce beträufeln, servieren. Sauce getrennt reichen.

Beilagen Kartoffelkroketten, Püree oder Halbseidene Knödel, Rotkraut, Preiselbeersauce.

Putenrollbraten

s. Grundzubereitung Rollbraten, Seite 170

Putenschnitzel mit verschiedenen Sahnesaucen

Vorbereiten 5 Minuten
Garen 15 Minuten

Gleichbleibende Zutaten

4	Putenschnitzel
	Salz und frisch gemahlener Pfeffer
2 EL	Mehl
4 EL	Öl oder flüssige Butter
¼ l	Sahne

Spezielle Zutaten

12	dünne Zitronenscheiben *oder*
4 EL	Basilikumblätter und
1 EL	Zitronensaft *oder*
2 EL	Paprikamark und
2 EL	Weißwein und
	Prise Zucker *oder*
1 EL	Curry und
2 EL	trockener Weißwein, Sherry oder Portwein

① Die Schnitzel leicht mit Salz und Pfeffer einreiben, beidseitig in Mehl wenden, überflüssiges Mehl abklopfen.

② Fett in Pfanne erhitzen, auf mittlerer Hitze Schnitzel einlegen und langsam beidseitig goldbraun braten, auf Teller legen, beiseite stellen.

③ Bratensatz mit der Sahne loskochen, unter Rühren auf etwa ⅔ der Menge reduzieren lassen, abschmecken.

④ Bei Zitronenscheiben: Die Fleischstücke einlegen, auf jedes Schnitzel 3 Zitronenscheiben legen, Deckel auflegen, auf kleinster Hitze etwa 8 Minuten ziehen lassen.

Bei Basilikum: Die Blätter zu feinen Streifen schneiden (Chiffonade), in die Sauce geben, Zitronensaft dazumischen, Schnitzel einlegen, bei zugedecktem Topf etwa 8 Minuten ziehen lassen.

Bei Paprikamark: Paprikamark und Wein an die Sauce rühren, mit Zucker abrunden, Schnitzel einlegen und zugedeckt etwa 8–10 Minuten simmern lassen.

Bei Curry: Curry und Wein zur Sauce geben, gut verrühren, etwa 10 Minuten simmern lassen. Schnitzel einlegen, nochmals 8–10 Minuten auf geringster Hitzestufe köcheln.

⑤ Die Schnitzel auf tiefer, vorgewärmter Platte anrichten, mit der Sauce übergießen, servieren.

Beilagen Körniger Reis, Kartoffelpüree, krosses Weißbrot, feine Dünstgemüse oder Salate.

Putensteaks mit flambierten Früchten

Vorbereiten 8 Minuten
Garen 8 Minuten
Flambieren 5 Minuten

2 EL	Butter
2	Pfirsiche, pochiert, oder Konserve, in Achtel geteilt
2 EL	Kirschen, pochiert, oder Konserve
1	Orange, filetiert
1 EL	grüner Pfeffer
4	Putensteaks (ersatzweise Poulardenbrüste)
	Salz und frisch gemahlener Pfeffer
4 EL	Butter, flüssig
1/16 l	helle Brühe oder Jus
1 EL	frischer Orangensaft
15 g	Butterflöckchen, kalt
1 EL	Orangenlikör
4 EL	Rum

① Früchte vorbereiten, in flachem Topf Butter verflüssigen, Früchte einlegen, auf kleinster Stufe erwärmen, grünen Pfeffer dazugeben, Deckel auflegen, ziehen lassen.
② Die Steaks leicht salzen und pfeffern. Sofort in flüssiger Butter zunächst bei starker, dann bei milder Hitze braten. Steaks aus der Pfanne auf Teller legen, warm stellen. Bratensatz mit Brühe oder Jus ablöschen, abgetropften Fleischsaft zugießen, durchkochen, rühren, beiseite ziehen. Orangensaft und Butterflöckchen einrühren, abschmecken. Alkohol erhitzen.
③ Die Steaks auf Anrichteplatte mit der Sauce übergießen, servieren. Die Früchte bei Tisch mit dem heißen Alkohol übergießen, anzünden.

Putenfleisch im Teigmantel

Geflügelbeignets

Vorbereiten 20 Minuten
Ruhen für den Teig 1 Stunde bei Zimmertemperatur
Ausbacken 10 Minuten

4	dicke Putenschnitzel, in 4 × 4 cm große Würfel geschnitten
	Salz und frisch gemahlener Pfeffer
	einige Spritzer Soja-Sauce

Ausbackteig

150 g	Mehl
1/4 TL	Salz und frisch gemahlener Pfeffer
2	Eigelb
3 EL	Öl oder zerlassene Butter
1/4 l	Bier, Wein oder Wasser
2	Eiweiß, steif geschlagen
	Fett zum Ausbacken (Friteuse)

① Aus Mehl, Salz, Pfeffer, Eigelb, Öl oder Butter und Flüssigkeit einen glatten Teig rühren, gut 1 Stunde bei Zimmertemperatur stehen lassen.
② Etwa 1/4 Stunde vor Gebrauch Fleisch in 4 × 4 cm große Würfel schneiden, schwach salzen und pfeffern, in einigen Spritzern Soja-Sauce marinieren, öfters wenden. Vor dem Ausbacken auf Küchenkrepp abtropfen. Friteuse auf 180 °C erhitzen.
③ Eiweiß steif schlagen, unter den Teig heben. Mit Gabeln die Fleischstücke im Teig wenden, daß sie gleichmäßig davon überzogen sind, in das heiße Fett einlegen, goldbraun fritieren, mit Schaumlöffel herausheben, auf Küchenkrepp abtropfen lassen, auf vorgewärmte Platte legen, servieren.

Beilagen Mild gewürzte Blatt- und Wurzelsalate, kalte Kräuterrahmsauce. Eine exzellente Vorspeise oder ein ebenso gutes Hauptgericht.

Variation
Statt Schnitzel Hühnerbrüste oder roh entbeintes Hähnchen oder Poularde nehmen, dann Teigmenge um 1/4 erhöhen.

Putenschnitzel Mailänder Art

Vorbereiten 5 Minuten
Garen 10–15 Minuten

4	Putenschnitzel
	Salz und frisch gemahlener Pfeffer
2 EL	Mehl
3	Eier, verquirlt
2 EL	Parmesan, fein gerieben
4 EL	Semmelbrösel
4 EL	Olivenöl
1	Zitrone, geviertelt
1	Petersilien- oder Melissenstrauß

① Die Schnitzel leicht salzen und pfeffern, beidseitig in Mehl wenden, gut von beiden Seiten mit Ei umhüllen, in Reibkäse wenden, nochmals in Ei tauchen, dann in Semmelbrösel drücken, überflüssige Brösel abklopfen.
② Öl in schwerer Pfanne erhitzen, bei milder Hitze die Schnitzel einlegen, Hitze langsam verstärken, auf beiden Seiten knusprig goldbraun braten. Mit Zitronenvierteln und frischem Grün servieren.

Beilagen Alle Arten von Salaten nach Jahreszeit, krosses Brot.

Wild und Wildgeflügel

Grundkenntnisse

Angebot

Der größte Teil des Marktangebots stammt aus Importländern, da durch die im Bundesjagdgesetz festgelegten Schußzeiten (Jagdzeiten) der Bedarf aus heimischem Wildbestand nicht gedeckt werden kann.

Die »Verordnung über hygienische Mindestanforderungen an Fleisch, das für die Bundesrepublik Deutschland bestimmt ist,« verhindert, daß genußuntaugliches Wildbret in den Handel gelangt.

Das Angebot an schußfrischem (während der Jagdzeiten) und tiefgefrorenem Wildbret gliedert sich in

Haarwild Reh und Hirsch (Rotwild), Damwild, Schwarzwild (Wildschwein), Hase, Wildkaninchen.

Federwild Rebhuhn, Fasan, Wildenten.

Wild in der Ernährung

Wildfleisch ist reich an Eiweiß und arm an Fett. Beide Faktoren ergeben sich aus der Lebensweise der Tiere: Viel körperliche Bewegung bei stark zellulosehaltigem Futter. Z. B. sind in je 100 g eßbarem Anteil Rehkeule enthalten:

21 g Eiweiß
1,2 g Fett
Kohlenhydrate nur in Spuren
60,0 mg Natrium
5,0 mg Calcium
220,0 mg Phosphor
3,0 mg Eisen
0,23 mg Vitamin B1
0,48 mg Vitamin B2
6,3 mg Niacin

Wildfleisch kann vom Körper sehr gut ausgenutzt werden. Bei richtiger Zubereitung ist es leicht verdaulich und bekömmlich. Mit Ausnahme für Rheuma- und Gichtkranke kann es auch in der Diätetik verwendet werden.

Einkauf

Die Farbe von Wildfleisch ist wegen des geringen Ausblutens und durch die spezielle Ernährung dunkelrot bis rotbraun. Es hat eine feinfaserige Struktur und festere Konsistenz als das Fleisch schlachtbarer Haustiere. Das Fett befindet sich nicht im Muskelfleisch, sondern unter der Haut und um die inneren Organe. Es ist weiß und fest. Das Fleisch ist von einer sehnigen Haut umgeben, die erst vor der Zubereitung entfernt wird. Das Fleisch junger Tiere ist zart und weniger kompakt als das Fleisch älterer Tiere.

Das Gewicht (Größe) der einzelnen zerlegten Teile und die Festigkeit der Knochen lassen bereits Rückschlüsse auf das Alter der Tiere zu.

Das zarteste Fleisch kommt von Rehwild bis zu 3 Jahren, bei Rot- und Damwild von Kälbern und Stücken im 2. Lebensjahr, von Schwarzwild-Frischlingen unter 1 Jahr und Überläufern im 2. Lebensjahr, von Hasen im Alter von 3–8 Monaten (erkennbar am Bauch-Flaumhaar), von jungen Rebhühnern (gelbe Ständer = Beinfarbe) und jungen Fasanen (stumpfer Sporn beim Hahn, Warze bei der Henne).

Preisgruppen bei Haarwild

Gruppe 1 Die besten Teile stammen von Rükken (Ziemer) und Keulen (Schlegel) ohne Knochen.

Gruppe 2 Blatt oder Schulter (Schaufel) ohne Knochen sowie Keulen mit Knochen.

Gruppe 3 Hals, Bauch sowie Blatt oder Schulter mit Knochen machen gegenüber Gruppe 1 etwa den halben Preis aus.

Schußfrisches Wildbret

- ▷ Am besten vom Jäger oder im Fachgeschäft kaufen.
- ▷ Gut abgehangenes Fleisch kaufen oder lange genug abhängen lassen.
- ▷ Zu den Jagdzeiten kaufen.
- ▷ Frischfleisch auf Vorrat kaufen, selbst einfrieren.
- ▷ Merkmale für die Beurteilung des Alters beachten.

Tiefgefrorenes Wildbret
▷ Keine beschädigten Verpackungen kaufen.
▷ Auf Verpackungsdatum achten.
▷ Keine Verpackungen kaufen, die innen bereift sind.

Lagerung

▷ Schußfrisches Wild, das vorschriftsmäßig aufgebrochen wurde, hält sich im Kühlhaus bei 0 °C etwa 20 Tage frisch, bei Keller- oder Kühlschranktemperatur etwa 8–10 Tage. Es muß 6–10 Tage (je nach Größe) bei Haarwild, 3–5 Tage bei Federwild abhängen, um zart und aromatisch zu werden.
Einlegen in Beize bei Fleisch von älteren Tieren (6–10 Tage) war in Zeiten ohne Kühlschränke eine verbreitete Art des Lagerns.

▷ Zum Einfrieren wird Wild in Stücke von 1–3 kg (je nach Wildart) zerlegt, vorschriftsmäßig verpackt und bei – 18 °C eingefroren. Haltbarkeit 9–12 Monate.

▷ Wildgeflügel, das im ganzen gekauft wurde, rupfen, evtl. absengen, ausnehmen, gründlich kalt waschen, sofort abtrocknen und dressieren. Im Kühlschrank gut durchkühlen, vorschriftsmäßig verpacken, einfrieren bei – 18 °C. Haltbarkeit 8–10 Monate.

Auftauen

▷ Große Bratenstücke zum Auftauen in kalte Milch legen (Flüssigkeit zur Sauce verwendbar) oder im Kühlschrank auftauen.

▷ Kurzbratstücke (Steak, Filet, Schnitzel) nur antauen lassen, anschließend braten.

▷ Wildgeflügel wie Hähnchen auftauen.

Zubereitung

Vorbereiten

▷ Gut abgehangenes Wildbret muß vor der Zubereitung *enthäutet* werden. Zuerst alles Fett abtrennen. Die eine Hand hält das Fleisch, die andere Hand führt ein scharfes, spitzes Messer in Streifen von 3–4 cm Breite unter der Haut entlang, mit dem Messerrücken von der haltenden Hand weg. Wichtig ist dabei, daß die Oberfläche des Fleisches so wenig wie möglich verletzt wird. (Evtl. mit Küchenkrepp umfassen und festhalten.)

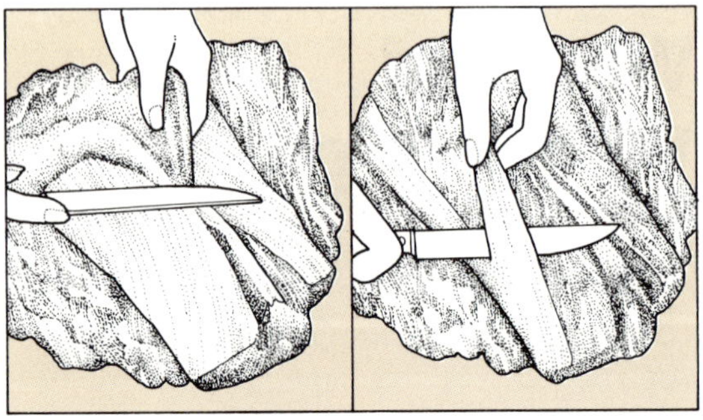

▷ *Beizen* von Wildbret sollte nur bei Fleisch von älteren Tieren oder bei Aufbewahrungsproblemen vorgenommen werden. Beizen macht die Fleischfaser mürbe.
Es gibt verschiedene Möglichkeiten des Beizens: Entweder Einschlagen in ein mit Essig getränktes Tuch. Dies muß täglich gewechselt bzw. ausgewaschen, getrocknet und von neuem getränkt werden. Oder Einlegen in Buttermilch oder Einlegen in Essigbeize (wie Sauerbraten) oder Einlegen in Rotweinbeize. Einlegezeit 3–10 Tage.

▷ Belegen mit Speckstreifen *(Bardieren)*: Große Bratenstücke, Rücken und Wildgeflügel werden gerne mit Speckstreifen belegt. Der Geschmack von geräuchertem Speck ergänzt sich sehr vorteilhaft mit dem Aroma des Wildbrets und verhindert das Austrocknen des mageren Fleisches.

▷ *Spicken* mit Speck wird heute kaum mehr angewandt, da es die Fleischfaser zu stark verletzt und das Austreten von Fleischsaft begünstigt.

▷ Bei Wildschweinbraten müssen Schwarten und Fett vor dem Enthäuten abgetrennt werden. Danach Einlegen in Beize oder sofort braten bzw. kurzbraten.

Garmachungsarten

Braten Keulenstücke und Rücken, ganze Hasen und Wildgeflügel.
Schmoren Blatt (Schulter, Schaufel) als Gulasch.
Kurzbraten Steak, Filet, Schnitzel.
Kochen Hals und Bauchfleisch, beim Hasen Vorderläufe, Hals und Kopf als Ragout.

Würzen

Wildbret hat ein ausgeprägtes Eigenaroma, das entweder rein erhalten oder ergänzt und abgerundet werden soll.

Neben Salz und Pfeffer kommt beim **Braten** geschmackgebend das Bratfett dazu, z. B. frische Butter, Räucherspeck oder sehr gutes Olivenöl. Außerdem Zwiebeln, Lorbeerblatt, Rosmarin, Tomatenpüree. Sehr wichtig ist das Aufgießen mit Wildfond (-brühe), das Abschmecken mit trockenem Rotwein.
Für **geschmorte Wildgerichte** gelten die gleichen Empfehlungen.
Kurzbraten mit frischer Butter, sehr gutem Olivenöl, Pfeffer, Salz. Aufgießen der Kurzbratsauce entweder mit Wildfond oder Rotwein und frischer Sahne.
Gewürze zum **Kochen** von Wild sind Wacholderbeeren, Pfefferkörner, Zwiebel, Sellerie, Lorbeer, Tomatenpüree, Rotwein, Essig, Salz und Zucker zum Abrunden.

Hinweise für die Küchenpraxis

- ▷ Wildbret vor der Zubereitung sorgfältig häuten (vorher Fett abtrennen).
- ▷ Fleisch älterer Tiere in Beize vorbehandeln.
- ▷ Zum Braten, Schmoren, Kurzbraten nur sehr gutes Fett verwenden.
- ▷ Nur mit Brühe (Wildfond) aufgießen.
- ▷ Fleisch nicht übergaren.
- ▷ Beim Würzen das Wildaroma nicht verdekken.
- ▷ Anrichtegefäße sehr gut vorwärmen.

Zubereitungen von Wild und Wildgeflügel

Gekochtes Wild

Wildragout (mit Knochen)

Vorbereiten 10 Minuten
Garen 1½–2 Stunden

Sud

1 l	Wasser
¼ l	Rotwein
2	Lorbeerblätter
1	Zwiebel, mit 2 Nelken bespickt
1 TL	Salz
1 TL	Pfefferkörner
½	Sellerieknolle, halbiert
1	Zweig Rosmarin oder Thymian
1 TL	Wacholderbeeren
1	Speckschwarte, ca. 10 × 20 cm groß
1 kg	Wildfleisch mit Knochen (Schulter, Hals, Schaufel), gewaschen und trocken getupft
50 g	Fett
1 TL	Zucker
1 EL	Mehl
½–¾ l	Kochflüssigkeit
	Salz und frisch gemahlener Pfeffer
1 EL	Tomatenmark
2 EL	saure Sahne

① Aus der Flüssigkeit und den Gewürzen Sud herstellen, in entsprechendem Topf zum Kochen bringen. Fleisch einlegen und auf kleiner Hitze garen. Garprobe machen. Fleisch aus der Flüssigkeit nehmen, warm halten, Brühe abseihen.
② In einem Schmortopf Fett und Zucker erhitzen, umrühren, eine mittelbraune Einbrenne herstellen, mit der Kochflüssigkeit aufgießen, ¼ Stunde bei offenem Topf kochen lassen, die sich dabei bildende Haut abschöpfen.
③ Fleisch von den Knochen lösen, in mittelgroße Stücke schneiden, in die Sauce legen, erhitzen. Tomatenmark und Sahne miteinander verquirlen, an die Sauce rühren, ca. 10 Minuten ziehen lassen, servieren.

Beilagen Alle Beilagen aus Kartoffelteig, Rotkraut, Salate, Nudeln, Preiselbeeren, gedünstete Äpfel.

Dieses Gericht läßt sich gut am Vortag vorbereiten und wieder aufwärmen.

Hasenragout sauer

Vorbereiten 15–20 Minuten
Garen 1–1¼ Stunde

1	Hase oder Wildkaninchen, in 8–10 Teile zerlegt

Sud

¼ l	Weinessig, kochendheiß
¼ l	Rotwein
1 l	Wasser
2	große Zwiebeln, mit
4	Nelken bespickt
1	Petersilienwurzel oder ½ Sellerieknolle, grob zerteilt
2	kleine Möhren, grob zerteilt
1	Lorbeerblatt
1 TL	Pfefferkörner
1 TL	Wacholderbeeren
1½ TL	Salz
1 EL	Zucker

Sauce

2 EL	Schmalz, flüssig, oder Öl
1½ TL	Zucker
2 EL	Mehl
½ l	Sudflüssigkeit
⅛ l	Sahne oder 1/16 l Crème fraîche

① Fleischteile mit feuchtem Tuch abreiben, nebeneinander in Schüssel oder Bratreine legen, mit heißem Essig übergießen, sofort häuten.

② Essig aus der Schüssel mit Wasser und Rotwein mischen, mit Gemüse- und Würzzutaten in Topf zum Kochen bringen, Fleischteile mit Ausnahme des Rückenstückes einlegen, zugedeckt leicht kochen lassen.

③ Nach 30 Minuten Kochzeit Rückenstück einlegen, nochmals 25–30 Minuten köcheln lassen. Danach Sudflüssigkeit abseihen, Fleisch warm halten und von den Knochen lösen, Rücken in Portionsstücke teilen.

④ In zweitem Topf Fett erhitzen, Zucker karamelisieren lassen, Mehl zugeben, auf kleiner Hitze goldbraun rösten, Topf beiseite stellen, etwas abkühlen lassen.
Oder: Aus Fett, Zucker und Mehl Zuckereinbrenne herstellen, etwas abkühlen lassen.
Sud an die Einbrenne rühren, 15 Minuten gut durchkochen lassen. Mit Sahne oder Crème fraîche verfeinern, rund abschmecken.

⑤ Fleisch in die heiße Sauce einlegen und 10–15 Minuten darin ziehen lassen, in Ragoutschüssel (-terrine) füllen, servieren.

Beilagen Semmel- und Kartoffelknödel, Spätzle, Nudeln, Kartoffelbrei, Wurzel-, Blattsalate.

Gebratenes Wild

Hirsch-(Reh)Schlegel gebraten

Vorbereiten 1 Stunde
Garen 1½–2 Stunden im Ofen bei 250/190 °C

Saucenfond

	Knochen, Sehnen, Häute, Kleinfleisch von Hirsch oder Reh
2 EL	Öl
100 g	durchwachsener Speck, in 2 cm breite Streifen geschnitten
½	Sellerieknolle, in Scheiben geschnitten
1	Möhre, geviertelt
1	Petersilienwurzel, in Streifen geschnitten
1	Tomate
1 TL	Pfefferkörner
1 TL	Wacholderbeeren
1	Lorbeerblatt
¼ l	trockener Rotwein
½ l	Wasser
1 TL	Salz
2 EL	Sahne, süß oder sauer
750 g	Hirsch- oder Rehschlegel, ausgelöst am Stück
	Salz und reichlich frisch gemahlener Pfeffer
4 EL	Öl oder flüssige Butter

① Knochen, Sehnen, Häute und Kleinfleisch in einem Schmortopf mit Öl anbraten, die Speckstreifen dazugeben, kräftig mitbraten. Die Gemüse und Gewürze dazugeben, unter Umrühren weiterbraten, mit Rotwein und Wasser ablöschen, salzen. Zugedeckt 1 Stunde kochen lassen. Danach abseihen, die Gemüse, Pfefferkörner und Wacholderbeeren durchpassieren. In einem kleineren Topf offen weiterkochen lassen, etwa auf die Hälfte reduzieren, heiß halten.

② Ofen auf 250 °C vorheizen. Das Fleisch von allen Seiten mit Salz und Pfeffer einreiben. Im Bräter Fett erhitzen, Fleisch von allen Seiten darin gut anbraten, mit etwa ⅛–3/16 l Saucenfond ablöschen. Deckel auf den Topf legen, in den Ofen schieben. Nach ca. ½ Stunde evtl. wieder Saucenfond angießen, Braten begießen, Hitze auf 190 °C reduzieren.

③ Nach 1½ Stunden Garprobe machen, evtl. Garzeit verlängern. Fleisch aus dem Topf nehmen, zugedeckt warm stellen, mindestens 15 Minuten ruhen lassen. Bratensatz mit Saucenfond loskochen, reduzieren lassen, mit Salz abschmekken, Sahne unterziehen.

④ Fleisch in 1 cm dicke Scheiben schneiden, auf vorgewärmter Platte schuppenförmig anrichten,

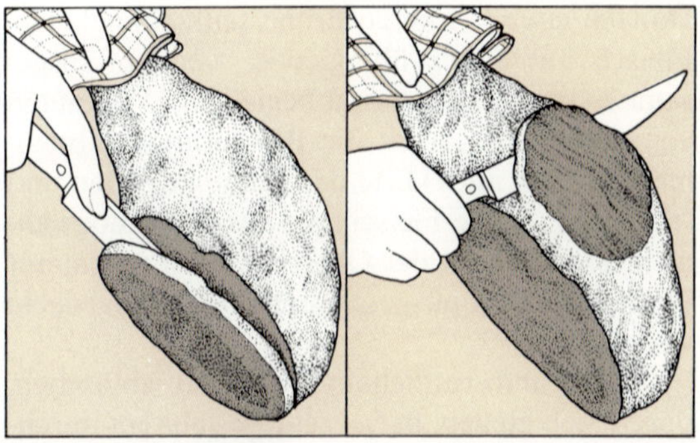

mit einigen Eßlöffeln Sauce überziehen, Sauce getrennt anrichten.

Beilagen Kartoffelkroketten, Rösti, Kartoffeltaler, Kartoffelknödel, gedünsteter Rosenkohl, gedünstete Zucchini, Preiselbeeren, Weinäpfel, Linsengemüse mit Speck.

Variation

Statt Hirsch- oder Rehschlegel Hasenkeulen, pro Person 1 Keule, nehmen. Die Garzeit verringert sich dabei etwa um die Hälfte.

Reh-, Hirsch-, Hasenrücken

Vorbereiten 15–20 Minuten
Garen 1–1¾ Stunden, je nach Größe (Dicke), im Ofen bei 250/210–220 °C

1,5 kg	Reh-, Hirsch- oder Hasenrücken (mit Knochen)
	frisch gemahlener Pfeffer
100 g	Butter, kalt, 1 TL Wacholderbeeren, zerstoßen, und Salz, *oder*
150 g	durchwachsener Räucherspeck, in dünnen Scheiben zum Bardieren, und 50 g Butter
½ l	Wildfond oder ¼ l Rotwein und ¼ l Brühe
	Salz

Sauce

20 g	Butter
1	kleine Zwiebel, fein geschnitten
	Bratensaft
2 EL	Rotwein oder 1 EL Madeira
2 EL	Crème fraîche
	Salz und frisch gemahlener Pfeffer

① Ofen auf 250 °C vorheizen. Wildrücken vorsichtig enthäuten, Häute zum Wildfond verwenden. Fleisch gut mit frisch gemahlenem Pfeffer einreiben.

② Mit Wacholderbutter: Die zerstoßenen Wacholderkörner mit Salz und Butter verkneten, bis die Masse streichfähig ist. Fleisch damit gleichmäßig dick einreiben, in Bratreine legen, in Ofen stellen.

Mit Räucherspeck: Den Wildrücken dicht an dicht mit Speckscheiben bardieren, in die Bratreine legen, Butter bis zum Schäumen erhitzen, das Fleisch damit gleichmäßig übergießen, in den Ofen stellen.

③ Darauf achten, daß die Temperatur im Ofen nicht unter 210–220 °C absinkt. Nach 10 Minuten Bratzeit etwa ⅛ l heißen Wildfond seitlich angießen, nach weiteren 10 Minuten nochmals die gleiche Menge Fond seitlich zugießen, dabei den Rücken vorher mit Bratensaft übergießen, weiterbraten.

④ Kleine Rückenstücke von Hase oder sehr jungem Reh nach insgesamt 30–40 Minuten Bratzeit leicht salzen (erübrigt sich bei Verwendung von Speck), in Folie gut einpacken und im heißen Ofen bei etwa 200 °C garziehen lassen. Große Bratenstücke offen weiterbraten und oft mit Bratensaft begießen, dabei restlichen Wildfond jeweils heiß zugeben.

⑤ Nach beendeter Bratzeit Fleisch aus dem Bräter nehmen, warm halten. Zwiebel in Butter andünsten, mit Bratensaft ablöschen, Rotwein oder Madeira zugeben, sehr gut durchkochen, abseihen, mit Crème fraîche abziehen, abschmecken. Bardierung abnehmen.

⑥ Fleisch mit spitzem Messer von den Knochen lösen, in 2 cm dicke Scheiben schneiden, auf heißer Platte anrichten, mit einigen Eßlöffeln Sauce beträufeln. Sauce in vorgewärmter Schüssel anrichten, mit dem Fleisch heiß zu Tisch geben.

Beilagen Rosenkohl, al dente gegart, in Butter geschwenkt, Kroketten, gedünstete Pfifferlinge mit gerösteten Speckwürfeln und Petersilie, Salzkartoffeln oder Schweizer Rösti. Jeweils 3–4 Eßlöffel der Gemüse und/oder Kroketten als Garnitur zum Fleisch auf die Platte legen.

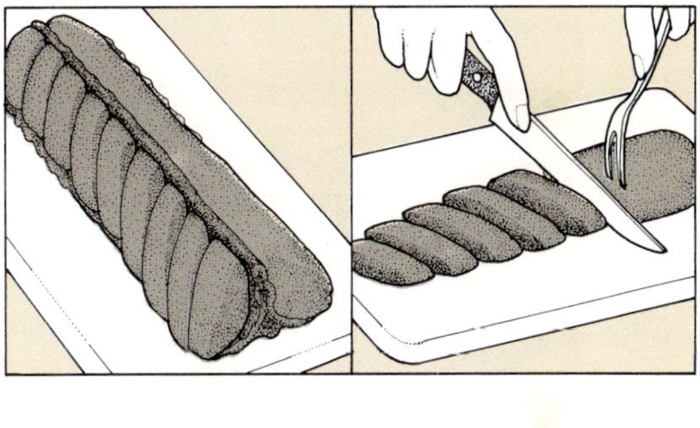

Hasenbraten

(Hase, gebraten)

Vorbereiten 15–20 Minuten
Garen 35–40 Minuten für den Rücken, 50–60 Minuten für Schlegel und Läufe im Ofen bei 220/190 °C

1	Junghase von ca. 2–2,5 kg, gut abgehangen
	Salz und frisch gemahlener Pfeffer
2 TL	Wacholderbeeren
150 g	durchwachsener Speck in dünnen Scheiben
8 EL	Butter, zerlassen
1	Möhre, in Scheiben geschnitten
1	mittelgroße Zwiebel, gehackt (nach Belieben)
¼–⅜ l	Wildfond von Kopf, Rippen und häutigen Fleischteilen des Hasen, kochendheiß
⅛ l	Sahne oder 1/16 l Crème fraîche
	Prise Cayennepfeffer
4 EL	Rotwein, nach Belieben mit 1 TL Mehl verquirlt
2 TL	Zitronensaft

① Ofen vorheizen. Hasen vorbereiten: Schlegel, Läufe abtrennen, Kopf mit Hals, Brustkorb, Bauchlappen mit Küchenbeil sauber vom Rükkenstück abtrennen. Aus Kopf, Rippen und häutigen Fleischteilen Wildfond bereiten. Schlegel, Läufe und Rücken mit feuchtem Tuch oder Küchenkrepp abreiben. Nach Belieben Schlegelknochen mit spitzem Messer auslösen (Knochen ebenfalls für den Wildfond verwenden).

② Alle Fleischteile sorgfältig häuten, mit Salz, Pfeffer und Wacholderbeeren einreiben.

③ Boden der Bratreine locker mit Speckscheiben auslegen, Schlegel und Läufe darauflegen, mit heißer Butter übergießen, oder Fleischteile mit flüssiger Butter bestreichen, mit Speckscheiben bardieren, in die Bratreine legen. Möhre und Zwiebel zugeben, auf Mittelschiene in den heißen Ofen schieben, etwa 15 Minuten braten.
Hasenrücken mit heißer Butter begießen oder mit flüssiger Butter bestreichen und bardieren, zu den Schlegeln in die Bratreine legen, ebenfalls etwa 10 Minuten braten.

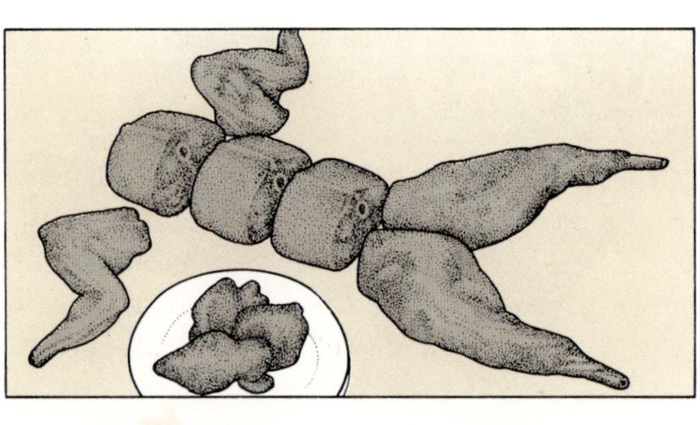

Danach etwa ⅛ l heiße Brühe seitlich angießen, Fleisch mit Sauce übergießen, wenden. Insgesamt 2–3mal wenden und begießen. 15 Minuten vor beendeter Garzeit die Bardierungen abnehmen, Fleisch mit Hälfte der Sahne begießen und fertigbraten. Alle Fleischteile aus der Sauce nehmen. Rücken, mit der Oberseite nach unten, auf Platte legen, im ausgeschalteten Ofen zugedeckt warm halten.

④ Sauce mit restlichem Wildfond ablöschen, durch Sieb gießen, in Saucentopf sehr gut durchkochen, mit Cayennepfeffer, Rotwein und Zitrone würzen, nach Belieben mit Mehl nochmals binden. Sehr gut durchkochen lassen, Sahne oder Crème fraîche zugeben, nochmals abschmecken, warm halten.

⑤ Rücken mit spitzem Messer auslösen, in 5 cm lange Stücke quer oder schräg schneiden. Mit den Schenkeln auf vorgewärmter Platte anrichten, mit Sauce beträufeln. Restliche Sauce getrennt anrichten. Garniert mit gedünsteten Pfifferlingen oder mit Weinäpfeln oder -birnen, gefüllt mit Preiselbeeren oder Johannisbeeren, servieren.

Beilagen Spätzle, Kartoffelkroketten, Herzoginkartoffeln, Pfifferlinge, Fenchel in Sahnesauce, gedünsteter Blattspinat, Apfelkompott mit Preiselbeeren.

Auf gleiche Weise können auch Einzelteile von Hase und Wildkaninchen zubereitet werden.

Gebratene Wildente

Vorbereiten 5 Minuten
Garen 40–60 Minuten im Ofen bei 220/200 °C

2	junge Wild- oder Krickenten von je ca. 600 g, Bürzel entfernt, ausgespült und abgetupft
	Salz und frisch gemahlener Pfeffer
4 EL	Butter, flüssig
2	Thymian- oder Rosmarinzweige
4	Scheiben durchwachsener, geräucherter Speck zum Bardieren
⅛ l	Brühe
⅛ l	dunkler Saucenfond oder Wildfond (s. Seiten 248, 249)
1/16 l	Rot- oder Portwein
1 EL	Sahne
1 TL	Preiselbeerkompott, durchpassiert

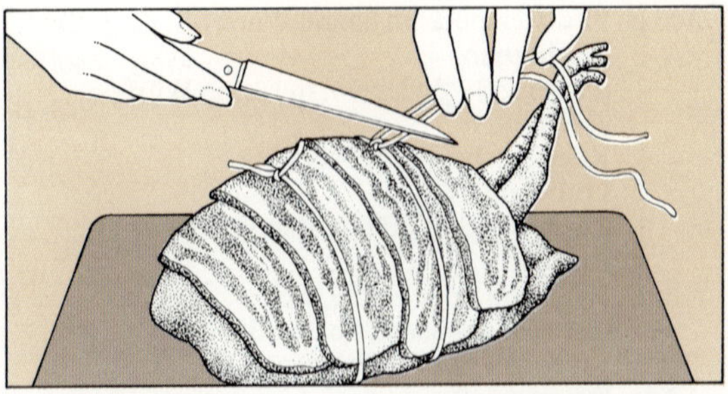

① Ofen auf 220 °C vorheizen. Die Enten von innen und außen mit Salz und Pfeffer einreiben, mit Butter rundum bepinseln, Kräuterzweig in die Enten geben, auf Grillrost über Grillpfanne mit Bauchseite nach unten legen, 10 Minuten anbraten, dann Bauchseite nach oben wenden, ebenfalls 10 Minuten anbraten. Hitze auf 200 °C reduzieren.
② Speckscheiben quer auf die Enten legen, bardieren. Die Enten in Bräter legen, Brühe angießen, 30 Minuten braten lassen, dann Speckscheiben abnehmen, in die Sauce legen, Enten begießen, nochmals 10 Minuten braten lassen. Ofen ausschalten, Enten mit Bauchseite nach unten auf Rost legen, bei geöffneter Ofentüre warm halten.
③ Den Bratensatz mit Saucenfond loskochen, abschmecken, mit Sahne und durchpassiertem Preiselbeerkompott verfeinern.
④ Die Enten längs tranchieren, auf vorgewärmter Platte anrichten. (Mit Äfeln oder Birnen in Rotwein garnieren.)

Beilagen Rohe Kartoffelklöße oder Kartoffeltaler, Rotkohl, Preiselbeeren.

Fasan, Rebhuhn, Wachteln, gebraten

Vorbereiten 10 Minuten
Schmoren 30 Minuten
Braten 20 Minuten im Ofen bei 250 °C

1	junger Fasan (oder Rebhuhn oder Wachteln), ausgespült und trocken getupft
6	Scheiben geräucherter, durchwachsener Speck
2 EL	Butter, zerlassen
	Salz und frisch gemahlener Pfeffer
¹⁄₁₆ l	Wildfond oder dunkler Saucenfond (s. Seiten 248, 249)
4	säuerliche Äpfel, geschält, entkernt, in 2 cm dicke Scheiben geschnitten
¹⁄₁₆ l	Sahne
4 EL	Brandy

① Bratfertigen Fasan evtl. füllen, mit Zwirn in Speckscheiben einbinden. Butter in Bräter zerlassen, Fasan darin rundum bei starker Hitze anbraten, bis er goldbraune Farbe angenommen hat. Mit Salz und Pfeffer überstreuen, etwas Fond angießen, Topf zudecken, auf mittlerer Hitze schmoren, öfters wenden.
② Äpfel vorbereiten, zum Fasan geben, mit Sahne übergießen, wenden, wieder zudecken, etwa 30 Minuten weitergaren. Ofen vorheizen.
③ Fasan aus dem Topf nehmen, Speck entfernen, mit Pfeffer bestreuen, in Topf zurücklegen, ohne Deckel im heißen Ofen nochmals 20 Minuten braten, vor dem Tranchieren 5–10 Minuten ruhen lassen. Der Länge nach in zwei Hälften teilen, auf Anrichteplatte warm halten.
④ Äpfel aus der Sauce nehmen, den Fasan damit umlegen, Bratensatz mit Fond loskochen, mit Brandy verfeinern, abschmecken. Fasan mit wenig Sauce bepinseln, servieren.

Beilagen Kroketten, Kartoffeltaler, Sauerkraut.

Auf die gleiche Weise können Rebhühner und Wachteln, mit entsprechend verringerter Garzeit, zubereitet werden.

Füllung für Wildgeflügel

Rebhuhn, Wachteln, Wildente und Fasan

Zubereiten 15 Minuten

Für je 2 Rebhühner oder Wachteln, für je 2 kleine Enten, 1 große Ente oder 1 Fasan:

100 g	Wildfleisch von Reh oder Hirsch
100 g	geräucherter, durchwachsener Speck
	Leber(n), Herz(en), Magen (Mägen), durch den Wolf gedreht oder im Mixer mit ¹⁄₁₆ l Milch püriert
1	kleine Knoblauchzehe, durchgepreßt
3	Wacholderbeeren, zerstoßen
1	Ei
	Salz und frisch gemahlener Pfeffer
½ TL	frischer oder Prise getrockneter Thymian
4 EL	Butter, zerlassen

Die Fleischzutaten mit der Milch durch den Wolf drehen oder pürieren, mit Knoblauch, Wacholder, Ei, Salz, Pfeffer, Thymian und zerlassener Butter vermischen und zu gleichmäßigem Teig verarbeiten. In die Bauchhöhlen füllen, zustekken oder -nähen.

Geschmortes Wild

Wildragout (ohne Knochen)

Vorbereiten 15 Minuten
Garen 1–2 Stunden, je nach Wildart

500 g	Fleisch von Reh, Hirsch oder Hase (Schulter, Keule, Schaufel, Hals)
100 g	durchwachsener Speck, in Würfel geschnitten
2 EL	Öl
1	große Zwiebel, gehackt
¼ l	Rotwein
¼ l	Wildbrühe
1 EL	Tomatenmark
1 TL	Paprika edelsüß
⅛ l	saure Sahne
1 EL	Mehl
	Salz und frisch gemahlener schwarzer Pfeffer

① Fleisch von wegstehenden Häuten und Sehnen befreien, in 3–4 cm große Würfel schneiden.
② Speck in Schmortopf mit Öl zerlassen, goldbraun rösten, Speckwürfel aus dem Bratfett nehmen, beiseite stellen. Fleischwürfel im Fett anbräunen, Zwiebel dazugeben, mitdünsten, mit Rotwein ablöschen, ankochen, Hitze reduzieren, auf kleiner Hitze zugedeckt gar schmoren.
③ Mehrmals während des Schmorens umrühren, Wildbrühe angießen.
④ Garprobe machen. Tomatenmark, Paprika, Sahne, Mehl miteinander vermischen, zum Fleisch rühren, ¼ Stunde köcheln lassen, mit Salz und Pfeffer abschmecken. Zum Schluß die Speckwürfel untermischen, noch etwas ziehen lassen, servieren.

Beilagen Alle Arten von Kartoffelteigzubereitungen, Schmorkraut, Nudeln, Spätzle, Salate.

Läßt sich gut am Vortag zubereiten.

Hasenpfeffer, Hasenragout

Vorbereiten 10–15 Minuten
Garen 1–1¼ Stunden

1 kg	Vorderläufe, Hals, Bauchlappen, Herz, Lunge eines Wildhasen oder 1 ganzer Hase von etwa 1,5 kg, in Stücke zerlegt
	Salz und frisch gemahlener Pfeffer
1 TL	Wacholderbeeren, zerdrückt
2 EL	Mehl
2 EL	Öl
100 g	Räucherspeck, in kleine Würfel geschnitten
2	mittelgroße Zwiebeln, in kleine Würfel geschnitten
1	Knoblauchzehe, gehackt
1	Lorbeerblatt
1	Zweig frischer oder 1 Msp getrockneter Rosmarin
¼ l	Wildfond oder Brühe, mit
¼ l	Rotwein gemischt, kochendheiß
2 TL	Johannis- oder Preiselbeergelee
1 EL	Zitronensaft
	Hasenblut, falls vorhanden
1/16 l	Sahne

① Fleischteile mit Salz, Pfeffer und Wacholderbeeren einreiben, in Mehl wenden.
② Speckwürfel im heißen Öl auf kleiner Hitze anbraten, mit Schaumlöffel herausnehmen, auf Teller legen. Zwiebel und Knoblauch in dem Fett glasig dünsten.
③ Fleischteile im heißen Fett beidseitig goldbraun anbraten, Gewürze zugeben. Etwa Hälfte der Flüssigkeit seitlich angießen, zugedeckt auf mittlerer Hitze schmoren, während des Garens Fleisch einmal wenden, restliche Flüssigkeit zugießen.
④ Die gegarten Fleischteile aus der Sauce nehmen, zugedeckt warm halten. Sauce durchseihen, mit Gelee und Zitronensaft abschmecken, sehr gut durchkochen lassen. Sahne und evtl. vorhandenes Hasenblut an die Sauce rühren.
⑤ Fleisch in flacher Schüssel anrichten, mit den heißen Speckwürfeln überstreuen, mit Sauce übergießen, servieren.

Beilagen Semmel-, Kartoffelknödel, Kroketten, Spätzle, Nudeln, Rotkohl (Blaukraut), Rosenkohl, gedünsteter Blattspinat, Feldsalat, Blattsalat.

Variationen
Nach Belieben lassen sich die Würzzutaten variieren, z. B.
- 2 Lorbeerblätter zugeben.
- ½ TL getrockneten Majoran zugeben.
- 1 TL Pfefferkörner zugeben.
- Statt mit Rotwein mit Bier ablöschen.
- 150 g Pfifferlinge oder Champignons gegen Ende der Garzeit zugeben.

Wildkaninchen kann auf gleiche Weise zubereitet werden.

Gedünstetes Wild

Geschnetzeltes vom Wild

Vorbereiten 15 Minuten
Garen 30–45 Minuten

500 g	Wildfleisch aus der Nuß (Hinterschlegel), geschnetzelt
2 EL	Öl
2 EL	Butter, flüssig
	Salz und reichlich frisch gemahlener Pfeffer
1	Petersilienwurzel, fein gerieben, oder ¼ Sellerieknolle
¼ l	Wildfond mit Rotwein
⅛ l	Sahne
2 EL	Preiselbeeren

① Das Fleisch in kleine, dünne Scheiben schneiden. In einem Schmortopf Öl und Butter erhitzen, Fleisch darin unter häufigem Wenden kräftig anbraten. Mit Salz und Pfeffer würzen. Die Petersilienwurzel zugeben, mit andünsten.
② Fleisch auf einen Teller legen. Bratensatz mit Wildfond ablöschen, loskochen, reduzieren lassen. Fleisch wieder in den Topf zurücklegen, auf kleinster Hitze zugedeckt weitergaren.
③ Garprobe machen. Sahne und Preiselbeeren zum Fleisch geben, etwa ¼ Stunde ziehen lassen. Servieren.

Kurzgebratenes vom Wild

Reh- oder Hirschmedaillons mit Pilzen

Vorbereiten 15 Minuten
Garen 20 Minuten

500 g	ausgelöster Reh- oder Hirschrücken, in 2 cm dicke Taler geschnitten
	reichlich frisch gemahlener Pfeffer
2 EL	Butter, flüssig
1	kleine Zwiebel, sehr fein gehackt
500 g	frische Pfifferlinge oder Champignons, halbiert oder ganz
⅛ l	Wildfond (s. Seite 249)
1 EL	Olivenöl
2 EL	Butter, flüssig
4 EL	Brandy oder Madeira
1/16 l	Wildfond
⅛ l	Sahne, cremig geschlagen
2 EL	Petersilie, fein gehackt
	Salz
	Petersilienstrauß

① Fleisch reichlich mit Pfeffer einreiben.
② Butter mit Zwiebeln andünsten, Pilze dazugeben, mit Wildfond ablöschen, unter Rühren einkochen, zugedeckt 10 Minuten garen lassen.
③ Butter und Öl in Pfanne erhitzen. Sobald die Butter schäumt, Medaillons einlegen, unter häufigem Wenden auf mittlerer Hitze knusprig anbraten, auf Platte legen, zugedeckt warm stellen.
④ In den Bratensatz Brandy geben, erhitzen, anzünden, mit Wildfond und abgetropftem Bratensaft ablöschen, sehr gut einkochen lassen, mit Sahne abziehen, abschmecken, ausgetretenen Saft von den Medaillons an die Sauce schütten.
⑤ Petersilie an die Pilze mischen, 5 Minuten auf kleinster Hitze ziehen lassen, evtl. mit Salz abschmecken. Mit den Pilzen auf einer zweiten vorgewärmten Platte ein Bett machen, die Medaillons darauflegen, mit der Sauce übergießen. Mit Petersilienstrauß garnieren, sofort servieren.

Beilagen Kartoffelkroketten, Herzoginkartoffeln, Salzkartoffeln, gedünsteter Rosenkohl.

Wildfilet in Pfefferrahmsauce

Vorbereiten 15–20 Minuten
Ruhen 2 Stunden–1 Tag
Garen 15–25 Minuten

500 g	ausgelöste Filets von Hase, Reh oder Hirsch
3 EL	Butter, flüssig
2 EL	grüne Pfefferkörner
⅛ l	Weißwein
	Saft von 1 Orange
¼ l	Sahne
¼ TL	Salz

① Die Filets mit sehr scharfem Messer von Häuten und Sehnen befreien, trocken tupfen. In 8–10 cm lange Stücke schneiden, nicht würzen.
② In einer schweren Pfanne die Butter erhitzen, die Filets bei milder Hitze rundum knusprig anbraten, dabei öfters wenden.
③ Die Pfefferkörner in das Bratenfett geben, mit andünsten. Weißwein und Orangensaft löffelweise zugeben, einkochen lassen, Filets darin wenden. Garprobe machen. Kern soll noch rosa sein.
④ Nach 10–15 Minuten (je nach Wildart) die Filets auf vorgewärmte Platte legen, warm stellen. Bratensatz mit der Sahne loskochen, reduzieren lassen, abschmecken.
⑤ Die Filets schräg in Scheiben schneiden, mit der Sauce übergießen und sofort servieren.

Saucen

(Ohne süße Saucen)

Grundkenntnisse

Allgemeines

Die Zubereitung guter Saucen erfordert vor allem Sorgfalt. Die Beurteilung ihrer Qualität liegt im Grad geschmacklicher Konzentration und Abrundung. Dazu sind Kenntnisse und Beherrschung gewisser Zubereitungstechniken notwendig. Wer diese erlernen will, muß sich mit den Grundrezepten, von denen eine fast unüberschaubar große Zahl warmer und kalter Saucen abzuleiten ist, befassen.
Man unterscheidet zwei große Gruppen:

Ungebundene (klare) Saucen
Warm Alle Saucen aus reinem Fleisch-, Fisch-, Gemüsesaft, hellem und dunklem Fleisch- und Geflügelfond, Fischfond, losgekochtem Bratensatz, Jus und Glace.
Kalt Vinaigrette und alle Saucen im Vinaigrette-Charakter, Dips.
Alle ungebundenen, klaren Saucen haben gerade in der neuen, von überflüssigen und vermeidbaren Joule befreiten, auf den unverfälschten, natürlichen Geschmack gerichteten Art des Kochens einen sehr hohen Stellenwert.

Gebundene Saucen
Warm Einfache und feine helle Grundsaucen mit und ohne Mehl, Buttersaucen, Sahnesaucen, feine, abgeschlagene Saucen, Hollandaise mit Ableitungen und Varianten.
Kalt Mayonnaisen mit Ableitungen, Sahnesaucen.

Zubereitung

Der Grundstock

Alle Saucen brauchen einen Grundstock, der ihnen Charakter (= geschmackliche Basis, Verdünnungsgrad, Farbe) verleiht. Bei allen warmen, ungebundenen Saucen sind dies Brühe oder konzentrierte Brühe, Jus, Demi-Glace und Glace. Bei allen kalten, ungebundenen Saucen, den Vinaigrettes, ist dies Essig oder Wein, durch Brühe und Gemüsesaft manchmal ergänzt.

Gebundene, warme Saucen können von sehr unterschiedlicher Machart sein. Dementsprechend ist auch der Grundstock jeweils ein anderer:
Die hellen Grundsaucen haben als Grundstock helle Brühe und Milch oder Quark.
Die *Velouté- oder Frikasseesaucen* basieren auf dem Grundstock aus heller Brühe von Fleisch, Fisch, Gemüse.
Den *Buttersaucen* dienen helle Brühe oder Jus und Butter als Grundstock.
Die *Sahnesaucen* haben helle Brühe und Sahne als Grundlage.
Feine, abgeschlagene Saucen – Hollandaise mit Abwandlungen – sind Emulsionen aus dem Grundstock Eigelb mit Butter.

Gebundene, kalte Saucen – Mayonnaise mit Abwandlungen, ebenfalls zu den Emulsionen zählend – haben Eigelb und Öl als Basis.
Grundstock *kalter Sahnesaucen* ist flüssige, cremige oder steif geschlagene Sahne, häufig in Verbindung mit Quark oder Joghurt.

Bindemittel

Mehl oder Speisestärke als Bindemittel sollten aus ernährungsphysiologischer Sicht entweder auf ein Minimum reduziert oder in der Alltagsküche durch Vollwertmehl ersetzt werden. An die Stelle von Mehl können – entsprechend der Saucenfarbe – pürierte Gemüsezutaten (Zwiebel, Karotten, Sellerie, Champignons, Petersilienwurzel oder Tomaten) treten.
Sahne, Crème fraîche und Quark haben nicht die gleiche Bindefähigkeit wie Mehl oder Speisestärke. Sie verleihen aber dennoch vielen Saucen gebundenen Charakter, vor allem, wenn es sich um kleinere Saucenmengen handelt. Um ihre Bindefähigkeit zu erhalten, dürfen sie erst in der letzten Zubereitungsphase, also kurz vor dem Servieren, zugegeben werden. Neben Bindung verleihen sie den Saucen geschmackliche Verbesserung und verfeinertes Aussehen.
Eigelb zur Legierung oder als Grundzutat verbessert Geschmack und Aussehen. Es wird ausschließlich an helle Saucen, wie z. B. an Velouté- oder Frikasseesaucen, kurz vor dem Servieren gegeben.

Würzen

Der Geschmackstyp bei allen Saucen ist bereits durch den Grundstock in Verbindung mit der Machart festgelegt. Was außer den Bindemitteln noch dazukommt, dient der Abrundung, der Vervollkommnung des Geschmacks. Dies kann sowohl Betonung als auch Abschwächung bzw. Milderung gewisser Nuancen bedeuten. Deshalb werden Gewürze häufig nur vorsichtig angewandt, oft aber auch in größeren Mengen dosiert, besonders da, wo die Sauce durch die Würze ein bestimmtes, gezieltes Aroma erhält, z. B. Kräutersaucen, wie Basilikum-, Estragon-, Dill-, Kerbel-, Petersiliensauce. Oder Saucen aus Fleischsaft, wie Pfeffersauce, Sherrysauce, Madeirasauce.
Beim Umgang mit allen Würzen ist es von großer Wichtigkeit, wann und in welcher Form diese den Saucen zugesetzt werden. Die Anleitungen dazu werden in den Rezepten vermittelt.

Hinweise für die Küchenpraxis

▷ Grundbrühen immer auf Vorrat zubereiten.
▷ Zum Aufgießen ungebundener Saucen immer nur Brühen oder Jus bzw. Glace verwenden.
▷ Bratensaft nach dem Ablöschen jeweils gut einkochen (reduzieren) lassen.
▷ Trockenkräuter sehr sparsam anwenden, gut durchkochen.
▷ Wein, Sherry, Portwein usw. nach Rezeptanleitung zugeben.
▷ Stark fetthaltige Saucen, wie Buttersaucen, Hollandaise und Mayonnaise, zur besseren Bekömmlichkeit mit Sahne, Quark und Joghurt strecken.
▷ Mehl als Bindemittel nur dort verwenden, wo unbedingt nötig (Velouté-, Frikasseesaucen).
▷ Immer sparsam mit Salz umgehen. Je vielfältiger eine Sauce abgeschmeckt ist, um so weniger verträgt sie Salz.
▷ Nur jeweils knappe Mengen herstellen. Besser ist eine gute, mengenmäßig knappe Sauce als eine flach oder fade gewürzte, reichliche Sauce.
▷ Kalte Saucen, fertig zubereitet, lange genug kühl stellen (1½–3 Stunden). Sehr wichtig für das geschmackliche Ergebnis.

▷ Warme Saucen immer in vorgewärmten Gefäßen anrichten.
▷ Die Farbe der Anrichtegefäße auf die Farbe der Sauce abstimmen. Wichtiger optischer Effekt, der die Bedeutung von Saucen unterstreicht.

▷ Sahne, Crème fraîche usw. nicht mehr kochen, nur ziehen lassen.
▷ Kräuterzusätze aus frischen Kräutern nicht kochen, sondern nur ziehen lassen.
▷ Eigelb in Saucen nicht kochen lassen, da es gerinnt und dabei seine Bindefähigkeit einbüßt.
▷ Würzmittel nicht überdosieren (Salzgehalt!).
▷ Hollandaise nie auf kochendem, sondern nur heißem Wasserbad herstellen. Gerinnungsgefahr!
▷ Hollandaise zeitlich genau kalkulieren, da die fertige Sauce sich ohne Qualitätsverlust nur kurz warm halten läßt.

Zubereitungen von Saucen

Saucenfond

Grundrezept
Dunkler Saucenfond

Vorbereiten 15 Minuten
Zubereiten 2½–3 Stunden im Ofen bei 200–250 °C, im Dampfdrucktopf 45 Minuten

500 g	Kalbsknochen, grob zerhackt
1	Markknochen
2	große Zwiebeln, ungeschält, halbiert
1	Stange Lauch in groben Stücken
½	Sellerieknolle, grob zerteilt
1	Tomate, ungeschält, halbiert
2	Möhren
2	Nelken
2	Knoblauchzehen
1	Lorbeerblatt
10	Pfefferkörner
1	Zweig Thymian oder Rosmarin
¼ l	Rotwein
3 l	Wasser
½ EL	Salz

Für die Zubereitung im Dampfdrucktopf

2 EL	Öl oder flüssige Butter
1¼ l	Wasser
¼ l	Rotwein

① Die Knochen in breiter, ofenfester Kasserolle im Ofen trocken (ohne Fett) anbräunen, öfters wenden. Bei Verwendung des Dampfdrucktopfs jedoch die Knochen vorher in Öl anbräunen.
② Gemüse und Gewürze zugeben. Wasser mit Wein mischen, Salz darin auflösen, ⅓ der Flüssigkeit in die Kasserolle gießen, weiterbraten lassen, gelegentlich wenden. Sobald die Flüssigkeit bis auf kleinen Rest verdampft ist, Restmenge Flüssigkeit nachgießen, Topf verschließen (falls kein Deckel vorhanden, gut mit Folie abdecken). Nach etwa 2½ Stunden aus dem Ofen nehmen, abseihen, kühl stellen.

Verwendung Zur Herstellung dunkler Saucen, zu Pfannengerichten und Braten.

Im Kühlschrank 1 Woche, tiefgefroren mehrere Monate haltbar.

Grundrezept
Heller Saucenfond, Kalbsjus

Vorbereiten 5 Minuten
Zubereiten 3–4 Stunden, im Dampfdrucktopf 1½ Stunden

1,5 kg	Kalbsknochen, grob zerhackt, gewaschen
3 EL	Butter, flüssig
3	Möhren, geviertelt
½	Sellerieknolle
2	Zwiebeln, geschält, geviertelt
1	Knoblauchzehe, ungeschält, ganz
2	Tomaten, enthäutet, geviertelt
1	kleiner Zweig Thymian oder Rosmarin
10	Pfefferkörner
1 EL	Salz
4 l	Wasser (für Dampfdrucktopf 1 l Wasser)
⅛ l	Weißwein

① Die gewaschenen Kalbsknochen abtropfen. In reichlich großer Kasserolle die Butter erhitzen, Knochen darin gut anbräunen, Gemüse zugeben, mit anbräunen. Gewürze zugeben, mit Wasser und Wein auffüllen, auf kleiner Hitze kochen. Gelegentlich Schaum entfernen.
② Nach beendeter Garzeit durch ein Haarsieb gießen, nochmals auf etwa 1 l einkochen lassen.

Verwendung Für ungebundene und gebundene Saucen zum Fleisch, für Kräuter- und Gemüsesaucen, Sahne- und Senfsaucen, zum Auffüllen von Dünstgemüsen, als Flüssigkeitszugabe bei Sauce Hollandaise und Béarnaise.

Kalbsjus läßt sich mehrere Tage im Kühlschrank aufbewahren und sehr gut in kleinen Portionen einfrieren.

Saucenextrakt, Demi-Glace

Zubereiten 30–45 Minuten

1 l	Kalbsjus (Grundrezept s. oben) oder dunkler Saucenfond, abgeseiht, schwach gesalzen

Kalbsjus oder dunklen Saucenfond in einem flachen Topf auf kleiner Hitze so lange einkochen lassen, bis sich eine bräunliche, dickflüssige Sauce bildet.

Verwendung Wie Fleischextrakt oder Beeftea für Saucen aller Art zu Fleisch.

Wildfond

Vorbereiten 10 Minuten
Kochen 1–2 Stunden

500 g	Wildknochen oder Kleinfleisch, Sehnen usw.
1 EL	Butter, flüssig
2	Möhren, klein geschnitten
½	Sellerieknolle, in Stücke geschnitten
1	mittelgroße Zwiebel, geviertelt
1 TL	Wacholderbeeren
2	Gewürznelken
1 TL	Pfefferkörner
	Salz
¾ l	Wasser
¾ l	Rotwein

① Die zerhackten Knochen und/oder Kleinfleisch in Butter anbräunen, dabei häufig umrühren, vorbereitete Gemüse zugeben, mitrösten, Gewürze zugeben, mit der Flüssigkeit aufgießen, langsam zum Kochen bringen und zugedeckt auf kleiner Hitzestufe kochen lassen.
② Durch Sieb gießen und in flachem Topf auf mäßiger Hitze offen einkochen, etwa um ¼ reduzieren lassen.

Verwendung Zum Aufgießen aller Wildbraten, Ragouts, zum Ablöschen des Bratensatzes bei gedünstetem und kurzgebratenem Wildfleisch.

Fischfond

Fumet de poisson

Zubereiten 25 Minuten, im Dampfdrucktopf 5–10 Minuten

1 kg	Fischgräten, -köpfe, -schwanzstücke
1	große Zwiebel, in Viertel geschnitten
1	Stange Lauch, halbiert
1	Strauß Petersilie
½	Zitrone, in Scheiben geschnitten
1	Lorbeerblatt
⅛ l	Weißwein
10	Pfefferkörner
½ EL	Salz
2 l	Wasser (beim Dampfdrucktopf ½ l Wasser)

① Alle Zutaten in einen Topf geben, mit Wasser auffüllen, langsam zum Kochen bringen, 15 Minuten kochen lassen. Beiseite stellen, nach dem Erkalten abseihen.
② Die abgeseihte Brühe auf kleiner Hitze auf etwa die Hälfte einkochen.

Verwendung Zu Fischsuppen, hellen Saucen zu Fischspeisen.

Saucenfond Mirepoix

Zubereiten 20 Minuten

1 EL	Butter, flüssig, oder Öl, *oder* 50 g Speck oder Schinkenreste (nach Belieben)
100 g	Möhren, sehr fein gewürfelt
100 g	Sellerieknolle oder Petersilienwurzel, sehr fein gewürfelt oder gerieben
1	mittelgroße Zwiebel, fein gehackt
1	Tomate, geschält, gewürfelt
1	Lorbeerblatt
1	Knoblauchzehe, zerdrückt (nach Belieben)
6 EL	Wasser oder Wein

Fett in Kasserolle erwärmen, die zerkleinerten Gemüse mit Gewürzen darin dünsten, mit Flüssigkeit ablöschen.

Verwendung Zur Herstellung schmackhafter Saucen beim Braten von Kalb, Rinderfilet, Geflügel. Basis für weiße Buttersauce.

Mirepoix kann auf Vorrat zubereitet werden. Im Kühlschrank mehrere Tage haltbar.

Warme Saucen

Grundrezept

Helle Grundsauce mit Mehl, Helle Roux, Helle Einbrenne

Zubereiten 20–25 Minuten

Grundzutaten

2 EL	Butter, flüssig
2 EL	Mehl
¼ l	helle Brühe von Fleisch, Fisch oder Gemüse
⅛ l	Milch oder Wasser

Geschmackszutaten

	Salz
	frisch gemahlener Pfeffer

Zum Verfeinern (nach Belieben)

2 EL	Sahne
1 EL	Weißwein

① In einer Kasserolle Butter zerlaufen lassen, Mehl zugeben, unter ständigem Rühren leicht anschwitzen.
② Topf beiseite stellen, etwas abkühlen lassen, Flüssigkeit möglichst kalt zugießen (beim Zugießen heißer Flüssigkeit entstehen leicht Klumpen), Sauce glatt verrühren, auf kleiner Hitze bei

offenem Topf gut durchkochen lassen, gelegentlich umrühren, evtl. sich bildende Haut abnehmen oder Sauce vor Gebrauch bzw. Weiterverwendung durch Sieb gießen.

③ Mit Sahne und Weißwein verfeinern. Abschmecken.

Aus Grundzutaten und Geschmackszutaten wird die Grundsauce zubereitet, die die Basis für die folgenden Ableitungen darstellt.

Ableitungen

Kräutersauce

	Grundsauce und
6 EL	Kräuter, fein gehackt, von einer Art oder gemischt, z. B. Petersilie, Schnittlauch, Dill, Kerbel, Sauerampfer, Estragon

Nach dem Zerkleinern sofort an die Grundsauce rühren, kurz darin ziehen lassen, anrichten.

Verwendung Zu gekochtem Fleisch, gekochten oder pochierten Eiern, Fisch aus der Folie, pochiert oder gedünstet.

Kapernsauce

	Grundsauce und
2 EL	Kapern
2 EL	Weißwein
1	Eigelb, mit
2 EL	Sahne verrührt

Kapern an die Grundsauce geben, darin einige Minuten ziehen lassen. Eigelb mit Sahne und Wein verrühren, unter die Sauce ziehen, nicht mehr kochen lassen.

Verwendung Zu gekochtem Fleisch, gekochtem Fisch, Fleisch- und Fischklopsen.

Käsesauce

	Grundsauce und
4 EL	Parmesan oder Pecorino, frisch gerieben, *oder*
6 EL	Emmentaler oder Gouda, frisch gerieben
	Prise Muskat, frisch gerieben
2 EL	Weißwein
2 EL	Sahne oder Crème fraîche

Reibkäse an die Grundsauce geben, mit Muskat abschmecken, Weißwein und Sahne zugeben, gut verrühren, einige Minuten ziehen lassen.

Verwendung Zum Gratinieren von Fischgerichten, Lasagne, Blumenkohl, Tomaten, Chicorée, Gerichten aus Fleischresten.

Béchamelsauce

	Grundsauce und
4 EL	magerer Räucherspeck, fein gehackt
1 TL	Öl
½	Lorbeerblatt
1/16 l	Sahne

Räucherspeck langsam mit Öl in kleinem Pfännchen erhitzen, stets umrühren, um gleichmäßiges Knusprigwerden zu erreichen, an die Grundsauce geben, Lorbeerblatt einlegen und etwa 20 Minuten auf kleinster Hitze heiß halten. Vor dem Servieren Lorbeerblatt entnehmen, Sauce mit Sahne verfeinern, evtl. nochmals mit Salz abschmecken.

Verwendung Zu gekochtem Blumenkohl, als Sauce zum Überbacken von Gemüsen, wie Chicorée, Fenchel, Zucchini, Blumenkohl, Lauch und für Reste von Fleisch, Nudeln, Kartoffeln, als Sauce für Kartoffel-, Zwiebel- und Fenchelgemüse.

Sauce Velouté, Samtsauce

2 EL	Butter, flüssig
2 EL	Mehl
½ l	helle Brühe von Fleisch oder Gemüse
	Salz und frisch gemahlener Pfeffer
2 EL	Weißwein
1/16 l	Sahne, mit
1	Eigelb verrührt

Aus genannten Zutaten helle Sauce nach den Regeln des Grundrezepts herstellen, auf kleiner Hitze bei offenem Topf gut durchkochen lassen, abschäumen, Haut abnehmen oder Sauce durch feines Sieb passieren. (Fleisch oder Fleisch- bzw. Fischklopse einlegen, darin gut ziehen lassen, bzw. Klopse darin auf kleiner Hitze garen.) Kurz vor dem Servieren mit Wein abschmecken, mit Eigelb und Sahne legieren, nochmals kurz ziehen lassen.

Verwendung Als Sauce für Frikassee von Geflügel und Kalb und als Sauce für Fleisch- oder Fischklopse.

Grundrezept

Helle Grundsauce ohne Mehl

Zubereiten 20 Minuten

Grundzutaten

1	mittelgroße Zwiebel, fein gehackt
½	Sellerieknolle, geraspelt
250 g	Champignons, blättrig geschnitten
2 EL	Butter, flüssig
⅜ l	helle Brühe (Fleisch oder Fisch)
¼ l	Weißwein
	Salz und frisch gemahlener Pfeffer

Zum Binden

2 EL	Crème fraîche
3 EL	Magerquark

Zum Verfeinern

1	Eigelb (nach Belieben)

① Zwiebel, Sellerie und Champignons in einer Kasserolle in Butter glasig dünsten, mit Brühe und Wein ablöschen, auf kleiner Hitze 15 Minuten kochen lassen.
② Alles durch ein feines Sieb passieren oder sehr gut mit dem Mixer pürieren. In den Topf zurückgeben, Crème fraîche und Magerquark dazurühren, auf kleinster Hitze halten, mit Salz und Pfeffer abschmecken.
③ Nach Belieben mit Eigelb legieren.

Aus Grundzutaten und Bindemitteln wird die Grundsauce zubereitet, die die Basis für die folgenden Ableitungen darstellt.

Ableitungen

Kräutersauce

	Grundsauce und
6 EL	Kräuter, fein gehackt, von einer Art oder gemischt, z. B. Petersilie, Schnittlauch, Dill, Kerbel, Sauerampfer, Estragon
1	Eigelb

Vor dem Legieren die Kräuter an die Grundsauce geben, kurz darin ziehen lassen. Dann erst Sauce mit Eigelb legieren, sofort servieren.

Verwendung Zu gekochtem Fleisch, gekochten oder pochierten Eiern, Fisch aus der Folie, pochiert, gedünstet, gegrillt, zu feinem Gemüse (Spargel, Artischocken, Karotten, Zucchini, Gurken, Blumenkohl).

Kapernsauce

	Grundsauce und
2 EL	Kapern
1 EL	Zitronensaft
1	Eigelb
2 EL	Sahne

Die Kapern in der Grundsauce für einige Minuten ziehen lassen. Dann erst Eigelb mit Sahne verrühren, Sauce damit binden, nicht mehr kochen lassen.

Verwendung Zu gekochtem Fleisch, pochiertem und gedünstetem Fisch, Fleisch- und Fischklopsen, gekochtem Hühnerfleisch, gekochten und pochierten Eiern.

Senfsauce

	Grundsauce und
2 EL	heller, mittelscharfer Senf oder Kräutersenf
2 EL	Sahne
1	Eigelb
1 EL	Sherry oder Portwein

An die Grundsauce den Senf rühren. Dann erst Sahne, Eigelb und Sherry oder Portwein miteinander verrühren, die Sauce damit legieren.

Verwendung Zu Fischgerichten, kaltem Bratenfleisch, gekochtem Schinken, pochierten und gekochten Eiern (kann auch kalt gereicht werden).

Currysauce

	Grundsauce und
2 EL	Curry
1	kleine Banane, sehr fein zerdrückt
2 EL	Zitronensaft
4 EL	Sahne
1	Eigelb

Curry zur Grundsauce rühren. Banane mit Zitronensaft sehr fein zerdrücken, zur Sauce geben, darin ziehen lassen. Dann erst Eigelb mit Sahne verrühren, die Sauce damit legieren.

Verwendung Zu Geflügelfleisch, pochiertem und gedünstetem Fisch, Krabben, zu Grillfleisch und Fondue (kann auch kalt gereicht werden).

Werden die Saucen zu Fisch gereicht, empfiehlt es sich, statt heller Brühe Fischfond zu verwenden.

GZ Sauce Hollandaise

Zubereiten 10 Minuten

3	Eigelb
3 EL	Wasser oder helle Brühe (Geflügel-, Kalbs-, Fischbrühe oder Spargelabsud), kalt
2 EL	Zitronensaft
	Salz und frisch gemahlener Pfeffer
	Prise Zucker
3 EL	Brühe, leicht erwärmt
125 g	Butter, flüssig, nur schwach erwärmt
	Prise Muskat (nach Belieben)

① Wasserbadtopf bereitstellen. In Porzellan- oder Cromarganschüssel die Eigelb mit Wasser oder Brühe und Zitronensaft vermischen, würzen, in das Wasserbad setzen, mit dem Schneebesen sehr schaumig schlagen (das Wasser im Topf darf nicht kochen!).

② Sobald die Masse dicklich wird, nach und nach erwärmte Brühe zugeben, weiterschlagen.

③ Die zerlassene, lauwarme Butter nach und nach an die Eimasse geben, weiterschlagen, bis die Sauce dickcremig ist. Sofort servieren.

Verwendung Zu gekochtem Spargel mit Schinken, pochiertem und in Folie zubereitetem Fisch, pochiertem Bries und Hirn.

Variationen

- Fein gehackten Dill zuletzt unterziehen.
- Fein gehackte, gemischte Kräuter untermischen.
- Statt Zitronensaft Essig oder Sherry-Essig verwenden.

Ableitungen

Sauce Mousseline

3	Eigelb
3 EL	Wasser oder beliebige helle Brühe
2 EL	Zitronensaft
	Salz und frisch gemahlener Pfeffer
3 EL	Brühe
¼ TL	Worcestersauce (nach Belieben)
³⁄₁₆ l	Sahne, steif geschlagen

Zubereitung wie Sauce Hollandaise. Statt flüssiger Butter Sahne zugeben.

Verwendung Wie Sauce Hollandaise.

Sauce Maltaise

3	Eigelb
3 EL	Orangensaft
¼ TL	Orangenschale, fein abgerieben
	Salz und frisch gemahlener Pfeffer
¼ TL	Zucker
6 EL	Orangensaft
125 g	Butter, flüssig, lauwarm

Zubereitung wie Sauce Hollandaise.

Verwendung Wie Sauce Hollandaise.

Sauce Miracle

2	Eigelb
1 TL	Salz und frisch gemahlener Pfeffer
⅛ l	Sahne, reichlich
	einige Spritzer Worcestersauce (nach Belieben)

Eigelb, Gewürze und Sahne mit Schneebesen in Schüssel vermischen, auf Wasserbad setzen und sehr schaumig schlagen, bis Beschaffenheit einer Hollandaise erreicht ist. Nach Zubereitung in Serviergefäß umgießen.

Verwendung Wie Hollandaise. Sehr geeignet zum Überbacken von Schinkentoast, gedünsteten Champignons, zum Gratinieren von Artischokkenböden, Spargel und feinem Magerfisch.

Sauce Miracle läßt sich im Kühlschrank aufbewahren und ist zum Wiedererwärmen im Wasserbad geeignet.

Variationen

- Mit beliebigen Kräutern geschmacklich verändern.
- Mit Kapern abschmecken.
- Mit grünem Pfeffer abschmecken.
- Mit 2 EL Wermut abschmecken.

Sauce Béarnaise

Vorbereiten 10 Minuten
Abschlagen 8–10 Minuten

Würzextrakt

1/16 l	Weinessig oder Estragonessig
1	Schalotte, fein gehackt
2 TL	Estragonblätter, frisch gehackt, oder ½ TL getrocknete Estragonblätter
1 TL	Kerbel, gehackt (als Trockenwürz nur 1 Msp)
8	schwarze Pfefferkörner, zerstoßen

Eigrundmasse

3	Eigelb
	Salz und Prise Zucker
	Spritzer Worcestersauce (nach Belieben)

Außerdem

180 g	Butter, zerlassen, lauwarm
1 EL	Estragonblätter, sehr fein gehackt

① Für den Würzextrakt die Zutaten in kleiner Kasserolle erhitzen, bei schwacher Hitze auf die Hälfte einkochen, abseihen, erkalten lassen.
② Eigelb und Gewürze in Schüssel mit Schneebesen vermischen. Würzextrakt zugeben, auf Wasserbad sehr schaumig schlagen. Sobald die Masse cremig ist, flüssige Butter langsam zugießen und schlagen, bis Konsistenz einer Hollandaise erreicht ist. Estragonblätter untermischen. Sofort in vorgewärmtes Serviergefäß umfüllen.

Verwendung Zu feinen Zubereitungen von Fisch und Schalentieren, zu gebratenen und gegrillten Steaks, Entrecôte, Filetbraten.

Variationen
- Sauce Choron: 1 EL Tomatenmark zugeben.
- Sauce Nicoise: Saft von 1 Knoblauchzehe, 1 sehr fein gehackte Sardelle, 1 Msp Chilipulver oder scharfen Paprika zugeben.

Weiße Buttersauce Klassische Art

Beurre blanc

Vorbereiten 15 Minuten
Zubereiten 25–30 Minuten

3 EL	Mirepoix (s. Seite 249)
⅛ l	Weißwein oder Fischfond (je nach Bestimmung)
1/16 l	Essig
	Salz und frisch gemahlener Pfeffer
180 g	Butterflöckchen, gekühlt
2 EL	Sahne oder 1 EL Crème fraîche

① Mirepoix aus dem Vorrat nehmen oder herstellen, mit Wein oder Fischfond, Essig und Gewürzen 20 Minuten kochen lassen, abseihen, wieder in Topf zurückfüllen, nochmals auf ein Drittel einkochen lassen.
② Zweiten Topf nehmen, pro Person 1¼ EL Fond hineinmessen, mit Salz und Pfeffer würzen, nochmals aufkochen, die kalten Butterflöckchen nach und nach zugeben, mit Schneebesen unterrühren, bis die Sauce sämige Beschaffenheit hat. Sofort in vorgewärmtes Serviergefäß gießen und zu Tisch bringen.

Verwendung Zu feinen Fischgerichten, pochiert, gedünstet, in Folie zubereitet oder gegrillt.

Variationen
- Mit fein gehackten Kräutern servieren.
- 2 EL Kapern unterziehen.

Weiße Buttersauce Neue Art

Zubereiten 25 Minuten

2	Schalotten, fein gehackt
1	Zweig frischer Estragon
1	Zweig frische Petersilie
⅛ l	trockener Weißwein
100 g	Butterflöckchen, gekühlt
2 EL	Sahne
4–5 EL	Magerquark
	Salz
2 TL	grüne Pfefferkörner

① Die Zwiebeln mit Kräutern und Weißwein zum Kochen bringen, etwa auf ein Drittel reduzieren lassen, abseihen.
② Reduktion in den Topf zurückgießen, wieder erhitzen. Butterflöckchen mit Schneebesen nach und nach unterrühren. Vom Feuer nehmen, Sahne unterziehen, Quark löffelweise dazugeben, jeweils gut unterrühren, salzen, Pfeffer zugeben. Im Wasserbad bis zum Servieren warm halten.

Verwendung Anstelle der klassischen, energiereicheren Buttersauce, zu Folienkartoffeln, feinem Dünstgemüse.

Variationen
- Mit beliebigen, sehr fein gehackten Kräutern abschmecken.
- Mit Sardellenpaste und 1 Msp Chilipfeffer abschmecken.

Butter-Rahmsauce mit Kräutern, Italienische Art

Zubereiten 25 Minuten

1/16 l	Heller Saucenfond
4 EL	trockener Weißwein
1 EL	Zitronensaft
	etwas abgeriebene Zitronenschale
	Saft von 1 Knoblauchzehe
50 g	Parmesan, fein gerieben
50 g	Butterflöckchen, gekühlt
4 EL	saure Sahne
1/8 l	Sahne, cremig geschlagen
	Salz und frisch gemahlener Pfeffer
2 EL	Kräuter, gemischt oder von einer Art, z. B. Kerbel, Basilikum, Sauerampfer, Estragon, gehackt

① Saucenfond mit Weißwein aufkochen, etwa auf knapp die Hälfte reduzieren lassen.
② Mit Zitrone und Knoblauch würzen, an den Kochpunkt bringen. Mit Schneebesen zuerst Parmesan, dann Butterflöckchen einrühren, saure Sahne zugeben, auf kleinster Hitze halten, cremige Sahne unterziehen, abschmecken, Kräuter vorsichtig untermischen. In vorgewärmte Sauciere gießen, sofort servieren.

Verwendung Zu frischen, selbstgemachten Teigwaren, Folienkartoffeln, zu gekochtem Rindfleisch, gegrillten Tomaten, gebratenen Zucchini und Auberginen.

Grüne Sauce

Zubereiten 10 Minuten

1/16 l	helle Brühe oder heller Saucenfond
1/4 l	Sahne
	Salz und frisch gemahlener Pfeffer
	Prise Muskat
1/8 l	Sahne, süß oder sauer
2 EL	Schnittlauch, gehackt
1 EL	Petersilie, gehackt
1 EL	Dill, gehackt
1 EL	Kerbel, gehackt
1 EL	Estragon, gehackt
1 EL	Sauerampfer, gehackt
	etwas frische Minze
2 EL	Magerquark (nach Belieben)
2 EL	Zitronensaft oder Weißwein

① Brühe oder Saucenfond mit Sahne aufkochen, mit Salz, Pfeffer und Muskat abschmecken.
② Die grob gehackten Kräuter mit Sahne mit Mixstab pürieren, an die heiße Sauce geben, kurz darin ziehen lassen, nach Belieben Magerquark unterziehen, mit Zitronensaft oder Weißwein abschmecken. Möglichst sofort servieren, damit die frische, grüne Farbe und der Geschmack nicht beeinträchtigt werden.

Verwendung Zu gekochtem Fleisch, Hackbraten, pochiertem oder in Folie zubereitetem Fisch, Eierspeisen, Folienkartoffeln. Diätgeeignet.

Variationen
- Mit 1–2 TL Dijon Senf zusätzlich recht pikant abschmecken.
- 1 hart gekochtes Ei, fein gehackt, dazugeben.

Echte Tomatensauce

Vorbereiten 5–10 Minuten
Zubereiten 10 Minuten

2 EL	Olivenöl
1	kleine Zwiebel, grob gehackt
1	Knoblauchzehe, zerdrückt (nach Belieben)
1 EL	Essig
500 g	Tomaten, geviertelt, frisch oder aus der Dose (abgetropft)
1/4 l	helle Brühe (oder halb Brühe, halb Milch)
	Salz und frisch gemahlener Pfeffer
2 EL	Sahne, süß oder sauer
1 EL	Rotwein

① In Kasserolle Öl erhitzen, Zwiebeln und Knoblauch darin glasig dünsten, mit Essig ablöschen, Tomaten zugeben, weiterdünsten, bis Flüssigkeit verdunstet ist.
② Brühe zugeben, einige Minuten kochen lassen. Mit Mixstab pürieren oder durch Sieb passieren. In den Topf zurückschütten, abschmekken. Sahne und Rotwein zum Schluß unterziehen, auf kleinster Hitze warm halten.

Verwendung Zu Teigwaren, Risotto, Hackbraten, gedünsteten und gratinierten Zucchini und Fenchel, gebratenen Auberginen, fritierten Fleischbällchen, Frikadellen, gegrillter oder gedünsteter Makrele.

Variationen
- Mit 3 EL geriebenem Parmesan abschmecken.
- Mit Prise Thymian oder Oregano würzen.

Karotten-Kräutersauce

Vorbereiten 10 Minuten
Zubereiten 15 Minuten

300 g	Karotten, fein gewürfelt
¼	Sellerieknolle, fein gewürfelt, oder Petersilienwurzel
1	große Zwiebel, gehackt
2 EL	Öl
⅜ l	helle Brühe
	Salz und frisch gemahlener Pfeffer
⅛ l	Sahne, süß oder sauer
2 EL	Weißwein oder Zitronensaft
2 EL	Petersilie, fein gehackt

① Die zerkleinerten Gemüse und Zwiebel in Öl andünsten, Brühe zugießen, bei geschlossenem Topf fertiggaren.
② Die Mischung pürieren oder passieren, in den Topf zurückfüllen, wieder erhitzen, abschmekken, Sahne unterziehen, Weißwein oder Zitronensaft und Petersilie zugeben, kurz darin ziehen lassen.

Verwendung Zu in der Folie gegartem Fisch, pochiertem Fisch oder gedünstetem Bries (dann etwas herzhafter abschmecken).

Feine Meerrettichsauce

Krensauce

Vorbereiten 10 Minuten
Zubereiten 10 Minuten

½	Stange Meerrettich, fein gerieben, oder 100 g Meerrettich aus dem Glas
2 EL	Butter, flüssig
¼ l	Milch
2 EL	Mehl oder Weizenvollkornmehl
⅛ l	Milch
2	Eigelb
	Salz
½ TL	Zucker
2	Eiweiß, steif geschlagen

① In einer Kasserolle Meerrettich mit Butter leicht andünsten, mit Milch ablöschen, Topf zudecken, damit Meerretticharoma nicht verdunstet, auf kleinster Hitze 5 Minuten ziehen lassen.
② Mehl mit Milch und Eigelb sehr gut verquirlen (oder im Schüttelbecher mixen). Topfinhalt an den Kochpunkt bringen, beim Aufwallen die Bindeflüssigkeit zugeben, mit Schneebesen gut verrühren, Hitze auf kleinste Stufe reduzieren (Gerinnungsgefahr), abschmecken (Vorsicht mit Salz bei Meerrettich aus dem Glas!), Sauce warm halten.
③ Steifen Eischnee unterziehen, gut verrühren, dabei beachten, daß die flaumige Beschaffenheit erhalten bleibt. Sofort in vorgewärmte Schüssel füllen, servieren.

Verwendung Zu gekochtem Rindfleisch (Tafelspitz, Rinderbrust), gepökelter Rinderbrust, gesottenem Prager Schinken. Wird diese Sauce zu gekochtem Rindfleisch gereicht, sollte Preiselbeerkompott diese hervorragende Sauce geschmacklich ergänzen.

Heißer Apfelkren

Vorbereiten 10 Minuten
Zubereiten 10 Minuten

1 EL	Butter, flüssig
4	mittelgroße, säuerliche Äpfel, geschält und in Scheiben geschnitten
1	kleine Zwiebel, gehackt
⅛ l	helle Brühe
⅛ l	Milch
	Salz
1 TL	Zucker
4 EL	Meerrettich, gerieben
4 EL	Sahne

① In Kasserolle Butter erhitzen, Äpfel und Zwiebeln darin andünsten, mit Brühe und Milch ablöschen, gar dünsten.
② Die Mischung pürieren oder passieren, in Topf zurückfüllen, Meerrettich zugeben, abschmecken. Zuletzt Sahne unterziehen.

Verwendung Zu gesottenem Schinken, Tellerfleisch, frisch geräuchertem und gegrilltem Fisch.

Weiße Zwiebelsauce

Soubise

Vorbereiten 10 Minuten
Zubereiten 15–25 Minuten

400 g	Zwiebeln, in dünne Scheiben oder Ringe geschnitten
2 EL	Öl oder flüssige Butter
1 TL	scharfer Senf
¼ l	Sahne
4 EL	Weißwein oder Heller Saucenfond
	Salz und frisch gemahlener Pfeffer
	Spritzer Tabasco (nach Belieben)
2 EL	Crème fraîche

① Die Zwiebeln auf kleiner Hitze im Fett glasig dünsten, Senf zumischen, durchrühren, mit Sahne und Wein ablöschen, köcheln lassen, gelegentlich umrühren.
② Nach Belieben pürieren. Pikant abschmekken, Crème fraîche unterziehen, evtl. noch einige Eßlöffel Brühe zufüllen. Sauce soll cremige Beschaffenheit haben.

Verwendung Zu gekochtem Fleisch, gesottenem Schinken, gegrillten Koteletts von Schwein, Kalb oder Hammel, Spießbraten, pochiertem oder in Folie gedünstetem Seefisch, gegrillter Makrele, gegrilltem grünen Hering, zu gebackenen und in Folie zubereiteten Kartoffeln.

Variationen
- Ohne Senf zubereiten.
- Mit Brühe statt Sahne aufgießen, das spart Joule, 2 EL Sahnequark unterziehen.
- Gut mit frischem Thymian würzen, besonders passend zu Grilladen vom Hammel.

Grüne Paprikasauce

Vorbereiten 10 Minuten
Zubereiten 15 Minuten

500 g	grüne Paprika, entkernt, in grobe Stücke zerteilt
⅛ l	Brühe
2 EL	Öl
1	große Zwiebel, sehr fein gehackt
1	Knoblauchzehe, durchgepreßt
1 TL	Zucker
3 EL	Essig
	Spritzer Tabasco
	Salz und frisch gemahlener Pfeffer

① Paprika auf kleiner Hitze in Brühe garen. Mit Mixstab fein pürieren.
② Öl erhitzen, Zwiebel und Knoblauch darin glasig dünsten, Zucker zugeben, kurz mitdünsten, mit Essig ablöschen, auf kleiner Hitze einkochen lassen. Paprikamus zugeben, durchkochen, herzhaft abschmecken. Gut heiß servieren.

Verwendung Zu allen Arten von gegrilltem Fleisch, Spießbraten, Grillspeisen, Cevapcici, Frikadellen. Eine besonders schmackhafte Sauce.

Kalte Saucen

Grundrezept

Mayonnaise Klassische Art

Zubereiten 5–8 Minuten

2	Eigelb oder 1 ganzes Ei
	Salz (wird Senf verwendet, sehr vorsichtig salzen)
	frisch gemahlener Pfeffer
2 EL	Zitronensaft oder Essig
½ TL	Zucker
1 TL	mittelscharfer Senf (nach Belieben)
¼ l	Öl (bei Verwendung von ganzem Ei etwa 1/16 l mehr)

① Eigelb oder Ei in Schüssel einschlagen, Salz, Pfeffer, Zitronensaft oder Essig, Zucker und evtl. Senf zugeben, mit kleinem Schneebesen sehr gut verrühren.
② Öl zuerst tropfenweise, dann in dünnem Strahl zugießen, weiterrühren, bis alles Öl zugegossen und die Masse steifcremig geworden ist.

Verwendung Zu Delikateß-Salaten aus Fleisch, Fisch, Ei, Gemüsen, Pilzen, Kartoffeln, als Grundlage kalter Saucen, Dressings und Dips.

▷ Wird das Rührgerät verwendet, alle Zutaten gleichmäßig miteinander verrühren.
▷ Sollte die Mayonnaise gerinnen, wieder von vorn mit 1 Eigelb und 1 TL Senf beginnen, auf langsamer Rührgeschwindigkeit die geronnene Mayonnaise löffelweise zugeben, gründlich unterrühren.

Grundrezept

Mayonnaise Neue Art

Zubereiten 5 Minuten

1	Eigelb
1 EL	scharfer Senf
4 EL	Öl
4 EL	Sahnequark
2 EL	Zitronensaft
¼ TL	Zucker
	Salz und frisch gemahlener Pfeffer
1	Knoblauchzehe, durchgepreßt (nach Belieben)
1	Eiweiß, steif geschlagen

① Eigelb und Senf in Porzellanschüssel mit Schneebesen verrühren, Öl tropfenweise zugeben.
② Sahnequark in zweitem Gefäß mit Zitronensaft, Zucker, Salz, Pfeffer, Knoblauch sehr glatt rühren, löffelweise an die Eigelbcreme mischen.
③ Eiweiß steif geschlagen untermischen, sofort weiterverwenden.

Verwendung Zu Dips, kaltem Fleisch, Grilladen und Fleischfondue.

Eiweiß erst kurz vor dem Servieren zugeben, damit die schaumige Beschaffenheit erhalten bleibt.

Variationen
- 2 EL Tomatenketchup zugeben.
- 1 EL Meerrettich daranrühren.
- Gehackte Kräuter untermischen.
- Fein gehackte Zwiebeln, Kapern und etwas Sardellenpaste zugeben.
- 1 EL Curry darin verrühren (speziell für Geflügelfleisch, Fisch, Krabben).

Ableitungen

Sauce Remoulade
Vorbereiten 5 Minuten
Zubereiten 5 Minuten
Kühlen 1–3 Stunden

2 gehäufte EL Mayonnaise, selbstgemacht oder Fertigprodukt
3 EL Weißwein oder trockener Sherry
frisch gemahlener Pfeffer
Salz
3 EL saure Sahne oder Joghurt oder Sahnedickmilch
1 TL Senf
1 EL Magerquark
1 TL Petersilie, fein gehackt
1 TL Dillspitzen, fein gehackt
1 EL Kapern, gehackt
Spritzer Tabasco (nach Belieben)
Spritzer Worcestersauce (nach Belieben)

① Die Mayonnaise in Porzellanschüssel mit Wein oder Sherry glatt rühren, Pfeffer, Salz, saure Sahne, Joghurt oder Sahnedickmilch, Senf und Magerquark zugeben, abschmecken.
② Kräuter und Kapern fein hacken, untermischen, mit Tabasco und Worcestersauce nach Belieben abrunden. Sauce kühl stellen.

Verwendung Zu paniertem Fisch, Bries, Hirn, Fleischfondue, Grilladen aller Art, gebackenen Kartoffeln, zum kalten Buffet (Braten, fritierte Fleischbällchen).

Sauce Tartare
Zubereiten 8–10 Minuten
Kühlen 1–3 Stunden

2 gehäufte EL Mayonnaise, selbstgemacht oder Fertigprodukt
1 Ei, hart gekocht, in sehr feine Würfel geschnitten
1 EL Zwiebeln, sehr fein gehackt
½ EL Kapern, fein gehackt
2 Cornichons oder 1 kleine Essiggurke, sehr fein gehackt
2 EL Weißwein oder trockener Sherry
3 EL saure Sahne, Joghurt oder Sahnedickmilch
1 TL scharfer Senf
frisch gemahlener Pfeffer
¼ Knoblauchzehe, durchgepreßt (nach Belieben)
2 EL Magerquark
Salz
¼ TL Zucker
1 EL Petersilie, sehr fein gehackt

① Mayonnaise, Ei, Zwiebeln, Kapern, Gurken, Weißwein, saure Sahne o. ä., Senf sehr gut miteinander verrühren (Schneebesen benutzen!).
② Knoblauch zugeben, Magerquark unterziehen, abschmecken, zuletzt Petersilie dazumischen. In den Kühlschrank stellen.

Verwendung Zu Roastbeef, kaltem Braten, Folienkartoffeln, gebackenen und Pellkartoffeln.

Variationen
- Mayonnaise und gehacktes Ei weglassen, statt dessen Sahnequark (leichter verdaulich!).
- 1 EL Meerrettich zugeben.

Knoblauchmayonnaise

Aïoli

Zubereiten 5–8 Minuten

2 Eigelb oder 1 ganzes Ei
Salz und frisch gemahlener Pfeffer
2 EL Zitronensaft
2 Knoblauchzehen, durchgepreßt
¼ l sehr gutes Olivenöl (bei Verwendung von ganzem Ei $\frac{1}{16}$ l Öl mehr)
frische Petersilie (nach Belieben)

① Eigelb oder ganzes Ei mit Salz, Pfeffer und Zitronensaft verquirlen.
② Knoblauchzehen dazupressen, Öl zunächst tropfenweise, dann in dünnem Strahl zulaufen lassen, steifcremig schlagen.

Verwendung Zu Delikateß-Salaten mit ländlich derber Note, wie Krautsalat, Kartoffelsalat, als Grundlage für pikante Dips und Dressings, zu Grilladen und Fleischfondue.

Grundrezept

Grundsauce für Dips

Zubereiten 10 Minuten
Kühlen 3–6 Stunden

⅛ l	Crème fraîche
	Saft von 1 Zitrone
1	Becher Joghurt
2 EL	Magerquark
1	mittelgroße Zwiebel, in sehr kleine Würfel geschnitten
	Salz
1 TL	Zucker
	frisch gemahlener Pfeffer

① Crème fraîche mit Zitronensaft, Joghurt und Quark mit Schneebesen oder Rührgerät glatt rühren.
② Zwiebel und Salz mit Gabel zerdrücken, an die Mischung geben, mit Zucker und Pfeffer mild abschmecken.

Diese zeitgemäße Zubereitung ersetzt auf vielfältige Art die Mayonnaise als Grundlage für kalte Saucen.

Verwendung Zu kaltem, gekochtem und gebratenem Fleisch aller Art, Fleischfondue, Grilladen aller Art, pochiertem, gedünstetem, gegrilltem, geräuchertem Fisch, zu Krabben, fritierten Fleischbällchen, fritiertem Fisch, fritierten Champignons und Blumenkohl (im Teigmantel), Folienkartoffeln, gebackenen Kartoffeln, in Butter oder Öl geröstetem Brot, zu rohem Gemüse (Stangensellerie, Karotten, Gurken).

Nachfolgend genannte Dips haben diese Sauce als Grundlage und erhalten ihren Charakter durch die jeweils genannten Zutaten, die der Grundsauce nur zugegeben werden.

Ableitungen

Kräuter-Dip

	Grundsauce und
2 EL	Petersilie, fein gehackt
2 EL	Dill, fein gehackt
2 EL	Schnittlauch, fein gehackt
1 EL	Estragon, fein gehackt
1 EL	frische Minze, gehackt, oder ½ TL getrocknete Pfefferminze, fein zerrieben
1 EL	Zitronenmelisse, fein gehackt
1	Knoblauchzehe, durchgepreßt, oder ½ TL Knoblauchpulver

Gurken-Dip

	Grundsauce ohne Zwiebel und
½	Salatgurke, geschält, fein gerieben
1 EL	frische Minze, fein gehackt
1	Knoblauchzehe, durchgepreßt, oder ½ TL Knoblauchpulver

Meerrettich-Dip

	Grundsauce ohne Zwiebel und
3 EL	geriebener Meerrettich
1	säuerlicher Apfel, geschält, fein gerieben, oder 3 EL Apfelmus

Curry-Dip

	Grundsauce ohne Zwiebel und
1	säuerlicher Apfel, geschält, fein gerieben, oder 3 EL Apfelmus
1 EL	Currypulver

Manhattan-Dip

	Grundsauce ohne Zwiebel und
3 EL	Tomatenketchup mit Chili
1 EL	flüssiger Honig

Plaka-Dip

	Grundsauce und
100 g	Schafskäse, fein gehackt
5	schwarze Oliven, grob gehackt
1	Knoblauchzehe, durchgepreßt

Anchovis-Dip

	Grundsauce und
2	Anchovisfilets, fein gehackt
1	Knoblauchzehe, durchgepreßt
1 EL	Petersilie, fein gehackt
6	grüne, mit Paprika gefüllte Oliven, in Viertel zerteilt

Aurora-Dip

	Grundsauce und
3 EL	Paprikamark
1	Knoblauchzehe, durchgepreßt

Pfeffer-Dip

	Grundsauce ohne Zwiebel und
	frisch gemahlener Pfeffer
2 EL	grüner Pfeffer
1 EL	Cognac

Auberginensauce

Vorbereiten 5 Minuten
Ruhen 1 Stunde
Zubereiten 10 Minuten
Kühlen 2–4 Stunden

3	Auberginen mittlerer Größe, geschält und in 1 cm dicke Scheiben geschnitten
	Salz
6 EL	Oliven- oder Sesamöl
1	Zwiebel, fein gehackt
	Saft von 1 Zitrone
	frisch gemahlener Pfeffer
4 EL	Petersilie, grob gehackt
1	Knoblauchzehe, durchgepreßt, oder ½ TL Knoblauchpulver
1/16 l	Sahne, Joghurt oder Milch

① Auberginen schälen, leicht mit Salz einreiben, zugedeckt ruhen lassen.
② Ausgetretenen Saft abgießen. 2 EL Öl in Pfanne erhitzen, Auberginenscheiben darin ausbacken (mehr dünsten als backen), nacheinander so verfahren, bis Öl aufgebraucht ist.
③ Die gegarten Auberginen mit Messer grob zerhacken, passieren oder pürieren, Zwiebel, Zitrone zugeben, mit Pfeffer abschmecken. Petersilie und Knoblauch dazumischen, kühl stellen.
④ Vor dem Servieren Sahne, Joghurt oder Milch unterziehen, nochmals abschmecken.

Verwendung Zu gegrilltem Lamm und Hammel, Cevapcici, Kebab-Spießen.

Bozener Sauce

Zubereiten 15 Minuten
Kühlen 2–3 Stunden

1/16 l	helle Brühe
⅛ l	Weißwein
4 EL	Olivenöl
2 EL	Petersilie, gehackt
2 EL	Kresse, gehackt
1 EL	Dillspitzen, gehackt
1 EL	Estragonblätter, gehackt
1 EL	Schnittlauch, gehackt
	Salz und frisch gemahlener Pfeffer
½ TL	Zucker
	Saft von 1 Zitrone
	etwas abgeriebene Zitronenschale
1	Ei, hart gekocht, fein gehackt (nach Belieben)

① Brühe, Weißwein, Öl, Kräuter, Salz, Pfeffer, Zucker mit dem Mixstab pürieren, Zitronensaft und -schale dazumischen.
② Im Kühlschrank zugedeckt ziehen lassen. Vor dem Servieren Ei sehr fein hacken, zugeben, nochmals abschmecken.

Verwendung Zu gekochtem Spargel, gedünstetem Fenchel, in Öl gebackenen Auberginen und Zucchini, pochiertem, gedünstetem, frisch geräuchertem, gegrilltem Fisch, zu Tellerfleisch, kalten Braten.

Kressesauce

Zubereiten 15 Minuten
Kühlen 2–3 Stunden

200 g	Gartenkresse, gewaschen, abgetropft
1	kleine Zwiebel, fein gehackt
⅛ l	Weißwein
1/16 l	Brühe
1 EL	Estragon, gehackt
	Salz und frisch gemahlener Pfeffer
½ TL	Zucker
⅛ l	Sahne
1	Knoblauchzehe, durchgepreßt

① Hälfte der Kresse mit Zwiebel, Wein und Brühe aufkochen, etwas ziehen lassen, restliche Kresse, Estragon, Salz, Pfeffer und Zucker zugeben, mit Mixstab pürieren, kühl stellen.
② Sahne mit Knoblauch bei kleiner Hitze aufkochen, etwas reduzieren lassen. Kühl stellen, gut zudecken.
③ Vor dem Servieren beide Mischungen zusammenrühren, nochmals abschmecken. Evtl. noch mit etwas Brühe oder Wein verdünnen.

Verwendung Wie Bozener Sauce.

Variation
Brühe weglassen, Sahnemenge um 1/16 l erhöhen.

Pesto alla Genovese

Zubereiten 10 Minuten
Kühlen 1–2 Stunden

⅛ l	Olivenöl
3	Knoblauchzehen, durchgepreßt
6 EL	Petersilie, gehackt
6 EL	Basilikum, gehackt
8 EL	Parmesan oder Pecorino, fein gerieben
4 EL	Walnuß- oder Pinienkerne
	Salz und frisch gemahlener Pfeffer
	Prise Zucker
	Saft von ½ Zitrone

① Olivenöl, Knoblauch, Kräuter, Käse und Nüsse mit Mixstab pürieren.
② Mit Salz, Pfeffer, Zucker und Zitronensaft abschmecken.

Verwendung Wie Bozener Sauce. In Italien wird diese Sauce zu frisch gemachten, in Butter geschwenkten Nudeln (Fettucine al burro) gereicht.

Variationen
- Mit 1–2 rohen Eigelb verlängern.
- Mit 1 EL scharfem Senf abschmecken.

Sauce Cumberland

Zubereiten 10 Minuten
Kühlen 1–3 Stunden

6 EL	Johannisbeergelee (nach Belieben von roten und schwarzen Beeren gemischt)
6 EL	Orangensaft, frisch gepreßt, abgeseiht
1 TL	scharfer Senf
4 EL	Rot- oder Portwein
	Prise Chilipfeffer oder Spritzer Tabasco
1 EL	Orangenschale, sehr dünn geschält, in sehr feine Streifen geschnitten

① Johannisbeergelee mit Orangensaft sehr glatt rühren (evtl. dabei leicht erwärmen), Senf und Wein zugeben, untermischen, mit Chilipfeffer würzen.
② Orangenschale unter die Sauce mischen, darin ziehen lassen. Mit einigen Streifen Orangenschale garnieren.

Verwendung Klassische Sauce fürs kalte Buffet, zu Roastbeef, kalten Braten, zu Wild, gebratener Gans und Ente.

Die Sauce muß sämige Beschaffenheit haben. Wegen sehr unterschiedlicher Dicke von Gelee bei Zugabe von Wein und Orangensaft darauf achten, daß dieser Zustand nicht überschritten und die Sauce nicht zu dünn wird. Evtl. mehr Gelee zugeben.

Variation
Statt Johannisbeergelee Preiselbeerkompott nehmen, durch Sieb streichen.

Apfel-Meerrettich-Sahne

Zubereiten 8 Minuten

1	säuerlicher Apfel, geschält, fein gerieben
100 g	Meerrettich aus dem Glas
¼ l	Sahne, steif geschlagen (evtl. mit Steifmittel)

Apfel mit Meerrettich vermischen. Sahne unter den Apfel-Meerrettich ziehen.

Verwendung Zu kaltem Fleisch, Schinken, Kasseler, gegrilltem Fleisch und Fisch und Hering, zu kalten, gekochten Eiern, als Dip zu rohem Gemüse (Selleriestangen, Karotten, Gurken).

Roquefort-Sahne-Creme

Zubereiten 8–10 Minuten

125 g	Roquefort, in kleine Stücke zerteilt
¼ l	Sahne, steif geschlagen (evtl. mit Steifmittel)
250 g	Hüttenkäse
	frisch gemahlener Pfeffer

Roquefort unter die Sahne heben, Hüttenkäse locker untermischen, mit Pfeffer abschmecken.

Verwendung Zu Pellkartoffeln, Kartoffeln in Folie, gebackenen Kartoffeln, in grüne Salatblätter gefüllt, zu frischen Tomaten, gegartem, abgetropftem Blumenkohl und Brokkoli, zu rohem Gemüse (Selleriestangen, Karotten, Gurken), als Füllung für kleine Windbeutel.

Avocadoschaum

Zubereiten 15 Minuten

3	Avocados, geschält, in Stücke zerteilt
1 EL	Zitronensaft
2 EL	Sahnequark
	Salz und frisch gemahlener Pfeffer
1	Knoblauchzehe, durchgepreßt
⅛ l	Sahne, steif geschlagen
1 EL	Estragonblätter oder Dillspitzen, fein gehackt

① Avocados mit Zitrone, Quark, Salz, Pfeffer und Knoblauch pürieren.
② Sahne unter Avocadomasse ziehen, nochmals abschmecken, Kräuter locker darüberstreuen.

Verwendung Als Vorspeise mit Toast oder knusprigen Baguettes, als Dip zu rohem Gemüse (Selleriestangen, Gurken, Karotten), Füllung für kleine Windbeutel.

Süßspeisen

Grundkenntnisse

Warme Süßspeisen

Allgemeines

Brei, Auflauf, Soufflé und Pudding werden häufig als Hauptgericht serviert. In Süddeutschland kennt man sie unter dem Begriff »Mehlspeisen«. Ihr Sättigungswert (Nährstoff- und Energiegehalt) ist unterschiedlich hoch und abhängig von Art und Menge der jeweils verarbeiteten Zutaten. Da sie fast alle reich an Kohlenhydraten sind, fordern sie für eine ausgewogene Ernährung eine wertmäßige Ergänzung an vitamin-, mineralstoff- und ballastreichen Vor- oder Zuspeisen aus Gemüse oder Obst. (Als Salatplatte, Gemüsesuppe oder -eintopf voraus. Oder: Obst als Beilage in Form von Kompott, Fruchtpüree oder als direkter Bestandteil der Speise.) Warme Süßspeisen sind in der Regel leicht verdaulich und können deshalb sowohl als Mittag- als auch als Abendessen verzehrt werden. Sie eignen sich darüber hinaus als Schonkost und sind besonders bei Kindern beliebt.

Da Aufläufe, Soufflés und Puddings einen hohen Zeit- und Arbeitsaufwand erfordern, ist eine genaue Zeitkalkulation sehr wichtig. Vor allem Aufläufe und Soufflés müssen im Zeitablauf so geplant sein, daß sie sofort nach dem Backen serviert werden können, da sie leicht zusammenfallen und dadurch ihre flaumige, lockere Struktur einbüßen. Bei ihnen gilt die Regel: »Der Gast muß auf sie warten«, nicht umgekehrt. Puddings müssen nach dem Garen erst 15 Minuten in der geöffneten Form ausdampfen, bevor sie gestürzt werden.

Zubereitung

Zutaten

Grundflüssigkeit für Brei, Auflauf, Soufflé und Pudding ist in der Regel Milch, manchmal teilweise ersetzt durch Sahne oder auch durch Quark.

Bindemittel sind Grieß, Reis, Haferflocken, Grütze, Sago, Speisestärke und in gewissem Umfang auch Eier.

Lockerungsmittel sind Eischnee oder steif geschlagene Sahne. Eine Schaummasse aus Butter, Zucker und Eigelb trägt ebenfalls sehr zur Lockerung bei.

Geschmackgebende Zutaten in Form von dünn abgeschälter Zitronen- oder Orangenschale und aufgeschlitzter, ausgeschabter Vanilleschote werden fast immer verwendet und jeweils der kalten Grundflüssigkeit zugesetzt.

Verfeinerung wird erreicht durch Zugabe von Rosinen, Nüssen, Mandeln, Rum oder Arrak.

Garmachungsarten

Kochen Für Brei und für die Herstellung der Grundmassen für Auflauf- und Puddingbereitung und für das Garen der fertigen Puddingmasse (im Wasserbad).

Backen Für Aufläufe und Soufflés.

Gefrieren

Das Einfrieren gekochter Grundmassen ist möglich. Nach dem Auftauen können sie zu Auflauf oder Pudding weiterverarbeitet werden.

Hinweise für die Küchenpraxis

- ▷ Nährmittel brennen in Verbindung mit Milch leicht an, deshalb:
  Topf mit schwerem, vor allem aber innen glattem, unversehrtem Boden benutzen,
  Topf vor dem Einfüllen der Milch entweder mit kaltem Wasser ausschwenken (nicht abtrocknen), oder der kalten Milch etwas Butter (10 g auf ½ l Milch) zusetzen. Oder den trockenen Topfboden mit der gleichen Menge weicher Butter bestreichen.
- ▷ Die sehr dünn abgeschälte Zitronen- oder Orangenschale oder die aufgeschlitzte, ausgeschabte Vanilleschote jeweils mit der kal-

ten Milch zusetzen und erst nach dem Abkühlen wieder herausnehmen.
- ▷ Grundsätzlich bei mittlerer bis kleiner Hitze arbeiten, um Überlaufen und Anbrennen zu verhindern und auch um die Bindemittel ausquellen zu lassen.
- ▷ Bindemittel unter Rühren in die kochende Milch dünn einstreuen (Ausnahme Reis, der in der kalten Milch zugesetzt werden kann), um Klumpenbildung zu vermeiden.
- ▷ Auflauf- und Pudding-Grundmassen vor Weiterverarbeitung auskühlen lassen.
- ▷ Wird Milchbrei mit Ei legiert, empfiehlt es sich, das verquirlte Ei mit 2–3 Eßlöffeln Brei zu vermischen und erst dann an den Brei zu rühren. Brei nicht mehr kochen lassen.
- ▷ Zeitlichen Ablauf richtig planen!

Kalte Süßspeisen und Desserts

Allgemeines

Flammeri, einfache und feine abgeschlagene sowie roh gerührte Cremes, Milch- und Obstsulzen, Kompotte und Kaltschalen, Fruchtsalate, Fruchtpürees, Sorbets und Eiscremes bilden als Nachspeise den Abschluß einer Mahlzeit. Deshalb sollten sie besonders sorgfältig auf die vorangegangene Mahlzeit abgestimmt werden. Sie sollen eine harmonische, wertmäßige und dem Anlaß entsprechende Ergänzung des Essens darstellen. Vereinfacht läßt sich sagen, daß reichhaltige Mahlzeiten mit einem möglichst energiearmen, erfrischenden Dessert, leichte Mahlzeiten mit einem etwas üppigeren Dessert abgerundet werden sollten. Farbe, Aroma und jahreszeitliche Gegebenheiten spielen bei einem Dessert eine sehr wichtige Rolle.

Beispiele: Zu herzhaften, sommerlichen Grillgerichten passen jahreszeitliche, farbintensive Obstspeisen aller Art besser als feine Cremes. Zu Mahlzeiten mit fein zubereitetem Fisch passen helle, zartfarbige, säuerliche Desserts aus Fruchtsäften, Wein oder gesäuerter Milch besser als Schokoladen- oder Vanillecreme. Zu deftigem Gans- oder Entenbraten sind heiße Kompotte mit Alkohol ideal, während Eiscremes oder Sorbets oder Cremes mit hohem Ei- und Zuckergehalt sehr unpassend – weil belastend – wären. Desserts müssen auch vom arbeitsmäßigen Aufwand her richtig eingeplant werden. So lassen sich kalte Nachspeisen in den meisten Fällen leicht auf Vorrat zubereiten, während ein heißes Kompott oder Zabaione oder Apfelmus unter einer Baiser-Haube unmittelbar vor dem Servieren noch Arbeit in der Küche benötigen.

Zubereitung

Zutaten

Grundflüssigkeiten

Milch für Flammeri, einfache und feine abgeschlagene Creme, Saucen und Milchsulzen.
Gesäuerte Milch oder Joghurt sowie Sahne und Quark für Sauermilchspeisen.
Sahne für Sahnecreme, Saucen und Eiscreme.
Fruchtsaft und/oder Wein für roh gerührte Cremes, Saucen, Obstsulzen, Kaltschalen.
Fruchtpüree für Sorbets und Fruchtsaucen.

Bindemittel

Grieß, Reis, Sago, Speisestärke für Flammeri.
Speisestärke und Ei für einfache Cremes und Saucen.
Eier und Gelatine für feine Cremes und Saucen.
Eier für Eiscrememasse und abgeschlagene Zabaione.
Gelatine für roh gerührte Creme und alle Arten von Sulzen.

Lockerungsmittel

Eischnee dient als Lockerungsmittel für Flammeri, für alle Arten von abgeschlagenen und roh gerührten Cremes, auch wenn diese zu Eiscreme weiterverarbeitet werden.
Steif geschlagene Sahne dient der Lockerung und Verfeinerung von Cremes, Eiscrememassen und Milchsulzen.

Geschmackgebende Zutaten

Neben Zucker in unterschiedlichen Mengen, Spuren von Salz und unterschiedlichen Mengen an Eiern sind dies Zitronen- oder Orangenschale, Vanilleschote, geriebene oder geschmolzene Schokolade, Zimt, Karamel, Nüsse, Mandeln, Krokant, Rum, Arrak, Mandel- und Orangenlikör. Sie passen zu fast allen milchhaltigen Süßspeisen.

Bei fruchthaltigen Cremes, Saucen usw. spielt das Aroma der jeweils verwendeten Früchte die entscheidende Rolle. Erhaltung und Zugabe von fruchteigenem Aroma, wie z. B. bei Zitrusfrüchten durch das Abreiben der Schale mit Würfelzucker, der danach im zugehörigen Fruchtsaft aufgelöst wird, und eine Abrundung mit Wein, Rum, Arrak oder passenden Obstwässern ist besonders wichtig.
Kompotte vertragen kräftige Würze von Zimtstange, Nelken und Ingwer sowie Wein und/oder Obstwasser, besonders dann, wenn sie heiß gegessen werden (was der Verdauung sehr förderlich ist).
Fruchtsalate erhalten ihr reizvolles und besonderes Aroma durch eine gute Zusammenstellung von miteinander harmonierenden Fruchtarten, bei denen sich immer säuerliche und milde Geschmacksnuancen ergänzen sollten. Geringe Zusätze von hochprozentigem Alkohol, wie Rum und Obstwässer, bilden die ideale Abrundung.

Ganz allgemein ist es sehr wichtig, daß durch den Garmachungs- oder Zubereitungsprozeß der Speisen auf die Erhaltung des jeweiligen Eigenaromas streng geachtet wird, daß die Speisen nicht übersüßt und kräftige Würzen mehr als »Parfüm« verwendet werden.

Garmachungsarten

Kochen Für Flammeri, Kompotte, Kaltschalen, Fruchtsaucen.
Abschlagen Für einfache und feine Cremes, für Eiscrememassen, Saucen, feine Soufflémassen.
Backen Für Soufflés und Überbacken von Baiser.

Gefrieren

Am besten lassen sich Kompotte einfrieren. Dazu werden sie nur knapp gegart oder blanchiert und nach dem Auskühlen in Plastikgefäßen eingefroren. Haltbarkeit bis zu 12 Monaten. Eiscreme oder Fruchtsorbets werden nach dem Auskühlen in geeignete Behälter gefüllt und bis zum völligen Gefrieren im Abstand von 1–1½ Stunden mehrmals durchgerührt. Besser ist eine Sorbetière oder ein Eisbereiter, der während des Gefriervorgangs die Masse in Bewegung hält. Zum Auftauen ist es ratsam, die Eiscreme oder das Sorbet im Kühlschrank mindestens 30–40 Minuten antauen zu lassen, damit es portioniert angerichtet werden kann.
Haltbarkeit für Eiscreme 2–4 Monate, für Sorbets bis 12 Monate.

Geschmolzenes Eis mit Ei- und Sahnegehalt darf anschließend nicht wieder eingefroren werden.

Hinweise für die Küchenpraxis

- ▷ Zum Kochen von Flammeri oder für das Herstellen abgeschlagener Cremes immer Topf mit schwerem, innen unversehrtem Boden benutzen.
- ▷ Zum Abschlagen guten Schneebesen verwenden. Zum Abschlagen auf dem Wasserbad läßt sich auch das Handrührgerät verwenden.
- ▷ Formen, die zum Stürzen verwendet werden, vor dem Einfüllen mit kaltem Wasser ausschwenken, vor dem Stürzen kurz in heißes Wasser tauchen.
- ▷ Massen mit hohem Eigehalt nur langsam erhitzen und gründlich abschlagen, dabei den Topf gelegentlich drehen, damit sie gleichmäßig bearbeitet wird.
- ▷ Masse nur an den Kochpunkt kommen lassen, bis sie die Beschaffenheit einer leicht gebundenen Sauce erreicht hat und einen eingetauchten Eßlöffel mit einer feinen Schicht überzieht (sie »bildet Rose«), dann vorgequollene Gelatine darin auflösen und in bereitstehende Schüssel gießen, bis zum Erkalten schlagen.
- ▷ Abfüllen in Portionsschalen verkürzt die Kühlzeit.
- ▷ Garnituren und Verzierungen erst kurz vor dem Servieren anbringen.
- ▷ Gelatinebehandlung s. Seite 12.
- ▷ Kompotte nicht zu stark kochen lassen, vor allem immer möglichst wenig Wasser zugeben, um das Eigenaroma zu erhalten und die Zugabe von Zucker gering zu halten.
- ▷ Eiscremes und Sorbets 30–40 Minuten vor Verwendung aus dem Gefriergerät nehmen und im Kühlschrank antauen lassen. Geschmolzenes Cremeeis nicht mehr einfrieren.

Zubereitungen von warmen und kalten Süßspeisen

Brei und Flammeri

Grundrezept Milchbrei

Vorbereiten 5 Minuten
Garen 10–40 Minuten, je nach Bindemittel

Grundflüssigkeit
1 l Milch

Geschmackszutaten
¼ TL Salz
5 cm Zitronenschale oder 1 Zimtstange
20 g Butter

Bindemittel
100 g Grieß oder Sago *oder*
125 g Reis oder Haferflocken *oder*
150 g Hirse

Zum Verfeinern
20 g Butter
2 Eier, verquirlt
4 EL Zucker, mit
½ TL Zimt vermischt

① Für Grieß oder Sago: In einem Topf mit möglichst schwerem Boden Milch, Salz, Zitronenschale oder Zimtstange und Butter erhitzen, zum Kochen bringen, Grieß oder Sago einstreuen, Hitze reduzieren. Unter ständigem Rühren auf kleiner Hitze garen.
Für Reis, Haferflocken oder Hirse: Den (gewaschenen) Reis, die Haferflocken oder die Hirse mit der kalten Milch, Salz, Zitronenschale oder Zimtstange und Butter zusetzen, auf kleiner Hitze zum Kochen bringen und auf kleiner Stufe fertiggaren. Möglichst nur 1–2 mal umrühren. Topf zugedeckt oder nur schwach geöffnet lassen.
② Garprobe machen. Sobald die Bindemittel gar sind, Zitronenschale oder Zimtstange herausfischen. Die Butter und die verquirlten Eier unterrühren, in Anrichteschüssel füllen, den Zimt-Zucker über den Brei streuen. Warm servieren.

Verwendung Als warme Süßspeise nach Gemüsesuppen oder Eintopfgerichten, als leichtes Abendessen, als Kinder- und Krankenkost.

Resteverwertung Erkalteten Brei in Scheiben schneiden, evtl. panieren, in schäumender Butter ausbacken.

- ▷ Geschmackszutaten immer in kalter Milch zusetzen.
- ▷ Bindemittel gut ausquellen lassen.
- ▷ Kleinstmögliche Hitzestufe, um Überkochen und Anbrennen zu vermeiden.
- ▷ Aufwerten durch Zugabe von frischer Butter oder Ei erst nach beendeter Kochzeit.
- ▷ Eischnee, vor dem Servieren zugerührt, macht den Brei flaumig leicht.

Milchreis

Vorbereiten 5 Minuten
Garen 25 Minuten

150 g Rundkornreis, gewaschen, abgetropft
1 l Milch
Prise Salz
5 cm Zitronenschale, fein abgeschält
4 EL Rosinen, gewaschen, abgetropft
20 g Butterflöckchen
2 EL Zucker, mit Prise Zimt vermischt

① Reis mit kalter Milch, Salz und Zitronenschale auf kleiner Hitze zum Kochen bringen, Reis quellen lassen.
② 10 Minuten vor beendeter Garzeit Rosinen zugeben, unterheben. Reis ausquellen lassen.
③ Butterflöckchen unterheben, anrichten. Zitronenschale entfernen. Zimt und Zucker dazu servieren.

Variation
Nach beendeter Garzeit 250 g Quark, mit 2 EL Zucker und 1 Ei verrührt, untermischen.

Reis Schneekönigin

Zubereiten 45 Minuten
Kühlen 1–2 Stunden

125 g Langkornreis, gewaschen, abgetropft, in reichlich Salzwasser gekocht
500 g Quark
⅜ l Milch
4 Eier
5 EL Zucker
2 P Vanillinzucker
Zitronensaft nach Geschmack
10 Blatt weiße Gelatine
150 g Preiselbeeren
etwas Rum und Wein
⅛ l Sahne, steif geschlagen

① Quark mit Milch glatt rühren.
② Eier, Zucker und Vanillinzucker schaumig schlagen.
③ Eier- und Quarkmasse mischen, mit Zitronensaft abschmecken.
④ Gelatine kalt einweichen, ausdrücken, in 6 EL heißem Wasser auflösen, mit der Quark-Eiermasse vermischen.
⑤ Den weichen, abgekühlten Reis zur angesteiften Quarkmasse geben. Im Kühlschrank steif werden lassen.
⑥ Preiselbeeren mit Rum und Wein glatt rühren.
⑦ Reisspeise evtl. stürzen, Preiselbeeren darübergießen und mit Sahnetupfern verzieren.

Verwendung Dessert nach Gemüse- und Salatgerichten, nach gedünstetem, pochiertem und gratiniertem Fisch.

Reis Trautmannsdorf

Vorbereiten 45 Minuten
Kühlen 1–2 Stunden

½ l	Milch
	Prise Salz
½	Vanilleschote, längs aufgeschnitten, ausgeschabt
100 g	Parboiled Reis
50 g	Zucker
4	Blatt weiße Gelatine
2 EL	Arrak oder Rum
⅛ l	Sahne, steif geschlagen

Fruchteinlage

200 g	Ananas, Aprikosen und Pfirsiche, in Stücke geschnitten
200 g	Orangen- oder Mandarinenscheiben, in Stücke geschnitten, etwas davon zum Verzieren zurückbehalten

Zum Verzieren

⅛ l	Sahne, steif geschlagen

① Milch mit Salz und Vanilleschote zum Kochen bringen, Reis einstreuen, bei kleiner Hitze zugedeckt garen lassen. Zucker zugeben, Reis auskühlen lassen.
② Gelatine kalt einweichen, ausdrücken, in wenig heißem Wasser auflösen, an den noch warmen Reis geben, mischen, Vanilleschote herausnehmen, Reis ganz erkalten lassen.
③ Steif geschlagene Sahne und Arrak unter den ausgekühlten Reis mischen. Eine Anrichteschüssel oder Reiskugel mit kaltem Wasser ausspülen, eine Lage Reis einschichten, Früchte daraufgeben, mit Reis abschließen. Sofort kühlen.
④ Vor dem Anrichten Reiskugel stürzen. Mit steif geschlagener Sahne und Fruchtstücken verzieren.

Verwendung Ausgiebiges Dessert nach einfachen Vorgerichten.

Grundrezept Flammeri

Vorbereiten 5 Minuten
Zubereiten 15–30 Minuten
Kühlen 1–3 Stunden

Grundflüssigkeit

⅜ l	Milch oder Mischkompott

Geschmackszutaten

	Salz
5 cm	Zitronenschale, fein abgeschält, oder ½ Vanilleschote
50 g	Zucker

Bindemittel

40 g	Speisestärke *oder*
50 g	Grieß oder Sago
⅛ l	Milch oder Obstsaft

Zum Verfeinern für Milchflammeri

40 g	Mandeln, geschält, grob gehackt, oder Rosinen oder Kakao
1	Ei, getrennt

① Verwendung von Speisestärke
Milchflammeri: Die Milch mit Salz, Zitronenschale oder Vanilleschote zum Kochen bringen. Speisestärke und Zucker mit restlicher Milch anrühren, unter Rühren an die kochende Milch gießen, aufkochen lassen, beiseite stellen.
Obstflammeri: Das Kompott mit Zitronenschale oder Vanillestange zum Kochen bringen, Speisestärke und Zucker mit Obstsaft verquirlen, an das kochende Kompott rühren, aufkochen lassen, beiseite stellen.
② Verwendung von Grieß oder Sago: Milch oder Kompott mit Zitronenschale oder Vanille zum Kochen bringen, Grieß oder Sago unter Rühren einstreuen, auf kleiner Hitze ausquellen lassen. Zucker zugeben, gut umrühren.
③ Milchflammeri: Mandeln, Rosinen oder Kakao unter die heiße Masse mischen. Mit Eigelb legieren, Eiweiß zu Schnee schlagen, mit dem Schneebesen gut einrühren.
④ Form zum Stürzen oder Schüssel mit kaltem Wasser ausspülen, die heiße Masse einfüllen. Er-

kalten lassen. Zum Stürzen den Flammeri am Rand mit spitzem Messer vorsichtig lockern, Platte oder Teller mit der Oberseite nach unten auf die Form legen, rasch mit beiden Händen umstürzen, die Form abheben. Nach Belieben mit gezuckerter Sahne (Obstflammeri), Vanillesauce (Obst- und Schokoladenflammeri), Fruchtsaucen oder mit frischen, gezuckerten Beeren (Milchflammeri) anbieten.

Verwendung Als Hauptgericht oder Nachtisch.

▷ Ei oder Eigelb nicht mehr mitkochen lassen.
▷ Für Obstflammeri ist Rhabarberkompott oder rotes Mischkompott aus frischen, gefrorenen oder eingeweckten Früchten am besten geeignet.

Rote Grütze

Vorbereiten 15 Minuten
Zubereiten 30 Minuten
Gelieren 2 Stunden

150 g	Himbeeren (nicht waschen!), verlesen
150 g	Kirschen oder Sauerkirschen, gewaschen, entsteint
150 g	Erdbeeren, gewaschen
150 g	Johannisbeeren, gewaschen, entstielt
200 g	Zucker
¼ l	Wasser oder Fruchtsaft (Sauerkirsche, Johannisbeeren)
80 g	Speisestärke
12 EL	Wasser, evtl. 2 EL davon durch Rum oder Arrak ersetzen

① Alle Früchte mit Zucker grob zerkleinern, Wasser zugeben und 8 Minuten kochen lassen.
② Die Masse durch Sieb streichen oder mit Stab pürieren. Wieder zurück in den Topf geben, erneut aufkochen und mit in Wasser verrührter Speisestärke binden. Kurz aufkochen.
③ Vom Feuer nehmen, in eine mit kaltem Wasser ausgespülte Schüssel oder Form füllen.
④ Nach dem Erkalten stürzen oder in der Schüssel servieren. Vanillesauce dazu reichen.

Verwendung Nach dunklem Fleisch (Rind und Wild), nach Eintopf.

Variation
Statt gemischter Früchte nur Rhabarber nehmen.

Auflauf, Pudding und Soufflé

Grundrezept Auflauf und Pudding

Vorbereiten 30–60 Minuten
Zubereiten 20 Minuten
Garen 40 Minuten im Ofen bei 200 °C (Auflauf),
1 Stunde im Wasserbad (Pudding)

Grundmasse	
1 l	Milch
¼ TL	Salz
250 g	Grieß, Sago, Haferflocken, Reis oder Hirse
Schaummasse	
60 g	Butter
60 g	Zucker
4	Eier, getrennt
Geschmackszutaten	
	fein abgeriebene Schale von ¼ Zitrone oder 1 TL Vanillinzucker
60 g	Rosinen, gewaschen, abgetropft
2 EL	flüssige Butter für die Form
20 g	Butterflöckchen
	Semmelbrösel für Puddingform

① Für Grieß oder Sago: Die Milch mit Salz zum Kochen bringen, Grieß oder Sago unter Rühren einstreuen, auf kleinster Stufe ausquellen lassen, beiseite stellen, auskühlen lassen.
Für Reis, Haferflocken oder Hirse: Nährmittel mit der kalten Milch und Salz zusetzen. Auf kleinster Hitzestufe zum Kochen bringen und fertiggaren, ausquellen lassen, abkühlen.
Auflauf- bzw. Puddingform ausfetten. Für Auflauf Ofen vorheizen.
② Aus Butter, Zucker und Eigelb eine lockere Schaummasse rühren, mit Zitronenschale oder Vanillinzucker abschmecken. Eischnee schlagen.
③ Den ausgekühlten Brei mit der Schaummasse mischen, die Rosinen zugeben, Eischnee unterheben.
④ Auflauf: Die Masse in die Auflaufform füllen, mit Butterflöckchen belegen, sofort backen. Nach beendeter Backzeit sofort servieren, da der Auflauf beim Abkühlen zusammenfällt.
⑤ Pudding: Die Puddingform mit Semmelbröseln ausstreuen (einschließlich Zapfen und Dekkel), mit der Masse ¾ voll füllen, dicht verschließen, in kochendes Wasserbad stellen (zuvor auf den Topfboden einen Rost legen, damit das heiße Wasser die Form von unten umgeben kann). Das Wasser darf nur bis auf 3–4 cm an den Rand der

Puddingform heranreichen. Auf kleiner bis mittlerer Hitze kochen lassen. Möglicherweise etwas Wasser nachfüllen.
Es ist auch möglich, den Pudding im Wasserbad im Ofen zu garen. Dann auf 200 °C vorheizen. Das Wasser auf dem Herd zum Kochen bringen, den Pudding wie beschrieben hineinsetzen und im Ofen garen.
Nach beendeter Garzeit die Form aus dem Wasserbad nehmen, Deckel öffnen, Dampf abziehen lassen. Nicht der Kälte aussetzen, da die Masse sonst zusammenfällt. Am Rand mit spitzem Messer vorsichtig lockern, auf vorgewärmte Platte stürzen, sofort servieren.

Zubereitung ohne Schaummasse
Die Zubereitung laut Grundrezept läßt sich vereinfachen:
① Grundmasse herstellen wie Grundrezept.
② Zucker und verquirlte Eigelb unter die warme (nicht heiße!) Masse rühren.
③ Geschmackszutaten untermischen.
④ Eischnee unterheben.
⑤ Zum Schluß (statt der Butter) ¼ l steif geschlagene Sahne unterziehen. In flache Auflaufform füllen und backen.

Variationen
- Nicht süß, sondern salzig mit Kräutern und Gewürzen abschmecken oder geriebenen Käse zugeben.
- Nur die halbe Grundmasse zubereiten, 500 g Magerquark zugeben, gilt für süße Arten. Bei der süßen Variante etwa 40 g mehr Zucker, bei der salzigen Variante mehr Salz oder 40 g mehr Reibkäse zugeben.
- In Portionsförmchen füllen. Pudding im Wasserbad im Ofen garen, mit Alufolie abdecken.

Verwendung Auflauf und Pudding können als Hauptgericht und Nachtisch gereicht werden, begleitet von Kompotten, Frucht- und Weinsaucen.

▷ Die Grundmasse immer gut auskühlen lassen, bevor sie mit der Schaummasse verrührt wird.
▷ Den sehr steifen Eischnee sofort unterheben und den Auflauf oder Pudding garen.
▷ Puddingform nur ¾ voll füllen.
▷ Pudding nach dem Wasserbad erst ausdampfen lassen, nicht an das offene Fenster stellen (evtl. Nachwärme des Ofens dafür nutzen).
▷ **Mengenberechnung**
Als Hauptgericht für 4 Personen 1 Grundrezept, als Nachtisch für 4 Personen ½ Grundrezept.

Quarkpudding

Vorbereiten 15 Minuten
Garen 1–1¼ Stunden

80 g	Butter
100 g	Semmelbrösel
2 EL	flüssige Butter und
3 EL	Semmelbrösel für die Form
4	Eigelb
125 g	Zucker
500 g	Magerquark
50 g	Rosinen, gewaschen, abgetropft
4	Eiweiß, steif geschlagen
1 TL	Backpulver
	fein abgeriebene Zitronenschale

① Butter zerlassen, Semmelbrösel leicht darin anziehen lassen. Form gut ausfetten, mit Semmelbröseln ausstreuen.
② Eigelb und Zucker schaumig rühren, Quark und Rosinen zumischen, Semmelbrösel einrüh-

ren, Eischnee auf die Masse füllen, Backpulver darübersieben, locker unter die Quarkmasse heben, in Form füllen, verschließen, im Wasserbad garen (nach Grundrezept, s. Seite 266).
③ Gegarten Pudding noch ca. 15 Minuten im Wasser ziehen lassen, danach lockern, stürzen.

Verwendung Als warme Süßspeise oder als Dessert, von Fruchtsaucen begleitet.

Gebackene Apfelspeise

Vorbereiten 15 Minuten
Ruhen ½–1 Stunde
Zubereiten 5 Minuten
Backen 35–45 Minuten bei 180 °C

5	säuerliche Äpfel, geschält, entkernt und in kleine Würfel geschnitten
	Zitronensaft
50 g	Zucker
	Prise Zimt
70 g	Butter
50 g	Zucker
2	Eigelb
	abgeriebene Schale von ½ Zitrone
50 g	Korinthen, gewaschen, abgetropft
2	Eiweiß, steif geschlagen
1 EL	flüssige Butter und
1 EL	Brösel zur Form

① Äpfel mit Zitronensaft beträufeln, Zucker und Zimt darüberstreuen, ziehen lassen, zudekken. Ofen vorheizen.
② Butter schaumig rühren, Zucker, Eigelb, Zitronenschale, Korinthen und Äpfel zumischen. Zuletzt Eischnee unter die Masse heben, in vorbereitete Form einfüllen, backen. Heiß servieren.

Verwendung Sehr gutes Dessert nach herzhaften Vorgerichten.

Mohr im Hemd

Vorbereiten 15 Minuten
Garen 1–1¼ Stunden

100 g	Butter
100 g	Zucker
5	Eigelb
80 g	Mandeln, ungeschält, gerieben
100 g	Halbbitterschokolade, gerieben
50 g	Mehl, gesiebt
50 g	Brösel von Zwieback, Semmeln oder Biskuit
5	Eiweiß, steif geschlagen
2 EL	Butter, flüssig, und
2 EL	Brösel für die Form

① Aus Butter, Zucker und Eigelb Schaummasse rühren, Mandeln, Schokolade, Mehl und Brösel dazumischen, Eischnee unterheben.
② In gefettete, gut gebröselte Puddingform füllen, Deckel verschließen, im Wasserbad kochen, wie im Grundrezept (s. Seite 266) beschrieben.
③ Nach beendeter Garzeit Form noch etwa ¼ Stunde stehen lassen, dann Deckel abnehmen, mit Messer an den Seiten lockern, auf Platte stürzen.

Verwendung Als warme Süßspeise mit Weinschaumsauce (s. Seite 274), kalt als Dessert mit steif geschlagener Sahne.

Schwarzbrotauflauf, Schwarzbrotpudding

Vorbereiten 25 Minuten
Garen 1–1¼ Stunden als Pudding, 45 Minuten als Auflauf

250 g	Schwarzbrotbrösel, in
¼ l	Apfelsaft oder Weißwein eingeweicht
2 EL	flüssige Butter und
2 EL	Brösel für die Form
50 g	Butter
80 g	Zucker
4	Eigelb
½ TL	Zimt
¼ TL	Nelkenpulver
50 g	Schokolade, gerieben oder zerlassen und abgekühlt
50 g	Rosinen, gewaschen, abgetropft
50 g	Nüsse oder Mandeln, gemahlen
50 g	Zitronat und/oder Orangeat, fein gehackt
2 EL	Rum
4	Eiweiß, steif geschlagen

① Brösel einweichen, gut durchziehen lassen. Ofen vorheizen bei Auflauf. Form ausfetten, mit Bröseln ausstreuen.
② Aus Butter, Zucker, Eigelb Schaummasse rühren, Zimt und Nelken zugeben, Brösel unterrühren, Geschmackszutaten zugeben. Zuletzt den Eischnee unterheben, Masse in Form füllen (Puddingform verschließen). Garen, wie im Grundrezept (s. Seite 266) angegeben.

Verwendung Warme Süßspeise, Pudding auch als Dessert mit heißer oder kalter Frucht- oder Weinsauce (s. Seite 291 ff.), Sabayon (s. Seite 274).

Schottischer Grießpudding

Vorbereiten 15 Minuten
Garen 1–1¼ Stunden

½ l	Milch (reichlich)
60 g	Grieß
80 g	Zucker
6	Mandelmakronen, zerstoßen
30 g	Butter
2 EL	flüssige Butter und
2 EL	Brösel für die Form
3	Eigelb
1 EL	Orangenmarmelade (reichlich)
3	Eiweiß, steif geschlagen

① Milch zum Kochen bringen, zuerst Grieß, dann Zucker, Makronen und Butter einrühren, unter Rühren ca. 5 Minuten kochen lassen, in Schüssel schütten, abkühlen lassen. Puddingform ausfetten und mit Bröseln ausstreuen.

② Eigelb nach und nach unter die Grießmasse rühren. Orangenmarmelade dazugeben, untermischen. Eischnee unterheben, Masse in Puddingform füllen, Deckel verschließen, Form ins Wasserbad stellen und garen.

③ Danach Deckel öffnen, 5–10 Minuten ausdampfen lassen, stürzen.

Verwendung Warme Süßspeise oder Dessert.

Quark-Soufflé

Vorbereiten 15 Minuten
Backen 35–40 Minuten bei 175–200 °C

1 EL	flüssige Butter für die Form
500 g	frische oder 1 Glas Sauerkirschen, entsteint, gut abgetropft
50 g	Butter
50 g	Zucker
1 P	Vanillinzucker
2	Eigelb
250 g	Magerquark
1 EL	Speisestärke, mit
½ TL	Backpulver gemischt und gesiebt
2	Eiweiß, steif geschlagen

① Form fetten, abgetropfte Früchte auf den Boden der Form legen.

② Aus Butter, Zucker, Vanillinzucker und Eigelb Schaummasse rühren, Quark zugeben, Speisestärke an Quarkmasse rühren. Eischnee unterheben, in die Form auf die Kirschen füllen, backen. Nach dem Backen sofort servieren.

Verwendung Warme Süßspeise.

Rahm-Soufflé

Vorbereiten 8–10 Minuten
Backen 40–50 Minuten bei 180 °C

4	Eier
100 g	Zucker
½ l	saure Sahne
	Saft von ½–1 Zitrone (je nach Größe)
125 g	Mehl, gesiebt
1 EL	flüssige Butter für die Form oder etwas mehr für Portionsförmchen

① Ofen vorheizen. Die ganzen Eier mit Zucker sehr schaumig schlagen. Saure Sahne glatt rühren, mit der Eicreme vermischen. Zitronensaft unterziehen.

② Mehl unterheben, mit leichter Hand verrühren, Masse in die Form geben, backen. Backzeit ist bei Portionsförmchen etwas kürzer.

Verwendung Feines Dessert nach hellem Fleisch und nach Fisch. Dazu Fruchtsaucen, Rumtopffrüchte, Kompott, vor allem aus hellfleischigem Obst, oder flambierte Birnen oder Pfirsiche dazu servieren.

Salzburger Nockerl

Vorbereiten 10 Minuten
Garen 10–15 Minuten im Ofen bei 200 °C

30 g	weiche Butter für die Form
40 g	Butter
60 g	Zucker
4	Eigelb
½ P	Vanillinzucker
30 g	Mehl, gesiebt
4	Eiweiß, steif geschlagen
4 EL	Milch
	Puderzucker zum Bestäuben

① Ofen vorheizen. Feuerfeste Form mit cremiger Butter dick ausstreichen.

② Butter und Zucker, Eigelb, Vanillinzucker zu Schaummasse rühren, Mehl dazumischen und locker in die Schaummasse einarbeiten, Eischnee unterheben.

③ Die Form kurz auf Kochplatte stellen, Milch einfüllen, zum Kochen bringen. Den schaumigen Teig in 4 Portionen nebeneinander in die Form füllen, mit Löffel ein wenig gegeneinander abgrenzen, sofort lichtgelb backen, mit Puderzucker bestreut servieren.

Verwendung Feines Dessert nach leichtem Menü.

Cremes

Einfache Cremes

Grundrezept

Vorbereiten 15–20 Minuten
Zubereiten 10–15 Minuten
Kühlen 1–2 Stunden

Grundflüssigkeit

⅜ l	Milch, Wein, Fruchtsaft oder Wein und Fruchtsaft zu gleichen Teilen

Geschmackszutaten

1	Vanilleschote, aufgeschlitzt, ausgeschabt, *oder* Schale von ½ Zitrone, fein abgerieben, *oder*
100 g	Schokolade, in Stücke gebrochen, ersatzweise 40 g Kakao, *oder*
⅛ l	Karamel, aus 80 g Zucker und ⅛ l Wasser, *oder*
80 g	Haselnüsse, geschält, gerieben
	Prise Salz

Schaummasse

2	Eigelb
40 g	Zucker

Bindemittel

20 g	Speisestärke, mit
⅛ l	Milch, Wein oder Fruchtsaft angerührt

Zum Verfeinern

2 EL	Rum oder Arrak, *oder*
4 EL	Zitronensaft

Lockerungsmittel

2	Eiweiß, steif geschlagen

Zum Verzieren

⅛ l	Sahne (nach Belieben)

① Vanille- oder Zitronencreme: Die Milch mit Vanilleschote und ausgeschabtem Mark oder der fein geriebenen Zitronenschale und Salz langsam zum Kochen bringen.

Schokoladencreme: Die Schokolade mit der Milch und Salz langsam zum Kochen bringen, mehrmals umrühren, damit sich die Schokolade völlig auflösen kann.

Karamelcreme: In kleinem Pfännchen bei mittlerer Hitze den Zucker goldbraun karamelisieren lassen, dabei stets umrühren, damit der Zucker gleichmäßig bräunt. Sobald der Zucker zu schäumen beginnt, mit Wasser ablöschen und so lange kochen lassen, bis der Zucker völlig aufgelöst ist. Dann mit Milch und Salz langsam erhitzen.

Haselnußcreme: Die Nüsse auf Backblech im Ofen oder in Stielpfanne auf dem Herd trocken erhitzen, bis sich die Schale löst. Die heißen Nüsse in sauberes Tuch einschlagen und unter Reiben die Schale entfernen. Danach Nüsse fein mahlen, mit Milch und Salz langsam zum Kochen bringen.

Wein- oder Fruchtsaftcreme: Wein oder Fruchtsaft mit Vanilleschote und -mark oder Zitronenschale (oder nach Belieben mit halber Vanilleschote und Zitronenschale) langsam erhitzen.

② Eigelb mit Zucker schaumig rühren, angerührte Speisestärke unter Rühren in die kochende Flüssigkeit einlaufen und aufkochen lassen, beiseite stellen, Alkohol zugeben, kurz weiterschlagen.

③ Eischnee mit Schneebesen gleichmäßig unter die Creme ziehen, sehr gut verrühren.

④ Die Creme in kalt ausgespülte Schüssel, Gläser oder Portionsschalen füllen, kühl stellen. Evtl. vor dem Servieren mit steif geschlagener Sahne verzieren.

Variationen

- Vanille-, Zitronen- oder Weincreme mit Quark: Unter die kochendheiße Masse 125 g Magerquark mischen, fertigstellen wie beschrieben.
- Vanille-, Zitronen oder Weincreme mit Früchten: Die fertige Creme mit 250 g rohen, mit 2 EL Zucker vermischten, zerkleinerten Erdbeeren, Himbeeren, Brombeeren, roten Johannisbeeren oder mit 4 EL Rumtopffrüchten schichtweise in Schüssel füllen, erkalten lassen.
- Tutti-Frutti: Den Boden einer Anrichteschüssel mit 4 Löffelbiskuits oder Biskuit-Kuchenresten auslegen, etwa 250 g beliebige Früchte, frisch, konserviert oder aus dem Rumtopf, darauffüllen, mit Hälfte der Creme übergießen, eine zweite Schicht mit Gebäck und Früchten in gleicher Weise bereiten, mit der restlichen Creme übergießen, erkalten lassen, nach Belieben vor dem Servieren mit steif geschlagener Sahne und Früchten verzieren.

Vanilleäpfel

Vorbereiten 10 Minuten
Zubereiten 25 Minuten
Kühlen 1½–2 Stunden

⅜ l	Wasser oder Apfelsaft
	Zucker (nach Belieben)
	5 cm Zitronenschale, fein abgeschält
	Saft von 1 Zitrone
4	mittelgroße Äpfel, geschält, im ganzen, Kernhaus ausgestochen
4 TL	Johannisbeergelee oder Preiselbeermarmelade
1	Grundrezept Einfache Vanillecreme (s. Seite 270)

① Flüssigkeit mit Zucker und Geschmackszutaten zusetzen, zum Kochen bringen, Äpfel einlegen, im Sud auf geringer Hitze garen. Dabei achtgeben, daß Wasser niemals stark kocht, gelegentlich Äpfel wenden. Mit spitzem Messer Garprobe machen, aus dem Sud nehmen, abtropfen und auskühlen lassen, in weite Schüssel oder auf tiefe Platte setzen, mit Marmelade füllen.
② Einfache Vanillecreme nach Grundrezept zubereiten, heiß über die vorbereiteten Äpfel gießen, kalt stellen.

Verwendung Angenehmes Dessert nach einfachen Vorgerichten.

Variation
Apfelberg: Äpfel als Achtel weich kochen, abtropfen, mit der Rundung nach oben auf flache Platte legen, mit Vanillecreme übergießen, erkalten lassen. Baisermasse aus 3 Eiweiß herstellen, Creme damit überziehen, mit Puderzucker bestäuben, bei 175 °C im Ofen licht Farbe annehmen lassen, servieren.

Roh gerührte Cremes

Grundrezept

Vorbereiten 15–20 Minuten
1. Kühlzeit 1 Stunde im Kühlschrank
Zubereiten 5 Minuten
2. Kühlzeit 1–1½ Stunden im Kühlschrank

Grundflüssigkeit

⅜ l	Wein, Fruchtsaft oder -püree

Schaummasse

3	Eigelb
80 g	Zucker

Geschmackszutat

	Zitronen-, Orangen- oder Mandarinenschale und -saft *oder*
3 EL	Rum, Himbeer-, Kirsch- oder Birnengeist

Bindemittel

6	Blatt Gelatine

Zum Lockern und Verfeinern

3	Eiweiß, steif geschlagen
⅛ l	Sahne, steif geschlagen (nach Belieben)

Zum Verzieren

⅛ l	Sahne, steif geschlagen
10–15	Früchte oder Fruchtstücke

① Die Grundflüssigkeit abmessen oder herstellen: Fruchtpüree von gewaschenen, entstielten Beeren oder von entsteinten Kirschen, Sauerkirschen. Steinobst sollte vorher 5 Minuten mit wenig oder ganz ohne Wasser gedünstet werden.
② Aus Eigelb und Zucker sehr gute Schaummasse schlagen. Die Geschmackszutat dazumischen. (Die Zitrusfrüchte mit Würfelzucker abreiben, der von der Rezept-Zuckermenge abgezogen werden muß. Den mit der Schale aromatisierten Würfelzucker in etwas Saft oder Wein auflösen.) Alles mit der Flüssigkeit mischen.
③ Die kalt eingeweichte Gelatine ausdrücken, in heißer Flüssigkeit auflösen, etwas abkühlen lassen, unter Rühren langsam an die Crememasse gießen, verrühren, in den Kühlschrank stellen.
④ Während des Kühlens die Creme einige Male von außen nach innen umrühren, um gleichmäßiges Stocken zu erreichen.
⑤ Sobald die Masse sulzige Beschaffenheit erreicht hat, den Eischnee und die Sahne nacheinander mit einem Schneebesen unter die Creme ziehen. In kalt ausgespülte Anrichteschüssel oder in Portionsschalen füllen, wieder kühl stellen.
⑥ Kurz vor dem Servieren mit der weiteren Sahne Rosetten auf die Creme spritzen, mit Früchten oder Fruchtscheiben verzieren.

Verwendung Zu Zitronen-, Orangen-, Mandarinen-, Grapefruit-, Wein-, Sauerrahmcreme.

- ▷ Lockerungszutaten erst zur Crememasse mischen, wenn diese »tragfähig«, also gleichmäßig sulzig geworden ist.
- ▷ In Portionsschalen oder Gläser gefüllt, wird die Creme schneller fest.
- ▷ Verzierungen erst aufspritzen, wenn die Oberfläche fest geworden ist.

Joghurtcreme

Zubereiten 15 Minuten
Gelieren 1 Stunde

3	Eigelb
100 g	Zucker
	Schale von ½ Zitrone
2	Würfelzucker
	Saft von 1 Zitrone
3	Becher Joghurt
4	Blatt weiße Gelatine
3	Eiweiß, steif geschlagen
25 g	Zucker
⅛ l	Sahne, steif geschlagen
	evtl. feines Obst

① Eigelb mit Zucker schaumig schlagen.
② Zitronenschale mit Würfelzucker abreiben, in Zitronensaft auflösen.
③ Joghurt und Eimasse mischen, Zitronensaft zugeben.
④ Die kalt eingeweichte Gelatine ausdrücken, warm auflösen, mit der Joghurtmasse vermischen.
⑤ Den restlichen Zucker unter den festen Eischnee schlagen, unter die Joghurtmasse heben, in Anrichteschüssel oder Portionsschalen füllen, kalt stellen.
⑥ Vor dem Servieren mit Sahne verzieren, nach Belieben zusätzlich mit feinem Obst.

Verwendung Dessert nach hellem Fleisch, nach Fisch- und Gemüsegerichten.

Ambrosiacreme

Zubereiten 20 Minuten
Gelieren 1 Stunde

¼ l	saure Sahne
2	Becher Joghurt
6 EL	Zucker
1 EL	Vanillinzucker
	Zitronensaft
2 EL	Rum
5	Blatt weiße Gelatine
½	Blatt rote Gelatine
3	Eiweiß, steif geschlagen
1 EL	Zucker
250 g	Sauerkirschen ohne Kern (aus dem Glas)
⅛ l	Sahne, steif geschlagen

① Saure Sahne, Joghurt, Zucker und Vanillinzucker mischen, mit Zitronensaft und Rum abschmecken.
② Gelatine kalt einweichen, ausdrücken, warm auflösen, mit der Joghurtmasse vermischen.
③ Eischnee und Zucker verschlagen, vorsichtig unter die Joghurtmasse heben.
④ Sauerkirschen unterrühren. 6–12 Früchte zurücklassen. Creme in Anrichteschüssel füllen, kalt stellen.
⑤ Vor dem Servieren mit Sauerkirschen und Schlagsahne verzieren.

Verwendung Leichtes Dessert nach kräftig gewürzten Fisch-, Fleisch- und Gemüsegerichten (Eintopf).

Feine Quarkspeise mit Beerenpüree

Vorbereiten 10 Minuten
Zubereiten 10 Minuten

1	Eigelb
2 EL	Zucker
	Prise Vanillinzucker
250 g	Magerquark
⅛ l	Milch, Joghurt, Sauermilch oder Sahne
1	Eiweiß, steif geschlagen

Beerenpüree

500 g	Erdbeeren, Himbeeren, Brombeeren oder Heidelbeeren
2 EL	Zucker
1	Schnapsglas Obstgeist, Rum oder Arrak

① Eigelb mit Zucker und Vanillinzucker cremig rühren, Magerquark dazumischen, mit Milch, Joghurt, Sauermilch oder Sahne glatt rühren, steifen Eischnee unterziehen, in Anrichte- oder Portionsschalen füllen, kühl stellen.
② Beeren und Zucker miteinander vermischen, pürieren, durch Sieb passieren, mit Alkohol aromatisieren.
③ Die Portionsschalen mit je 1 EL Püree übergießen, den Rest getrennt zu der Quarkcreme reichen.

Verwendung Erfrischendes, sehr wohlschmeckendes Dessert nach Fischgerichten oder Gemüsespeisen.

Variationen
- Statt Flüssigkeit zum Glattrühren nur steif geschlagene Sahne verwenden
- Ei weglassen, die Sahnemenge auf ¼ l erhöhen.
- ⅛ l Crème fraîche, mit 4 EL Rum oder Sherry verrührt, gleichmäßig unter die fertige Speise mischen.

Grundrezept

Roh gerührte Fruchtsahnecreme

Vorbereiten 10 Minuten
Zubereiten 10 Minuten
Kühlen 1½–2½ Stunden

¾ l	Fruchtpüree aus 750 g rohen Beeren, Kiwis, Ananas, Mangos oder blanchierten Aprikosen oder Sauerkirschen
	Fruchtsaft oder Wein zum Auffüllen
	Saft von 1 Zitrone, abgeseiht
3 EL	Zucker
6	Blatt weiße Gelatine
⅛ l	Sahne, steif geschlagen
2 EL	Obstgeist, Rum oder Arrak
⅛ l	Sahne, steif geschlagen
	einige ganze Früchte oder Fruchtstücke

① Fruchtpüree: Gewaschene, abgetropfte, enthäutete Kiwi, Mango oder Ananas zerkleinern, mixen oder durch Sieb passieren. Aprikosen oder Sauerkirschen entsteinen, in ¼ l Wasser dünsten, danach pürieren. Fruchtpüree abmessen, fehlende Menge mit Fruchtsaft oder Weißwein auffüllen. Zitrone und Zucker zugeben, gut verrühren.
② Die kalt eingeweichte Gelatine ausdrücken, heiß auflösen, etwas abkühlen lassen, an das Püree rühren, kühl stellen.
③ Sobald die Masse zu steifen beginnt, die geschlagene Sahne gleichmäßig untermischen, mit Alkohol abschmecken, in Glasschüssel oder Portionsschalen füllen. Vor dem Servieren mit Sahnetupfern und ganzen Früchten oder Fruchtstükken verzieren.

Verwendung Feines Fruchtdessert, das – je nach Farbe – nach hellen oder dunklen Fleischgängen oder nach Fisch gereicht werden kann.

Kalter Sahnepunsch »Syllabub«

Vorbereiten 5 Minuten
Ziehen Über Nacht oder mindestens 4 Stunden
Zubereiten 10 Minuten

	Schale von 2 Orangen oder Zitronen, sehr dünn abgeschält
⅓ l	Weißwein
	Saft von 2 Zitronen
2 EL	Cognac oder Rum
2 EL	Zucker
⅔ l	Sahne
	Prise Muskat
4	Zitronen- oder Orangenscheiben, ½ cm dick
4	Rosmarinzweiglein oder Pfefferminzblätter

① Orangen- oder Zitronenschalen in den Wein legen, Zitronensaft dazugeben, mit Cognac oder Rum zugedeckt über Nacht ziehen lassen.
② Vor der Zubereitung Weinmischung abseihen. Zucker zugeben, unter Rühren auflösen.
③ Wein unter dauerndem Rühren mit Sahne vermischen, mit Muskat würzen. Sobald alle Sahne eingerührt ist, die Mischung mit Schneebesen von Hand gleichmäßig schlagen. Nach einigen Minuten wird die Mischung cremig, danach schaumig. Sobald der Syllabub Spitzen bildet, aufhören zu schlagen (Gerinnungsgefahr!) und in möglichst große Gläser (Cobbler) oder Sektschalen randhoch einfüllen. In den Kühlschrank stellen bis zum Servieren.
④ Mit Zitrusscheiben garnieren, Rosmarinzweiglein oder Pfefferminzblätter daraufsetzen, servieren.

Verwendung Das Dessert nach Fischgerichten.

Feine, abgeschlagene Cremes

Grundrezept

Vorbereiten 20 Minuten
1. Kühlzeit 1½–2 Stunden
Zubereiten 15 Minuten
2. Kühlzeit 1–1½ Stunden

Grundflüssigkeit

½ l	Milch oder Weißwein

Geschmackszutaten

1	Vanilleschote, ausgeschabt, *oder*
100 g	Schokolade, zartbitter, *oder*
100 g	geschälte, geriebene, geröstete Mandeln oder Nüsse oder Krokant, *oder*
¹⁄₁₆ l	Mokka, sehr stark, *oder*
¹⁄₁₆ l	Karamel
2 EL	Rum oder Arrak

Schaummasse

3	Eigelb
80 g	Zucker

Bindemittel

6	Blatt weiße Gelatine

Zum Verfeinern und Lockern

3	Eiweiß, steif geschlagen
⅛ l	Sahne, steif geschlagen

Zum Verzieren

⅛ l	Sahne, steif geschlagen
	Mokkabohnen, Schokoladeraspel, Krokantsplitter, ganze, geschälte Nüsse oder Mandeln

① Geschmackszutaten vorbereiten.
② Sehr gute Schaummasse aus Eigelb und Zukker herstellen, mit der Flüssigkeit vermischen. Geschmackszutat nach Wahl zugeben. Die Mischung in eine Kasserolle schütten, auf mittlerer Hitze mit einem Schneebesen sehr gut abschlagen, bis die Masse aufkocht. Beiseite stellen und 1–2 Minuten weiterschlagen. Mit Alkohol aromatisieren.
③ Die kalt eingeweichte Gelatine ausdrücken, in die heiße Creme geben, sehr gut auflösen. Oder die Gelatine mit 3–4 EL heißem Wasser auflösen, an die Crememasse rühren, sehr gründlich mit dem Schneebesen durchschlagen, kalt stellen.
④ Während des Erkaltens die Creme mehrmals mit einem Löffel durchziehen, um ein gleichmäßiges Festwerden zu erreichen. Sobald die Masse gleichmäßig sulzig ist, den Eischnee und die steife Sahne unterziehen, gut in der Creme verteilen. In eine kalt ausgespülte Anrichteschüssel oder in Portionsschalen oder -gläser füllen, wieder kalt stellen.
⑤ Vor dem Servieren die Creme mit Sahnerosetten bespritzen und – je nach Geschmacksrichtung – mit Mokkabohnen, Schokoladenraspeln, Mandeln, Nüssen, Krokantsplittern oder mit Früchten verzieren.

Verwendung Zu feiner Vanillecreme, Schokoladencreme, Nuß-, Mandel-, Krokantcreme, Karamelcreme.

▷ Für in Gläser angerichtete Creme 1–2 Blatt weniger Gelatine nehmen.
▷ Gute Schaummasse schlagen, erst dann Geschmackszutaten und Flüssigkeit zugeben.
▷ Bei mittlerer Hitze abschlagen, nur knapp aufwallen lassen.
▷ Erst wenn die Creme deutlich steif wird, nochmals mit Schneebesen durchschlagen, dann Eischnee bzw. Sahne unterheben. Dabei Eischnee und Sahne sehr gut in die Masse einarbeiten.
▷ Sofort in Anrichtegefäße füllen.
▷ Erst verzieren, wenn die Creme völlig steif geworden ist.
▷ Zeitlich richtig kalkulieren, evtl. schon am Vortag zubereiten.

Weinschaum, Zabaione, Sabayon

Zubereiten 15 Minuten

6	Eigelb
100 g	Zucker
	Saft von 1 Zitrone
	abgeriebene Schale von ½ Zitrone
¼ l	Weißwein oder Marsalawein

① Eigelb, Zucker, Zitronensaft und -schale, Wein in Stielkasserolle auf kleiner Hitze oder im Wasserbad sehr vorsichtig abschlagen, bis die Masse dickt (nicht kochen lassen!).
② Schäumt die Creme auf, in Glasschalen füllen und warm servieren.

Verwendung Besonders gut als Dessert nach Fisch- und hellen Fleischspeisen.

Variationen
Statt Wein Sherry, Portwein, statt Zitronenschale Orangen- oder Mandarinenschale verwenden.

Diese Creme kann erst unmittelbar vor dem Servieren zubereitet werden.

Bayerische Creme

Bavaroise

Zubereiten 45 Minuten
Kühlen 2–3 Stunden

½ l	Milch
1	Vanilleschote, der Länge nach aufgeschnitten, Mark ausgeschabt
	Prise Salz
4	Eigelb
150 g	Zucker
6	Blatt weiße Gelatine
4	Eiweiß, steif geschlagen
1 TL	Zitronensaft
⅛ l	Sahne, geschlagen
	Biskuits

① Milch mit Vanilleschote und -mark und Prise Salz langsam erhitzen.
② Eigelb und Zucker in reichlich großer, etwa 2 l fassender Schüssel dickcremig schlagen.
③ Kochende Milch vom Herd nehmen und langsam unter ständigem Rühren mit Schneebesen an die Eiercreme mischen.
④ Die Mischung wieder in Topf zurückschütten, mit Schneebesen auf schwacher Hitze rüh-

ren, bis die Masse gleichmäßig dickt. Dabei achtgeben, daß die Creme nicht kocht. Gerinnungsgefahr!
⑤ Topf vom Herd nehmen. Die kalt eingeweichte Gelatine ausdrücken, in der heißen Creme auflösen, gut verrühren.
⑥ Eiweiß mit Zitronensaft zu sehr steifem Schnee schlagen, unter die Creme heben.
⑦ Creme in vorbereitete Glasschüssel oder Portionsschalen füllen, mit Folie abdecken, kühl stellen. Vor dem Servieren mit Sahne und feinen Biskuits verzieren.

Verwendung Dessert und Tortencreme.

Variationen

- Crème Carême: Keinen Eischnee unterheben, Creme erkalten lassen. Danach 4 EL Maraschino und ¼ l steif geschlagene Sahne unterziehen, in Portionsschalen füllen, mit Maraschino-Kirschen verzieren, gut kühlen.
- Zürcher Creme: Boden einer flachen Schale mit Löffelbiskuits auslegen, diese mit je 1 EL Himbeergeist oder Kirschwasser tränken, mit der Bavaroise überziehen, mit Sahnerosetten bespritzen.
- Mokkacreme: ¼ l starken Mokka anstelle von ¼ l Milch, Zubereitung wie Bavaroise. Mit Sahnerosetten und Mokkabohnen verzieren.
- Schokoladencreme: 150 g Bitterschokolade im Wasserbad schmelzen, an die Ei-Zuckermasser rühren. Zubereitung wie Bavaroise. Mit Sahnerosetten und Schokoladenraspeln verzieren.
- Creme Frangipane: 8 Mandelmakronen mit Mandellikör tränken, in Anrichteschüssel oder je zwei in 4 Portionsschalen legen, mit Creme übergießen, gut kühlen. Mit Mandelmakronen verzieren.

Gestreifte Bayerische Creme

Zubereiten insgesamt 2½–3 Stunden mit Unterbrechungen
Kühlen 4–5 Stunden

1	Rezept Bayerische Creme
1	Rezept roh gerührte Fruchtsahnecreme (s. Seite 273)
2 EL	neutrales Öl, besser Mandel- oder Nußöl für die Form

① Bayerische Creme zubereiten, bis zum Steifen kühlen.
② Fruchtsahnecreme zubereiten, bis zum Steifen abkühlen lassen.
③ Glasschüssel oder Form mit mindestens 1½ l Fassungsvermögen mit Öl auspinseln, die Cremes schichtenweise einfüllen. Jede Schicht muß fest sein, bevor die nächste eingefüllt wird (dabei die beiden Cremes auf Zimmertemperatur halten oder auf lauwarmes Wasserbad setzen). Die eingefüllte Creme mit Folie oder Teller gut verschließen, sehr gut kühlen.
④ Soll die Creme gestürzt werden, Schüssel oder Form kurz in heißes Wasser tauchen, abtrocknen, auf Tortenplatte, mit Papierspitze belegt, oder auf Glasplatte stürzen.

Verwendung Sehr anspruchsvolles Dessert nach feinen Zubereitungen aus hellem Fleisch oder Fischgerichten.

Eiercreme mit Karamel, Flan

Vorbereiten 5 Minuten
Zubereiten 15 Minuten
Garen 1–1¼ Stunden im Ofen bei 180 °C

Karamel

80 g	Zucker
6 EL	kaltes Wasser
1 TL	Zitronensaft

Eiercreme

2	Eier
2	Eigelb
2 TL	Zucker
1	Vanilleschote, längs halbiert und ausgeschabt
¼ l	Milch, reichlich, kochendheiß
	Prise Salz
1 TL	Butter, flüssig

① In kleinem Topf Zucker und Wasser zusetzen, verrühren, erhitzen und so lange kochen lassen, bis der Zucker goldfarbig gebräunt ist. Nicht zu dunkel werden lassen, schmeckt sonst bitter! Mit Zitronensaft abschmecken, abkühlen lassen, in Schüssel oder Wasserbadform gießen.
② Eier und Eigelb mit Zucker cremig rühren. Milch mit Vanilleschote und -mark langsam zum Kochen bringen, Vanilleschote herausnehmen. Ofen vorheizen.
③ Die heiße Milch mit Salz unter kräftigem Rühren langsam an die Eicreme gießen.
④ Karamel in der Form etwas schwenken. Die heiße Eiermilch durch Sieb in die Form gießen. Pergamentpapier fetten, Form damit abdecken.

⑤ Form in heißes Wasserbad setzen (es muß die Form etwa bis zur Höhe der eingefüllten Flüssigkeit umgeben), im Ofen stocken lassen. Der Flan ist fertig, wenn er sich in der Mitte fest anfühlt.
⑥ Vor dem Stürzen so lange auskühlen lassen, bis er nur noch lauwarm ist. Zum Stürzen mit den Fingerspitzen die gestockte Crememasse vorsichtig vom Rand und evtl. vom inneren Ring oder Zapfen wegziehen. Auf Platte mit Rand oder in flache Schüssel stürzen, da Karamelflüssigkeit über den gestürzten Flan herabrinnt. Warm oder gekühlt servieren.

Verwendung Sehr beliebtes, verbreitetes, klassisches Dessert, das sich nach hellem Fleisch und Fisch ganz besonders eignet.

Rahmcreme oder Französischer Flammeri

Vorbereiten 5 Minuten
Zubereiten 15 Minuten
Kühlen 2 Stunden

¾ l	Sahne
3 EL	Zucker
6	Blatt weiße Gelatine
2 EL	Orangenlikör
2 EL	neutrales Öl für die Form

① Sahne in Topf auf schwacher Hitze unter dauerndem Rühren zum Kochen bringen, 15 Minuten kochen lassen. Von der Kochstelle nehmen, süßen.
② Die kalt eingeweichte Gelatine ausdrücken, zur Sahne geben, darin auflösen. Wenn sich Gelatine nicht ganz gelöst hat, die Masse vorsichtshalber durch Sieb gießen.
③ Mit Orangenlikör aromatisieren. Masse in gefettete Schüssel oder Form oder Portionsförmchen gießen, sehr gut kühlen. Nach Belieben gestürzt oder in Schüssel servieren.

Verwendung Feines Dessert nach hellen Fleischspeisen und nach feinem Fisch. Dazu Fruchtpüree reichen.

Variationen
- Mit roter Gelatine zubereiten.
- In der Sahne 1 Zimtrinde und 4 Nelken mitkochen, paßt dann zu dunklem Fleisch. Dazu Preiselbeerkompott, mit Rum abgeschmeckt, servieren.

Feine Orangencreme

Vorbereiten 30 Minuten
Garen 20 Minuten im Ofen bei 175 °C

	abgeriebene Schale und Saft von 4 Orangen, abgeseiht
3 EL	Zucker
1	Schnapsglas Orangenlikör
¼ l	Sahne
2 EL	Butter, flüssig, für die Förmchen
	fein abgeriebene Schale von 1 Orange
4	Eigelb
4	Stücke Alufolie zum Verschließen der Förmchen
4	runde Orangenscheiben

① Abgeseihten Orangensaft mit Zucker und Likör unter dauerndem Rühren langsam erhitzen, kurz aufkochen. Die Sahne unter dauerndem Rühren langsam zugießen, auf mittlerer Hitze auf etwa die Hälfte reduzieren lassen. Von der Kochstelle nehmen, in kalte Schüssel gießen, abkühlen lassen. Ofen vorheizen.
② Soufflèförmchen oder Tassen von 8–9 cm Ø ausbuttern, mit der geriebenen Orangenschale ausstreuen.
③ Eigelb in Schüssel verquirlen, Orangensahne löffelweise mit Schneebesen gründlich einrühren, Creme in die vorbereiteten Förmchen gießen. Alufolien leicht einbuttern, über die Förmchen decken, seitlich an den Formen herunterstreifen.
④ Auflaufform ½ mit warmen Wasser füllen, Förmchen hineinstellen, in den Ofen schieben, stocken lassen. Aus dem Ofen nehmen, abkühlen lassen, zum Servieren stürzen, mit Orangenscheiben garnieren.

Verwendung Feines Dessert nach Fisch und hellem Fleisch.

Mousse au chocolat

Zubereiten 20 Minuten
Kühlen 2 Stunden

100 g	Bitterschokolade, in kleine Stücke gebrochen
⅛ l	Sahne, knapp
2	Eigelb
	Prise Vanillinzucker oder 1 EL echter Vanillezucker
3 EL	Mokka- oder Orangenlikör
2	Eiweiß, steif geschlagen
⅛ l	Sahne, steif geschlagen
	Borkenschokolade

① Schokoladenstücke mit Sahne auf milder Hitze oder im Wasserbad schmelzen, glatt rühren.
② Eigelb mit Vanillin oder Vanillezucker verrühren, unter die geschmolzene Schokolade rühren, auf Wasserbad setzen und zu dicklicher Creme schlagen.
③ Vom Wasserbad nehmen, Likör zugeben, verrühren, Eischnee unterziehen, kühl stellen.
④ Nach dem Auskühlen Sahne unterheben, gut vermischen, in Portionsschalen, besser Portionsgläser füllen, bis zum Gebrauch kühl stellen. Vor dem Servieren mit Borkenschokolade verzieren.

Verwendung Edles Dessert nach feinen Fleischzubereitungen von Rind und Wild.

Variationen
- Statt Mokka-Likör ½ EL sehr fein gemahlenen Bohnenkaffee zugeben.
- ⅛ l steif geschlagene Sahne mit 1 Schnapsglas Whisky vermischen, vor dem Servieren die Mousse damit übergießen.

Heidelbeermousse mit Englischer Creme

Zubereiten 35–40 Minuten
Kühlen 2 Stunden

Mousse

250 g	Heidelbeeren, frisch oder TK-Früchte, abgetropft, 4 TL Beeren für die Garnitur zurückbehalten
⅛ l	Milch
2	Eigelb
2 EL	Zucker
1 TL	Zitronensaft
2	Blatt weiße Gelatine
2 EL	Kirschwasser oder Himbeergeist
1/10 l	Crème fraîche

Creme

1/10 l	Milch
¼	Vanilleschote, ausgeschabt
2	Eigelb
2 EL	Zucker
1/16 l	Crème fraîche
1 EL	Kirschwasser oder Himbeergeist

① Die Heidelbeeren in der Milch aufkochen, durch Sieb passieren, wieder erwärmen.
② Eigelb und Zucker schaumig rühren, Zitronensaft zugeben, die kochende Heidelbeermilch langsam unter ständigem Rühren zugießen und auf kleiner Hitze weiterschlagen, bis sie dickt. Die kalt eingeweichte Gelatine ausdrücken, darin gut auflösen, Kirschwasser oder Himbeergeist zugeben, auskühlen lassen. Crème fraîche leicht schlagen, unterziehen.
③ Milch mit Vanilleschote und -mark zum Kochen bringen, Schote entfernen. Eigelb und Zukker cremig schlagen. Zunächst etwa ¼ der heißen Milch, dann den Rest in dünnem Strahl zugießen, auskühlen lassen.
④ Mousse und Creme erkaltet zusammenmischen, in Schalen oder Gläser füllen. Crème fraîche leicht schlagen, Kirschwasser untermischen, auf die eingefüllte Creme Tupfer setzen oder die Oberfläche zu ⅓–½ bedecken, mit zurückbehaltenen Beeren garnieren. Kühl stellen.

Verwendung Exquisites Dessert nach feinen Zubereitungen aus Rindfleisch oder Wild.

Variation
Statt Heidelbeeren Preiselbeeren verwenden.

Süße Sulzen und Gelees

Grundrezept Süße Sulzen

Wahlweise mit oder ohne Fruchteinlagen

Zubereiten 25 Minuten
Kühlen 1½–2½ Stunden

Grundflüssigkeit

½ l	wahlweise Milch, Sauer- oder Buttermilch, Joghurt oder saure Sahne, Fruchtnektar bzw. Fruchtpüree

Geschmackszutaten

3 EL	Zucker (nicht bei Fruchtnektar bzw. -püree)
2 EL	Rum oder Arrak
1 P	Vanillinzucker oder fein abgeriebene Schale von ¼ Zitrone
	Saft von ½ Zitrone

Bindemittel

4	Blatt Gelatine für Sulzen in der Schüssel, *oder*
6	Blatt Gelatine für gestürzte Sulzen, je nach Wahl weiß oder rot oder für Rosafärbung
	2 Blatt rote, 4 Blatt weiße Gelatine

Fruchteinlage

250 g	Früchte, wahlweise Mandarinen aus der Dose, Aprikosen, Mirabellen, Himbeeren oder Erdbeeren

Zum Verzieren

8–10	Früchte
⅛ l	Sahne, steif geschlagen

① Grundflüssigkeit mit Zucker verrühren. Alkohol und Zitronensaft zugeben.
② Die kalt eingeweichte Gelatine ausdrücken, warm auflösen, etwas abkühlen lassen. Gelatinelösung an die Flüssigkeit gießen, dabei sehr gut mit dem Schneebesen verrühren.
③ Zubereitung ohne Fruchteinlage: Anrichteschüssel kalt ausspülen, Sulze einfüllen, an kühlem Ort erstarren lassen.
Zubereitung mit Fruchteinlage: Grundflüssigkeit leicht gelieren lassen, dann erst Fruchteinlage zugeben. In Anrichte- oder Portionsschalen füllen, an kühlem Ort erstarren lassen.
④ Wenn die Masse fest (»tragfähig«) ist, mit Früchten und/oder geschlagener Sahne verzieren.

Zusammenstellungen
- Milchsulze mit Mandarinen.
- Buttermilchsulze mit Rumtopffrüchten.
- Sauermilchsulze mit Mandarinen oder Aprikosen oder frischen Beeren.
- Joghurtsulze mit frischen Kiwis.
- Fruchtsulzen mit Früchten jeweils derselben Art.

Apfelmousse

Vorbereiten 8–10 Minuten
Garen 10–15 Minuten
Kühlen 1½–2 Stunden

5	große, säuerliche Äpfel, geschält, entkernt, in Achtel geschnitten
2 EL	Zucker
⅛ l	Wasser oder Apfelsaft oder Weißwein
	Saft von ½ Zitrone, abgeseiht
6	Blatt weiße Gelatine
¼ l	Sahne, steif geschlagen
1 EL	Rum
1/16 l	Sahne zum Verzieren

① Äpfel mit Zucker und gewählter Flüssigkeit kochen, Zitronensaft zugeben, unter Rühren Flüssigkeit etwas einkochen, dabei umrühren, damit die Äpfel nicht anbrennen.
② Die kalt eingeweichte Gelatine ausdrücken, in der heißen Apfelsauce auflösen, durch Sieb streichen oder mit Stab pürieren, abkühlen lassen, gelegentlich umrühren.
③ Sobald die Masse stockt, Sahne unterziehen, mit Rum abschmecken, in Portionsgläser füllen, gut kühlen. Vor dem Servieren mit Sahnetupfern oder -rosetten verzieren.

Verwendung Sehr wohlschmeckendes, erfrischendes Dessert nach Fisch, hellen und dunklen Fleischgerichten.

Grundrezept **Frucht- und Weingelee**

Vorbereiten etwa 20 Minuten
Gelieren 2–4 Stunden

Grundflüssigkeit

½ l	klarer Fruchtsaft oder Fruchtsaft und Wein oder nur Wein

Geschmackszutaten

2 EL	Zucker (bei gesüßten Säften nur 1 EL Zucker)
	Saft von 1 Zitrone, abgeseiht
2 EL	Rum oder Arrak

Bindemittel

6	Blatt Gelatine für Gelee in der Schüssel *oder*
8	Blatt Gelatine für Gelee zum Stürzen (Farbe der Gelatine auf Farbe des Fruchtsafts abstimmen, rot oder weiß oder halb und halb)

Fruchtzutaten

250 g	Früchte, frisch oder aus der Dose

Zum Verzieren

⅛ l	Sahne, steif geschlagen

① Früchte vorbereiten: Je nach Fruchtart in Scheiben schneiden, filetieren (Orangen, Grapefruit) oder nur waschen, abtropfen (Beeren), blanchieren (Steinobst).
② Flüssigkeit vorbereiten: Frische Früchte auspressen und abseihen (Orangen, Grapefruit) oder Konservenfrüchte abseihen (Ananas, Sauerkirschen, Birnen, Frucht-Cocktail = gemischte Früchte aus Dosen) oder Fruchtsaft aus Flaschen oder Weiß- und/oder Rotwein. Flüssigkeit jeweils abmessen, in Schüssel füllen, Geschmackszutaten zugeben.
③ Die kalt eingeweichte Gelatine ausdrücken, warm auflösen, unter Rühren an die Flüssigkeit gießen, kalt stellen.
④ In der Schüssel: Vorbereitete Früchte in die angesteifte Masse mischen, in Schüssel oder Portionsschalen füllen, im Kühlschrank erkalten lassen.
Zum Stürzen: In kalt ausgespülte Form Spiegel gießen, fest werden lassen, Früchte darauflegen, mit steifender Restflüssigkeit übergießen. Im Kühlschrank erstarren lassen. Vor dem Stürzen

kurz in heißes Wasser tauchen, auf kalt abgespülte Platte stürzen, bis zum Servieren kühl stellen.

Verwendung Als leichtes, fruchtiges Dessert nach kräftig gewürzten oder deftigen Speisen.

Zusammenstellungen
- Ananassaft (Konserve) mit Fruchtstücken.
- Apfelsaft und Wein mit gedünsteten Äpfeln und Mandarinen aus der Dose.
- Apfelsaft mit Erdbeeren.
- Birnensaft und Weißwein mit Birnenscheiben.
- Roter Johannisbeersaft mit Erdbeeren, Himbeeren, Kirschen.
- Schwarzer Johannisbeersaft mit Brombeeren.
- Orangensaft, frisch gepreßt, mit filetierten Orangen.
- Grapefruitsaft, frisch gepreßt, mit filetierter Grapefruit.
- Sauerkirschsaft mit Sauerkirschen.
- Roter Traubensaft mit geviertelten Zwetschgen oder mit blauen, entkernten Trauben.
- Weißwein und weißer Traubensaft mit hellen, entkernten, halbierten Trauben oder mit Aprikosen- und Pfirsichscheiben.
- Rotwein mit Erdbeeren, Himbeeren, Brombeeren

Erdbeeren in Weingelee mit Joghurtsauce

Zubereiten der Sulze 30 Minuten
Gelieren 1½ Stunden
Zubereiten der Sauce 3 Minuten

800 g Erdbeeren, gewaschen, entstielt, geviertelt

Gelee
½ l Weißwein
Saft von 1 Zitrone
100 g Zucker
4 Blatt rote Gelatine
2 Blatt weiße Gelatine

Joghurtsauce
2 Becher Joghurt
¼ l Milch
1 EL Vanillinzucker
2 EL Schlagsahne
1 EL Rum oder Arrak
evtl. Zucker (nach Geschmack)

① Wein, Zitronensaft, Zucker mischen.
② Gelatine kalt einweichen, ausdrücken und warm auflösen. Mit dem Wein mischen und im Kühlschrank ansteifen lassen.
③ Vorbereitete Erdbeeren in das angesteifte Gelee rühren, in Glasschüssel füllen, nochmals kalt stellen.
④ Joghurt, Milch, Vanillinzucker, Schlagsahne, Rum und evtl. Zucker zusammenrühren und zum Weingelee reichen.

Verwendung Erfrischendes, energiearmes Dessert mit sommerlichem Charakter.

Gefrorene Süßspeisen

Grundrezept Eiscreme

Zubereiten 15–20 Minuten
Gefrieren 2–4 Stunden

Grundflüssigkeit
⅜ l Sahne

Geschmackszutaten
1 Vanilleschote *oder*
150 g Zartbitterschokolade *oder*
3 EL Instant-Kaffee *oder*
2 Zimtstangen und 1 TL Zimtpulver *oder*
100 g Nüsse, gerieben, geröstet *oder*
100 g Mandeln, gerieben, geröstet *oder*
100 g kandierte Kirschen, Zitronat und Mandarinen
2 EL Orangenlikör

Schaummasse
4 Eier
200 g Zucker

Zum Verfeinern
⅜ l Sahne, steif geschlagen

① Vanilleeis: Die Vanilleschote aufschneiden, mit einem spitzen Messer Mark ausschaben. Mark und Schote mit der Sahne auf kleinem Feuer bis zum Siedepunkt erhitzen, beiseite stellen, die Schote darin erkalten lassen.
Schokoladeneis: Die Schokolade in kleine Stükke brechen, mit der Sahne langsam erwärmen, unter Rühren auflösen, beiseite stellen, abkühlen lassen.
Mokkaeis: Den Instant-Kaffee mit der Sahne langsam erhitzen, nicht kochen lassen, beiseite stellen, abkühlen lassen.
Zimteis: Die Zimtstangen und das Zimtpulver mit der Sahne langsam erhitzen, aufkochen las-

sen, Zimtstangen in der Sahne erkalten lassen. Arrak zugeben.
Nuß- und Mandeleis: Die Nüsse bzw. Mandeln fein reiben, auf mittlerer Hitze in einer Pfanne trocken rösten, bis sich ein angenehmes Aroma entwickelt. Mit der Sahne langsam erwärmen, aufkochen lassen, erkalten lassen. Arrak zugeben.
Cassata: Kandierte Kirschen, Zitronat und Mandarinen mittelfein schneiden, mit der Sahne langsam erhitzen, abkühlen lassen. Orangenlikör zugeben.
② Die ganzen Eier und Zucker auf dem Wasserbad zu einer dicken Creme schlagen. Die abgekühlte Sahnemischung löffelweise an die Eicreme rühren, weiterschlagen, bis alle Sahne untergearbeitet ist.
③ Die Masse vom Wasserbad nehmen, in eine große Schüssel umfüllen und bis zum Erkalten weiterschlagen.
④ Die geschlagene Sahne unter die Crememasse ziehen, mit dem Schneebesen sehr gut durchrühren. In Gefrierbehälter aus Plastik füllen oder in einer Eismaschine gefrieren lassen. Nach der ersten Stunde Gefrierzeit die in Plastikbehälter gefüllte Masse 1–2 mal durchrühren, weitere 1–2 Stunden gefrieren lassen.

Verwendung Als Dessert mit und ohne Fruchtsaucen, als Eisbecher, zu Eiskaffee und Eisschokolade, Eisgugelhupf, Eistorte, für Eissoufflés, Frappés und Milchmixgetränken.

▷ Eiscreme während der ersten Stunde des Gefrierens umrühren, damit die Masse homogen wird, sich nichts absetzt und damit unterschiedlich stark gefriert.
▷ Aus 1 Grundrezept können zwei verschiedene Eiscreme-Zubereitungen gemacht werden.
▷ Eiscreme kann mehrere Tage vor Gebrauch zubereitet werden.
▷ Lieber mehrere kleine als einen großen Behälter füllen, da die Gesamtmenge nur in Ausnahmefällen ganz aufgebraucht wird.
▷ Immer rechtzeitig vor dem Servieren aus dem Gefrierfach in den Kühlschrank zum Antauen stellen.

Pfirsich Melba

Zeitaufwand insgesamt 1 Stunde

150 g	Zucker
¼ l	Wasser
½	Vanilleschote, der Länge nach aufgeschnitten
4	große, reife Pfirsiche, halbiert, entkernt, enthäutet, gedünstet, oder 8 Pfirsichhälften aus der Dose
8	Kugeln Vanilleeis (s. Seite 279 oder Fertigprodukt)
50 g	Mandeln, geschält, gestiftelt
⅛ l	Sahne, steif geschlagen

Himbeerpüree

250 g	frische oder TK-Himbeeren
2 EL	feiner Zucker
½ TL	Zitronensaft

① Zucker, Wasser und Vanilleschote in passendem Topf aufkochen, Pfirsichhälften einlegen, vorsichtig darin dünsten, nicht ganz weich kochen, in der Flüssigkeit erkalten lassen. Sektschalen oder Glasteller kühl stellen.
② Himbeeren durch feines Sieb streichen. Fruchtmark mit Zucker verrühren, in kleinem Topf unter Rühren auf milder Hitze einige Minuten kochen, erkalten lassen, Zitronensaft zugeben.
③ Zum Servieren in jedes Glas 2 Vanilleeiskugeln füllen, die gut abgetropften Pfirsichhälften darüberlegen, mit Himbeerpüree überziehen. Die Mandelstifte darüberstreuen, um die Pfirsiche Sahnerosetten spritzen, sofort servieren.

Verwendung Leichtes, fruchtiges Dessert nach feinen Fleisch- und Gemüsegerichten. Dazu Löffelbiskuits, Makronen oder Eiswaffeln reichen.

Banana-Split

Zeitaufwand insgesamt 15 Minuten

4	mittelgroße Bananen von gutem Reifegrad (ohne Flecken), in 1 cm dicke Stücke geschnitten
4 EL	Rum oder Cognac (oder Zitronensaft, wenn Kinder mitessen)
¼ l	Sahne, steif geschlagen
2	Tropfen Vanilleextrakt
12	Kugeln Vanilleeis (Fertigprodukt)

Schokoladensauce

150 g	Halbbitterschokolade
4 EL	Wasser
1 EL	Butterflöckchen

① Portionsschalen oder -teller kühl stellen.
② Bananen mit Alkohol oder Zitronensaft beträufeln, zudecken. Geschlagene Sahne mit Vanilleextrakt aromatisieren, kühl stellen.
③ Schokolade in kleinem Topf mit dem Wasser auf kleiner Hitze unter Rühren auflösen, Butterflöckchen zugeben, ganz glatt rühren, warm halten.
④ Je 3 Eiskugeln auf gekühlte Teller setzen, Bananenscheiben darauf verteilen, Sahne so über die Früchte füllen oder spritzen, daß die Bananen seitlich herausschauen.
⑤ Heiße Schokoladensauce mit dem Löffel über die Sahne gießen, sofort servieren.

Verwendung Beliebtes Dessert nach Gerichten mit hellem Fleisch oder nach Fisch. Dazu Eiswaffeln oder Biskuits reichen.

Birnen »Schöne Helena«

Zeitaufwand insgesamt 1 Stunde

150 g	Zucker
¼ l	Wasser
4	große, reife Birnen ohne Flecken, geschält, halbiert, entkernt, gedünstet (oder Dosenfrüchte), gut abgetropft
8	Kugeln Vanilleeis
2 EL	Birnengeist (nach Belieben)
2 EL	Mandelblättchen, in
1 EL	Butter geröstet
⅛ l	Sahne, steif geschlagen
	Schokoladensauce (s. Seite 280)

① Zucker und Wasser in Topf erhitzen, Birnenhälften darin vorsichtig dünsten. In der Flüssigkeit abkühlen lassen, vor Gebrauch gut abtropfen. Portionsschalen oder -teller kühl stellen.
② Schokoladensauce zubereiten, warm halten.
③ Je 2 Kugeln Vanilleeis auf Teller füllen, Birnen darauflegen, nach Belieben mit Alkohol beträufeln. Mit Schokoladensauce übergießen, Mandelblättchen daraufstreuen, mit Sahnerosetten oder Tupfen umranden, sofort servieren.

Verwendung Nach hellen Fleisch- oder Fischgerichten. Dazu Biskuits oder Waffeln reichen.

Himbeer-Parfait mit Löffelbiskuits

(Für 6 Personen)
Zubereiten 20 Minuten
Gefrieren 4 Stunden

4	Eigelb
200 g	Zucker
250 g	frische oder TK-Himbeeren
	Saft von 2 Zitronen
½ l	Sahne, steif geschlagen
¼ l	Himbeer- oder Kirschgeist oder Rum
250 g	Löffelbiskuits

① Eigelb und ⅔ der Zuckermenge schaumig schlagen.
② Himbeeren durch Sieb streichen, Zitronensaft dazumischen und mit der Eicreme gleichmäßig verrühren, geschlagene Sahne locker unterheben.
③ Den Alkohol mit dem Rest des Zuckers leicht erwärmen und die Löffelbiskuit gleichmäßig damit beträufeln.
④ Die Hälfte der Crememasse in Puddingform füllen, die vorbereiteten Löffelbiskuits eng aneinander darauflegen und den Rest der Creme darüberstreichen.
⑤ Mit Folie zudecken und 4 Stunden gefrieren lassen. Zum Servieren aus der Form stürzen.

Verwendung Fruchtiges Dessert, das sich sehr gut vorbereiten läßt, nach feinen Fleisch- und Gemüsegerichten.

Grundrezept Fruchtsorbet

Vorbereiten 15–30 Minuten
Zubereiten 10 Minuten
Gefrieren 2 Stunden

600 g	Früchte (frisch oder tiefgefroren), püriert, z. B. Erdbeeren, Himbeeren, Heidelbeeren, rote Johannisbeeren, Brombeeren oder Püree von Sauerkirschen, Aprikosen, Mango und Kiwi
200 g	Puderzucker
2 EL	Zitronensaft
1	Eiweiß, leicht verrührt
2 EL	Rum oder Obstgeist (der Fruchtart entsprechend)

① Frische **Beeren** waschen, sehr gut abtropfen, entstielen, unter Zugabe von Puderzucker und Zitrone im Mixer pürieren. **Steinobst** waschen, abtropfen. Bei Kiwi und Mango die Haut abschälen. Die Früchte entsteinen, in Scheiben schneiden, unter Zugabe von Zucker und Zitrone

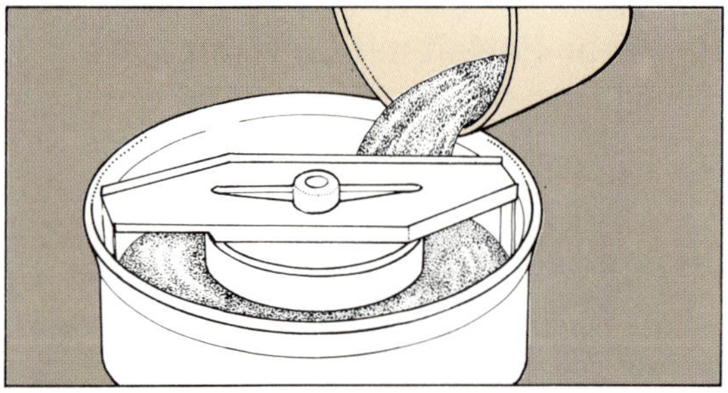

Sorbetière

im Mixer pürieren. Das Püree in einem Cromargan-Topf unter Rühren ½ Minute aufkochen, vom Feuer nehmen, in eine Schüssel gießen, erkalten lassen.

② Das Eiweiß mit einer Gabel verschlagen, mit dem Schneebesen unter das Fruchtpüree mischen. Nach Belieben mit Rum oder Obstgeist aromatisieren.

③ Die Masse entweder in eine Sorbetière oder in Plastikbehälter füllen und tiefgefrieren. Bei der Zubereitung ohne Sorbetière das Fruchtpüree während der ersten Stunde des Gefrierens mehrmals durchrühren, um die Bildung grober Kristalle zu verhindern.

④ Vor dem Servieren rechtzeitig (mindestens ½ Stunde vorher) aus dem Gefrierfach nehmen, im Kühlschrank antauen lassen.

Verwendung Als Dessert mit zur Fruchtart passenden Fruchtsauce, als Eisbecher mit Früchten und Biskuits, als Sorbet mit Champagner (vorzugsweise mit Kiwi), als Mixgetränk mit frischer oder gesäuerter Milch.

Der große Reiz von Fruchtsorbets liegt in ihrem Aroma, ihrer Farbigkeit und darin, daß sie energiemäßig unbedenklich sind. Es können mehrere Arten gleichzeitig oder auch nur eine Art serviert werden.

▷ Sorbets rechtzeitig antauen. Mit Löffel oder Portionierer, in heißes Wasser getaucht, abstechen.
▷ Zu Sorbets keine Sahne reichen, da Fruchtsäure und Kälte die Wirkung und Verdaulichkeit der Sahne beeinträchtigen. Entweder Champagner, Likör oder Mokka dazu reichen.

Grundrezept **Fruchtsahneeis**

Zubereiten 15–20 Minuten
Gefrieren 2–2½ Stunden

500 g	Erdbeeren, Himbeeren oder Heidelbeeren, gewaschen, abgetropft, entstielt, *oder* Aprikosen, Mango, geschält, entsteint, püriert, oder Ananas, geschält, püriert, *oder*
300 g	Orangen, geschält, filetiert, püriert (s. Seite 285)
150 g	Zucker
2 EL	Obstgeist, der Fruchtart entsprechend, oder Orangenlikör
1	Eiweiß, steif geschlagen
¼ l	Sahne, steif geschlagen

① *Beeren* mit der Hälfte des Zuckers pürieren.
Aprikosen, Mango ebenfalls mit der Hälfte des Zuckers pürieren.
Ananas schälen, in Scheiben schneiden, den holzigen Mittelkern entfernen, mit der Hälfte des Zuckers pürieren.
Orangen schälen, alles unter der Schale liegende Weiß entfernen. Mit einem scharfen Küchenmesser die Orangenschnitze aus ihrem Hautnetz herausschneiden, mit der Hälfte des Zuckers im Mixer pürieren.

② Das Püree mit dem jeweils passenden Obstgeist aromatisieren. Eiweiß mit dem restlichen Zucker steif schlagen, unterheben. Die geschlagene Sahne mit einem Schneebesen unter die Fruchtmasse ziehen.

③ Die Creme in Plastikbehälter füllen, tiefgefrieren. Während der ersten Stunde des Gefrierens mehrmals umrühren, damit sich die Masse gleichmäßig mischt. Bei Orangeneis 1–2mal öfter umrühren. Das Gefrieren in der Eismaschine oder Sorbetière ist weniger umständlich.

Verwendung Zu Desserts, Eisbechern, Frappés, mit Fruchtsaucen und Rumtopffrüchten reichen. Zu flambierten Crêpes.

▷ Während des Gefrierens umrühren.
▷ Aus 1 Grundrezept zwei verschiedene Zubereitungen erstellen.
▷ Rechtzeitig vor dem Servieren antauen.

Früchtespeisen und Kompotte

GZ Fritierte Früchte, Fruchtbeignets

Vorbereiten 5–20 Minuten, je nach Fruchtart
Ruhen 1–2 Stunden
Ausbacken 10 Minuten

750 g	Äpfel, geschält, Kernhaus ausgestochen, in 1½ cm dicke Ringe geschnitten, *oder* Ananasringe, gut abgetropft, *oder* Aprikosen, halbiert, entkernt, pochiert, enthäutet, sehr gut abgetropft, *oder* Bananen, je nach Größe längs und/oder quer halbiert, *oder* Herzkirschen mit Stiel im ganzen *oder* Rhabarber, Fäden abgezogen, in Stücke von 10 cm Länge geschnitten, pochiert, sehr gut abgetropft
¼ l	Wasser
2 EL	Zucker
	Öl zum Fritieren
	Cognac oder Rum (nach Belieben)
	Puderzucker

Ausbackteig 1

250 g	Mehl
	Salz
2 EL	Olivenöl oder Butter, flüssig
2	Eigelb, verquirlt
1 EL	Zucker
⅜ l	Milch
4	Eiweiß, steif geschlagen

Ausbackteig 2

125 g	Mehl
⅒ l	Wein oder Bier
1 EL	Zucker
½ EL	Öl
1 Msp	Salz
1	Ei

Ausbackteig 2 kann sofort verwendet werden und eignet sich für kleine Früchte oder Fruchtstücke wie Kirschen, Mangoscheiben, Bananenscheiben.

① Mehl, Salz, Öl, Eigelb, Zucker und Milch zu glattem Teig rühren, bei Zimmertemperatur mindestens 1 Stunde stehen lassen.

② Früchte vorbereiten. Frische Aprikosen oder Rhabarber in kochendem Zuckerwasser knapp garen, sehr gut abtropfen. Äpfel und Bananen erst kurz vor Gebrauch schälen. Ananas sehr gut abtropfen, mit Küchenkrepp abtupfen. Herzkirschen waschen, sehr gut abtropfen, darauf achten, daß der Stiel an der Frucht bleibt.

③ Öl erhitzen. Eischnee unter den angerührten Teig heben.

④ Die Früchte mit Gabel in den Teig tauchen, darauf achten, daß der Teig die Frucht gleichmäßig umhüllt, in das siedende Fett einlegen, goldgelb backen lassen, herausnehmen, auf Küchenkrepp abtropfen (nach Belieben mit Alkohol beträufeln), mit Puderzucker bestäuben, heiß servieren.

Verwendung Dessert zum Mokka nach leichten Fleischgerichten. Auch für die nachmittägliche Kaffeetafel geeignet.

Apfelmus mit Baiser

Zubereiten 10 Minuten
Überbacken 5–8 Minuten im Ofen bei 175 °C

750 g	Apfelmus (Fertigprodukt)
50 g	Rosinen, gewaschen, abgetropft und in
6 EL	Rum eingeweicht
	etwas abgeriebene Zitronenschale

Baiser

3	Eiweiß, kalt
½ TL	Zitronensaft
150 g	feiner Zucker
2 EL	Mandeln, gestiftelt
	etwas Puderzucker

① Ofen vorheizen. Apfelmus mit Rosinen erhitzen, bis an Kochpunkt kommen lassen, Zitronenschale zugeben, warm halten.

② Eiweiß steif schlagen, Zitrone tropfenweise zugeben, Zucker während des Schlagens löffelweise zugeben, weiterschlagen, bis die Masse steif, glatt und glänzend ist.

③ Das heiße Apfelmus in Auflaufform oder ofenfeste Portionsförmchen füllen, Baisermasse aufstreichen oder mit der großen Tülle aufspritzen, Mandeln darüberstreuen, sofort im Ofen überbacken, bis die Oberfläche sich leicht färbt. Mit Puderzucker bestreuen und direkt auf den Tisch bringen.

Verwendung Heißes, leichtes Dessert nach fetten Braten oder nach Nudelgerichten.

Übergossene Beeren

Vorbereiten 25 Minuten
Marinieren 1 Stunde
Überbacken 30 Minuten im Ofen bei 180 °C

je 100 g	Johannisbeeren, Heidelbeeren, Brombeeren oder Himbeeren, gewaschen (Himbeeren nicht!), verlesen, entstielt
100 g	Zucker
2 EL	Rum oder Obstwasser
1 EL	Butter, flüssig, für die Förmchen
2	Eier
¼ l	süße Sahne
1 P	Vanillinzucker
2 EL	Puderzucker

① Beeren in Schüssel mischen, mit 3 EL Zucker bestreuen, mit Alkohol beträufeln und 1 Stunde zugedeckt ziehen lassen. Ofen vorheizen.
② 4 feuerfeste Portionsförmchen ausbuttern, die Beerenmischung hineingeben.
③ Den Rest des Zuckers mit den Eiern, Sahne und Vanillinzucker gut verquirlen und über die Beeren füllen.
④ In den Ofen schieben und backen, bis der Guß fest ist. Mit Puderzucker bestreuen und in den Förmchen servieren.

Beilage Trockene Biskuits und Mokka.

Wird die Hälfte der Sahne durch Zugabe von Beeren ersetzt, so vermindert sich der Energiewert. Es können auch Sauerkirschen, Pfirsiche, Honigmelone zusammen mit den Beeren genommen werden.

Apfelschnee

Vorbereiten 5 Minuten
Garen ¾ Stunde

1 kg	Äpfel, gewaschen, im ganzen
1 P	Vanillinzucker
2 EL	Rum oder Arrak
2 EL	Zitronensaft
2	Eiweiß, sehr steif geschlagen
4 EL	Zucker

① Äpfel im Backofen weich braten. Aus der Schale lösen. Kernhaus entfernen, mixen oder durch Sieb streichen. Völlig erkalten lassen.
② Apfelbrei mit Vanillinzucker, Rum und Zitronensaft mischen.
③ Zucker unter das Eiweiß schlagen, bis die Masse glatt und glänzend ist.
④ Apfelbrei und Eiweißmasse mischen und rasch servieren.

Verwendung Leichtes Dessert nach ausgiebigen Mahlzeiten.

Bircher Müsli

Vorbereiten 10 Minuten
Zubereiten 5 Minuten

4 EL	zarte Haferflocken
10 EL	kaltes Wasser zum Einweichen
2	große Äpfel oder Birnen
1	Banane, in Scheiben geschnitten
100 g	Trauben oder Beeren (nach Belieben)
2 EL	Rosinen, gewaschen, abgetropft
2 EL	Nüsse oder Mandeln, gehackt
¼ l	Milch oder Sahne
4 TL	Honig (nach Belieben)

① Haferflocken mit Wasser verrühren, quellen lassen. Äpfel und Birnen direkt, am besten mit der Schale, feinblättrig in die Haferflocken schneiden und vermischen.
② Bananen, Trauben oder Beeren, Rosinen und Nüsse dazugeben, Sahne oder Milch darübergießen und alles vermischen. Honig nur zugeben, wenn die Süße der Früchte nicht ausreicht.

Verwendung Hervorragendes Frühstück und Abendbrot für alle Altersgruppen. Für Abendessen Mengen um die Hälfte erhöhen.

Variationen
- Mit geschlagener Sahne als Dessert nach einfachem Mittagessen oder als Zwischenmahlzeit.
- Weizenkeime zum Müsli geben, darin verrühren oder damit überstreuen.

X Obstsalat

Zubereiten 15–20 Minuten
Kühlen 1 Stunde

3	große Äpfel, geschält, geviertelt, in dünne Scheiben geschnitten, mit Saft von 1 Zitrone beträufelt
4	Orangen, filetiert, die Filets nochmals halbiert
1	Banane, in dünne Scheiben geschnitten
50 g	Rosinen, gewaschen, abgetropft
50 g	Nüsse oder Mandeln, grob gehackt
2 EL	Rum oder Arrak

① Die Früchte in der angegebenen Reihenfolge vorbereiten und mischen.
② Rosinen und Nüsse unterheben, Alkohol zugeben, durchmischen, zugedeckt bis zum Servieren kühl stellen. Vor dem Servieren nochmals durchmischen.

Verwendung Leichtes, fruchtiges Dessert nach deftigen Braten.

Variation
Birnen, Ananas, Pfirsiche, Aprikosen, frische Trauben, frische Feigen, getrocknete Feigen, Granatapfelkerne, Kiwi-Früchte, Mangofrüchte, Honigmelone können in beliebiger Zusammensetzung verwendet werden.

Zitrussalat

Vorbereiten 10 Minuten
Kühlen 1 Stunde

3	Grapefruit, weiß oder rosa, filetiert
3	Orangen, filetiert
2 EL	Arrak oder Rum

① Alle Früchte mit sehr scharfem Messer wie Äpfel schälen, die Fruchtspalten zwischen den Häuten herausschneiden, in Anrichteschüssel legen.
② Den beim Filetieren entstehenden Saft auffangen, abseihen, mit Arrak oder Rum vermischen, über die Früchte gießen, zudecken, im Kühlschrank ziehen lassen.

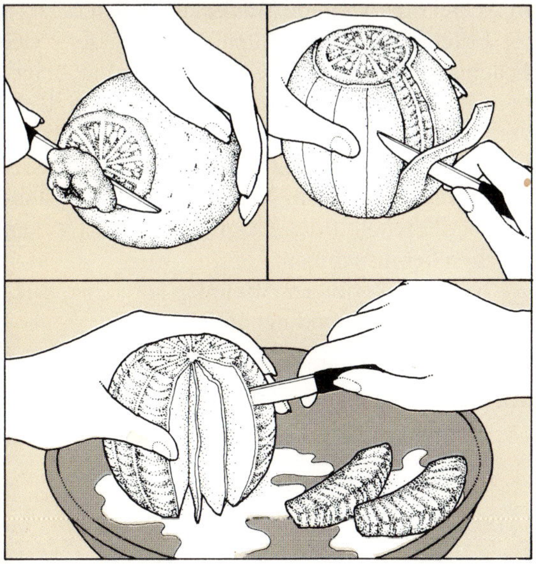

Verwendung Dessert für die Liebhaber der Einfachheit. Nach Fisch, hellen und dunklen Fleischzubereitungen. Mit Biskuits oder Makronen servieren.

Orangensalat

Vorbereiten 15 Minuten
Kochen 15 Minuten
Kühlen 1 Stunde

6	große Navelorangen
2 EL	brauner Kandis oder Farinzucker
⅛ l	Wasser
50 g	Sultaninen, gewaschen
2	Schnapsgläser Brandy, Rum oder Orangenlikör

① Die Orangen gründlich waschen. Von 1 Frucht die äußerste Haut sehr dünn schälen und in feine Streifen schneiden. Die anderen Früchte wie Äpfel schälen und alles Weiße entfernen.
② Wasser, Zucker, Schalenstreifen in kleinem Topf köcheln, gelegentlich umrühren.
③ Sultaninen mit Alkohol übergießen.
④ Orangen in 1 cm dicke, runde Scheiben schneiden und in eine Anrichteschale legen, die alkoholisierten Rosinen dazwischenstreuen und mit der erkalteten Zuckerlösung übergießen.
⑤ Mit Folie abdecken und kühl stellen.

Verwendung Ein Winterdessert, das sich als Abschluß eines ausgiebigen Menüs besonders gut ausnimmt.

Pfirsichsalat mit Himbeeren

Vorbereiten 10 Minuten
Kühlen 1–2 Stunden

4	ganze oder 8 halbe, große Pfirsiche, in Spalten geschnitten
500 g	Himbeeren, frisch oder aufgetaut, abgetropft und in
1	Schnapsglas Himbeergeist oder Weinbrand eingelegt
	Saft von ½ Zitrone
2 EL	Zucker (nur bei frischen Früchten)
4 EL	Mandeln, gestiftelt, in
1 EL	Butter geröstet
¼ l	Sahne, steif geschlagen

① Pfirsichspalten fächerförmig auf Platte anordnen, Himbeeren dazwischen verteilen.

② Alkohol und Zitronensaft mischen, über die Früchte träufeln, zudecken, im Kühlschrank durchziehen lassen.
③ Vor dem Servieren Obstsalat mit den gerösteten Mandeln bestreuen, Sahne getrennt dazu servieren.

Verwendung Fruchtiges, raffiniertes Dessert nach hellem Fleisch, Fisch und nach Steaks. Biskuits und Makronen ergänzen es vorteilhaft.

Apfelmus

Vorbereiten 10 Minuten
Zubereiten 20 Minuten

1 kg	Äpfel, gewaschen, entstielt, geviertelt und entkernt
½ l	Wasser
¼	Zimtstange oder 5 cm fein abgeschälte Zitronenschale
3 EL	Rosinen, gewaschen, abgetropft, oder
3 EL	Zucker (nach Belieben)

① Die vorbereiteten Äpfel mit Wasser und Geschmackszutat auf kleiner Hitze garen.
② Durch Sieb passieren, nach Belieben zuckern oder mit Rosinen süßen. Heiß oder erkaltet servieren.

Verwendung Kalt als Dessert, heiß zu Kartoffelpuffern, gebratener Gans und Ente, überbakken mit Baiser als heißer Nachtisch.

Variationen
- Apfelmus kalt mit steif geschlagener Sahne servieren.
- Aus verdünntem Apfelmus Fruchtsulze bereiten.

GZ Rohes Kompott

Zubereiten 10 Minuten
Ruhen 1½–2 Stunden

750 g	Erdbeeren, Walderdbeeren, Himbeeren, Brombeeren, Heidelbeeren, rote Johannisbeeren, verlesen, gewaschen, abgetropft
3 EL	Zucker (bei sauren Früchten 1 EL mehr)
¼ l	roter Fruchtsaft, Milch, Sahne oder Sauermilch
2 EL	Rum, Obstgeist oder Arrak

① Das vorbereitete Obst gut abtropfen lassen und mit Zucker mischen, mindestens ½ Stunde zugedeckt Saft ziehen lassen, öfters vorsichtig umrühren.
② Saft, Milch, Sahne oder Sauermilch (gut verrührt) zugießen, mit den Früchten mischen, Alkohol zugeben, verrühren. Bis zum Servieren kalt stellen.

Verwendung Sommerliches, sehr wohlschmekkendes Dessert. Mit Biskuits oder Waffeln reichen.

GZ Gedünstetes Kompott ohne Zucker

Vorbereiten 10 Minuten
Garen 8 Minuten
Kühlen 1–2 Stunden

Grundzutaten

750 g	frische Früchte
⅜ l	Wasser oder Fruchtsaft (Fertigprodukt), evtl. etwas mehr

Geschmackszutaten

1	kleines Stück Zimtrinde *oder*
5 cm	fein abgeschälte Zitronenschale *oder*
¼	Vanilleschote, der Länge nach aufgeschnitten, *oder/* und
1/16 l	Weiß- oder Rotwein

① *Beerenobst* (außer Himbeeren und Brombeeren) auf weites Sieb legen, kurz kalt überbrausen, dabei etwas rütteln, abtropfen lassen.
Steinobst waschen, entsteinen, halbieren, vierteln oder achteln, je nach Größe.
Kernobst waschen, schälen, halbieren, entkernen, in Achtel oder kleinere Stücke schneiden.
② Früchte in Topf füllen, mit Wasser oder Fruchtsaft übergießen, Geschmackszutat beigeben, auf kleiner Hitze zum Kochen bringen. Dekkel auflegen, einige Minuten dünsten, knapp gar kochen, von der Kochstelle nehmen, in Schüssel füllen, erkalten lassen. Nach Belieben Zimtstange, Vanilleschote oder Zitronenschale nach dem Kochen herausnehmen.
③ Nach dem völligen Abkühlen servieren. Zukkern nur, wenn unbedingt nötig.

Verwendung Zu Flammeri, Pudding, Auflauf oder auch als alleiniges, einfaches Fruchtdessert.

Gedünstetes Mischkompott

Vorbereiten 10 Minuten
Garen 8 Minuten
Kühlen 1–2 Stunden

750 g	beliebige Früchte
⅜ l	Wasser oder Fruchtsaft
	kleines Stück Zimtrinde *oder*
	etwas dünn abgeschälte Zitronenschale *oder*
¼	Vanilleschote, längs aufgeschnitten *oder*
⅛ l	Wein (von Flüssigkeitsmenge abziehen)
2 EL	Zucker (nach Belieben)

① Früchte je nach Art, wie im Grundrezept angegeben, vorbereiten.
② Früchte mit längerer Garzeit, wie Birnen, Äpfel, Zwetschgen, zuerst in den Topf füllen, mit Flüssigkeit übergießen, Geschmackszutat zugeben, zum Kochen bringen, kurz kochen lassen. Die anderen Früchte dazumischen, Deckel auflegen, nochmals einige Minuten kochen lassen, nach Belieben zuckern.
③ In Schüssel umgießen, evtl. Geschmackszutaten herausnehmen, erkalten lassen.

Zusammenstellungen
- Rhabarber und Erd- oder Walderdbeeren.
- Aprikosen und Stachelbeeren.
- Aprikosen und weiße Trauben.
- Birnen und Aprikosen.
- Birnen, Zwetschgen und Holunderbeeren.

Birnenkompott

Vorbereiten 10 Minuten
Garen 10 Minuten

750 g	Birnen, geschält, entkernt, in Achtel geschnitten
⅜ l	Weiß- oder Rotwein
1	Zimtstange
4 EL	Zucker
	Saft von 1 Zitrone
1	Stückchen kandierter Ingwer, in Blättchen geschnitten

① Wein, Zimt, Zucker und Birnen miteinander kochen, Ingwer zugeben.
② Im geschlossenen Topf abkühlen lassen.

Verwendung Die anspruchsvolle Geschmacksnote läßt es besonders als Dessert nach exotischen Zubereitungen passend erscheinen.

Traubenkompott

Vorbereiten 8 Minuten
Garen 5–8 Minuten

750 g	Muskatellertrauben, gewaschen
¼ l	Weißwein oder halb Wasser, halb Wein
1 EL	brauner Zucker
2	Nelken
	dünn abgeschälte Schale von 1 Zitrone oder Orange

① Die Trauben mehrmals mit Nadel einstechen.
② Wein (oder Wasser und Wein) mit Würzzutaten einige Minuten auf kleiner Hitze kochen, Trauben zugeben, einmal aufkochen lassen, von der Kochstelle nehmen, Deckel auflegen, im Sud bei geschlossenem Topf erkalten lassen.
③ Vor dem Servieren Zitrusschale und Nelken herausnehmen, evtl. etwas mehr zuckern.

Verwendung Kann heiß oder kalt als besonders wohlschmeckendes, sehr bekömmliches Dessert mit Biskuits gereicht werden.

Orangenkompott

Vorbereiten 15 Minuten
Garen 5 Minuten

1 kg	Orangen, wie Äpfel abgeschält, filetiert
¼ l	Wasser
⅛ l	Wein
6 EL	Zucker
2	Gewürznelken
	Schale von 1 Orange, in sehr dünne Streifen geschnitten
1	Schnapsglas Orangenlikör

① 1 Orange sehr gründlich waschen, fein abschälen, in sehr feine Streifen schneiden.
Die restlichen Orangen wie Äpfel schälen, die weiße Haut entfernen. Mit Messer die Orangenspalten zwischen Fruchthäuten herausschneiden, in Schüssel legen.
② Flüssigkeit, Zucker, Nelken, Orangenschale in kleinem Topf langsam erhitzen, aufkochen, Likör zumischen, abkühlen lassen, über die Orangen gießen, wieder zudecken und erkalten lassen.

Verwendung Nach Fleisch- und Fischgerichten.

Feigenkompott

Vorbereiten 5 Minuten
Einlegen Über Nacht
Garen 15 Minuten

- ¼ l Wasser oder Apfelsaft
- ⅛ l Weißwein
- 1 Lorbeerblatt
- 1 Stückchen kandierter Ingwer, in Blättchen geschnitten
- 250 g getrocknete Feigen
- 2 EL Rum

① Die Flüssigkeit mit Lorbeerblatt und Ingwer in Schüssel oder Topf geben, Feigen einlegen, quellen lassen.
② Vor dem Kochen Lorbeerblatt entfernen, auf kleiner Hitze die Feigen bei zugedecktem Topf garen.
③ Feigen mit Schaumlöffel aus dem Topf nehmen und in Schüssel füllen. Saft etwas einkochen lassen, mit Rum abschmecken, über die Feigen gießen, erkalten lassen oder heiß servieren.

Verwendung Ungewöhnliches, anspruchsvolles Dessert nach charaktervollen Fleischspeisen.

Kompott aus Trockenobst

Vorbereiten 5 Minuten
Einweichen Über Nacht
Garen 15–20 Minuten, im Dampfdrucktopf 2–4 Minuten

- 400 g Trockenobst nach Wahl, gewaschen, abgetropft
- ¾ l Wasser, kalt
- 1 Zimtstange
- Saft von 1 Zitrone
- 1 EL Rum (nach Belieben)

① Vorbereitetes Trockenobst in kaltem Wasser über Nacht einweichen.
② Im Einweichwasser mit Zimtstange und Zitronensaft auf kleiner Hitze garen oder im Dampfdrucktopf kochen, mit Rum verfeinern, in Schüssel füllen, erkalten lassen.

Verwendung Wie alle anderen Kompotte. Besonders delikat zu Quarkspeisen.

Süße Suppen

Grundrezept
Kaltschale aus Früchten

Vorbereiten 15–20 Minuten
Zubereiten 15–20 Minuten
Kühlen 1–3 Stunden

Hauptzutaten
- 1 kg gewaschene Früchte – z. B. Erdbeeren, Himbeeren, Brombeeren, Stachelbeeren, Holunderbeeren, Kirschen, Sauerkirschen, Aprikosen, Pfirsiche, Zwetschgen, Birnen, frische Feigen, gelbe und rote Melonen, Rhabarber – jeweils gewaschen (mit Ausnahme von Himbeeren), jeweils ⅔ davon als Fruchtmark oder -püree, ⅓ ganz oder grob zerkleinert, bei Steinobst, Birnen und Holunder blanchiert, bei Beeren roh

Flüssigkeit
- 1 l Fruchtsaft oder Süßmost oder Fruchtnektar (Fertigprodukte: Apfelsaft, Birnensaft, Traubensaft, Johannisbeersaft, Sauerkirschsaft, gemischter Fruchtsaft, Orangensaft)

Bindemittel (nach Belieben)
- 2 EL Speisestärke, bei Verwendung von Saft und Süßmost, *oder*
- 1 EL Speisestärke, bei Verwendung von Fruchtnektar
- 6 EL Flüssigkeit zum Anrühren

Geschmackszutaten
- 4 EL Zucker (nach Belieben)
- 2 EL Zitronensaft bei säurearmen Früchten, wie Erdbeeren, Himbeeren, Brombeeren, Holunderbeeren, Birnen, Pfirsiche, Kirschen, Melonen, Feigen
- 1 Vanilleschote oder 1 P Vanillinzucker bei Rhabarber
- 1 Zimtstange bei Sauerkirschen, Holunderbeeren, Birnen, Rhabarber, Zwetschgen

Zum Verfeinern
- ¼ l Sahne (nach Belieben steif geschlagen)
- ⅛ l Wein (Weißwein für hellfleischige, Rotwein für rotfleischige Früchte) *oder* Sekt (für alle Fruchtarten passend) *oder* (1 Schnapsglas) Obstgeist, der jeweiligen Obstart angepaßt, z. B. Himbeergeist, Kirschwasser, Zwetschgenwasser, Birnengeist, Marillenschnaps, Rum

① Die Früchte können roh oder gegart zubereitet werden.
Rohe Zubereitung: Walderdbeeren, Erdbeeren, Himbeeren, Brombeeren, gelbe und rote Melone, frische Feigen.

⅔ der Früchte pürieren oder durch ein Sieb passieren, ⅓ der Früchte ganz lassen, Melonen in kleine Würfel, Feigen in Streifen schneiden, in Wein oder Obstgeist einlegen, zudecken.
Das Fruchtmark mit Fruchtsaft, Süßmost oder Fruchtnektar auffüllen. Dafür eignen sich Apfelsaft, Traubensaft, roter Johannisbeersaft.
Gegarte Zubereitung: Stachelbeeren, Kirschen, Sauerkirschen, Aprikosen, Pfirsiche, Zwetschgen, Holunderbeeren, Birnen. Früchte entsteinen bzw. schälen und Kernhaus entfernen, Holunderbeeren entstielen, Rhabarber klein schneiden.
1 l Fruchtsaft erhitzen, Früchte einlegen, je nach Fruchtart 5–20 Minuten auf kleiner Hitze kochen, ⅔ der Früchte pürieren oder passieren ⅓ der Früchte abtropfen und in Alkohol einlegen. In das Fruchtpüree Zimtstange oder Vanilleschote geben, kalt stellen.
② Bei Verwendung von Bindemittel das Fruchtmark, mit Saft verrührt, aufkochen, angerührte Speisestärke mit Schneebesen in die kochende Masse einrühren, aufkochen lassen, vom Herd nehmen, Zimtstange oder Vanilleschote einlegen, in Schüssel gießen, erkalten lassen.
③ Nach dem Erkalten oder bei Rohzubereitungen Wein oder Sekt und Zitronensaft zugeben. Nach Bedarf mit Zucker oder Süßmittel geschmacklich abrunden, weiter kühlen.
④ Vor dem Servieren die in Alkohol eingelegten Früchte unter das flüssige Püree mischen. Sahne unterziehen, anrichten, servieren.

Verwendung Sommerliches Dessert an Stelle von Suppe oder Vorspeise.

Beilagen Biskuit- oder Eischneegebäck ohne Fett.

Für Kaltschalen nur erntefrische Früchte nach Jahreszeit verwenden.

Zusammenstellungen
- Gelbe Melone und rote Johannisbeeren.
- Rote Melone und Himbeeren.
- Sauerkirschen und Himbeeren.
- Erdbeeren und Rhabarber (Beeren ⅓ Menge unzerkleinert in Alkohol eingelegt).
- Holunderbeeren und Äpfel.
- Holunderbeeren und Birnen oder Zwetschgen.

Altfränkische Birnensuppe

Vorbereiten 10 Minuten
Garen 30–40 Minuten

1 kg	reife Birnen, kleine Früchte im ganzen, große Früchte geviertelt, geschält, entkernt
1½ l	Wasser
2 EL	Zucker
2	Gewürznelken (nach Belieben)
3 EL	Butter
2 EL	Mehl
	Prise Salz
	Kochflüssigkeit zum Aufgießen

① Die Birnen mit Wasser und Zucker und Nelken in einen Topf geben, auf kleiner Hitze garen, durch ein Sieb abgießen, Birnen warm halten.
② Butter erhitzen, Mehl darin anschwitzen, mit Birnensud aufgießen, leicht salzen, 10 Minuten durchkochen lassen, Birnen einlegen, nochmals 10 Minuten sieden lassen, servieren.

Variationen
- Gedörrte Birnen verwenden, Garzeit verlängert sich um ½ Stunde.
- Statt Zucker 3 EL gewaschene Rosinen einlegen, mitkochen.

Holunderbeerensuppe, Fliederbeerensuppe

Vorbereiten 5 Minuten
Garen 15 Minuten

1 kg	Holunderbeeren, gewaschen, entstielt
¼ l	Wasser
½ l	Saft von schwarzen Johannisbeeren oder Sauerkirschen
1	kleine Zimtstange
	dünn abgeschälte Schale von ⅓ Zitrone
1 EL	Speisestärke
2 EL	Zucker oder Honig
1⁄16 l	Rotwein oder Fruchtsaft oder Wasser

① Die Holunderbeeren mit Zimtstange, Zitronenschale und Wasser zum Kochen bringen, etwa 5–8 Minuten kochen, abseihen, Beeren durchpassieren oder pürieren.
② Aufgefangenes Kochwasser und Saft in den Topf zurückgießen, Holundermark zugeben, wieder zum Kochen bringen, Speisestärke mit Zukker und Rotwein verquirlen, unter Rühren in kochende Flüssigkeit gießen, kurz aufkochen lassen, abschmecken, heiß servieren.

Mandelsuppe

Vorbereiten 20 Minuten
Garen 10 Minuten

100 g	Mandeln, geschält, gestiftelt
2 EL	Butter
2	Eier
4 EL	Zucker oder Honig oder brauner Kandis (diesen erst nach dem Abschlagen zugeben)
¾ l	Milch
½	Vanilleschote oder 1 P Vanillinzucker
	Prise Salz
¼ l	Sahne

① Mandeln auf kleiner Hitze vorsichtig in Butter rösten, sie dürfen nur lichtgelb werden.
② Eier und Zucker in einem Topf gut verrühren, mit kalter Milch auffüllen, Vanilleschote und Mandeln zugeben, salzen, Topf auf mittlere Hitze setzen, die Masse mit Schneebesen sehr gründlich abschlagen, bis sie an den Siedepunkt kommt, Topf von der Kochstelle nehmen, Vanilleschote entfernen, Sahne unterrühren, anrichten.

Verwendung Bei Kindern und Erwachsenen beliebte winterliche Abendsuppe, zu der Knäckebrot besonders gut schmeckt.

Variation
Statt Vanilleschote Zimtstange verwenden.

Thüringer Vanillesuppe

Zubereiten 10 Minuten

2	Eier
2 EL	Zucker
1 EL	Speisestärke
1 l	Milch
1	Vanilleschote, halbiert, ausgeschabt
	Prise Salz
4 EL	Rumtopffrüchte, gut abgetropft, oder gleiche Menge Walderdbeeren, Erdbeeren, Himbeeren, Brombeeren

① Eier und Zucker schaumig rühren, Speisestärke dazugeben, mit der Milch samt Salz und Vanilleschote bzw. dem ausgeschabten Mark auffüllen, auf mittlere Hitze setzen, mit dem Schneebesen kräftig und rasch abschlagen, bis die Masse aufschäumt.
② Von der Kochstelle nehmen, Vanilleschote entfernen. Früchte erst bei Tisch oder unmittelbar vor dem Servieren zugeben.

Verwendung Wie Mandelsuppe.

Süße Saucen

Vanillesauce ohne Mehl

Zubereiten 20 Minuten

1	Vanilleschote, aufgeschlitzt, ausgeschabt, *oder*
1 P	Vanillinzucker
$^3/_{10}$ l	Milch
3 EL	Zucker
2	Eigelb
$^2/_{10}$ l	Sahne
2	Eiweiß, steif geschlagen

① Vanillemark und ausgeschabte Schote oder Vanillinzucker mit der Milch zum Kochen bringen, Zucker darin auflösen, vom Feuer nehmen.
② Die Eigelb mit der Sahne verrühren und mit dem Schneebesen in die Milch einrühren.
③ Ebenso mit dem steif geschlagenen Eischnee verfahren.

Verwendung Kalt zu Roter Grütze oder heiß zu Apfelstrudel servieren.

Schokoladensauce ohne Mehl

Zubereiten 10 Minuten

100 g	Bitter- oder Halbbitterschokolade
¼ l	Sahne
⅜ l	Milch
1	Eigelb
1 EL	Zucker
1	Eiweiß, steif geschlagen
2 EL	Rum oder Brandy oder Orangen- oder Mandellikör

① Schokolade in kleine Stücke brechen, in Sahne und Milch auf kleinster Hitze unter Rühren schmelzen, dann aufkochen lassen. Von der Kochstelle nehmen.
② Eigelb und Zucker miteinander verrühren und an die heiße Sauce geben, Eischnee unterziehen, mit dem Alkohol verfeinern.

Verwendung Zu hellem Flammeri, einfacher Vanillecreme.

Weinsauce ohne Mehl

Zubereiten 10 Minuten

⅜ l	Weißwein oder Rosé
¼ l	Sahne
1 EL	Zucker
	Saft von 1 Zitrone
1	Eigelb, verquirlt
1	Eiweiß, steif geschlagen
	etwas fein abgeriebene Zitronenschale (nach Belieben)

① Wein und Sahne unter Rühren aufkochen, von der Kochstelle nehmen. Zucker und Zitronensaft unterrühren.
② Eigelb verquirlen, unter die heiße Sauce rühren, Eischnee sehr gründlich in die Sauce einrühren.

Verwendung Zu Schwarzbrotpudding, Mohr im Hemd. Heiß oder kalt servieren.

Orangen-Fruchtsauce

Vorbereiten 10 Minuten
Zubereiten 10 Minuten

½ l	frisch gepreßter Orangensaft, abgeseiht
	Schale von ½ Orange, mit
4 Stück	Würfelzucker fein abgerieben
2 EL	Zucker
1 TL	Speisestärke, mit
2 EL	kaltem Saft angerührt
1 EL	Orangenmarmelade
2 EL	Orangenlikör oder 2 EL Rum

① Orangen erst unmittelbar vor Gebrauch auspressen, abseihen. Würfelzucker in den Saft legen.
② Restlichen Zucker zugeben, Saft auf kleiner Hitze unter Rühren zum Siedepunkt bringen, mit angerührter Speisestärke binden, kurz aufkochen lassen, vom Feuer nehmen, mit Marmelade und Likör abschmecken.

Verwendung Zu Aufläufen und Puddings, speziell zu Schottischem Grießpudding. Heiß oder kalt servieren.

GZ Gebundene Fruchtsaucen aus frischen oder gefrorenen Beeren

Vorbereiten 5 Minuten
Zubereiten 5 Minuten

250 g	Erdbeeren, Himbeeren, Heidelbeeren, rote Johannisbeeren, Stachelbeeren, gewaschen und abgetropft
⅜ l	Wein, Fruchtsaft (Fertigprodukt) oder Wasser
3 EL	Zucker
2 TL	Speisestärke, mit
2 EL	Fruchtsaft verrührt
1 EL	Alkohol (nach Belieben)

① Die Früchte mit Flüssigkeit aufkochen, abseihen, in Topf zurückgießen, zum Kochen bringen.
② Angerührte Speisestärke an den kochenden Saft rühren, aufkochen lassen, von der Kochstelle nehmen, Alkohol zugeben, abkühlen.
③ Früchte durch Sieb streichen, an den Saft rühren, heiß oder kalt servieren.

Verwendung Zu Aufläufen und Pudding.

GZ Fruchtpüree-Saucen

Vorbereiten 10 Minuten
Zubereiten 8–10 Minuten

750 g	Früchte: Beeren einer oder verschiedener Art, Steinobst einer oder verschiedener Art, gewaschen, abgetropft, entsteint, püriert
¼ l	Wasser, Fruchtsaft oder Wein
4 EL	Zucker
½	Zimtstange oder Zitronenschale oder Vanilleschote
2 EL	Rum, Arrak oder Obstgeist (nach Belieben)

① Früchte zerkleinern, pürieren.
② Flüssigkeit mit Zucker und Geschmackszutat zum Kochen bringen, Zucker unter Rühren auflösen, Fruchtpüree dazumischen, kurz auf kleiner Hitze kochen, erkalten lassen, mit Alkohol verfeinern. Vor dem Servieren Zimtstange, Zitronenschale oder Vanilleschote herausnehmen.

Verwendung Zu Aufläufen, Pudding, Eiscreme.

Variationen
- Statt frischer Früchte 300 g Dörrobst nehmen, über Nacht einweichen, im Einweichwasser kochen, pürieren oder passieren, mit Alkohol abschmecken.
- Reste von Marmeladen, Gelees und Kompotten dazu mitverwenden.

Backen

Arbeitsablauf

Der Arbeitsplatz muß sauber und übersichtlich geordnet sein.

Vorbereiten der Zutaten und Arbeitsgeräte
Das genaue Wiegen und Messen der Zutaten nach den Rezepten ist Grundvoraussetzung für einen ungestörten Arbeitsablauf und ein gutes Ergebnis. Die Zutaten müssen so weit vorbereitet sein, daß die Teigbereitung ohne Unterbrechung ablaufen kann.
Wo und wann immer es möglich ist, lohnt sich der Einsatz arbeitssparender und erleichternder Geräte.

Vorbereiten der Form
Die Formen oder Bleche werden – mit Ausnahme von Blätterteig und Mürbteig – mit weicher oder flüssiger Butter gefettet und mit Mehl bestäubt oder mit Semmelbröseln ausgestreut. Überflüssiges, nicht haftendes Mehl oder Semmelbrösel werden durch Klopfen auf die Außenseite der Form oder die Unterseite des Blechs abgestoßen. Bei einigen wenigen feinen Rezepten dienen Mandelblättchen zum Ausstreuen der Form. Pergamentpapier zum Belegen des Bleches, des Bodens der Springform oder zum Auskleiden der Kastenform wird nur gut eingefettet. Backtrennpapier braucht kein Fett.

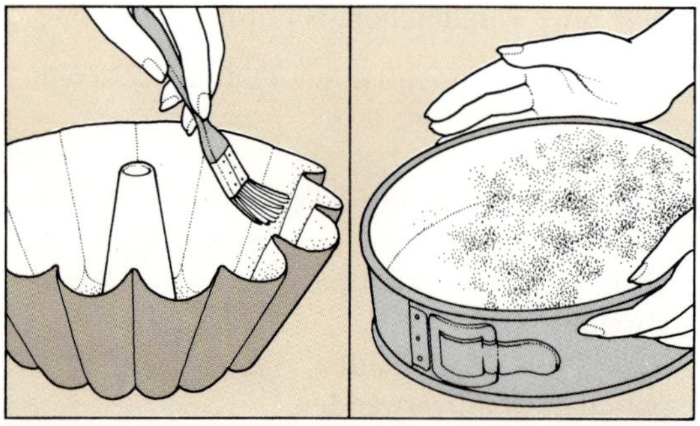

Formen oder Bleche für Mürbteig werden mit Butterpapier abgerieben und müssen vor dem Belegen kalt sein. Bleche und Formen für Blätterteig werden nur kalt abgespült.

Vorheizen des Backofens
Das Vorheizen des Ofens auf die erforderliche Temperatur für die verschiedenen Teig- und/oder Gebäckarten ist notwendig für ein gutes Backergebnis. Vorgeheizt wird immer bei Strahlungsherden, bei Umluftherden kann es mit Ausnahme von Biskuitteig und Makronenmasse entfallen.
Nach neuesten technischen Erkenntnissen muß auch im Strahlungsherd nur bei folgenden Teigarten vorgeheizt werden: Biskuit-, Eischwer- und Brandteig sowie Kleingebäck aus Mürbteig. Für alle anderen Teigarten gilt als zeitliche Berechnung, daß die Aufheizzeit (12–15 Minuten) der im Rezept angegebenen Backzeit angehängt wird.

Teigbereitung und Backen
Das Zubereiten des Teiges, Backtemperatur und Backzeit sind in den jeweiligen Rezepten beschrieben. Die Arbeitsschritte sind dort festgelegt und müssen in ihrer Reihenfolge eingehalten werden.

Nach dem Backen
Alle Kuchen und Torten müssen 5–10 Minuten in der Form ruhen. Erst dann werden sie vorsichtig mit einem spitzen Messer am Formrand gelockert und auf ein Kuchengitter gestürzt. Blechkuchen, vor allem bei feuchtem Obstbelag, und Kleingebäck müssen zunächst kurz ruhen und dann auf eine trockene Unterlage – großes Kuchengitter oder Backbrett – geschoben werden, da sie auf dem Blech leicht durchfeuchten und wesentlich an Wohlgeschmack einbüßen. Plätzchen aller Art müssen sofort vom Blech genommen und zum Auskühlen nebeneinander auf eine gerade Unterlage gelegt werden.

Zuckern
Puderzucker, der haften soll (z. B. Stollen), wird dick auf das noch warme Gebäck gesiebt.
Puderzucker, der nur verzieren soll, wird dünn auf das erkaltete Gebäck, bei Formkuchen unmittelbar vor dem Servieren, gesiebt.
Obstkuchen erst kurz vor dem Servieren zuckern.

Hinweise für die Küchenpraxis

- ▷ Eier auf Frische prüfen, einzeln in Tasse aufschlagen, erst dann zugeben.
- ▷ Beim Trennen der Eier darauf achten, daß kein Eigelb an das Eiweiß gelangt, da es sich schon bei geringen Eigelbmengen nicht mehr steifschlagen läßt.
- ▷ Eier für Fett-Schaummassen auf gleiche Temperatur wie das Fett bringen, um Gerinnen der Masse zu verhindern. Eine kleine Hilfe bietet folgender Tip: Die ganzen Eier mit dem Zucker kurz verrühren, diese Mischung löffelweise an das Fett geben, jeweils gut in das Fett einrühren, bevor der nächste Löffel zugegeben wird.
- ▷ Als Fett wird in allen Rezepten von Butter ausgegangen. Sie kann nach Belieben teilweise oder ganz durch Margarine ausgetauscht werden.
- ▷ *Schälen von Mandeln* Mandeln mit kochendem Wasser übergießen, kurze Zeit darin liegen lassen, dann kalt abbrausen und zwischen Daumen und Zeigefinger aus ihrer Haut herausdrücken.
- ▷ *Schälen von Nüssen* Die Nüsse auf trockenes, sauberes Kuchenblech legen, im Ofen bei ca. 125 °C erhitzen, bis sich die braune Haut abblättern läßt. Die heißen Nüsse zwischen ein sauberes Küchentuch legen und in Kreisbewegungen reiben.
- ▷ Kein trockenes Zitronat oder Orangeat verwenden, es bleibt beim Backen hart und stört die Beschaffenheit feinen Gebäcks.
- ▷ Beim Einkauf von Vanilleschoten darauf achten, daß sie weich und ölig glänzend aussehen.
- ▷ Die angegebene Backtemperatur und Einschubhöhe sollte immer mit dem zum Backen zur Verfügung stehenden Herd vorher verglichen werden, da die sehr verschiedenen Herdtypen auch eine recht unterschiedliche Heizleistung haben. Die einschlägige Information ist meist der Innenseite der Backofentüre zu entnehmen.
- ▷ *Garprobe* Mit Hölzchen den Kuchen an seiner dicksten Stelle anstechen. Ist das Hölzchen trocken und ohne Teigspuren, ist der Kuchen gar. Oder: Löst sich der Kuchen vom Formrand ab, dann ist er gar.

Einschubhöhen für Gebäck

Oberste Schiene = Grillen
Obere Mitte = weniger Unterhitze
Untere Mitte = mehr Unterhitze
Unterste Schiene

Napfkuchen besonders hoher Hefezopf

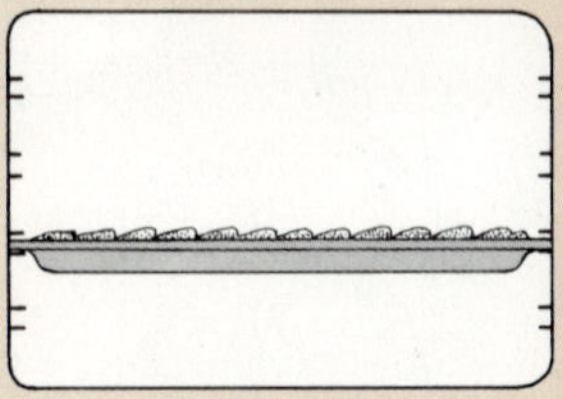

Kastenform, Blechkuchen mit feuchtem Obstbelag Stollen, Quiche, belegte Kuchen in der Springform Käsekuchen, Brandteig- und Blätterteiggebäck

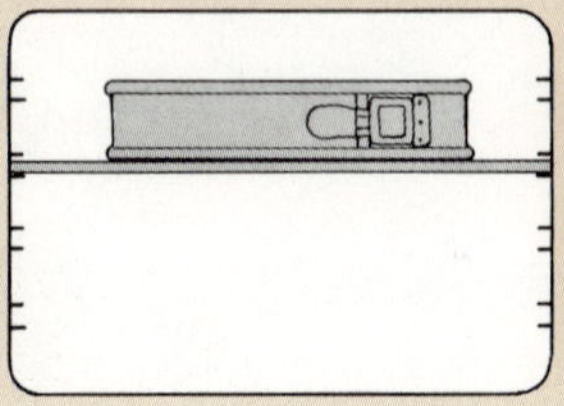

Kuchenboden aus Mürbteig, Blechkuchen mit trockenem Belag Pizza, geformtes Kleingebäck, feine Teige in der Spring- und Kastenform

Die wichtigsten Formen und Arbeitsgeräte

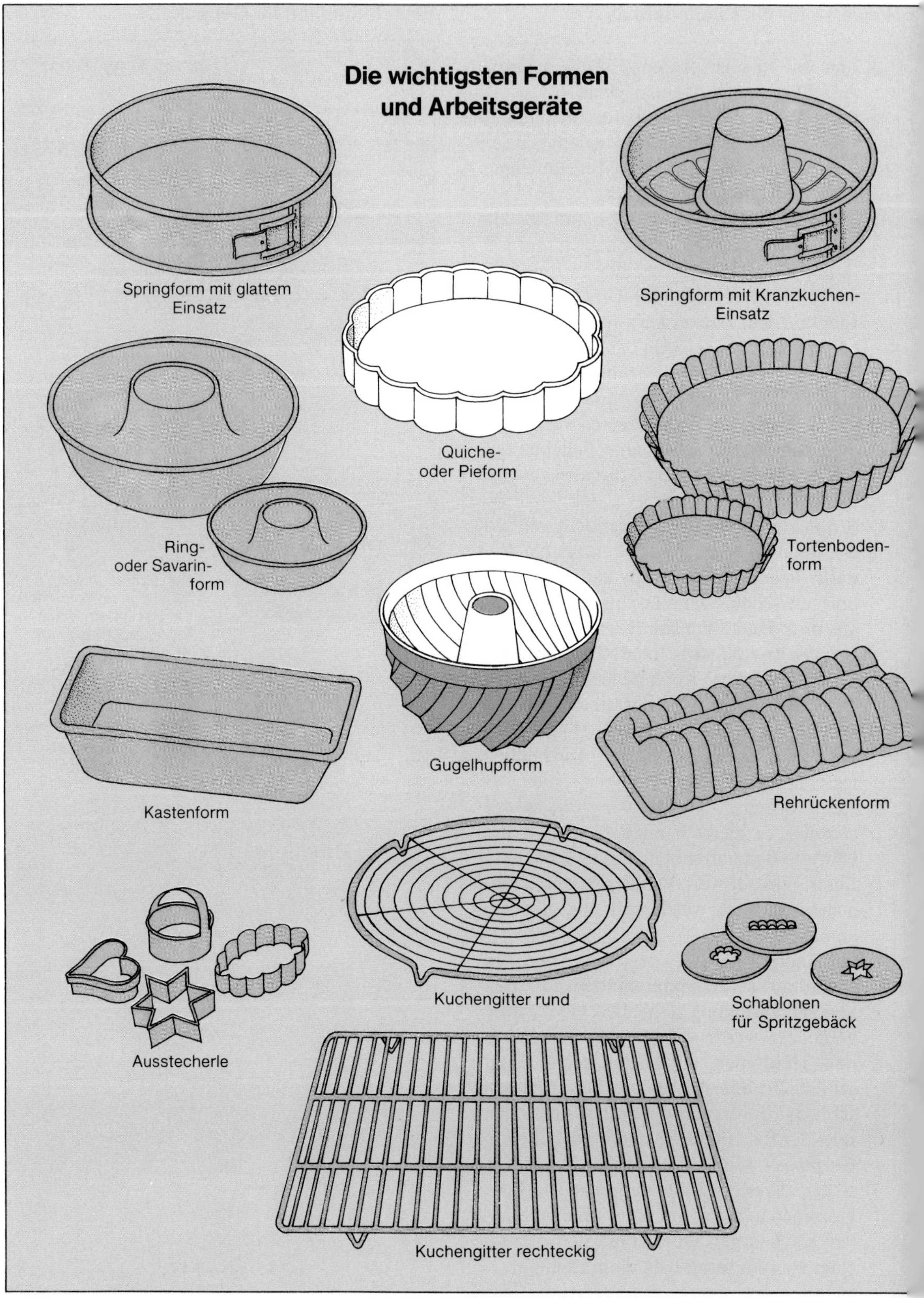

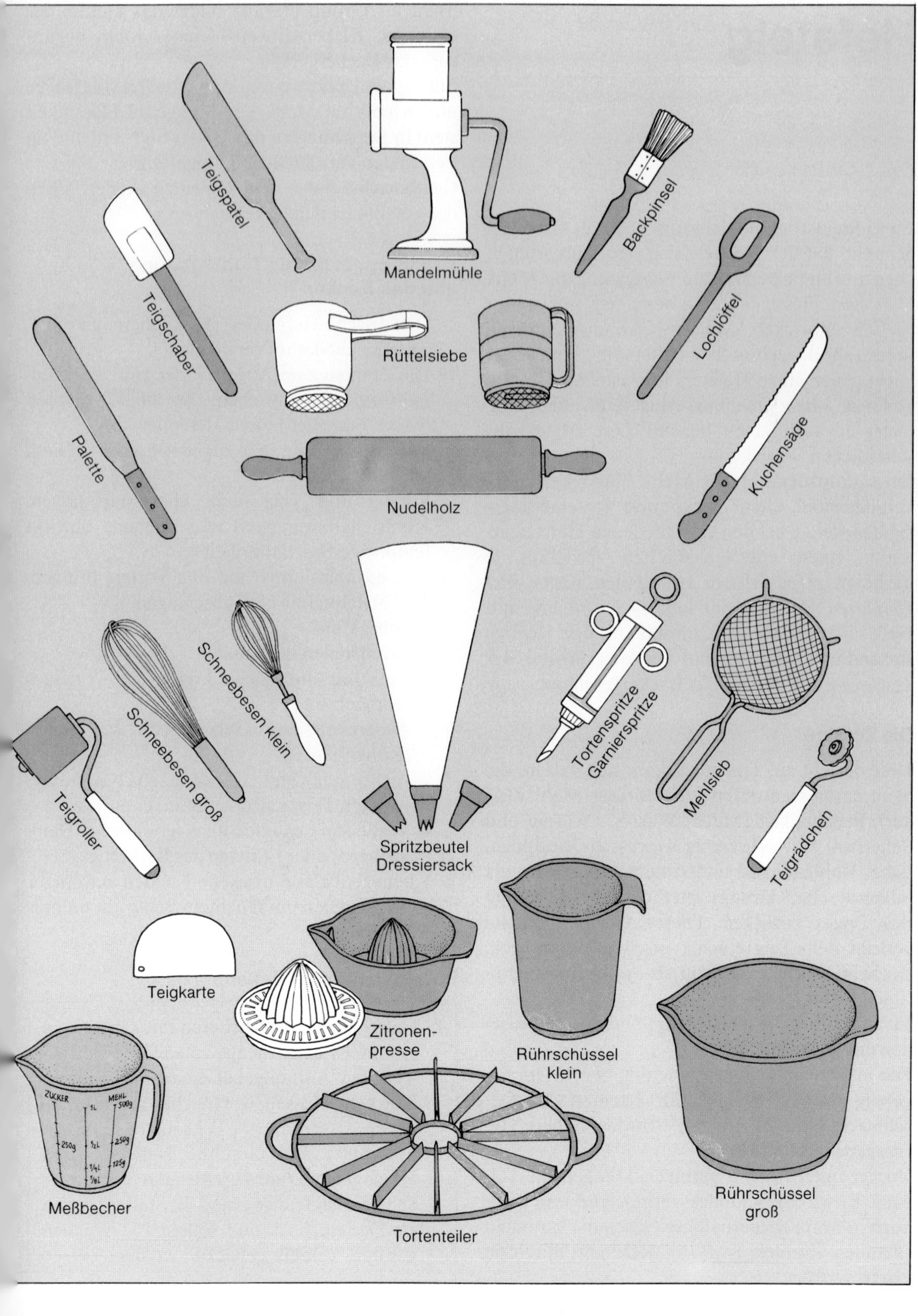
Mandelmühle
Teigspatel
Backpinsel
Teigschaber
Rüttelsiebe
Lochlöffel
Palette
Nudelholz
Kuchensäge
Schneebesen klein
Schneebesen groß
Teigroller
Tortenspritze
Garnierspritze
Mehlsieb
Teigrädchen
Spritzbeutel
Dressiersack
Teigkarte
Zitronen-
presse
Rührschüssel
klein
Meßbecher
ZUCKER
MEHL
1L
500g
½L
250g
250g
¼L
125g
⅛L
Tortenteiler
Rührschüssel
groß

Hefeteig

Im süddeutschen Sprachraum auch oft Germteig genannt, hat sich Hefeteig von seiner ursprünglichen und einfachen Zusammensetzung aus Mehl, Hefe und Flüssigkeit zu einem Teig mit großer Vielfalt entwickelt. Moderne Arbeitsmethoden, unter Einsatz technischer Hilfsmittel, machen es leicht, einen guten Hefeteig herzustellen. Da sich Hefeteig ohne Qualitätsverlust einfrieren läßt, bietet er auch einen beachtlichen arbeitswirtschaftlichen Vorteil.

Die Grundzutaten Hefe, Mehl, Flüssigkeit, Lokkerungsmittel, Geschmacks- und Verfeinerungszutaten stehen bei den verschiedenen Hefeteigarten in einem unterschiedlichen Verhältnis, je nachdem, ob es sich um *Mittelfesten, Festen oder Gerührten* Hefeteig handelt. Der Umgang mit Hefe erfordert einige Kenntnis, da ihre richtige Behandlung entscheidend für den Prozeß der Teiglockerung und für das Backergebnis ist.

Die Zutaten

Hefe besteht aus lebenden, kleinsten Pilzen, die beim Zusammentreffen mit Nahrung (Mehl, Zukker), Feuchtigkeit (Milch, Wasser), Wärme und Sauerstoff zu wachsen, zu »sprossen« beginnen, dabei Kohlendioxid und Alkohol freisetzen, die (alkoholische Gärung) letztlich die Lockerung des Teiges bewirken. Dieser Gärungsvorgang verleiht dem Teig einen typischen Geschmack, der beim frischen Hefeteig als »prickelnd« empfunden wird.

Ei unterstützt die Lockerung, verbessert Aussehen und Geschmack.

Fett macht den Teig geschmeidig, bewirkt im Ergebnis mürbes Gebäck und verfeinert den Geschmack. Hoher Fettanteil erfordert höhere Hefezugabe (z. B. Stollen).

Zucker unterstützt in geringen Mengen die Gärung. Er wirkt geschmacksverbessernd und kann auch in Form zuckerhaltiger Geschmackszutaten (Rosinen, Zitronat usw.) zugesetzt bzw. durch sie ersetzt werden.

Mehl als Grundsubstanz bildet das Gerüst des Gebäcks. Kleber-(Eiweiß-)reiches Mehl begünstigt das Backergebnis.

Flüssigkeit ist notwendig zum Quellen von Stärke und Kleber im Mehl. Die Menge an Flüssigkeit steht in Beziehung zu der Menge an Eiern und an Fett in den verschiedenen Teigarten.

Geschmackszutaten und Gewürze dienen allein der geschmacklichen Veränderung.

Grundregeln für die Teigbereitung und das Backen

▷ Stets frische Hefe oder Trockenhefe mit gültigem Frischedatum verwenden.
▷ Die Zutaten zum Ansetzen der Hefe bei *Zimmertemperatur* mischen. Zu heiße Zutaten (Milch oder Fett) töten Hefepilze ab.
▷ Vorteig und Teig stets zugedeckt an zugfreiem Ort stehen lassen.
▷ Vorteig und Teig nicht übergehen lassen. Kühlstellen verzögert das Gehen, bewirkt feinporige Beschaffenheit.
▷ Ei, Fett nicht direkt auf den Vorteig bringen.
▷ Teig gleichmäßig glatt abschlagen.
▷ **Arbeitsablauf**
  - Bereitstellen der Zutaten
  - Ansetzen und Gehenlassen des Vorteiges (Ruhephase 1)
  - Zubereiten und Gehenlassen des Teiges (Ruhephase 2)
  - Ausformen und Gehenlassen des ausgeformten Teiges (Ruhephase 3)
  - Vorheizen des Backofens (entfällt bei Heißluftherd) oder Erhitzen des Backfettes
▷ Kleingebäck und trockene Kuchen auf oberer Mitte, Kuchen mit feuchtem Belag auf unterer Mitte backen.

Hinweise für die Küchenpraxis

▷ Hefeteig zum Tiefgefrieren mit geringfügig erhöhter Zuckermenge zubereiten. In Beutel füllen. Auftauen bei Zimmertemperatur, Teig gehen lassen, wie frischen weiterverarbeiten. Lagerdauer: 2–3 Monate
▷ Mittelfeste und Gerührte Hefeteige sind Frischgebäck zum kurzfristigen Verzehr.
▷ Schwere Hefeteige (wie z. B. Stollen) gelten als Dauergebäck und sollten 1–2 Wochen vor dem Verzehr gebacken werden.

Mittelfester Hefeteig

Grundrezept

Vorteig bereiten 5 Minuten
1. Ruhephase 15 Minuten
Teig bereiten 10 Minuten
2. Ruhephase 30 Minuten

500 g	Mehl oder Weizenvollkornmehl
20 g	Hefe (30 g bei Vollkornmehl)
40 g	Zucker
¼ l	Milch, knapp (je nach Eigröße und Mehlart), lauwarm
1	Prise Salz
60 g	Butter, lauwarm zerlassen
1	Ei
	fein abgeriebene Schale von einer ¼ Zitrone

Zubereitung herkömmliche Art

① Mehl in eine Schüssel füllen, in die Mitte eine Grube drücken. Die Hefe in eine Tasse bröckeln, von der Zuckermenge 1 TL voll abnehmen, über die Hefe streuen, damit vermischen, 1/16 l Milch, lauwarm, zu der Hefe-Zuckermischung gießen, verrühren, Hefe darin völlig auflösen. Mit dieser Mischung in der Mehlgrube einen Vorteig anrühren, wenig Mehl darüberstäuben. Die Schüssel mit Tuch abdecken und an zugfreiem Ort ruhen lassen.

② Sobald der Vorteig Blasen zeigt und sich wölbt, an der Seite den restlichen Zucker, Salz, Butter, Ei und Zitronenschale zugeben. Die lauwarme Milch zur Hälfte angießen. Mit einem Kochlöffel oder den Knethaken des Rührgerätes mittelfesten Teig herstellen. Vom Rest der Milch nur so viel zugeben, wie die Teigbeschaffenheit dies erfordert. Den Teig so lange bearbeiten, bis er glatt ist und sich von der Schüssel löst. Nochmals mit Tuch zudecken und ruhen lassen.

③ Hat der Teig etwa doppeltes Volumen erreicht, kann er nach jeweiligem Rezept weiterverarbeitet werden.

Zubereitung schnelle Art

① Aus Hefe, Zucker und wenig lauwarmer Milch eine flüssige Lösung herstellen. In eine Schüssel alle anderen Zutaten zusammengeben, die Hefe-Zuckerlösung darangießen und mit den Knethaken des Rührgeräts zu einem glatten Teig verarbeiten. Mit Tuch abdecken und an warmem, zugfreiem Ort gehen lassen.

② Weiterverwendung wie herkömmliche Art.

Verwendung Mit Zucker zu Blech- oder Plattenkuchen mit süßem und mit Obstbelag, zu Hefekleingebäck, Rohrnudeln, Hefezopf, Mohnrolle, Wickelkuchen. Ohne Zucker zu Pizza, Semmeln.

▷ Nach dem zweiten Gehen kann Hefeteig eingefroren und nach dem Auftauen wie frisch weiterverwendet werden.

▷ **Teigmengen**
1 Grundrezept = 1½ Blechkuchen.
1 Blech = Teig aus 375 g Mehl und entsprechend reduzierten Zutaten.

Hefezopf

Backen 45–50 Minuten bei 180–200 °C

1	Grundrezept Mittelfester Hefeteig (s. nebenan)
100 g	Rosinen, gewaschen, gut abgetropft
1	Eigelb oder 2 EL Milch zum Bestreichen
	Puderzucker zum Bestäuben oder Rumglasur (s. Seite 406)
	Butter zum Blech

① Mittelfesten Hefeteig nach Regeln des Grundrezeptes zubereiten, nach dem Zusammenkneten die Rosinen zugeben, locker einarbeiten, wieder mit Tuch zudecken, gehen lassen. Blech fetten.

② Teig aus der Schüssel auf leicht bemehltes Backbrett setzen, in drei gleiche Portionen teilen, aus jeder mit rollenden Bewegungen gleichmäßig dicke Stränge formen und auf etwa 50 cm Länge ziehen.

③ Die Stränge nebeneinanderlegen, von der Mitte aus – zuerst in eine, dann in die andere Richtung – zu einem Zopf flechten, Enden flach drücken, unter den Zopf schieben. Backofen einschalten.

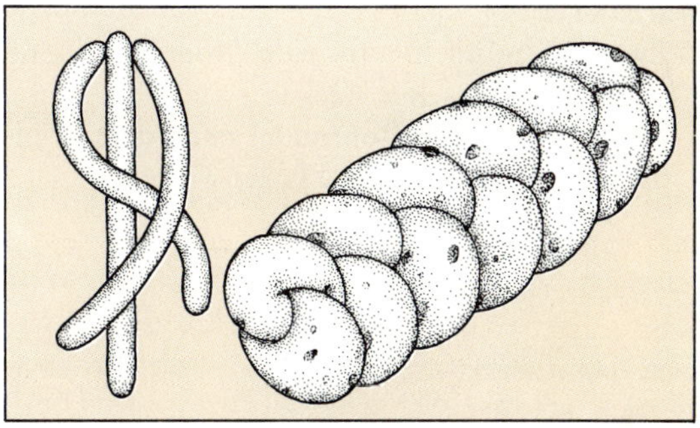

④ Zugedeckt nochmals etwa 10 Minuten gehen lassen, mit verquirltem Eigelb oder nur mit Milch bestreichen, in den Backofen schieben.
⑤ Nach dem Backen kurz abkühlen lassen, auf Gitter legen, mit Puderzucker besieben oder – nach Belieben – mit Puderzuckerguß glasieren.

Variation
250 g Magerquark in den Teig geben, macht ihn lockerer und hält länger frisch.

Rohrnudeln

Backen 45–50 Minuten bei 180–200 °C

1	Grundrezept Mittelfester Hefeteig (s. Seite 297)
50 g	Rosinen (nach Belieben)
100 g	Butter oder Butterschmalz, lauwarm zerlassen
6 EL	Milch, lauwarm, zum Bestreichen
	Puderzucker zum Bestäuben

① Hefeteig nach Grundrezept herstellen, evtl. Rosinen zugeben, gehen lassen.
② Fett in großer Bratreine oder großer, ofenfesten Auflaufform weich werden lassen, Boden und Rand bis etwa 2 cm unter dem Abschluß damit dick ausstreichen.
③ Den gegangenen Teig auf Backbrett setzen, gleichgroße (etwa in Größe eines Hühnereies) Teigbälle formen, diese auf dem Brett mit leichtem Druck unter der Handfläche zu glatten Kugeln drehen, jede in Fett wenden und dicht nebeneinander in die vorbereitete Reine setzen, zugedeckt gehen lassen. Backofen einschalten.
④ Die Rohrnudeln vor dem Backen mit Milch bestreichen, goldbraun backen. Nach dem Backen in der Form etwas abkühlen lassen, auf Backbrett stürzen, mit Puderzucker besieben und auseinandernehmen. Frisch, noch lauwarm mit Vanillesauce servieren.

Variationen
- Zwetschgennudeln: In jede Rohrnudel eine entsteinte Zwetschge stecken.
- Zimtnudeln: Jede Rohrnudel nach dem Wenden in Fett in Zimt und Zucker wälzen.

Bayerische Dampfnudeln

Teig bereiten 15 Minuten
Ruhen 35–45 Minuten
Garen 30–35 Minuten

Teig	
500 g	Mehl, gesiebt
20 g	Hefe
1 TL	Zucker
¼ l	Milch, lauwarm
80 g	Butter, flüssig
50 g	Zucker
2	Eier
½ TL	Salz

Für das Garen im Topf	
¼ l	Milch
2 EL	Zucker
50 g	Butter

① Sehr elastischen, gut abgeschlagenen Hefeteig nach den Regeln des Grundrezeptes Mittelfester Hefeteig herstellen. Daraus 10–12 runde Portionen formen, auf bemehltes Backbrett setzen und an warmem Ort zugedeckt gut gehen lassen.
② Sobald die Nudeln auf das Doppelte ihres Volumens aufgegangen sind, in weitem Topf mit schwerem Boden und gut schließendem Deckel Milch, Butter und Zucker erhitzen, bis die Butter zerlaufen ist. Die gegangenen Nudeln dicht nebeneinander in die Flüssigkeit setzen, nochmals etwas gehen lassen und Deckel auflegen.
③ Flüssigkeit auf mittlerer Hitzestufe zum Kochen bringen. Nach etwa 15 Minuten Hitze auf kleinste Stufe reduzieren und nochmals 15–20 Minuten weitergaren. Deckel während der gesamten Garzeit geschlossen halten, da die Dampfnudeln sonst zusammenfallen und innen speckig werden.
④ Die gegarten Nudeln noch einige Minuten im geschlossenen Topf ruhen lassen, dann mit Backschaufel voneinander trennen und am besten im Topf servieren.
Vanille-, Weinschaum- oder Fruchtsauce, Kompott aus Dörrobst oder frischem Obst dazu reichen.

Variation
500 g geschälte Apfelschnitze, etwa ½ cm dick geschnitten, zur zerlassenen Butter in den Topf geben, mit 1–2 EL Zucker bestreuen und etwa 6 EL Milch zugeben, Nudeln daraufsetzen, garen wie im Rezept angegeben.

Osterfladen altdeutsch

Backen ca. 1 Stunde bei 180–200 °C

1	Grundrezept Mittelfester Hefeteig (s. Seite 297) ohne Zucker und Zitrone, zusätzlich
150 g	flüssige Butter und
4	Eigelb mit ½ TL Salz
	Butter zum Blech
1	Eigelb, mit
3 EL	Milch verquirlt, zum Bestreichen

① Mittelfesten Hefeteig ohne Zucker, aber mit vermehrter Fettzugabe und Eigelb herstellen, zu glattem Teig kneten, zugedeckt gehen lassen. Blech fetten.

② Auf schwach bemehltem Blech kurz abkneten, runden Laib formen, auf Blech setzen, nochmals gehen lassen. Backofen einschalten.

③ Nach dem Gehen mit scharfem Messer an der Oberfläche rautenförmig einritzen, mit verquirltem Eigelb bestreichen und goldbraun backen.

④ Nach dem Backen auf Kuchengitter setzen, auskühlen lassen. Am Vortag zubereiten.

Ostergebäck

Ausformen etwa 15–20 Minuten
Backen pro Blech 25–30 Minuten bei 175 °C

1	Grundrezept Mittelfester Hefeteig (s. Seite 297)
2	Eigelb, mit
4 EL	Milch oder Sahne gut verquirlt, zum Bestreichen
1 EL	Rosinen, gewaschen, gut abgetropft
8	gekochte oder rohe, gefärbte Ostereier
	Butter zum Blech

① Backofen vorheizen. Backblech gut einfetten.

② Teig nach dem Gehen in 2–3 Portionen 1–1½ cm dick auswellen.

③ Osterhasen: Papierschablonen auf den Teig legen, mit spitzem, scharfem Messer an der Kontur entlangschneiden. Osterhasen mit Kuchenpalette aufs Blech heben. Mit verquirltem Eigelb ganz bestreichen. Mit Rosinen »Gesicht« markieren. Ei auflegen, die »Arme« darüberlegen, nochmals ca. 10 Minuten gehen lassen.

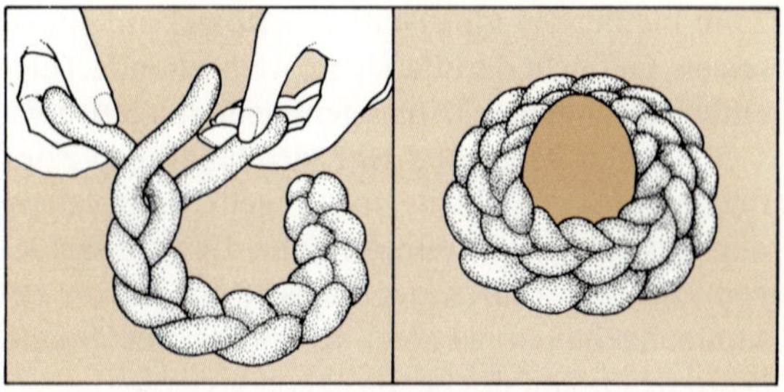

Osternestchen: Die Teigplatten in fingerdicke Streifen schneiden, jeden Streifen rollen, bis er ganz gleichmäßig dick und glatt ist. Einen Zopf mit 3 Strängen flechten, kreisrund zusammenfügen und an den Enden gut verschließen (∅ etwa 8–10 cm). Einen zweiten, kleineren und dünneren Zopf dicht flechten, ebenfalls rund formen. Ersten Zopf mit Eigelb bestreichen, auf Blech legen, zweiten kleineren Zopf daraufsetzen, mit Eigelb bestreichen, nochmals gehen lassen. Vor dem Backen Ei in die Mitte setzen.

Osterkorb: Halbrunde Schüssel von ca. 15 cm ∅ aus hitzebeständigem Material (Cromargan, Keramik, Porzellan, Glas) umstürzen und von außen mit weicher Butter gut einfetten. Aus der Teigplatte fingerdicke Streifen schneiden oder radeln. Die Streifen im Flechtmuster im Durchmesser der Schüssel so zusammenfügen, daß zwischen den einzelnen Streifen ein Abstand von ca.

2 cm bleibt. Die umgestürzte Schüssel auf Blech setzen, Geflecht darüberlegen, wegstehende Teigenden abschneiden. Aus 3 genügend langen, etwa 1 cm dicken Teigrollen sehr gleichmäßigen Zopf flechten. Alle Teigteile mit Eigelb bestreichen, den Zopf als Abschlußrand so an die Schüssel legen, daß alle Enden der Teigstreifen davon zusammengehalten werden. Ebenfalls mit Eigelb bestreichen und nochmals gehen lassen.

④ Nach dem Gehen das Gebäck goldgelb, den Korb etwas dunkler ausbacken.

⑤ Nach dem Backen die Osterhasen und Nestchen vorsichtig vom Blech nehmen, auf Kuchengitter erkalten lassen. Bei den Hasen darauf achten, daß die zerbrechlichen Ohren während des Abkühlens aufliegen.

Den Osterkorb nach dem Backen mit spitzem Messer nur vorsichtig lockern, samt Schüssel erkalten lassen. Beim Ablösen von der Schüssel mit spitzem Messer verlaufenes Eigelb, das ein Kleben an der Schüssel bewirken könnte, ablösen.

Der Osterkorb kann nur mit leichten Süßigkeiten, wie Schokoladen- oder Gelee-Eiern, oder mit grüner Osterwolle und höchstens 2–3 Ostereiern gefüllt werden.

Wickelkuchen mit Mohn- oder Nußfüllung, Mohn- oder Nußkranz

Nußfüllung bereiten 2 Minuten
Mohnfüllung bereiten 15 Minuten
Backen 45 Minuten bei 180–200 °C

Nußfüllung

125 g	Nüsse oder Mandeln, gemahlen
4 EL	saure Sahne
2 EL	Zucker oder 1 EL Honig
	abgeriebene Schale von ¼ Zitrone

Mohnfüllung

250 g	Mohn, gemahlen
¼ l	Sahne
2 EL	Honig
	Prise Zimt
	abgeriebene Schale von ¼ Zitrone oder
	1 P Vanillinzucker

1	Grundrezept Mittelfester Hefeteig (s. Seite 297)
	Butter zur Form
	Puderzucker zum Bestäuben oder Zitronen- oder Rumglasur (s. Seite 406)

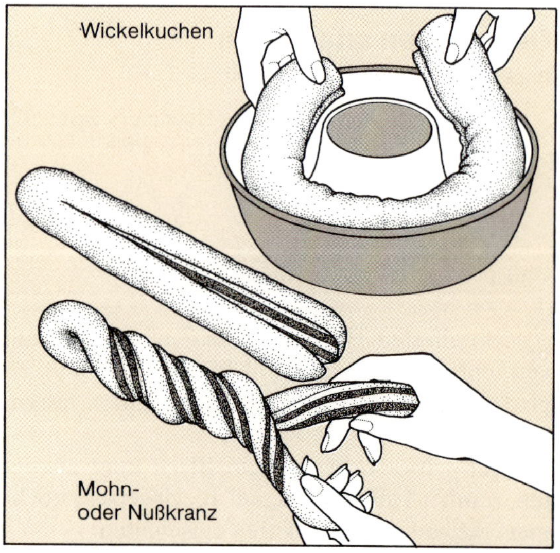

① Nußfüllung: Die Nüsse mit Sahne, Zucker und Zitronenschale zu einer cremigen Paste verrühren.

Mohnfüllung: Mohn und Sahne miteinander aufkochen, abkühlen lassen, mit Honig, Zimt und Zitronenschale oder Vanillinzucker abschmekken. Kranzform ausfetten.

② Hefeteig nach dem Gehen auf bemehltem Backbrett zu einem Rechteck von etwa 1½ cm Dicke ausrollen, mit der gewählten Füllung bestreichen, rasch zusammenrollen, in die Form legen, dabei darauf achten, daß die beiden Enden gut aneinanderschließen, nochmals zugedeckt gehen lassen. Backofen einschalten.

③ Kuchen backen. Danach in der Form kurz abkühlen lassen, mit Messer am Rand und am mittleren Zapfen lockern, auf Gitter stürzen, mit Puderzucker besieben oder nach Belieben mit Zitronen- oder Rumglasur überziehen.

④ Mohn- oder Nußkranz: Alle Vorarbeiten wie bei Wickelkuchen bis einschließlich Formen der Rolle ausführen. Die Rolle mit scharfem Messer längs durchschneiden, die so erhaltenen Stränge miteinander verschlingen, in die vorbereitete Form legen, nochmals gehen lassen. Backen wie bei Wickelkuchen. Mit Puderzucker bestäuben oder mit Glasur überziehen.

Beide Gebäckarten sind sehr gut gefriergeeignet. Dann nicht glasieren, lauwarm verpakken. Haltbarkeit bis zu 3 Monaten.

Hefekleingebäck

Ausformen 30 Minuten
Backen 25–30 Minuten pro Blech, abhängig von Form des Gebäcks, bei 200 °C

1	Grundrezept Mittelfester Hefeteig (s. Seite 297)
1	Ei, mit
4 EL	Milch verquirlt
	Butter zum Blech

Marmeladenfüllung

4–6 EL	helle oder rote Marmelade

Nußfüllung

150 g	Nüsse, fein gerieben
1 EL	Zucker
3 EL	Sahne
	abgeriebene Schale von ¼ Zitrone oder 2–3 Tropfen Bittermandelaroma

Quarkfüllung

150 g	Sahnequark, auf Sieb abgetropft
1 EL	Zucker
3 EL	Korinthen, gewaschen, abgetropft
1	Ei
	abgeriebene Schale von ¼ Zitrone oder 1 P Vanillinzucker

Rosinenfüllung (Hefeschnecken)

6 EL	Butter, zerlassene, oder
1/16 l	saure Sahne zum Bestreichen
200 g	Rosinen, gewaschen, abgetropft
4 EL	Zucker
¼ TL	Zimt

① Nußfüllung: Die gemahlenen Nüsse mit Zucker und Sahne verrühren, mit Zitrone, Vanillinzucker oder Mandelaroma würzen, gut vermischen.
Quarkfüllung: Quark mit Zucker, Ei, Korinthen und Zitronenschale oder Vanillinzucker verrühren. Backofen einschalten, Blech vorbereiten.
② Den gegangenen Teig in 2–3 gleiche Portio- einteilen.

Hörnchen: Portion Teig auf leicht bemehltem Backbrett ¼ cm dick ausrollen, in 10 cm breite Streifen schneiden oder radeln. Gleichseitige Dreiecke ausradeln, an einer Seite mit je 1 TL Füllung belegen, aufrollen, Teigspitze unterschlagen, auf Blech legen, die Enden dabei etwas nach innen biegen, nochmals kurz gehen lassen.
Hefeschnecken: Teig auf schwach bemehltem Backbrett ½–¾ cm dick auswellen, mit flüssiger Butter oder saurer Sahne bestreichen, Zimtzucker und Rosinen darauf verteilen. Aus dem Teigstück 2 cm breite Streifen radeln, einzeln aufrollen, Ende des Teigstreifens unterschlagen, auf Blech setzen, nochmals kurz gehen lassen.
Hahnenkämme: Teig auf schwach bemehltem Backbrett ½ cm dick ausrollen, Quadrate von 10 × 10 cm radeln oder schneiden. In die Mitte jeweils 1 TL Nuß- oder Quarkfüllung setzen, etwas breit drücken, zu Rechteck zusammenlegen, Ränder leicht andrücken. An der offenen Längskante im Abstand von 1½ cm mit Teigrädchen einscheiden. Auf Blech legen, dabei halbrund formen, sodaß Form eines Hahnenkammes oder Kragens entsteht, nochmals kurz gehen lassen, leicht mit verquirltem Eigelb bestreichen.
Kuverts: Teig auf schwach bemehltem Brett zu Platten von ½ cm Dicke auswellen, in Quadrate von 10 × 10 cm schneiden, jeweils in die Mitte 1 TL Füllung setzen, etwas nach den Seiten verteilen. Alle vier Ecken in der Mitte so zusammenlegen, daß die Füllung gut eingeschlossen ist. Auf Bleck legen, nochmals kurz gehen lassen, mit Eigelb bestreichen.
Windmühlen: Teig wie zu Kuverts auswellen und schneiden oder radeln. Von jeder Ecke zur Mitte hin etwa 4 cm einschneiden, zusammenlegen, in die Mitte einen knappen TL Nußfülle oder Marmelade setzen, auf Blech legen, mit Eigelb bestreichen, gehen lassen.

Hörnchen | Hefeschnecke | Hahnenkamm | Kuvert, Windmühle | Dreiecke

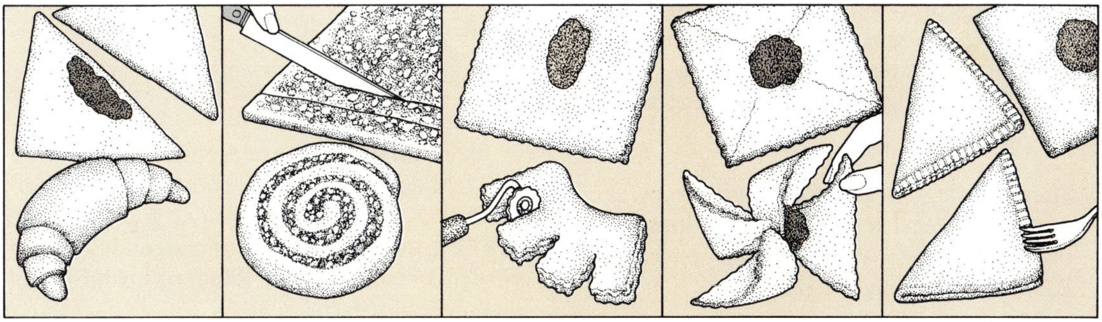

Dreiecke: Teig wie zu Kuverts auswellen und schneiden oder radeln, in die Mitte je 1 TL Füllung setzen, etwas nach allen Seiten verteilen, zu Dreieck zusammenlegen, auf Blech setzen, mit Eigelb bestreichen, etwas gehen lassen.
③ Goldgelb/goldbraun backen, mit Messer vom Blech nehmen, auf Kuchengitter auskühlen lassen.

Variation
Statt mit Eigelb vor dem Backen mit Rum- oder Zitronenglasur nach dem Backen noch warm bestreichen.

Streuselkuchen

Streusel bereiten 5 Minuten
Backen 30 Minuten bei 200 °C

1	Grundrezept Mittelfester Hefeteig von 375 g Mehl und entsprechend reduzierten Zutaten (s. Seite 297)
4 EL	Milch, lauwarm, zum Bestreichen
	Puderzucker zum Bestäuben (nach Belieben)
	Butter zum Blech

Streusel

250 g	Mehl, gesiebt
125 g	feiner Zucker
1 P	Vanillinzucker
	Prise Zimt
125 g	Butter, zimmerwarm

① Blech befetten. Gegangenen, lockeren Hefeteig auf Backbrett gleichmäßig auf ungefähre Blechgröße ausrollen, Teig locker zusammenfalten, auf Blechmitte legen, wieder auffalten, auf dem Blech mit leichtem Druck der Finger oder mit Teigrolle in Form bringen, gleichmäßige Ränder drücken. Gehen lassen. Backofen einschalten.
② Mehl mit Zucker und Geschmackszutaten vermischen, die Butter in Flöckchen darübergeben, alles mit den Händen abkrümeln.
③ Teigplatte mit Milch bestreichen, Streusel gleichmäßig dick aufstreuen, backen, Ränder müssen goldgelb sein. Vom Blech nehmen, erkalten lassen, mit Puderzucker bestäuben.
Streuselkuchen sollte am Backtag gegessen werden.

Streusel, die mit flüssiger Butter zubereitet werden, lassen sich noch schneller herstellen. Ihre Konsistenz ist aber feinbröseliger, das Backergebnis weniger kroß.

Butterkuchen

Backen 25 Minuten bei 200 °C

1	Grundrezept Mittelfester Hefeteig von 375 g Mehl und entsprechend reduzierten Zutaten, etwas weicher zubereitet (s. Seite 297)
	Butter zum Blech

Belag

150 g	Butter, zimmerwarm, in Flöckchen
100 g	Zucker
50 g	Mandelblättchen oder -stifte

① Den gegangenen Hefeteig auf bemehltem Backbrett kurz durchkneten, auf vorgefettetem Blech gleichmäßig dick mit den Händen ausformen. Gehen lassen. Backofen einschalten.
② In den locker gegangenen Teig mit dem Finger im versetzten Abstand von 5–7 cm Vertiefungen drücken, die Butterflöckchen hineinlegen. Zucker und Mandelstifte darüberstreuen, goldgelb backen, abkühlen lassen. Dieser Kuchen schmeckt frisch am besten.

Variationen
- Auf den Zucker im Belag verzichten, statt dessen den Teig nach dem Backen mit Rumglasur dünn überziehen.
- Den Teig statt mit Milch mit saurer Sahne zubereiten.

GZ Blechkuchen mit frischem Obstbelag

Vorbereiten je nach Obstart 15–20 Minuten
Backen 40 Minuten bei 200–220 °C

½	Grundrezept Mittelfester Hefeteig (s. Seite 297)
	Butter zum Blech
4 EL	Zimtzucker zum Bestreuen

Obstbelag

1 kg	säuerliche oder mürbe Äpfel, geschält, entkernt, in Spalten geschnitten, *oder*
1 kg	Zwetschgen, gewaschen, entkernt, in zusammenhängende Viertel geschnitten, *oder*
1 kg	Heidelbeeren, verlesen, gewaschen, sehr gut abgetropft

① Blech einfetten. Den gegangenen Teig mit wenig Mehl auf Backbrett gleichmäßig dick ausrollen, locker zusammenlegen oder auf Nudelholz aufrollen, auf das Blech legen, auseinanderfalten, mit den Fingern an den Rändern hochdrücken. Backofen vorheizen.

② Apfelbelag: Die Apfelspalten leicht schuppenförmig in gleichmäßigen Abständen dicht auf den Teig legen, so daß kaum Zwischenräume entstehen, aus denen der Teig nach oben hochgehen kann.
Zwetschgenbelag: Die Zwetschgen schuppenförmig dicht aneinandergerückt auf den Teigboden legen.
Heidelbeerbelag: Die abgetropften Beeren auf den Kuchen füllen, verteilen, mit der Hand leicht andrücken und eine möglichst gleichmäßige Oberfläche schaffen.
③ Kuchen backen. Nach dem Backen auf dem Blech kurz abkühlen lassen, damit der heiße Fruchtsaft etwas zur Ruhe kommt. Dann mit Kuchenspatel oder Messer lockern, auf Kuchengitter oder Brett schieben.
④ Nochmals einige Minuten ruhen lassen, dann mit Zucker, nach Belieben mit Zimt vermischt, bestreuen. Sehr saftige Zwetschgen und Heidelbeeren erst ¼ Stunde vor dem Servieren überzuckern.

▷ Trockene Äpfel können als Belag saftiger werden, wenn man sie vor dem Backen mit 6–8 EL flüssiger Butter beträufelt oder mit entsprechender Menge Butterflöckchen belegt, die beim Backen schmelzen.
▷ Frischen, leicht saftziehenden Obstbelag nicht vor dem Backen, sondern erst nach dem Abkühlen oder kurz vor dem Servieren zuckern.
▷ Erst im abgekühlten Zustand schneiden.

Variationen
- Zwischen die Apfelreihen auf dem Blech gewaschene, abgetropfte Korinthen oder Rosinen streuen.
- Alle drei Arten der Obstkuchen nach dem Backen im noch warmen Zustand zurückhaltend mit Rum beträufeln.
- Obst- und Streuselbelag: Streusel zubereiten aus

150 g	Mehl, gesiebt
125 g	Zucker
125 g	Butter
	Prise Zimt

Auf den vorbereiteten Obstbelag gleichmäßig verteilen und backen. Frisch verzehren, da die Streusel leicht Saft ziehen.

Blechkuchen mit Obstbelag und Rahmguß

Vorbereiten des Obstbelages 15–20 Minuten
Rahmguß 5–8 Minuten
Backen 1 Stunde bei 180 °C

1	Grundrezept Mittelfester Hefeteig von 375 g Mehl und entsprechend reduzierten Zutaten (s. Seite 297)
	Butter zum Blech

Obstbelag

750 g	Rhabarber, gefädelt, in 2 cm große Stücke geschnitten, *oder*
750 g	Stachelbeeren, gewaschen, abgetropft, vom Blütenansatz befreit, *oder*
750 g	Sauerkirschen, entsteint, *oder*
750 g	rote Johannisbeeren, gewaschen, abgetropft, entstielt, *oder*
1 kg	saure Äpfel, geschält, entkernt, in Würfel geschnitten

Rahmguß

750 g	Magerquark
3	Eigelb
150 g	Zucker
1 P	Vanille-Puddingpulver
	abgeriebene Schale von ¼ Zitrone
3	Eiweiß, steif geschlagen
¼ l	Sahne, steif geschlagen

① Hefeteig bereiten, gehen lassen. Blech einfetten. Obst vorbereiten. Backofen einschalten.
② Eigelb und Zucker schaumig rühren, Quark und Puddingpulver untermischen, Zitronenschale und Vanillinzucker zugeben.
③ Teig auf Backbrett ausrollen, zusammenfalten, auf Blech legen, auseinanderfalten, Ränder hochdrücken.
④ Obst unter die Quarkmasse mischen, Sahne und Eischnee unterziehen. Die sehr voluminöse Masse auf Teigplatte verteilen, glatt verstreichen, sofort backen.
⑤ Nach dem Backen etwas abkühlen lassen, dann auf Backbrett ziehen, erkalten lassen.

Diese sehr wohlschmeckenden Kuchen halten sich 1½–2 Tage frisch.

Variation
Mit Sauerrahmguß zubereiten:

⅜–½ l	saure Sahne, mit
100 g	Zucker und
1 P	Vanillinzucker oder 1 TL Zimt und
6–8	Eigelb

Sehr gut miteinander verquirlen.

Quarkkuchen

Belag vorbereiten 10–15 Minuten
Backen 40–45 Minuten bei 200 °C

1	Grundrezept Mittelfester Hefeteig von 375 g Mehl mit entsprechend reduzierten Zutaten (s. Seite 297)
	Butter zum Blech

Belag 1 (Fränkische Art)

750 g	Magerquark
150 g	Sultaninen, gewaschen, abgetropft
3 EL	Mehl
3	Eiweiß
	fein abgeriebene Schale von 1 Zitrone
¼ TL	Zimt
⅛ l	saure Sahne, mit
3	Eigelb verquirlt

Belag 2

100 g	Butter
80 g	Zucker
3	Eigelb
500 g	Quark
80 g	Sultaninen
	abgeriebene Schale von ¼ Zitrone
1 P	Vanillinzucker
3	Eiweiß, steif geschlagen
1	Eigelb, mit
3 EL	Sahne verquirlt

① Belag 1: Qark, Sultaninen und Mehl miteinander vermischen, Eiweiß, Zitrone und Zimt dazugeben, sehr gut mit *Kochlöffel* verrühren, etwa ½–1 Stunde stehen lassen. Eigelb mit saurer Sahne verquirlen, zugedeckt stehen lassen, evtl. mit Prise Zimt abschmecken.

Belag 2: Aus Butter, Zucker, Eigelb Schaummasse rühren, Quark, Sultaninen, Zitrone und Vanillinzucker dazumischen, Eischnee erst unmittelbar vor Verwendung unterziehen. Backblech einfetten. Backofen vorheizen.

② Gegangenen Teig auf Backbrett ausrollen, zusammenfalten, auf Blech legen, auseinanderfalten, mit den Fingern Ränder hochdrücken.

③ Quarkbelag gleichmäßig dick aufstreichen. Auf den Belag den Rahmguß bzw. das verquirlte Eigelb auftragen, den Rahmguß mit Zinken einer Gabel in wellenförmigen Linien verzieren und ein wenig in die Belagoberfläche eindringen lassen. Backen. Nach dem Backen 5 Minuten auf dem Blech abkühlen, lockern, dann auf Brett ziehen. Erst erkaltet aufschneiden.

Bienenstich

Belag vorbereiten 15–20 Minuten
Backen 25 Minuten bei 220 °C
Füllung zubereiten insgesamt 1 Stunde

1	Grundrezept Mittelfester Hefeteig von 375 g Mehl und entsprechend reduzierten Zutaten, etwas weicher zubereitet (s. Seite 297)
	Butter zum Blech

Belag

150 g	Butter
150 g	Zucker
4 EL	Wasser
100 g	Mandeln, gestiftelt

Füllung

1	Ei
2 EL	Zucker
50 g	Speisestärke
½ l	Milch
125 g	Butter
1 P	Vanillinzucker

① Grundrezept mit etwas mehr Milch zubereiten, da weichere Beschaffenheit erforderlich ist. Gehen lassen, Blech einfetten.

② Für den Belag in kleinem Topf Butter zerlassen, mit Zucker und Wasser aufkochen, bis die Masse gelblich ist. Von der Kochstelle nehmen und vorbereitete Mandelstifte untermischen, etwas abkühlen lassen. Backofen einschalten.

③ Gegangenen Teig auf gefettetes Blech setzen, mit den Händen nach allen Seiten flachdrücken, mit Teigrolle »überbügeln«. Vorbereiteten Belag auf Teigplatte streichen und goldgelb backen.

④ Nach dem Backen den Kuchen auf Backbrett schieben, erkalten lassen.

⑤ Für die Füllung Ei mit Zucker und Speisestärke und 10–15 EL Milch verrühren, restliche Milch zum Kochen bringen, die Mischung unter Rühren zugießen, kurz abschlagen, beiseite ziehen, in Schüssel füllen, abkühlen lassen, gelegentlich umrühren. Butter mit Vanillinzucker schaumig rühren, Creme löffelweise unterziehen (Schneebesen benutzen).

⑥ Ausgekühlten Kuchen in 4 Teile schneiden, jedes Teil mit Sägemesser in der Mitte waagerecht (wie Tortenboden) durchschneiden, die Fülle auftragen, Deckel aufsetzen und noch einige Stunden durchziehen lassen.

Fränkischer Zwiebelkuchen

Vorbereiten des Belags 20–25 Minuten
Backen 40 Minuten bei 220 °C

1	Grundrezept Mittelfester Hefeteig (s. Seite 297) ohne Fett, Ei, Zitrone und Zucker
375 g	Mehl oder Schrotmehl
	Butter zum Blech

Zwiebelbelag

1 kg	Zwiebeln, grob gehackt
250 g	durchwachsener, geräucherter Speck, in kleine Würfel geschnitten
2 EL	Kümmel
½ EL	Salz
⅛ l	saure Sahne oder Dosenmilch

① Für den Zwiebelbelag die gehackten Zwiebeln mit Speck und Kümmel glasig dünsten, beiseite ziehen, zudecken, etwa 10 Minuten ziehen lassen, salzen. Blech fetten. Backofen vorheizen.
② Gegangenen Hefeteig auf Backbrett ausrollen, auf Blech setzen, Ränder glattdrücken, Zwiebelbelag aufstreichen. Sahne oder Dosenmilch verquirlen, mit Teigschaber auf die Zwiebeln streichen, backen, heiß essen.
Eine unverfälschte, echt ländliche Spezialität, zu der es Kartoffelsuppe oder jungen Wein gibt.

GZ Pizza

Grundbelag bereiten 50 Minuten

1	Grundrezept Mittelfester Hefeteig (s. S. 297) ohne Fett, Ei, Zitrone und Zucker, mit 6 EL Olivenöl
375 g	Mehl oder Schrotmehl
	Olivenöl zum Blech

Pizza-Grundbelag Salsa Pizzaiola

4 EL	Olivenöl
2	große Zwiebeln, fein gehackt
2	Knoblauchzehen, durchgepreßt
1	große Dose Tomaten
2	kleine Dosen Tomatenmark
½ EL	Oregano, fein verrieben
3 EL	frisches oder 1 EL getrocknetes Basilikum
1	Lorbeerblatt
1 EL	Zucker und 1 TL Salz
1 EL	frisch gemahlener schwarzer Pfeffer

① Für den Grundbelag die Zwiebeln in Öl goldbraun anrösten, Knoblauchzehen zugeben, mitdünsten, Tomaten und Tomatenmark angießen, alle Gewürze zugeben, auf kleiner Hitze bei offenem Topf etwa ¾ Stunde kochen. Lorbeerblatt aus der reduzierten Sauce nehmen.
② Gegangenen Hefeteig in zwei Portionen teilen, je eine auf geöltem Blech mit geölten Fingern dünn ausdrücken, mit der Grundsauce reichlich bestreichen. *Dies ist der Grundbelag für jede Pizza.*
③ Darüber hinaus, mit speziellen Zutaten belegt, stehen folgende Varianten zur Wahl:

Käse Pizza

Zubereiten 10 Minuten
Backen 15–20 Minuten bei 220 °C

200 g	Mozarella, gebröselt, oder Emmentaler, gerieben
8 EL	Parmesan, gerieben

Über den Grundbelag wird der Käse gestreut und gebacken. Die Belagmasse soll noch brodeln, wenn die Pizza serviert wird.

Pizza Marinara

Zubereiten 10–15 Minuten
Backen 20–25 Minuten bei 220 °C

400 g	Thunfisch oder frisches Fischfilet, fein zerpflückt
3	Sardellenfilets, in kleine Stücke geschnitten
200 g	Krabben, frisch oder aufgetaut
4 EL	Zitronensaft
4 EL	Kapern
4 EL	frischer Dill, gehackt
200 g	Reibkäse, mit Parmesan gemischt
2 EL	Olivenöl
1	Zitrone, in Achtel geschnitten

Auf den Grundbelag Fischstückchen, Krabben und Sardellenfilets verteilen, Fisch mit Zitronensaft beträufeln, Kapern, Dill und Käse darüberstreuen, mit Olivenöl übergießen, backen, direkt aus dem Ofen mit Zitronenachteln servieren.

Pizza Salami

Zubereiten 15–20 Minuten
Backen 20–25 Minuten bei 220 °C

200 g	Salami, in sehr dünne Scheiben geschnitten, diese nochmals halbiert
20	schwarze Oliven, entsteint, geviertelt
2	grüne Paprikaschoten, entkernt, in feine Streifen geschnitten
1	grüne Peperoni, in feine Stücke geschnitten
200 g	Reibkäse, davon die Hälfte Parmesan

Salamischeiben auf den Grundbelag legen, Oliven, Paprikastreifen, Peperoni und zuletzt Reibkäse darauf verteilen, backen, sehr heiß servieren.

Pizza Regina

Zubereiten 20 Minuten
Backen 25–30 Minuten bei 220 °C

500 g	roher oder gekochter Schinken, zu breiten Streifen geschnitten
200 g	frische oder konservierte Champignons, blättrig geschnitten
6	Artischockenherzen (Konserve), in Achtel geschnitten
4	Peperoni, in Streifen geschnitten
20	grüne Oliven (gefüllte), halbiert
100 g	Reibkäse
4 EL	Parmesan, fein gerieben
4 EL	Olivenöl zum Beträufeln

Schinken und alle anderen Zutaten gleichmäßig auf dem Grundbelag verteilen, mit Käse bestreuen, Olivenöl darüberträufeln, backen, sofort servieren.

Pizza Carne

Zubereiten 10–15 Minuten
Backen 25–30 Minuten bei 220 °C

500 g	mageres Hackfleisch
100 g	Knoblauchwurst, fein gewürfelt
	reichlich frisch gemahlener Pfeffer und Salz
4	frische Salbeiblätter, fein gehackt
4 EL	frisches Basilikum, fein gehackt
20	schwarze Oliven, entsteint, halbiert
200 g	Reibkäse, davon einige EL Parmesan
¼ l	Sahne
	Cayennepfeffer

Hackfleisch, Knoblauchwurst, Salz, Pfeffer und Kräuter miteinander mischen, in Häufchen auf den Grundbelag setzen, mit Messer breit drükken, Oliven mit Schnittfläche nach unten darauflegen. Reibkäse mit Sahne und Cayennepfeffer vermischen, mit Löffel auf der Fleischmasse verteilen, Pizza backen, sehr heiß servieren.

Semmeln, Kipfe, Zöpfe

Ausformen 15–20 Minuten
Backen 25–30 Minuten pro Blech bei 220 °C

1	Grundrezept Mittelfester Hefeteig (s. Seite 297) ohne Zucker, Ei und Fett
1 TL	Salz
1	Eigelb, mit
4 EL	Milch verquirlt, zum Bestreichen
3 EL	Mohn, Sesamkerne oder Kümmel zum Bestreuen
	Butter zum Blech

① Backblech einfetten. Gegangenen Teig nochmals kurz durchkneten, auf schwach mit Mehl bestäubtem Backbrett zu Rollen von ca. 4 cm ∅ formen. Von den Rollen Kugeln von etwa 40–50 g Gewicht abstechen und verschieden ausformen. Backofen einschalten.

② Runde Semmeln: Kugeln auf Backbrett mit leichtem Druck unter der Handfläche glatt drehen, auf gefettetes Blech setzen, nochmals kurz gehen lassen. Mit Schere oder Küchenmesser oben kreuzweise einschneiden, mit Eimilch bestreichen, Mohn oder Sesam darüberstreuen und backen. Nach dem Backen vom Blech nehmen, auskühlen lassen.

Kümmelkipfe: Die Teigkugeln länglich ausformen, Enden etwas ziehen, auf vorbereitetes Blech setzen, gehen lassen. Vor dem Backen mit scharfem Messer der Länge nach einschneiden, mit Eimilch bestreichen, backen.

Mohnzöpfe: Aus dem Teig 8–10 cm lange, fingerdicke, gleichmäßige Rollen formen, die in der Mitte dicker als an den Enden sein müssen. Von der Mitte aus in beide Richtungen dichten Zopf flechten, Enden festdrücken und auf befettetes Blech setzen, mit Eimilch bestreichen, Mohn darüberstreuen, backen.

Sesamknoten: Aus dem Teig fingerdicke, etwa 15 cm lange Rollen drehen, locker zum Knoten schlingen, auf Blech setzen, gehen lassen, mit verquirltem Eigelb bestreichen, Sesamkerne aufstreuen, backen.

Um möglichst krosses Gebäck zu erhalten, darf der Teig nicht zu weich sein und muß zu kleinen, zierlichen Brötchen ausgeformt werden. Nur im frischen Zustand sind sie eine echte Delikatesse.

Gerührter Hefeteig

Grundrezept

Vorteig bereiten 5 Minuten
1. Ruhephase 15 Minuten
Schaummasse bereiten 10 Minuten
Teig bereiten 5 Minuten
2. Ruhephase 35–45 Minuten

375 g	Mehl
¼ TL	Salz
30 g	Hefe
⅛ l	Milch, reichlich, lauwarm
100 g	Butter
125 g	Zucker
2	Eigelb und 1 ganzes Ei

① Mehl in Schüssel sieben, Hefe in lauwarmer Milch zerbröseln und in der Schüssel zum Vorteig ansetzen, zudecken, bis zu doppelter Größe gehen lassen.
② Aus Butter, Zucker, Eigelb und ganzem Ei gute Schaummasse rühren.
③ Vorteig mit Mehl, Milch und der Schaummasse zu glattem Teig abschlagen, zudecken, gehen lassen, am besten an einem kühlen Ort.

Verwendung Topfkuchen, Napfkuchen, Gugelhupf, Savarin, Rum-Babas

▷ Das elektrische Rührgerät nicht auf höchster Leistungsstufe laufen lassen, mittlere Tourenzahl genügt.
▷ Trockenfrüchte, Succade oder Nüsse werden nicht mitgerührt, sondern erst am Schluß untergemischt.
▷ Form nur halbvoll füllen.

Gugelhupf, Napfkuchen

Vorbereiten 10 Minuten
Backen 45–60 Minuten, je nach Formgröße, bei 190 °C

1	Grundrezept Gerührter Hefeteig (s. oben)
	fein abgeriebene Zitronenschale
60 g	Rosinen, gewaschen, abgetropft
60 g	Mandeln, abgezogen, gestiftelt
2 EL	Rum oder Arrak
	Butter und Semmelbrösel oder Mandelblättchen zur Form
	reichlich Puderzucker zum Besieben *oder* Rumglasur bzw. Schokoladenglasur (s. oben)

① Form vorbereiten. Gerührten Hefeteig herstellen. Backofen vorheizen.
② In den fertigen Teig rasch mit dem Teiglöffel die Geschmackszutaten einarbeiten, in die Form füllen. Zugedeckt gehen lassen, bis sich das Teigvolumen um etwa ein Drittel vergrößert hat. Backen.
③ Nach dem Backen kurz in der Form abkühlen lassen, aus der Form nehmen, auf Kuchengitter stürzen, noch warm mit Puderzucker bestäuben oder, erkaltet, mit Guß oder Glasur überziehen.

Savarin, Punschring

Backen 45–60 Minuten bei 180–190 °C
Tränken und Glasieren 10–15 Minuten

1	Grundrezept Gerührter Hefeteig (s. nebenan)
	Butter zur Form
Zum Tränken	
⅛ l	Obstsaft von hellen Früchten
3 EL	Arrak, Kirsch- oder Aprikosengeist
	Saft von 1 Zitrone
Zum Glasieren	
5 EL	Aprikosen- oder Pfirsichmarmelade, glatt verrührt
	Puderzuckerglasur mit Arrak, Aprikosen- oder Kirschgeist (s. Seite 406)
Zum Füllen	
400 g	konservierte Früchte, gemischt (Aprikosen, Birnen, Mirabellen, Ananas, Sauerkirschen, Pfirsiche), große Früchte in kleine Stücke zerteilt

① Teig nach Regeln des Grundrezepts herstellen. Ringform gut ausfetten, Teig einfüllen, an kühlem Ort zugedeckt gehen lassen. Backofen einschalten.
② Kuchen backen. Danach kurz in der Form abkühlen lassen, auf Kuchengitter stürzen, wieder umkehren und auf Platte mit etwas höherem Rand setzen.
③ Die Tränkflüssigkeit aus Obstsaft, Alkohol und Zitronensaft mit Pinsel auf den warmen Kuchen auftragen, einziehen lassen.
④ Die Marmelade glatt verrühren, den Kuchen damit allseitig bestreichen. Aus Puderzucker und Alkohol Glasur bereiten, Kuchen damit überziehen.
⑤ Vor dem Servieren die Früchte in den Ring füllen, mit einigen Früchten umlegen. Warm servieren!

Verwendung Klassisches Dessert nach leichten Fleisch- und Fischspeisen, das seine besondere Note in der warmen Darreichungsform voll entfalten kann. Aber auch kalt ist der Savarin ein sehr geschätztes Gebäck bei der festlichen Kaffeetafel. Er wird hier ohne Früchte mit Sahne serviert.

Rum-Babas

Backen 25–30 Minuten bei 180–190 °C
Tränken und Glasieren 10 Minuten
Verzieren 10 Minuten

1	Grundrezept Gerührter Hefeteig (s. Seite 307)
	Butter zur Form

Zum Tränken

⅛ l	Fruchtsaft, hell
10 EL	Rum
	Saft von 1 Zitrone, abgeseiht

Zum Glasieren

8 EL	säuerliches Gelee, mit
4 EL	Rum verrührt

Zum Verzieren

¼ l	Sahne, mit
	Prise Vanillinzucker steif geschlagen
6 EL	Sauerkirschen aus dem Glas, abgetropft, *oder*
250 g	frische Himbeeren *oder*
4 EL	Rumtopffrüchte, abgetropft

① Teig nach Regeln des Grundrezepts herstellen. 6–8 kleine Napfkuchen- oder Ringförmchen ausfetten, den Teig gleichmäßig in die Formen füllen und darin gehen lassen, Backofen einschalten, backen.
② Nach dem Backen aus den Formen lösen, auf Platte setzen, mit der Fruchtsaft-Alkohol-Flüssigkeit tränken, mit dem Gelee glasieren, erkalten lassen.
③ Vor dem Servieren Sahne steif schlagen, die Kuchen mit Rosetten bespritzen, mit Früchten garnieren.

Verwendung Dessert und Kaffeegebäck mit besonderer Note.

Fester Hefeteig

Weihnachtsstollen, Christstollen

Einweichen der Trockenfrüchte 4–6 Stunden oder über Nacht
Vorbereiten 20 Minuten
Zubereiten 15 Minuten
Ruhen insgesamt 2½–3 Stunden
Backen 1¼–1½ Stunden bei 180–200 °C

Teig

1 kg	Mehl, gesiebt
¼ l	Milch, lauwarm
2 TL	Zucker
80 g	Hefe, möglichst frisch
1 TL	Salz
	fein abriebene Schale von 1 Zitrone
1 P	Vanillinzucker
½ TL	Zimt (nach Belieben)
250 g	Butter, lauwarm geschmolzen oder in weichen Flöckchen
150 g	Zucker
250 g	Rosinen und
250 g	Sultaninen, gewaschen, abgetropft, in
10 EL	Rum oder Arrak eingeweicht
50 g	Orangeat und
75 g	Zitronat, fein gehackt
125 g	Mandeln, enthäutet, in Stifte geschnitten
4–5 EL	Milch, lauwarm, zum Bestreichen
75 g	Butter, flüssig, zum Bestreichen
	reichlich Puderzucker mit Vanillegeschmack zum Besieben
	Butter zum Blech

① Geschmackszutaten vorbereiten, Rosinen und Sultaninen in Rum oder Arrak einweichen (am besten über Nacht).
② Mehl in große Schüssel füllen, in die Mitte Mulde drücken. ⅛ l Milch leicht erwärmen, Zucker und Hefe in Bröseln darin auflösen, in die Mulde gießen und mit etwas Milch weichen Vorteig anrühren, zudecken, gehen lassen.

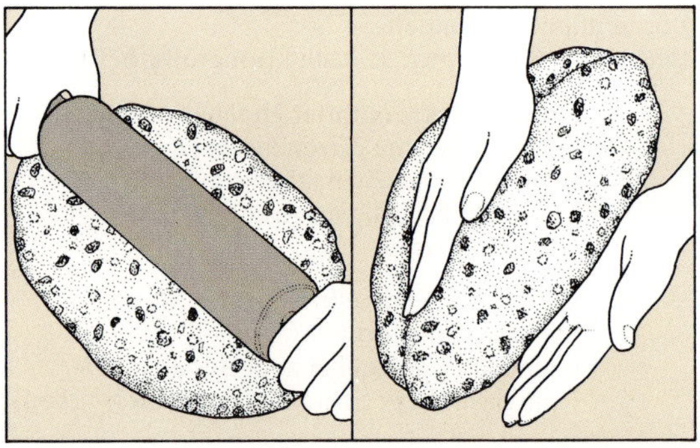

③ Gegangenen Vorteig mit einigen Löffeln Mehl bestreuen, seitlich Salz, Zitronenschale, Vanillinzucker, Zimt, weiche Butter und Zucker anfüllen, alles mit restlicher Milch zu glattem, festem Teig sehr gründlich verkneten. Am Schluß Rosinen, Sultaninen, Orangeat, Zitronat und Mandeln in den Teig einarbeiten. Zugedeckt gehen lassen, bis der Teig sein Volumen verdoppelt hat. Backofen auf 200 °C vorheizen.

④ Gegangenen Teig nochmals kurz durchkneten und daraus zwei längliche Wecken formen, mit dem Wellholz in die Mitte des Weckens der Länge nach eine Vertiefung drücken, einen Teil auf den anderen schlagen, auf gefettetes Blech oder in gefettete Stollenform legen, zugedeckt nochmals an warmem, zugfreiem Ort gehen lassen.

⑤ Gegangene Stollen mit Milch bestreichen, auf der mittleren Schiene backen, nach etwa 20 Minuten die Hitze auf 180 °C zurückschalten und noch ca. 1 Stunde backen. Sollte die Bräunung bereits nach der Hälfte oder ¾ der Backzeit erreicht sein, ein doppelt gefaltetes Pergamentpapier auf die Stollen legen.

⑥ Nach dem Backen die heißen Stollen mit flüssiger Butter bestreichen und mit Puderzucker besieben, vom Blech nehmen, auf Backbrett auskühlen lassen, danach locker in Alufolie einschlagen und 1½–2 Wochen bis zum Verzehr kühl lagern.

Variationen

- Vollkornstollen: Hälfte des Mehles durch Weizen-Vollkornmehl ersetzen, statt mit Zucker den Teig mit 3 EL Honig süßen und mit 1 TL Macisblüte würzen.
- Mandelstollen: Trockenfrüchte des Rezepts austauschen durch

100 g	Rosinen oder Korinthen
100 g	Sultaninen
300 g	Mandeln, geschält, gehackt

Miesbacher Stollen

Einweichen der Trockenfrüchte über Nacht oder 4–6 Stunden
Vorbereiten 15 Minuten
Teig bereiten 15 Minuten
Ruhen ½–¾ Stunde
Teig fertigstellen 10 Minuten
Ruhen 1½–1¾ Stunden
Ausformen 10–15 Minuten
Ruhen 15 Minuten
Backen etwa 1–1¼ Stunden bei 180 °C

Teig

1 kg	Mehl, gesiebt
60 g	Hefe, in
⅛ l	lauwarmer Milch gelöst
200 g	Butter, in weichen Flöckchen
60 g	Rinderfett, mit dem Messer dünn geschabt
2	Eier
125 g	Zucker
1 TL	Salz
1 EL	Zitronenschale, fein abgerieben
1 P	Vanille-Puddingpulver, in
⅛ l	kalter Milch verrührt
250 g	Quark (20% Fettgehalt)
je 50 g	Zitronat und Orangeat, mit
125 g	Sultaninen (gewaschen, abgetropft) in
6 EL	Rum eingeweicht
100 g	Mandeln, geschält, gestiftelt
½ P	Backpulver, gesiebt, unter die zweite Mehlhälfte gemischt
	Butter zum Blech
100 g	flüssige Butter zum Bestreichen
	reichlich Puderzucker zum Besieben

① In der Hälfte des Mehles Vorteig mit der aufgelösten Hefe ansetzen, mit Tuch abdecken und gehen lassen.

② Vorteig verrühren, Butter, Rinderfett, Eier, Zucker, Salz, Zitronenschale, das angerührte Puddingpulver und Quark zugeben, gut verrühren. Zitronat, Orangeat, Sultaninen und Mandeln untermischen, den weichen Teig gut gehen lassen.

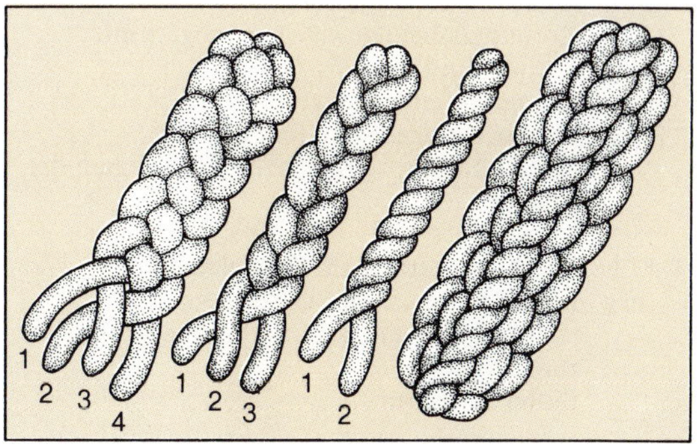

③ Die zweite Mehlhälfte in den gegangenen Teig gut einarbeiten, Teig zugedeckt wieder gut gehen lassen. Backofen einschalten.
④ Den gut gegangenen Teig entweder zu Stollen formen, auf Blech setzen. Oder einen 3-stöckigen Zopf flechten: Den Teig in 9 Portionen teilen, alle zu rundem Strang ausrollen. Einen vierteiligen Zopf flechten, aufs Blech setzen, in der Mitte mit verquirltem Eigelb bestreichen. Einen dreiteiligen Zopf flechten, auf den unteren setzen, in der Mitte mit Eigelb bestreichen. Die zwei übrigen Teigstränge zur Kordel verschlingen, auf den dreiteiligen Zopf setzen. Nochmals gehen lassen.
⑤ Stollen auf unterer Schiene backen, noch heiß mit flüssiger Butter bestreichen und mit reichlich Puderzucker übersieben.

Sehr wohlschmeckender Stollen, der auch kurz vor dem Fest gebacken werden kann.

Dresdner Stollen

Einweichen der Trockenfrüchte 6–12 Stunden
Vorbereiten 30 Minuten
Teig bereiten 20 Minuten
Ruhen insgesamt 2¾–3¼ Stunden
Backen 1¾–2 Stunden bei 180–190 °C

Teig

1 kg	Mehl, gesiebt
2 TL	Zucker
100 g	frische Hefe
⅛ l	Milch, lauwarm
400 g	Butter, in weichen Flöckchen
150 g	Zucker
1 TL	Salz
	fein abgeriebene Schale von 1 mittelgroßen Zitrone
1 P	Vanillinzucker
1 TL	Zimt (nach Belieben)
4–6	Tropfen Mandelöl (nach Belieben)
⅛ l	Milch, lauwarm, evtl. etwas mehr
400 g	Rosinen oder Sultaninen und
150 g	Korinthen, heiß gewaschen, abgetropft
100 g	Zitronat und
100 g	Orangeat, fein gehackt
250 g	Mandeln, abgezogen, fein gehackt
4 cl	Rum (2 Schnapsgläser) zum Einweichen der Früchte

4–5 EL	Milch, lauwarm, zum Bestreichen
50 g	Butter, flüssig, zum Bestreichen
	reichlich Puderzucker mit Vanillegeschmack zum Besieben
	Butter zur Form

① Mehl in große Schüssel geben, in die Mitte Mulde drücken. Zucker und Hefe in der lauwarmen Milch auflösen, in der Mulde mit wenig Mehl Vorteig anrühren, zugedeckt gehen lassen.
② Den gegangenen Vorteig mit Butterflöckchen, Zucker, Salz, Vanillinzucker, Zimt, Mandelöl und der Milch, die nach und nach in jeweils kleinen Portionen zugegeben wird, zu sehr glattem, festem Teig kneten. Zuletzt die eingeweichten Früchte in den Teig einarbeiten. Teig in die Schüssel zurücklegen und sehr langsam zugedeckt gehen lassen. Wo es zeitlich möglich ist, den Teig bei ca. 15 °C Raumtemperatur gehen lassen, was die angegebene Zeit ungefähr verdoppelt. Backofen auf 200 °C vorheizen.
③ Den auf das Doppelte seines Volumens gegangenen Teig nochmals kurz durchkneten und zu Stollen formen, wie bei Christstollen beschrieben. Dresdner Stollen sollten in der Form gebakken werden. Nach dem Ausformen nochmals zugedeckt gehen lassen.
④ Nach Belieben vor dem Backen mit lauwarmer Milch bestreichen, auf der mittleren Schiene backen, nach etwa 15 Minuten die Hitze auf 180 °C reduzieren. Mit Hölzchen Garprobe machen.
⑤ Die fertigen Stollen noch heiß mit flüssiger Butter bestreichen und mit Puderzucker bestreuen, auf Backbrett abkühlen lassen. Danach locker in Alufolie packen und 2–3 Wochen kühl aufbewahren, damit sich die Geschmacks- und Aromastoffe voll entfalten können.

Variation

Marzipanstollen: 300 g Marzipanrohmasse mit 200 g Puderzucker gleichmäßig verkneten, nach Bedarf entweder ½ verquirltes Eiklar oder 2–3 EL Rum zugeben und 2 Rollen in Länge der Stollen formen, diese in die Vertiefung, die beim Ausformen der Stollen gemacht wird, legen und dann erst übereinanderschlagen.

Schmalzgebäck

Schmalzgebäck oder »Fettgebackenes« ist die Bezeichnung für Backwaren aus Hefeteig, Brandteig, Nudelteig, Backpulverteig, die in schwimmendem Fett ausgebacken werden, wie Faschingskrapfen, Kirchweihnudeln, Fensterkücherl, Mutzenmandeln u.v.a., die auch als »Brauchtumsgebäck« bekannt sind.

Schmalzgebäck hat einen hohen Fettgehalt. Die beim Backen im Fett entstehenden Röststoffe erzeugen den für frisches Schmalzgebäck typischen Wohlgeschmack, beeinträchtigen aber – vor allem in Verbindung mit dem Fettgehalt – die Bekömmlichkeit. Magenempfindliche und Gallenkranke sollen deshalb kein Schmalzgebäck essen.

Als Backfett sind nur wasserfreie, hitzebeständige Fette geeignet, wie Kokosfett, Butterschmalz, geschmacksneutrales Öl oder Mischungen aus erwähnten Fetten.

Zum Ausbacken eignen sich weite, halbhohe Töpfe aus Stahl, Silitstahl, Gußeisen, Cromargan. Sehr gut sind temperaturgeregelte Friteusen mit Einsatzkörben. Bei Friteusen ist die Einfüllhöhe für Fett jeweils angegeben. Für gewöhnliche Töpfe gilt eine Füllhöhe von etwa 10 cm flüssigem Fett. Diese Menge kann bei kleinen Gebäckstükken (Mutzenmandeln) etwas unterschritten werden.

Die richtige Temperatur zum Ausbacken ist sehr wichtig, denn zu früh eingelegtes Gebäck saugt sich stark mit Fett an. Zu heißes Fett bewirkt aber eine zu rasche Krustenbildung, die das Garwerden im Inneren verhindert.

Übererhitztes und zu oft erhitztes Fett ist gesundheitsschädlich, da sich Fett durch Erhitzen zersetzt.

Schon aus diesem Grund sollte der Verzehr von Fettgebackenem – egal in welcher Form – nicht regelmäßig in die Ernährung eingeplant sein. Das notwendigerweise häufige Wechseln von Ausbackfett macht die Herstellung von Schmalzgebäck teuer.

Grundregeln für das Ausbacken

▷ Hitze des Ausbackfettes prüfen: Kleines Teigstück oder rohe Kartoffelscheibe einlegen oder Stiel eines Holzkochlöffels in Fett eintauchen. Bei sofortiger Bläschenbildung um den Löffelstiel und einsetzender Bräunung des Teiges oder der Kartoffelscheibe ist die Hitze richtig.

▷ Backfett nicht überhitzen: Sobald sich Rauch über dem Fett bildet, ist es zu heiß. Es muß vor dem Einlegen der Gebäcke wieder abgekühlt werden.

▷ Gebäck vorsichtig einlegen, Schaumlöffel benutzen. Hefegebäck mit der aufgegangenen (Ober-)Seite nach unten einlegen.

▷ Nicht zu viele Gebäckstücke auf einmal einlegen. Backfett kühlt sonst zu rasch ab, Gebäck saugt unnötig viel Fett an.

▷ Fertiges Schmalzgebäck gut auf Küchenkrepp abtropfen und auskühlen lassen.

▷ Mit Vorsicht und Überlegung arbeiten, da Fett einen hohen Siedepunkt, um etwa 200 °C, hat. Spritzendes Fett verursacht sehr schnell Verbrennungen.

▷ Überhitztes Fett fängt leicht Feuer. Dieses immer durch Auflegen eines trockenen Topfdeckels, passender Schüssel oder notfalls Backblech ersticken. Niemals Löschversuch mit Wasser machen!

▷ Bei schäumendem Fett sofort Hitzezufuhr abstellen, Gebäck herausnehmen, evtl. einen Teil des Fettes mit trockenem Schöpflöffel abnehmen.

Hinweise für die Küchenpraxis

▷ Schmalzgebäck frisch, aber nicht warm verzehren.

▷ Nicht gezuckerte bzw. mit Puderzuckerglasur überzogene Krapfen, Schmalz- oder Kirchweihnudeln können 1–2 Tage nach der Herstellung durch Erwärmen im vorgeheitzten Backofen bei 150 °C wieder »aufgefrischt« werden.

▷ Ungezuckertes Schmalzgebäck läßt sich – nach dem Abkühlen vorschriftsmäßig verpackt – für 2–4 Wochen tiefgefroren aufbewahren. Nach dem Auftauen im Backofen (auf 150 °C vorgeheizt) nochmals kurz aufbacken und dann erst zuckern.

Faschingskrapfen, Berliner Pfannkuchen

etwa 15 Stück

Teig bereiten mit Ruhezeiten 1–1¼ Stunden
Ausformen und Gehenlassen 15–20 Minuten
Ausbacken 6–8 Minuten pro Stück

Teig

500 g	Mehl, gesiebt
40 g	Hefe
50 g	Zucker
⅛ l	Milch, reichlich
	Prise Salz
80 g	Butter, zerlassen
2	Eigelb und 1 Ei
8 TL	feste Aprikosen-, Himbeer- oder Hagebuttenmarmelade
1	Eiklar, verquirlt, zum Bestreichen
	Fett zum Ausbacken
	Zucker oder Puderzucker zum Besieben

① Mittelfesten Hefeteig nach den Regeln des Grundrezeptes (s. Seite 297) herstellen, gut abschlagen, Beschaffenheit weich, nicht klebrig halten, zugedeckt gehen lassen. Während des Gehens einmal durchschlagen, wieder gehen lassen.

② Entweder: Gegangenen Teig auf mit Mehl bestäubtes Brett legen, leicht nachkneten und zu rechteckiger Platte von etwa 2 cm Dicke ausrollen. Hälfte der Teigplatte mit rundem Ausstecher von etwa 7 cm Ø markieren, in die Mitte eines jeden Kreises ½ TL Marmelade setzen, Ränder mit Eiweiß bestreichen. Andere Teighälfte darüberklappen. Die durchmarkierte Füllung jeweils als Mittelpunkt nehmen, Krapfen ausstechen, Ränder etwas andrücken. Zum Gehen auf Brett oder leicht bemehltes Tuch legen, zudecken. Nicht zu warm gehen lassen.

Oder: Den gegangenen Hefeteig 3 cm dick auswellen, auf bemehltes Tuch oder Brett legen, ausstechen, zudecken, doppelt hoch gehen lassen.

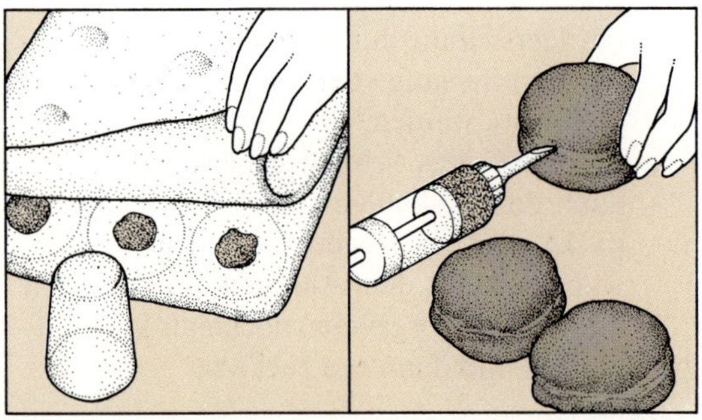

③ Fett erhitzen, Hitzeprobe machen. Von den Krapfen überflüssiges Mehl mit Pinsel abstauben. Krapfen mit der Oberseite nach unten auf Schaumlöffel legen und für einige Sekunden im heißen Fett auf dem Löffel halten, damit das Fett die Oberfläche nicht überziehen und der Teig noch aufgehen kann. Sobald die Unterseite goldbraun ist, die Krapfen wenden, Oberseite ebenso bräunen lassen.

④ Fertige Krapfen mit Schaumlöffel herausnehmen, auf Küchenkrepp gut abtropfen, noch heiß in Zucker wenden oder mit Puderzucker besieben. Einzeln auf Kuchengitter zum Auskühlen legen. Ungefüllte Krapfen nach Belieben seitlich am hellen Rand mit Krapfenspritztülle füllen.

Gut gelungene Krapfen müssen einen hellen Ring um die Mitte haben. Fehlt dieser, so war der Teig entweder nicht weich genug, nicht genug gegangen oder die Füllung war so reichlich bemessen, daß sie beim Ausbacken an den Nahtstellen ausgelaufen ist. Das Füllen nach dem Backen ist deshalb die einfachere und erfolgreichere Methode.

Kirchweihnudeln

Teig bereiten mit Ruhezeiten 1–1¼ Stunden
Ausformen und Gehenlassen 10 Minuten
Ausbacken 8–10 Minuten pro Stück

Teig

500 g	Mehl, gesiebt
⅛ l	Milch
30 g	Hefe
2 EL	Zucker
⅛ l	saure Sahne
	fein abgeriebene Zitronenschale
2	Eier
4 EL	Butter, flüssig
100 g	Rosinen, gewaschen, abgetropft
	Fett zum Ausbacken
	Puderzucker zum Besieben

① Mittelfesten Hefeteig nach den Regeln des Grundrezeptes (s. Seite 297) herstellen, sehr gut abschlagen. Rosinen zuletzt untermischen, zugedeckt gehen lassen.

② Vom gegangenen Teig mit Eßlöffel Teigballen (»Nudeln«) abstechen, mit der Hand länglich-oval nachformen, auf leicht bemehlter Fläche zugedeckt gehen lassen.

③ Fett erhitzen. Mit scharfem Messer oder Schaber die gegangenen Nudeln kreuzweise einschneiden, sofort mit Schaumlöffel in heißes Fett legen, mit der aufgegangenen Seite nach unten, beidseitig goldbraun backen. Danach abtropfen lassen, mit Puderzucker bestäuben.

Variation
Statt saurer Sahne 150 g Magerquark in den Teig einarbeiten.

Ausgezogene Kücherl, Schmalznudeln

Teig bereiten mit Ruhezeiten 50–60 Minuten
Ausbacken 4–6 Minuten, je nach Größe, pro Stück

Teig

500 g	Mehl, gesiebt
	Prise Salz
20 g	Hefe
2 EL	Zucker
¼ l	Milch, reichlich
2	Eier
	fein abgeriebene Zitronenschale
4 EL	Butter, flüssig
	Butter, flüssig, zum Bestreichen
	Fett zum Ausbacken
	Puderzucker (nach Belieben) zum Besieben

① Mittelfesten Hefeteig nach den Regeln des Grundrezeptes (s. Seite 297) herstellen. Die Beschaffenheit muß locker und weich, darf aber nicht klebrig sein.
② Mit Eßlöffel Teigballen von der Größe eines Hühnereies abstechen, auf leicht bemehltem Brett rund formen, mit flüssigem Fett bestreichen. Auf leicht bemehlte Arbeitsfläche oder Tuch legen, zudecken, kurz gehen lassen.
③ Ausbackfett erhitzen. Fingerspitzen leicht mit Butter einfetten, damit die Teigballen von innen nach außen vorsichtig so ziehen, daß innen eine dünne Teighaut von etwa 4–6 cm ∅ bleibt und drumherum ein gleichmäßig verdickter Rand entsteht.
④ Sofort in heißes Fett legen, mit Löffel heißes Fett darübergießen. Sobald die Unterseite goldbraun ist, mit 2 Gabeln oder Schaumlöffel vorsichtig wenden. Darauf achten, daß nach dem Wenden kein Fett auf die dünne, weiße Mitte der Kücherl kommt. Fertigbacken, abtropfen lassen, mit Puderzucker besieben.

Brandteig – Krapfen

Ausbacken 5–6 Minuten pro Stück

1	Grundrezept Einfacher Brandteig (s. Seite 319)
2 EL	Rum
	etwas abgeriebene Zitronenschale
	Fett oder Öl zum Ausbacken
	Puderzucker zum Besieben

① Brandteig nach Grundrezept herstellen, mit Rum und Zitronenschale verfeinern.
② Ausbackfett erhitzen. Mit Löffel walnußgroße Teigportionen abstechen, mit kleinem Löffel länglich nachformen, im siedenden Fett goldbraun ausbacken. Auf Küchenkrepp abtropfen, mit Puderzucker besieben.

Strauben

Ausbacken 4–6 Minuten pro Stück

1	Grundrezept Einfacher Brandteig (s. Seite 319)
	Fett zum Ausbacken
	gefettetes Pergamentpapier
	Puderzucker zum Besieben oder Glasur mit Rum (s. Seite 406)

① Brandteig nach Grundrezept herstellen.
② Fett erhitzen. Mit großer Spritztülle Ringe auf gefettetes Pergamentpapier spritzen, diese jeweils einzeln sofort (Oberseite nach unten) in das heiße Fett gleiten lassen. Umsichtig arbeiten, damit das Fett nicht spritzt. Sobald die Unterseite goldbraun ist, Ringe wenden, fertigbacken, mit Schaumlöffel aus dem Fett nehmen. Auf Küchenkrepp abtropfen, nebeneinander auskühlen lassen, mit Puderzucker bestäuben oder mit Glasur überziehen.

Storchennester oder Schneeballen

Teig bereiten und Ausformen 20–30 Minuten
Ausbacken 5–6 Minuten pro Stück

500 g	Mehl, gesiebt
	Prise Salz
2 EL	Zucker
1 P	Vanillinzucker oder fein abgeriebene Zitronenschale
80 g	Butter, in Scheiben
4	Eier, verquirlt
3 EL	saure Sahne
2 EL	Rum oder Arrak
	Fett zum Ausbacken
	Puderzucker zum Besieben

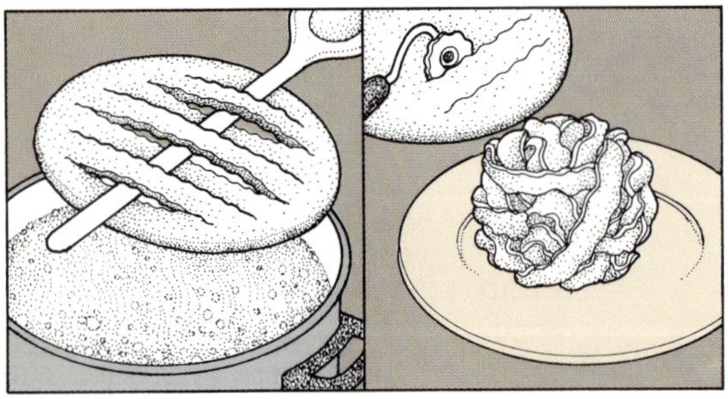

① Mehl auf Brett sieben, Salz, Zucker, Vanillinzucker dazumischen, Butter in das Mehl hacken, mit Eiern, Sahne und Rum zu glattem Teig kneten.

② Rolle von etwa 6 cm ∅ formen. Davon 1 cm dicke Scheiben abschneiden und zu dünnen Flächen von 18–20 cm ∅ auswellen. Rand gleichmäßig rund schneiden. Mit Teigrädchen die Fläche in 5–6 Streifen teilen, dabei rundherum äußeren Rand von 1½–2 cm Breite stehen lassen. Mit Stiel eines Kochlöffels die Teigstreifen wie beim Stopfen auffassen und liegen lassen.

③ Teigstück mit Löffelstiel in heißes Fett geben, dabei in Rührbewegung drehen, sodaß ein wollknäuelähnliches Gebilde entsteht.

Als Storchennester goldbraun, als Schneeballen nur sehr hell ausbacken. Gut abtropfen lassen, mit Puderzucker dick besieben.

Schneeballen können in gut verschließbarer Dose 2–3 Wochen aufbewahrt werden, ohne an Qualität einzubüßen.

Variationen

- Den Teig in Streifen von 3 × 15 cm schneiden, einen Knoten daraus schlingen, ausbacken.
- Aus dem Teig Rauten von etwa 8 × 3 cm schneiden, in der Mitte der Raute Querschnitt machen, die beiden spitzen Enden der Raute durchziehen *(Hasenöhrl)*.

Echte trunkene Jungfern

Teig bereiten 10–15 Minuten
Ausbacken 5–6 Minuten pro Stück

4	Eigelb
100 g	Zucker
100 g	Mehl, gesiebt
4	Eiweiß, steif geschlagen
	Fett zum Ausbacken

Zum Übergießen

¾ l	Rotwein
	Orangen- oder Zitronenschale, fein abgeschält
1	Zimtstange
2 EL	Zucker

① Schaummasse aus Eigelb und Zucker rühren, Mehl dazumischen, Eischnee unterheben.

② Fett erhitzen. Mit Eßlöffel vom Teig kleine Nockerl abstechen, im siedenden Fett ausbacken. Mit Schaumlöffel herausnehmen, auf Küchenkrepp abtropfen, in vorgewärmte Schüssel legen.

③ Rotwein mit Gewürzen und Zucker bis zum Siedepunkt erhitzen, Gewürze herausnehmen, das Gebäck damit übergießen. Sofort servieren.

Rheinische Mutzenmandeln

Teig bereiten 15 Minuten
Kühlen 1–2 Stunden
Ausbacken 25–30 Minuten insgesamt

100 g	Butter
100 g	Zucker
4	Eier
	fein abgeriebene Zitronenschale
2 EL	Sahne
3 EL	Rum
100 g	Mandeln, enthäutet, fein gerieben
500 g	Mehl, gesiebt
1½ TL	Backpulver
	Fett zum Ausbacken
	Puderzucker oder Zucker, mit Zimt vermischt, zum Besieben

① Aus Butter, Zucker, Eiern lockere Schaummasse rühren, restliche Zutaten gut untermischen. Teig kalt stellen.

② Fett erhitzen. Mit Teelöffel kleine, mandelförmige Portionen abstechen, ins siedende Fett legen, goldbraun backen, mit Schaumlöffel herausnehmen, gut abtropfen. Warm mit Puderzucker oder Zimtzucker bestreuen.

Oder: Mehl, Zucker, Eier, Butter und Geschmackszutaten auf Backbrett zu Knetteig verarbeiten, Teig kalt stellen. Danach etwa 1 cm dick ausrollen, mit spezieller, kleiner Mandelform Plätzchen ausstechen, diese im siedenden Fett backen, abtropfen lassen, warm mit Puder- oder Zimtzucker bestreuen.

Variation

Von dem ausgewellten Teig Ringe ausstechen, in Fett ausbacken, mit Puderzucker besieben.

Strudelteig

Grundrezept

Zubereiten und Ruhen 30 Minuten
Ausziehen 10–15 Minuten

250 g	Weizenmehl Type 405 oder Type 1050
¼ TL	Salz
1	Ei
1 EL	Öl
1 EL	Butter, zerlassen, oder noch 1 EL Öl
1/16–1/8 l	Wasser, lauwarm
1 EL	Öl zum Bepinseln

① Mehl auf ein trockenes Backbrett häufen, in die Mitte eine Vertiefung drücken, das Ei in die Grube geben, Öl und zerlassene Butter dazufüllen. Mit einer Gabel von der Mitte aus zum Mehl rühren, dabei löffelweise Wasser zugeben. Mit den Händen zu einem geschmeidigen Teig verarbeiten, dabei sehr gründlich durchkneten, einen kleinen Laib formen, diesen drehend weiterkneten, bis der Teig sichtbar Blasen bekommt. Der Teig ist richtig, wenn das Backbrett nicht verklebt ist und er auf Fingerdruck elastisch reagiert, d.h. die Druckstelle sich wieder hebt.

② Den Teig in 2 Portionen teilen (für 2 Strudel), kleine Laibe formen, mit Öl bepinseln, unter einer vorgewärmten Schüssel für 15 Minuten ruhen lassen.

③ Das Backbrett mit einem sauberen, trockenen Tuch belegen, wenig Mehl darüberstäuben. Eine Teigportion mit der Hand flach drücken, tellergroß auswellen. Dann über beiden Handrücken fortlaufend mit kreisenden Bewegungen von innen nach außen den Teig sanft ausziehen. Darauf achten, daß die Zugbewegungen gleichmäßig sind, damit der Teig keine Löcher bekommt (Schmuckringe ablegen!). Sobald das Innere des Teigfladens gleichmäßig dünn ist, diesen auf das bemehlte Tuch legen und mit den Fingerspitzen vorsichtig die Ränder ausziehen. Dabei versuchen, der Teigplatte eine möglichst rechteckige Form zu geben. Es ist wichtig, daß die Ränder dünn ausgezogen sind.

Verwendung Zu Apfelstrudel, Rahmstrudel, Topfen-(Quark)strudel, Kirschstrudel und Strudel mit Fleischfüllung.

- ▷ Der Teig muß elastisch, darf aber nicht klebrig weich sein.
- ▷ Strudelteig kann nach der Zubereitung eingefroren und aufgetaut wie frischer Teig verarbeitet werden.

Apfelstrudel

Füllung bereiten 25–30 Minuten
Backen etwa 40–50 Minuten, je nach Dicke des Strudels, bei 180–200 °C

1	Grundrezept Strudelteig (s. S. 315)
	Butter zur Form
	Butter zum Bestreichen (nach Belieben)

Füllung

1,5 kg	Äpfel, geschält, entkernt, in Achtel und blättrig geschnitten
100 g	Rosinen, gewaschen, abgetropft
80 g	Zucker, mit
¼ TL	Zimt vermischt

① Strudelteig nach Grundrezept herstellen, zudecken. Äpfel vorbereiten. Backofen vorheizen, Reine einfetten.

② Auf Tuch ausgezogenen Strudelteig mit Butter oder Sahne bestreichen, Äpfel darauf gleichmäßig verteilen, mit Rosinen und Zimtzucker bestreuen.

③ Das Tuch an der Längsseite mit beiden Händen anfassen, die Teigränder leicht nach innen kippen, ebenso an den Querseiten verfahren. Dann den Strudel an den Längsseiten mit Hilfe des Tuches aufrollen. Mit Hilfe des Tuches die geformte Rolle in die vorbereitete Bratreine oder auf ein Backblech oder in eine Gratinform setzen. Dabei soll die offene Längsseite nach unten zu liegen kommen. Mit Butter bestreichen, backen.

④ Nach dem Backen 10 Minuten abkühlen lassen, in Stücke schneiden, warm oder kalt servieren.

Variationen

- Bayerischer Apfelstrudel: Im letzten Drittel der Backzeit Strudel mit ¼ l kochender Milch übergießen und einziehen lassen, warm servieren.
- Wiener Apfelstrudel: Auf die Füllung zusätzlich 100–125 g geriebene Nüsse oder Mandeln und 3–4 EL Semmelbrösel streuen, Strudel auf Blech oder in Reine backen, danach mit reichlich Puderzucker besieben, warm oder kalt servieren.

Bayerischer Apfelrahmstrudel

Füllung bereiten 25–30 Minuten
Backen 40 Minuten bei 200 °C

1	Grundrezept Strudelteig (s. Seite 315)
8 EL	Butter, zerlassen
	Butter zur Form
¼ l	Milch, heiß

Füllung

250 g	Quark
2	Eier, verquirlt
2 EL	Zucker
¼ l	Sahne, steif geschlagen
	fein abgeriebene Zitronenschale oder ¼ TL Vanillinzucker
1,5 kg	säuerliche Äpfel, geschält, feinblättrig geschnitten
4 EL	Zucker, mit
	Prise Zimt vermischt
50 g	Rosinen, gewaschen, abgetropft

① Strudelteig nach Grundrezept herstellen, zudecken. Äpfel vorbereiten. Backofen vorheizen. Reine einfetten.

② Quark, Eier und Zucker miteinander verrühren, Sahne unterziehen, aromatisieren.

③ Tuch auf Backbrett legen, leicht mit Mehl bestäuben. Ersten Strudel ausziehen, vor allem darauf achten, daß die Ränder nicht dick sind, auf Strudeltuch legen.

④ Flüssige Butter mit Pinsel auf den Teig spritzen, dann gleichmäßig mit Äpfeln belegen, leicht mit Zimtzucker und Rosinen bestreuen. Hälfte der Quark-Sahnemischung mit Teigkarte oder großem Messer darüberstreichen. Ränder einschlagen, den Strudel mit Hilfe des Tuches zusammenrollen, in die Reine gleiten lassen. Nächsten Strudel ebenso bearbeiten, in die Reine legen, backen. Nach etwa 20 Minuten die kochende Milch angießen.

⑤ Nach dem Backen Strudel 10–15 Minuten stehen lassen, damit die Flüssigkeit einziehen kann. Vor dem Anrichten in 6–8 cm breite Stücke teilen, auf Platte setzen, nach Belieben mit Puderzucker bestäuben, warm servieren.

Verwendung Typisch bayerische Spezialität, die als Hauptgericht nach Gemüsesuppe oder Eintopf gegessen wird.

Variation

Quark weglassen, nur mit Ei und Sahnemischung zubereiten.

Quarkstrudel, Topfenstrudel

Füllung bereiten 10 Minuten
Backen 35–45 Minuten bei 180 °C

1	Grundrezept Strudelteig (s. Seite 315)
	Butter zur Form
	Puderzucker zum Bestäuben

Füllung

2	Eigelb
100 g	Zucker
750 g	Magerquark
	abgeriebene Zitronenschale
	Saft von 1 Zitrone
50 g	Rosinen, gewaschen, abgetropft (nach Belieben)
⅜ l	Sahne, steif geschlagen
2	Eiweiß, steif geschlagen

① Strudelteig herstellen, zudecken, ruhen lassen. Strudeltuch leicht mit Mehl bestäuben, auf Backbrett oder Arbeitsfläche legen. Backofen vorheizen.

② Füllung in angegebener Reihenfolge herstellen. Form oder Reine einfetten.

③ Strudel ausziehen, darauf achten, daß keine dicken Ränder entstehen, auf Tuch legen. Die Hälfte der Füllung aufstreichen, mit Hilfe des Tuches locker zusammenklappen, in vorbereitete Reine legen. Zweiten Strudel ebenso bereiten. Im Ofen leicht goldgelb backen.

④ Danach mindestens 15 Minuten ruhen lassen, vor dem Anrichten in Stücke schneiden, mit Puderzucker bestäuben, servieren.

Verwendung Typisch süddeutsche und österreichische Spezialität, die sowohl kalt als auch warm gereicht werden kann.

Kirschstrudel

Füllung bereiten 20–30 Minuten
Backen 35–45 Minuten bei 200 °C

1	Grundrezept Strudelteig (s. Seite 315)
	Butter zur Form
	Puderzucker zum Bestreuen

Füllung

500 g	hellrote Kirschen, entsteint
4 EL	Butter, zerlassen, und
4 EL	Semmelbrösel
4 EL	Butter, flüssig, zum Bestreichen

① Strudelteig herstellen, zudecken, Backofen vorheizen. Strudeltuch leicht mit Mehl bestäuben, auf Backbrett legen. Brösel rösten, Reine ausfetten.

② Strudel gleichmäßig, nicht zu dünn ausziehen, dabei besonders auf dünne Teigränder achten, auf Tuch legen, mit zerlassener Butter beträufeln, geröstete Brösel darauf verteilen, mit Hälfte der Kirschenmenge belegen, mit Hilfe des Tuches zusammenrollen, in die Reine legen. Zweiten Strudel ebenso bearbeiten. Backen.

③ Nach dem Backen etwa 10 Minuten stehen lassen, damit der Saft etwas einziehen kann. In Stücke schneiden, auf Platte setzen, mit reichlich Puderzucker bestreuen, servieren.

Verwendung Typisch süddeutsche warme Süßspeise, die nach Gemüsesuppen oder Eintopf gereicht wird.

Milchrahmstrudel

Füllung bereiten 15 Minuten
Backen 35–45 Minuten bei 190 °C

1 Grundrezept Strudelteig (s. Seite 315)

Füllung

5	Semmeln, in dünne Scheiben geschnitten, in
⅛ l	kalter Milch eingeweicht
125 g	Butter, zimmerwarm, in Flöckchen
125 g	Zucker
3	Eigelb
100 g	Sultaninen, gewaschen, abgetropft
2 EL	Butter, flüssig, zur Form
¼ l	heiße Milch zum Übergießen
	Puderzucker oder Zimtzucker zum Bestreuen

① Strudelteig herstellen, zudecken. Semmeln einweichen. Backofen vorheizen.

② Butter mit Zucker und Eigelb schaumig rühren. Semmelscheiben ausdrücken, mit den Sultaninen die Schaummasse mischen.

③ Strudelteig gleichmäßig auf Tuch ausziehen, Füllung auftragen, zusammenrollen, in gefettete Reine legen, backen.

④ Nach halber Garzeit mit heißer Milch übergießen, fertig backen. Nach dem Backen in der Reine ziehen lassen, in Stücke schneiden, auf Platte setzen, mit Zucker bestreut warm servieren.

Brandteig

Brandteig, oft auch als Brühteig bezeichnet, ist die Grundmasse für ein Hohlgebäck, das auf dem Blech im Backofen, in schwimmendem Fett oder in heißer Brühe gegart werden kann. Das Abbrennen eines mit kochendem Wasser, Butter und Mehl zustandegekommenen Mehlkloßes hat der Teigart den Namen gegeben.
Brandteig wird ohne oder höchstens mit einer Spur Zucker und ohne eigentliche Geschmackszutaten zubereitet. Deshalb kann Brandteiggebäck sowohl für süße als auch für salzige Zubereitungen verwendet werden. Der hohe Eiergehalt und die beim Backen in Dampf übergehende Teigfeuchtigkeit bewirken Lockerung und stark vergrößertes Volumen. Die dabei entstehenden Hohlräume werden durch die Gerüstbildung (von Ei in Verbindung mit Kleber) unter intensiver Hitzeeinwirkung fest.

Die Zutaten

Die **Eier** müssen frisch sein, da nur frische Eier genügend Lockerung erbringen können.
Feines, kleberreiches, trockenes **Weizenmehl** ist für ein gutes Ergebnis ebenso wichtig.
Fett, als Butter oder Margarine, schafft mit den Eiern eine gute Verbindung der Teigmasse.
Zucker, in möglichst feiner Körnung, gibt dem Teig leichte Bräune.
Wasser ist wichtiger Teigbestandteil. Es bewirkt durch Verdampfen das hohlkörperartige Aufgehen des Gebäcks.

Grundregeln für die Teigbereitung

- ▷ Fettmenge nicht kürzen, sie verhindert Klumpenbildung.
- ▷ Nur frische Eier verwenden, wichtig für Teiglockerung.
- ▷ Eier erst zugeben, wenn Topf nicht mehr auf der Kochstelle steht.
- ▷ Eier vor Zugabe zum Teig verquirlen, nach und nach zugeben, jeweils sehr gut in Teig einarbeiten.
- ▷ Teig so lange abschlagen, bis er glatt und glänzend aussieht und beim Herausziehen des Löffels Teigspitzen stehen bleiben. Abkühlen.
- ▷ Backpulver an *kalten* Teig geben.
- ▷ Teig in weitem Abstand aufs Blech setzen, da sich Volumen beim Backen stark vergrößert.
- ▷ **Arbeitsablauf:**
  - Alle Zutaten genau abmessen, Mengenverhältnis genau einhalten.
  - Die Flüssigkeit mit Salz und Butter in kleinem Stieltopf zusetzen.
  - Flüssigkeit nach Aufkochen vom Herd ziehen, nicht weiter verdampfen lassen.
  - Mehl auf einmal zugeben, durch gründliches Rühren Klumpenbildung verhindern.
  - Mit Holzkochlöffel auf mittlerer Hitze Teigklumpen abbrennen, bis sich am Topfboden weißer Belag gebildet hat.

Grundregeln für das Backen

- ▷ Brandteiggebäck bei 210–230 °C backen, größeres Gebäck auf 2. Schiene von unten, kleines Gebäck auf oberer Mitte.
- ▷ Während des Backens Backofentüre nicht öffnen, höchstens gegen Ende der Garzeit vorsichtig nachschauen.
- ▷ Nach dem Backen 5–10 Minuten im heißen, geöffneten Backofen ruhen lassen.
- ▷ Beim Backen Erschütterungen und nach dem Backen Zugluft vermeiden.

Hinweise für die Küchenpraxis

- ▷ Brandteig kann zugedeckt 1–2 Tage im Kühlschrank aufbewahrt und dann weiterverarbeitet werden. Er läßt sich roh für 2–3 Monate einfrieren und aufgetaut wie frisch weiterverwenden.
- ▷ Fertiges Brandteiggebäck kann nach dem Auskühlen, vorschriftsmäßig verpackt, für 2–3 Monate eingefroren werden. Bei Zimmertemperatur auftauen, im Backofen bei 150 °C erwärmen, abkühlen lassen.
- ▷ Nach dem Backen größeres Gebäck waagerecht durchschneiden, abkühlen lassen, kleineres erst vor dem Füllen teilen.
- ▷ Füllungen höchstens 1–2 Stunden vor Gebrauch auftragen. Gebäck mit süßen Füllungen vor dem Servieren mit Puderzucker bestäuben.

Einfacher Brandteig

Grundrezept

Teig bereiten 10–15 Minuten

¼ l	Wasser
	Prise Salz
50 g	Butter, in Scheiben an die Flüssigkeit gegeben
150 g	Mehl, gesiebt
4	Eier, im ganzen verquirlt
1 Msp	Backpulver (nach Belieben)

① Wasser mit Salz und Butter in kleinerem, flachem Topf zum Kochen bringen, sofort von der Kochstelle ziehen.

② Mehl auf einmal in die heiße Flüssigkeit geben, mit Kochlöffel sehr glatt rühren, wieder auf die mäßig heiße Herdplatte stellen und unter dauerndem Rühren abbrennen, bis sich am Topfboden weiße Haut gebildet hat.

③ Topf von Kochstelle nehmen, verquirlte Eier nach und nach zugeben, jedesmal sehr gut in Teig einarbeiten. Der Teig hat richtige Beschaffenheit, wenn er glatt und glänzend aussieht und Spitzen bildet, wenn man ihn hochzieht. Teig abkühlen lassen. Evtl. Backpulver in den erkalteten Teig geben und gut untermischen.

Verwendung Im Ofen gebacken für Windbeutel mit süßer und pikanter Füllung, Tortenböden, Eclairs und Suppeneinlagen. Im schwimmenden Fett gebacken für Strauben, Brandteigkrapfen, Backerbsen.

Gefüllte Windbeutel

Backen 30 Minuten pro Blech bei 220 °C
Süße Füllung bereiten insgesamt 1 Stunde
Pikante Füllung bereiten 5 Minuten
Füllen 10 Minuten

1	Grundrezept Einfacher Brandteig (s. oben)
	Butter und Mehl zum Blech
	Puderzucker zum Besieben

Süße Füllung

⅛ l	Milch
½ EL	Speisestärke
2 EL	Zucker
1 P	Vanillinzucker
2	Eier
1 P	weiße Gelatine, gemahlen, oder 6 Blatt weiße Gelatine, in kaltem Wasser gequollen
½ l	Sahne, steif geschlagen
1 EL	Zucker

Pikante Füllung

200 g	Frischkäse, mit
4 EL	Sahne und
2	Eigelb verrührt
	Salz und frisch gemahlener Pfeffer
1 EL	Schnittlauch oder andere frische Kräuter, fein gehackt
1 EL	Parmesan oder Pecorino, fein gerieben
¼ l	Sahne, steif geschlagen

① Brandteig nach Grundrezept herstellen, erkalten lassen. Blech einfetten, mit Mehl bestäuben.

② Mit Spritzbeutel oder zwei kleinen Löffeln walnußgroße Häufchen in weitem Abstand auf Blech setzen, backen, dabei Backofentüre nicht öffnen. Für Windbeutel mit pikanter Füllung kleinere Häufchen spritzen.

③ Nach dem Backen noch 5–10 Minuten im geöffneten, ausgeschalteten Backofen lassen. Danach vom Blech nehmen, vor Luftzug schützen. Noch heiß in zwei gleiche Hälften schneiden, erkalten lassen. Erst kurz vor Verwendung mit Löffel oder Spritzbeutel füllen, da das Gebäck leicht feucht wird.

④ Süße Füllung: Milch, Speisestärke, Zucker, Vanillinzucker und Eier verquirlen, in kleiner Kasserolle abschlagen, bis die Masse zu kochen beginnt. Von der Kochstelle nehmen, gequollene Gelatine darin auflösen, in Schüssel gießen, erkalten lassen, dabei öfters umrühren. Sahne mit Zucker steif schlagen und unter die kalte Creme ziehen, mit Schneebesen gut durcharbeiten, für ¼ Stunde nochmals kühlen.

Pikante Füllung: Aus den angegebenen Zutaten eine cremige Füllung herstellen, pikant abschmecken, zuletzt steif geschlagene Sahne unterziehen.

⑤ Die Windbeutel füllen und zusammensetzen. Windbeutel mit süßer Füllung mit Puderzucker bestäuben.

Variationen

- Statt süßer Füllung nur steif geschlagene Sahne, mit Vanillinzucker aromatisiert, verwenden oder mit Himbeer- oder Erdbeersahne füllen.
- Reibkäse weglassen, verschiedene Kräuter oder klein gebröselten Roquefort nehmen.

Feiner Brandteig

Grundrezept

Teig bereiten 10–15 Minuten

¼ l	Wasser
	Prise Salz
½ EL	Zucker
125 g	Butter in Flöckchen
125 g	Mehl, gesiebt
4	Eier, im ganzen verquirlt

① Wasser mit Salz, Zucker und Butter in kleinem Topf zum Kochen bringen, sofort beiseite ziehen, Mehl auf einmal zugeben, mit Schneebesen gut verrühren, um Klumpenbildung zu vermeiden.

② Bei mittlerer Hitze Teigklumpen mit Kochlöffel unter dauerndem Rühren abbrennen, bis sich am Topfboden eine weiße Haut gebildet hat.

③ Die Eier nach und nach zugeben und jeweils gründlich in den Teig einarbeiten, bis er ganz glatt und glänzend ist und beim Herausziehen des Löffels Spitzen bildet. Abkühlen lassen.

Verwendung Wie Einfacher Brandteig (mit Ausnahme von Brandteigkrapfen und Strauben), für Torte St. Honoré, Eclairs.

Brandteigtorte, Flockentorte

Vorbereiten (bei fertigem Brandteig) 5 Minuten
Zubereiten der Creme und Kühlen 1–1½ Stunden
Backen pro Tortenboden 12–15 Minuten bei 190–200 °C

1	Grundrezept Feiner Brandteig (s. oben)
	Butter und Mehl zur Form
	Puderzucker zum Besieben

Cremefüllung

½ l	Milch, kochendheiß
1	Vanillestange, der Länge nach aufgeschnitten, ausgeschabt
	Prise Salz
4	Eigelb
125 g	Zucker
50 g	Speisestärke
150 g	Butter, schaumig gerührt
4	Eiweiß, steif geschlagen
4 EL	Rum oder Arrak

Zum Bestreichen

3 EL	Preiselbeerkonfitüre, mit
2 EL	Arrak oder Rum glatt gerührt

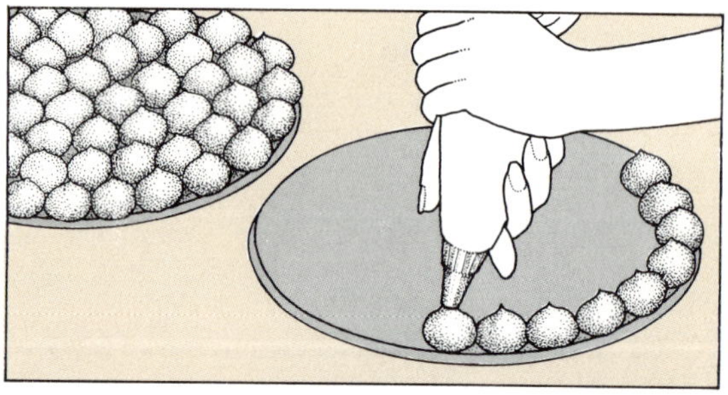

① Backofen vorheizen. Zwei Springformböden einfetten oder auf zwei Blechen runde Fläche in Form und Größe eines Tortenbodens einfetten und mit Mehl bestäuben.

② Von jeweils der Hälfte des Brandteiges auf Tortenböden oder auf die auf dem Blech markierten Stellen mit zwei kleinen Löffeln kleine Häufchen dicht nebeneinander setzen oder mit Spritzbeutel dicht nebeneinander Tupfer spritzen (die beim Backen zu geschlossener Fläche verlaufen). Die Böden nacheinander backen (im Heißluftherd können beide gleichzeitig gebacken werden). Die hellgelb gebackenen Böden mit Kuchenmesser vom Blech heben, auf Backbrett oder Kuchengitter erkalten lassen.

③ Für die Creme Milch mit Vanillemark und -schote und Salz aufkochen, heiß halten. Eigelb mit Zucker in Metallschüssel schaumig rühren, Speisestärke untermischen. Kochendheiße Milch unter kräftigem Rühren zugießen, Schüssel auf Wasserbad setzen und Creme dicklich abschlagen, danach in kalte Schüssel füllen, abkühlen lassen, dabei öfters umrühren. Butter schaumig rühren, die erkaltete Creme löffelweise an die Butter rühren. Sehr steifen Eischnee unterheben, Creme mit Rum oder Arrak abschmecken.

④ Etwa 1 Stunde vor dem Servieren einen Boden auf Platte setzen, mit Konfitüre bestreichen. Die Creme darüberfüllen, glatt verstreichen. Zweiten Boden als Deckel auflegen, leicht andrücken, mit Puderzucker besieben, bis zum Servieren in den Kühlschrank stellen.

Flockentorte ist nur zum Frischverzehr geeignet und sollte höchstens 2 Stunden vor dem Verzehr gefüllt werden.

Torte St. Honoré

Vorbereiten (bei zubereitetem Blätterteig und Brandteig) 10 Minuten
Backen Blätterteigboden 15–20 Minuten bei 190 °C
Backen Windbeutel 12–15 Minuten bei 200 °C, Ring aus Brandteig 12–15 Minuten bei 190 °C
Zubereiten der Creme 15 Minuten
Kühlen der Creme etwa 45 Minuten
Füllen der Torte 20 Minuten
Kühlen der fertigen Torte etwa 1–1¼ Stunden

½	Rezept Sahneblätterteig (s. Seite 325) oder TK-Blätterteig zum Tortenboden
1	Grundrezept Feiner Brandteig (s. Seite 320) zum Tortenrand und für Windbeutel
2 EL	Aprikosenmarmelade, mit 2 EL Orangenlikör verrührt
	Butter und Mehl zum Blech und zur Form

Füllcreme

½ l	Milch
1	Vanilleschote, der Länge nach aufgeschlitzt, ausgeschabt
	Prise Salz
6	Eigelb
125 g	Zucker
50 g	Speisestärke
6	Blatt weiße Gelatine, in kaltem Wasser gequollen
6	Eiweiß, sehr steif geschlagen
4 EL	Orangenlikor
⅜ l	Sahne, mit
1 P	Sahnesteifmittel und
60 g	Zucker steif geschlagen

Zum Glasieren

150 g	Zucker
3 EL	Wasser
2 EL	Zitronensaft

Zum Verzieren

⅛ l	Sahne, mit
2 TL	Sahnesteifmittel und
1 EL	Puderzucker aufgeschlagen
2 EL	Orangenlikör zum Aromatisieren
4 EL	Füllcreme

① Backofen vorheizen, Blech kalt abspülen. Kalten Blätterteig etwa ½ cm dick auswellen, in die Form legen, nur den Boden damit bedecken. Für ½ Stunde in den Kühlschrank stellen. Vor dem Backen mehrmals mit Gabelzinken einstechen, sodann goldgelb backen, in der Form abkühlen lassen, herauslösen und auf Kuchengitter oder Platte legen, auskühlen lassen.

② Boden einer Springform am Rand entlang 4 cm breit gut fetten, mit Mehl bestäuben. Mit Dressiersack Brandteigring spritzen, sofort lichtgelb backen. Vorsichtig aus der Form lösen und auf gerader Unterlage erkalten lassen.

③ Für das Backen der Windbeutel Blech gut einfetten, mit Mehl bestäuben. Mit zwei kleinen Löffeln etwa 15 kleine Häufchen auf Blech setzen oder spritzen, sofort goldgelb bis goldbraun backen. Danach vom Blech nehmen, auskühlen lassen. Jeden Windbeutel etwa 2 cm breit mit spitzem Messer oder Schere aufschneiden.

④ Für die Füllcreme Milch mit Vanilleschote und -mark und Salz bis zum Siedepunkt erhitzen, zugedeckt an die Seite stellen. Eigelb mit Zucker sehr schaumig schlagen, Speisestärke untermischen und langsam heiße Milch zugießen, sehr gut verrühren. Auf Wasserbad so lange abschlagen, bis dicke Creme entstanden ist. Ausgedrückte Gelatine in der heißen Creme unter Rühren auflösen, in kalte Schüssel füllen, erkalten lassen.

⑤ Blätterteigboden am Rand entlang 4–5 cm breit mit Aprikosenmarmelade bestreichen, Ring aus Brandteig daraufsetzen.

⑥ Inzwischen in Eisen- oder Emaillepfännchen Zucker unter Rühren karamelisieren, mit Wasser und Zitronensaft ablöschen. Die kleinen Windbeutel mit Gabel rundherum darin eintauchen, über dem Brandteigring abtropfen lassen und die Windbeutel am fest werdenden Karamel auf dem Brandteigring dicht nebeneinander so festkleben, daß die offene Stelle für das spätere Füllen nach außen zeigt. Einen Windbeutel für die Mitte aufheben.

⑦ Eiweiß steif schlagen, mit Orangenlikör an die erkaltete Creme mischen. Sahne locker unter die Creme heben. Evtl. Creme nochmals kühl

stellen. Sie muß spritzfähige Beschaffenheit haben.
⑧ Sahne zum Verzieren steif schlagen, Puderzucker und Likör zugeben, mit 4 EL Füllcreme mischen, kühl stellen.
⑨ Boden und Windbeutel auf Tortenplatte geben und erhöht aufstellen, damit das Füllen der Windbeutel leichter geht. Jeden Windbeutel mit der Füllcreme vorsichtig füllen.
⑩ Restliche Creme auf die Mitte des Bodens füllen. *Entweder* mit Gummispatel zur Mitte hin aufhäufen und Sahnemischung mit der großen Tülle von außen nach innen sternförmig aufspritzen, in die Mitte Windbeutel setzen. *Oder* die Füllung mit Gummispatel auf der Torte glatt verstreichen, mit Sahne sorgfältig ein Rautengitter darüberspritzen. Torte wieder kühl stellen.

Eclairs

Backen 30 Minuten pro Blech bei 220 °C
Creme bereiten insgesamt 1 Stunde

1	Grundrezept Feiner Brandteig (s. Seite 320)
	Butter und Mehl zum Blech

Füllung

⅛ l	Milch
½ EL	Speisestärke
2 EL	Zucker
1 P	Vanillinzucker
4 TL	Pulverkaffee
1 P	weiße Gelatine, gemahlen, oder 6 Blatt Gelatine, in kaltem Wasser gequollen
½ l	Sahne
1 EL	Zucker

Zum Glasieren

150 g	Mokka-Sahne-Schokolade, im Wasserbad mit
20 g	Butter geschmolzen

① Blech befetten und mit Mehl bestäuben. Aus Brandteig auf das Blech in doppeltem Abstand etwa 10 cm lange, fingerdicke Streifen spritzen, backen. Noch heiß der Länge nach durchschneiden, abkühlen lassen.
② Milch, Speisestärke, Zucker, Vanillinzucker in kleiner Kasserolle abschlagen, bis die Masse aufkocht, von der Platte nehmen, Kaffeepulver untermischen, in Schüssel gießen, erkalten lassen, gelegentlich rühren.
③ Gelatine im Wasserbad auflösen, abkühlen lassen. Sahne steif schlagen, Zucker zugeben, weiterschlagen und Gelatine unter Rühren einlaufen lassen und schlagen, bis die Sahne fest ist.
④ Sahne unter die kalte Creme heben, mit Schneebesen sehr gut mischen, im Kühlschrank 30 Minuten kühlen.
⑤ Die unteren Hälften des Gebäcks reichlich mit der Creme bespritzen, kühl stellen.
⑥ Schokolade mit Butter im Wasserbad verflüssigen, die Deckel damit überziehen, trocken werden lassen, auf die gefüllten Hälften legen und servieren.

Gefüllte Spritzkuchen

Backen pro Blech 25–30 Minuten bei 220 °C
Süße Füllung bereiten 15 Minuten
Pikante Füllung bereiten 5–10 Minuten
Füllen 10 Minuten

1	Grundrezept Feiner Brandteig (s. Seite 320)
	Butter und Mehl zum Blech

Süße Füllung

150 g	frische Erd- oder Himbeeren, Erdbeeren blättrig zerkleinert, Himbeeren geviertelt
¼ l	Sahne, steif geschlagen
2 P	Sahnesteifmittel
2 EL	Zucker
¼ P	Vanillinzucker
1 EL	Orangenlikör
	Puderzucker zum Bestäuben

Pikante Füllung

200 g	Hüttenkäse
2 EL	Parmesan, fein gerieben, oder geriebener Kräuterkäse
	Salz
2 TL	Petersilie oder Basilikum, sehr fein gehackt
1 EL	grüner Pfeffer, abgetropft
⅛ l	Sahne, steif geschlagen
	Petersilienstrauß und Radieschen zur Garnitur

① Blech vorbereiten. Brandteig in Ringen von 6 cm ∅ auf Blech in weitem Abstand spritzen, backen. Nach dem Backen abkühlen lassen, mit Sägemesser waagerecht durchschneiden.
② Süße Füllung: Beeren zerkleinern, Sahne nach Vorschrift mit Steifmittel, Zucker und Vanillinzucker schlagen, Früchte untermischen, mit Orangenlikör abschmecken. Füllung mit kleinem Löffel auf die unteren Hälften der Spritzkuchen locker auftragen, Deckelhälften auflegen, mit Puderzucker besieben, möglichst bald servieren als Dessert oder Kaffeegebäck.
Pikante Füllung: Aus angegebenen Zutaten cremige Masse herstellen, mild abschmecken, mit weiter Tülle auf die unteren Kuchenhälften aufspritzen, Deckelhälften auflegen. Zu Drinks.

Blätterteig

Aus den Grundzutaten Mehl, Salz, Wasser und Butter wurden verschiedene Arten von Blätterteig entwickelt, die sich in zwei Gruppen einteilen lassen. Der »Echte Blätterteig« und der »Halbblätterteig« (Blitz-, Sahne- und Quarkblätterteig). Sie unterscheiden sich wesentlich in Zusammensetzung und/oder Herstellungsweise. Echter Blätterteig besteht aus einem mittelfesten Mehl-Wasser-Teig, in den nachträglich die Butter eingearbeitet wird. Das Mehl-Butter-Verhältnis beträgt 1:1. Bei Halbblätterteig werden entweder alle Zutaten direkt zusammengemischt und verknetet, oder es wird die Butter – wie bei Hefeblätterteig – in einem geringeren Verhältnis als beim Echten Blätterteig nachträglich eingearbeitet.
Die Zutaten stehen bei den verschiedenen Halbblätterteigen im folgenden Verhältnis zueinander:

Blitzblätterteig:	Mehl – Butter =
	1 : 1
Hefeblätterteig:	Mehl – Butter =
	2 : 1
Quarkblätterteig:	Mehl – Butter – Quark =
	1 : 1 : 1
Sahneblätterteig:	Mehl – Butter – Sahne =
	2 : 1 : 0,8

Alle Blätterteigarten sind fettreiche Teige, die – mit Ausnahme des Hefeblätterteiges – ohne Zukker hergestellt werden, was ihre vielseitige Verwendbarkeit ermöglicht.
Die Lockerung – besser das Aufgehen – der Blätterteige kommt durch die spezielle Behandlungstechnik des rohen Teiges zustande. Beim »Tourengeben« oder »Tourenschlagen« entstehen Schichten, welche durch die eingelagerte Butter miteinander verbunden werden. Der zwischen den einzelnen Touren jeweils erforderliche Kühlprozeß verstärkt die Wirkung der Tourengebung erheblich. In der Hitze des Backofens werden die vorbereiteten Teigschichten

- durch die eingeschlossene Luft,
- durch die schmelzende Butter,
- durch die in Dampf übergehende, im Teig enthaltene Feuchtigkeit

angehoben und bilden papierdünne, blättrige Lagen. Der hohe Anteil von möglichst frischer Butter verleiht dem frischen Gebäck einen besonderen Wohlgeschmack und ist einzige Geschmackszutat.

Grundregeln für die Teigbereitung

▷ Möglichst kleberreiches Mehl (Type 405) verwenden.
▷ Wassermenge nicht auf einmal, sondern nach und nach zugeben.
▷ Nur frische, ungesalzene Butter verwenden.
▷ Teig sehr rasch ganz glatt kneten. Wichtig für die Bildung gleichmäßiger Schichten.
▷ Teig während des Kühlens immer mit Tuch oder Folie abdecken.
▷ Butter und Teig müssen stets gleiche Temperatur haben (bei Echtem und Hefeblätterteig wichtig!), damit sie sich miteinander verbinden und die Butter sich nicht durch die Teigschichten drücken kann.
▷ Mindestens 4, besser 5–6 Touren geben. Beim Tourengeben Teigstück mit Nudelholz mehr klopfen als rollen, jeweils bei den Enden beginnen, nach der Mitte zu arbeiten.
▷ Teigreste entweder zusammenkneten und nochmals 2 Touren geben oder aufeinanderlegen und auswellen (für Kleingebäck).

Grundregeln für das Backen

▷ Teigstücke vor dem Backen an den Schnittkanten nicht quetschen, Ränder an den Außen- und Innenkanten nicht mit Eigelb bestreichen.
▷ Größere Teigstücke mit mehr Unterhitze (2. Einschubleiste von unten), kleinere Teigstücke auf der Mittelschiene backen.
▷ Backofenhitze – je nach Größe des Gebäcks – von 190 °C (bei kleinem Gebäck) bis 200 °C (bei größerem Gebäck) einstellen.
▷ Backofentüre während des Backens nicht öffnen.
▷ Blätterteig nur hellgelb backen lassen. Zu stark gebackener Blätterteig schmeckt bitter.

Hinweise für die Küchenpraxis

- ▷ Blätterteiggebäck ist ein ausgesprochenes Frischgebäck.
- ▷ In Folie verpackt, ist Blätterteig mehrere Tage im Kühlschrank haltbar.
- ▷ Zum Einfrieren: Entweder 2 cm dickes, ganzes Teigpaket verpacken. Oder einzelne, länglich ausgewellte, etwa 20 cm breite Teigstreifen, jeweils zusammengefaltet, einzeln vorgefrieren und dann vorschriftsmäßig verpackt einfrieren. 2–3 Monate haltbar. Vor Verwendung etwa ¾–1 Stunde antauen.
- ▷ Fertiges Gebäck ist eingefroren für 2 Monate haltbar. Vor Verwendung aus Verpakkung nehmen und im vorgeheizten Ofen bei 150 °C auftauen und warm servieren.

Ausgerollten Teig mit Butterscheiben belegen, zusammenklappen, Touren geben.

Grundrezept
Echter Blätterteig

Zeitaufwand insgesamt etwa 2–2½ Stunden

250 g	Mehl
¼ TL	Salz
1 EL	Essig
⅛ l	Wasser, evtl. weniger (von Mehlsorte abhängig)
250 g	Butter, in gleichmäßig dünne, blättrige Scheiben geschnitten, gekühlt

① Mehl auf Backbrett sieben, in die Mitte Mulde drücken, Salz, Essig und Hälfte des Wassers zugeben, von der Mitte aus nach und nach zusammenkneten, dabei restliches Wasser zugeben. Der Teig muß mittelfeste Beschaffenheit haben und darf nicht zu stark geknetet werden. Kugel daraus formen, in Tuch einschlagen, 20–30 Minuten kühl (ca. 18 °C) stellen. Butterstück an gleichem Ort wie Teig temperieren.

② Backbrett mit Mehl bestäuben, Teig auf Stück von etwa 25 × 35 cm ausrollen, Hälfte des Teigstückes dicht mit Butterscheiben belegen, unbelegte Teighälfte darüberklappen.

③ Teigstück rasch in einer Richtung zu langem, schmalem Rechteck ausrollen, dann so zusammenlegen, daß die beiden schmalen Enden in der Mitte sich berühren. Dieses Teigstück nochmals zusammenklappen, mit Tuch bedecken, kühl stellen.

④ Touren geben: Teigstück so drehen, daß die offenen Seiten rechts und links zu liegen kommen. Nach vorn und hinten mit Nudelholz leicht auswellen. Teigstück um 90 Grad drehen, in Gegenrichtung zur vorherigen Tour zu einem langen Rechteck ausrollen, wieder auf gleiche Art wie vorher zusammenlegen, kühlen. Diesen Vorgang mindestens dreimal wiederholen, jeweils danach kühlen.

⑤ Zum Backen Teig ausrollen, dabei die in den Rezepten angegebene Dicke beachten.

Verwendung Tortenböden, Kleingebäck, Fleurons, Cremeschnitten, Königinpasteten, Teigmantel für feine Fischzubereitungen und für Fleischfarcen. In Verbindung mit salzigen Zutaten wird Blätterteig heiß serviert.

Grundrezept
Blitzblätterteig

Zeitaufwand insgesamt 2–2½ Stunden

250 g	Mehl, gesiebt
¼ TL	Salz
250 g	Butter, kalt, in kleine Stücke geschnitten
6–8 EL	Wasser (abhängig von Mehlsorte)

① Mehl und Salz auf Backbrett mischen, die Butter zugeben, rasch mit großem Messer in das Mehl hacken, locker vermischen, mit Wasser (zunächst nur etwa ⅔ Wassermenge zugeben) daraus mittelfesten Teig herstellen, in Tuch oder Folie einschlagen, in Kühlschrank stellen.
② Teig auf bemehlter Arbeitsfläche mit Nudelholz flach klopfen, dann wenden und ebenso bearbeiten, zu länglichem Rechteck ausrollen (30 × 15 cm), zusammenfalten, Touren geben und kühlen, wie bei Echter Blätterteig beschrieben.

Verwendung Tortenböden, Kleingebäck, Fleurons, Nuß- oder Mandelzöpfchen, Schuhsohlen, Kümmel- oder Käsestangen, Mantel für Pasteten und Farcen, Würstchen oder Käsescheiben.

Grundrezept
Hefeblätterteig, Plunderteig

Zeitaufwand insgesamt 2–2½ Stunden

1	Grundrezept Mittelfester Hefeteig (s. Seite 297)
250 g	Butter, in dünne, blättrige Scheiben geschnitten, gekühlt

① Mittelfesten Hefeteig nach Grundrezept herstellen, kalt gehen lassen.
② Gegangenen Teig zu länglichem Rechteck ¾ cm dick ausrollen, Hälfte der Teigfläche mit Butterscheiben belegen, andere Hälfte darüberklappen, Ränder leicht andrücken. Touren geben, wie bei Echter Blätterteig beschrieben.

Verwendung Süßes Kleingebäck, feiner Hefezopf, Nußkranz. Bei ohne Zucker zubereitetem Hefegrundteig auch für salziges Gebäck, wie Salz- und Kümmelstangen, Käse- und Paprikazöpfe, Auslegeteig für Quiches.

Grundrezept
Sahneblätterteig

Zeitaufwand insgesamt 1½ Stunden

250 g	Mehl, gesiebt
½ TL	Backpulver
¼ TL	Salz
125 g	Butter, in feine Scheiben geschnitten, gekühlt
⅒ l	saure Sahne, gekühlt

① Mehl, Backpulver und Salz in Rührschüssel vermengen, Butter zugeben, verkneten, dabei saure Sahne löffelweise zugeben. Glatten, mittelfesten Teig herstellen, daraus Kugel formen, in Tuch oder Folie einschlagen, in den Kühlschrank stellen.

Verwendung Formen ausstechen oder zu Tortenböden, Stangengebäck süß oder salzig, Kränzchen, Hörnchen oder Zöpfchen mit süßer oder salziger Füllung.

Grundrezept
Quarkblätterteig

Zeitaufwand insgesamt 2–2½ Stunden

250 g	Mehl, gesiebt, gekühlt
½ TL	Backpulver
	Prise Salz
250 g	Butter, blättrig aufgeschnitten, gekühlt
250 g	Magerquark, gekühlt, auf Sieb abgetropft

① Mehl, Backpulver und Salz auf Backbrett vermengen. Die Butterblättchen zugeben, locker vermischen. Abgetropften Quark zugeben, rasch zu glattem Teig kneten, in Tuch oder Folie einschlagen, kühlen.
② Mit wenig Mehl Teigstücke zu Format von etwa 30 × 20 cm ausrollen. Touren geben, wie bei Echter Blätterteig beschrieben.

Verwendung Kleingebäck mit süßen und salzigen Füllungen, Boden für Quiches, zum Einbacken von Würstchen.

Kleine Pasteten 10–12 Stück
Torteletts 15–18 Stück

Ausformen 20 Minuten
Backen der Pasteten 20–25 Minuten, Backen der Deckel und Torteletts 10–15 Minuten bei 220 °C

1	Grundrezept Echter Blätterteig, Blitz- oder Sahneblätterteig (s. Seiten 324, 325) oder TK-Blätterteig, aufgetaut
	Wasser zum Bestreichen
1	Eigelb, mit
4 EL	Milch verquirlt

① Pastetchen: Ofen vorheizen. Vorbereiteten, gut gekühlten oder aufgetauten Blätterteig gut ½ cm dick ausrollen. 40–48 runde Plätzchen mit 8 cm ∅ ausstechen. Davon 10–12 als Böden auf kalt abgespültes Blech setzen, mit Gabel 2–3mal einstechen, Rand mit kaltem Wasser bestreichen. Die restlichen Plätzchen zu Ringen ausstechen, ca. 2 cm breiten Rand stehen lassen. Auf jeden Boden 2–3 Teigringe setzen, dabei jeweils den darunterliegenden Ring mit Wasser bestreichen, letzten Ring vorsichtig mit Eigelb bepinseln, sofort hellgelb backen. Von den beim Ausstechen der Teigringe entstandenen kleineren Plätzchen so viele als Deckel auf gesondertes (kalt abgespültes) Blech setzen, wie Pasteten vorhanden sind. Deckel mit Eigelb bestreichen, hellgelb backen. Nach dem Backen vorsichtig vom Blech nehmen, abkühlen lassen.

② Torteletts: Aus aufeinandergelegten, mit dem Nudelholz leicht zusammengedrückten und ausgewellten Blätterteigresten oder aus frischem, auf ½ cm Dicke ausgerolltem Blätterteig runde Plätzchen von ca. 10 cm ∅ ausstechen, auf kalt abgespültes Blech setzen, mit Gabel 2–3mal einstechen, Rand mit kaltem Wasser bepinseln. Jedes Plätzchen mit einem gleich großen Teigring belegen, diesen sehr vorsichtig mit Ei bepinseln. Die Törtchen hellgelb backen, vorsichtig vom Blech nehmen, auskühlen lassen.

Verwendung von Pastetchen Zum Füllen mit hellem Ragout aus Kalb- oder Hühnerfleisch oder feinem Gemüse als Vorspeise oder kleine Zwischenmahlzeit.
Verwendung von Torteletts Zum Füllen mit frischen Beeren und Schlagsahne, zum Belegen mit Beeren oder konserviertem Obst, mit Gelatineguß überzogen. Zum Füllen mit Creme wie zu Cremeschnitten, mit dünnen Kiwischeiben und Himbeeren abgedeckt.

Holländische Cremeschnitten

Füllung bereiten insgesamt 1¼–1½ Stunden
Backen pro Blech 15–20 Minuten bei 220 °C
Kühlen für die gefüllten Schnitten 2 Stunden

1	Grundrezept Echter Blätterteig, Blitz- oder Sahneblätterteig (s. Seiten 324, 325) oder TK-Blätterteig, aufgetaut

Cremefüllung

⅛ l	Milch
1	Vanilleschote, aufgeschlitzt und ausgeschabt, oder 1 P Vanillinzucker
1 TL	Speisestärke
3 EL	Zucker
2	Eier
8	Blatt weiße Gelatine oder 1½ P weiße Gelatine, in kaltem Wasser gequollen
½ l	Sahne, gekühlt

Guß und Glasur

125 g	Puderzucker, gesiebt
2 EL	Kirschwasser oder Rum
2 EL	Johannisbeergelee, mit
1 EL	Kirschwasser oder Rum glatt gerührt

① Backofen vorheizen. Vorbereiteten Blätterteig in zwei gleich große Rechtecke von 10 × 30 cm Größe auswellen, auf kalt abgespültes Blech legen. Eine der beiden Teigplatten 6–8mal mit Gabel einstechen. Nochmals kühl stellen. Teigplatten lichtgelb backen. Vorsichtig vom Blech heben. Die nicht eingestochene Platte als Deckblatt verwenden, noch warm in 5 cm breite Streifen schneiden, auskühlen lassen.

② Für die Creme Milch, Vanille, Speisestärke, Zucker und Eier in kleiner Kasserolle sehr gut verquirlen, auf mittlerer Hitze zu Creme abschlagen, in kalte Schüssel gießen, kühlen, dabei öfters umrühren. Sobald die Creme kalt ist, die gequollene Gelatine im Wasserbad auflösen, abkühlen lassen. Sahne steif schlagen, dabei aufgelöste Gelatine an die noch nicht ganz steife Sahne laufen lassen, mit verminderter Geschwindigkeit fertigschlagen. Die gut gekühlte Creme locker unter die Sahne heben. Füllung für etwa 15–20 Minuten in Kühlschrank stellen.

③ Für den Guß Puderzucker und Alkohol verrühren. Mit glatt verrührtem Johannisbeergelee alle Deckblätter dünn bestreichen, mit Puderzuckerguß überziehen.

④ Füllung auf den Teigboden bis an die Kanten auftragen, glatt verstreichen. Die vorbereiteten Deckel mit etwa ¼ cm Abstand nebeneinander darauflegen, nochmals kühlen, bis die Creme schnittfest geworden ist. Vor dem Servieren mit in heißes Wasser getauchtem Messer in Stücke schneiden, auf Anrichteplatte legen, servieren.

Blätterteigtaschen

Füllung bereiten insgesamt etwa 45 Minuten
Backen pro Blech 20–25 Minuten bei 220 °C

1	Grundrezept Echter Blätterteig, Sahne- oder Quarkblätterteig (s. Seiten 324, 325) oder TK-Blätterteig, aufgetaut

Füllung

4	mittelgroße Äpfel, geschält, entkernt, geviertelt, in blättrige Stückchen geschnitten
⅛ l	Wasser oder Weißwein
	dünn abgeschälte Zitronenschale
½ EL	Zucker
2 EL	Sultaninen, gewaschen, abgetropft
2 EL	Mandelstifte, fein gehackt
1	Eigelb, mit
4 EL	Milch verquirlt
	Puderzucker zum Besieben

① Vorbereitete Äpfel in Wasser oder Weißwein mit Geschmackszutaten dünsten, abtropfen, abkühlen lassen.

② Aus vorbereitetem Teig Platte von ½ cm Dikke ausrollen, runde Plätzchen von 12 cm ∅ ausstechen oder den Teig in Quadrate von 12 × 12 cm Größe schneiden. Backofen einschalten.

③ Äpfel in kleinen Häufchen auf die Mitte der Teigstücke setzen, etwas flach drücken, mit Sultaninen und Mandelstiften bestreuen. Runde Plätzchen halbmondförmig, quadratische Teigstücke diagonal zusammenlegen, auf kalt abgespültes Blech setzen, mit in Milch verquirltem Eigelb bestreichen (Rand aussparen), backen. Abkühlen lassen, mit Puderzucker besieben, lauwarm servieren.

Variationen

- Statt Apfelfüllung helle Marmelade nehmen.
- Schinkenfüllung oder Fleischfarce aus durchgedrehten Bratenresten, Sahne und Kräutern verwenden.

Französische Mandeltorte

Creme bereiten 15 Minuten
Backen insgesamt 25–30 Minuten bei 200 °C,
Vorbacken 5 Minuten bei 250 °C

1	Grundrezept Echter Blätterteig (s. Seite 324)
1	Eigelb, verquirlt, zum Bestreichen
	Puderzucker zum Besieben

Mandelcreme

125 g	Mandeln, geschält, fein gerieben oder im Mixer zerkleinert
125 g	feiner Zucker
125 g	Butter, cremig gerührt
3	Eier
1 EL	Rum oder 1 P Vanillinzucker

① Blätterteig herstellen, in Folie oder Tuch einschlagen, im Kühlschrank etwa 1 Stunde ruhen lassen.

② Für die Creme die fein geriebenen Mandeln mit Zucker auf Backbrett oder in Schüssel kräftig verkneten, cremige Butter und Eier zugeben, mit Rum oder Vanillinzucker abschmecken. Backofen einschalten.

③ Blätterteig in 2 Stücke, ein größeres und ein kleineres, teilen. Das kleinere Stück ½ cm dick in Größe der Springform auswellen. Springform mit kaltem Wasser ausspülen, Teigplatte auf den Boden legen, mit Gabel 3–4mal einstechen, Rand 3 cm breit mit kaltem Wasser bepinseln.

④ Mandelcreme auf die Mitte füllen, etwa 3 mm dick auftragen, Rand von 4 cm freilassen.

⑤ Zweite Teigplatte in Springformgröße etwa 1 cm dick ausrollen, mit Kuchenspatel vom Backbrett lösen, umgekehrt auf die Füllung legen, Ränder des unteren und oberen Bodens zwischen Zeigefinger und Daumen leicht aneinanderdrükken. Ring um die Form legen. Mit Messerrücken entlang der Form auf den Teigrand gerade oder schrägliegende Kerben drücken. Oberfläche des Kuchens mit verquirltem Eigelb bestreichen, goldgelb backen. Wenige Minuten vor Beendigung der Backzeit mit Puderzucker bestäuben, nochmals in den Ofen schieben, bis der Puderzucker *leicht* karamelisiert. Sehr frisch, besser noch lauwarm servieren.

Feiner Nußkranz

Füllung bereiten 10 Minuten
Backen ¾–1 Stunde bei 190 °C
Glasieren 10 Minuten

1	Grundrezept Hefeblätterteig aus 375 g Mehl und entsprechend reduzierten Zutaten, mit 180 g Butter (s. Seite 325)
	Butter zu Form oder Blech

Nußfüllung

200 g	Hasel- oder Walnüsse, fein gemahlen
½ P	Vanillinzucker
4 EL	Zucker
5 EL	Sahne
	Saft von 1 Zitrone, abgeseiht

Glasur und Guß

2 TL	Aprikosenmarmelade, mit Wasser oder Alkohol dickflüssig gerührt
	Puderzuckerglasur mit Arrak oder Rum (s. Seite 406) *oder*
	nur Puderzucker zum Besieben

① Hefeblätterteig herstellen, gehen lassen. Form einfetten.

② Nußfüllung aus angegebenen Zutaten bereiten.

③ Teig zu Rechteck (entsprechend der Formgröße) auswellen, Füllung auftragen, gleichmäßig verteilen, aufrollen, in Form legen, nochmals gehen lassen, dabei zudecken. Backofen vorheizen, anschließend goldbraun backen.
Oder: Den aufgerollten Teig mit scharfem Kuchenmesser der Länge nach durchschneiden, die beiden Stränge zu zweiteiligem Zopf schlingen, in Form oder auf Blech legen, backen.

④ Den gebackenen Kuchen etwas abkühlen lassen, aus der Form oder vom Blech lösen, weiter abkühlen lassen. Lauwarm mit Marmelade glasieren, mit Puderzuckerguß bestreichen oder warm nur mit Puderzucker besieben. Hefeblätterteig kann bereits am Vortag zubereitet werden.

Plundergebäck

Füllung bereiten 5–10 Minuten
Ausformen 20 Minuten
Backen pro Blech 30–35 Minuten bei 200 °C
Glasieren 10 Minuten

1	Grundrezept Hefeblätterteig (s. Seite 325)
	Butter zum Blech

Füllung

100 g	Butter, flüssig
250 g	Nüsse, gemahlen
3 EL	Zucker, mit
½ P	Vanillinzucker und Prise Zimt vermischt

Glasur

250 g	Puderzucker, gesiebt
4 EL	Zitronensaft
2 EL	Wasser oder Alkohol *oder*
	Puderzucker zum Besieben

① Blech einfetten. Vorbereiteten Hefeblätterteig ¾ cm dick zu langem Rechteck ausrollen, in Streifen von 15 cm Breite schneiden, daraus gleichmäßige Dreiecke schneiden.

② Jedes Dreieck mit flüssiger Butter bestreichen, Nüsse und Zuckermischung darüberstreuen, zu Hörnchen aufrollen, Spitze unterschlagen, auf Blech setzen, die Enden ein wenig nach innen krümmen, zugedeckt gehen lassen. Backofen einschalten.

③ Vor dem Backen nochmals mit Butter bestreichen, backen, vorsichtig vom Blech heben, noch warm mit Puderzucker besieben oder mit Glasur überziehen. Möglichst frisch servieren.

Variation
Nur mit Butter oder saurer Sahne füllen, nach dem Backen nicht glasieren oder zuckern.

Schuhsohlen oder Teeblätter

Ausformen 10 Minuten
Backen pro Blech 10 Minuten bei 220 °C

1	Grundrezept Echter Blätterteig, Blitz- oder Sahneblätterteig (s. Seiten 324, 325) oder TK-Blätterteig, aufgetaut
	Zucker zum Auswellen
¼ l	Sahne, mit
1 TL	Zucker und Prise Vanillinzucker, steif geschlagen

① Backofen einschalten. Teig etwa ¼ cm dick auswellen. Mit runder Lebkuchenform oder Glas von ca. 8 cm ∅ Plätzchen ausstechen.

② Backbrett dick mit Zucker bestreuen, jedes Plätzchen darauf in beide Richtungen länglich auswellen, wenden, nochmals mit leichtem Druck in beide Richtungen auswellen, auf kalt abgespültes Blech legen oder Backtrennpapier verwenden. Sofort goldgelb ausbacken. Danach vorsichtig vom Blech heben, auskühlen lassen. Nach dem Auskühlen nach Belieben jeweils 2 Teeblätter mit Sahne zusammensetzen oder Sahne getrennt dazu reichen. Frisch servieren.

Fleurons und feines Käsegebäck

Ausformen 10 Minuten
Backen pro Blech 10 Minuten bei 200 °C

½	Grundrezept Echter Blätterteig, Blitz- oder Sahneblätterteig (s. Seiten 324, 325) oder TK-Blätterteig, aufgetaut
1	Eigelb, mit
4 EL	Milch verquirlt, zum Bestreichen
100 g	Parmesan, fein gerieben (für Käsegebäck)

① Fleurons: Blätterteig knapp ½ cm dick ausrollen, Halbmonde ausstechen, auf kalt abgespültes Blech setzen, mit Ei bestreichen, goldgelb backen, vom Blech nehmen, auskühlen lassen.

② Käsegebäck: Backbrett mit Reibkäse bestreuen, Teig darauf ½ cm dick auswellen. Entweder Plätzchen in Form von kleinen Pilzen, Kleeblättern und Rauten oder einfach kleine Rundplätzchen ausstechen, auf kalt abgespültes Blech setzen, vorsichtig mit Ei bestreichen, mit etwas Reibkäse bestreuen, hellgolden backen, vom Blech heben, auskühlen lassen.

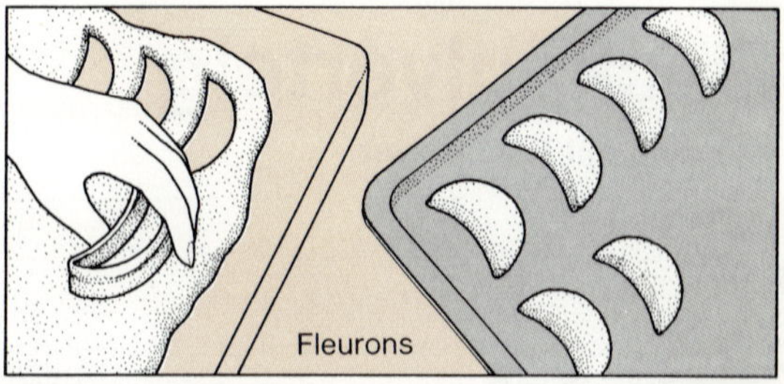

Schinkenhörnchen

25–28 Stück

Füllung bereiten 10 Minuten
Ausformen 20 Minuten
Backen pro Blech 20–25 Minuten bei 220 °C

1	Grundrezept Blitz- oder Sahneblätterteig (s. Seiten 324, 325) oder TK-Blätterteig, aufgetaut
1	Eigelb, mit
4 EL	Milch verquirlt, zum Bestreichen

Füllung

150 g	magerer, gekochter Schinken, durch den Wolf gedreht
1	hart gekochtes Ei, sehr fein gehackt
1 TL	Schnittlauch, gehackt
1 TL	Petersilie, fein gehackt frisch gemahlener Pfeffer
2 EL	Sahne
1 TL	Parmesan, fein gerieben (nach Belieben)

① Füllung aus angegebenen Zutaten herstellen, gut vermischen, zurückhaltend abschmecken.

② Teig in mehreren Portionen zu langen Rechtecken ausrollen, in Streifen von 8 cm Breite schneiden, daraus gleichseitige Dreiecke schneiden. Backofen einschalten.

③ Auf jedes Dreieck 1–1½ TL Füllung setzen, etwas flach drücken, jeweils zu kleinen Hörnchen eng zusammenrollen, Spitze unterschlagen, auf kalt abgespültes Blech setzen, Enden nach innen krümmen. Mit verquirltem Eigelb bestreichen, sofort backen. Vorsichtig mit Messer vom Blech heben, abkühlen lassen. Noch warm servieren.

Würstchen und Schinken im Blätterteig

Ausformen 15 Minuten
Backen pro Blech 20–25 Minuten bei 220 °C

1	Grundrezept Echter Blätterteig, Blitz-, Sahne- oder Quarkblätterteig (s. Seiten 324, 325) oder TK-Blätterteig, aufgetaut
2	Eigelb, mit
6 EL	Milch verquirlt, zum Bestreichen
6	Paar Wiener oder Frankfurter Würstchen, *oder*
12	Scheiben magerer, gekochter Schinken frisch gemahlener Pfeffer

① Würstchen: Teig auf Backbrett etwa knapp ¼ cm dick ausrollen. In Länge der Würstchen Rechtecke schneiden, die Würstchen darin locker einschlagen, offenen Rand unterschlagen, auf mit kaltem Wasser abgespültes Blech legen. Ränder leicht andrücken, mit verquirltem Eigelb bestreichen, goldgelb backen und heiß servieren.

② Schinken: Ausgerollten, ¼ cm dicken Teig im Format der Schinkenscheiben, aber etwa 2 cm größer, zurechtschneiden. Auf jedes Teigstück 1 Scheibe Schinken legen, leicht mit Pfeffer übermahlen, aufrollen, offene Seite unterschlagen, auf kalt abgespültes Blech legen, Ränder andrücken, mit Eigelb bestreichen, backen, servieren.

Backpulverteig

Rührteig mit Backpulver

Die vielseitigen Verwendungsmöglichkeiten des Backpulverteiges beruhen auf seiner unterschiedlichen Beschaffenheit. Man unterscheidet folgende Arten:

- ▷ Weichen Backpulverteig für Formkuchen,
- ▷ Mittelfesten Backpulverteig für flache Kuchen,
- ▷ Festen Backpulverteig für Kleingebäck (wie z. B. aus Quark-Ölteig, der trotz dieser Bezeichnung ein Backpulverteig ist).

Die Gemeinsamkeit dieser unterschiedlichen Teige ist die Schaummasse aus Butter, Zucker und Eiern. Ihr Unterschied liegt hauptsächlich in dem Verhältnis von Flüssigkeit und Mehl zueinander.

Die Zutaten

Butter bildet die Grundlage der Schaummasse. Deshalb sollte sie – möglichst in frischer Qualität – immer vor Verwendung gut temperiert sein.

Zucker ist wesentlicher Bestandteil der Schaummasse und muß sich während des Rührens lösen. Deshalb ist die Verwendung sehr feinkörnigen Zuckers wichtig.

Eier können ganz oder getrennt (nur Eigelb) in der Schaummasse verrührt werden. Als Binde- und Lockerungsmittel müssen sie von frischer Qualität sein. Werden besonders große, frische Eier oder mehr Eier, als im Rezept angegeben, verwendet, kann in der Regel die Flüssigkeits-(Milch-)menge etwas gekürzt werden. Um das Gerinnen der Schaummasse mit ganzen Eiern zu vermeiden, müssen die Eier die gleiche Temperatur wie die cremig gerührte Butter haben.

Geschmackszutaten sind fast immer fein geriebene Zitronenschale und Vanillinzucker. Kakao oder Schokoladenpulver findet bei dunklen, Zimt und Nelken bei würzigen Teigen Verwendung. Zitronat und Orangeat werden klein gehackt, Rosinen und Korinthen werden heiß gewaschen und sehr gut abgetropft, in 1–2 EL Mehl gewendet, um Absinken während des Backens zu vermeiden, unter den fertigen Teig gemischt.

Nüsse und Mandeln können in fein gemahlenem Zustand, in teilweisem Austausch mit Mehl, vor oder mit dem Mehl an den Teig gerührt werden. Gehackt oder gestiftelt, werden sie mit den Trockenfrüchten unter den fertigen Teig gemischt.

Alkohol, wie Rum oder Arrak, dient neben der geschmacklichen Verfeinerung auch der Lockerung des Teiges. Wegen seiner »treibenden« Wirkung wird er erst am Schluß dem Teig zugesetzt.

Weizenmehl kann auch in einfacherer Qualität verwendet werden. Die Zugabe von Speisestärke (bis zu ¼ oder ⅓ der Mehlmenge) macht den Teig feinporiger. Mehl muß stets gesiebt sein und darf nur auf niedriger Schaltstufe des Rührgeräts untergemischt werden. Langes oder zu starkes Rühren macht den Teig zäh.

Backpulver, dessen Menge im Rezept festgelegt ist, wird stets gesiebt unter das letzte Mehldrittel gemischt.

Milch reguliert die Beschaffenheit des Teiges. Sie darf nur im kalten Zustand verwendet werden, da bereits geringe Temperaturen die Triebkraft des Backpulvers vorzeitig auslösen können. Es ist wichtig, die Milch nur nach und nach im Wechsel mit dem Mehl zuzugießen, da die Verwendung einer größeren Anzahl von Eiern oder großer Eier eine geringere Milchzugabe nach sich zieht.

Grundregeln für die Teigbereitung

- ▷ Butter auf Zimmertemperatur erwärmen, mit ganzen Eiern oder Eigelb zu sehr guter Schaummasse rühren, in der der Zucker gelöst sein muß.
- ▷ Mehl stets gesiebt bei geringer Rührgeschwindigkeit untermischen.
- ▷ Backpulver, unter das letzte Mehldrittel gemischt, ebenfalls gesiebt zugeben.
- ▷ Flüssigkeit (Milch) nur kalt verwenden, dem Teig in kleinen Mengen mit dem Mehl zugießen. Der Teig muß breit vom Löffel fallen.
- ▷ Bei Zubereitung mit getrennten Eiern Eiweiß erst unmittelbar vor der Zugabe zum Teig sehr steif schlagen und mit Teiglöffel unterheben.
- ▷ Trockenfrüchte, gehackte Nüsse oder Mandeln in 1–2 EL Mehl wenden, unter den fertigen Teig geben.
- ▷ Teig sofort in die Form füllen und backen, Form nur ¾ voll füllen.

Grundregeln für das Backen

▷ Formkuchen auf der untersten oder 2. Schiene von unten, flache Kuchen auf der mittleren Schiene backen.
▷ Öffnen des Ofens oder Bewegen der Form bis zu 45 Minuten nach Backbeginn vermeiden, da der Teig leicht zusammenfällt.
▷ Mitgebackenen Obstbelag erst nach dem Backen zuckern.
▷ Nach dem Backen den Kuchen in der Form erst 10 Minuten abkühlen lassen, Zugluft vermeiden, dann am Rand lockern, auf Kuchengitter stürzen.

Hinweise für die Küchenpraxis

▷ Formkuchen aus Backpulverteig am besten 1 Tag vor Verzehr, mindestens aber 6–8 Stunden vorher backen. Entweder warm mit Puderzucker bestreuen bzw. glasieren oder kalt mit Guß oder Kuvertüre überziehen.
▷ Blechkuchen und Kleingebäck sind als ausgesprochenes Frischgebäck zum kurzfristigen Verzehr geeignet.
▷ Fertiger Backpulverteig kann in Alu- oder Weißblechformen, vorschriftsmäßig verpackt, tiefgefroren (Haltbarkeit bis 2 Monate) und nach dem Auftauen wie frischer Teig gebacken werden.
▷ Fertige Formkuchen können nach dem Auskühlen, unglasiert und vorschriftsmäßig verpackt, tiefgefroren werden. Haltbarkeit 4–6 Monate. Erst nach völligem Auftauen werden sie wie frisch gebackene Kuchen glasiert.
▷ Blechkuchen werden nach dem Auskühlen verpackt und tiefgefroren. Haltbarkeit 2–3 Monate.

Mittelfester Backpulverteig

Grundrezept

Vorbereiten 5 Minuten
Teig bereiten 10–15 Minuten

Menge für Springform

80 g	Butter, zimmerwarm, in Flöckchen
80 g	Zucker
1	Ei
	Prise Salz
	etwas abgeriebene Zitronenschale oder
	½ P Vanillinzucker
200 g	Mehl, mit
1½ TL	Backpulver vermischt und gesiebt
3–4 EL	kalte Milch
2 EL	Rum

Menge für Blech

150 g	Butter
150 g	Zucker
2	Eier
	Prise Salz
	fein abgeriebene Schale von ½ Zitrone oder
	1 P Vanillinzucker
400 g	Mehl, mit
3 TL	Backpulver vermischt und gesiebt
4–5 EL	kalte Milch
2 EL	Rum

① Butter schaumig rühren, Zucker und jeweils 1 Ei zugeben, lockere Schaummasse rühren. Salz, Zitrone oder Vanillinzucker untermischen.
② Mehl und löffelweise Milch und Alkohol unter die Schaummasse rühren. Teig muß sich gerade noch mit dem Löffel bearbeiten lassen.

Verwendung Kuchenboden, Quarkkuchen, für mitzubackenden und für vorgegarten Obstbelag.

Grundrezept
Quarkölteig oder Quarkbutterteig
Fester Backpulverteig

Vorbereiten 5–10 Minuten
Teig bereiten 10 Minuten
Kühlen 1–2 Stunden

200 g	Quark, auf Sieb abgetropft
7 EL	Öl oder 150 g Butter, cremig gerührt
¼ TL	Salz
1	Ei
100 g	Zucker
	abgeriebene Schale von 1 Zitrone
400 g	Mehl, reichlich, mit
1 P	Backpulver vermischt und gesiebt

① In Rührschüssel Öl oder Butter mit Salz, Ei, Zucker, abgeriebener Zitronenschale und Quark verrühren.
② Hälfte der Mehl-Backpulvermischung unterrühren, zweite Hälfte auf Backbrett unterkneten, sehr glatten Teig herstellen, kühlen.

Verwendung Anstelle von Mittelfestem Backpulverteig (oder Mittelfestem Hefeteig) zu Kleingebäck, zu Kranz- oder Wickelkuchen, zu Blechkuchen mit Obst-, Quark- oder Streuselbelag oder zu Butterkuchen.

Variation

Salzmenge auf 1 TL erhöhen, statt Zucker 100 g milden Reibkäse dazugeben.

Verwendung Als Boden zu Quiche mit verschiedenen Füllungen, zu Kleingebäck mit Kräuterquark- oder Schinkenfüllung, zu Kümmel- und Käsestangen.

GZ Obstkuchen mit Streuseln, Baiserüberzug oder Rahmguß

Vorbereiten 15–25 Minuten, je nach Obstart
Teig bereiten und belegen 15 Minuten
Backen 30 Minuten bei 200 °C

1 Grundrezept Mittelfester Backpulverteig (s. Seite 331)
Butter und Mehl zur Form
2 EL Butter, flüssig, zum Bestreichen

Obstbelag
750 g Früchte (für Blechkuchen 1½-fache Menge), wie Rhabarber, gewaschen, abgetropft, in 4–5 cm lange Stücke geschnitten, *oder*
Stachelbeeren, geputzt, gewaschen, gut abgetropft, *oder*
Heidelbeeren, verlesen, gewaschen, abgetropft, *oder*
Kirschen oder Sauerkirchen, gewaschen, entstielt, gut abgetropft, *oder*
Zwetschgen oder Aprikosen, gewaschen, gut abgetropft, entsteint, Zwetschgenhälften jeweils eingeschnitten, *oder*
Äpfel oder Birnen, gewaschen, geschält, entkernt, in gleichmäßig dünne Spalten geschnitten, oder 750 g Apfelmus
2–3 EL Zucker, mit Vanillinzucker oder Zimt vermischt (nach Belieben)

Streusel (für alle Obstarten und Apfelmus geeignet)
125 g Mehl, mit
90 g Zucker und
90 g Butter abgerieben und mit
1 Msp Zimt oder ½ P Vanillinzucker aromatisiert

Baiserüberzug (besonders für säuerliche Früchte und Apfelmus geeignet)
3 frische Eiweiß, mit
100 g Zucker und
2 TL Zitronensaft steif geschlagen
1 EL Puderzucker zum Besieben

Rahmguß (besonders für Äpfel oder Birnen, Rhabarber und Stachelbeeren geeignet)
3 Eigelb, mit
60 g Zucker schaumig gerührt
1 TL Vanillinzucker
⅛ l saure Sahne
2 EL Sahnequark
2 EL Rum
3 Eiweiß, steif geschlagen

① Backofen einschalten, Springform oder Blech vorbereiten. Teig nach Regeln des Grundrezepts herstellen, in die Form geben, mit etwas Mehl bestreuen und mit Nudelholz leicht auswellen. Mit bemehlten Fingern Teig gleichmäßig dick nach allen Seiten drücken, dabei einen seitlichen Rand hochziehen, gleichmäßig abschließen.
② Teig nach Belieben mit zerlassener Butter bestreichen, Obst wie folgt auflegen: *Rhabarber* dicht aneinanderlegen, mit der flachen Hand leicht andrücken. *Stachelbeeren, Kirschen, Sauerkirschen* gleichmäßig dicht auf Teigboden legen, mit der flachen Hand leicht andrücken. *Zwetschgen oder Aprikosen* dicht aneinander, schuppenförmig legen, mit der flachen Hand leicht andrücken. *Äpfel oder Birnen* dicht schuppenförmig belegen, mit der flachen Hand leicht andrücken.
③ Streusel herstellen, auf den Obstbelag streuen, backen, auf Kuchengitter auskühlen lassen.

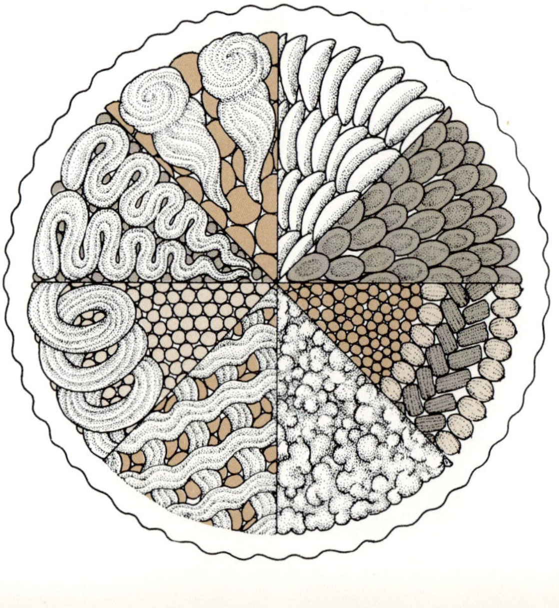

Baiserüberzug: Den fertig gebackenen Kuchen leicht zuckern. Eiweiß zunächst mit ½ EL Zucker steif schlagen, restlichen Zucker nach und nach zugeben, Zitronensaft unterziehen. Den steifen Eischnee entweder auf den Kuchen in Gitter- oder Schillerlockenform (als Einteilung in Stükke) spritzen oder mit breitem Messer aufstreichen, mit Puderzucker leicht besieben und nochmals 5–8 Minuten bei 200–220 °C sehr hell überbacken. Den ferigen Kuchen vorsichtig aus der Form oder vom Blech lösen, auf Kuchenplatte setzen. Kuchen mit Baiserüberzug eignet sich nicht zum längeren Aufbewahren, da das Baiser Feuchtigkeit zieht.

Rahmguß: Den Kuchen etwa 20 Minuten vorbacken. Eigelb mit Zucker und Vanillinzucker sehr schaumig rühren, mit saurer Sahne und Quark glatt verrühren, Rum zugeben, steif geschlagenen Eischnee unterziehen. Den Guß sofort nach Zubereitung auf den Kuchen gießen und nochmals 20 Minuten bei 180–190 °C bakken. Fertigen Kuchen etwa 10–15 Minuten in der Form (auf dem Blech) ruhen lassen, dann vorsichtig auf Platte transportieren. Dieser Guß hält den Kuchen 1–2 Tage lang frisch.

Dieser Obstkuchen kann auch ohne Streusel oder Guß gebacken werden. Dann wird der fertige Kuchen noch warm mit 2–3 EL Zucker bestreut.

Käsekuchen

Vorbereiten 5–8 Minuten
Teig und Belag bereiten 25–30 Minuten
Backen 40–50 Minuten bei 190 °C

1	Grundrezept Mittelfester Backpulverteig für Springform (s. Seite 331)
	Butter und Mehl zur Form

Belag

750 g	Magerquark
⅛ l	süße oder saure Sahne
120 g	Zucker
4	Eier, nach Blieben getrennt
	fein abgeriebene Schale von ½ Zitrone
4 EL	Zitronensaft
1 P	Vanillinzucker
50 g	Sultaninen oder Rosinen, heiß gewaschen, gut abgetropft (nach Belieben)
1 TL	Speisestärke, mit
1 TL	Backpulver vermischt und gesiebt

① Backofen vorheizen, Form vorbereiten. Teig nach Grundrezept herstellen, in Springform auswellen, etwa 4 cm hohen Rand drücken.

② Quark, Sahne, Zucker, Eier, Zitronenschale und -saft, Vanillinzucker miteinander gut verrühren, Rosinen zugeben, Speisestärke unter die Quarkmasse rühren, auf Teigboden füllen, sofort backen.

③ Nach dem Backen 10–15 Minuten in der Form abkühlen lassen, dann auf Kuchengitter oder Platte erkalten lassen.

GZ Obstkuchen aus Krümelteig

Vorbereiten 5–20 Minuten, je nach Obstart
Teig bereiten 5 Minuten
Backen ca. 45 Minuten bei 180 °C

Teig

500 g	Mehl, mit
1 P	Backpulver vermischt und gesiebt
125 g	Butter, lauwarm zerlassen, mit
100 g	Zucker und
1 P	Vanillinzucker oder Zitronenschale oder Zimt, je nach Obstart (und Belieben) und
1	Ei vermischt

Obstbelag (aus frischen, gefrorenen oder konservierten Früchten)

1 kg	Äpfel, geschält, in dünne Spalten geschnitten oder grob geraspelt, *oder*
750 g	Apfelmus dickflüssiger Beschaffenheit *oder* Aprikosen, Zwetschgen, Kirschen, jeweils gewaschen, abgetropft, entsteint, halbiert, Aprikosen und Zwetschgen geviertelt, *oder* Rhabarber, gewaschen, entfädelt, in 2 cm große Stücke geschnitten, *oder* rote Johannis- oder Stachelbeeren, gewaschen, entstielt, abgetropft
50 g	Mandeln, blättrig geschnitten (nach Belieben)
	Butter und Mehl zur Form
2–3 EL	Puderzucker zum Besieben

① Backofen vorheizen, Form und Belag vorbereiten.

② Mehl mit Backpulver in Schüssel mit Butter-Zucker-Ei-Mischung übergießen, mit Knethaken oder Händen zu krümeligem Teig verarbeiten.

③ Zwei Drittel der Teigmenge in Springform füllen, Rand etwa 2 cm hoch drücken. Belag aus Früchten, gut abgetropft, auf Krümelboden verteilen, Teigrest locker auf Belag streuen, mit Mandelblättchen bestreuen, sofort backen.

④ Nach dem Backen in der Form 10–15 Minuten abkühlen lassen, auf Kuchengitter oder Platte setzen, mit Puderzucker besieben, erkalten lassen.

Weicher Backpulverteig

Grundrezept

Vorbereiten 5 Minuten
Teig bereiten 15–20 Minuten

200 g	Butter, zimmerwarm, in Flöckchen
200 g	Zucker
4	Eier, im ganzen oder getrennt
1 P	Vanillinzucker oder fein abgeriebene Schale von ½ Zitrone
2 EL	Rum oder Arrak
500 g	Mehl oder 350 g Mehl und 150 g Speisestärke, mit
1 P	Backpulver vermischt und gesiebt
⅛ l	kalte Milch

① Form gründlich ausfetten und mit Mehl oder Semmelbröseln ausstreuen. Backofen vorheizen.
② Butter auf mittlerer Geschwindigkeitsstufe des Rührgeräts geschmeidig rühren. Zucker mit den ganzen Eiern verquirlen und nach und nach an die Butter rühren. Oder die Eier trennen und Eigelb, jeweils einzeln, mit 1–2 EL Zucker an die Butter geben und zu lockerer Schaummasse rühren.
③ Zitrone und/oder Vanillinzucker zugeben, Rum oder Arrak mit Teiglöffel unterziehen.
④ Gesiebtes, mit Backpulver vermischtes Mehl in 2–3 Portionen unter gleichzeitiger Zugabe von Milch mit Teiglöffel unter die Schaummasse rühren. Bei getrennten Eiern jetzt steif geschlagenen Eischneee unterheben.

Verwendung Gesundheitskuchen, Frankfurter Kranz, Marmorkuchen, Königskuchen, Schokoladen- und Gewürzkuchen.

Das Grundrezept selbst ergibt den einfachen Gesundheitskuchen. Er wird in der Form 1–1¼ Stunden bei 180 °C gebacken. Der fertige Kuchen wird noch warm mit Puderzucker besiebt.
Die unter Verwendung genannten Rezepte sind nur um spezielle Zutaten erweitert und damit Variationen des Grundrezepts.

Königskuchen

Backen 1–1¼ Stunden bei 180 °C

1	Grundrezept Weicher Backpulverteig mit 350 g Mehl und 150 g Speisestärke (s. nebenan)
100 g	Zitronat, fein gewürfelt
100 g	Rosinen oder Sultaninen und
100 g	Korinthen, heiß gewaschen, abgetropft
1 EL	Mehl zum Wenden für die Trockenfrüchte
	Puderzucker zum Besieben
	Butter und Mehl zur Form

① Form vorbereiten. Backofen vorheizen. Teig nach den Regeln des Grundrezeptes zubereiten.
② Zitronat, Rosinen und Korinthen im Mehl wenden und unter den fertigen Teig rühren. Teig in vorbereitete Form füllen, Oberfläche glatt verstreichen, backen.
③ Garprobe machen. Den fertigen Kuchen aus dem Ofen nehmen, etwa 10 Minuten in der Form stehen lassen, dann mit spitzem Messer die Ränder lockern und den Kuchen auf Gitter stürzen, mit Puderzucker besieben.

Marmorkuchen

Backen etwa 1–1¼ Stunden bei 180 °C

1	Grundrezept Weicher Backpulverteig (s. nebenan)
100 g	Zartbitterschokolade, fein gerieben, *oder*
2 EL	dunkler Kakao, gesiebt
50 g	Mandeln, geschält, gerieben (nach Belieben)
2 EL	Rum oder kalte Milch
	Puderzucker zum Besieben
	Butter und Mehl zur Form

① Form vorbereiten. Backofen vorheizen. Teig nach den Regeln des Grundrezepts zubereiten.
② Etwas mehr als die Hälfte des Teiges in die Form füllen. Restlichen Teig mit Schokolade oder Kakao dunkel färben, Mandeln zugeben, mit Rum oder Milch glatt verrühren. Dunklen Teig auf den hellen Teig in die Form füllen, mit Gabel die dunkle Teigschicht in den hellen Teig spiralenförmig einziehen (mischen), backen.
③ Garprobe machen. Den fertigen Kuchen aus dem Ofen nehmen, etwa 10 Minuten in der Form stehen lassen, dann mit spitzem Messer die Ränder lockern und den Kuchen auf Gitter stürzen, mit Puderzucker besieben.

Schokoladenkuchen

Backen etwa 1–1¼ Stunden bei 180 °C

1	Grundrezept Weicher Backpulverteig mit Vanillinzucker (s. Seite 334)
150 g	Bitterschokolade, fein gerieben oder im Wasserbad geschmolzen und abgekühlt
1 EL	Kakao, gesiebt
1 Msp	Zimt
2 EL	Rum oder Arrak
	Butter und Mehl zur Form

Zum Überziehen (nach Belieben)

3 EL	säuerliches Gelee oder Marmelade, mit
2 EL	Zitronensaft oder Rum glatt verrührt
	Schokoladenguß (s. Seite 407) oder Kuvertüre

① Form vorbereiten. Backofen vorheizen. Schaummasse herstellen. Geriebene Schokolade, Kakao sowie Zimt an die Schaummasse rühren. Fortfahren wie Grundrezept, dabei Rum oder Arrak zur Milch geben.
② Teig in die Form füllen, backen.
③ Garprobe machen. Den fertigen Kuchen aus dem Ofen nehmen, etwa 10 Minuten in der Form stehen lassen, dann mit spitzem Messer die Ränder lockern und den Kuchen auf Gitter stürzen. Rundum mit glatt verrührtem Gelee oder Marmelade bestreichen (Pinsel benutzen) und mit Schokoladenguß oder Kuvertüre überziehen, an kühlem Ort mindestens 6–8 Stunden bis zum Verzehr ruhen lassen.

Gewürzkuchen

Backen etwa 1–1¼ Stunden bei 180 °C

1	Grundrezept Weicher Backpulverteig (s. Seite 334)
80 g	Nüsse oder Mandeln, fein gerieben
100 g	Bitterschokolade, fein gerieben oder geschmolzen und wieder abgekühlt, oder 50 g dunkler Kakao, gesiebt
2 TL	Zimt
½ TL	Nelken, gemahlen
	Prise Muskatnuß, gerieben
3 EL	Rum oder Arrak
	Butter und Mehl zur Form

Zum Überziehen (nach Belieben)

3 EL	säuerliches Gelee oder Marmelade, mit
2 EL	Zitronensaft oder Rum glatt verrührt
	Schokoladenglasur (s. Seite 408) oder Kuvertüre

① Form vorbereiten. Backofen vorheizen. Schaummasse nach Regeln des Grundrezeptes herstellen, Nüsse oder Mandeln und Schokolade oder Kakao und Gewürze unterrühren. Fortfahren wie Grundrezept, dabei Rum oder Arrak zur Milch geben.
② Teig in Form füllen, glatt verstreichen, backen.
③ Garprobe machen. Fertigen Kuchen auf Gitterrost abkühlen lassen, danach rundum mit glatt verrührtem Gelee oder Marmelade bestreichen, mit Schokoladenglasur oder Kuvertüre überziehen, an kühlem Ort mindestens 6–8 Stunden ruhen lassen.

Frankfurter Kranz

Backen ¾–1 Stunde bei 180–190 °C
Creme bereiten insgesamt 1–1½ Stunden
Füllen und Verzieren etwa 15–20 Minuten

1	Grundrezept Weicher Backpulverteig mit 350 g Mehl und 150 g Speisestärke (s. Seite 334)
	Butter und Mehl zur Form

Zum Füllen und Verzieren

4 EL	Zitronensaft und
4 EL	Rum oder Arrak zum Tränken
1	Rezept Gestreckte Vanille-Buttercreme (s. Seite 380)
100 g	Mandeln, geschält, gehackt, in
20 g	Butter und
2 EL	Zucker hell geröstet, abgekühlt
4–6	kandierte rote Kirschen

① Große Ringform vorbereiten. Backofen vorheizen. Teig nach Grundrezept herstellen, backen.
② Fertigen Kuchen 10–15 Minuten in der Form stehen lassen, mit spitzem Messer Ränder lokkern, auf Kuchengitter stürzen, auskühlen und etwa 1 Tag stehen lassen.
③ Kuchen mit scharfer Kuchensäge 2–3 mal waagerecht durchschneiden. Mandeln rösten, abkühlen lassen.
④ Buttercreme herstellen. Die Kuchenschichten mit Pinsel mit Zitronensaft und Rum befeuchten. Unterste Schicht mit Buttercreme etwa ½ cm dick bestreichen. Zweite Schicht auflegen, ebenso bestreichen, dritte Schicht auflegen. Mit Kuchenpinsel Brösel entfernen, den Kranz von außen mit Creme bestreichen, davon etwa 2 EL zum Spritzen zurückbehalten. Den Kranz von allen Seiten mit den gerösteten Mandeln bestreuen. Von der restlichen Creme 8–12 Rosetten (Eintei-

lung in Stücke) auf den Kranz spritzen, diese mit je einer halben kandierten roten Kirsche verzieren. Der Kuchen sollte bis zum Verzehr etwa ½ Tag an kühlem Ort ruhen.

Variation

Mokkakranz: Den erkalteten, in 2–3 Schichten zerteilten Kuchen mit 6–8 EL Mokka tränken, mit Mokka-Buttercreme (s. Seite 379) füllen und außen bestreichen, mit gerösteten Mandeln bestreuen, Rosetten aufspritzen und mit Mokkabohnen oder Kaffeebohnen verzieren.

Nuß- oder Mandelkuchen

Vorbereiten 10 Minuten
Teig bereiten 10 Minuten
Backen 45 Minuten bei 180 °C

Teig

150 g	Butter, zimmerwarm, in Flöckchen
200 g	Zucker, mit
4	Eiern verquirlt
150 g	Nüsse oder Mandeln, fein gerieben
50 g	Schokolade, in feine Stückchen gehackt (nach Belieben)
2 EL	Rum oder Arrak
250 g	Mehl, mit
½ P	Backpulver vermischt und gesiebt
4–5 EL	Milch oder Rum bzw. Arrak
	Butter und Mehl zur Form

Zum Glasieren (nach Belieben)

3 EL	Aprikosenmarmelade, mit
2 EL	Zitronensaft glatt verrührt
	Arrak- oder Rumglasur (s. Seite 406) oder Schokoladenguß (s. Seite 407)

① Backofen vorheizen, Form vorbereiten. Butter geschmeidig rühren, Eier-Zuckermischung nach und nach unterrühren, sehr gute Schaummasse herstellen. Nüsse oder Mandeln unterziehen, nach Belieben Schokolade zumischen und Alkohol zugeben.

② Mehl und Backpulver mit Milch oder Alkohol unter die Masse heben, glatt verrühren und in die Form füllen, backen.

③ Garprobe machen. Fertigen Kuchen in der Form kurz abkühlen lassen, an den Rändern vorsichtig lockern und stürzen, auf Kuchengitter erkalten lassen. Mit glatt verrührter Marmelade bestreichen und mit Guß oder Glasur überziehen. Bis zum Verzehr mindestens 4–6 Stunden kühl stellen.

Variation

Nuß- oder Mandelkranz: Den Teig in Kranzform backen, nach dem Erkalten 1–2 mal durchschneiden, mit Marmelade bestreichen, mit Arrak oder Mandellikör tränken. Mit steif geschlagener Sahne bestreichen und verzieren oder mit Schokoladenglasur überziehen.

Nuß- oder Mandelkuchen ohne Fett

Vorbereiten 10 Minuten
Teig bereiten 8 Minuten
Backen 45 Minuten, bei 180 °C

Teig

200 g	Nüsse oder Mandeln, nach Belieben geschält, fein gerieben
200 g	Zucker
1 EL	Schokoladenpulver oder heller Kakao, gesiebt
1 P	Vanillinzucker
250 g	Mehl, mit
4 TL	Backpulver gemischt und gesiebt
4 EL	Rum oder Arrak
⅛–¼ l	kalte Milch
2	Eier im ganzen
	Butter und Mehl zur Form

Zum Füllen und Glasieren

4 EL	säuerliche Marmelade, mit
3 EL	Wein glatt verrührt
2–3 EL	säuerliches Gelee oder Marmelade, mit
1–2 EL	Zitronensaft oder Wein glatt verrührt
	Zitronen-, Arrak-, Rum- oder Punschglasur (s. Seite 406)

① Backofen vorheizen, Kastenform vorbereiten. Nüsse, Zucker, Kakao, Vanillinzucker, Mehl und Backpulver in Schüssel trocken mischen.

② Rum oder Arrak und Milch zugießen, zu Teig verrühren und Eier zugeben, gut einarbeiten. Teig in Form füllen, backen.

③ Kuchen nach dem Backen in der Form etwa 10 Minuten abkühlen lassen, an den Rändern lockern und auf Kuchengitter stürzen, erkalten lassen.

④ Nach dem Erkalten Kuchen 2–3 mal durchschneiden, mit Marmelade füllen, wieder zusammensetzen, von außen mit Marmelade bestreichen, und mit Glasur nach Wahl überziehen. Bis zum Verzehr 4–6 Stunden ruhen lassen.

Zitruskuchen mit Orangen oder Zitronen

Vorbereiten 5 Minuten
Teig bereiten 10–15 Minuten
Backen etwa 1 Stunde bei 180 °C

Teig

200 g	Butter, zimmerwarm, in Flöckchen
200 g	Zucker, mit
4	Eiern verquirlt
	fein abgeriebene Schale von 2 mittelgroßen Orangen oder Zitronen
250 g	Mehl und
125 g	Speisestärke, mit
½ P	Backpulver vermischt und gesiebt
2–3 EL	Milch
	Butter und Mehl zur Form

Zum Tränken und Glasieren

Saft von 2–3 Orangen oder Zitronen
Zitronen- oder Orangenglasur (nach Belieben, s. Seite 406)

① Backofen vorheizen. Kastenform vorbereiten. Butter geschmeidig rühren, die mit Zucker verquirlten Eier nach und nach zugeben, sehr lockere Schaummasse rühren. Schale der Zitrusfrüchte unter Schaummasse mischen.
② Gesiebtes Mehl, Speisestärke und Backpulver zugeben, mit Milch unter den Teig rühren, Teig in Form füllen, glattstreichen, backen.
③ Garprobe machen. Fertigen Kuchen in der Form etwa 10 Minuten stehen lassen, dann stürzen, etwa auf Handwärme abkühlen lassen.
④ Saft der Zitrusfrüchte durch feines Sieb gießen. Den Kuchen mit spitzem Hölzchen oder Zahnstocher an seiner Oberfläche im Abstand von 2–3 cm häufig einstechen und mit dem Pinsel mit Saft so oft beträufeln, bis der Saft verbraucht ist. Soll der Kuchen über mehrere Tage aufbewahrt werden (wozu er sich vorzüglich eignet), empfiehlt es sich, ihn einige Stunden nach dem Tränken mit Zitronenglasur zu überziehen und kühl zu stellen.

Vollwert-Bananenkuchen

Vorbereiten 10 Minuten
Teig bereiten 10 Minuten
Backen 50–60 Minuten bei 175 °C

125 g	Butter, zimmerwarm, in Flöckchen
150 g	Rohzucker
4	Eigelb
100 g	Walnußkerne oder Mandeln, grob gehackt
	Mark von 1 kleinen Vanilleschote
	fein abgeriebene Schale von ½ Zitrone
3	kleine Bananen, mit
4 EL	Zitronensaft zerdrückt
350 g	Weizenvollkornmehl, mit
3 TL	Backpulver vermischt
⅛ l	Milch, knapp
3	Eiweiß, steif geschlagen
	Butter zur Form (Kastenform)

① Backofen vorheizen, Form ausfetten. Aus Butter, Zucker und Eigelb lockere Schaummasse rühren, gehackte Walnüsse, Vanillemark und Zitronenschale zugeben.
② Zerdrückte Bananen untermischen, Mehl mit Backpulver darübersieben und rasch mit der Milch zu glattem Teig verrühren, zuletzt Eischnee unterheben. Teig in Form füllen, auf der unteren Einschubleiste backen.
③ Garprobe machen. Nach dem Backen Kuchen 10–15 Minuten in der Form auskühlen lassen, danach auf Kuchengitter stürzen. Der Kuchen sollte einen Tag vor Verzehr gebacken werden. In Alufolie eingeschlagen hält er sich 2–4 Tage frisch.

Früchtekuchen

Vorbereiten 30 Minuten
Teig bereiten 15 Minuten
Backen 1¾ Stunden bei 160–170 °C

125 g	Butter, zimmerwarm, in Flöckchen
100 g	Zucker
3	Eigelb
½ TL	Zimt
¼ TL	Ingwerpulver
	fein abgeriebene Schale von 1 Zitrone
125 g	Mehl, mit
½ P	Backpulver vermischt und gesiebt
100 g	Mandeln, ungeschält, fein gerieben
100 g	Walnußkerne, grob gehackt
100 g	Rosinen oder Sultaninen und
100 g	Korinthen, gewaschen, abgetropft
100 g	Datteln, entsteint, oder Feigen oder Aprikosen, in feine Streifen geschnitten
50 g	Zitronat und
50 g	Orangeat, fein gehackt
3	Eiweiß, steif geschlagen
	Pergamentpapier und Butter zur Form (Kastenform)

Zum Tränken

4 EL	Zitronensaft und
2 EL	Obstgeist oder Rum

① Backofen vorheizen, Form vorbereiten. Butter mit Zucker und Eigelb sehr schaumig rühren, Zimt, Ingwer und Zitronenschale zugeben.
② Das mit Backpulver vermischte Mehl über die vorbereiteten, zerkleinerten Trockenfrüchte sieben und gründlich damit vermengen, alles mit Teiglöffel an die Schaummasse rühren. Steif geschlagenen Eischnee unterheben, Teig sofort in die Form füllen und backen.
③ Nach dem Backen Kuchen in der Form 10–15 Minuten abkühlen lassen, danach auf Gitterrost stürzen, Pergamentpapier abziehen. Sobald der Kuchen nur noch handwarm ist, den mit Alkohol vermischten Saft mit Kuchenpinsel aufträufeln, ganz erkalten und mindestens 1–2 Tage vor dem Verzehr ruhen lassen.

In Folie eingeschlagen hält sich der Kuchen bis zu einer Woche frisch.

GZ Obstkuchen (Schlupfkuchen)

Vorbereiten 15–30 Minuten, je nach Obstart
Teig bereiten 10 Minuten
Backen 45 Minuten bei 190–200 °C

Teig

150 g	Butter, zimmerwarm, in Flöckchen
150 g	Zucker, mit
3	ganzen Eiern verquirlt
	fein abgeriebene Schale von ½ Zitrone oder 1 P Vanillinzucker
250 g	Mehl, davon nach Belieben etwa 80 g Speisestärke (empfiehlt sich bei sehr saftigem Obstbelag), mit
2 TL	Backpulver vermischt und gesiebt
2 EL	Rum
4 EL	Milch
	Butter und Mehl zur Form
	Puderzucker oder Zimtzucker zum Bestreuen

Obstbelag

750 g	Obst, wie Äpfel, geschält, in Viertel geschnitten, *oder*
	Aprikosen, gewaschen, halbiert, entsteint, *oder*
	Kirschen oder Sauerkirschen, gewaschen, entstielt, gut abgetropft, *oder*
	Stachelbeeren, gewaschen, entstielt, Blütenansatz entfernt, gut abgetropft, *oder*
	rote Johannisbeeren, gewaschen, entstielt, gut abgetropft, *oder*
	Rhabarber, gewaschen, entfädelt, in 3–4 cm lange Stücke geschnitten

① Backofen vorheizen. Springform vorbereiten. Butter schaumig rühren, nach und nach Eier-Zuckermischung zugeben, lockere Schaummasse herstellen. Zitronenschale oder Vanillinzucker zugeben.
② Mehl mit Backpulver zugeben, mit Milch und Alkohol etwas weicheren Teig herstellen und in die Form füllen, glattstreichen.
③ *Apfelstücke* an der gerundeten Außenseite mehrmals mit spitzem Messer oder Gabel einritzen und kranzförmig mit der eingeritzten Rundung nach oben in die Form legen, backen. *Aprikosen* mit der Rundung nach oben kranzförmig auf den Teig legen, backen. *Kirschen* oder Sauerkirschen möglichst gleichmäßig dicht auf den Teig legen, backen. *Johannis- und Stachelbeeren* möglichst gleichmäßig auf dem Teig verteilen, mit der flachen Hand leicht andrücken, backen. *Rhabarberstücke* kranzförmig dicht in Schuppen auf den Teig legen, backen.
④ Kuchen nach dem Backen in der Form 10–15 Minuten abkühlen lassen, mit spitzem Messer am Rand entlang lockern und mit Kuchenpalette oder Kuchenmesser vom Boden lösen, auf flache, runde Platte gleiten lassen. Nach dem Erkalten reichlich mit Puderzucker, bei säuerlichem Fruchtbelag mit Zimtzucker bestreuen.

Variation
Baiserüberzug für Johannisbeer-, Stachelbeer- und Rhabarberbelag (s. Seite 395).

Mürbteig

Die typische Beschaffenheit mürben Gebäcks beruht auf einem hohen Butteranteil und einem geringen Flüssigkeitsgehalt. Mürbteig kann von unterschiedlicher Feinheit sein, süß oder salzig zubereitet werden. Nach Art der Herstellung unterscheidet man Gehackten oder Gerührten Mürbteig. Nach dem Verhältnis von Mehl, Butter und Zucker zueinander werden unterschieden

Einfacher Mürbteig:		Mehl –	Butter –	Zucker =		
		4 :	2 :	1		
Feiner Mürbteig:		Mehl –	Butter –	Zucker =		
		3 :	2 :	1		
	oder	4 :	3 :	1		

Die Zutaten

Weizenmehl, Type 405, wird grundsätzlich gesiebt verwendet. In Ausnahmefällen kann Mehl ganz oder teilweise mit Weizenschrot ausgetauscht werden. *Speisestärke* ist für Mürbteige in der Regel nicht geeignet, da es das Gebäck leicht brüchig werden läßt.

Butter muß besonders zum Mürbteig stets von frischer Qualität sein, da sie neben der Teigmürbe wichtige Aromastoffe erzeugt. Für Gehackten Mürbteig muß sie kalt, für Gerührten Mürbteig bei Zimmertemperatur verwendet werden. Der hohe Anteil an Butter im Mürbteig macht das Kühlen nach der Teigbereitung und nach dem Ausformen erforderlich.

Zucker muß fein bis feinstkörnig sein. Grobkörniger Zucker verursacht brüchigen Teig, der sich schwer bearbeiten läßt und auch kein gutes Backergebnis bringt. Je höher der Zuckeranteil, um so rascher bräunt das Gebäck. Mürbteig ohne Zukker kann mit Zutaten wie Salz, Pfeffer und Reibkäse zu pikantem Gebäck verarbeitet werden.

Eier wirken als Bindemittel. Sie machen den Teig glatt, erleichtern damit die Verarbeitung, geben dem Gebäck schöne Farbe und verbessern seinen Geschmack. Mürbteige ohne Eier brauchen längere Backzeiten.

Geschmackszutaten für süße Mürbteige sind vor allem Vanillinzucker und fein abgeriebene Zitronenschale. Zimt, Nelken, Ingwer, Schokoladenpulver oder Kakao und fein geriebene oder gehackte Nüsse oder Mandeln werden hauptsächlich bei Plätzchenteigen verwendet. Die Menge der Nüsse oder Mandeln muß mit der Ei- und Mehlmenge abgestimmt sein. Salzige Mürbteige werden mit Zitronenschale, Salz, Pfeffer, scharfem Paprika und Kümmel gewürzt.

Flüssigkeit in kleinen Mengen, in der Regel Rum, Arrak oder Obstgeist, trägt zur geschmacklichen Verbesserung, vor allem aber zur besseren Teigbeschaffenheit und auch ein wenig zur Teiglockerung bei. Wasser, Wein, Milch, süße oder saure Sahne können ersatzweise verwendet werden.

Backpulver wird dem Mürbteig, wenn überhaupt, nur in Spuren zugesetzt. Es ist nur dann notwendig, wenn die Fettmenge reduziert wurde.

Grundregeln für die Teigbereitung

- ▷ Nur frische Butter verwenden.
- ▷ Für Gehackten Mürbteig *alle* Zutaten gekühlt verwenden. Butter direkt aus dem Kühlschrank nehmen.
- ▷ Gehackte Mischung mit den restlichen Zutaten *rasch* zusammenkneten.
- ▷ Für Gerührten Mürbteig Butter und Eier temperiert verwenden.
- ▷ Teig nach dem Zusammenkneten so lange kühlen, bis er ganz fest ist, er darf nicht mehr fettig glänzen. Für Gehackten wie Gerührten Mürbteig gleichermaßen gültig.
- ▷ Zum Ausformen nur wenig Mehl benutzen. Größere Teigmengen portionsweise ausformen, restlichen Teig kühl halten.
- ▷ Ausgeformten Teig vor dem Backen kühlen, bis er wieder fest geworden ist und nicht mehr fettig glänzt.

Grundregeln für das Backen

- ▷ Springform oder Blech nur mit fettigem Butterpapier abreiben, da zuviel Fett auf dem Blech das Gebäck am Rand fließen läßt.
- ▷ Bleche, die rasch wieder gebraucht werden, abreiben und unter kaltem Wasser abkühlen.
- ▷ Gebäck nur goldgelb werden lassen. Zu starke Bräunung beeinträchtigt den Geschmack.

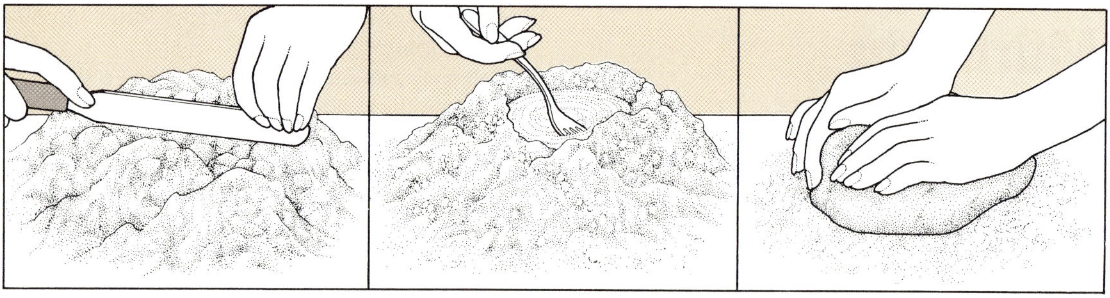

▷ Gebäck in der Springform nach dem Backen etwa 5–8 Minuten abkühlen lassen, erst dann am Rand lockern und aus der Form nehmen.
▷ Plätzchen sofort mit geeignetem Messer vom Blech nehmen.
▷ Alles Mürbteiggebäck nach dem Backen auf flacher, gerader Unterlage auskühlen lassen, da es sich leicht verformt. Kuchenböden auf Kuchengitter, Plätzchen auf Backbrett legen.

Hinweise für die Küchenpraxis

▷ Kuchenböden möglichst frisch verwenden.
▷ Warm aufgetragener Guß läßt Mürbteig-Obstkuchen rasch weich werden, Gelatineguß hält ihn länger frisch und knusprig.
▷ Kuchenböden oder Torteletts sind gefriergeeignet. Nach dem Backen sollten sie noch lauwarm und vorschriftsmäßig verpackt tiefgefroren werden. Lagerdauer 3–4 Monate. Nachbacken nach dem Auftauen (15–20 Minuten bei 150–160 °C) verbessert den Geschmack.
▷ Roher Mürbteig kann mehrere Tage im Kühlschrank aufbewahrt werden. Er läßt sich – vorschriftsmäßig verpackt – bis zu 2 Monaten tiefgefrieren.
▷ Plätzchen in gut verschließbaren Dosen kühl aufbewahren, um Ranzigwerden zu verhindern.

Gehackter Mürbteig

Grundrezept und GZ

Vorbereiten 2 Minuten
Teig bereiten 5–8 Minuten
Kühlen 1–3 Stunden

300 g	Mehl, gesiebt, oder Weizenschrot
100 g	Zucker
200 g	Butter, kalt, in kleine Stücke zerteilt
1 P	Vanillinzucker oder etwas abgeriebene Zitronenschale
	Prise Salz
2	Eigelb oder 1 ganzes Ei
1–2 EL	Rum, Wein, saure oder süße Sahne, Milch oder Wasser

① Mehl auf Backbrett häufen, Zucker untermischen, Butterstückchen auf der Mehl-Zuckermischung verteilen, mit großem Messer oder Kuchenpalette Butterstücke in das Mehl einhacken, dabei jeweils von außen nach innen arbeiten.
② Mischung zusammenschieben, Geschmackszutat mit Salz darüberstreuen, verquirltes Eigelb oder Ei mit Gabel untermischen und leicht einmengen. Unter Zugabe von Alkohol, Wein, Sahne, Milch oder Wasser rasch mit den Händen zu glattem Teig kneten. Teigballen in Folie einschlagen oder in Schüssel legen und zugedeckt im Kühlschrank ruhen lassen.

Verwendung Kuchenboden, Kleingebäck, Plätzchen.

Salziger Mürbteig

Vorbereiten 1 Minute
Teig bereiten 3–4 Minuten
Kühlen 1–3 Stunden

300 g	Mehl, gesiebt
150 g	Butter, kalt, in Stückchen
2	kleine Eier, verquirlt
¼–½	TL Salz
	frisch gemahlener Pfeffer (nach Belieben)
	abgeriebene Zitronenschale (nach Belieben)

① Gesiebtes Mehl auf Backbrett häufen, Butter mit großem Messer oder Kuchenpalette einhakken, alles zusammenschieben.
② Eier mit Gabel in die Mehl-Butterbrösel rühren, Salz, Pfeffer und/oder Zitrone zugeben, alles rasch zu glattem Teig kneten, in Folie einschlagen oder in Schüssel zugedeckt kühl stellen.

Verwendung Als Boden für Quiche und für salziges Kleingebäck.

Salziger Mürbteig mit geriebenem Käse, Käsemürbteig

150 g	Mehl, gesiebt
150 g	trockener Emmentaler, sehr fein gerieben
150 g	Butter, kalt, in Stückchen
	frisch gemahlener Pfeffer (nach Belieben)
¼ TL	Chili-Pfeffer (nach Belieben)

① Mehl und Reibkäse auf Backbrett mischen, Butter mit großem Messer unterhacken.
② Gewürze zugeben, alles rasch zu glattem Teig zusammenkneten, kühlen.

Verwendung Für pikantes Kleingebäck.

Mürbteig aus Vollwertmehl

Vorbereiten 5 Minuten
Teig bereiten 8–10 Minuten
Kühlen 1–2 Stunden
Backen 20 Minuten bei 200 °C ohne Belag, 35–40 Minuten bei 200 °C mit Belag

250 g	Vollweizenmehl
	Prise Salz
½ TL	Zitronenschale, fein abgerieben, oder Zimt
125 g	Butter, kalt, in Stückchen
70 g	Rohzucker oder Fruchtzucker
2	Eier, verquirlt
1–2 EL	Rum oder Milch
	Butter zur Form

Gehackten Mürbteig nach Regeln des Grundrezepts (s. Seite 340) herstellen, kühlen. Verwenden wie Grundrezept.

Variation
¼–⅓ der Mehlmenge durch fein geriebene Mandeln oder Nüsse ersetzen.

Kuchenboden

Ausformen 5–8 Minuten
Backen 20–25 Minuten bei 200 °C

1	Grundrezept Gehackter Mürbteig (s. Seite 340)
	Butterpapier zur Form

Zum Blindbacken

	Backtrennpapier
250 g	Trockenerbsen oder -bohnen

① Backofen einschalten, Form vorbereiten. Zwei Drittel des gekühlten Teiges mit etwas Mehl bestäuben und zu runder Platte in Größe der Form leicht und gleichmäßig auswellen, in die Form legen, Rand mit spitzem Messer geradeschneiden.
② Aus Teigrest gleichmäßige Rolle in Größe des Formumfanges drehen, auf Teigboden am Formrand entlang legen, leicht andrücken und mit Messerrücken schräg einkerben.

Oder: Aus dem Teigrest 2 gleichlange (in Länge des Formumfanges) und gleichdünne Stränge rollen, miteinander zu Kordel schlingen, auf Teigplatte am Formrand entlang legen, Enden sorgfältig miteinander verbinden.

③ Teigboden mehrmals mit Gabel einstechen, um Blasenbildung zu verhindern, goldgelb backen. Zum Blindbacken den Boden mit Pergament- oder Backtrennpapier belegen, Trockenerbsen oder -bohnen darauffüllen, backen.

④ Nach dem Backen 5 Minuten ruhen lassen, Erbsen bzw. Bohnen herausschütten (aufbewahren) und Papier vorsichtig abziehen. Den Mürbteig vorsichtig mit spitzem Messer von Rand und Boden lösen, mit Kuchenpalette auf glatte Unterlage (Backbrett oder flache Platte) setzen, damit der noch warme Kuchen sich nicht verformt, und auskühlen lassen.

Torteletts 6 Stück

Ausformen 8–10 Minuten
Backen 15–20 Minuten bei 200 °C

1	Grundrezept Gehackter Mürbteig, gut gekühlt (s. Seite 340)
	Butter bzw. Butterpapier zu Förmchen oder Blech

① Backofen vorheizen.

② Bei Verwendung von Förmchen: Förmchen besonders am stark gewellten Rand mit weicher Butter bestreichen. Den Teig in 6 Portionen teilen und jeweils möglichst gleichmäßig auswellen, in die Förmchen legen, Wellen- oder Zackenrand leicht andrücken, mehrmals mit Gabel einstechen, im Ofen goldgelb backen.

Torteletts ohne Förmchen: Großen Teigballen auf dem Backbrett mit wenig Mehl bestäuben und etwa 2 mm dick auswellen. 6 runde Plätzchen von 8 cm Ø ausstechen, auf Blech legen. Jedes Plätzchen am Rand mit einer dünnen Teigschnur oder -kordel umlegen, auf vorbereitetes Blech legen, mehrmals mit Gabel einstechen, goldgelb backen.

③ Die fertigen Förmchentorteletts etwa 5 Minuten in den Formen ruhen lassen, dann mit spitzem Messer herauslösen, auf gerader Unterlage auskühlen lassen. Die auf dem Blech gebackenen Torteletts mit Kuchenmesser oder -palette vom Blech lösen und auf gerade Unterlage setzen, auskühlen lassen.

GZ Obstkuchen mit Gitter

Vorbereiten 10–20 Minuten
Teig bereiten 10 Minuten
Kühlen 1–3 Stunden
Backen 40–45 Minuten bei 210–220 °C

1	Grundrezept Gehackter Mürbteig (s. Seite 340)
	Butterpapier zur Form
4 EL	Rum zum Tränken
	Puderzucker zum Besieben

Obstbelag

750 g	Äpfel, geschält, grob geraspelt oder in feine Spalten geschnitten, oder dickflüssiges Apfelmus, mit Zitrone oder etwas Zimt abgeschmeckt, und
2–3 EL	Sultaninen, gewaschen, abgetropft, *oder*
750 g	Zwetschgen, entsteint, geviertelt, *oder*
750 g	Aprikosen, entsteint, halbiert, *oder*
750 g	Rhabarber, entfädelt, in 4–5 cm lange Stücke geschnitten

① Mürbteig nach Grundrezept herstellen, kühlen. Belag vorbereiten. Backofen vorheizen, Form vorbereiten.

② Zwei Drittel der Teigmenge mit wenig Mehl 2 cm größer als die Form auswellen, auf Boden der Form legen, Rand seitlich etwa 2 cm hochdrücken.

③ Äpfel oder Apfelmus mit Sultaninen mischen, auf Kuchenboden füllen. Aprikosen, Zwetschgen oder Rhabarber dicht aneinander auf Kuchenboden legen.

④ Restlichen Teig etwas größer als die Form rund auswellen, in 1½–2 cm breite Streifen schneiden oder radeln. Die Kuchenfüllung rautengitterförmig damit belegen. Von Teigresten dünne Rolle formen und Rand damit bilden, den Kuchen backen.

⑤ Den fertigen Kuchen etwa 10 Minuten in der Form abkühlen lassen, das Obst zwischen den Gittern mit Rum tränken, Kuchen vorsichtig am Rand und vom Boden lösen, auf Kuchenplatte setzen, mit reichlich Puderzucker besieben, erkalten lassen.

GZ Obstkuchen mit Streuseln oder Makronenhaube

Vorbereiten 5–20 Minuten, je nach Obstart
Teig bereiten 10 Minuten
Kühlen 1–3 Stunden
Backen 35–40 Minuten bei 200–220 °C

1	Grundrezept Gehackter Mürbteig (s. Seite 340), mit
1 Msp	Backpulver im Mehl vermischt
	Butterpapier zur Form
1 EL	Butter, flüssig, zum Bestreichen

Obstbelag

750 g	Äpfel, geschält, entkernt, in feine Spalten geschnitten *oder*
	Aprikosen, gewaschen, entsteint, halbiert; *oder*
	Zwetschgen, gewaschen, entsteint, geviertelt, *oder*
	Stachelbeeren, gewaschen, geputzt, jede Frucht mit Stopfnadel mehrmals angestochen, *oder*
	Trauben, wie Stachelbeeren vorbereitet, *oder*
	konservierte Früchte, jeweils gut auf Sieb abgetropft, *oder*
	gefrorene Früchte, nur leicht angetaut

Streusel

75 g	Mehl und 25 g ungeschälte Mandeln oder Nüsse, gerieben, *oder*
100 g	Mehl
1 P	Vanillinzucker oder Prise Zimt
70 g	feiner Zucker
60 g	Butter, in Flöckchen

Makronenmasse

2	große oder 3 kleine Eiweiß, mit
125 g	feinem Zucker oder Puderzucker und
1 TL	Zitronensaft steif geschlagen
1 P	Vanillinzucker
125 g	ungeschälte Mandeln oder Nüsse, fein gerieben
4 EL	Rum

① Teig nach Regeln des Grundrezepts zubereiten, kühl stellen. Belag vorbereiten. Backofen vorheizen, Form vorbereiten.

② Gekühlten Teig auf bemehltes Backbrett legen, mit wenig Mehl bestäuben und gleichmäßig dick, etwa 3½–4 cm größer als der Durchmesser der Tortenform ist, auswellen. Teig in die Form legen, gleichmäßig am Rand hochdrücken.

③ Teigboden mit flüssiger Butter bestreichen, Obst dicht darauflegen.

④ Streuselbelag: Mehl, Nüsse oder Mandeln mit Zucker, Geschmackszutat und Butter zu Streuseln abbröseln, auf Obstbelag gleichmäßig verteilen und backen.

Makronenhaube: Den dicht mit Obst belegten Kuchenboden etwa 30 Minuten backen. Kurz vor beendeter Backzeit Eiweiß sehr steif schlagen, Zucker, Zitronensaft und Vanillinzucker nach und nach zugeben, weiterschlagen, bis die Masse schnittfest geworden ist. Nüsse oder Mandeln unterziehen. Den Kuchen aus dem Ofen nehmen und mit Rum beträufeln, Makronenmasse locker daraufstreichen und bei ca. 160–175 °C hell backen.

⑤ Fertigen Kuchen etwa 10 Minuten in der Form ziehen lassen, dann vorsichtig mit spitzem Messer am Rand lockern, mit Kuchenmesser oder Palette am Boden lockern, auf flache Kuchenplatte setzen, erkalten lassen.

Linzer Torte

Vorbereiten 10 Minuten
Teig bereiten 10 Minuten
Backen 45 Minuten bei 200 °C

Teig

200 g	Mehl, mit
200 g	ungeschälten Mandeln, fein gerieben, und
1 Msp	Backpulver gemischt
100 g	feiner Zucker oder Puderzucker
½ TL	Zimt
	Prise gemahlene Nelken
	Prise gemahlene Muskatnuß
200 g	Butter, kalt, in Stückchen geschnitten
1	Ei, verquirlt
1–3 EL	Rum
	Butterpapier zur Form
250 g	Himbeer- oder rote Johannisbeermarmelade
1	Ei, mit
2 EL	Milch verquirlt
	Puderzucker zum Besieben (nach Belieben)

① Aus genannten Zutaten Mürbteig nach Regeln des Grundrezepts (s. Seite 340) herstellen und kühl stellen. Backofen vorheizen, Form vorbereiten.

② Zwei Drittel des Teiges mit wenig Mehl in Formgröße leicht auswellen, in die Form legen, Rand etwa 1½ cm seitlich hochdrücken, mit Messer begradigen. Marmelade gleichmäßig dick darauf verteilen.

③ Restlichen Teig etwas größer als die Form rund auswellen und in 1½–2 cm breite Streifen radeln, diese rautengitterförmig auf den Kuchen legen, aus Teigresten dünne Rolle formen und Rand bilden. Nach Belieben Gitter und Kuchenrand mit Eigelb bestreichen. Kuchen backen.

④ Nach dem Backen Kuchen etwa 10–15 Minuten in der Form abkühlen lassen, danach vorsichtig vom Rand lösen und den Boden lockern, auf flache Kuchenplatte setzen, mit Puderzucker besieben.

Linzer Torte sollte einen Tag vor Verzehr gebacken werden. Sie hält sich bis zu einer Woche bei trockener, kühler Aufbewahrung frisch, wenn die Oberfläche mit Alufolie abgedeckt wird.

Gedeckter Apfelkuchen und Husarenstrudel

(Blechkuchen)

Vorbereiten 20 Minuten
Teig bereiten 5–8 Minuten
Kühlen 1–2 Stunden
Backen 45–50 Minuten 190 °C

Teig

400 g	Mehl, mit
½ TL	Backpulver vermischt und gesiebt
200 g	Butter, kalt, in Stückchen geschnitten
1 Msp	Salz
150 g	Zucker
1 P	Vanillinzucker oder etwas abgeriebene Zitronenschale
2	Eier
3–4 EL	Rum, Sahne oder Milch

Apfelfüllung

1,5 kg	Äpfel, geschält, grob geraspelt
50 g	Zucker (nach Belieben)
¼ TL	Zimt oder abgeriebene Schale von ½ Zitrone oder 1 P Vanillinzucker
	Saft von 1 Zitrone, abgeseiht, oder 3–4 EL Rum
150 g	Rosinen oder Sultaninen, gewaschen, abgetropft
100 g	Nüsse oder Mandeln, ungeschält, grob gehackt (nach Belieben)
	Butterpapier zum Blech
1	Ei, mit
2–3 EL	Milch, verquirlt, zum Bestreichen
	Puderzucker zum Besieben

① Teig nach Grundrezept (s. Seite 340) herstellen, kühlen.

② Für die Füllung die geraspelten Äpfel mit Zucker, Geschmackszutaten, Rosinen und Mandeln vermischen. Backofen vorheizen, Blech vorbereiten.

③ Apfelkuchen: Gekühlten Teig in zwei Hälften teilen. Erste Teigplatte in Größe des Bleches zu gleichmäßiger Dicke auswellen, aufs Blech geben, Teigränder am Blechrand mit Fingerspitzen hochdrücken, mit Messer begradigen. Apfelfüllung gleichmäßig dick auftragen, mit Teigkarte oder der flachen Hand Füllung leicht flachdrükken. Auch die zweite Teighälfte in Blechgröße gleichmäßig auswellen, locker zusammenfalten, auf Apfelfüllung legen und sofort wieder auseinanderfalten, die Füllung bis zum Blechrand zudecken. Nach Belieben Deckplatte mit verquirltem Eigelb bepinseln und sofort goldgelb backen. Husarenstrudel: Gekühlten Teig mit wenig Mehl zu zwei rechteckigen Stücken von 25 × 35 cm auswellen. Eine Längsseite gerade schneiden. Füllung halbieren und auf die Mitte des jeweiligen Teigstückes der Länge nach locker auftragen, dabei oben und unten Teigrand von etwa 3 cm lassen. Diesen Teigrand oben und unten einschlagen und auf die Füllung legen. Den begradigten Längsrand im Abstand von 2½–3 cm mit scharfem Messer je 4 cm tief einschneiden. Die andere Längsseite hochheben, auf die Füllung legen und die eingeschnittene Seite darüberschlagen. Jeden zweiten Teigstreifen jeweils 2 cm zurücklegen. Den ganzen Strudel mit Eigelb bepinseln und goldgelb backen.

④ Gebackenen Kuchen oder Strudel auf dem Blech etwa 10 Minuten ruhen lassen. Den Kuchen entweder in Viertel oder gleich in Portions-

stücke schneiden und zum Auskühlen auf Backbrett wieder zusammensetzen oder gleich auf Anrichteplatten legen. Mit Puderzucker besieben. Strudel mit Kuchenpalette oder -messer auf dem Blech lockern und auf flache Platte legen, ebenfalls mit Puderzucker besieben.

Beide Kuchen schmecken am besten frisch, nur knapp ausgekühlt.

Feiner Obstkuchen nach Bocuse

Vorbereiten 10–15 Minuten
Obst in Alkohol einlegen 20–30 Minuten
Zubereiten 15–20 Minuten
Backen 45–50 Minuten bei 180 °C

1	Grundrezept Gehackter Mürbteig (s. Seite 340)
	Butterpapier für Springform

Obstbelag

750 g	Williamsbirnen, geschält, entkernt, in feine Spalten geschnitten, in
6 EL	Birnengeist oder Rum eingelegt, *oder*
750 g	helle Kirschen, gewaschen, entsteint, sehr gut abgetropft, in
6 EL	Kirschwasser oder Rum eingelegt

Guß

4	Eier
150 g	feiner Zucker
1 P	Vanillinzucker (nach Belieben)
	Prise Salz
	Saft von 1 mittelgroßen Zitrone, abgeseiht
½ l	süße oder saure Sahne

① Obstbelag vorbereiten. Backofen vorheizen. Vorbereitete Form mit Mürbteig auslegen, etwa 3 cm hohen Rand bilden.

② Das in Alkohol eingelegte Obst gut abtropfen und dicht den Kuchenboden in Kreisen damit belegen.

③ Für den Guß Eier und Zucker rasch mit Schneebesen verrühren, mit Vanillinzucker, Salz und Zitronensaft aromatisieren, Sahne zugießen, rasch verrühren, über das Obst gießen, Kuchen backen.

④ Nach dem Backen etwa 15–20 Minuten in der Form abkühlen lassen, danach auf Kuchenplatte setzen. Warm als Dessert oder kalt zum Kaffee reichen.

Lemon Pie

Vorbereiten 15 Minuten
Kühlen der Pie-Masse etwa 30 Minuten
Backen etwa 30 Minuten bei 175 °C

1	blindgebackener, erkalteter Kuchenboden mit 3 cm hohem, 1 cm dickem Rand, in der Springform oder in der Pieform gebacken (s. Seite 341)
2 TL	Puderzucker zum Besieben

Pie-Füllung

7	Eigelb
75 g	feiner Zucker
	Saft von 2 Zitronen, abgeseiht
1 TL	fein geriebene Zitronenschale
7	Eiweiß, sehr steif geschlagen
75 g	Zucker

① Backofen vorheizen. Eigelb 30 Sekunden schlagen, dann nach und nach Zucker dazurieseln lassen, zu dicker Creme schlagen.

② Eigelbcreme mit Zitronensaft und -schale in unbeschädigtem Emaille- oder in Cromargantopf auf kleiner Hitze abschlagen, bis die Masse einen eingetauchten Löffel überzieht (nicht kochen lassen, da die Eier sonst gerinnen!). Masse zum Abkühlen in Schüssel zurückschütten.

③ Eiweiß steif schlagen, nach und nach Zucker dazurieseln lassen, bis die Schneemasse schnittfest und glänzend ist. Erst ein Drittel des Eischnees sorgfältig unter die abgekühlte Zitronencreme heben, dann Rest zugeben, gut vermischen (am besten mit Teigspatel arbeiten).

④ Vorgebackenen Boden in die Form legen, Zitronencreme darauffüllen, dabei die Füllung in der Mitte wirbelartig auftürmen.

⑤ Pie auf der mittleren Schiene backen. Nach dem Backen in der Form auf Zimmertemperatur abkühlen lassen, mit Puderzucker besieben, lauwarm servieren.

Gasteiner Ribisl-Kuchen

(Blechkuchen)

Vorbereiten des Belags 20–30 Minuten
Backen des Mürbteiges 15 Minuten bei 200 °C
Bereiten des Biskuitteiges 10 Minuten
Backen des Biskuitteiges 20–25 Minuten bei 180 °C
Bereiten des Überzuges 15–20 Minuten
Backen des Überzuges 8–10 Minuten bei 200 °C

1	Grundrezept Gehackter Mürbteig mit 2 Eigelb und abgeriebener Zitronenschale (s. Seite 340)
	Butterpapier zum Blech

Ribislmasse

1½ kg	rote Johannisbeeren, gewaschen, verlesen, abgetropft
300 g	Zucker
2	kleine Zimtstangen
¼ l	Wasser oder Apfelsaft
90 g	Speisestärke, in
⅛ l	Wasser oder Apfelsaft angerührt

Biskuitteig

4	Eier
80 g	feiner Zucker
1 P	Vanillinzucker
100 g	Mehl, gesiebt

Baiserüberzug »Spanischer Wind«

2	Eiweiß
80 g	feiner Zucker
80 g	abgezogene Mandeln, in Blättchen oder feine Stifte geschnitten
2 EL	Puderzucker zum Besieben

① Mürbteig bereiten und kühl stellen.

② Obstbelag bereiten: Die Beeren mit Zucker vermischen, etwas Saft ziehen lassen, dann mit Zimtstangen und Flüssigkeit zum Kochen bringen, aufkochen lassen und mit angerührter Speisestärke binden. Nochmals aufkochen und abkühlen lassen.

③ Backofen vorheizen, Blech sparsam einfetten. Gekühlten Mürbteig mit wenig Mehl einstäuben, in Blechgröße dünn auswellen, am Rand 1–2 cm hochziehen, etwa 15 Minuten hell backen.

④ In der Zwischenzeit für den Biskuitteig aus Eiern, Zucker und Vanillinzucker sehr gute Schaummasse rühren, Mehl unterheben.

⑤ Mürbteig aus dem Ofen nehmen, Temperatur auf 180 °C reduzieren, Biskuitmasse glatt aufstreichen, backen, bis der Biskuit goldgelbe Farbe aufweist.

⑥ Kuchen auf dem Blech auskühlen lassen. Die abgekühlte Ribislmasse (Zimtstangen vorher entnehmen) gleichmäßig auf Biskuit aufstreichen.

⑦ Für den Baiserüberzug Zucker mit Eiweiß auf dem Wasserbad abschlagen, bis die Masse lauwarm wird. Vom Wasserbad nehmen und weiterschlagen, bis sie schnittfeste Beschaffenheit hat. Backofen auf 200 °C vorheizen.

⑧ Hälfte der Baisermasse locker und wolkig auf Kuchen aufstreichen, Rest gitterförmig, in Streifen oder in Rosetten darüberspritzen, mit Mandelstiften oder -blättchen locker bestreuen. Puderzucker darübersieben und lichtgelb überbaken.

⑨ Kuchen im heißen Zustand mit nassem Messer schneiden und möglichst frisch verzehren.

Variation

Statt roter Johannisbeeren lassen sich Stachelbeeren ebenso gut verwenden.

GZ Quiche mit verschiedenen Füllungen

Vorbereiten 10 Minuten
Kühlen des Teiges 1 Stunde
Zubereiten der Füllung 15–20 Minuten
Auskühlen der Füllung 20–30 Minuten
Backen 45–50 Minuten bei 220 °C

1	Rezept Salziger Mürbteig (s. Seite 341)
	Butterpapier zur Form

Speckfüllung Lorraine (nach Lothringer Art)

3 EL	Butter, flüssig
200 g	geräucherter, durchwachsener Speck in dünnen Scheiben
1	große Zwiebel, grob gehackt
⅜ l	Sahne, reichlich
4	Eier im ganzen
	Salz und frisch gemahlener Pfeffer
1 EL	Petersilie und
2 EL	Schnittlauch und
1 TL	frischer Thymian (oder Prise getrockneter Thymian) oder Dill, alles grob gehackt
1 EL	Butterflöckchen

Lauchfüllung

2 EL	Butter, flüssig
200 g	Lauch, in feine Ringe geschnitten
4 EL	Weißwein
250 g	Magerquark
5	Eier, verquirlt
½ l	Sahne
2 EL	frische, gemischte Kräuter (Petersilie, Kerbel, Thymian), fein gehackt
	Salz und frisch gemahlener Pfeffer
20 g	Butterflöckchen

Lauch-Käse-Füllung

2 EL	Butter, flüssig
2	kleine Zwiebeln, fein gehackt
750 g	Lauch, in 2 cm lange Stücke geschnitten

⅒ l Weißwein
100 g Magerquark
150 g gekochter Schinken, in feine Streifen geschnitten
100 g Emmentaler, gerieben
¼ l Sahne
2 Eier, verquirlt
Salz und frisch gemahlener Pfeffer
20 g Butterflöckchen

Tomaten-Zwiebel-Füllung

3 EL Olivenöl
500 g Zwiebeln, in feine Halbringe geschnitten
500 g Tomaten, enthäutet, in kleine Würfel geschnitten
1 Lorbeerblatt
1 Knoblauchzehe, durchgepreßt
2 Sardellen, fein gehackt (nach Belieben)
3 Eier, mit
¼ l Sahne verquirlt
50 g Emmentaler oder Gouda, grob gerieben
Salz und frisch gemahlener Pfeffer
1 EL schwarze Oliven, entsteint, klein geschnitten, oder etwa gleiche Menge Peperoni, fein geschnitten
2 EL Reibkäse

Pilz-Kräuter-Füllung

2 EL Butter, flüssig
2 Schalotten, fein gehackt
750 g Pilze, wie Champignons, Pfifferlinge, Steinpilze oder Mischpilze, grobblättrig geschnitten oder geviertelt (bei kleinen Pilzen)
⅒ l Brühe oder Weißwein
4 Eier, mit
¼ l Sahne verquirlt
6 EL frische Petersilie und/oder Schnittlauch, fein gehackt
Prise Muskat, frisch gerieben
Salz und frisch gemahlener Pfeffer
2 EL Reibkäse
50 g durchwachsener Speck, in feine Streifen geschnitten

Spinat-Champignon-Füllung

750 g frischer Blattspinat, blanchiert, abgetropft, oder 600 g TK-Blattspinat, aufgetaut, abgetropft
3 EL Olivenöl oder flüssige Butter
2 mittelgroße Zwiebeln, fein gehackt
250 g Champignons, blättrig geschnitten
⅜ l Sahne, mit
3 Eiern verquirlt
1 Knoblauchzehe, durchgepreßt
Salz und frisch gemahlener Pfeffer
Prise Muskat, frisch gerieben
50 g Reibkäse
2 EL Butterflöckchen

Quark-Kräuter-Füllung

100 g Kresse, grob gehackt
je 1 EL Petersilie, Basilikum, Majoran, Dill, fein gehackt
2 Knoblauchzehen, durchgepreßt
350 g Sahnequark
1/16 l Sahne
4 Eigelb, verquirlt
4 EL Reibkäse
Salz und frisch gemahlener Pfeffer
Prise Muskat, frisch gerieben
4 Eiweiß, steif geschlagen
1 EL Reibkäse
2 EL Butterflöckchen

① Teig herstellen und kühlen. Form vorbereiten, Backofen vorheizen.

② Speckfüllung Lorraine: Butter in Pfanne leicht erhitzen, Speckscheiben darin beidseitig leicht anbräunen. Teigboden mit den Speckscheiben belegen, 2–3 Scheiben für Garnitur zurückbehalten. Quicheboden mit Speckscheiben 10 Minuten bei 220 °C vorbacken. Zwischenzeitlich die Zwiebel im Bratfett der Speckscheiben glasig dünsten, auf vorgebackenem Boden über den Speckscheiben verteilen. Sahne und Eier miteinander verquirlen, mit wenig Salz, mit Pfeffer und Kräutern würzen, auf den Boden gießen und bei 210–220 °C etwa 30 Minuten backen. 5–8 Minuten vor beendeter Backzeit die zurückbehaltenen Speckscheiben als Garnitur auflegen, mit Butterflöckchen belegen und fertigbacken. Warm servieren.

Lauchfüllung: Lauch in Butter leicht andünsten, mit Wein ablöschen, abkühlen lassen. Quark, Eier und Sahne gut miteinander verrühren, gedünsteten Lauch und Kräuter daruntermischen, würzig-mild abschmecken. Vor dem Backen mit Butterflöckchen belegen.

Lauch-Käse-Füllung: Zwiebel in Butter andünsten, Lauch zugeben, kurz mitdünsten, mit Wein ablöschen, weitere 5 Minuten auf mittlerer Hitze dünsten, danach abkühlen lassen. Quark, Schinken, Reibkäse, Sahne und Eier unter die abgekühlte Mischung geben, pikant abschmecken. Vor dem Backen mit Butterflöckchen belegen.

Tomaten-Zwiebel-Füllung: Olivenöl erhitzen, Zwiebeln darin glasig dünsten, Tomaten untermischen, Lorbeerblatt zugeben, auf intensiver Hitze unter Rühren weiterdünsten, bis alle Flüssigkeit verdunstet ist. Vom Herd nehmen, Knoblauch zugeben, Masse abkühlen lassen. Sardellen (nach Belieben), Eier mit Sahne und Reibkäse untermischen, pikant abschmecken. Vor dem Backen mit Oliven oder Peperoni und Reibkäse belegen.

Pilz-Kräuter-Füllung: Zwiebeln in Butter andünsten, Pilze zugeben, auf milder Hitze unter Rüh-

ren dünsten, mit Brühe oder Wein ablöschen, auskühlen lassen. Die in Sahne verquirlten Eier und Kräuter zugeben, gut vermischen, mildwürzig abschmecken. Vor dem Backen mit Reibkäse bestreuen und mit Speckstreifen belegen.
Spinat-Champignon-Füllung: Spinat grob hakken. Öl oder Butter erhitzen, Zwiebel darin glasig dünsten, Pilze zugeben, auf milder Hitze unter Rühren andünsten, abkühlen lassen. Spinat untermischen, Sahne, Eier und Knoblauch zugeben, pikant abschmecken. Vor dem Backen mit Reibkäse bestreuen und mit Butterflöckchen belegen.
Quark-Kräuter-Füllung: Kresse, die anderen Kräuter sowie Knoblauch unter den Quark mischen, mit Sahne glatt verrühren. Eigelb und Reibkäse zugeben, gut verrühren, pikant abschmecken. Eischnee unterziehen. Vor dem Backen mit Reibkäse bestreuen und mit Butterflöckchen belegen.

③ Teigboden in Größe einer Torten- oder Cake-Form oder entsprechend großen, flachen Auflaufform 3–4 mm dick auswellen, seitlich einen etwa 4 cm hohen Rand bilden. Teigboden mehrmals mit Gabel einstechen und 15–20 Minuten vorbacken.

④ Vorgebackenen Kuchen aus dem Ofen nehmen, Füllung darauf verteilen, je nach Rezeptangabe bestreuen und/oder belegen, fertigbacken. Sollten sich während des Backens Blasen in der Füllung bilden, diese mit Nadel oder Hölzchen aufstechen.

⑤ Nach dem Backen die Quiche einige Minuten im geöffneten, noch warmen Backofen stehen lassen, danach warm servieren, erst bei Tisch zerteilen.

Die Rezeptmenge reicht als Hauptgericht für 4 Personen, als Vorspeise für 6–8 Personen.

Variationen
- Statt Mürbteigboden Blätterteig oder Hefeteig verwenden, ebenfalls vorbacken.
- Für Lauch- und für Spinat-Champignon-Füllung ist auch Kartoffelteig (s. Seite 106) geeignet.

Kleingebäck

Grundrezept
Butterteig für Kleingebäck
Vorbereiten 5 Minuten
Teig bereiten 8–10 Minuten
Kühlen 1–3 Stunden

300 g	Mehl, gesiebt
150 g	feiner Zucker
150 g	Butter, kalt, in kleine Stücke geschnitten
2	Eigelb oder 1 Ei, verquirlt
	Prise Salz

① Mehl auf Brett sieben, Zucker und Salz untermischen.

② Butterstückchen in die Mehl/Zuckermischung einhacken.

③ Die verquirlten Eigelb oder das Ei mit Gabel leicht untermischen, Teig rasch zusammenkneten und kühl stellen.

Verwendung Zu Butterplätzchen, Vanille- und Schokoladenbrezeln, Kleiebrötchen.

Kleiebrötchen
Ausformen etwa 20 Minuten
Backen 12–15 Minuten pro Blech bei 180 °C

1	Grundrezept Butterteig für Kleingebäck, mit Zitronenschale gewürzt, gut gekühlt (s. oben)
	Butterpapier zum Blech

Belagmasse

1	Eiweiß, mit
50 g	Zucker und
1 TL	Zitronensaft steif geschlagen
¼ TL	Zitronenschale, fein abgerieben
80 g	Mandeln oder Haselnüsse, geschält oder ungeschält, fein gerieben

① Backofen vorheizen, Blech vorbereiten, Eiweiß mit Zucker und Zitronensaft schaumig schlagen, Mandeln oder Nüsse unterziehen.

② Gekühlten Teig in Portionen etwa 3 mm dick auswellen, runde, glatte oder runde, gezackte Plätzchen von ca. 3–4 cm ∅ oder kleine Rauten ausstechen.

③ Auf jedes Plätzchen ½ TL Belagmasse füllen, etwas flach drücken, auf kaltes Blech setzen, lichtgelb backen.

④ Nach dem Backen auf Backbrett auskühlen lassen. In Dosen kühl und trocken aufbewahren.

Variationen
- Dreispitze: Den Rand der mit Füllung belegten Plätzchen an 3 Seiten nach oben drücken, an den Ecken zusammenkneifen, hochgeschlagenen Rand mit Eigelb bestreichen, auf Blech goldgelb backen.
- Ingwerhütchen: Den Plätzchenteig mit je ½ TL Nelken und Ingwerpulver würzen, etwa 2 TL fein gehackten, kandierten Ingwer zur Belagmasse mischen. Wie Dreispitze ausformen, mit Eigelb bestreichen.

Gewürzbutterplätzchen

Ausformen etwa 20 Minuten
Backen 12–15 Minuten pro Blech bei 190–200 °C

1	Grundrezept Butterteig für Kleingebäck (s. Seite 348) mit
1 TL	Zitronenschale, fein abgerieben
1 TL	Zimt
¼ TL	Nelken
1 EL	Kakao
1 EL	Rum
	Butterpapier zum Blech
100 g	feiner Zucker zum Wenden

① Backofen vorheizen, Blech vorbereiten. Teig in Portionen 3 mm dick auswellen, Herzen, Kleeblätter, Pilze, Vögel und Halbmonde ausstechen, auf kaltes Blech legen, nochmals kühlen und licht backen.
② Die gebackenen Plätzchen vorsichtig vom Blech nehmen, noch heiß in Zucker wenden, erkaltet in Dosen aufbewahren.

Variation
Zimtkarten: Teig nur mit Zimt und Rum würzen, 3 mm dick auswellen, Rechtecke von 3 × 5 cm ausstechen oder ausschneiden, mit Eigelb bestreichen und mit je einer halben geschälten Mandel belegen, hell backen.

Butterblumen, Buttergebäck

Ausformen etwa 20 Minuten
Backen 12–15 Minuten pro Blech bei 190 °C

1	Grundrezept Butterteig für Kleingebäck, mit Vanillemark oder Vanillinzucker und 1–2 EL Arrak gewürzt (s. Seite 348)
	Butterpapier zum Blech
1	Eigelb, mit Milch verquirlt, zum Bestreichen

① Backofen vorheizen, Blech vorbereiten. Gekühlten Teig portionsweise 3 mm dick auswellen, Blumen, Herzen, Kleeblätter, Vögel, Sterne, Pilze und Halbmonde ausstechen, dünn mit Eigelb bestreichen, auf das kalte Blech legen, evtl. Blech nochmals 10 Minuten kühl stellen und goldgelb backen.
② Die erkalteten Plätzchen in gut schließende Dosen füllen und bis zum Verzehr 1–2 Wochen aufbewahren.

Spitzbuben

Vorbereiten 10 Minuten
Teig bereiten 5–10 Minuten
Kühlen 1–3 Stunden für Teig, 10–15 Minuten für ausgeformte Plätzchen
Ausformen 15–20 Minuten
Backen 8–10 Minuten pro Blech bei 180–200 °C
Füllen 15–20 Minuten

400 g	Mehl
180 g	Zucker
100 g	Haselnüsse, fein gerieben
220 g	Butter, kalt, in Stückchen geschnitten
2	Eier, verquirlt
	Prise Salz
1 EL	Rum (nach Belieben)
	Butterpapier zum Blech
150 g	Himbeer- oder Erdbeermarmelade, mit
1 EL	Rum oder Obstgeist glatt verrührt
150 g	feiner Zucker oder Puderzucker, mit
1 P	Vanillinzucker vermischt

① Mehl auf Backbrett sieben, mit Zucker und Nüssen mischen.
② Butterstückchen mit großem Messer oder Kuchenpalette in die Mischung einhacken, dann rasch zwischen den Händen abbröseln.
③ Eier mit Salz und Rum verquirlen und mit Gabel in die Teigbrösel einrühren, dann den Teig rasch zusammenkneten und bis zum Festwerden kühl stellen. Backofen vorheizen, Blech vorbereiten.
④ Teig auf Backbrett in Portionen etwa 3 mm dick auswellen (restlichen Teig jeweils kühl stellen) und kleine, runde, glatte Plätzchen von 3–4 cm ∅ ausstechen. Hälfte der Plätzchen mit »Spitzbubengesichtern« versehen: Mit glatter Öffnung einer Spritztülle »Augen und Mund« der Spitzbuben ausstechen.
⑤ Plätzchen ohne und solche mit Gesichtern jeweils auf getrennte Bleche legen, nochmals bis zum Festwerden kühl stellen und hell backen.

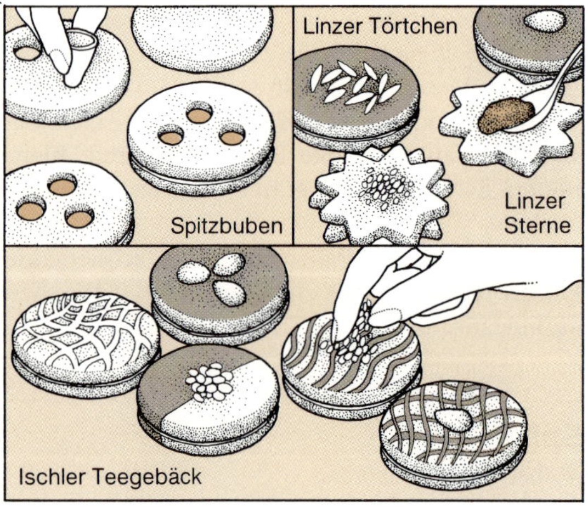

⑥ Die Plätzchen und Spitzbuben möglichst warm füllen: Die Unterseite eines runden, ganzen Plätzchens jeweils dünn mit Marmelade bestreichen und ein »Gesicht« daraufsetzen. Noch warm in Zucker wenden. Nach dem Abkühlen in Dosen aufbewahren.

Linzer Törtchen, Linzer Sterne

Vorbereiten 10 Minuten
Teig bereiten 5–10 Minuten
Kühlen 1–3 Stunden für Teig, 10–20 Minuten für Plätzchen auf dem Blech
Ausformen 15–20 Minuten
Backen 8–10 Minuten pro Blech bei 190–200 °C

300 g	Mehl
150 g	Zucker
100 g	Mandeln, geschält, fein gerieben
1 TL	Zimt
1 Msp	Nelken
	Prise Salz
250 g	Butter, kalt, in Stückchen geschnitten
2	Eigelb, verquirlt
	Butterpapier zum Blech
150 g	Aprikosenmarmelade, mit
2–3 EL	Zitronensaft, glatt verrührt
	Kuvertüre oder Schokoladenguß (s. Seite 407)
	Mandeln, geschält, halbiert oder gestiftelt
	Pistazien, gehackt

① Mehl auf Backbrett sieben, mit Zucker, Mandeln, Zimt, Nelken und Salz mischen.

② Die kalten Butterstückchen mit großem Messer oder Kuchenpalette in die Mehlmischung einhacken, dann rasch zwischen den Händen abbröseln.

③ Eigelb verquirlen und mit Gabel in die Teigbrösel einmischen, Teig rasch zusammenkneten und bis zum Festwerden kühl stellen. Backofen vorheizen, Blech vorbereiten.

④ Teig auf Backbrett in Portionen etwa 3 mm dick auswellen (restlichen Teig jeweils kühl stellen) und kleine, runde Plätzchen oder Sterne von etwa 4 cm ∅ ausstechen, auf Blech legen, nochmals kühl stellen, hell backen.

⑤ Die Plätzchen mit Marmelade an ihren Unterseiten zusammenkleben, erkalten lassen.

⑥ Mit Kuvertüre oder Schokoladenguß an der Oberfläche überziehen, mit Mandelstiften, halben geschälten Mandeln oder gehackten Pistazien verzieren, erkalten lassen, gut kühl aufbewahren.

Ischler Teegebäck

Vorbereiten 10 Minuten
Teig bereiten 5–10 Minuten
Kühlen 1–3 Stunden für Teig, 10–20 Minuten für Plätzchen auf dem Blech
Ausformen 15–20 Minuten
Backen 8–10 Minuten pro Blech bei 190–200 °C
Füllen und Glasieren 20–30 Minuten

1	Rezept Linzer Törtchen, jedoch ohne Zimt und Nelken (s. nebenan)
1 EL	Zitronenschale, fein abgerieben
2 EL	Zitronensaft
¼ TL	Ingwerpulver
	Butterpapier zum Blech
150 g	Aprikosen- oder Orangenmarmelade, mit
1–2 EL	Zitronensaft oder Rum glatt verrührt
	Schokoladenguß oder Kuvertüre (s. Seite 408)
2 EL	Pistazienkerne oder geschälte Mandeln, grob gehackt

① Teig herstellen, gut kühlen. Backofen vorheizen, Blech vorbereiten.

② Teig in Portionen wie zu Linzer Törtchen auswellen und ausstechen, auf Blech legen, hell backen.

③ Noch warm mit Marmelade füllen, erkalten lassen.

④ Mit Guß ganz überziehen, mit Mandeln belegen oder halb in Glasur bzw. Kuvertüre eintauchen. Oder die Kuvertüre so weit abkühlen lassen, daß sie sich fadenförmig ziehen läßt. Mit diesen Fäden die Plätzchen strich- oder gitterförmig oder netzartig überziehen, auf mit Folie bedecktem Backbrett erkalten lassen, gut kühl aufbewahren.

Vanillehörnchen, Vanillekipferl

Vorbereiten 10–15 Minuten
Teig bereiten 10 Minuten
Kühlen 2–3 Stunden
Backen 12–15 Minuten bei 175–180 °C
Wenden 10 Minuten

250 g	Mehl
125 g	Mandeln, geschält, fein gerieben
100 g	feiner Zucker oder Puderzucker
1 TL	Vanillemark oder 1 P Vanillinzucker
¼ TL	Salz
200 g	Butter, kalt, in Stücke geschnitten
3	Eigelb, verquirlt
	Butterpapier zum Blech
150 g	feiner Grießzucker oder Puderzucker mit Vanillearoma zum Wenden

① Mehl, Mandeln, Zucker, Vanillemark oder Vanillinzucker und Salz trocken mischen, Butter unterhacken, Eigelb darübergeben, alles zu glattem Teig kneten, zwei Rollen daraus formen, kühl stellen. Backofen vorheizen, Blech fetten.
② Von den Teigrollen kleine, gleichmäßige Stücke abschneiden, dünne Enden und dicke Mitte formen, Enden nach innen biegen wie bei Hörnchen, auf Blech legen, lichtgelb backen.
③ Kipferl vorsichtig mit Messer vom Blech heben, heiß in Zucker oder Puderzucker wenden, noch warm in Gebäckdosen füllen.

Variation
Teig etwa 4 mm dick auswellen, Halbmonde ausstechen, backen und in Zucker wenden.

Schildkrötchen

Vorbereiten 5 Minuten
Teig bereiten 8–10 Minuten
Kühlen 1–2 Stunden
Backen 12–15 Minuten pro Blech bei 180–190 °C

Teig

150 g	Mehl, gesiebt
1 Msp	Backpulver, unter das Mehl gemischt
100 g	Butter, gut gekühlt, in kleine Stücke zerteilt
1	Eigelb
1 EL	Zucker
	Prise Salz, in
3 EL	Wasser, kalt, verquirlt

Belag

1	Eiweiß, steif geschlagen
1 P	Vanillinzucker
100 g	Mandeln oder Nüsse, fein gerieben

① Mehl, Backpulver und Butterstückchen miteinander verkrümeln oder verhacken.
② Eigelb, mit Zucker und Salzwasser verquirlt, dazumischen, Teig glatt kneten, mit Folie abdekken, mindestens 1 Stunde in Kühlschrank stellen. Backofen vorheizen.
③ Für den Belag Vanillinzucker und Mandeln unter das steif geschlagene Eiweiß ziehen.
④ Teig portionsweise 3 mm dick ausrollen, runde oder ovale Plätzchen mit glattem Rand von etwa 4 cm ∅ ausstechen, auf mit kaltem Wasser abgespültes Blech setzen. Belag 1 cm dick aufstreichen, Rand von ½–¾ cm Breite lassen, sofort lichtgelb backen.
⑤ Nach dem Backen mit Messer oder Palette vorsichtig vom Blech nehmen, auf glatter Oberfläche erkalten lassen. In gut verschließbarer Keksdose aufbewahren.

Der Teig läßt sich auf Vorrat zubereiten und bis zu 1 Woche, in Folie eingeschlagen, im Kühlschrank aufbewahren.

Variation
Statt Mürbteig Sahneblätterteig verwenden.

Terlaner Walnußecken

Vorbereiten 10 Minuten
Teig bereiten 10 Minuten
Kühlen 30 Minuten für Teig
Vorbacken 8 Minuten bei 190 °C
Bereiten der Makronenmasse 5–6 Minuten
Backen 15 Minuten bei 175 °C

Teig

250 g	Mehl, mit
1 TL	Backpulver vermischt und gesiebt
120 g	Butter, kalt, in Stückchen
140 g	Zucker
	Prise Salz
2 TL	Zitronenschale, abgerieben
5	Eigelb, verquirlt

Nußbaiser

5	Eiweiß, mit
2 TL	Zitronensaft und
250 g	Puderzucker sehr steif geschlagen
150 g	Walnüsse, davon etwa ⅔ fein gerieben, die anderen mittelgrob gehackt
2 EL	Johannisbeergelee oder Aprikosenmarmelade
	Butterpapier zum Blech

① Gehackten Mürbteig mit angegebenen Zutaten herstellen, auf vorbereitetem Blech auswellen oder gleichmäßig ausdrücken und mit der kleinen Teigrolle ausgleichen. Blech mit Teig kühl stellen. Backofen auf 190 °C vorheizen.

② Teig auf dem Blech sehr hell vorbacken.

③ Eiweiß steif schlagen, Zitronensaft und Puderzucker nach und nach zugeben, mitschlagen, bis die Masse schnittfest und glänzend ist. Geriebene und gehackte Nüsse unterziehen.

④ Vorgebackenen Teig rasch mit Gelee bestreichen, Walnußbaiser darauffüllen und mit großem Messer oder Kuchenpalette glattstreichen, hell überbacken.

⑤ Das Gebäck heiß in Dreiecke mit einer Seitenlänge von 5–6 cm schneiden, erkalten lassen und in dichten Gebäckdosen aufbewahren.

Rahmplätzchen ohne Zucker

Vorbereiten 5 Minuten
Teig bereiten 10 Minuten
Kühlen 2–3 Stunden
Ausformen 20–30 Minuten
Backen 10–12 Minuten pro Blech bei 190–200 °C

300 g	Mehl, gesiebt
200 g	Butter, gekühlt, in Stückchen
2 P	Vanillinzucker
	Prise Salz
4 EL	saure Sahne, evtl. etwas mehr
	Butterpapier zum Blech
1	Eigelb, mit
1 EL	Milch verquirlt, zum Bestreichen
2 EL	Hagelzucker zum Bestreuen

① Mehl und Butter auf Backbrett miteinander verhacken, Vanillinzucker, Salz und saure Sahne zugeben, Teig glatt kneten, kühl stellen. Backofen vorheizen, Blech vorbereiten.

② Teig 3 mm dick ausrollen, beliebige Förmchen ausstechen, auf Blech setzen, nach Belieben mit Eigelb bestreichen und mit Hagelzucker bestreuen. Sofort lichtgelb backen.

③ Nach dem Backen vorsichtig vom Blech nehmen, noch warm in Gebäckdose legen, gut verschlossen aufbewahren.

Variationen

- Statt Hagelzucker bunten Streuzucker verwenden.
- Statt mit Eigelb nach dem Backen mit Zitronen-, Rum- oder Arrakglasur überziehen.

Vanille- und Schokoladenbrezeln

Vorbereiten 5 Minuten
Teig bereiten 8–10 Minuten
Kühlen 1–3 Stunden für Teig, 15 Minuten pro Blech nach dem Ausformen
Backen 10–12 Minuten pro Blech

Vanillebrezeln

375 g	Mehl
100 g	feiner Zucker
250 g	Butter, kalt, in Stückchen
2 P	Vanillinzucker
1	Eigelb
1	Ei oder 2 kleine Eier, mit
2 EL	Sahne oder Milch verquirlt
	Puderzuckerglasur mit Vanille (s. Seite 406)

Schokoladenbrezeln

325 g	Mehl und
30 g	dunkler Kakao, gesiebt
150 g	feiner Zucker
250 g	Butter, kalt, in Stückchen
1 TL	abgeriebene Zitronenschale oder
2–3	Tropfen Mandelaroma
2	Eier, mit
2 EL	Sahne oder Milch verquirlt
	Schokoladenguß oder Puderzuckerglasur mit Kakao (s. Seiten 406, 407)
	Butterpapier zum Blech

① Mehl, bei Schokoladenbrezeln Mehl mit Kakao, und Zucker auf Backbrett mischen, Butter zunächst unterhacken, dann mit den Händen kurz abbröseln. Geschmackszutat darüberstreuen bzw. -tropfen, verquirlte Eier mit Gabel leicht untermengen und dann sehr rasch zu glattem Teig kneten, kühl stellen. Backofen vorheizen, Blech vorbereiten.

② Aus dem Teig Rollen von etwa 3–4 cm Ø formen, mit Messer in gleiche Abschnitte von je 1½–2 cm Länge teilen. Jeden Abschnitt auf Backbrett mit Händen zu möglichst gleichmäßig dünnem Strang rollen, daraus möglichst gleiche, zierliche Brezeln formen, auf Blech legen, bis zum Backen kühl stellen.

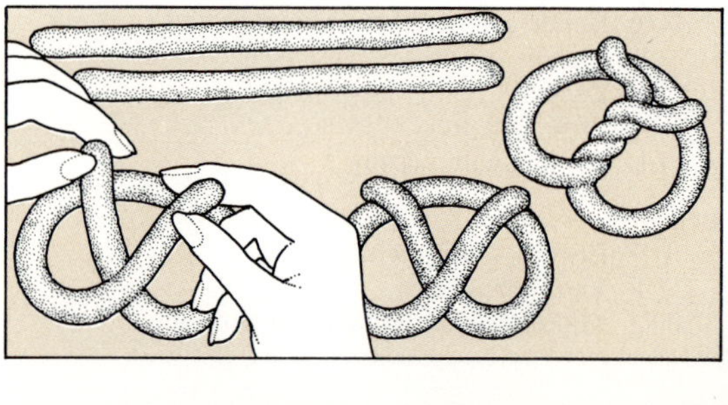

③ Die Brezeln hellgelb bzw. mittelbraun (bei Schokoladenbrezeln) backen. Vanillebrezeln noch heiß mit Puderzuckerglasur, Schokoladenbrezeln erkaltet mit Schokoladenguß überziehen, trocken werden lassen und in Schachtel aufbewahren.

Salziges Kleingebäck

Ausformen 25–30 Minuten
Backen pro Blech 15–25 Minuten, je nach Teigart

1	Rezept Salziger Mürbteig oder Käsemürbteig (s. Seite 341)
	Butterpapier zum Blech

Zum Bestreichen

2	Eigelb oder 1 ganzes Ei, mit
2–3 EL	Milch verquirlt

Zum Bestreuen

1–2 EL	Kümmel
1 TL	Salz
1–2 EL	Hartkäse, gerieben
3–4 EL	Sesamkerne
3–4 EL	Mohnsamen
	frisch gemahlener Pfeffer
	Rosenpaprika

① Backofen vorheizen. Teig bereiten, Blech vorbereiten.

② Kümmelstangen: Gekühlten Teig in 2–3 Portionen jeweils mit wenig Mehl etwa 3 mm dick zu Rechteck auswellen. Teigplatte mit Eigelb bestreichen, mit Kümmel und Salz bestreuen. Mit Teigrädchen oder Messer 10–12 cm lange, 2 cm breite Streifen abtrennen, auf Blech setzen, hellgelb backen.

Mohnstangen: Gekühlten Teig in 2–3 Portionen auf Mohnsamen zu Rechteck 3 mm dick ausrollen. Daraus Streifen von 15 × 2 cm schneiden oder radeln, jeweils 2 Streifen miteinander kordelartig verschlingen, dünn mit Eigelb bestreichen, mit Mohnsamen und etwas Reibkäse bestreuen, lichtgelb backen.

Sesamstangen: Wie Mohnstangen vorbereiten, mit Sesam bestreuen, lichtgelb backen.

Käsestangen: Gekühlten Teig mit wenig Mehl etwa 3–4 mm dick zu Rechteck ausrollen. Aus dem Teig 15 cm lange, 3 cm breite Streifen schneiden oder radeln. Jeden Streifen korkenzieherartig 3–4 mal drehen, mit Eigelb bestreichen, mit Käse bestreuen, etwas Paprika oder Pfeffer darüberstäuben, auf Blech setzen, lichtgelb backen.

Käseplätzchen: Gekühlten Teig mit wenig Mehl 3 mm dick ausrollen oder Formen (Halbmond, Kleeblatt, Pilz) von höchstens 4 cm Ø ausstechen, mit Eigelb bestreichen. Plätzchen mit Mohn, Kümmel oder Sesam und etwas Paprika oder Pfeffer bestreuen, lichtgelb backen.

③ Die gebackenen Stangen oder Plätzchen mit dünnem, spitzem Messer vom Blech lösen, Gebäck zum Auskühlen auf flaches Backbrett oder flache Platte legen, nach dem Auskühlen frisch verzehren oder in gut schließender Gebäckdose aufbewahren. Es hält sich so bis zu 3 Wochen frisch.

Alles Gebäck mit Reibkäse darf nur lichtgelb ausgebacken werden. Eine stärkere Bräunung macht den Käse bitter.

Variation

Anstelle von Mürbteig lassen sich Quarkölteig und Quarkblätterteig ebenso gut verwenden.

Gerührter Mürbteig

Hildatörtchen, Olgaringe

Vorbereiten 10 Minuten
Teig bereiten 5–10 Minuten
Kühlen 1–3 Stunden für Teig, 10–15 Minuten für ausgeformte Plätzchen
Ausformen 15–20 Minuten
Backen 8–10 Minuten pro Blech bei 190–200 °C
Füllen 15–20 Minuten

Teig

200 g	Butter, zimmerwarm, in Flöckchen
200 g	feiner Zucker
1	Eigelb, mit
1	Ei verquirlt
1 P	Vanillinzucker oder 1 TL abgeriebene Zitronenschale
	Prise Salz
400 g	Mehl, gesiebt
	Butterpapier zum Blech
150 g	säuerliches Gelee oder Marmelade, mit
1 EL	Rum, Zitronensaft oder Obstgeist glatt verrührt
	Puderzucker zum Besieben

① Aus Butter, Zucker, Eigelb, Ei lockere Schaummasse herstellen, Geschmackszutaten zugeben, Mehl untermischen, rasch zu Teig verkne-

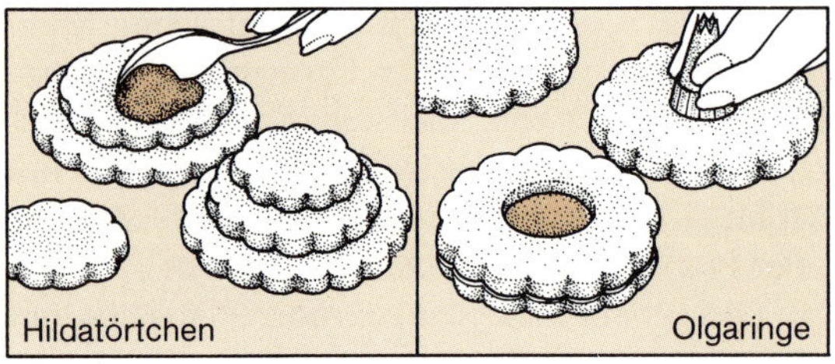

ten, sehr gut kühlen. Backofen vorheizen, Blech vorbereiten.

② Hildatörtchen: Den gut gekühlten Teig in Portionen etwa 3 mm dick auswellen, runde, rauten- oder sternförmige Terassen oder Plätzchen und Ringe ausstechen (darauf achten, daß jeweils die gleiche Zahl der verschiedenen Größen ausgestochen wird) und ein Blech möglichst immer nur mit gleichgroßen Plätzchen belegen. Nochmals gut kühlen, dann hell backen. Die Plätzchen terassenförmig aufeinandersetzen, mit Marmelade dünn gefüllt. Die fertigen Plätzchen mit Puderzucker besieben und in Dosen kühl aufbewahren.

Olgaringe: Backbrett mit Mehl bestäuben. Gekühlten Teig in 3–4 Portionen (restlichen Teig immer kühl halten) etwa 3 mm dick auswellen, runde, glatte oder runde, gezackte Plätzchen von 4–6 cm ∅ ausstechen, davon die Hälfte als Ringe (mit Fingerhut oder umgekehrter Spritztülle) ausstechen und auf getrennten Blechen backen. Plätzchen mit Marmelade bestreichen, Ringe daraufsetzen, mit Puderzucker besieben.

Albert-Keks

Vorbereiten 5 Minuten
Teig bereiten 15 Minuten
Kühlen 1–3 Stunden
Ausformen 15–20 Minuten
Backen etwa 8 Minuten pro Blech bei 190 °C

125 g	Butter, zimmerwarm, in Flöckchen
200 g	Zucker
4	Eier
1 P	Vanillinzucker
¼ TL	Salz
650 g	Mehl, evtl. etwas mehr, mit
2 TL	Backpulver vermischt, gesiebt
1–2 EL	Sahne oder saure Sahne

Butterpapier zum Blech

① Aus Butter, Zucker, Eiern, Vanillinzucker und Salz gute Schaummasse rühren.

② Mehl zugeben, mit Sahne zu glattem Teig abkneten, Teig bis zum Festwerden ruhen lassen. Backofen vorheizen, Blech vorbereiten.

③ Teig portionsweise etwa 3 mm dick auswellen. Runde, gezackte oder rechteckige Kekse ausstechen, mit Gabelzinken mehrmals einstechen, auf Blech legen, lichtgelb backen.

④ Die gebackenen Plätzchen vom Blech nehmen, in Dosen aufbewahren, zum Frischverzehr geeignet.

Rahmplätzchen

Vorbereiten 5 Minuten
Teig bereiten 15 Minuten
Kühlen 1–2 Stunden
Ausformen 30 Minuten
Backen 10–12 Minuten pro Blech bei 180–190 °C

150 g	Butter, zimmerwarm, in Flöckchen
200 g	Zucker
¼ TL	Salz
1	Ei
1 P	Vanillinzucker oder 1 TL Zitronenschale, fein gerieben
3–4 EL	saure Sahne
500 g	Mehl, davon evtl. 100 g als Speisestärke, mit
1½ TL	Backpulver vermischt, gesiebt

Butterpapier zum Blech

① Aus Butter, Zucker, Salz, Ei und Vanillinzukker oder Zitronenschale sehr gute Schaummasse rühren.

② Sahne unterrühren, Mehl mit Backpulver zugeben, zunächst verrühren, dann Teig auf Backbrett glatt kneten, kühl stellen. Backofen vorheizen, Blech vorbereiten.

③ Teig portionsweise 3 mm dick ausrollen, beliebige kleine Formen ausstechen, auf Blech legen, lichtgelb backen.

Variation

Buntes Weihnachtsgebäck: Die Plätzchen vor dem Backen mit verquirltem Eigelb bestreichen, mit buntem Streuzucker oder Schokoladenstreuseln verzieren oder nach dem Backen mit Zitronen-, Arrak- oder Rumglasur überziehen, hübsch verzieren.

Husarenkrapferl

Vorbereiten 5 Minuten
Teig bereiten 10 Minuten
Kühlen 1–2 Stunden
Backen 10–12 Minuten bei 190 °C

Teig

150 g	Butter, zimmerwarm, in Flöckchen
75 g	feiner Zucker
3	Eigelb, verquirlt
1 P	Vanillinzucker
	Prise Salz
300 g	Mehl, gesiebt

Zum Füllen und Bestreuen

100 g	feste, rote Marmelade
1	Eigelb, mit
1 EL	Milch verquirlt
50 g	geschälte Mandeln, gehackt
	Butterpapier zum Blech

① Schaummasse aus Butter, Zucker, Eigelb und Geschmackszutaten herstellen, Mehl zumengen und rasch unterkneten, Teig kühl stellen. Backofen vorheizen, Blech vorbereiten.

② Aus dem Teig 2–3 Rollen von ca. 3 cm Ø formen, mit dem Messer gleich große, etwa 2½ cm lange Stücke abschneiden und daraus Kugeln formen.
In die Mitte jeder Kugel mit dickem Stift oder Kochlöffelstiel Vertiefung drücken, am Rand nach Belieben mit Eigelb bestreichen und in Mandelsplitter tauchen. Mit Spritztülle in jede Vertiefung Marmelade füllen (*nicht randvoll* füllen, da die Marmelade beim Backen sonst überkocht!), auf Blech setzen, kühl stellen.
③ Die Krapferl goldgelb backen, mit spitzem Messer vorsichtig vom Blech lösen, erkalten lassen und in Gebäckdose aufbewahren.

Schwarz-Weiß-Gebäck

Vorbereiten 5 Minuten
Teig bereiten 15 Minuten
Kühlen 1–3 Stunden für Teig, 15 Minuten für ausgeformte Plätzchen
Ausformen 25 Minuten
Backen 10–12 Minuten pro Blech bei 200 °C

250 g	Butter, zimmerwarm, in Flöckchen
250 g	feiner Zucker
1	Ei und
1	Eigelb
1 P	Vanillinzucker
3 EL	Rum oder Arrak
500 g	Mehl, gesiebt
2 EL	dunkler Kakao
1 EL	Rum
1	Eiweiß, verquirlt
	Butterpapier zum Blech

① Aus Butter, Zucker und Eiern lockere Schaummasse rühren, Geschmackszutaten untermischen, auf Backbrett mit Mehl rasch zu glattem Teig verkneten. Teig in zwei Hälften teilen, eine Hälfte mit Kakao dunkel färben, Rum tropfenweise unter den dunklen Teig kneten. Teig bis zum Festwerden kühlen.
② Zum Ausrollen der beiden Teighälften am besten auf 2 Backbrettern arbeiten, damit der helle Teig nicht verfärbt wird.
Schnecken: Von hellem und dunklem Teig jeweils eine 2–3 mm dünne, gleich große, rechteckige Platte auswellen. Helle Platte mit Eiweiß dünn bestreichen, dunkle Platte darauflegen, mit

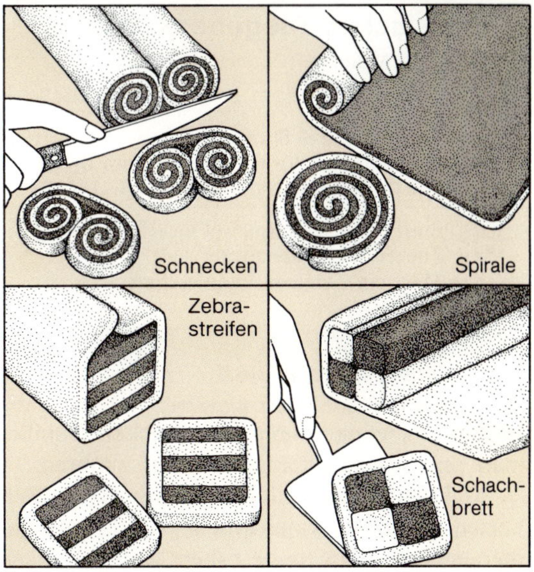

Eiweiß bestreichen, gegenläufig (von zwei Seiten her) aufrollen, kalt stellen.
Spiralen: Wie Schneckenmuster vorbereiten, nur von einer Seite aufrollen, kalt stellen.
Zebrastreifen: Wie Schnecken vorbereiten, die aufeinandergelegten Teigplatten in 4 cm breite Streifen schneiden, jeweils 2 oder 3 Streifen aufeinanderschichten. Aus hellem oder dunklem Teig dünne, rechteckige Platte auswellen, mit Eiweiß bestreichen, die zusammengesetzten Streifen darin einschlagen, Seiten gut verschließen, kalt stellen.
Schachbrett: Aus hellem und dunklem Teig gleich große Rollen von 1½ cm ∅ formen, diese vierkantig drücken. Aus hellem oder dunklem Teig dünne, rechteckige Platte auswellen, mit Eiweiß bestreichen. Die Rollen – je eine dunkle und eine helle – darauflegen, mit Eiweiß bestreichen, auf die dunkle eine helle, auf die helle eine dunkle legen, wieder mit Eiweiß bestreichen. Mit der Teigplatte umhüllen, an den Seiten gut verschließen, kalt stellen. Backofen vorheizen. Blech vorbereiten.
③ Die durch Kühlen fest gewordenen Teigrollen mit scharfem Messer in ½ cm dicke Scheiben schneiden, dabei Messer häufig abwischen, damit die Teigschichten sich nicht verfärben. Die Plätzchen auf das Blech legen, sofort lichtgelb backen. Die gebackenen Plätzchen vom Blech lösen und noch warm in gut schließende Gebäckdosen füllen.

Französisches Teegebäck, Sablés

Vorbereiten 5 Minuten
Teig bereiten 15 Minuten
Ruhen 30 Minuten
Kühlen in der Rolle 2–3 Stunden
Kühlen auf dem Blech etwa 15 Minuten pro Blech
Backen etwa 20 Minuten pro Blech bei 170–190 °C

300 g	Butter, zimmerwarm, in Flöckchen
125 g	Zucker oder Puderzucker
	Mark einer kleinen Vanilleschote
¼ TL	Salz
400 g	Mehl, gesiebt
	Butterpapier zum Blech

① Butter cremig rühren, mit Zucker, Vanillemark und Salz zu guter Schaummasse rühren.
② Mehl nach und nach unterrühren, Teig rasch kneten, zu Kugel formen und zugedeckt bei Zimmertemperatur ½ Stunde ruhen lassen. Danach 3 gleich große Rollen von je 4 cm ∅ glatt und rund formen, jede Rolle einzeln in Alufolie einschlagen und in den Kühlschrank legen. Backofen vorheizen, Blech dünn befetten und kühl halten.
③ Die Rollen jeweils nacheinander aus dem Kühlschrank nehmen und in 1 cm dicke, gleichmäßige Scheiben schneiden, auf das Blech legen, wieder kühl stellen.
④ Hellgelb backen, die sehr mürben Plätzchen *vorsichtig* vom Blech nehmen, nach dem Erkalten in Dosen aufbewahren.

Variationen
- 80 g grob gehackte Nüsse oder Mandeln *oder* 30 g kandierten, nicht zu klein gehackten Ingwer *oder* 50 g Zitronat und kandierte Kirschen, nicht zu klein gehackt, unter den fertigen Teig kneten.
- Rollen vor dem Formen in Hagelzucker wälzen.

Fränkische Mürbe Brezeln

Vorbereiten 5 Minuten
Teig bereiten 10–15 Minuten
Ausformen 30–40 Minuten
Backen 15–18 Minuten pro Blech bei 160–170 °C

250 g	Butter, zimmerwarm, in Flöckchen
2	Eier, verquirlt
¼ TL	Salz
2 TL	Zitronenschale, fein abgerieben
30 g	frische Hefe, in
¼ l	Milch gelöst (evtl. etwas mehr Milch)
625 g	Mehl, gesiebt
	reichlich Butter zum Blech
150 g	feiner Zucker zum Wenden

① Butter schaumig rühren, Eier zugeben, gut in der Butter verrühren, Salz und Zitronenschale dazumischen.
② Hefemilch und Mehl nach und nach an die Schaummasse mischen, Teig rasch zu mittelfester Beschaffenheit kneten, in 4–5 Portionen einteilen, kühl halten. Backofen vorheizen, Blech vorbereiten.
③ Sofort auf Backbrett portionsweise den Teig zu bleistiftdicken Strängen ausrollen, in etwa 12 cm lange Abschnitte einteilen, daraus Brezeln formen, in Zucker wenden, auf das Blech setzen, hell backen.
④ Vom Blech nehmen und in Dosen aufbewahren. Ausgezeichnetes Frischgebäck.

GZ Spritzgebäck

Vorbereiten 10 Minuten
Teig bereiten 10 Minuten
Kühlen 1–3 Stunden für Teig, 15–20 Minuten für ausgeformten Teig auf dem Blech
Ausformen 20 Minuten
Backen 8–10 Minuten pro Blech bei 190–200 °C
Glasieren 15–20 Minuten

Feines, sandiges Spritzgebäck (heller Teig)

375 g	Butter, zimmerwarm, in Flöckchen
250 g	feiner Zucker
1	Ei, zimmerwarm
2 P	Vanillinzucker
150 g	Mandeln, geschält, fein gerieben
250 g	Mehl, mit
250 g	Speisestärke gemischt, gesiebt

Knuspriges Spritzgebäck (heller Teig)

250 g	Butter, zimmerwarm, in Flöckchen
250 g	feiner Zucker
3	kleine Eier
1 P	Vanillinzucker
125 g	ungeschälte Mandeln oder Nüsse, fein gerieben
375 g	Mehl, gesiebt, evtl. etwas mehr

Knuspriges Spritzgebäck (dunkler Teig)

1	Rezept Knuspriges Spritzgebäck ohne Mandeln oder Nüsse, dafür mit
450 g	Mehl, gesiebt
3 EL	dunkler Kakao oder 80–100 g geriebene Bitterschokolade
1–2 EL	Rum oder Mandellikör *oder*
1–2 EL	Milch mit 2–3 Tropfen Mandelaroma

Butterpapier zum Blech
Puderzucker zum Besieben *oder*
Rumglasur (s. Seite 406) oder Schokoladenfettglasur (s. Seite 408)

① Butter schaumig rühren, nach und nach jeweils Zucker und Ei (Eier) zugeben. Masse sehr schaumig rühren. Mandeln oder Nüsse und Mehl untermengen, kurz durchkneten. Teig bis zum Festwerden kühl stellen. Backofen vorheizen, Blech vorbereiten.

② Aus dem gut gekühlten Teig mit Sternschablone der Backspritze oder Spritzgebäckvorsatz vom Fleischwolf jeweils Stränge von ca. 18–20 cm Länge spritzen, mit Messer in 3–4 Abschnitte teilen und daraus kleine Kränzchen (etwa 4–5 cm ∅) oder S-formen auf kaltes Blech setzen, nochmals kalt stellen.
Oder: Mit der gezackten Bandschablone beliebig lange Bänder spritzen, diese mit dem Messer in Abschnitte von 5–6 cm Länge teilen, auf kaltes Blech setzen und nochmals kalt stellen.

③ Die auf dem Blech durch das nochmalige Kühlen fest gewordenen Plätzchen backen. Dabei streng darauf achten, daß nur der auf dem Blech aufliegende Rand und die Teigspitzen sich goldgelb färben. Das fertige Gebäck mit dünnem Messer vorsichtig, aber rasch vom Blech lösen und auf flache Unterlage legen. Zum Weiterbenutzen das Blech mit Butterpapier sauber abreiben und unter kaltem Wasser wieder abkühlen, damit die nachfolgenden Plätzchen wieder rasch fest werden.

④ Das Gebäck aus hellem Teig noch heiß mit Puderzucker übersieben.
Oder: Helles und dunkles Gebäck erkalten lassen und in Schokoladenglasur eintauchen: Die Kränzchen und Stangen jeweils bis zur Hälfte, die S jeweils nur an den Spitzen. Die getauchten Plätzchen auf ein mit Alu- oder Backfolie belegtes Kuchengitter, flache Platten oder Backbrett legen und an kühlem Ort trocknen lassen.
Oder: Alle Kränzchen mit Rumglasur überziehen, erkalten lassen.

⑤ Die mit Puderzucker besiebten Plätzchen von den glasierten getrennt, ebenso helles und dunkles Gebäck voneinander getrennt in gut schließenden Gebäckdosen aufbewahren.

Tiroler Brot, Tiroler Herzen

Vorbereiten 15 Minuten
Teig bereiten 15 Minuten
Kühlen 1 Stunde
Ausformen 20 Minuten
Backen 10–12 Minuten pro Blech bei 180–200 °C
Glasieren 15–20 Minuten

125 g	Butter, zimmerwarm, in Flöckchen
125 g	feiner Zucker
4	Eigelb
¼ TL	Zimt
1 Msp	Nelken
	Prise Muskat
1 TL	Anis
50 g	Orangeat und
100 g	Zitronat, sehr fein gehackt
125 g	Mehl, mit
1 Msp	Backpulver vermischt und gesiebt
250 g	Mandeln, fein gerieben
2	Gläschen Kirsch-, Zwetschgen- oder Birnengeist

Butter zum Blech oder Backtrennpapier
Zitronen- oder Obstgeistglasur (s. Seite 406)

① Gerührten Mürbteig (wie Seite 353) mit sehr lockerer Schaummasse herstellen, Geschmackszutaten und Mehl untermischen, Mandeln und Alkohol zugeben, Teig rasch abkneten und kühlen. Backofen vorheizen, Blech vorbereiten.
② Teig in mehreren Portionen mit wenig Mehl ½ cm dick auswellen, Herzen ausstechen, auf Blech legen, sofort lichtgelb backen.
③ Gebackene Plätzchen einzeln vom Blech heben, auf flache Unterlage legen. Puderzucker mit Zitronensaft oder Alkohol vermischen, Plätzchen noch warm damit bestreichen, erkalten lassen, in gut schließender Dose aufbewahren.

Variationen
- Die Mandeln durch Schmelz-Haferflocken ersetzen oder halb Mandeln/halb Haferflocken verwenden.
- Statt Alkohol Milch oder Sahne zugeben.

Thüringer Zimtsterne und -herzen

Vorbereiten 10 Minuten
Teig bereiten 10 Minuten
Kühlen 1–2 Stunden
Ausformen 25–30 Minuten
Backen 10–12 Minuten pro Blech bei 190–200 °C
Glasieren 15–20 Minuten

125 g	Schmelz-Haferflocken, in
1 EL	Zucker trocken geröstet
125 g	Butter, zimmerwarm, in Flöckchen
200 g	Zucker
2	Eier
2 TL	Zimt
125 g	Mandeln oder Nüsse, fein gerieben
125 g	Mehl, mit
1 TL	Backpulver vermischt und gesiebt

Butter zum Blech
Eiweiß- oder Rum- oder Zitronenglasur (s. Seite 406)

① Haferflocken mit Zucker auf mittlerer Hitze in Pfanne unter Rühren trocken rösten, auf Teller erkalten lassen.
② Aus Butter, Zucker, Eiern Schaummasse zu gerührtem Mürbteig herstellen, Zimt zugeben.
③ Haferflocken, Mandeln oder Nüsse unterrühren, Mehl und Backpulver dazusieben, alles zu glattem Teig kneten und kühl stellen. Backofen vorheizen, Blech vorbereiten.
④ Teig in Portionen 3–4 mm dick auswellen und Sterne oder Herzen ausstechen, auf Blech legen, evtl. nochmals kühl stellen, hell backen.
⑤ Nach dem Backen die Plätzchen vorsichtig vom Blech lösen, etwas abkühlen lassen und mit Glasur nach Wahl überziehen.

Variation
Gefüllte Plätzchen: Jeweils gleiche Zahl Plätzchen mit und ohne ausgestochener Mitte backen. Johannisbeergelee, mit 2 EL Zitronensaft glatt gerührt, auf die Unterseite der ganzen Plätzchen streichen, mit den ausgestochenen Plätzchen zusammensetzen.

Eischwerteig und Sandteig

Eischwerteig ist ein feiner Rührteig, dessen mengenmäßige Zusammensetzung auf dem zuverlässigen Maß des Eigewichts beruht. Eischwerteig läßt sich ohne oder mit Fett (Butter) herstellen. Wird die Mehlmenge beim Eischwerteig mit Fett bis zur Hälfte durch Speisestärke ersetzt, erhält man den Sandteig mit seiner typischen, feinporigen Beschaffenheit. Das Mengenverhältnis bleibt bei größeren und kleinen Teigmengen immer gleich.

Eischwerteig ohne Fett
= 1 Ei: 1 eischwer Zucker : 1 eischwer Mehl
Eischwerteig mit Fett
= 1 Ei: ½ eischwer Butter : 1 eischwer Zucker : 1 eischwer Mehl *oder*
1 Ei : 1 eischwer Butter : 1 eischwer Zucker : 1 eischwer Mehl (= Gleichschwer-Verhältnis)

Der Gleichschwerteig bildet die Grundlage der Sandmasse.

Die Zutaten

Die **Eier** müssen für Eischwerteig von besonders guter Qualität (am besten 4–8 Tage alt) sein, da sie wichtigstes Lockerungs- und auch Bindemittel sind.
Zucker sollte nur in feinster Körnung (oder als Puderzucker) verwendet werden, da er sich leichter löst und die Masse schaumiger werden läßt. Der hohe Zuckeranteil läßt Eischwerteige rasch bräunen, was die Wahl der Backtemperatur beeinflußt.
Butter ist besonders beim Gleichschwer-Verhältnis anteilmäßig hoch vertreten und beeinflußt wesentlich den Geschmack. Deshalb sollte nur sehr frische Butter zur Verwendung kommen. Bei Fett-Schaummasse muß sie gut temperiert sein. Bei Verwendung flüssiger Butter ist es wichtig, sie nur lauwarm zerfließen zu lassen.
Geschmackszutaten sind fast immer fein geriebene Zitronenschale und Vanillinzucker. Daneben können Anis, Kakao- oder Schokoladenpulver (für dunkle Teige) verwendet werden. Speziell bei Kakao muß dessen Zugabe mit der Mehlmenge genau abgestimmt sein, da Kakao feine Teige leicht fest werden läßt.
Mandeln oder Nüsse können, geschält oder ungeschält, fein gerieben an die Schaummasse oder gehackt mit Trockenfrüchten an den fertigen Teig gemischt werden.
Rum oder Arrak ist neben Geschmackszutat auch Lockerungsmittel und wird erst unter den fertigen Teig gemischt.
Weizenmehl als wichtiges Bindemittel sollte für Eischwerteige nur in bester Qualität verwendet werden. Da neben der gut gerührten Schaummasse keine oder nur geringste Mengen von Triebmittel zur Anwendung kommen, ist kleberreiches Mehl für ein gutes Ergebnis besonders wichtig.
Speisestärke für Sandteige muß – wie auch das Weizenmehl – gesiebt an den Teig gemischt werden. Dazu den Teiglöffel benutzen, um die lockere Schaummasse nicht zu beeinträchtigen.
Backpulver wird nur in sehr geringer Menge verwendet und immer gesiebt unter das letzte Mehl gemischt.

Grundregeln für die Teigbereitung

▷ Stets frische Eier verwenden. Für Fett-Schaummasse Eier temperieren.
▷ Nur frische Butter verwenden. Butter in Stükke teilen, auf Zimmertemperatur erwärmen.
▷ Sehr gute Schaummasse rühren. Eischwerteig mit Fett nicht auf höchster Schaltstufe rühren.
▷ Mehl und Speisestärke nur gesiebt mit Teiglöffel unter den Teig mischen.
▷ Bei geronnener Schaummasse 1–1½ TL Backpulver unter das Mehl mischen.

Grundregeln für das Backen

▷ Eischwerteige bräunen rasch und werden deshalb in der Mitte des Ofens langsam gebakken.
▷ Erschütterungen während des Backens und Öffnen der Backofentüre vermeiden.
▷ Garprobe mit Hölzchen machen.

▷ Nach dem Backen Kuchen in der Form etwa 10 Minuten abkühlen lassen. Mit spitzem Messer am Formrand entlang lockern, auf Kuchengitter stürzen. Beim Abkühlen Zugluft vermeiden.

Hinweise für die Küchenpraxis

▷ Eischwerteig ohne Fett kann frisch verzehrt werden.
▷ Eischwerteig mit Fett sollte mindestens 1 Tag vor Verwendung gebacken werden, da sich das volle, runde Aroma erst dann entwickelt hat. Als ausgesprochenes Dauergebäck hält er sich – vor allem mit Glasur- oder Guß-Überzug – bei Aufbewahrung an kühlem Ort bis zu 10 Tagen frisch.
▷ Erst nach dem Erkalten glasieren oder überziehen.
▷ Zum Einfrieren das frische Gebäck nach dem Auskühlen unglasiert vorschriftsmäßig verpacken. Es ist 2–3 Monate haltbar.
▷ Beide Arten von Eischwerteig können in rohem Zustand in dafür geeigneten Aluformen eingefroren und nach dem Auftauen wie frischer Teig gebacken werden.

Eischwerteig ohne Fett

Grundrezept

Vorbereiten 5 Minuten
Teig bereiten 15 Minuten

4	frische Eier im ganzen
4	eischwer feiner Zucker oder Puderzucker
½ TL	Zitronenschale, fein abgerieben
1 P	Vanillinzucker
2 EL	Rum oder Arrak
4	eischwer Mehl, gesiebt

① Aus ganzen Eiern und Zucker sehr lockere Schaummasse rühren, Geschmackszutaten nach und nach zugeben.
② Gesiebtes Mehl unter Schaummasse heben.

Verwendung In der Springform gebacken zu Kuchen- und Tortenböden, in der Kastenform als Anis-, Bischofs- und Mandelbrot.

Aniskuchen

Backen 35–45 Minuten, je nach Formgröße und -höhe, bei 175 °C

1	Grundrezept Eischwerteig ohne Fett (s. oben)
1 TL	Anis, ganz, zerstoßen oder gewiegt
	Butter und Mehl zur Form
	Puderzucker zum Besieben

① Backofen vorheizen, Form vorbereiten. Schaummasse nach Grundrezept herstellen.
② Mehl unterheben, Anis zugeben, alles locker mischen. Teig in Form füllen, sofort backen.
③ Nach dem Backen ca. 10 Minuten in der Form abkühlen lassen, Rand lockern, auf Kuchengitter stürzen, noch warm mit Puderzucker besieben, erkalten lassen.

Variation
Aniszwieback: Den erkalteten Kuchen in 1¼–1½ cm dicke Stücke schneiden, flach auf sauberes Kuchenblech legen, bei 100 °C beidseitig goldgelb rösten, noch warm in gut schließende Gebäckdose legen.

Bischofsbrot

Vorbereiten 10 Minuten
Backen 45–50 Minuten bei 175 °C

1	Grundrezept Eischwerteig ohne Fett (s. Seite 360)
1 Msp	Backpulver, mit Mehl vermischt
50 g	Mandeln, geschält, mittelfein gehackt
50 g	Zitronat und Orangeat, sehr fein gehackt
50 g	Rosinen und
50 g	Korinthen, gewaschen, gut abgetropft
2 EL	Rum oder Arrak
	Butter und Mehl oder Semmelbrösel zur Form
	Puderzucker zum Besieben

① Backofen vorheizen, Form vorbereiten. Schaummasse nach Grundrezept herstellen.
② Gesiebtes Mehl mit Backpulver bis auf 1–2 Eßlöffel locker unterheben.
③ Zitronat, Orangeat, Rosinen und Korinthen im restlichen Mehl wenden, locker und gründlich unter den Teig mischen, Alkohol zugeben, unterziehen.
④ Teig in die vorbereitete Form füllen und sofort backen.
⑤ Nach dem Backen ca. 10 Minuten in der Form abkühlen lassen, Rand lockern, auf Kuchengitter stürzen, noch warm mit Puderzucker besieben, erkalten lassen.

Mandel- oder Walnußbrot

Vorbereiten 10–15 Minuten
Backen 40–50 Minuten, je nach Formgröße und -höhe, bei 175 °C

4	frische Eier im ganzen
4	eischwer feiner Zucker oder Puderzucker
1 TL	Zitronenschale, fein abgerieben
150 g	Mandeln, geschält, gerieben, oder geriebene Walnüsse
150 g	Mehl
½ TL	Backpulver
2 EL	Rum
	Butter und Mehl oder Semmelbrösel zur Form
	Puderzucker zum Besieben *oder*
3 EL	helle Marmelade zum Bestreichen und Schokoladenguß (s. Seite 407)

① Ofen vorheizen, Form vorbereiten. Schaummasse nach Grundrezept (s. Seite 360) herstellen.
② Mandeln oder Nüsse unter die Schaummasse ziehen. Mehl mit Backpulver unterheben, Alkohol zugeben, vermischen.
③ Teig in Form füllen, sofort backen.
④ Den gebackenen Kuchen noch warm mit Puderzucker besieben und erkalten lassen oder kalt mit verrührter Marmelade bestreichen und mit Schokoladenguß überziehen. Bis zum Verzehr gut trocknen lassen.

GZ Feine Obsttorte mit Gelatineguß

Vorbereiten 5–15 Minuten je nach Obstart
Bereiten der Creme 10 Minuten
Kühlen während der Zubereitung 1½–2 Stunden insgesamt
Gelatineguß 5 Minuten
Kühlen der fertigen Torte 1–2 Stunden

1	Kuchenboden aus Eischwerteig ohne Fett, aus Biskuitteig oder Wiener Masse, etwa 3 cm hoch, oder aus Mürb- oder Blätterteig, etwa 1½–2 cm hoch

Zum Tränken (für Eischwerteig, Biskuitteig oder Wiener Masse)

2 EL	Rum
2 EL	Frucht- oder Zitronensaft

Zum Bestreichen (für Blätterteig und Mürbteig)

1 EL	Aprikosenmarmelade oder Zitronengelee, mit
1 EL	Rum oder Zitronensaft glatt verrührt

Creme mit Butter (für Eischwerteig und Biskuitboden und für Wiener Masse)

100 g	Butter, zimmerwarm, in Flöckchen
75 g	Puderzucker
1	Ei
1 P	Vanillinzucker
1 EL	Rum, Arrak oder Obstgeist, zur jeweiligen Fruchtart passend
⅛ l	Sahne, steif geschlagen

Creme mit Joghurt (für alle Kuchenböden)

⅜ l	Joghurt
3 EL	Zucker
2 EL	Rum, Arrak oder Obstgeist, zur jeweiligen Fruchtart passend, oder Zitronensaft
8	Blatt weiße Gelatine, in kaltem Wasser gequollen
⅛ l	Sahne, mit
1 P	Vanillinzucker und
2 EL	Puderzucker steif geschlagen

Obstbelag

750 g	Kiwi, gewaschen, geschält, in ½ cm dicke Scheiben geschnitten, *oder* frische Himbeeren oder Brombeeren *oder* Mandarinen aus der Dose, sehr gut abgetropft

Gelatineguß

¼ l	heller Fruchtsaft, wie Apfel-, Trauben- oder Mandarinensaft
4	Blatt weiße Gelatine, in kaltem Wasser gequollen

① Kuchenboden gerade schneiden und mit Kuchenpinsel tränken bzw. mit Marmelade bestreichen, auf Tortenplatte setzen.

② Buttercreme: Butter geschmeidig rühren, Puderzucker, Ei und Vanillinzucker zugeben, gut schaumig rühren, Creme tropfenweise mit Alkohol aromatisieren, Sahne untermischen.

Joghurt-Creme: Joghurt mit Zucker, Alkohol und/oder Zitronensaft mit Schneebesen gut verrühren, Zucker muß aufgelöst sein. Gelatine im Wasserbad schmelzen, unter Rühren an die Joghurtmasse gießen, kalt stellen. Gelegentlich umrühren, um gleichmäßiges Steifen zu erreichen. Sobald die Masse deutlich stockt, steif geschlagene Sahne unterziehen und gut vermischen.

③ Buttercreme gleichmäßig auf den Kuchenboden auftragen, glatt verstreichen, in den Kühlschrank stellen. Oder: Für die Joghurtcreme Ring der Springform um den Kuchenboden legen, Creme auf den Boden gießen, glatt verstreichen, zum Festwerden in den Kühlschrank stellen.

④ Die fest gewordene Creme mit Obst dicht und gleichmäßig belegen, wieder kühl stellen.

⑤ Für den Guß die Gelatine ausdrücken, mit einem Teil des Fruchtsaftes auf geringer Hitze erwärmen und darin auflösen, unter Rühren an die Restflüssigkeit gießen, kühl stellen, dabei gelegentlich umrühren, um gleichmäßiges Steifen zu erreichen. Sobald der Guß deutlich zähflüssig wird, den Obstbelag gleichmäßig damit überziehen, bis zur Verwendung kühl stellen.

Die Torte sollte von der Fertigstellung bis zur Verwendung 1 (bei Blätterteig) bis 3 Stunden kühlen.

Tütchen, Hobelspäne, Hohlhippen

Vorbereiten 2–5 Minuten
Teig bereiten 10 Minuten
Backen 8–10 Minuten pro Blech bei 210–220 °C

3	frische Eier im ganzen
110 g	feiner Zucker
½–¾ TL	Zimt oder 2–3 Tropfen Bittermandelöl oder Vanilleextrakt oder sehr fein abgeriebene Schale von ½ Zitrone
110 g	Mehl, gesiebt
	Butter und Mehl zum Blech

① Backofen vorheizen, Blech vorbereiten. Aus Eiern und Zucker sehr gute, weißcremige Schaummasse rühren, nach Belieben aromatisieren, Mehl untermischen, es dürfen keine Klümpchen entstehen.

② Tütchen: Jeweils ½ EL Teig auf dem Blech zu gleichmäßig dünnen, runden oder quadratischen Plätzchen von etwa 10–12 cm ∅ bzw. Seitenlänge formen, dabei ein in kaltes Wasser oder mit flüssiger Butter bestrichenes Messer verwenden. Sofort backen, die Teigränder sollen goldbraun, die Innenfläche goldgelb sein. Nach dem Backen mit spitzem, dünnem Messer rasch vorsichtig vom Blech lösen, wenden und zu Tütchen formen, auf Kuchengitter erkalten lassen.

Hobelspäne oder Hohlhippen ebenso vorbereiten, Teigflächen von etwa 8 cm ∅ auf Blech sehr dünn aufstreichen, wie Tütchen backen. Vom Blech lösen, rasch über Kochlöffelstiel drehen (mit 2–3 Kochlöffeln arbeiten) und, nachdem das Gebäck seine Form angenommen hat, vom Kochlöffel ziehen und erkalten lassen.

Variationen

- Tütchen mit geschlagener Sahne füllen und zu Tee oder Mokka reichen.
- Hohlhippen in Schokoladenfettglasur tauchen, zum Dessert oder Eis reichen.

Eischwerteig mit Fett

Grundrezept

Vorbereiten 5–10 Minuten
Teig bereiten 15 Minuten

3	eischwer Butter, zimmerwarm, in Flöckchen
4	eischwer feiner Zucker oder Puderzucker
4	frische Eier, zimmerwarm
	fein abgeriebene Schale von ¼–½ Zitrone und/ oder 1 P Vanillinzucker
2 EL	Rum oder Arrak
3	eischwer Mehl, mit
1	eischwer Speisestärke und
¼ TL	Backpulver vermischt und gesiebt

Zubereitungsart 1 (Schaummasse mit Fett)
① Butter cremig rühren, Eier mit Zucker verquirlen und löffelweise an die Butter rühren, jeweils vollkommen in der Butter verrühren. Auf Schaltstufe 2 des elektrischen Rührgeräts eine sehr lockere Schaummasse herstellen, der Zucker muß völlig darin aufgelöst sein.
② Mehlgemisch mit Teiglöffel vorsichtig unterziehen, Alkohol zugeben, rasch verrühren.

Zubereitungsart 2 (Schaummasse ohne Fett)
① Butter auf kleinster Hitzestufe oder im Wasserbad zerlassen.
② Eier und Zucker zu dickcremiger, schaumiger Masse schlagen, Geschmackszutaten zugeben.
③ Mehlgemisch mit Teiglöffel locker unter die Schaummasse arbeiten. Die warme – nicht heiße! – Butter in zwei Portionen zugießen, jeweils gründlich unter den Teig mischen.

Verwendung Zu feinen Formkuchen (Dauerkuchen), als Basis für den Sandteig.

Feiner Gesundheitskuchen

Vorbereiten 5–10 Minuten
Teig bereiten 15 Minuten
Backen 1–1¼ Stunden bei 180–200 °C

1½	Grundrezepte Eischwerteig mit Fett, mit Zitrone und Vanille als Geschmackszutat (s. oben)
100 g	Mandeln, geschält, fein gerieben
½ TL	Backpulver, gesiebt, unter das Mehl gemischt
2 EL	Rum oder Arrak

Butter und Mehl oder Semmelbrösel zur Form (Gugelhupf- oder Napfkuchenform)
Puderzucker zum Besieben oder Schokoladenguß (s. Seite 407)

① Backofen einschalten. Form vorbereiten. Schaummasse herstellen wie beim Grundrezept.
② Mandeln in die Schaummasse geben, Mehlmischung unterziehen, in Form füllen, backen.
③ Nach dem Backen etwa 10–15 Minuten im ausgeschalteten Ofen bei geöffneter Türe ruhen lassen, dann vorsichtig am Rand lockern, auf Kuchengitter stürzen, warm mit Puderzucker besieben oder erkaltet glasieren.

Englischer Kuchen

Vorbereiten 10 Minuten
Teig bereiten 15–20 Minuten
Backen 1–1¼ Stunden bei 180–200 °C

1	Grundrezept Eischwerteig mit Fett (s. nebenan)
60 g	Mandeln, geschält, fein gehackt und
60 g	Rosinen, gewaschen, abgetropft, und je
25 g	Zitronat und Orangeat, in
1 EL	Mehl gewendet
1 EL	Rum oder Arrak
¼ TL	Backpulver, unter das Mehl gemischt

Butter und Mehl oder Semmelbrösel zur Form (Kastenform)
Puderzucker zum Besieben

① Backofen einschalten. Form vorbereiten. Schaummasse herstellen wie beim Grundrezept.
② Nach Zugabe der Mehlmischung die in Mehl gewendeten Mandeln und Rosinen sowie Zitronat und Orangeat zugeben, kurz untermischen, Teig in Form füllen.
③ Sofort backen. Nach etwa ⅓ Backzeit Backtemperatur um 10–20 °C erhöhen, fertigbacken.
④ Nach dem Backen warm mit Puderzucker besieben.

Orangen- oder Zitronenkuchen

Vorbereiten 5 Minuten
Teig bereiten 15 Minuten
Backen 1–1¼ Stunden bei 180–200 °C

1	Grundrezept Eischwerteig mit Fett (s. nebenan) mit Schale von 1 großen Zitrone oder von 2 Orangen, sehr fein abgerieben
2 EL	Zitronen- oder Orangensaft

Butter und Mehl zur Form (Kasten- oder Springform)
Saft von 2 Zitronen oder Orangen, abgeseiht, zum Tränken
Puderzucker zum Besieben

① Backofen einschalten. Form vorbereiten. Schaummasse herstellen, Zitronen- oder Orangenschalen zugeben, Mehlmischung unterheben. Backen.
② Nach dem Backen den gestürzten, noch warmen Kuchen im Abstand von 3 cm häufig mit Hölzchen (Zahnstocher) von allen Seiten (bei Kuchen in der Springform nur an der Oberfläche) einstechen, den Orangen- oder Zitronensaft mit Kuchenpinsel in 2–3 Arbeitsgängen auftragen, dazwischen jeweils einziehen lassen. Erkaltet mit Puderzucker besieben.

Feiner Marmorkuchen

Vorbereiten 5–8 Minuten
Teig bereiten 15–20 Minuten
Backen 1–1¼ Stunden bei 180–200 °C

1	Grundrezept Eischwerteig mit Fett 1. Art (s. Seite 363)
70 g	Schokolade, fein gerieben, oder gleiche Menge Schokoladenpulver oder 1½ EL dunkler Kakao, gesiebt
30 g	Mandeln, geschält, fein gehackt
½ TL	Backpulver, unter Schokolade oder Kakao gemischt
1 EL	Rum

Butter und Mehl zur Form
Puderzucker zum Besieben oder Schokoladenguß (s. Seite 407)

① Backofen einschalten. Form vorbereiten. Teig nach den Regeln des Grundrezepts herstellen.
② Hälfte der Teigmenge in Form füllen, zweite Teighälfte mit Schokolade dunkel färben, Mandeln und Rum zugeben, verrühren, auf hellen Teig in die Form füllen und mit Gabel spiralenartig den dunklen Teig durch die darunterliegende helle Teigschicht ziehen. Backen.
③ Den noch warmen Kuchen mit Puderzucker besieben oder erkaltet mit Schokoladenguß überziehen.

Einfacher Sandkuchen

Einfacher Sandteig

Vorbereiten 5 Minuten
Teig bereiten 10–15 Minuten
Backen 1–1¼ Stunden bei 180–190 °C

150 g	Butter, zimmerwarm, in Flöckchen
150 g	feiner Zucker, mit
4	ganzen Eiern verrührt
1 P	Vanillinzucker oder abgeriebene Schale von ½ Zitrone
150 g	Mehl, mit
100 g	Speisestärke und
1 TL	Backpulver vermischt und gesiebt
3 EL	Rum

Butter und Mehl zur Form
Zitronen-, Rumglasur oder Schokoladenguß (s. S. 407) zum Überziehen

① Backofen vorheizen, Form vorbereiten. Teig nach Regeln des Grundrezepts Eischwerteig mit Fett (s. Seite 363) zubereiten und backen.
② Nach dem Backen kurz in der Form abkühlen lassen, vorsichtig herauslösen, erkalten lassen und glasieren.

Variationen
- Zitronen- oder Orangenkuchen, wie Seite 337.
- Gewürzkuchen, wie Seite 335.
- Frankfurter- oder Mokka-Kranz, wie Seite 335.

Feiner Sandkuchen

Feiner Sandteig

Vorbereiten 5 Minuten
Teig bereiten 10–15 Minuten
Backen 1¼ Stunden, Anfangstemperatur 180 °C, nach 30 Minuten 190–200 °C

250 g	Butter, zimmerwarm, in Flöckchen
250 g	feiner Zucker oder Puderzucker, mit
6	Eiern verrührt
1 P	Vanillinzucker oder abgeriebene Schale von ½ Zitrone
125 g	Mehl, mit
125 g	Speisestärke und
½–1 TL	Backpulver vermischt und gesiebt
2 EL	Rum

Butter und Mehl zur Form
Zitronen-, Rumglasur oder Schokoladenguß (s. Seiten 406, 407)

① Backofen vorheizen, Form vorbereiten. Teig nach Regeln des Grundrezepts zubereiten.
② Bei niedriger Anfangstemperatur 30 Minuten backen, dann Temperatur erhöhen. Während des Backens Ofentüre nicht öffnen, da Zugluft und Erschütterung den Teig zusammenfallen lassen können. Garprobe mit Hölzchen machen.
③ Gebackenen Kuchen in der Form etwa 10–15 Minuten abkühlen lassen, vorsichtig stürzen, erkalten lassen. Den völlig erkalteten Kuchen mit Glasur nach Wahl überziehen.

Sandkuchen dieser Zusammensetzung sollte mindestens 1 Tag vor Verzehr gebacken werden, da er erst nach dieser Zeit seinen vollen Geschmack entwickelt und sich besser schneiden läßt.

Variationen

- Schokoladenkuchen: Mehl- und Speisestärkemenge um 30 g reduzieren und mit dunklem Kakao aufwiegen, den fertig gebackenen Kuchen erkalten lassen und dann mit Schokoladenguß überziehen.
- Wiener Nußkuchen: Unter die Schaummasse 150 g geschälte, fein geriebene Haselnüsse, mit 2 knappen Eßlöffeln Kakao oder 100 g Schokolade vermengt, mischen, fertigstellen, wie im Rezept beschrieben, mit Rum- oder Arrakglasur überziehen.
- Rehrücken: Teig aus ½ Rezept mit 4 Eiern herstellen, 100 g bittere, fein geriebene Schokolade oder 30 g bitteren Kakao und 100 g geschälte, fein geriebene Mandeln nach dem Mehl locker an den Teig mischen, in gut ausgefetteter Rehrückenform backen (Backzeit ¾–1 Stunde bei 180 °C). Erkaltet mit Schokoladenguß überziehen und mit ca. 80–100 g Mandelstiften dicht an dicht bespicken.

Herrenbiskuit, Feiner Mandel- oder Nußkuchen

Vorbereiten 5–10 Minuten
Teig bereiten 10–15 Minuten
Backen 1 Stunde bei 175–190 °C

150 g	Butter, zimmerwarm, in Flöckchen
150 g	Zucker oder Puderzucker
3	große, frische Eier
1 P	Vanillinzucker oder fein geriebene Schale von ½ Zitrone
150 g	Mandeln oder Nüsse, grob gerieben oder im Mixer grob zerkleinert
150 g	Mehl, mit
2 TL	Backpulver vermischt
1 EL	Rum
100 g	Bitter- oder Zartbitterschokolade, in feine Stücke gehackt
	Butter und Mehl zur Form
	Puderzucker zum Besieben *oder*
	Schokoladenguß oder Rumglasur (s. Seite 406) zum Überziehen

① Backofen vorheizen, Kastenform vorbereiten. Sehr gute Schaummasse rühren, Geschmackszutaten und Mandeln oder Nüsse zugeben. Mehl mit Backpulver dazurühren, Rum und Schokolade untermischen, Teig in Form füllen, verstreichen und backen.

② Nach Hälfte der Backzeit Temperatur auf 190 °C erhöhen. Gebackenen Kuchen im ausgeschalteten Ofen 10–15 Minuten stehen lassen, dann herausnehmen, vorsichtig an den Rändern lockern, auf Kuchengitter stürzen, warm mit Puderzucker besieben oder erkaltet mit Rumglasur oder Schokoladenguß überziehen.

Genueser Brot, Genoise

Originalrezept

Vorbereiten 10 Minuten
Teig bereiten 15–20 Minuten
Backen 30–40 Minuten bei 190 °C

200 g	Butter, zimmerwarm, in Flöckchen
300 g	feiner Zucker oder Puderzucker
200 g	Mandeln, geschält, fein gerieben
2	Tropfen Bittermandelaroma
4	ganze Eier
4	Eigelb
2 TL	Anis- oder Mandellikör (auch durch Orangenlikör ersetzbar)
70 g	Mehl, gesiebt
4	Eiweiß, sehr steif geschlagen
	Pergamentpapier, Butter und
3 EL	Mandelblättchen oder -stifte zur Form

① Backofen vorheizen, Boden einer Springform von 20–22 cm ∅ mit Pergamentpapier auslegen, Papier und Rand gut mit Butter bestreichen, mit Mandelblättchen oder -stiften ausstreuen.

② Butter schaumig rühren, Zucker zugeben, miteinander schaumig schlagen. Fein geriebene Mandeln und Mandelaroma, Eier und Eigelb an die Schaummasse geben, auf mittlerer Tourenzahl sehr schaumig rühren.

③ Likör behutsam mit Kochlöffel unterziehen, Mehl auf die Schaummasse verteilen, Eischnee darübergeben, locker und sorgfältig unterheben, da die Masse sehr empfindlich ist. In vorbereitete Form füllen, backen.

④ Nach dem Backen in der Form auskühlen lassen, stürzen, Papier sorgfältig abziehen, wieder umdrehen und auf Platte setzen. Vorzüglicher Kuchen zum Tee. Als Dessert mit cremig geschlagener Vanillesahne reichen.

GZ Obstkuchen (Schlupfkuchen)

Vorbereiten 15–20 Minuten
Teig bereiten 10–15 Minuten
Backen 45 Minuten bei 175–200 °C

2	eischwer Butter, zimmerwarm, in Flöckchen
3	eischwer feiner Zucker oder Puderzucker
3	ganze, frische Eier, zimmerwarm
	fein abgeriebene Schale von ½ Zitrone
3	eischwer Mehl, mit
½ TL	Backpulver vermischt und gesiebt
1 EL	Rum
	Butter und Semmelbrösel zur Form
	Puderzucker zum Besieben

Obstbelag

600 g	Äpfel, geschält, entkernt, in Viertel geschnitten, mit Zitronensaft beträufelt, *oder*
750 g	Aprikosen, gewaschen, sehr gut abgetropft, entsteint, halbiert, *oder*
	Kirschen oder Sauerkirschen, gewaschen, entstielt, sehr gut abgetropft, **nicht** entsteint

① Eischwerteig herstellen, wie im Grundrezept (s. Seite 363) beschrieben. Bei Verwendung von Äpfeln ihre runde Außenseite mit Gabel oder spitzem Messer einritzen, mit Zitronensaft beträufeln oder kurz darin einlegen. Backofen auf 175 °C vorheizen. Form vorbereiten.
② Teig in die Form füllen und glatt verstreichen. Bei Verwendung von Äpfeln oder Aprikosen diese dicht aneinander mit der Rundung nach oben auf den Teig legen. Kirschen oder Sauerkirschen möglichst gleichmäßig auf den Teig verteilen.
③ Kuchen backen, nach 20 Minuten Temperatur auf 190–200 °C erhöhen.
④ Gebackenen Kuchen etwa 10 Minuten in der Form abkühlen lassen, vorsichtig auf flache Kuchen- oder Tortenplatte setzen, mit reichlich Puderzucker besieben.

Variationen

– Wiener Apfelkuchen

600 g	Äpfel (oder Birnen), in feine Spalten geschnitten
2–3 EL	Rum oder Zitronensaft
2–3 EL	Mandelblättchen

Nur die Hälfte des Teiges in Springform gießen, die Apfel- oder Birnenspalten mit der Rundung nach oben oder flach nebeneinander auf den Teig legen, mit Zitronensaft oder Rum beträufeln. Restlichen Teig darübergießen, glatt verstreichen, mit Mandelblättchen bestreuen, backen.

– Bröselkuchen mit Weichseln (Sauerkirschen)

1 Msp	Zimt
1 EL	dunkler Kakao, gesiebt, oder 50 g geriebene Schokolade, mit
½ TL	Backpulver vermischt, gesiebt
	Hälfte des Mehlgewichts in Semmel- oder frischen Schwarzbrotbröseln

Die Schaummasse mit Zimt und Kakao würzen, Mehl und Brösel untermischen, in Form füllen, mit Weichseln belegen, backen.

GZ Obstkuchen mit Guß

Vorbereiten 5–15 Minuten, je nach Art der Früchte
Belegen 8–10 Minuten
Gekochten Guß bereiten 5 Minuten
Gelatineguß bereiten etwa 30 Minuten
Kühlen Gekochten Guß 40–50 Minuten,
Gelatineguß 1–1½ Stunden

1	Kuchenboden aus Eischwerteig mit oder ohne Fett (s. Seiten 360 und 363), aus Biskuitteig (s. Seite 371) oder aus Mürbteig (s. Seite 341)

Zum Tränken (nach Belieben)

2 EL	Rum, mit
2 EL	Zitronensaft und
1 EL	Wasser vermischt

Obstbelag

750 g	Früchte von einer Obstart, wie frische Erdbeeren, Himbeeren, Brombeeren, gewaschen, entstielt, sehr gut abgetropft, oder tiefgekühlte Beeren, leicht angetaut, *oder*
	konservierte Früchte, wie Aprikosen, Ananas, Birnen, Kirschen, Sauerkirschen, Mandarinen, Pfirsiche, Stachelbeeren, auf Sieb gut abgetropft, *oder*
	gemischte Früchte, wie Aprikosen und Birnen, Ananas und Sauerkirschen, Pfirsiche und Birnen, Mandarinen und Stachelbeeren, Mandarinen oder Pfirsiche und Brombeeren

Gekochter Guß

¼ l	Fruchtsaft oder Süßmost, für helle Früchte und Belag aus roten Beeren am besten Apfelsaft oder roter Johannisbeersaft
1 EL	Zucker (nach Belieben)
1 P	Tortenguß, klar oder rot, je nach Art der Früchte

Gelatineguß (besonders für Beerenbelag)

150 g	Beeren
2 EL	Zucker
¼ l	Flüssigkeit (aufgefüllt)
3	Blatt weiße oder rote Gelatine, je nach Farbe der Früchte, in kaltem Wasser gequollen

Zum Verzieren (nach Belieben)

⅛ l	Sahne, mit
¼ TL	Vanillinzucker steif geschlagen

① Gebackenen und erkalteten Kuchenboden auf Platte setzen, nach Belieben (mit Pinsel) tränken, nur bei etwas trockenem Boden notwendig.
② Vorbereiten der Früchte: *Beeren* nur wenn nötig waschen, alle Früchte sehr gut abtropfen, große Früchte halbieren. *Aprikosen* als halbe Früchte, *Pfirsiche und Birnen* halbiert oder in Viertel, Achtel oder feine Spalten geschnitten, *Ananas* in Ringe oder Halbringe geschnitten.
③ Beeren, Kirschen und Stachelbeeren sehr dicht auf den Kuchenboden legen, darauf achten, daß an der Oberfläche ein gleichmäßiges Bild entsteht. Die Bildung von Zwischenräumen vermeiden. Gemischte oder einheitliche andere Früchte im gefälligen Muster als dicht schließende Fläche auflegen.
④ Gekochter Guß: Flüssigkeitsmenge nach Vorschrift (Packungsaufdruck) mit dem Steifmittel erhitzen bzw. kochen. Von der Mitte aus mit dem Löffel auf dem Kuchen gleichmäßig verteilen, dabei darauf achten, daß der Belag am Rand auch begossen wird, der Guß aber nicht über den Rand hinausrinnt.
Gelatineguß: Die kleine Menge Beeren mit Zukker langsam erhitzen, Saft ziehen lassen, abseihen, Gelatine ausdrücken und darin auflösen. Oder Fruchtsaft auf kleiner Hitze erwärmen, ausgedrückte Gelatine darin auflösen. Saft mit Gelatine erkalten lassen, öfter mit Löffel umrühren und Geliervorgang überwachen. Sobald die Flüssigkeit deutlich steift, die Früchte löffelweise damit gleichmäßig begießen, an kühlem Ort erstarren lassen.
⑤ Vor dem Servieren den Rand mit Sahnerosetten oder Girlanden bespritzen.

Obstkuchen mit gekochtem Guß sollten möglichst frisch gegessen werden, da der heiß aufgetragene Guß den Kuchen in Verbindung mit den Früchten aufweicht. Gelatineguß hält den Kuchen länger frisch und ist besonders für frischen Beerenbelag zu empfehlen, da ihre empfindliche Struktur durch den kalt aufgetragenen Guß nicht beeinträchtigt wird.
Bei Gelatineguß kann auch Blätterteig für den Kuchenboden verwendet werden.

Eischwerstängerl

Vorbereiten 5–10 Minuten
Teig bereiten 10 Minuten
Backen 15 Minuten (bei Teig ohne Fett) bei 190 °C, 20–25 Minuten (bei Teig mit Fett) bei 200 °C

½	Grundrezept Eischwerteig mit oder ohne Fett (s. Seiten 360 und 363)
50 g	Mandeln, blättrig geschnitten oder gestiftelt
2 EL	Zucker
	Butter und Mehl zum Blech
	Puderzucker zum Besieben

① Backofen vorheizen, Blech vorbereiten. Teig sofort auf Backblech gleichmäßig dick aufstreichen, mit Mandeln und Zucker bestreuen, sofort lichtgelb backen.
② Nach dem Backen noch heiß in fingerlange, 2–3 cm breite Stücke (Stängerl) schneiden, auf Kuchengitter erkalten lassen.

Schokoladenbrot

Vorbereiten 10 Minuten
Teig bereiten 15 Minuten
Backen 25–30 Minuten bei 180 °C

250 g	Butter, zimmerwarm, in Flöckchen
250 g	feiner Zucker
1 P	Vanillinzucker oder 3–4 Tropfen Mandelaroma
6	Eier
200 g	Bitterschokolade, geschmolzen, wieder abgekühlt
250 g	Mandeln, fein gerieben
100 g	Mehl, gesiebt
	Butter und Mehl zum Blech
	Schokoladenguß mit 2–3 Tropfen Mandelaroma (s. Seite 407)

① Backofen vorheizen, Blech vorbereiten. Sehr gute Schaummasse rühren aus Butter, Zucker, Vanillinzucker oder Mandelaroma, Eiern. Abgekühlte Schokolade unterrühren. Mandeln zugeben, Teig glatt rühren und 1½ cm dick auf das Blech streichen, backen.
② Garprobe mit Hölzchen machen. Das fertige Gebäck noch heiß in Streifen von 2½ × 6 cm schneiden, auf Backbrett erkalten lassen.
③ Das erkaltete Gebäck auf der Oberseite mit Schokoladenguß überziehen (nach Belieben).

Hundertjährige Waffeln

Vorbereiten 5 Minuten
Teig bereiten 5 Minuten
Ausbacken insgesamt etwa 20 Minuten

250 g	Mehl, mit
½ TL	Backpulver vermischt, gesiebt
½ TL	Salz
1 EL	Zucker
1 P	Vanillinzucker oder 1 TL Zitronenschale, fein abgerieben, oder ½ TL Zimt
⅛ l	kalte Milch
⅜ l	Sahne
4	Eigelb, verquirlt
2 EL	Rum
150 g	Butter, lauwarm zerlassen
2	Eiweiß, mit
1 EL	Zucker sehr steif geschlagen
100 g	flüssige Butter (entfällt bei beschichtetem Waffeleisen) zum Ausbacken
	reichlich Puderzucker zum Besieben

① Mehl, Salz, Zucker und Vanillinzucker in Schüssel trocken vermischen, mit Milch und Sahne nach und nach glatt verrühren. Eigelb und Rum zugeben, gut verrühren. Butter zugießen, gut verrühren. Eischnee locker unterheben.
② Das aufgeheizte Waffeleisen ausfetten. Die feststehende Seite des Waffeleisens mit so viel Teig begießen, daß alle Rillen bedeckt sind, Eisen langsam schließen, Waffeln goldbraun backen, mit Puderzucker besieben, *nicht* aufeinanderlegen, da sie sonst zäh werden. Sehr köstliches, »eiliges« Gebäck zum Frischverzehr.

Feine Waffeln

Vorbereiten 5 Minuten
Teig bereiten 10 Minuten
Ausbacken insgesamt 25–30 Minuten

125 g	Butter, zimmerwarm, in Flöckchen
80 g	Zucker
6	Eigelb
¼ TL	Salz
1 P	Vanillinzucker, 1 TL Zitronenschale, fein abgerieben, oder ½ TL Zimt
175 g	Mehl, mit
½ TL	Backpulver vermischt, gesiebt
¼ l	saure Sahne
4 EL	Rum
6	Eiweiß, sehr steif geschlagen
60–80 g	flüssige Butter (erübrigt sich bei beschichtetem Waffeleisen) zum Ausbacken
	Puderzucker zum Besieben

① Butter, Zucker und Eigelb sehr schaumig rühren, Geschmackszutaten untermischen. Mehl zugeben, mit Sahne und Rum zu glattem Teig rühren. Eischnee unterziehen.
② Backen, wie bei Hundertjährige Waffeln beschrieben.

Eiserwaffeln, Eisertütchen

Nur in Spezialeisen zu backen

Teig bereiten 10 Minuten
Ruhen 2–3 Stunden
Ausbacken insgesamt 30–35 Minuten

60 g	Butter, zimmerwarm, in Flöckchen
125 g	Zucker
1	Ei
180 ml	Wasser, lauwarm, evtl. etwas mehr
125 g	Mehl, gesiebt
1 TL	Zimt oder 2 P Vanillinzucker
4–6 EL	Butter, flüssig, zum Ausbacken

① Butter und Zucker schaumig rühren. Ei mit Wasser verquirlen und abwechselnd mit dem gesiebten Mehl und Geschmackszutat an die Schaummasse rühren. Teig ruhen lassen.
② Teig gründlich durchrühren, Probewaffel backen, evtl. Teig etwas verdünnen. Waffeleisen jeweils nur dünn befetten. Eßlöffelweise einfüllen, zu dünnen, goldgelben Waffeln ausbacken.
③ Fertige Waffeln jeweils sofort, mit der glatten Seite nach außen, zu Tütchen oder Röllchen formen und schräg gestellt in tiefer Schüssel erkalten lassen. Im warmen, trockenen Raum, in der Nachwärme des Ofens oder an der Heizung sehr gut trocknen lassen, in gut schließender Dose aufbewahren.

Verwendung Als Beilage zu Kompott, Eis, zum Mokka oder Tee.

Variation
Mit ½ Grundrezept Roh gerührter Weincreme (s. Seite 271) füllen und als Dessert oder zu Sekt (Silvester) servieren.

Biskuitteig

Als Biskuitteig bezeichnet man einen eierreichen, lockeren, weichen Teig, der auf unterschiedliche Art hergestellt werden kann. In Herstellungsart und Ergebnis ist er dem Eischwerteig ohne Fett sehr ähnlich, enthält aber weniger Zucker und etwas weniger Mehl. Man unterscheidet folgende Arten:

- ▷ Einfacher Biskuit (= Wasserbiskuit)
- ▷ Feiner Biskuit
- ▷ Savoyer Biskuit
- ▷ Halb-Biskuit oder Wiener Masse (mit geringer Fettzugabe)

Sie unterscheiden sich im Mengenverhältnis von Ei, Zucker, Mehl zueinander:

	Ei	Wasser	Zucker	Mehl
Einfacher Biskuit:	1	1 EL	40–45 g	40 g
Feiner Biskuit:	1	–	30 g	30 g
Savoyer Biskuit:	1	–	40 g	40 g

Bei Halb-Biskuit oder Wiener Masse besteht ein sehr spezielles Verhältnis der Zutaten untereinander. Als einzigem Biskuit wird diesem Teig zerlassene Butter zugesetzt.

Die Zutaten

Größe und Frische der **Eier** beeinflussen wesentlich die Beschaffenheit der Schaummasse und damit des Biskuitteiges und die Qualität des fertigen Gebäcks. Eier können getrennt (wie bei Feinem Biskuit oder Savoyer Biskuit) verwendet werden.

Zucker darf nur fein- bis feinstkörnig verwendet werden, damit eine möglichst schaumige, feinporige Masse entstehen kann.

Feines, kleberreiches **Weizenmehl** ergibt lockeres, elastisches Gebäck, was besonders bei Biskuitroulade erforderlich ist.

Backpulver ist – wenn überhaupt – nur in sehr geringen Mengen notwendig (Wasser- oder Einfacher Biskuit). Es wird mit dem Mehl gesiebt an die Schaummasse gemischt.

Geschmackszutat ist vor allen anderen Vanillinzucker oder fein geriebene Zitronenschale, da Gebäck aus Biskuitteig in der Regel zu Torten oder Rouladen weiterverarbeitet wird und durch entsprechende Füllungen den jeweils speziellen Geschmack nachträglich erhält. Kakao- oder Schokoladenpulver wird zum Dunkelfärben verwendet und muß mengenmäßig mit dem Mehl abgestimmt sein.

Grundregeln für die Teigbereitung

- ▷ Möglichst frische, große Eier verwenden. Bei kleinen und nicht mehr frischen Eiern 1 Ei auf die übliche Rezeptmenge zugeben.
- ▷ Sehr lockere, feinporige Schaummasse herstellen. Bei Blitzbiskuit Eischnee mit einem Teil des Zuckers sehr steif schlagen.
- ▷ Für Wasserbiskuit warmes Wasser verwenden, es beschleunigt die Lösung des Zuckers und begünstigt die Beschaffenheit der Masse.
- ▷ Mehl, evtl. mit Kakao und/oder Backpulver gemischt, auf die Schaummasse sieben und – je nach Zubereitungsart – Eischnee darüberfüllen, mit Kuchenspatel rasch und locker, aber gründlich unter die Schaummasse heben.
- ▷ Teig in die Form füllen oder auf Blech streichen und sofort bei 175–180 °C backen (nicht stehen lassen).

Grundregeln für das Backen

- ▷ Biskuitteige grundsätzlich im vorgeheizten Ofen backen.
- ▷ Bei *Springformen* nur den Boden mit weicher oder flüssiger Butter bestreichen und mit Mehl bestäuben. Oder mit Pergamentpapier auslegen und dieses sorgfältig mit Butter bestreichen. Bei *Kasten- oder Napfkuchenformen* die Form ganz mit Butter ausfetten und mit Mehl bestäuben. *Blech* für Rouladen gründlich buttern und mit Mehl bestäuben. Oder mit Pergamentpapier auslegen und dieses gründlich mit Butter bestreichen.
- ▷ Mindestens 25 Minuten lang Ofentüre nicht öffnen.
- ▷ Wird das Gebäck zu rasch dunkel, Pergamentpapier auflegen und fertigbacken.

▷ Garprobe machen. Der Biskuit ist in der Regel fertig, wenn der Teig sich vom Rand der Form gelöst hat.
▷ Fertig gebackenen Kuchen in der Form 10 Minuten abkühlen lassen, Zugluft vermeiden, dann vorsichtig vom Rand lösen, auf Kuchengitter stürzen und Formboden rundherum lokkern und vorsichtig abnehmen.

Hinweise für die Küchenpraxis

▷ Biskuit für Obstkuchen kann direkt nach dem Auskühlen verwendet werden, Biskuit für Torten am besten erst 1 Tag nach dem Backen.
▷ Gebäck aus Biskuitteig ist zum Frischverzehr geeignet. In Folie eingeschlagen, halten sich Kuchen- und Tortenböden 3–4 Tage frisch.
▷ Zum Tiefgefrieren wird das lauwarme Gebäck vorschriftsmäßig verpackt und sofort tiefgekühlt. Es ist bis zu 6 Monaten haltbar und kann nach dem Auftauen wie frisches Gebäck verwendet werden.

Methodische Arbeitsabläufe

Biskuit aus ganzen Eiern

1. Eier, Zucker und Vanillinzucker miteinander zu sehr lockerer, feinporiger Schaummasse rühren.
2. Mehl – evtl. mit Kakao und/oder Backpulver gemischt – auf die Schaummasse sieben und mit dem Spatel locker und sorgfältig unter die Schaummasse heben.
3. Teig in die vorbereitete Form füllen oder auf das vorbereitete Blech streichen und im vorgeheizten Ofen sofort backen.

Biskuit aus getrennten Eiern, vom Eigelb ausgehend

1. Eigelb, evtl. zunächst mit warmem Wasser (= Wasserbiskuit), mit halber Zuckermenge sowie Vanillinzucker zu sehr schaumiger Masse schlagen.
2. Eiweiß zu Schnee schlagen, nach und nach den restlichen Zucker zugeben und zu schnittfester, glänzender Masse schlagen.
3. Mehl, evtl. mit Backpulver und/oder Kakao gemischt, auf die Eigelbcreme sieben, Eischnee darüberfüllen und mit Spatel rasch und sorgfältig unterheben.
4. Teig in die vorbereitete Form füllen oder auf das vorbereitete Blech streichen und im vorgeheizten Ofen sofort backen.

Biskuit aus getrennten Eiern, vom Eiweiß ausgehend

1. Eiweiß zu Schnee schlagen, Zucker nach und nach zugeben und weiterschlagen, bis eine schnittfeste, glänzende Masse entstanden ist.
2. Eigelb verquirlen, unter den Schnee rühren.
3. Mehl darübersieben, mit Spatel locker und sorgfältig unterheben.
4. Teig in vorbereitete Form füllen oder auf vorbereitetes Blech gleichmäßig verstreichen, im vorgeheizten Ofen sofort backen.

Grundrezept

Einfacher Biskuit, Wasserbiskuit

Vorbereiten bis 5 Minuten
Teig bereiten 15 Minuten
Backen 35–40 Minuten, Vollkornbiskuit 45 Minuten bei 180 °C

Herkömmliche Art

4 große Eier, im ganzen oder getrennt
4 EL Wasser, warm
175 g feiner Zucker
1 P Vanillinzucker oder 1 TL abgeriebene Zitronenschale
175 g Mehl oder 125 g Mehl und 50 g Speisestärke, *oder*
150 g Mehl und 30 g Kakao (dunkler Teig) mit
½ TL Backpulver gemischt und gesiebt

Butter und Mehl oder gefettetes Pergamentpapier zur Form

Vollkornbiskuit

6 Eigelb
⅛ l Wasser, lauwarm
150 g Rohzucker oder Fruchtzucker
1 TL Zitronenschale, fein gerieben, oder 1 TL Zimt
250 g Weizenschrot, evtl. etwas mehr (für dunklen Teig 200 g Weizenschrot, 30 g dunkler Kakao)
6 Eiweiß, steif geschlagen

Butter und Weizenschrot zur Form

① Backofen vorheizen, Form vorbereiten. Eigelb oder ganze Eier, Wasser und Zucker zu sehr guter Schaummasse rühren, mit Vanillinzucker bzw. Zimt bei Vollkornbiskuit würzen.
② Mehl oder Weizenschrot auf die Schaummasse sieben bzw. streuen. Bei Schaummasse mit getrennten Eiern Eischnee zugeben, mit Teiglöffel alles locker miteinander mischen.
③ Teig in die Form füllen, glatt verstreichen und backen. Nach etwa 45 Minuten, wenn sich der Teig vom Formrand gelöst hat, ist der Biskuit fertig gebacken.
④ Aus dem Ofen nehmen, in der Form 5–10 Minuten abkühlen lassen, dann am Rand mit spitzem Messer entlangfahren, Ring lösen, Torte auf Kuchengitter stürzen, Boden vorsichtig abnehmen, erkalten lassen.

Verwendung Herkömmliche Art für Obstkuchenböden, zu Torten mit verschiedenen Füllungen, 1 Tag vor Verwendung backen. Vollkornbiskuit zu Obstkuchen, Sahnetorten, Schwarzwälder Kirschtorte, auf dem Blech gebackene Schnitten, Kuchen in der Kasten- und Rehrückenform, Gewürzkuchen.

Grundrezept

Feiner Biskuit

X für Schwarzw. Kirschtorte 6 Eier 180 Zucker 130 gr M. 30 gr Kakao + Backp.

Vorbereiten 5 Minuten
Teig bereiten 10–15 Minuten
Backen 35–40 Minuten bei 180 °C

5 frische Eier, ganz oder getrennt
150 g Zucker
1 P Vanillinzucker
150 g Mehl (bei dunklem Teig 100 Mehl, 30 g Kakao)

Butter und Mehl oder gefettetes Pergamentpapier zur Form

① Backofen vorheizen, Form vorbereiten. Sehr gute Schaummasse aus ganzen Eiern mit Zucker und Vanillinzucker oder aus Eigelb und der halben Zuckermenge herstellen.
② Mehl auf die Schaummasse sieben. Bei getrennten Eiern Eiweiß steif schlagen, restliche Zuckermenge zurieseln lassen, schnittfest schlagen und Eischnee auf das Mehl füllen. Mit Spatel alles locker und sorgfältig miteinander mischen, Teig in die Form füllen, Oberfläche glatt verstreichen, backen.
③ In der Form 5–10 Minuten ruhen lassen, Rand mit spitzem Messer lockern, abnehmen, auf Kuchengitter stürzen, Boden vorsichtig abheben, erkalten lassen.

Verwendung Für Kuchenböden, Torten, Gugelhupf, Kastenkuchen, Mokka-Igel.

Grundrezept

Savoyer Biskuit

Vorbereiten 5 Minuten
Teig bereiten 15 Minuten
Backen 30–35 Minuten bei 175–180 °C

Heller Teig

5 Eigelb
200 g Zucker
1 P Vanillinzucker (nach Belieben)
200 g feines Mehl
5 Eiweiß, sehr steif geschlagen

Dunkler Teig

5 Eigelb
200 g Zucker
150 g Mehl
30 g dunkler Kakao
5 Eiweiß, sehr steif geschlagen

Butter und Mehl zur Form

① Backofen vorheizen, Form vorbereiten. Eigelb mit Zucker zu sehr feinporiger Schaummasse rühren.
② Mehl, für dunklen Teig mit Kakao vermischt, auf die Schaummasse sieben.
③ Steifen Eischnee auf das Mehl füllen, mit Teigspatel oder -löffel alles locker unterheben, die Masse in die Form füllen, sie darf höchstens bis zu ¾ ihrer Höhe mit Teig gefüllt sein. Ein Küchentuch zusammenfalten, auf Arbeitsfläche oder Backbrett legen und die gefüllte Form 2–3mal darauf aufstoßen, damit der Teig gleichmäßig und ohne größere Luftblasen bäckt.
④ Form in den Ofen schieben, hell goldbraun backen. Garprobe mit Hölzchen machen.
⑤ Nach dem Backen die Torte etwa 5 Minuten in der Form ruhen lassen, dann mit spitzem Messer am Rand entlangfahren, Ring lösen, Torte auf Kuchengitter stürzen, vorsichtig den Boden am Rand lockern, abnehmen und Torte gut auskühlen lassen.

Verwendung Heller Biskuit für Böden von Obstkuchen und Torten, Biskuit-Gugelhupf und Kastenkuchen. Dunkler Biskuit für Schokoladentorte, Schwarzwälder Kirschtorte, Gugelhupf und Kastenkuchen.
Bei Verwendung zu Torten mindestens 6 Stunden vor Weiterverarbeitung (besser am Vortag) backen.

Grundrezept
Halb-Biskuit, Wiener Masse

Vorbereiten 5 Minuten
Teig bereiten 15 Minuten
Backen 30–35 Minuten bei 180 °C

Heller Teig

5	Eigelb
140 g	Zucker
110 g	Mehl
85 g	Butter, lauwarm zerlassen
1 EL	Rum
3	Eiweiß, sehr steif geschlagen

Dunkler Teig

5	Eigelb
140 g	Zucker
100 g	Mehl
30 g	Kakao
85 g	Butter, lauwarm zerlassen
1 EL	Rum
5	Eiweiß, sehr steif geschlagen

① Backofen vorheizen. Form vorbereiten. Eigelb mit Zucker zu sehr lockerer, feinporiger Schaummasse schlagen.
② Mehl (und Kakao) auf Schaummasse sieben, mit Spatel locker unterheben.
③ Zerlassene Butter locker unterziehen, gut unter den Teig mischen.
④ Eischnee locker und sorgfältig unterheben, backen.
⑤ Nach dem Backen etwa 5 Minuten in der Form ruhen lassen, dann am Rand entlang mit spitzem Messer lockern, Ring abnehmen, auf Kuchengitter stürzen, Boden am Rand entlang lokkern, abheben. Erkalten lassen.

Verwendung Zu feinen Obstkuchen und -torten, zu Torten mit leichten Füllungen, Schwarzwälder Kirschtorte, Grapefruittorte oder als Gugelhupf und Kastenkuchen sowie für Rehrücken.

Rouladen

GZ Frucht-Sahnefüllung

Zubereiten 10–20 Minuten, je nach Fruchtart
Füllen 3–5 Minuten

350 g	frische, rohe oder tiefgekühlte Früchte, wie Erdbeeren, abgetropft, halbiert oder geviertelt *oder* Früchte aus der Dose, wie Aprikosen, Pfirsiche, Mandarinen, sehr gut abgetropft, Aprikosen und Pfirsiche in ½ cm dicke Streifen oder Stückchen geschnitten, Mandarinen halbiert
2–3 EL	Rum, Obstgeist, Orangen- oder Mandellikör (nach Belieben)
½ l	Sahne
	Sahnesteifmittel (2 P bei 400 g Fruchtmenge)
2–3 EL	Zucker

① Früchte wie angegeben vorbereiten und nach Belieben in Alkohol legen.
② Sahne mit Steifmittel nach Anwendungsvorschrift und Zucker aufschlagen.
③ Sahne etwa zu ⅔ auf die aufgerollte Roulade gleichmäßig streichen, Früchte aus dem Alkohol nehmen und auf der Sahnefüllung gleichmäßig verteilen, nach Belieben einige Fruchtstückchen oder Früchte zum Verzieren zurückbehalten.
④ Die Roulade wieder zusammenrollen und von außen mit der restlichen Sahne bestreichen, evtl. spritzen, nach Belieben mit Früchten verzieren.

Cremefüllungen

Vorbereiten 10 Minuten
Zubereiten 10 Minuten
Abkühlen oder Steifen ½–1 Stunde
Füllen 3–5 Minuten

Zitronen-Cremefüllung

¼ l	heller Fruchtsaft oder Süßmost von Äpfeln oder Trauben (oder Wasser)
3	Blatt weiße Gelatine, in kaltem Wasser gequollen
1	Eigelb
50 g	Zucker
1 EL	fein abgeriebene Zitronenschale
6 EL	Zitronensaft, abgeseiht
1	Eiweiß, steif geschlagen
⅛ l	Sahne (nach Belieben ¼ l), sehr steif geschlagen

① Flüssigkeit auf etwa 70–80 °C erhitzen, Gelatine unter Rühren darin auflösen, auf Raumtemperatur abkühlen lassen.
② Eigelb mit Zucker gut schaumig rühren, mit Zitronensaft und -schale und Gelatinelösung vermischen, kalt stellen.
③ Sobald die Crememischung deutlich zu stokken beginnt, Eischnee locker untermischen, gut in der Creme verteilen, dann Sahne unterheben.
④ Die Creme auf die aufgerollte Roulade streichen, locker wieder zusammenrollen.

Wein-Cremefüllung

¼ l	Weißwein statt Saft, knapp

Wie Zitronen-Cremefüllung, jedoch mit weniger Zitronenschale zubereiten.

Schokoladen-Cremefüllung

1	Tafel (100 g) Bitterschokolade, in kleine Stückchen zerteilt, in
¼ l	Sahne geschmolzen
¼ l	Sahne, mit
50 g	Puderzucker oder feinem Zucker und
1 P	Sahnesteifmittel aufgeschlagen
1–2 EL	Rum, Orangen- oder Mandellikör
2 EL	Schokoladenraspel

① Schokolade unter Rühren in der Sahne auflösen, 2–3 Minuten leise kochen lassen, erkalten lassen. Unter die steif geschlagene Sahne mischen, Alkohol locker tropfenweise unterheben.
② Roulade aufrollen, ⅔ der Creme gleichmäßig aufstreichen, wieder zusammenrollen, mit der restlichen Creme von außen bestreichen, mit Schokoladenraspel bestreuen.

GZ Biskuitroulade

Vorbereiten 5 Minuten
Teig bereiten 10–12 Minuten
Backen 8–10 Minuten für Feinen Teig bei 200 °C, 10–12 Minuten für Einfachen Teig bei 200 °C

Einfache Biskuitmasse, heller Teig

3	Eigelb
4 EL	Wasser, heiß
1 P	Vanillinzucker (nach Belieben)
60 g	feiner Zucker
3	Eiweiß
60 g	feiner Zucker
1 TL	Zitronensaft (nach Belieben)
120 g	Mehl, mit
¼ TL	Backpulver gemischt

Einfache Biskuitmasse, dunkler Teig

1	Rezept einfache Biskuitmasse, heller Teig
1 EL	dunkler Kakao, mit
¾ TL	Backpulver unter das Mehl gemischt

Feine Biskuitmasse

4	Eigelb
50 g	feiner Zucker oder Puderzucker
1 P	Vanillinzucker (nach Belieben)
4	Eiweiß
50 g	feiner Zucker oder Puderzucker
100 g	Mehl
	Butter und Mehl, Pergamentpapier oder Backtrennpapier zum Blech

Zum Füllen im warmen Zustand

3–4 EL	feiner Zucker
150 g	Marmelade aus Beeren oder Steinobst, mit
3–4 EL	Zitronensaft, Rum oder Obstgeist glatt verrührt
1–2 EL	Puderzucker zum Besieben

Zum Füllen nach dem Erkalten

Sahnefüllung
Frucht-Sahnefüllung (s. Seite 372)
Cremefüllung (s. nebenan)

① Backofen vorheizen. Blech gründlich einfetten und mit Mehl bestäuben oder Pergamentpapier einfetten, auf Blech legen, oder Backtrennpapier auf Blech legen. Einfachen (= Wasserbiskuit) oder Feinen Teig nach den Regeln des Grundrezepts (s. Seite 371) zubereiten.
② Teig auf Blech gießen und mit leicht befeuchtetem Tafelmesser gleichmäßig aufstreichen.
③ Teig sofort hell goldgelb backen.
④ Für Marmeladenfüllung: Backbrett mit Zukker bestreuen, gebackenen Biskuit vorsichtig vom Blechrand lockern, auf Backbrett stürzen, evtl. Papier abziehen, mit Marmelade bestreichen und sofort von der schmalen Seite her aufrollen, auf

Kuchengitter oder Platte setzen, erkalten lassen. Vor dem Servieren mit Puderzucker besieben.
Für Sahne- oder Cremefüllung: Backbrett mit sauberem, feuchtwarmem Tuch belegen, Biskuit daraufstürzen, evtl. Pergamentpapier abziehen, sofort mit dem Tuch aufrollen, auf Kuchengitter erkalten lassen.

Biskuitrollen mit Marmeladenfüllung sind ein ausgesprochenes Frischgebäck. Durch längeres Stehen werden sie zäh. Deshalb sollten sie erst kurz vor Verzehr gebacken werden.

Nuß- oder Mandelroulade

Vorbereiten 5–10 Minuten
Teig bereiten 10–12 Minuten
Backen 10–12 Minuten bei 210–220 °C
Füllen und Verzieren 25 Minuten

5	Eigelb
60 g	feiner Zucker
½ TL	abgeriebene Zitronenschale oder 1 P Vanillinzucker
5	Eiweiß
60 g	feiner Zucker
40 g	Mehl
85 g	Nüsse oder Mandeln, fein gerieben
	Butter und Mehl, Pergamentpapier oder Backtrennpapier zum Blech

Zum Tränken

2 EL	Rum, mit
2 EL	Zitronensaft gemischt

Zum Füllen und Verzieren

½ l	Sahne
2 P	Sahnesteifmittel
2 EL	Zucker
300 g	Erdbeeren, in kleine Stückchen geschnitten, in
3 EL	Rum oder in Mandellikör eingelegt (nach Belieben)
2 EL	Mandel- oder Nußblättchen oder -splitter, in
2 TL	Butter hellgelb geröstet, erkaltet

① Biskuitmasse mit getrennten Eiern, von Eischneemasse ausgehend, zubereiten und backen (s. Seite 370).
② Nach dem Backen auf feuchtwarmes Tuch stürzen, mit dem Tuch aufrollen, auf Kuchengitter erkalten lassen.
③ Sahne mit Steifmittel und Zucker aufschlagen.
④ Roulade aufrollen, tränken, etwa ⅔ der Sahne darauf verstreichen, Beeren abtropfen, auf der Füllung verteilen. Roulade wieder zusammenrollen.
⑤ Rolle mit der restlichen Sahne von außen bestreichen und mit Mandel- oder Nußblättchen bzw. -splittern bestreuen, bis zur Verwendung im Kühlschrank aufbewahren.

Ingwerrolle

Vorbereiten 5 Minuten
Teig bereiten 10–12 Minuten
Backen 10–12 Minuten bei 200 °C
Füllen und Verzieren 25 Minuten

1	Rezept Biskuitroulade aus Einfacher Biskuitmasse, dunkler Teig (s. Seite 373)
	Butter und Mehl oder Pergamentpapier oder Backtrennpapier zum Blech

Zum Tränken

1 EL	Einlegeflüssigkeit von den Ingwerpflaumen, mit
2 EL	Zitronensaft verrührt

Zum Füllen und Verzieren

½ l	Sahne
4 TL	Sahnesteifmittel
40 g	feiner Zucker
3	Ingwerpflaumen, in feine Stückchen geschnitten
60 g	Mandelblättchen, in
2 TL	flüssiger Butter hellgelb geröstet, erkaltet

① Biskuitmasse zubereiten und backen.
② Nach dem Backen auf feuchtwarmes Tuch stürzen, mit dem Tuch aufrollen, auf Kuchengitter erkalten lassen.

③ Sahne mit Steifmittel und Zucker aufschlagen, die Ingwerpflaumenstückchen unterziehen.
④ Roulade aufrollen, mit Ingwersirup tränken und etwa 1 cm dick mit ⅔ der Sahne bestreichen, wieder zusammenrollen.
⑤ Rolle mit der restlichen Sahne von außen bestreichen und mit Mandelblättchen bestreuen. Bis zur Verwendung im Kühlschrank aufbewahren.

Baumstamm

Vorbereiten 10–15 Minuten
Zubereiten der Creme 15–20 Minuten
Füllen und Verzieren 10–15 Minuten

1	Rezept Biskuitroulade aus Feiner oder Einfacher Biskuitmasse (s. Seite 373)

Zum Füllen

150 g	helle Marmelade, mit
3–4 EL	Rum glatt verrührt *oder*
1	Rezept Schokoladen-Cremefüllung (s. Seite 373)

Zum Verzieren

1	Rezept Schokoladen-Cremefüllung, mit
3 EL	flüssigem Kokosfett, tropfenweise an die fertige Creme gegeben, vermischt, *oder*
1	Rezept Schokoladen-Buttercreme (s. Seite 379)
1 TL	Kakao
1 EL	Pistazien, gehackt, oder Borkenschokolade

① Entweder die Roulade nach dem Backen auf mit Zucker bestreutes Backbrett stürzen, mit Marmelade füllen, zusammenrollen und auskühlen lassen. Oder die Roulade nach dem Backen auf feuchtwarmes Tuch stürzen, zusammenrollen und erkalten lassen. Nach dem Erkalten aufrollen, mit Schokoladen-Cremefüllung bestreichen, wieder zusammenrollen.
② Zum Verzieren Creme nach Wahl zubereiten.
③ Von der gefüllten Roulade die Brösel mit Kuchenpinsel entfernen, sehr dünn mit Creme bestreichen. Anfang und Ende der Roulade schräg abschneiden und mit der schrägen Flächen seitlich an den Stamm ansetzen.
④ Mit der Buttercreme-Tülle (mittlere Größe) die Roulade der Länge nach in dicht aneinanderliegenden Streifen bespritzen. Evtl. mit Gabelzinken der Länge nach auf den Streifen Wellenlinien ziehen.
⑤ Kakao in Teesieb geben und leicht über die Verzierung pudern. Mit Pistazien oder Borkenschokolade bestreuen. Bis zur Verwendung kühl stellen.

Sahnetorten

GZ Frucht-Sahnefüllung

Vorbereiten 5–15 Minuten, je nach Obstart
Zubereiten 10 Minuten

500 g	Erdbeeren oder Himbeeren, (Erdbeeren nach dem Waschen sehr gut abgetropft), in kleinen Stückchen oder etwas zerdrückt, *oder*
500 g	Ananas, Aprikosen, Birnen, Mandarinen, Pfirsiche, konserviert, sehr gut abgetropft, in kleine, dünne Stückchen geschnitten
¾ l	Sahne
4 P	Sahnesteifmittel oder 1 P gemahlene weiße Gelatine, in 4–5 EL Fruchtsaft gequollen, im Wasserbad aufgelöst
100 g	Zucker
4 EL	Alkohol, am besten Obstgeist, zur Fruchtart passend, z. B. Himbeergeist zu Himbeeren, Marillengeist zu Aprikosen, Birnengeist zu Birnen, Rum zu Erdbeeren, Ananas, Pfirsichen und Mandarinen

① Früchte vorbereiten. Bei Verwendung von Gelatine diese mit Fruchtsaft vermischen und 15 Minuten quellen lassen und dann im Wasserbad auflösen.
② Sahne entweder mit Steifmittel und Zucker schlagen. Oder Sahne nur mit Zucker steif schlagen und abgekühlte Gelatine tropfenweise während des Schlagens zugeben.
③ Sahne mit Früchten locker mischen, Alkohol unterrühren. Die Füllung sofort verwenden und anschließend kühlen.

Frucht-Sahnefüllung mit Quark

Vorbereiten 5–15 Minuten, je nach Obstart
Zubereiten 15 Minuten

500 g	Erdbeeren oder Himbeeren, (Erdbeeren nach dem Waschen sehr gut abgetropft), in kleinen Stückchen oder etwas zerdrückt, *oder*
500 g	Ananas, Aprikosen, Birnen, Mandarinen, Pfirsiche, konserviert, sehr gut abgetropft, in kleine, dünne Stückchen geschnitten
½ l	Sahne, mit
3 P	Sahnesteifmittel und
80 g	Zucker steif geschlagen
250 g	Magerquark, mit
2 P	Sahnesteifmittel und
50 g	Zucker cremig gerührt
6 EL	Alkohol, wie bei Frucht-Sahnefüllung ausgewählt

① Früchte vorbereiten.
② Sahne mit Steifmittel, Zucker steif schlagen.
③ Quark mit Steifmittel und Zucker zu cremiger Masse rühren.
④ Sahne und Quark mit Spatel mischen, Früchte locker unterziehen, sofort verwenden.

Frucht-Sahne- und Frucht-Sahne-Quarkfüllungen sollten nicht länger als 6 Stunden vor Verzehr zubereitet und immer kühl gehalten werden.

Erdbeer- oder Himbeer-Sahnetorte

Vorbereiten (bei gebackenem Biskuit) 15 Minuten
Füllung bereiten 15 Minuten
Tränken, Füllen und Verzieren 15–20 Minuten

1	helle, möglichst feinporige Torte aus Feinem oder Wasserbiskuit, am Vortag gebacken, zweimal durchgeteilt (s. Seite 371)

Zum Tränken

2–3 EL	Rum bzw. Himbeergeist, mit
2–3 EL	Zitronensaft oder Wasser verrührt

Zum Füllen

	Erdbeer- bzw. Himbeer-Sahnefüllung (s. Seite 375)

Zum Überziehen und Verzieren

⅜ l	Sahne, mit
2 P	Steifmittel und
2 EL	Puderzucker steif geschlagen
12–16	kleine oder halbierte, tadellose Erdbeeren oder schöne Himbeeren

① Torte auf ihren Schnittseiten mit Tränkflüssigkeit betupfen.
② Hälfte der Füllung auf untersten Tortenboden auftragen, glatt verstreichen, zweite Schicht auflegen, ebenso verfahren. Deckel auflegen, mit der flachen Hand leicht andrücken.
③ Torte an der Oberfläche und am Rand etwa ¼ cm dick mit Sahne bestreichen, restliche Sahne aufspritzen, am Rand Rosetten spritzen und die Früchte hineinsetzen. Bis zum Verzehr mindestens 1 Stunde kühl stellen.

Auf dieselbe Weise lassen sich Sahnetorten mit konservierten Früchten herstellen, z.B. Ananas, Aprikosen, Birnen, Mandarinen oder Pfirsiche.

Schwarzwälder Kirschtorte

Vorbereiten (bei gebackenem Biskuit) 30 Minuten
Füllen und Verzieren 10–15 Minuten

1	dunkle Torte aus Feinem Biskuit oder Wiener Masse, in 3 Schichten geteilt (s. Seiten 371, 372)

Fruchtfüllung

750 g	Sauerkirschen aus dem Glas, entsteint, sehr gut abgetropft
¼ l	Sauerkirschsaft
1 P	Tortenguß, klar oder rot, oder 1 EL Speisestärke oder 3 Blatt Gelatine, kalt eingeweicht

Zum Tränken

4 EL	Kirschwasser
3 EL	Sauerkirschsaft

Zum Füllen und Verzieren

¾ l	Sahne, mit
3 P	Steifmittel und
3 EL	Puderzucker steif geschlagen
2 EL	Kirschwasser
12–16	Sauerkirschen, auf Küchenkrepp abgetropft
50 g	Borkenschokolade

① Den untersten Tortenboden auf die Platte setzen, 4 Pergament- oder Alustreifen – ca. 5 cm breit und 25 cm lang – so unter den Rand des Tortenbodens schieben, daß der Rand der Platte bedeckt ist.
② Saft und Kirschgeist auf untersten und mittleren Boden mit dem Pinsel, vor allem am Rand entlang, auftupfen. Etwa 2 EL Tränkflüssigkeit für den Abdeckboden zurückbehalten.
③ Fruchtfüllung vorbereiten.
Mit Tortenguß Fruchtsaft und Steifmittel nach Rezeptaufdruck zubereiten, bis auf etwa 40 °C abkühlen lassen.
Mit Stärkemehl Von dem Saft einige Löffel abnehmen, Speisestärke anrühren. Saft zum Kochen bringen, angerührte Stärke unter Rühren einlaufen lassen, aufkochen lassen, vom Herd nehmen, abkühlen lassen.
Mit Gelatine Gelatine ausdrücken, Saft bis etwa 70 °C erhitzen, Gelatine unter Rühren darin auflösen, abkühlen lassen, bis Gelatine zu stocken beginnt. Diese Art der Füllung harmonisert mit der Sahnefüllung am besten und läßt die Torte auch nicht zu rasch weich werden.
④ Sahne mit Steifmittel und Puderzucker steif schlagen, Kirschwasser tropfenweise untermischen.
⑤ Füllen: Abgekühlte, noch streichfähige Saftmischung zu ⅔ auf den untersten Boden auftra-

gen, mit Messer oder Teigkarte glatt verstreichen. Hälfte der Sauerkirschen darauf verteilen, mit der flachen Hand ein wenig andrücken. 2–3 EL Sahne auf die Kirschen füllen, glatt verstreichen. Den mittleren Boden mit der getränkten Seite nach oben auflegen, mit der flachen Hand rundherum leicht andrücken. Restliche Saftmischung aufstreichen, Kirschen darauflegen, andrücken und wieder mit 2–3 EL Sahne bestreichen.
Den Abdeckboden (Deckel) auf seiner aufgeschnittenen Fläche mit restlicher Tränkflüssigkeit mit dem Pinsel betupfen, mit der Schnittseite auf die mittlere Füllung legen und mit beiden Händen leicht andrücken.
⑥ Verzieren: Tortenoberfläche und Rand mit Sahne bestreichen. Die Schokoladenraspel mit Teigkarte an den Rand der Torte werfen. Die Oberfläche der Torte am Rand entlang dicht mit Sahnetupfern bespritzen, mit Sauerkirschen verzieren. Nach Belieben die unbespritzte Tortenmitte mit Schokoladenraspeln belegen. Bis zum Verzehr gut kühlen.
Die Torte hat etwa 2–3 Stunden nach dem Fertigstellen ihren geschmacklichen Höhepunkt erreicht.

Augsburger Kirschtorte

Tränken, Füllen und Verzieren insgesamt
20–25 Minuten

1	Heidelberger Nußtorte (s. Seite 388)
8–10 EL	Kirschwasser zum Tränken
¾ l	Sahne
3 P	Sahnesteifmittel
3 EL	Puderzucker
500 g	Sauerkirschen aus dem Glas, entsteint, abgetropft, davon 12–16 Stück zum Verzieren aufheben
	Borkenschokolade zum Bestreuen (nach Belieben)

① Die Torte zweimal durchschneiden, jeden Boden leicht mit Kirschwasser betupfen. Sahne mit Steifmittel und Zucker steif schlagen.
② Auf den untersten Boden dicke Sahneringe im Abstand von 2–3 cm spritzen, den freien Raum mit Sauerkirschen dicht auslegen, zweiten Schichtboden auflegen, ebenso mit Sahneringen bespritzen und mit Sauerkirschen belegen.
③ Oberste Schicht (Deckel) auflegen, Oberfläche und Rand mit Sahne bestreichen, Rosetten am oberen Rand entlang spritzen und auf diese jeweils eine Kirsche setzen, unbespritzte Fläche mit Borkenschokolade bestreuen. Fertige Torte etwa 2 Stunden bis zum Verzehr im Kühlschrank ruhen lassen.

Dieses Rezept eignet sich besonders für die Zubereitung mit Diabetikerzucker.

Grapefruittorte

Vorbereiten (Sachertorte bereits hergestellt)
15 Minuten
Zubereiten 20 Minuten
Kühlen 2–3 Stunden

1	Sachertorte, fertig gebacken, ausgekühlt, in 2 Böden geteilt (s. Seite 388)

Füllung

1	gelbe Grapefruit, entsaftet
1	gelbe Grapefruit, filetiert
2	Blatt weiße Gelatine, in kaltem Wasser gequollen
⅜ l	Sahne, steif geschlagen
3 EL	Puderzucker
	fein abgeriebene Schale von ½ Zitrone

Belag

5	gelbe Grapefruits, filetiert
125 g	Mandelblättchen, in
1 EL	Butter, flüssig, goldbraun geröstet
250 g	Marmelade von Bitterorangen oder Grapefruits
125 g	Zitronengelee

① Für die Füllung Saft und Fruchtfleisch der Grapefruit auf kleiner Hitze (etwa 50 °C) erwärmen, Gelatine ausdrücken, darin auflösen, in gekühlte Schüssel füllen, kalt stellen. Die geschlagene Sahne mit Puderzucker süßen, mit der gelierenden Grapefruitmasse gut mischen, abgeriebene Zitrone zugeben.
② Tortenboden auf Platte legen, Ring der Tortenform darumlegen, schließen. Füllmasse aufstreichen, gleichmäßig verteilen, zweite Tortenhälfte mit der glatten Seite nach oben auflegen, leicht andrücken, Torte in den Kühlschrank stellen.
③ Mandelsplitter rösten und abkühlen lassen. Die Grapefruits sehr sorgfältig filetieren, auf Sieb abtropfen.
④ Den Ring von der gekühlten Torte nehmen. Marmelade glatt verrühren, die Torte außen und an der Oberfläche damit bestreichen. Auf die

Tortenmitte Dessertteller von 18 cm Ø legen, die Mandelblättchen außen und auf den an der Oberfläche verbleibenden Rand auftragen, leicht andrücken.
⑤ Zitronengelee glatt verrühren, evtl. leicht erwärmen. Teller vorsichtig abnehmen, die Grapefruitfilets blüten- oder fächerartig dicht auf der Tortenmitte anordnen. Mit Zitronengelee dünn überziehen, bis zum Servieren kalt stellen.

Verwendung Eine echte Feinschmeckertorte, besonders geeignet als Dessert nach feinen Steaks und Wild.

Variationen
- Statt Sachertorte dunklen Biskuit nehmen.
- Statt Orangenmarmelade Pariser Creme verwenden.

Nubiertorte

Vorbereiten 10–15 Minuten
Teig bereiten 15 Minuten
Backen etwa 1 Stunde bei 180 °C
Tränken, Füllen und Verzieren insgesamt 25–30 Minuten

Teig
150 g Butter, zimmerwarm, in Flöckchen
150 g Zucker
1 P Vanillinzucker
6 Eigelb
150 g Mandeln, fein gerieben
2 EL Kakao, mit
2 EL Speisestärke und
½ P Backpulver vermischt, gesiebt
6 Eiweiß, sehr steif geschlagen
Butter und Mehl zur Form

Zum Tränken
4–6 EL Brandy oder Mokkalikör

Zum Füllen und Verzieren
⅜ l Sahne, mit
2 P Sahnesteifmittel geschlagen
2 EL Puderzucker
3 EL Pulverkaffee
12–16 Stück Kaffeebohnen oder Schokoladen-Mokkabohnen

① Ofen vorheizen, Form vorbereiten. Aus Butter, Zucker, Vanillinzucker und Eigelb sehr gute Schaummasse rühren.
② Mandeln, Kakao und Speisestärke mit dem Backpulver zugeben, verrühren, Eischnee locker unterheben, Masse in die Form füllen, backen.
③ Nach dem Backen die Torte in der Form 10 Minuten abkühlen lassen, dann Rand vorsichtig lösen, auf Kuchengitter stürzen, Formboden lösen, Torte erkalten lassen.
④ Die Torte einmal durchteilen, die Schnittseite der beiden Böden mit Brandy oder Likör betupfen.
⑤ Unter die steif geschlagene Sahne Puderzucker und Pulverkaffee (granulierten Kaffee auf Brettchen zerdrücken) sieben, vermischen. Etwa ⅓ der Mokkasahne auf dem Boden glatt verstreichen, Tortendeckel daraufsetzen, leicht mit der flachen Hand andrücken, Oberfläche und Rand mit Sahne bestreichen. Mit der Spritztülle am oberen Rand entlang Rosetten oder Girlanden aufspritzen, mit Mokkabohnen verzieren. Bis zum Verzehr im Kühlschrank (mindestens 1½ Stunden) aufbewahren.

Variation
Mokka-Sahne nur aus ⅛ l Sahne herstellen und Torte damit füllen. Außen mit 2–3 EL Gelee bestreichen, mit Mokka-Puderzucker- oder Mokka-Schokoladenguß überziehen.

Käsesahnetorte

Vorbereiten (bei gebackenem Biskuit) 10 Minuten
Füllung bereiten 10 Minuten
Kühlen der Füllung etwa 20–30 Minuten
Füllen 5 Minuten

1 heller Biskuit beliebiger Art (s. Seite 371) aus 3–4 Eiern und entsprechend reduzierten Zutaten, am Vortag gebacken, im oberen Drittel einmal durchgeteilt, der Boden soll dicker sein als der Deckel
Puderzucker zum Besieben

Füllung
3 Eigelb
150 g Zucker
1 TL Zitronenschale, fein abgerieben
1 P Vanillinzucker
500 g Quark
4 EL Zitronensaft
4 EL Rum
10 Blatt weiße Gelatine, in kaltem Wasser gequollen, in 4 EL Wasser im Wasserbad gelöst
¼ l Sahne, steif geschlagen

① Füllung herstellen: Sehr gute Schaummasse rühren aus Eigelb und Zucker. Zitronenschale und Vanillinzucker zugeben, verrühren. Quark gut mit der Schaummasse vermischen, Zitronen-

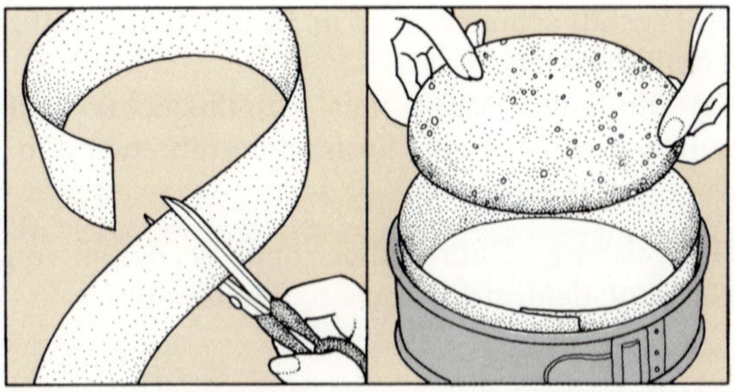

saft und Rum unterrühren. Auf Zimmertemperatur abgekühlte Gelatine unter Rühren an die Quarkmasse mischen, Masse kalt stellen.

② Um den Tortenboden Manschette von etwa 5 cm Höhe legen, mit Schnur festbinden, Tortenring darumlegen, verschließen.

③ Die steif geschlagene Sahne an die deutlich stockende Quarkmasse mit Schneebesen mischen.

④ Füllung auf den Boden gießen, glatt verstreichen. Deckel auflegen, mit der flachen Hand leicht andrücken, Torte etwa 2 Stunden im Kühlschrank aufbewahren.

⑤ Vor dem Servieren Formrand abnehmen, Manschette vorsichtig lösen, Torte mit Puderzukker besieben.

Variationen

- Statt Biskuit Mürbteigboden verwenden, Torte ohne Deckel zubereiten.
- Statt Vanillinzucker Zitronenschale und Gelatine Instant-Fertigprodukt verwenden.
- Unter die Quark-Sahne 100–125 g Erdbeeren, Himbeeren oder klein geschnittene, konservierte Früchte mischen und etwa 1 Stunde länger kühlen lassen.

Cremetorten

Grundrezept Feine Buttercreme

Vorbereiten 5–10 Minuten, je nach Art der Creme
Zubereiten (Abschlagen, Kühlen, Zusammenrühren) insgesamt 1–1½ Stunden

Grundzutaten

200 g Butter, geschmeidig gerührt
4 Eigelb, mit
100 g Zucker

Spezielle Zutaten

Vanille-Buttercreme

Mark einer großen Vanilleschote, an die Eigelbcreme gemischt
⅛ l Sahne, cremig geschlagen, an die fertige Creme löffelweise gemischt

Malakoff-Buttercreme

4–6 EL Kirsch- oder Himbeergeist, an die Eigelbcreme gemischt
⅛ l Sahne, cremig geschlagen, an die fertige Creme löffelweise gemischt

Zitronen-Buttercreme

4–6 EL Zitronensaft, an die Eigelbcreme gemischt
2 TL Zitronenschale, sehr fein abgerieben, und
⅛ l Sahne, cremig geschlagen, beides an die fertige Creme löffelweise gemischt

Nuß- oder Mandel-Buttercreme (nur zum Füllen und Bestreichen geeignet)

1 P Vanillinzucker und
2 EL Arrak oder Rum, an die Eigelbcreme gemischt
100 g geschälte, fein geriebene Nüsse oder Mandeln, an die fertige Creme gemischt

Schokoladen-Buttercreme

150 g Bitter- oder Zartbitterschokolade, im Wasserbad geschmolzen, wieder abgekühlt, an die abgekühlte Eigelbcreme gemischt
⅛ l Sahne, cremig geschlagen (nach Belieben), an die fertige Creme löffelweise gemischt

Mokka-Buttercreme

1/16 l Mokka, aus 3 EL gemahlenem Kaffee und 1/16 l Wasser gekocht und wieder abgekühlt, an die auf dem Wasserbad dickende Schaummasse tropfenweise gemischt
1/16 l Sahne, cremig geschlagen, an die fertige Creme löffelweise gemischt

Mokka-Mandel-Buttercreme (nur zum Füllen und Bestreichen geeignet)

Mokka-Buttercreme, ohne Sahnezugabe
80 g Mandeln, geschält, sehr fein gerieben, an die fertige Creme gemischt

① Eigelb mit Zucker auf dem Wasserbad zu Creme abschlagen.
② Sobald die Creme zu dicken beginnt, jeweilige Geschmackszutat zugeben: Alkohol, Zitronensaft oder Mokka tropfenweise bzw. in sehr kleinen Mengen und weiterschlagen (das Wasserbad darf nicht kochen), bis aller Alkohol, Saft oder Mokka untergearbeitet ist. Vanillemark nur zugeben. Auskühlen lassen. Schokolade erst unter die ausgekühlte Creme ziehen.
③ Butter sehr cremig rühren und für 15–20 Minuten in den Kühlschrank stellen. Vor der Weiterverarbeitung muß sie zwar noch weich sein, darf aber nicht warm (= ölig) aussehen.
④ Gekühlte Butter und auf Zimmertemperatur abgekühlte, geschmacktragende Eigelbcreme unter Rühren auf *geringer* Geschwindigkeitsstufe oder mit Handschneebesen *löffelweise* zusammenmischen. Nächsten Löffel erst zugeben, wenn der vorige wirklich ganz untergemischt ist. Nüsse oder Mandeln zugeben, verrühren.
⑤ Sahne mit Handschneebesen löffelweise an die Buttercreme rühren. Die fertige Creme *sofort* auf vorbereitete Tortenböden streichen.

▷ Sollte die Creme beim Zusammenmischen einmal gerinnen, kann dieses Mißgeschick wie folgt behoben werden: 5–6 EL heißes Kokosfett *tropfenweise* mit Handschneebesen an die Creme rühren. In diesem Fall erübrigt sich die Sahnezugabe.
▷ Das Auskühlen der Eiercreme läuft rascher ab, wenn diese nach dem Abschlagen in eine kalte Schüssel umgefüllt wird.

Feine Schokoladencreme

Crème au pralin

Vorbereiten 3–5 Minuten
Auskühlen etwa 1 Stunde
Schaumig rühren 5–8 Minuten

300 g	Zartbitter-, Bitter- oder Mokkaschokolade, in kleine Stücken zerteilt, in
⅜ l	Sahne geschmolzen
1 P	Vanillinzucker
2 EL	Orangen- oder Mandellikör (nach Belieben)

① Schokolade in der Sahne unter Rühren bei geringer Hitze schmelzen, aufkochen lassen, beiseite ziehen, abkühlen lassen (am besten in kaltes Rührgefäß schütten) und im Kühlschrank völlig erkalten lassen.
② Die kalte Masse mit Vanillinzucker steif schlagen, Likör tropfenweise unterrühren und sofort verwenden.

Verwendung Zum Füllen und Verzieren von Schokoladentorten, -kuchen, Baumstamm.

Grundrezept

Gestreckte Buttercreme

Vorbereiten 5 Minuten
Zubereiten (Kochen, Abkühlen, Zusammenrühren) 1–1½ Stunden

¼ l	Milch
50 g	Speisestärke, mit etwas kalter Milch (von ¼ l-Menge abnehmen) angerührt
1	Eigelb
50 g	Zucker
2 P	Vanillinzucker oder Mark einer großen Vanilleschote (helle Creme) *oder*
2–3 EL	Kakao (dunkle Creme)
200 g	Butter
100 g	Puderzucker
1	Eigelb

① Milch erhitzen, Speisestärke anrühren, unter Rühren in die kochende Milch gießen, einmal aufkochen lassen, beiseite stellen. Eigelb, Zucker und Vanillinzucker miteinander verquirlen, an den kochendheißen Milchbrei rühren, mit Schneebesen durchmischen und zum Auskühlen in flache Schüssel füllen, gelegentlich umrühren.
② Butter cremig rühren, Puderzucker mit Eigelb zugeben, schaumig rühren.
③ Ausgekühlten Flammeri *löffelweise* auf geringer Geschwindigkeitsstufe mit der Butter verrühren, jeweils sehr gut einarbeiten, bevor die nächste Portion zugegeben wird. Nur so lange schlagen, bis aller Flammeri untergemischt ist. Creme sofort zum Füllen und Verzieren verwenden.

▷ Zugabe von Kakaopulver an die fertige Creme bewirkt meist Gerinnen. Deshalb sollte der Flammeri bereits dunkel zubereitet oder nachträglich geschmolzene Bitterschokolade (80–100 g) im abgekühlten Zustand unter die Creme gemischt werden.
▷ Bei Gerinnen der Creme werden 3–4 EL heißes Kokosfett tropfenweise unter Rühren zugegeben.

Torten füllen und verzieren

Luisentorte, Diplomatentorte

Vorbereiten (bei gebackenem Tortenboden) 5 Minuten
Füllcreme bereiten insgesamt ¾–1 Stunde
Tränken, Füllen und Verzieren 25–30 Minuten

1 heller Biskuit beliebiger Art (s. Seite 371), am Vortag gebacken, nach Belieben ein- oder zweimal durchgeteilt

Zum Tränken für Luisentorte
4 EL Zitronensaft, mit
4 EL Wasser und
2 TL Zucker verrührt

Zum Tränken für Diplomatentorte
4 EL Maraschino, mit
4 EL Wasser vermischt

Zum Füllen, Bestreichen und Verzieren
Feine oder Gestreckte Vanille-Buttercreme (s. Seiten 379, 380)
2–3 EL Apfel- oder Quittengelee oder Aprikosenmarmelade, mit
2 EL Zitronensaft (Luisentorte) oder 2 EL Maraschino (Diplomatentorte) glatt verrührt
100 g Krokantsplitter oder gleiche Menge in 1 TL Butter hell geröstete, gehackte Mandeln

① Füllcreme herstellen.
② Die Tortenböden mit Tränkflüssigkeit betupfen, Deckelunterseite nur wenig tränken.
③ Untersten Boden mit etwa ¼ der Creme bestreichen, zweite Schicht auflegen, ebenso bestreichen, Deckel auflegen.
④ Torte auf der Oberfläche und am Rand dünn mit Marmelade bestreichen. Creme auftragen: Für Luisentorte alle Creme zum Bestreichen verwenden. Für Diplomatentorte so viel Creme zum Spritzen zurückbehalten, daß sie reicht, um ein Rautengitter im Abstand von ca. 6 cm aufzuspritzen. Auf den Kreuzungspunkt der Rauten jeweils einen Cremetupfer setzen.
⑤ Für die Luisentorte alle Krokant- oder gerösteten Mandelsplitter zum Bestreuen an Oberfläche und Rand verwenden. Bei der Diplomatentorte mit den Krokant- oder Mandelsplittern jede zweite Raute ausstreuen, den Rand damit bewerfen. Die Torte bis zum Verzehr mindestens 4–6 Stunden, besser über Nacht, kühlen.

Variation
Frühlingstorte: Die Tortenoberfläche mit Rautengitter im Abstand von 4–5 cm bespritzen, auf den Kreuzungspunkt je einen Cremetupfer und ein Zuckerveilchen setzen, Tupfenrand spritzen, mit Krokant- oder Mandelsplitter bewerfen.

Malakoff-Torte

Vorbereiten (bei gebackenem Tortenboden) 5 Minuten
Füllcreme bereiten insgesamt ¾–1 Stunde
Tränken, Füllen und Verzieren 25–30 Minuten

1 helle Torte aus Feinem Biskuit (s. Seite 371), am Vortag gebacken, zweimal durchgeteilt

Zum Tränken
6–8 EL Kirsch- oder Himbeergeist

Zum Füllen, Bestreichen und Verzieren
Malakoff-Buttercreme (s. Seite 379)
2 EL Kirsch- oder Himbeermarmelade, durch Sieb gestrichen, mit
2 EL Kirsch- oder Himbeergeist verrührt
50 g Mandelblättchen, in etwas Butter hell geröstet, abgekühlt
12 halbierte, kandierte Kirschen oder frische Himbeeren
1–2 EL Puderzucker zum Besieben

① Füllcreme herstellen.
② Tortenboden mit Alkohol betupfen.
③ Den untersten Boden mit ¼ Füllcreme glatt bestreichen, zweiten Boden auflegen, ebenso füllen, Deckel auflegen, mit der flachen Hand rundherum leicht andrücken.
④ Tortenoberfläche und Rand dünn mit Marmelade bestreichen, Torte etwa 1 Stunde im Kühlschrank oder an kühlem Ort ruhen lassen.
⑤ Tortenoberfläche und Rand mit Creme gleichmäßig bestreichen, etwas Creme zurückbehalten, nur den oberen Rand mit Rosetten bespritzen.
⑥ Das Innere der Tortenoberfläche dünn mit Mandelblättchen bestreuen, mit dem Rest den Rand bewerfen. Kandierte Kirschen oder Himbeeren in die Rosetten drücken, die Torte mit Puderzucker leicht übersieben. Im Kühlschrank bis zum Verzehr mindestens 6 Stunden (besser über Nacht) ruhen lassen.

Variation
Marillentorte: Statt Kirsch- oder Himbeergeist Marillengeist verwenden. Auf die mit Creme bestrichene Torte am Rand entlang 12 halbierte, entsteinte (blanchierte, enthäutete), gut abgetropfte Aprikosen legen, diese mit kleinen Cremetupfern umkränzen, mit Mandelblättchen und Puderzucker bestreuen bzw. besieben.

Zitronentorte

Vorbereiten (bei gebackenem Tortenboden) 65 Minuten
Füllcreme bereiten insgesamt ¾–1 Stunde
Tränken, Füllen und Verzieren 25–30 Minuten

1 helle Torte aus Feinem Biskuit (s. Seite 371), am Vortag gebacken, zweimal durchgeteilt

Zum Tränken

4 EL Zitronensaft
Zitronenschale, mit
4 Stück Würfelzucker abgerieben, in
2 EL Wasser (und Zitronensaft) gelöst

Zum Füllen, Bestreichen und Verzieren

Zitronen-Buttercreme (s. Seite 379)
12 dünne Zitronenscheiben, halbiert

① Füllcreme zubereiten.
② Tortenböden mit Tränkflüssigkeit betupfen, Deckelunterseite nur wenig tränken.
③ Untersten Boden mit ¼ der Creme bestreichen, zweiten Boden auflegen, ebenso bestreichen, Deckel mit flacher Hand aufdrücken.
④ Tortenoberfläche und Rand dünn mit Creme bestreichen. Rest der Creme als Girlande oder Locken aufspritzen, dabei Stücke markieren. Am Rand mit Zitronenscheiben verzieren, etwa 4–6 Stunden bis zum Verzehr kühl stellen.

Schwarz-Weiß-Torte

Four Layer-Cake

Vorbereiten (bei gebackenem Boden) 10 Minuten
Füllcreme bereiten (mit Kühlzeit) 1½–1¾ Stunden
Tränken, Füllen und Verzieren 30–40 Minuten

1 dunkle und 1 helle Torte, jeweils aus ½ Rezept heller und dunkler Biskuitteig (s. Seite 371), am Vortag gebacken, jeweils einmal durchgeteilt

Zum Tränken für den dunklen Biskuit

4 EL Rum oder Mandellikör, mit
4 EL Wasser und
1 TL Zucker (entfällt bei Likör) vermischt

Zum Tränken für den hellen Biskuit

4 EL Arrak oder Orangenlikör, mit
4 EL Wasser und
1 TL Zucker (entfällt bei Likör) vermischt

Zum Füllen, Bestreichen und Verzieren

Feine oder Gestreckte Schokoladen-Butter- und Schokoladen-Sahnecreme und
Feine oder Gestreckte Vanille-Buttercreme (s. Seiten 379, 380)
2–3 EL Aprikosenmarmelade, mit
2 EL Wasser glatt verrührt

① Die Füllcreme nach Wahl herstellen.
② Die durchgeteilten Böden auf der Schnittseite mit Tränkflüssigkeit (Deckelunterseite nur wenig) betupfen.
③ Im Wechsel jeweils eine dunkle Schicht mit Schokoladen- und eine helle Schicht mit Vanille-Buttercreme etwa ½ cm dick bestreichen. Alle Schichten aufeinandersetzen, mit Pergamentpapier oder Alufolie bedecken, Formboden auflegen, mit ca. 250 g beschweren und etwa 30 Minuten im Kühlschrank ruhen lassen.
④ Danach Torte an der Oberfläche und am Rand dünn mit Marmelade, dann mit heller oder dunkler Buttercreme bestreichen.
⑤ Die Torte im Rauten- oder Karomuster in kleinen Tupfen exakt bespritzen oder schwarzweißes Muster in Kreisform aufspritzen. Bis zum Verzehr 4–6 Stunden oder über Nacht kühl stellen.

Variation

Jeweils nur ein halbes Rezept heller und dunkler Creme herstellen und damit füllen, die Torte mit Schokoladenglasur überziehen.

Mokkatorte

Vorbereiten (bei gebackenem Tortenboden) 5 Minuten
Füllcreme bereiten insgesamt ¾–1 Stunde
Tränken, Füllen und Verzieren 25–30 Minuten

1 helle Torte aus Feinem Biskuit (s. Seite 371), am Vortag gebacken, zweimal durchgeschnitten

Zum Tränken

6–8 EL Mokka, mit
1 TL Zucker gesüßt

Zum Füllen, Bestreichen und Verzieren

Mokka-Buttercreme (s. Seite 379) *oder*
½ Rezept Mokka-Buttercreme mit Mandeln und Mokkaguß (s. Seite 407)
2 EL Aprikosenmarmelade, mit
2 EL Zitronensaft verrührt (nach Belieben)
12 Kaffee- oder Mokkabohnen
12 Mandeln geschält, halbiert

① Füllcreme herstellen.
② Tortenböden mit Tränkflüssigkeit betupfen, Deckel nur wenig befeuchten.
③ Bei Mokka-Buttercreme: Den untersten Boden mit etwa ¼ der Creme glatt bestreichen, zweiten Boden auflegen, ebenso bestreichen. Deckel auflegen, mit der flachen Hand leicht andrücken.

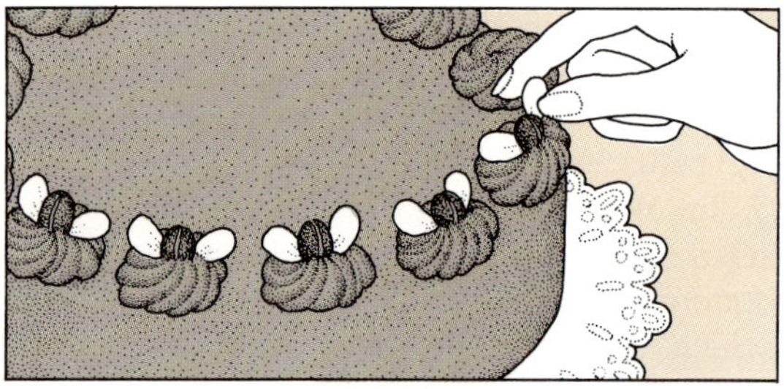

Oberfläche und Rand nach Belieben mit Marmelade dünn bestreichen, dann Creme auf der Oberfläche und am Rand sehr glatt auftragen, so viel Creme zurückbehalten, daß es reicht, die Torte am oberen Rand entlang mit kleinen Rosetten zu verzieren. Auf jede Rosette eine Kaffee- oder Mokka-Schokoladenbohne setzen, seitlich je eine halbierte Mandel wie Schmetterlingsflügel leicht schräg in die Rosette stecken.

Bei Mokka-Mandel-Buttercreme: Die Creme zur Hälfte auf den untersten Boden aufstreichen, den zweiten Boden auflegen, ebenso bestreichen, Deckel auflegen, mit Pergamentpapier oder Folie belegen, Formboden auflegen und mit etwa 250–300 g Gewicht beschweren, 1–2 Stunden im Kühlschrank ruhen lassen. Torte von außen dünn mit Marmelade bestreichen. Mokkaguß zubereiten, die Torte damit überziehen, etwa 15–20 Minuten ruhen lassen, dann mit Kaffee- oder Mokka-Schokoladenbohnen belegen, jeweils seitlich mit einer flach auf die Glasur gelegten halben Mandel in Form von Schmetterlingsflügeln verzieren.

Bis zum Verzehr etwa 6–8 Stunden im Kühlschrank ruhen lassen.

Mokka-Igel

Vorbereiten (bei gebackenem Biskuit) 20 Minuten
Füllcreme bereiten insgesamt ¾–1 Stunde
Tränken, Füllen und Verzieren 30–40 Minuten
Kühlen bis zum Fertigstellen etwa 1 Stunde

30–40 Löffelbiskuits *oder*
gebackener Biskuitrouladenteig (s. Seite 373), auf Backbrett gestürzt, erkaltet

Zum Tränken
¼ l Mokka (aus 60 g Bohnenkaffee und ⅜ l Wasser)

Zum Füllen und Verzieren
1½ Rezepte Mokka-Buttercreme (s. Seite 379)
6–8 Rosinen für Augen und »Schnäuzchen«
150 g Mandeln, geschält, in Stifte geschnitten

① Füllcreme herstellen.

② Auf Kuchen- oder Tortenplatte aus Löffelbiskuits oder Biskuit eine Igelform von etwa 20 cm Länge, 12 cm Breite legen, mit Mokka tränken. Eine Cremeschicht von etwa ¼ cm Dicke auftragen und jeweils schichtweise so verfahren, bis die typische Igelform herauskommt. (Einen kleineren oder zwei ganz kleine Igel von etwa 8 cm Länge, 4 cm Breite aus den Biskuitresten auf die gleiche Weise herstellen.)

③ Igel von außen etwa ½ cm dick mit Creme bestreichen, mit den Rosinen Augen und »Schnäuzchen« markieren, in den Kühlschrank stellen und so lange ruhen lassen, bis die aufgetragene Creme deutlich fest geworden ist.

④ Igel mit Mandelstiften (Stacheln) akkurat bespicken, die kleinen Igel bekommen kürzere Stacheln.

Bis zum Verzehr mindestens 6–8 Stunden im Kühlschrank aufbewahren.

Variation

Schokoladen-Igel: Statt Mokkacreme Schokoladen-Buttercreme verwenden, nach Belieben mit dunklem Biskuitteig herstellen. Zum Tränken hellen Fruchtsaft nehmen, wenn er für Kinder zubereitet wird. Ansonsten Rum, Zitronensaft und Wasser, mit etwas Zucker vermischt, zum Tränken verwenden. Die Enden der eingedrückten Mandelstifte mit Kuvertüre bepinseln.

Schokoladentorte

Vorbereiten (bei gebackenem Tortenboden) 5 Minuten
Füllcreme bereiten insgesamt ¾–1 Stunde
Tränken, Füllen und Verzieren 25–30 Minuten

1 dunkle Torte aus Feinem Biskuit (s. Seite 371), am Vortag gebacken, zweimal durchgeteilt

Zum Tränken
4 EL Fruchtsaft, hell oder dunkel
4 EL Rum, Mandel- oder Orangenlikör

Zum Füllen, Bestreichen und Verzieren

	Schokoladen-Buttercreme (s. Seite 379) oder Schokoladen-Sahnecreme (s. Seite 373)
2 EL	Gelee oder Marmelade, mit
2 EL	Zitronensaft, Rum oder Likör glatt verrührt (nach Belieben)
	Borkenschokolade, Schokoraspel oder 6–8 Rumtrüffel, jeweils halbiert
1 TL	Kakao zum Bestäuben

① Füllcreme zubereiten.
② Tortenböden mit Tränkflüssigkeit betupfen, Deckelunterseite nur wenig befeuchten.
③ Auf untersten Tortenboden knapp ¼ der Creme glatt verstreichen, zweiten Boden auflegen, ebenso bestreichen, Deckelboden auflegen, mit der flachen Hand leicht andrücken.
④ Torte auf der Oberfläche und am Rand dünn mit Marmelade bestreichen oder gleich Creme gleichmäßig auftragen, glatt verstreichen, etwas Creme zum Spritzen zurückbehalten.
⑤ Am oberen Rand entlang Rosetten, Girlanden oder kleine Locken spritzen, in die Rosetten jeweils halbe Rumtrüffel setzen oder die ganze Torte mit Borkenschokolade oder Schokoladenraspeln bestreuen, nach Belieben mit Kakao leicht bepudern.

Variation

Oster- oder Kindertorte: Zum Tränken nur Fruchtsaft verwenden. Nach dem Spritzen kleine Marzipanküken oder -häschen und/oder kleine bunte Zuckereier in die Rosetten setzen. Oder: Alle Creme zum Füllen verwenden (Schokoladen-Sahnecreme), die Torte mit Marmelade bestreichen, mit Schokoladenguß überziehen, etwa 20 Minuten antrocknen lassen, dann Marzipanküken oder -häschen und/oder kleine, bunte Zuckereier am oberen Rand entlang auf die Torte setzen.

Habsburger Torte

Vorbereiten 10 Minuten
Teig bereiten 15–20 Minuten (am Vortag gebacken)
Backen 15–20 Minuten pro Boden bei 190–200 °C
Creme bereiten, Füllen und Verzieren 1½ Stunden

Teig

170 g	Butter, zimmerwarm
7	Eigelb
100 g	kandierte Orangen, durch den Wolf gedreht
7	Eiweiß, mit
180 g	Zucker und
2 TL	Zitronensaft sehr steif geschlagen
150 g	Mandeln, fein gerieben
150 g	Biskuit- oder Zwiebackbrösel
40 g	Mehl, gesiebt
30 g	Kakao, gesiebt
	Butter und Mehl zur Form

Füllcreme

½ l	Milch
4 EL	Zucker
1	Vanillestange, der Länge nach aufgeschlitzt, ausgeschabt
4	Eigelb
3 EL	Speisestärke, mit
6 EL	kalter Milch angerührt
200 g	Butter, zimmerwarm, in Flöckchen, schaumig gerührt
2	Schnapsgläser Himbeergeist (Kirschwasser, Aprikosengeist)

Glasur

2 EL	Aprikosenmarmelade, glatt verrührt
100 g	Zartbitterschokolade, mit
20 g	Butter im Wasserbad zerlassen, glatt verrührt

Spritzcreme

80 g	Butter, zimmerwarm
3 EL	Puderzucker
1	Eigelb
2 TL	Kakao, gesiebt
100 g	Mandelblättchen, hell geröstet, zum Bestreuen

① Backofen vorheizen, Form vorbereiten. Butter mit Eigelb schaumig rühren, gemahlene Orangen zugeben, kurz mitrühren.
② Eiweiß mit Zucker und Zitronensaft steif schlagen, bis glänzende, schnittfeste Masse entstanden ist. Eischnee an die Butter-Schaummasse mischen.
③ Mandeln, Brösel, Mehl, Kakao miteinander vermischen, unter die bereitete Masse heben, lokker mit Backlöffel verrühren.
④ Am besten mit 2 Springformböden arbeiten. Teig in 6–7 Portionen einteilen. Mit jeder Teigportion einen Tortenboden gleichmäßig bestreichen, hellgelb backen. Vorsichtig vom Blech lösen, auf Kuchengitter oder Backbrett auskühlen lassen.
⑤ Am nächsten Tag Füllcreme bereiten: Milch mit Zucker und Vanilleschote und -mark aufkochen. Eigelb mit Speisestärke und Milch verrühren, unter Schlagen an die kochende Milch geben, vom Feuer ziehen, weiterschlagen, bis die Creme gut gebunden ist. In Schüssel gießen, kühl stellen, öfters umrühren.

⑥ Vanilleschote entnehmen. Butter schaumig rühren. Kalte Creme löffelweise in die Butter einarbeiten, zum Schluß Himbeergeist tropfenweise zugeben.

⑦ Die vorgebackenen, erkalteten Böden mit der Buttercreme gleichmäßig bestreichen, aufeinandersetzen, mit der flachen Hand leicht andrükken. Den Rand ebenfalls mit Creme bestreichen, mit Mandelblättchen beheften.

⑧ Die Oberfläche der Torte mit verrührter Aprikosenmarmelade dünn überziehen. Die etwas abgekühlte Schokolade auf die Tortenmitte gießen. Unter langsam drehenden Bewegungen die Torte schräg halten, dabei Guß verlaufen lassen (möglichst nicht mit dem Pinsel arbeiten). Guß erkalten lassen.

⑨ Für die Spritzcreme Butter und Puderzucker mit Eigelb schaumig rühren, mit gesiebtem Kakao abschmecken. Mit der Creme Rosetten am oberen Rand entlang auf den erkalteten Guß spritzen. Bis zum Gebrauch kühl stellen.

Bayerische Nußtorte

Vorbereiten 10 Minuten
Teig bereiten 15 Minuten
Backen etwa 1 Stunde bei 180–190 °C
Füllen und Verzieren insgesamt 25–35 Minuten

Teig

100 g	Butter, zimmerwarm, in Flöckchen
150 g	Zucker
1 P	Vanillinzucker
5	Eigelb
200 g	Hasel- oder Walnüsse, fein gerieben
200 g	Mehl, mit
1½ TL	Backpulver vermischt, gesiebt
4 EL	Milch, evtl. weniger (hängt von Eigröße ab)
2 EL	Rum oder Arrak
5	Eiweiß, mit
50 g	Zucker sehr steif geschlagen
	Butter und Mehl zur Form

Zum Tränken

1/16 l	Weißwein oder heller Fruchtsaft
3–4 EL	Rum oder Arrak

Zum Füllen und Verzieren

1	Rezept Nuß-Buttercreme (s. Seite 379)
12–16	Hasel- oder Walnüsse, trocken geröstet, geschält

① Backofen vorheizen, Form vorbereiten. Aus Butter, Zucker, Vanillinzucker und Eigelb sehr gute Schaummasse rühren.

② Nüsse und Mehl zugeben, gut untermischen, evtl. mit Milch Teig etwas weicher machen, Alkohol zugeben, im Teig verrühren.

③ Eischnee locker unterheben, Teig in die Form füllen, glatt verstreichen, backen.

④ Nach dem Backen in der Form 10 Minuten abkühlen lassen, vorsichtig am Rand lockern, auf Kuchengitter stürzen, Formboden lockern, abnehmen, erkalten und 1 Tag bis zum Füllen ruhen lassen. Die erkaltete Torte einmal (nach Belieben zweimal) durchschneiden.

⑤ Nuß-Buttercreme herstellen.

⑥ Die Tortenscheiben mit Tränkflüssigkeit gleichmäßig mit Pinsel betupfen.

⑦ Die Torte ein- oder zweimal dünn mit Buttercreme bestreichen, aufeinandersetzen, mit der flachen Hand andrücken. Tortenoberfläche und Rand ebenfalls dünn mit Creme bestreichen, am oberen Rand entlang kleine Rosetten aufspritzen, diese mit Nüssen belegen. Torte bis zum Verzehr 4–6 Stunden kühl stellen.

Mit Marmelade gefüllte und ungefüllte Torten

Punschtorte

Vorbereiten (bei gebackenem Biskuit) 10 Minuten
Tränken, Füllen, Glasieren und Verzieren 30–40 Minuten

1	helle Torte, am besten aus Savoyer Biskuit (s. Seite 371), am Vortag gebacken, zweimal durchgeteilt

Zum Tränken

1/16 l	Weißwein
6 EL	Apfel- oder Traubensaft, evtl. Orangensaft
6 EL	Zitronensaft
6 EL	Rum oder Obstgeist
1 TL	Zitronenschale, fein gerieben

Zum Füllen

150 g	Aprikosen-, Ananas-, Orangen- oder Stachelbeermarmelade, mit
4 EL	Rum oder Obstgeist glatt verrührt

Zum Überziehen und Verzieren

2–3 EL	Marmelade wie zur Füllung, mit
2 EL	Alkohol oder Zitronensaft glatt verrührt
	Punschguß (s. Seite 407)
12–16	halbierte, kandierte Kirschen oder Ananas- bzw. Orangenstücke
	einige Streifen Zitronat oder kandierter Rhabarber *oder*
	Durchgezogener Guß (s. Seite 408)

① Mischung zum Tränken herstellen.
② Die sehr sorgfältig geteilte Torte auf ihren Schnittseiten mit der Tränkflüssigkeit betupfen, den Deckel nur sehr sparsam am Rand entlang tränken.
③ Hälfte der Füllmarmelade auf untersten Tortenboden streichen, zweite Schicht auflegen, leicht andrücken, Rest der Füllmarmelade aufstreichen, Deckel auflegen.
④ Folie oder Pergamentpapier auf Oberseite der Torte legen, Formboden auflegen und mit etwa 300 g Gewicht beschweren, Torte etwa 30–40 Minuten ruhen lassen.
⑤ Gewicht und Folie abnehmen, Torte an Oberfläche und Rand sehr dünn mit Marmelade bestreichen, nochmals 30 Minuten an kühlem Ort ruhen lassen.
⑥ Guß herstellen, Torte damit überziehen, Rand mit Messer oder Küchenspatel glatt streichen, etwa 15 Minuten antrocknen lassen, dann mit kandierten Früchten in Blütenform belegen. Torte bis zum Verzehr mindestens 4–6 Stunden an kühlem Ort durchziehen lassen.

Brottorte

Vorbereiten 10–15 Minuten
Teig bereiten 20 Minuten
Backen 1¼–1½ Stunden bei 160–175 °C
Glasieren und Verzieren 10–15 Minuten

Teig

150 g	Schwarzbrotbrösel, aus trocken gebröseltem Schwarzbrot, gerieben
6 EL	Rum, Arrak oder Obstgeist
8	Eigelb
250 g	Zucker
1 EL	Zitronenschale, fein gerieben
1 TL	Zimt
¼ TL	Nelken
je 50 g	Zitronat und Orangeat, fein gehackt
150 g	Mandeln oder Nüsse, fein gerieben
100 g	Mehl, mit
½ TL	Backpulver vermischt, gesiebt
8	Eiweiß, steif geschlagen
	Butter und Semmelbrösel zur Form

Zum Tränken

⅛ l	Rotwein oder Fruchtsaft mit Zitronensaft
4–6 EL	Rum, Arrak oder Obstgeist

Zum Glasieren und Verzieren

4 EL	Johannisbeergelee
	Punschguß und kandierte Früchte oder Durchgezogener Guß (s. Seite 408)

① Backofen vorheizen, Form vorbereiten. Die Brotbrösel mit Alkohol befeuchten, zum gleichmäßigen Befeuchten mehrmals mit Löffel umwenden.
② Sehr gute Schaummasse aus Eigelb und Zukker herstellen, Zitronenschale, Zimt, Nelken, Zitronat, Orangeat und die Brotbrösel zugeben, vermischen.
③ Nüsse oder Mandeln und Mehl unterziehen. Steif geschlagenen Eischnee locker unterheben, Teig in Form füllen, backen.
④ Nach dem Backen die Torte in der Form kurz abkühlen lassen, vorsichtig aus der Form lösen, auf Kuchengitter zum Auskühlen stürzen.
⑤ Mindestens 6 Stunden vor dem Glasieren oder Verzieren die Torte tränken, Oberfläche und Rand dünn mit Gelee bestreichen, etwa 1 Stunde antrocknen lassen. Mit Punschguß überziehen, etwa ¼ Stunde antrocknen lassen, dann mit kandierten Früchten belegen. Oder mit Durchgezogenem Guß verzieren.

Die Torte sollte etwa 2 Tage vor dem Verzehr gebacken und 1 Tag vorher getränkt und überzogen werden.

Rüeblitorte, Gelbe Rüben-Torte

Vorbereiten 15–20 Minuten
Teig bereiten 15 Minuten
Backen 1¼ Stunden bei 160 °C
Glasieren und Verzieren 10–15 Minuten

Teig

6	Eigelb
200 g	Zucker
300 g	Mandeln, fein gerieben
300 g	Gelbe Rüben, gewaschen, geschält, fein geraspelt
1 EL	Kirschwasser oder Rum
1 TL	Zitronenschale, fein abgerieben
½ TL	Zimt (nach Belieben doppelte Menge)
50 g	Speisestärke
6	Eiweiß, mit
60 g	Zucker zu sehr steifem Schnee geschlagen
	Butter und Semmelbrösel zur Form

Zum Glasieren und Verzieren

2–3 EL	Aprikosen- oder Orangenmarmelade, mit
2 EL	Zitronensaft glatt verrührt
	Zitronen- oder Rumguß (s. Seite 407) oder ⅜ l Sahne, steif geschlagen

① Backofen vorheizen, Form vorbereiten. Eigelb und Zucker zu sehr lockerer, feinporiger Masse rühren.
② Mandeln, Gelbe Rüben, Alkohol und Gewürze nacheinander zugeben, untermischen. Speisestärke dazusieben, unterrühren.
③ Eischnee auf den Teig füllen, mit Spatel locker unterheben. Teig in Form gießen und backen.
④ Die gebackene Torte in der Form 10 Minuten abkühlen lassen, dann vorsichtig am Rand lokkern, Rand lösen, auf Kuchengitter stürzen.
⑤ Die Torte nach dem Erkalten mit Marmelade dünn bestreichen und nach Belieben entweder mit Guß überziehen oder mit steif geschlagener Sahne von außen bestreichen und verzieren.

Heidelberger Nußtorte, Mandeltorte

Vorbereiten 10–15 Minuten
Teig bereiten 15 Minuten
Backen 1–1¼ Stunden bei 160–175 °C
Tränken und Glasieren insgesamt 1–1½ Stunden

Teig

6	Eigelb
300 g	Puderzucker
1 TL	Zitronenschale, fein gerieben, oder
1 P	Vanillinzucker
300 g	Nüsse oder Mandeln, fein gerieben
3 EL	Speisestärke, mit
½ TL	Backpulver vermischt, gesiebt
6	Eiweiß, sehr steif geschlagen
	Butter und Semmelbrösel zur Form

Zum Tränken

2 EL	Zitronensaft, mit
4 EL	Mandel- oder Orangenlikör vermischt

Zum Überziehen und Verzieren (nach Belieben)

2–3 EL	Johannisbeer-, Apfel- oder Quittengelee, mit
2 EL	Zitronensaft oder Likör nach Wahl glatt verrührt
	Schokoladenguß (s. Seite 407) oder ⅜ l Sahne, mit 2 P Steifmittel und 2 EL Puderzucker steif geschlagen
16	Haselnüsse, trocken geröstet, geschält, oder Mandeln, geschält

① Backofen vorheizen, Form vorbereiten. Aus Eigelb und Puderzucker sehr feinporige, lockere Schaummasse herstellen, mit Zitrone oder Vanillinzucker aromatisieren.
② Mandeln unterrühren, Speisestärke zugeben, untermischen. Eischnee mit Spatel locker unterziehen, Teig in Form füllen, backen.
③ Torte nach dem Backen etwa 10 Minuten in der Form abkühlen lassen, dann vorsichtig am Rand lockern, auf Kuchengitter stürzen, Formboden vorsichtig abnehmen, die Torte völlig erkalten lassen.
④ Die erkaltete Torte mit Zitronensaft und Likör mit dem Pinsel an der Oberfläche und am Rand betupfen, nicht alle Flüssigkeit auf einmal, sondern in 2–3 Arbeitsgängen auftragen. Flüssigkeit gut einziehen lassen.
⑤ Torte mit glatt verrührtem Gelee auf Oberfläche und am Rand bestreichen, etwa 1 Stunde antrocknen lassen. Mit Schokoladenguß überziehen, etwa ½ Stunde antrocknen lassen, mit Haselnüssen oder Mandeln am Rand verzieren. Oder die Torte mit steif geschlagener Sahne bestreichen, am oberen Rand entlang Rosetten aufspritzen, die Rosetten mit ganzen Nüssen oder Mandeln belegen.

Die Torte muß am Vortag gebacken und mindestens 4–6 Stunden vor dem Verzehr getränkt und verziert werden.

Sachertorte

Vorbereiten 15 Minuten
Teig bereiten 20 Minuten
Backen 50–60 Minuten bei 190 °C
Füllen und Glasieren 30 Minuten

Teig

150 g	Butter
150 g	Zucker
6	Eigelb
150 g	Zartbitterschokolade, im Wasserbad geschmolzen, abgekühlt
50 g	Mandeln, fein gerieben
100 g	Mehl, mit
1 Msp	Backpulver vermischt und gesiebt
6	Eiweiß, sehr steif geschlagen
	Butter und Mehl zur Form

Füllung

2 EL	Aprikosenkonfitüre, mit
2 EL	Aprikosengeist oder Rum glatt verrührt

Zum Überziehen

2 EL	Aprikosenkonfitüre, mit
1 EL	Aprikosengeist oder Rum glatt verrührt
200 g	feine Bitterschokolade, geschmolzen
100 g	Puderzucker
50 g	Butter, lauwarm zerlassen
2 EL	Rum

① Backofen vorheizen. Springform ausfetten, gut mit Mehl bestäuben. Butter cremig rühren, Zucker und Eigelb nach und nach zugeben, sehr gute Schaummasse herstellen.
② Abgekühlte Schokolade löffelweise unter Schaummasse (mit Handschneebesen) rühren, Mandeln unterheben, Mehl mit Backpulver locker dazumischen. Eischnee locker, aber gründlich unterheben. Teig in Springform füllen und backen.
③ Backofentüre erst gegen Ende der Garzeit öffnen. Garprobe mit Holzstäbchen machen. Gebackene Torte im ausgeschalteten Backofen noch 10 Minuten ruhen lassen. Danach aus der Form nehmen, Rand vorsichtig lösen, auf Kuchengitter stürzen, Formboden mit spitzem Messer rundherum vorsichtig lockern und abheben. An zugfreiem Ort 1 Tag auskühlen lassen.
④ Torte am nächsten Tag einmal durchschneiden, die mit Alkohol verrührte Aprikosenmarmelade auf beide Hälften auftragen, zusammensetzen, leicht andrücken, Alufolie auflegen und mit Holzbrett beschweren, etwa 1 Stunde ruhen lassen.
⑤ Mit Kuchenpinsel alle Brösel von Tortenoberfläche und Rand entfernen. Die mit Alkohol verdünnte Konfitüre dünn auftragen, mit Messer glatt verstreichen.
⑥ Schokolade im Wasserbad schmelzen, etwas abkühlen lassen, gesiebten Puderzucker zumischen, mit flüssiger Butter und Rum glatt verrühren. Torte auf Platte setzen, mit 4 zusammengefalteten Alustreifen unterlegen. Dickflüssige Überzugmasse auf Tortenmitte gießen, rundherum verlaufen lassen, dabei die Torte in Schräghaltung drehen, damit der Überzug alle Stellen erreichen kann. Am Rand mit Messer etwas verstreichen, bis zum Verzehr mindestens ½ Tag, besser 1 Tag kühl stellen.

Sachertorte muß in jeder Arbeitsphase sehr sorgfältig behandelt werden. Es ist sehr wichtig, die Torte mindestens 2 Tage vor Gebrauch zu backen und 1 Tag vorher zu füllen und zu überziehen. Nur so kommt der von den Zutaten bestimmte, typische und berühmte Geschmack voll zur Entfaltung.

Eistorte

Vorbereiten (bei fertigem Boden, fertigem Eis und fertiger Creme) 10 Minuten
Zubereiten 20 Minuten
Kühlen 1½ Stunden
Baiser bereiten 8 Minuten
Überbacken 5 Minuten

1	Biskuitboden, ca. 3 cm hoch
1	Schnapsglas Orangenlikör zum Tränken

Zum Füllen

1	Rezept Crème bavaroise (s. Seite 274) *oder*
2 P	Cremespeise (Instant-Fertigprodukt ohne Kochen, nach Vorschrift zubereitet, im Geschmackstyp dem Eis angepaßt)
¼ l	Sahne, steif geschlagen
250 g	Erdbeeren oder Himbeeren, frisch, *oder* Aprikosen, Pfirsiche oder Ananas, konserviert, gut abgetropft, in kleine Stückchen geschnitten
½ l	beliebiges Creme- oder Fruchteis, in Kugeln ausgestochen

Baiser

4	Eiweiß, mit
1 TL	Zitronensaft und
4 EL	Zucker sehr steif geschlagen
	Puderzucker zum Bestäuben
1 EL	Mandelsplitter oder -blättchen, in etwas Butter hell geröstet

① Biskuitboden mit Likör beträufeln, auf Tortenplatte setzen.
② Crème bavaroise oder Cremespeise zubereiten. Warm hergestellte Creme muß gut ausgekühlt sein. Steife Sahne und zerkleinerte Früchte unterheben.
③ Vom Eis Kugeln abstechen, Biskuitboden damit dicht belegen. Ring der Springform um den Tortenboden legen. Mandelblättchen vorbereiten.
④ Creme auf die Eiskugeln füllen, 1½–2 Stunden tiefkühlen.
⑤ Kurz vor dem Servieren Eiweiß mit Zitronensaft sehr steif schlagen, Zucker nach und nach dazurieseln lassen und so lange weiterschlagen, bis die Masse glänzend ist und Spitzen zieht. Grill einschalten.
⑥ Torte aus Gefrierfach holen, Tortenring abnehmen, Baiser locker auftragen, Oberfläche mit Gabel wellenförmig zeichnen, mit Puderzucker besieben, Mandelblättchen oder -stifte darüberstreuen, auf 2. Einschubleiste unter den Grill stellen, lichtgelb überbacken, sofort servieren. Sehr gutes Dessert, das nach Mokka verlangt.

Eierteig

Grundlage der Eierteige ist eine Schaummasse aus vielen Eiern und reichlicher Zuckermenge. Ihre einwandfreie Beschaffenheit ist die Voraussetzung für wohlgeratenes Gebäck. Sie gibt den Eierteigen Lockerung und verleiht dem Gebäck das unverwechselbare Aussehen: eine weiße oder helle, hautähnliche Schicht an der Oberfläche (Anislaiberl, Springerle).

Die Zutaten

Frische **Eier** (4–8 Tage alt) und sehr feiner **Zucker** oder Puderzucker sind für das Zustandekommen einer sehr feinporigen, weiß-cremigen Schaummasse wichtig.
Häufigste **Geschmackszutaten** sind Vanillinzukker, fein geriebene Zitronenschale, Anis, Zimt, Nelken, Rum oder Arrak und Schokoladenpulver oder Kakao. Zitronat und Orangeat werden klein gehackt, Mandeln oder Nüsse gehackt oder fein gerieben (geschält oder ungeschält) besonders den würzigen Eierteigen zugegeben.
Das **Weizenmehl** muß von feinster Qualität, vor allem aber trocken sein, damit es die Feuchtigkeit der Eier aufnehmen kann (entscheidend für die »Haut«-Bildung).
Backpulver als zusätzliches Lockerungsmittel wird in geringen Mengen zugegeben, jeweils mit dem Mehl an den Teig gesiebt.

Grundregeln für die Zubereitung und das Backen

- ▷ Frische Eier und sehr feinen Zucker verwenden.
- ▷ Sehr gute, feinporige Schaummasse herstellen.
- ▷ Feines, gesiebtes Weizenmehl verwenden.
- ▷ Anislaiberl und Springerle werden nach dem Ausformen auf dem *Blech* bei Zimmertemperatur getrocknet, damit das Mehl im Teig sich absetzen kann, das Gebäck »Füßchen« bekommt und sich an der Oberfläche ein weißes Häubchen bildet. Trocknen auf dem Backbrett ist ungeeignet, da dies dem Teig zuviel Feuchtigkeit entziehen und die Bildung von »Füßchen« verhindern würde.
- ▷ Für Eierteige Ofen vorheizen.
- ▷ Bei schwacher Hitze backen.
- ▷ Gebäck 2–3 Wochen vor Gebrauch herstellen, kühl lagern.

Hinweis für die Küchenpraxis

▷ Gebäck aus Eierteigen ist nach dem Backen meistens hart und braucht 2–3 Wochen Lagerung in ungeheizten Räumen in Gebäckdosen zum Weichwerden. Darüber hinaus ist es lange haltbar.

Anislaiberl, Anisplätzchen

Vorbereiten 5 Minuten
Teig bereiten 20–30 Minuten
Ausformen 15 Minuten
Trocknen über Nacht
Backen 15 Minuten bei 140–150 °C

4	frische Eier (je 50–55 g)
250 g	Puderzucker
1 TL	Anis, fein gewiegt oder gemahlen
280 g	Mehl, gesiebt, evtl. etwas mehr
	Butter und Mehl zum Blech

① Aus Eiern und Zucker sehr gute Schaummasse schlagen, Anis untermischen, Mehl nach und nach mit Teiglöffel zur Schaummasse rühren. Wegen der sehr unterschiedlichen Quellfähigkeit des Mehles und der ebenfalls unterschiedlichen Größe der Eier die Teigbeschaffenheit überprüfen: Mit kleinem Löffel Teighäufchen von etwa 3 cm ∅ auf Blech setzen. Sobald dies die Form behält und an der Oberfläche glatt wird, ist die Masse richtig.
② Teig in kleinen Häufchen im Abstand von 3–4 cm auf Blech setzen und über Nacht in Raum bei etwa 16 °C stehen lassen.
③ Backofen vorheizen, Plätzchen lichtgelb backen. Gelungene Anislaiberl haben nach dem Backen eine weiße Haube, die sich deutlich von den »Füßchen« abhebt.

Die Plätzchen brauchen zum Weichwerden 2–3 Wochen und halten sich lange frisch.

Nürnberger Springerle

Vorbereiten 5 Minuten
Teig bereiten 30 Minuten
Ausformen 15 Minuten
Trocknen über Nacht
Backen 20 Minuten bei 150 °C

4	große, frische Eier
500 g	Puderzucker, gesiebt
1 TL	Zitronenschale, fein abgerieben
1 EL	Arrak oder Obstgeist
500 g	Mehl, gesiebt
1 Msp	Backpulver (nach Belieben)
	Butter und 1 EL Anis zum Blech

① Aus Eiern und Puderzucker sehr feinporige, weiße Schaummasse schlagen (lang genug schlagen!), Zitronenschale und Alkohol untermischen, Mehl und Backpulver zugeben und auf Backbrett zu glattem Teig zusammenkneten. Blech vorbereiten.

② Teig in jeweils kleinen Portionen ¾–1 cm dick auswellen. Holzmodel mit Mehl bestäuben, überflüssiges Mehl aus den Hohlformen entfernen und Model mit flachen Händen kräftig auf den Teig drücken und wieder abnehmen. Überstehende Ränder und zusammenhängende Model-Abdrücke mit Messer oder Teigrädchen abtrennen, anhaftendes Mehl mit Pinsel entfernen und die Plätzchen im Abstand von 3 cm auf das mit Anis bestreute Blech legen, über Nacht bei etwa 10–12 °C Raumtemperatur trocknen lassen, dabei mit Pergamentpapier oder leichtem Tuch abdecken.

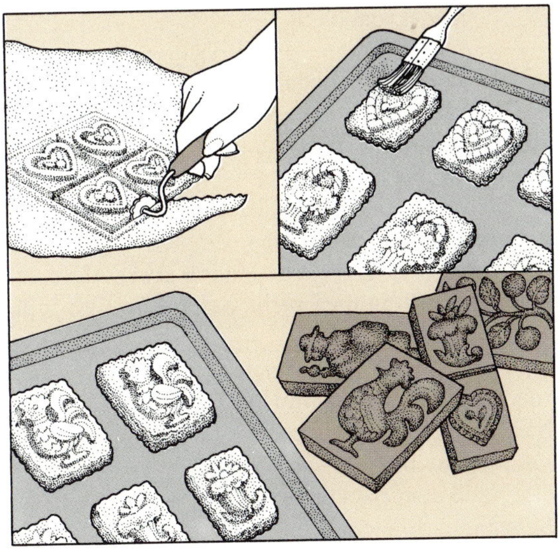

③ Backofen vorheizen. Die Springerle mit Pergament lose abdecken und sehr hell backen. Gut gelungene Springerle müssen »Füßchen« und deutlich abgesetzte helle Haube haben.

Es empfiehlt sich, ein Probeplätzchen zu backen. Bekommt dies keine Füßchen, so sind die Plätzchen zu sehr ausgetrocknet, dann auf der Unterseite mit kaltem Wasser dünn bestreichen.

Nußlaiberl

Vorbereiten 10 Minuten
Teig bereiten 15 Minuten
Backen 15–20 Minuten bei 170 °C

4	Eier
500 g	Farin- oder Rohzucker
1 TL	Zitronenschale, fein abgerieben, oder ¼ TL Zimt oder 1 P Vanillinzucker
je 50 g	Zitronat und Orangeat, fein gehackt
625 g	Hasel- oder Walnüsse, fein gerieben, evtl. etwas mehr
	40 kleine Oblaten, gespalten

Zum Verzieren und Glasieren

40	Haselnüsse, halbiert
½	Rezept Schokoladenguß (s. Seite 407)

① Backofen vorheizen. Eier und Zucker zu sehr schaumiger Masse rühren.

② Zitronenschale, Zitronat und Orangeat mit den geriebenen Nüssen untermischen. Teig darf nicht trocken, sondern muß feucht sein, daß er sich noch gut formen läßt.

③ Aus dem Teig kleine Kugeln von etwa 3 cm Ø formen, auf rauhe Seite der Oblaten setzen, flach drücken, in die Mitte je eine halbierte Haselnuß drücken.

④ Lichtgelb backen, danach einzeln vom Blech nehmen, überstehende Oblaten abbrechen, auskühlen lassen, nach Belieben mit Schokoladenguß überziehen.

GZ Würzige Schnitten

Vorbereiten 10–15 Minuten
Teig bereiten 15 Minuten
Backen 15–20 Minuten bei 180 °C

Nuß-Mandelbrot

3	Eier oder 2 ganze Eier und 2 Eigelb
200 g	feiner Zucker
1 TL	Zitronenschale
1 TL	Zimt
½ TL	Nelken
1 EL	Kakao
je 30 g	Zitronat und Orangeat, fein gehackt
je 100 g	Nüsse und Mandeln, fein gerieben
250 g	Mehl, mit
½ TL	Backpulver vermischt und gesiebt
2 EL	Rum (nach Belieben)
1	Rezept Schokoladenguß oder Rumglasur (s. Seiten 406, 407)

Punschbrot

4	Eier oder 3 ganze Eier und 2 Eigelb
250 g	feiner Zucker
1 TL	Zimt
¼ TL	Nelken
je 50 g	Zitronat und Orangeat, fein gehackt
100 g	Nüsse und/oder Mandeln, fein gerieben
250 g	Mehl, mit
½ TL	Backpulver vermischt und gesiebt
2 EL	Rum oder Arrak (nach Belieben)
½	Rezept Arrakglasur (s. Seite 406)

Berliner Brot

4	Eier
400 g	feiner Zucker
1 EL	Zimt
½ TL	Nelken
400 g	Mandeln oder Nüsse, fein gerieben
200 g	Bitterschokolade, fein gerieben oder im Wasserbad geschmolzen, wieder abgekühlt
2 EL	Butter, flüssig
400 g	Mehl, mit
1 TL	Backpulver vermischt und gesiebt
1	Rezept Schokoladenguß oder Rum- oder Zitronenglasur (s. Seiten 406, 407)

Butter und Mehl zum Blech

① Backofen vorheizen, Blech vorbereiten. Eier oder Eigelb mit Zucker zu sehr guter Schaummasse rühren, alle Geschmackszutaten zugeben. Nüsse und/oder Mandeln untermischen. Berliner Brot: Schokolade und flüssige Butter unterziehen.

② Mehl mit Backpulver unterrühren.

③ Nuß- Mandelbrot und Punschbrot: Der Teig muß noch streichfähige Beschaffenheit haben. Sollte diese nicht erreicht sein, einige EL Rum oder Arrak an den Teig rühren. Teig auf das Blech füllen und mit befeuchtetem Messer mit breiter Klinge gleichmäßig 1½–2 cm dick aufstreichen, hell backen.
Berliner Brot: Teig etwa ½ Stunde kalt stellen. Anschließend etwa 1 cm dick in Blechgröße auswellen, auf das Blech legen, backen.

④ Das fertige Gebäck noch heiß in Streifen von 2½–5 cm oder kleine Rauten schneiden und sofort (noch auf dem Blech liegend) mit Rum-, Zitronen- oder Arrakglasur überziehen. Glasur trocknen lassen, Gebäck vom Blech nehmen, in Dosen aufbewahren.
Oder: Nuß-Mandelbrot und Berliner Brot nach dem Schneiden erkalten lassen, mit Schokoladenguß bestreichen, bis zum Trocknen in den Kühlschrank stellen.

Walliser Nußbrot

Vorbereiten 10 Minuten
Teig bereiten 15–20 Minuten
Backen etwa 40 Minuten bei 180–190 °C

5	Eier
500 g	Puderzucker, gesiebt
1 TL	Zitronenschale, fein abgerieben
1 TL	Zimt
½ TL	Nelken
½ TL	Muskat, frisch gerieben
500 g	Walnüsse, grob gehackt (oder Walnüsse und Mandeln zu gleichen Teilen)
100 g	Orangeat, fein gehackt
1 TL	Hirschhornsalz, in
2 EL	Obstgeist gelöst
650 g	Mehl, gesiebt, evtl. etwas mehr

Butter zum Blech

① Backofen vorheizen, Blech vorbereiten. Eier und Puderzucker zu sehr guter Schaummasse rühren, Gewürze, Nüsse und Orangeat zugeben, gut verrühren.

② Gelöstes Hirschhornsalz untermischen, Mehl zugeben, mit den anderen Zutaten vermischen und sehr gut abkneten, evtl. noch etwas Mehl zugeben. Der Teig darf nicht weich sein und muß sich gut formen lassen.

③ Aus dem Teig drei gleich große Rollen formen, auf Blech legen und backen. Sobald das Gebäck an der Oberfläche Risse bekommt, aus dem Ofen nehmen.

④ Nach dem Backen noch heiß in ½–1 cm dicke Scheiben schneiden.

Eiweißteige

Meringenmasse

- ▷ Grundlage der Meringenmasse ist **frisches,** gut gekühltes **Eiweiß,** das mit einem Teil von sehr **feinkörnigem Zucker oder Puderzucker** glänzend steif geschlagen wird. **Zitronensaft,** in geringen Mengen tropfenweise zugegeben, begünstigt das Festwerden des Eischnees, was sich beim Spritzen sehr vorteilhaft auswirkt.
- ▷ Meringenmasse muß sofort gebacken werden. Selbständiges Gebäck wird mehr getrocknet als gebacken, braucht lange Backzeit bei niedriger Temperatur. Überzüge werden nur kurz bei relativ hoher Hitze überbacken.
- ▷ Kuchen mit Baiser-Überzug sollte frisch verzehrt werden, da er sich beim längeren Stehen mit Feuchtigkeit ansaugt und zäh wird.
- ▷ Gefüllte Meringen sollten sofort serviert werden, da sie leicht Feuchtigkeit annehmen und dadurch zäh werden.
- ▷ Die Aufbewahrung in gut schließenden Dosen in einem trockenen Raum macht Meringen bis zu 2 Monaten lagerfähig.

Mengenverhältnis:

Selbstständiges Gebäck	= 1 Eiweiß : 60 g Zucker
Überzüge	1 Eiweiß : 25–50 g Zucker

Makronenmasse

Grundlage dieser Teigart ist eine Schaummasse aus Eiweiß und Zucker, die mit unterschiedlichen Bindemitteln (Mandeln, Nüssen, Kokosflocken) hergestellt sein kann.

Mengenverhältnis bei Eiern der Gewichtsklasse 3–4:
1 Eiweiß : 60–70 g Zucker : 60–70 g Mandeln, Nüssen oder Kokosflocken

Der **Herstellung** nach unterscheidet man *kalten* oder *warm abgeschlagenen Eiweißteig*. Kalt abgeschlagener Eiweißteig wird aus steifem Eischnee unter Zugabe von Zitronensaft und feinem Zukker oder Puderzucker hergestellt. Warm abgeschlagener Eiweißteig wird aus den gleichen Zutaten auf dem Wasserbad schaumig geschlagen, dadurch etwas feinporiger und im Backergebnis schaumiger als kalt geschlagener Eiweißteig. Er erfordert aber einen wesentlich höheren Zeitaufwand.

Von der **Teigbeschaffenheit** her unterscheidet man den *weichen Eiweißteig* (kalt oder warm abgeschlagen) und den *festen Eiweißteig* (kalt abgeschlagen).

Die Zutaten

Eiweiß sollte immer von möglichst frischen (8–10 Tage alt) Eiern genommen werden. Sehr sorgfältige Trennung von Eiweiß und Eigelb ist wichtig, weil bereits Spuren von Eigelb das Steifwerden des Eiweißes verhindern können.

Zucker feinster Körnung oder Puderzucker ist für die Herstellung der Eiweiß-Schaummasse wichtig.

Bindemittel für die Eiweiß-Schaummasse sind wesentlich zugleich Geschmacksträger. Mandeln oder Nüsse werden bei feiner Zubereitung geschält, immer aber frisch fein gerieben. Kokosflocken sollen möglichst fein und saftig sein. Für Fruchtmakronen werden Trockenfrüchte (Feigen, Datteln, Rosinen) als Bindemittel verwendet.

Als **Geschmackszutat** kommen neben dem Geschmacksträger Vanillinzucker, Zitronenschale oder -saft, Zimt oder Backöle in Frage.

Grundregeln für die Teigbereitung und das Backen

- ▷ Eiweiß sehr gut vom Eigelb trennen und bis zur Verarbeitung kühl halten.
- ▷ Erst Eiweiß steif schlagen, dann feinkörnigen Zucker oder Puderzucker und tropfenweise Zitronensaft zugeben und so lange weiterschlagen, bis Eiweiß-Schaummasse glänzend ist und Spitzen bildet.
- ▷ Bindemittel nur unter die völlig schnittfeste Schaummasse ziehen.
- ▷ Vor dem Ausformen Probeplätzchen backen. Es soll etwas aufgehen, dabei aber seine Form behalten.

- ▷ Weichen Eiweißteig mit kleinen Löffeln auf Oblaten setzen.
- ▷ Festen Eiweißteig in mehreren Portionen auf feinem Zucker auswellen, in Form schneiden oder ausstechen, ebenfalls auf Oblaten setzen, kalt stellen.
- ▷ Bei niedrigen Temperaturen nur hell backen. Der innere Kern muß feucht bleiben.
- ▷ Überstehende Oblaten werden nach dem Backen abgebrochen.

Hinweise für die Küchenpraxis

- ▷ Gebäck aus weichen Eiweißteigen schmeckt frisch am besten. In gut verschließbaren Dosen hält es sich einige Wochen frisch.
- ▷ Gebäck aus festem Eiweißteig soll 1–2 Wochen vor der Verwendung hergestellt und kühl in verschlossenen Dosen gelagert werden.

Meringenmasse

Grundrezept Baiser

Vorbereiten 5 Minuten
Zubereiten 10–15 Minuten

4	Eiweiß
250 g	feiner Zucker
1 P	Vanillinzucker (nach Belieben)

Eiweiß steif schlagen, Zucker dazurieseln lassen, weiterschlagen, bis die Masse sehr steif und glänzend ist.

Verwendung Zu Torten, Törtchen, Schaumkonfekt mit unterschiedlichen Füllungen. Als Überzug für Kuchen mit säuerlichem Obstbelag und für Eistorte genügt jeweils ¼ Rezept für Springform, ½ Rezept für Blechgröße. Baiserüberzug wird bei 190–200 °C gebacken, da er immer auf fertiggebackene Kuchen, bereits gegarte Süßspeisen oder auf Eistorte aufgetragen wird.

Meringentörtchen

Ausformen 10 Minuten
Backen 50 Minuten – 1¼ Stunden bei 125 °C
Creme bereiten und Füllen 25 Minuten

1	Grundrezept Baiser (s. nebenan)
	Puderzucker zum Besieben
	Butter und Mehl zum Blech oder Backtrennpapier

Zum Füllen und Verzieren

½	Rezept Mokka- und Malakoff-Buttercreme (s. Seite 379), Schokoladen-Sahnecreme (s. Seite 373)
½ l	Sahne, mit
1 EL	Puderzucker steif geschlagen, unter die jeweils fertige Creme gemischt, *oder*
½	Rezept Erdbeer- oder Himbeersahne
	pro Törtchen 3–4 Beeren zum Verzieren

① Ofen vorheizen. Blech gut mit flüssiger oder weicher Butter bestreichen, mit Mehl bestäuben oder mit Backtrennpapier belegen.
② Masse mit der dicken Tülle des Spritzbeutels in kleinen Törtchen von ca. 8–10 cm ⌀ auf das Blech spritzen. Oder mit dem Messer etwa 1½ cm dick aufstreichen. In beiden Fällen Tupfenrand aufspritzen, mit Puderzucker besieben und backen.
③ Sobald das Gebäck sich fest anfühlt, aus dem Ofen nehmen, auf Zimmertemperatur abkühlen lassen, mit Kuchenspatel oder breitem Messer vorsichtig von Unterlage lösen, erkalten lassen.
④ Kurz vor dem Verzehr (höchstens aber 1 Stunde zuvor) die Törtchen mit der gewählten Füllmasse hübsch bespritzen und bis zum Servieren kühl stellen.

Meringenbissen

Ausformen 10–15 Minuten
Backen ¾–1 Stunde bei 125 °C

1	Grundrezept Baiser (s. nebenan)
	Puderzucker zum Besieben
	Butter und Mehl zum Blech oder Backtrennpapier

Zum Füllen

½	Rezept Mokka-, Malakoff-, Zitronen-, Schokoladen-Buttercreme (s. Seite 379) oder Schokoladen-Sahnecreme (s. Seite 373, nach Belieben)
⅛ l	Sahne, mit
1 EL	Puderzucker steif geschlagen, an die fertige Creme gemischt

① Backofen vorheizen, Blech vorbereiten.
② Fertige Masse mit der großen Tülle des Spritzbeutels in großen Tupfen oder Rosetten von 4–5 cm ∅ auf Blech spritzen oder fingerlange, dicke Streifen spritzen oder wellige Linien von etwa 15 cm Länge spritzen, mit Puderzucker bestäuben, sofort backen.
③ Sobald das Gebäck sich fest anfühlt, aus dem Ofen nehmen, auf dem Blech etwas abkühlen lassen, dann vorsichtig vom Blech lösen, jeweils an der Unterseite mit dem Daumen leicht eindrükken, damit sich die Füllung leichter einfügt.
④ Die erkalteten Meringen füllen und möglichst umgehend servieren. Oder ungefüllt in Dosen gut verschließen und als Vorrat aufheben.

Baiserüberzug

Vorbereiten 10 Minuten
Zubereiten 5–10 Minuten
Backen 10–12 Minuten bei 190 °C

1 Eiweiß
50 g Zucker
1 EL Zitronensaft

Zum Bestreuen und Besieben
50 g Mandelblättchen
1 EL Puderzucker

① Zucker mit Eiweiß auf dem Wasserbad dickcremig schlagen, dann vom Wasserbad nehmen, weiterschlagen (dabei Zitronensaft tropfenweise zugeben), bis die Masse glänzend und steif ist.
② Kuchen oder Süßspeise mit etwa ⅓–½ der Masse wolkig bestreichen, restliche Masse in Streifen, Gittern oder Rosetten aufspritzen. Mandelblättchen locker darüberstreuen, mit Puderzucker besieben, lichtgelb überbacken.

Verwendung Als Überzug auf besondere Kuchen mit säuerlichem Fruchtbelag, auf Eistorte oder -soufflé (= Eis in kleinen Förmchen mit Überzug). Gebäck mit Baiser-Überzug jeweils sehr frisch servieren.

Meringentorte

Dacquoise
Vorbereiten 10 Minuten
Teig bereiten 10 Minuten
Backen 50–60 Minuten bei 140 °C
Creme bereiten und Füllen 40 Minuten

6 Eiweiß, steif geschlagen
180 g feiner Zucker
100 g Mandeln, geschält, fein gerieben
15 g Maisstärkemehl, gesiebt

Butter und Mehl zum Blech oder Backtrennpapier
2 EL Mandelblättchen zum Bestreuen
Puderzucker zum Besieben

Zum Füllen
½ Rezept Mokka-Buttercreme (s. Seite 379) oder Erdbeer- bzw. Himbeer-Sahnefüllung (s. Seite 372), jeweils aus ⅜ l Sahne und 150 g Früchten

① Backofen vorheizen, 3 Bleche kreisrund in ∅ von 23–25 cm mit flüssiger Butter bestreichen, mit Mehl bestäuben, überflüssiges Mehl abklopfen. Oder mit Backtrennpapier belegen.
② Eiweiß in genügend großer Rührschüssel sehr steif schlagen, unter weiterem Schlagen 150 g Zucker einrieseln lassen, weiterschlagen, bis die Masse glänzend geworden ist.
③ Mandeln und restlichen Zucker auf Eischnee streuen, Maisstärke darübersieben, alles mit Kuchenspatel behutsam und gründlich unterheben.
④ Jeweils Drittel der Masse kreisrund etwa 1–1¼ cm dick auf das Blech streichen, einen der Böden mit Mandelblättchen bestreuen.
⑤ Die Böden übereinander auf den mittleren Schienen backen bzw. trocknen lassen, bis sie sich hart anfühlen.
⑥ Aus dem Ofen nehmen, auf Zimmertemperatur abkühlen lassen, mit Kuchenspatel oder breitem Messer vorsichtig lösen.
⑦ Boden ohne Mandelblättchen auf Tortenplatte setzen, erkaltet mit Mokkacreme oder Fruchtsahne füllen, 2 cm Rand freilassen, diesen dicht mit Tupfen bespritzen, zweiten Boden auflegen, ebenso füllen, Deckelboden auflegen, mit Puderzucker besieben. Sofort servieren oder im Kühlschrank – Sahnefüllungen höchstens 2 Stunden, Cremefüllungen bis zu 6 Stunden – aufbewahren.

Variation
Kleine Törtchen von je 8–10 cm ∅ herstellen: Kreis auf Blech streichen, mit Meringenmasse Tupfenrand aufspritzen, backen. Füllen wie Torte oder mit in Orangenlikör eingelegten, gut abgetropften Erdbeeren auf steif geschlagener Sahne belegen.

Makronenmasse

GZ Makronen aus Mandeln, Nüssen, Kokosflocken

Kalt abgeschlagen

Vorbereiten 10 Minuten
Teig bereiten 10 Minuten
Ausformen 20 Minuten
Backen 25–30 Minuten pro Blech bei 150 °C

4	große Eiweiß (etwa 150 g)
250 g	feiner Zucker, besser gesiebter Puderzucker
2 TL	Zitronensaft
1 TL	Zitronenschale, fein abgerieben, oder 2–3 Tropfen Mandelaroma bei Mandelmakronen
250 g	Mandeln oder Nüsse, geschält, fein gerieben, oder Kokosflocken
	etwa 25 kleine Oblaten, gespalten etwa 25 Mandeln, geschält und halbiert oder Mandelstifte oder etwa 50 Nüsse, geschält, zum Verzieren

① Backofen vorheizen. Eiweiß zu sehr steifem Schnee schlagen, Zucker und Zitronensaft nach und nach dazurieseln lassen und schnittfeste, glänzende Masse daraus herstellen. Zitronenschale oder Mandelaroma zugeben, untermischen.
② Mandeln, Nüsse oder Kokosflocken locker, aber gründlich unterheben. Mit zwei Teelöffeln kleine Häufchen auf die rauhe Seite der Oblaten setzen. Nach Belieben verzieren: Mandelmakronen mit je einer halben Mandel oder einigen Mandelstiften belegen, bei Nußmakronen eine ganze oder halbe Nuß in die Mitte setzen.
③ Langsam hell backen. Die Makronen müssen außen knusprig sein, dabei innen einen kleinen, weichen Kern behalten. Die gebackenen Makronen einzeln vom Blech nehmen und überstehende Oblaten nach Belieben abbrechen. Nach dem Auskühlen in dichter Gebäckdose aufbewahren.

Variationen

- Schokoladenmakronen: Teig wie für Mandelmakronen herstellen und 80 g fein geriebene Bitterschokolade untermischen. Backen wie Mandelmakronen. Nach dem Erkalten nach Belieben dünn mit Schokoladenglasur überziehen.
- Dattelmakronen: Teig wie für Mandelmakronen mit 200 g Mandeln, 2 TL fein geriebener Zitronenschale und 125 g entsteinten, fein gehackten Datteln herstellen. Backen wie Mandelmakronen.
- Gewürzmakronen: Teig wie für Mandelmakronen herstellen, je 30 g fein gehacktes Zitronat und Orangeat zugeben, mit ½ TL Zimt und 1 Msp Nelken abschmecken. Backen wie Mandelmakronen. Nach Belieben mit dünner Zitronen- oder Rumglasur nach dem Erkalten überziehen.

GZ Schaummakronen aus Mandeln, Nüssen, Kokosflocken

Warm abgeschlagen

Vorbereiten 10 Minuten
Teig bereiten 15 Minuten
Ausformen 20 Minuten
Backen 20–30 Minuten pro Blech bei 140 °C

4	Eiweiß (ca. 150 g)
200 g	feiner Zucker
2 EL	Zitronensaft (für Kokosmakronen etwas mehr)
1 TL	Zitronenschale, fein gerieben
175 g	Mandeln oder Nüsse, geschält, fein gerieben, oder Kokosflocken, evtl. 1 EL mehr
	etwa 25 kleine Oblaten, gespalten etwa 25 Mandeln geschält, halbiert, oder etwa 50 Haselnüsse, geschält zum Verzieren.

① Backofen vorheizen. Eiweiß sehr steif schlagen, in Wasserbadtopf oder -schüssel füllen und unter Schlagen Zucker, Zitronensaft und -schale unterrühren. Schlagen, bis die Masse steif und glänzend ist. Darauf achten, daß die Masse höchstens handwarm wird.
② Masse vom Wasserbad nehmen und kalt schlagen, dann Mandeln, Nüsse oder Kokosflokken locker, aber gründlich unterheben. Teig darf nicht mehr zerlaufen, muß aber noch weich sein. Evtl. Probeplätzchen machen und, falls dieses verläuft, noch etwas Mandeln usw. zugeben.
③ Mit zwei Teelöffeln oder der weiten, ungezackten Spritztülle kleine Häufchen auf rauhe Seite der Oblaten setzen und mit halben Mandeln oder Nüssen belegen, sehr hell bei geringer Hitze backen. Die Makronen bekommen eine baiserartige »Außenhaut«.
④ Die gebackenen Makronen jeweils einzeln vom Blech nehmen. Nach dem Erkalten überstehende Oblaten abbrechen, in dicht schließender Gebäckdose aufbewahren.

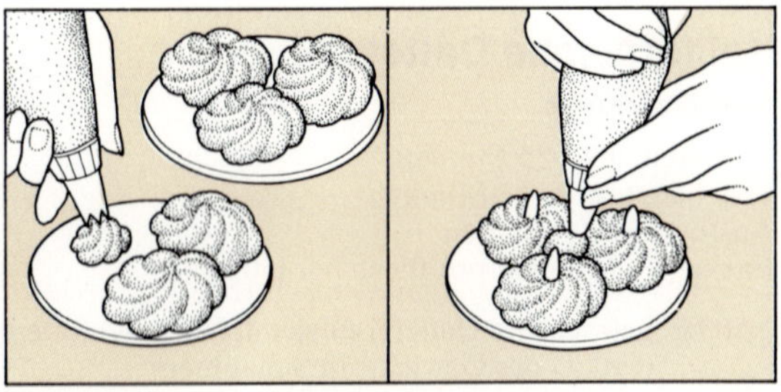

Variation

Feine französische Mandelmakronen: Teig wie zu Mandelmakronen (mit Mandelaroma) herstellen. Mit Spritztülle Dreier-Häufchen auf rauhe Oblatenseite setzen, in jedes Häuchen je einen Mandelstift stecken, in die Mitte einen kleinen Tupfer (feinste Spritztülle benutzen) rote Marmelade setzen. Backen.

Weiße Nürnberger Lebkuchen

Vorbereiten 10–15 Minuten
Teig bereiten 10–15 Minuten
Ausformen ca. 20 Minuten
Ruhen 1–2 Stunden bei Zimmertemperatur
Backen 20–25 Minuten pro Blech bei 160–170 °C

5	Eiweiß, mit
300 g	Zucker steif geschlagen
5	Eigelb, verquirlt
180 g	Mandeln, grob gehackt, auf Blech im Ofen hell geröstet
je 60 g	Zitronat und Orangeat, fein gehackt
1 TL	Zitronenschale, fein abgerieben
je 1 Msp	Nelken, Kardamom und frisch geriebene Muskatnuß
¾ TL	Zimt
250 g	Mehl, gesiebt

etwa 30 runde oder viereckige Lebkuchenoblaten mit 4 cm ∅
etwa 30 abgezogene Mandeln und Zitronatstreifen (nach Belieben) zum Belegen

① Eiweiß steif schlagen, Zucker zurieseln lassen und zu glänzender Masse schlagen. Eigelb unterrühren.
② Mandeln, Zitronat, Orangeat und Gewürze zugeben, locker vermischen. Mehl unterheben, gut verrühren.
③ Teig mit Messer etwa 1½ cm dick auf Oblaten streichen, dabei etwa 1 cm Oblatenrand lassen, mit Mandeln und Zitronatstreifen belegen, auf Blech setzen, ruhen lassen.
④ Backofen vorheizen, Lebkuchen hell backen. In Gebäckdosen etwa 2 Wochen aufbewahren.

Elisen Lebkuchen

Vorbereiten 15–20 Minuten
Teig bereiten 15 Minuten
Ausformen 15–20 Minuten
Ruhen 2–3 Stunden
Backen etwa 20 Minuten pro Blech bei 150–160 °C

5	Eier
500 g	Zucker
1 EL	Zitronenschale, fein abgerieben
1½ TL	Zimt
¼ TL	Nelken
3–4	Tropfen Mandelöl
675 g	Mandeln, fein gerieben, evtl. etwas weniger
je 80 g	Zitronat und Orangeat, fein gehackt.

etwa 30 runde Oblaten mit 6–7 cm ∅
Puderzuckerglasur mit Mandellikör oder Schokoladenguß (s. Seite 407)

① Eier und Zucker sehr schaumig rühren, Zitronenschale, Zimt, Nelken und Mandelöl zugeben, gut vermischen.
② Mandeln, Zitronat und Orangeat untermischen, Teig so weich halten, daß er streichfähig ist.
③ Teig 1 cm dick auf Oblaten streichen, dabei jeweils Rand von 1½–2 cm lassen, da der Teig beim Backen etwas zerläuft. Die Lebkuchen auf dem Blech einige Stunden trocknen lassen.
④ Backofen vorheizen, Lebkuchen hell backen, nach dem Erkalten mit Glasur überziehen, diese gut trocknen lassen und die Lebkuchen in verschlossenen Dosen bis zum Verzehr etwa 2–3 Wochen aufbewahren.

Zimtsterne

Vorbereiten 10 Minuten
Teig bereiten 10–15 Minuten
Ausformen 20 Minuten
Backen 30 Minuten pro Blech bei 140 °C

4	Eiweiß
1 TL	Zitronensaft
300 g	feiner Zucker oder Puderzucker
2 TL	Zimt
375 g	Mandeln oder Nüsse, fein gerieben

etwa 25 kleine Oblaten, gespalten
Eiweiß-Schaumglasur (s. Seite 407)

① Eiweiß zu schnittfestem Schnee schlagen, Zitronensaft und Zucker nach und nach zugeben, weiterschlagen, bis die Masse steif und glänzend ist. Zimt untermischen, Mandeln oder Nüsse zugeben, Teig leicht zusammenkneten.

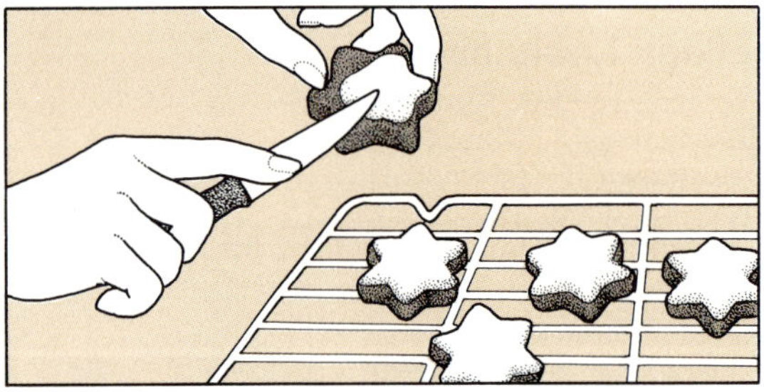

② Teig in kleinen Portionen mit leichtem Druck etwa ¾ cm dick auswellen. Sterne in Größe der Oblaten sauber ausstechen, auf rauhe Oblatenseite setzen, auf das Blech legen, kalt stellen. Backofen einschalten.

③ Glasur bereiten.

④ Jeden Stern mit der Glasur (mit kleinem Küchenmesser) bestreichen. Die Zimtsterne auf der unteren oder mittleren Schiene langsam backen. Der Guß muß während des Backens weiß bleiben.

Zitronenbrot

Vorbereiten 10 Minuten
Teig bereiten 10 Minuten
Ausformen 15 Minuten
Kühlen 2–3 Stunden
Backen 30 Minuten pro Blech bei 140 °C

2	große Eiweiß (etwa 80 g)
½ TL	Zitronensaft
350 g	feiner Zucker oder Puderzucker
2 TL	Zitronenschale, fein gerieben
375 g	Mandeln, Hasel- oder Walnüsse, fein gerieben
	Saft von 2 Zitronen, abgeseiht
	etwa 50 kleine Oblaten, gespalten
150 g	Puderzucker, gesiebt, mit
2–3 EL	Zitronensaft verrührt, zum Glasieren

① Eiweiß sehr steif schlagen, Zitronensaft und Zucker nach und nach zugeben, zu glänzender, schnittfester Masse rühren, Zitronenschale untermischen. Mandeln oder Nüsse zugeben, mit Zitronensaft zu mittelfestem Teig kneten.

② Teig mit leichtem Druck auswellen. Kleine Rauten sauber ausstechen oder schneiden, auf rauhe Oblatenseite setzen, auf das Blech legen, kalt stellen. Backofen vorheizen.

③ Plätzchen lichtgelb backen, einzeln mit Messer vom Blech heben, auf glatter Fläche erkalten lassen. Puderzucker mit Zitronensaft glatt verrühren, Plätzchen bestreichen, trocknen lassen. In gut schließenden Dosen aufbewahren.

Kalifornische Dattelmakronen

Originalrezept

Vorbereiten 20–25 Minuten
Teig bereiten 10–15 Minuten
Ausformen 20 Minuten
Backen 30 Minuten pro Blech bei 150 °C

500 g	getrocknete Datteln, entsteint, fein geschnitten (evtl. ¼ des Gewichts in Sultaninen, gewaschen, sehr gut getrocknet)
250 g	Mandeln, fein gerieben oder gehackt
250 g	Zucker
1 TL	Zitronenschale, fein gerieben oder Prise Zimt oder Ingwerpulver
4	Eiweiß
1 TL	Zitronensaft
	Prise Salz
	Butter zum Blech oder 30 kleine Oblaten, gespalten

① Backofen vorheizen. Datteln, Mandeln, Zucker und Geschmackszutaten in Schüssel miteinander mischen.

② Eiweiß mit Zitronensaft und Salz sehr steif schlagen, über die Frucht-Mandelmischung geben, rasch durchmischen.

③ Mit zwei kleinen Löffeln runde Häufchen auf das gefettete Blech oder rauhe Oblatenseiten setzen, auf Blech legen, hell backen.

④ Nach dem Backen die Plätzchen einzeln mit Messer vom Blech lösen, erkalten lassen. In gut schließender Gebäckdose aufbewahren.

Honigteig

Gebäck aus Honigteig ist ein typisches Advents- und Weihnachtsgebäck. Seine ursprüngliche Bezeichnung »Lebkuchen« beschreibt eine Gebäckart, die sich durch einzigartigen, sehr würzigen Geschmack und Bekömmlichkeit auszeichnet.
Honiggebäck enthält – wenn überhaupt – wenig Fett, wenige oder keine Eier, dafür eine Vielfalt anderer Zutaten, die ihm seinen unverwechselbaren Charakter verleihen.
Sirupgebäck ist dem Honiggebäck sehr ähnlich und zählt ebenso zu den Gebäckarten, die an die winterliche Jahreszeit gebunden sind.

Zutaten

Neben **Honig,** dem eigentlichen Geschmacksträger, wird auch **Zucker** zum Süßen verwendet. In vielen Rezepten wird er mit dem Honig erwärmt und darin aufgelöst. Deshalb ist es vorteilhaft, möglichst feinen Zucker zu verwenden. Farin- oder Rohzucker enthält Aromastoffe und mehr Feuchtigkeit als weißer Zucker und gibt dem Teig auch dunklere Farbe.
Dunkler **Sirup,** der anstelle von Honig verwendet wird, gibt Farbe, Süße und Aroma und erzeugt einen honigähnlichen Geschmack.
Typische **Gewürze und Geschmackszutaten** sind Zimt- und Nelkenpulver, Kakao oder Schokoladenpulver, Kardamom, Zitronenschale, Zitronat, Orangeat, gelegentlich auch andere Trockenfrüchte, Nüsse und Mandeln.
Alkohol, in Form von Rum, Arrak, Obstgeist aus verschiedenen Früchten, kann als Lösungsflüssigkeit für Triebmittel und als Geschmackszutat zugleich eingesetzt werden.
Eier werden als Binde- und Lockerungsmittel nur selten verwendet. Ihr Anteil ist – in Relation zu den anderen Zutaten – sehr gering.
Fett wird den Honigteigen in der Regel in flüssiger Form zugesetzt. Es können dies sein Butter oder Pflanzenfett.
Mehl als Bindemittel des Teiges muß nicht denselben Feinheitsgrad wie für feine Teige (Biskuit, Eischwerteig, Mürbteig) besitzen. Honiggebäck verträgt sehr gut den Zusatz von Vollwertmehlen oder Weizenschrot, da die Fermente des Honigs und des frisch gemahlenen Weizenschrots sich gegenseitig aktivieren und außerdem Honiggebäck dadurch aufwerten.

Trieb- und Lockerungsmittel
Pottasche wird ausschließlich für flaches Gebäck aus Honigteigen verwendet. In Verbindung mit dem Säuregehalt des Honigs und anderen, im Teig enthaltenen Säuren (Milch-, Zitronensäure) bewirkt das sich bildende Kohlendioxid eine feinporige Lockerung. Dieser Prozeß wird in vielen Fällen durch mehrstündige oder längere Lagerung des Teiges günstig beeinflußt. Pottasche muß stets in gelöster Form zugesetzt und sehr gründlich in den Teig eingearbeitet werden.
Hirschhornsalz, das unter dem Einfluß von Hitze und Feuchtigkeit in Ammoniak und Kohlendioxid zerfällt, hat eine starke Triebkraft und kann feste, schwere Teige lockern. Gebäck, das nicht ganz durchgebacken ist, enthält oft Ammoniakrückstände, die den Geschmack beeinträchtigen. Hirschhornsalz eignet sich gleich gut für Honig- wie für Sirupteige. Es muß in gelöster Form dem Teig zugesetzt werden.
Backpulver, das unter Wärme- und Flüssigkeitseinwirkung Kohlendioxid erzeugt, ist für weiche Honig- und Sirupteige geeignet. Die Menge an Backpulver wird von den übrigen Zutaten beeinflußt. Im Gegensatz zu Pottasche und Hirschhornsalz wird Backpulver jeweils trocken, mit Mehl, Kakao oder gemahlenen Nüssen vermischt, dem Teig zugesetzt.
Glasuren mit Zucker, Puderzucker und Schokolade haben in der Regel einen mehrfachen Effekt. Sie sollen das Gebäck geschmacklich verfeinern, es vor Austrocknung schützen und es »schön« machen. Vor allem bei vorweihnachtlichen Honigbäckereien gibt es hierfür mehrere Möglichkeiten.

Grundregeln für die Herstellung und das Backen

▷ Honig jeweils verflüssigen, dabei genau nach Rezept verfahren. Da bei der Teigzusammensetzung die Fermente und das Aroma des Honigs eine wesentliche Rolle spielen und dies mit den Zutaten abgestimmt ist, muß die Erwärmungstemperatur beachtet werden.

- ▷ Triebmittel nach Art und Menge genau nach Rezept verwenden.
- ▷ Teige gründlich abkneten.
- ▷ Vorgeschriebene Ruhezeiten für Teige einhalten.
- ▷ Honigflachgebäck nicht dünner als ¾–1 cm ausformen, um Austrocknen beim Backen zu vermeiden.
- ▷ Blech jeweils gut einfetten.
- ▷ Flachgebäck immer auf oberer Mitte backen.
- ▷ Backtemperaturen und -zeiten nicht überschreiten, da Honiggebäck durch den hohen Zuckergehalt rasch dunkel wird.
- ▷ Honig-Schnittgebäck im heißen Zustand schneiden, vom Blech nehmen.

Hinweise für die Küchenpraxis

- ▷ Honiggebäck ist kein Frischgebäck. Es entwickelt erst durch Lagern sein volles Aroma und die richtige Beschaffenheit.
- ▷ Kühl lagern. Dabei in den ersten Tagen Aufbewahrungsgefäß offen halten, damit die Raumfeuchtigkeit vom Gebäck angenommen und es weich werden kann. Ideal ist Lagerung in gut gelüfteter Speisekammer (bei geöffnetem Fenster). Hat das Gebäck seine ideale Konsistenz erreicht, sollte das Aufbewahrungsgefäß geschlossen werden.

Vollwert-Honigkuchen

Ergibt 2 mittelgroße Kastenformen

Vorbereiten 20 Minuten
Teig bereiten 10 Minuten
Backen etwa 55–60 Minuten bei 190 °C

500 g	Weizenvollmehl, Type 1700
40 g	Hefe, mit
1 TL	Roh- oder Fruchtzucker vermischt, in
⅛ l	Milch lauwarm aufgelöst (evtl. mehr zur Teigbereitung)
250 g	Bienenhonig, im Wasserbad verflüssigt, auf Zimmertemperatur abgekühlt
4	Eier
½ TL	Zimt
Prise	Nelken
1 TL	Zitronenschale, fein abgerieben
300 g	Nüsse oder Mandeln, fein gerieben
je 100 g	Zitronat und Orangeat
200 g	Sultaninen, gewaschen, abgetropft
	Butter und Weizenschrot zur Form

① Mehl in genügend große Schüssel füllen, in die Mitte Vertiefung drücken und die aufgelöste Hefe darin zum Vorteig ansetzen, zugedeckt gehen lassen. Backofen vorheizen, Formen vorbereiten.

② Honig mit Eiern schaumig rühren, Gewürze, Nüsse oder Mandeln, Zitronat, Orangeat und Sultaninen zugeben, untermischen.

③ Honigmischung auf das Mehl in der Schüssel rund um den Vorteig füllen und zu zähflüssigem Teig verarbeiten. Lauwarme Milch nach Bedarf löffelweise zugeben.

④ Teig in die Formen füllen, etwa 10 Minuten zugedeckt gehen lassen, im Ofen backen.

⑤ Nach dem Backen noch 5–10 Minuten in der Form ruhen lassen, dann auf Kuchengitter stürzen, erkalten lassen.

Nürnberger Busserl

Vorbereiten 10 Minuten
Teig bereiten 15 Minuten
Ausformen 10 Minuten
Backen etwa 15 Minuten pro Blech bei 180 °C
Glasieren 5–10 Minuten

500 g	Farin- oder Rohzucker
3 EL	flüssiger Honig oder Sirup
4	Eier
1 TL	Zimt
1 TL	Nelken
1 EL	Zitronenschale, fein abgerieben
60 g	Zitronat, sehr fein gehackt

60 g Mandeln oder Nüsse, fein gehackt oder gemahlen
625 g Mehl, evtl. etwas weniger, mit
½ P Backpulver vermischt und gesiebt

Butter zum Blech oder etwa 50 kleine Oblaten, halbiert
nach Belieben Honigwasser zum Bestreichen oder Zitronenglasur (s. Seite 406)

① Backofen vorheizen, Blech fetten oder Oblaten vorbereiten. Zucker, Honig (Sirup) und Eier zu sehr guter Schaummasse rühren, Gewürze, Zitronat und Mandeln oder Nüsse zugeben, untermischen.
② Mehl untermischen. Teig muß noch weich, aber formbar sein. Mit bemehlten Händen Kugeln von etwa 3–3½ cm ∅ formen, auf Blech oder Oblaten setzen, etwas flach drücken, backen.
③ Die gebackenen Plätzchen noch heiß mit Honigwasser bestreichen oder mit Zitronenglasur dünn überziehen.

Nach dem Trocknen zunächst einige Tage offen im kühlen Raum stehen lassen, dann Gefäß verschließen und bis zum Verzehr 2–3 Wochen aufbewahren.

Buntes Adventgebäck

Vorbereiten 10 Minuten
Teig bereiten 15 Minuten
Ruhen 4–6 Stunden bei Zimmertemperatur
Ausformen 20 Minuten
Backen 10–15 Minuten pro Blech bei 180 °C
Glasieren 15–20 Minuten

250 g Honig
125 g Zucker
125 g Kokosfett in kleinen Stücken
1 EL Zitronenschale, fein abgerieben
2 EL Kakao
1 EL Zimt
1 TL Nelken
2 kleine Eier
500 g Mehl
5 g Pottasche, in
2 EL Rosenwasser oder Rum aufgelöst
1/16–1/8 l Milch

Butter zum Blech

Zum Glasieren und Verzieren
Puderzuckerguß (beliebig, s. Seite 407)
rote Speisefarbe nach Belieben
bunter Streuzucker, bunte Zuckerperlen und Schokoladenstreusel

① Honig mit Zucker unter Rühren erwärmen, Fett zugeben, unter Rühren schmelzen, abkühlen lassen, Eier unterrühren.
② Alle Gewürze zugeben, gut vermischen.
③ Mehl und gelöste Pottasche zugeben, verrühren, evtl. Milch zugeben, Teig auf Backbrett gründlich abkneten (darf nicht mehr kleben) und ruhen lassen.
④ Backofen vorheizen, Blech fetten. Teig in Portionen etwa ½ cm dick auswellen, Herzen, Sterne und Tannenbäume ausstechen, auf Blech legen, backen.
⑤ Die gebackenen Plätzchen vom Blech nehmen, erkalten lassen, dann mit Guß bestreichen und bunt verzieren. Guß gut trocknen lassen, kühl in Dosen aufbewahren, 1–2 Wochen nach dem Backen zum Verzehr geeignet.

Honiglebkuchen

Vorbereiten 20 Minuten
Teig bereiten 20 Minuten
Ruhen für Teig 30–40 Minuten
Ausformen 20 Minuten
Backen etwa 15 Minuten pro Blech bei 180 °C
Glasieren 10–30 Minuten, je nach Art der Glasur

600 g Zucker
4 Eier
600 g Honig, verflüssigt und abgekühlt
1 EL Zitronenschale
1 EL Zimt
1 TL Nelken
½ TL Kardamom
½ TL Muskatnuß, frisch gerieben
100 g Zitronat, fein gehackt
350 g Mandeln oder Nüsse, fein gehackt oder gerieben
20 g Pottasche oder 10 g Hirschhornsalz, in
4 EL Rum oder Obstgeist gelöst
1 kg Mehl, gesiebt (evtl. etwas mehr)

Butter zum Blech
150 g Mandeln, geschält, halbiert
Streifen aus Zitronat
Zitronen-, Rum- oder Eiweiß-Spritzglasur oder Schokoladenguß (s. Seiten 406, 407)

① Aus Eiern und Zucker gute Schaummasse rühren, Honig zugeben, kurz weiterrühren. Alle Gewürze, Geschmackszutaten und Mandeln oder Nüsse untermischen.
② Aufgelöste Pottasche und Mehl abwechselnd zugeben, Teig auf Backbrett sehr gut kneten, zur Kugel formen und etwa ½ Stunde ruhen lassen. Backofen vorheizen, Blech vorbereiten.

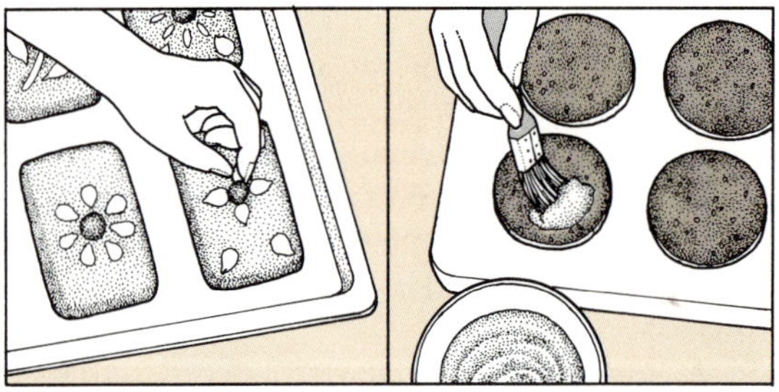

③ Teig in Portionen jeweils ¾ cm dick auswellen, Lebkuchen ausstechen oder schneiden, im Abstand von etwa 3 cm auf Blech legen und nach Belieben mit Mandeln und Zitronatstreifen verzieren, backen.

④ Die gebackenen Lebkuchen vorsichtig vom Blech nehmen, noch warm mit Zitronen- oder Rumglasur überziehen. Oder die vor dem Backen unverzierten Lebkuchen nach dem Erkalten mit Schokoladenguß überziehen, mit Mandeln und Zitronatstreifen belegen, oder unglasiert mit Eiweiß-Spritzglasur verzieren.

Lebkuchen etwa 3–4 Wochen kühl lagern, Gefäß etwa 2–3 Tage nach dem Backen in kühlem Raum offen stehen lassen.

Schokoladen-Honiglebkuchen

Vorbereiten 15–20 Minuten
Teig bereiten 20–30 Minuten
Ausformen 10–20 Minuten, je nach Art
Backen etwa 25 Minuten bei 180 °C
Glasieren 10–30 Minuten je nach Art

200 g	Honig
200 g	Zucker
1 EL	Zimt
100 g	dunkler Kakao
100 g	Mandeln, fein gehackt oder gemahlen
1 TL	Pottasche oder 5 g Hirschhornsalz, in
3 EL	Rum oder Obstgeist gelöst
350 g	Mehl, evtl. etwas mehr
	Butter zum Blech
	etwa 150 g Mandeln, geschält, halbiert
	Rum- oder Eiweiß-Spritzglasur (s. Seite 406)
	Schokoladenguß (s. Seite 407)

① Backofen vorheizen, Blech vorbereiten. Honig mit Zucker unter Rühren erwärmen, nicht kochen lassen, Zimt, Kakao und Mandeln zugeben, gut vermischen, Masse etwas abkühlen lassen.

② Pottasche oder Hirschhornsalz auflösen und mit dem Mehl in den Teig einarbeiten. Teig auf Backbrett gut durchkneten, in Blechgröße 1½ cm dick auswellen.

③ Entweder Teig im ganzen auf Blech legen, im Abstand von 6 × 6 cm mit Mandeln blütenartig belegen. Oder Teig ohne Mandeln backen. Oder kleine Lebkuchen-Herzen oder Sterne ausstechen, mit Mandeln verzieren und backen oder unbelegt backen.

④ Die gebackenen, belegten Lebkuchen noch heiß in kleine Quadrate oder Rechtecke schneiden, nach Belieben mit Rumglasur überziehen. Oder die unbelegten Lebkuchen nach dem Erkalten mit Schokoladenguß überziehen, mit Mandeln verzieren. Bei ausgestochenen Lebkuchen ebenso verfahren. Oder die Lebkuchen erkaltet mit Schokoladenglasur überziehen, diese gut trocknen lassen, mit Eiweißglasur bespritzen, die ebenso auf unglasierten Lebkuchen zum Verzieren geeignet ist.

Aachener Printen

Vorbereiten 15–20 Minuten
Teig bereiten 15 Minuten
Ausformen 15–20 Minuten
Backen etwa 15 Minuten pro Blech bei 175–180 °C
Glasieren 10–15 Minuten

375 g	Honig
375 g	Zucker
100 g	Butter, in kleine Stücke zerteilt
2 TL	Zimt
je ½ TL	Nelken, frisch geriebene Muskatnuß und Kardamom
1 EL	Koriander, grob zerstoßen, oder Anis
je 60 g	Zitronat und Orangeat, fein gehackt oder gemahlen
175 g	Nüsse, grob gehackt
10 g	Pottasche, in
3 EL	Obstgeist, Rum oder Arrak gelöst
700 g	Mehl, evtl. etwas weniger
	Butter zum Blech
⅛ l	Honigwasser (⅛ l lauwarmes Wasser mit 2 EL Honig verrührt) zum Bestreichen
	Punschglasur oder Schokoladenguß (s. Seiten 406, 407)

① Honig mit Zucker unter Rühren erwärmen, nicht kochen lassen, Butter zugeben, darin auflösen. Gewürze, Zitronat, Orangeat und Nüsse untermischen, Masse etwas abkühlen lassen.

② Mehl mit der aufgelösten Pottasche abwechselnd zugeben, Teig auf Backbrett sehr gut ab-

kneten, einige Stunden kalt ruhen lassen. Backofen vorheizen, Blech vorbereiten.
③ Teig auf Backbrett etwa 3–4 mm dick auswellen, Printen von etwa 3 × 8 cm schneiden, auf Blech setzen, backen.
④ Die gebackenen Printen vom Blech nehmen. Entweder heiß mit Honigwasser oder Glasur bestreichen. Oder erkaltet mit Schokoladenguß überziehen, 3–4 Wochen in Dosen kühl lagern.

Mit Honigwasser bestrichene Printen vor dem Einfüllen in Dosen erst völlig abtrocknen lassen. Sie werden rascher weich, als mit Zucker- oder Schokoladenguß überzogene.

Lebkuchenschnitten

Ergibt 2 Bleche

Vorbereiten 20 Minuten
Teig bereiten 10–15 Minuten
Backen 30–40 Minuten pro Blech bei 180 °C
Glasieren 10–15 Minuten

500 g	flüssiger, kalter Honig oder Sirup
200 g	Farin- oder Rohzucker
3	Eier
1 TL	Nelken
2 EL	Kakao, gesiebt
je 100 g	Zitronat und Orangeat, fein gehackt
125 g	Mandeln oder Nüsse, grob gehackt
750 g	Mehl, mit
4 TL	Backpulver vermischt, gesiebt
¼ l	Milch, evtl. etwas weniger
4 EL	Rum oder Obstgeist

Butter zum Blech
Punsch-, Rum- oder Zitronenglasur oder Schokoladenguß (s. Seiten 406, 407)
bunter Streuzucker (nach Belieben)

① Backofen vorheizen, Blech vorbereiten. Aus Honig (Sirup), Zucker und Eiern gute Schaummasse rühren, mit Nelken und Kakao vermischen. Zitronat, Orangeat und Mandeln unterrühren.
② Mehl nach und nach zugeben, mit Milch und Alkohol zu zähflüssigem Teig rühren.
③ Teig etwa 1½ cm dick auf das Blech streichen, backen.
④ Noch heiß in Würfel von 3 × 3 cm, Rauten oder Schnitten von ca. 3 cm Breite und 5 cm Länge schneiden und sofort glasieren, nach Belieben mit buntem Streuzucker verzieren, auf dem Blech erkalten lassen. Oder die geschnittenen Lebkuchen vom Blech auf Backbrett legen und erkaltet mit Schokoladenguß überziehen. Kühl in Dosen aufbewahren. Dieses Honiggebäck ist zum Frischverzehr geeignet.

Baseler Leckerli

Vorbereiten 15 Minuten
Zubereiten 20 Minuten
Backen 20–25 Minuten pro Blech bei 180 °C

300 g	Bienenhonig, im Topf erwärmt
300 g	Zucker
1 EL	Zimt
1 TL	Nelken
je 50 g	Zitronat und Orangeat, fein gehackt
250 g	Mandeln und/oder Walnüsse, grob gehackt
⅛ l	Kirschwasser, etwa
650 g	Mehl (evtl. etwas mehr) oder Weizenschrot
2 TL	Pottasche, in etwas Kirschwasser gelöst

Butter zum Blech
Kirschwasser-, Rum- oder Zitronenglasur, dünnflüssig gehalten (s. Seite 406)

① Backofen vorheizen, Blech vorbereiten. Honig im Topf erwärmen, Zucker zugeben und unter Rühren nah an den Kochpunkt kommen lassen. Beiseite stellen, Gewürze zugeben, Zitronat, Orangeat und Mandeln untermischen.
② Mehl oder Weizenschrot abwechselnd mit dem Kirschwasser zugeben und unterrühren. Pottasche in Kirschwasser auflösen, unter den heißen Teig mischen.
③ Teig auf Backbrett gründlich durchkneten und etwa ¾–1 cm dick auswellen. Aus dem Teig entweder kleine, rechteckige Lebkuchen von 3½ × 5 cm Größe ausstechen oder in Lebkuchen dieser Größe schneiden, dicht aneinander auf das Blech setzen und hell backen.
④ Die heißen Lebkuchen jeweils an den Rändern durchschneiden und sofort mit Puderzukkerglasur bestreichen. Glasur antrocknen lassen, Lebkuchen vom Blech nehmen.

Die Lebkuchen in kühlem, belüftetem Raum einige Tage offen stehen lassen, dann in Dose aufbewahren. Leckerli, mit Weizenschrot statt mit Mehl zubereitet, werden nicht hart, sondern bleiben weich, können kurzfristig vor dem Verzehr gebacken werden.

Glasuren, Güsse, Aprikotieren

Glasuren und Güsse

Kuchen, Torten, Kleingebäck und Plätzchen erhalten häufig einen Überzug, der Geschmack und Aussehen verfeinert und das Gebäck länger frisch hält.

Glasuren sind warm oder kalt hergestellte Mischungen aus Puderzucker, evtl. mit Kakao gemischt, mit geringen Mengen an Flüssigkeit, wie Wasser, Zitronensaft, Rum, Arrak, Obstgeist, Wein, Obstsaft oder verflüssigte Schokolade und Fett. Glasuren sollen in ihrem Flüssigkeitsgrad so beschaffen sein, daß sie das Gebäck überziehen, aber nicht zudecken. Sie werden in der Regel mit dem Pinsel aufgetragen oder das Gebäck wird in sie eingetaucht.

Gekochte Glasuren sind dünnflüssiger und klar. Sie werden aus Zucker, Wasser und Zitronensaft zubereitet und müssen heiß aufgetragen werden.

Spritzglasuren, die zum Verzieren und Dekorieren Verwendung finden, werden aus Puderzucker und Eiweiß mit Zitronensaft in einer so dichten Zusammensetzung hergestellt, daß sie nach dem Spritzen nicht mehr fließen, sondern rasch erstarren.

Güsse können – wie Glasuren – warm oder kalt und aus denselben Grundzutaten wie diese hergestellt werden. In ihrer Beschaffenheit sind sie aber dichter, da sie die Gebäckoberfläche decken sollen. Sie werden auf das Gebäck gegossen und durch Drehen oder Schwenken (z.B. der Torte) fließend in Bewegung gebracht. Diese Dichte der Zusammensetzung wird bei Puderzuckergüssen durch die Zugabe von Eiweiß und bei Schokoladenguß durch den richtigen Abkühlungsgrad erreicht.

Kuvertüren (= deckender Überzug) sind ausnahmslos aus Schokoladen- oder schokoladenähnlicher Masse auf warmem Wege hergestellte, fetthaltige Glasuren, die zum späteren Gebrauch im Wasserbad erwärmt werden können. Kuvertüren sind als Fertigprodukt im Handel. Sie lassen sich ohne Mühe selbst herstellen und sind so meistens von besserer Qualität.

Die Zutaten

Puderzucker muß vor der Verarbeitung gesiebt werden, um Klumpenbildung zu vermeiden.

Flüssigkeit (Wasser, Rum, Arrak, Obstgeist, Zitronen- und Orangensaft, Wein oder Mokka) hat geschmackgebenden Stellenwert. Außerdem trägt sie zur Färbung bei.

Eiweiß, das eine dichte Beschaffenheit erzeugt, macht die Glasuren fest, da es weniger Feuchtigkeit enthält als Wasser, Saft oder Alkohol.
Kakaopulver, das für dunkle Überzüge verwendet wird, muß vor Gebrauch gesiebt werden.
Schokolade kann als Vollmilch-, Mokka-, Zartbitter- oder Bitterschokolade verwendet werden. Sie wird immer in kleine Stücke gebrochen und auf dem Wasserbad geschmolzen.
Butter oder **Kokosfett** wird den Glasuren im flüssigen oder weichen Zustand beigegeben und gut untergerührt.

Grundregeln für die Zubereitung und das Überziehen

- ▷ Sorgfältig arbeiten!
- ▷ Von Kuchen und Torten vorher alle Krümmel mit Pinsel entfernen, evtl. aprikotieren.
- ▷ Puderzucker immer vorher sieben.
- ▷ In sauberer, fettfreier, kleiner Schüssel anrühren.
- ▷ Flüssigkeit nach und nach zugeben, jeweils gut verrühren, Beschaffenheit vor erneuter Flüssigkeitszugabe prüfen. Für Kuchen und Kleingebäck dünner, für Torten dichter halten.
- ▷ Dünne Glasuren mit dem Pinsel auf heißes, warmes oder kaltes Gebäck auftragen oder Gebäck und Konfekt darin eintauchen, Güsse und Kuvertüren auf kaltes Gebäck auftragen.
- ▷ Dicke Glasuren oder Güsse auf die Kuchen- oder Tortenmitte gießen, unter Drehen verlaufen lassen.
- ▷ Heiße Glasuren (Zucker- und Karamelglasur) wirklich heiß verwenden. Keine Pinsel mit Kunststoffhaaren nehmen.
- ▷ Glasiertes Kleingebäck und Plätzchen auf glatte Fläche mit untergelegtem Pergamentpapier oder Folie legen, im warmen Raum trocknen lassen.
- ▷ Kuchen auf Kuchengitter und Torten auf der Platte mit untergeschobenen Pergament- oder Alufolienstreifen abtropfen und in warmem Raum trocknen lassen.
- ▷ Schokoladenglasur, -guß oder Kuvertüre nur auf erkaltetes Gebäck auftragen, im Wasserbad auf dem richtigen Flüssigkeitsgrad halten, an kühlem Ort trocknen lassen.
- ▷ Eiweiß-Spritzglasur rasch verbrauchen, da sie schnell trocken wird.

Das Aprikotieren

Blätterteiggebäck, feine Formkuchen und Torten sollten vor dem Auftragen der Glasur oder des Gusses mit feiner, heller Marmelade, am besten Aprikosenmarmelade oder hellem Gelee, bestrichen werden. Neben der Verfeinerung bringt Aprikotieren einen praktischen (technischen) Vorteil, da durch diese Marmeladenhülle kleine Unebenheiten ausgeglichen und die Teigporen verschlossen werden, sodaß keine Krümel in den Überzug gelangen. Guß oder Glasur kann so auf eine wirklich glatte Oberfläche aufgetragen werden und erhält das erwünschte, gleichmäßige Aussehen.

Grundregeln für das Aprikotieren

- ▷ Für helle Glasuren oder Güsse helle Marmelade oder Gelee, für dunkle Glasuren oder Güsse helle oder rote Marmelade verwenden.
- ▷ Kerne oder Fruchtstückchen durch Passieren aus der Marmelade entfernen, mit zur Fruchtart passendem Alkohol glatt verrühren.
- ▷ Lose Krümel mit Pinsel vom Gebäck entfernen.
- ▷ Marmelade mit breitem Messer sehr dünn auftragen, damit nur die Teigporen geschlossen und kleine Unebenheiten ausgeglichen werden.
- ▷ Das aprikotierte Gebäck mindestens 1 Stunde (besser 2 Stunden bei Torten und feinen Kuchen) in gut gelüftetem, kühlem Raum stehen lassen, damit dieser feuchte Überzug eindringen kann.
- ▷ Vor dem Auftragen der Glasur oder des Gusses evtl. zu reichlich aufgetragene Marmelade mit dem Messer vorsichtig abschaben, damit die Glasur oder der Guß nicht »schwimmt« und dicht und trocken werden kann.

Glasuren

Gekochte Zuckerglasur, Springglasur

Zubereiten 10–15 Minuten

250 g Zucker
1/8 l Wasser
2 EL Zitronensaft

Zucker in Wasser und Zitronensaft auflösen und miteinander kochen, bis er Fäden spinnt, d.h. sich zu Fäden ausziehen läßt. Glasur heiß auf warmes oder heißes Gebäck auftragen.

Verwendung Lebkuchen, Lebkuchenschnitten.

Karamelglasur

Zubereiten 5 Minuten

100 g Zucker
2 EL Wasser
1 EL Zitronensaft

① Zucker in Pfännchen unter Rühren goldbraun karamelisieren.
② Mit Wasser und Zitronensaft ablöschen, aufkochen lassen, Gebäck oder Früchte an Gabel stecken, kurz in die Glasur eintauchen, erstarren lassen, oder mit kleinem Löffel Glasur darüberträufeln.

Verwendung Zum Karamelisieren der Windbeutel bei Torte St. Honoré, zum Glasieren von Konfekt, zum Karamelisieren frischer Erdbeeren und Himbeeren, zum Verzieren.

GZ Puderzuckerglasuren

Zubereiten etwa 5 Minuten

Einfache Puderzuckerglasur

200 g Puderzucker, gesiebt
2 EL warmes Wasser
2 EL Zitronensaft, Alkohol oder Fruchtsaft

Zitronen- oder Orangenglasur
200 g Puderzucker
4 EL Zitronen- oder Orangensaft, durchgeseiht

Rum-, Arrak- oder Kirschwasserglasur
200 g Puderzucker
3 EL Rum, Arrak oder Obstgeist

Punschglasur
200 g Puderzucker
1 EL Weißwein oder heller Fruchtsaft
1 EL Zitronensaft
1 EL Rum oder Arrak

Mokkaglasur
200 g Puderzucker
3 EL Mokka

Kakaoglasur
200 g Puderzucker
3 EL dunkler Kakao
3–4 EL heißes Wasser

Rosa Puderzuckerglasur
200 g Puderzucker
4 EL Rote Rübensaft

Puderzucker sieben, mit der jeweils angegebenen Flüssigkeit glatt verrühren und weiterrühren, bis die Masse glänzt. Für das Glasieren von heißem oder warmem Gebäck die Glasur etwas flüssiger, für kaltes Gebäck etwas dicker halten, Flüssigkeit zum Verdünnen nur tropfenweise zugeben.

Puderzuckerglasuren müssen sofort verwendet werden, da sie durch Stehen austrocknen.

Verwendung Kuchen, Kleingebäck, Lebkuchen, Konfekt.

Eiweiß-Spritzglasur

Zubereiten 5 Minuten

200 g Puderzucker, gesiebt
1 Eiweiß
2 TL Zitronensaft
einige Tropfen beliebige Speisefarbe oder
2 TL dunkler Kakao zum Färben (nach Belieben)

① Puderzucker mit Eiweiß und Zitronensaft steif und glänzend schlagen. Die Masse muß so steif sein, daß sie nicht mehr fließt. Nach Belieben einen Teil der Masse mit einigen Tropfen Speisefarbe vermischen oder mit gesiebtem Kakao braun färben.
② Pergamenttütchen formen, Spitze knapp abschneiden, Masse in kleinen Portionen einfüllen und Gebäck damit bespritzen (nicht auf feuchte Glasuren spritzen).

Verwendung Weihnachtsgebäck, Torten.

Eiweiß-Schaumglasur

Glasur zum Mitbacken

Zubereiten 10 Minuten

1	Eiweiß, sehr steif geschlagen
125 g	Puderzucker, gesiebt
1–2 TL	Zitronensaft

① Eischnee mit Puderzucker und Zitronensaft noch 5–8 Minuten schlagen.

② Gebäck mit der Glasur bestreichen, im Ofen bei schwacher Hitze oder Oberhitze trocknen lassen, die Glasur soll weiß bleiben.

Verwendung Nur für Kleingebäck, wie Zimtsterne und Zitronenbrot (aus Eiweißteigen).

Güsse

GZ Puderzuckergüsse

Zubereiten 5–8 Minuten

Zitronenguß

250 g	Puderzucker, gesiebt
1	Eiweiß
3 EL	Zitronensaft, abgeseiht

Arrak- oder Rumguß

250 g	Puderzucker, gesiebt
1	Eiweiß
3 EL	Arrak oder Rum

Punschguß

250 g	Puderzucker, gesiebt
1	Eiweiß
1 EL	Zitronensaft
1 EL	Rum oder Arrak
1 EL	Weißwein

Mokkaguß

250 g	Puderzucker, gesiebt
1	Eiweiß
3 EL	Mokka

① Puderzucker mit Eiweiß glänzend rühren, die jeweils gewählte Flüssigkeit zugeben, glatt verrühren.

② Auf die Mitte der vorbereiteten Torte gießen, Torte leicht schräg halten und dabei so drehen, daß der Guß nach allen Seiten verlaufen kann. Niemals an der Oberfläche, höchstens am Rand mit Pinsel oder Messer etwas nachhelfen. Nach etwa 15–20 Minuten Verzierung auflegen. Guß einige Stunden trocknen lassen.

Verwendung Für Torten und feine Kuchen.

Kakaoguß

Zubereiten 5 Minuten

250 g	Puderzucker und
2 EL	dunkler Kakao, gesiebt
1	Eiweiß
1–2 EL	heißes Wasser
20 g	Kokosfett, zerlassen

① Puderzucker, Kakao und Eiweiß glänzend rühren, Wasser zugeben, gut unterrühren.

② Zerlassenes Kokosfett zugeben, gut unterrühren. Sofort verwenden, evtl. im Wasserbad flüssig halten.

Verwendung Kuchen und Kleingebäck, Honiggebäck.

Schokoladenguß

Vorbereiten 5 Minuten
Zubereiten 10 Minuten

250 g	Puderzucker, gesiebt
2	Eiweiß
150 g	Zartbitter- oder Bitterschokolade, in kleinen Stücken im Wasserbad geschmolzen
1 EL	Rum oder heißes Wasser

① Puderzucker mit Eiweiß etwa 10 Minuten schaumig rühren.

② Geschmolzene Schokolade löffelweise unterziehen, sehr gut verrühren, Rum oder Wasser tropfenweise zugeben, gut verrühren.

Verwendung Torten, Plätzchen und Honiggebäck.

Sacher-Schokoladenguß

Zubereiten 10 Minuten

250 g	Puderzucker
2	Eiweiß
3 EL	Zitronensaft
3 EL	dunkler Kakao, gesiebt
50 g	Butter, lauwarm zerlassen

① Puderzucker mit Eiweiß schaumig und glänzend rühren, Zitronensaft unterrühren.

② Kakao zugeben, gründlich glatt verrühren, Butter einrühren, sofort verwenden.

Verwendung Sachertorte, Sandkuchen, Englischer Kuchen, Brot- und Nußtorte.

Schokoladen-Sauerrahmguß

Vorbereiten 10 Minuten
Zubereiten 5 Minuten

300 g feine Zartbitter- oder Bitterschokolade
$^3/_{16}$ l Crème fraîche, evtl. etwas mehr
Prise Vanillinzucker oder einige Tropfen Mandelöl

① Schokolade im Wasserbad schmelzen, sehr glatt rühren.
② Mit kleinem Schneebesen Crème fraîche und Geschmackszutat unterziehen, gut verrühren, etwas abkühlen lassen.

Kuchen oder Torte überziehen, wenn die Masse sich noch gießen läßt, mindestens 6–8 Stunden bis zum Verzehr kühl und trocken stellen.

Verwendung Feiner Guß, aber nur für Kuchen und Torten geeignet, da er nicht ganz fest wird, das Gebäck aber frisch und feucht hält.

Durchgezogener Guß

Zubereiten 5 Minuten
Auftragen 5–8 Minuten

250 g Puderzucker, gesiebt
1 kleines Eiweiß
2 EL Arrak
2 EL dunkler Kakao

① Puderzucker mit Eiweiß schaumig rühren, Arrak untermischen, etwa 2 EL vom fertigen Guß in kleine Schüssel füllen und Kakao dazusieben, gut untermischen.
② Weißen Guß auf Torte aufgießen. Dunklen Guß in Spritztütchen füllen und auf die weiße Glasur Ringe oder Streifen im Abstand von 3 cm spritzen.
③ Tafelmesser in kaltes Wasser tauchen, in gleicher Richtung oder einmal hin, einmal her durchziehen, Guß trocknen lassen.

Verwendung Brottorte, Punschtorte, auch Nubiertorte.

Kuvertüre, Schokoladenfettglasur

Vorbereiten 5 Minuten
Zubereiten 5 Minuten

200 g Halbbitterschokolade, in kleine Stücke gebrochen
3 EL Wasser
30 g Butter oder Kokosfett, lauwarm zerlassen

① Schokolade mit Wasser im Wasserbad schmelzen, glatt verrühren.
② Butter oder Kokosfett zugeben, glatt rühren, sofort verwenden.

Beim Überziehen von Kleingebäck die Glasur auf dem Wasserbad lassen, da sie rasch fest wird. Warm (flüssig) als Glasur, nur noch lauwarm (dicker) als Guß verwenden. Kuvertüre läßt sich gut aufbewahren. Sie wird bei Bedarf auf dem Wasserbad verflüssigt.

Verwendung Für Formkuchen aus Backpulver-, Eischwer- und Sandteig, für Plätzchen und Honiggebäck etwas dünnflüssiger, für Torten dickflüssig.

Fertig gekaufte Kuvertüre ebenfalls auf dem Wasserbad schmelzen und glatt verrühren, warm auf das Gebäck auftragen oder kleines Gebäck darin eintauchen.

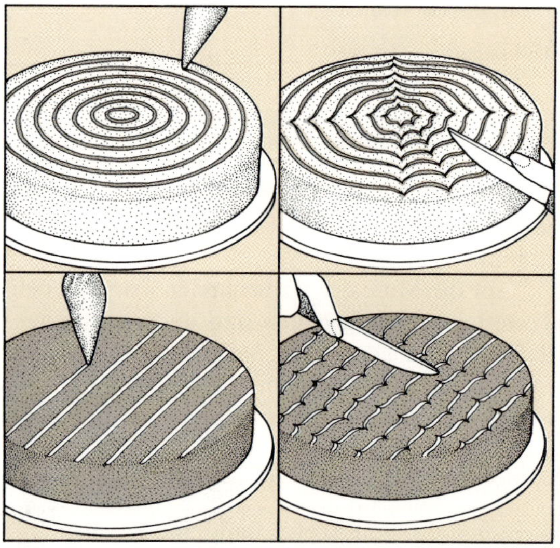

Konfekt

Krokant

Vorbereiten 15 Minuten
Zubereiten 10 Minuten
Abkühlen 5–10 Minuten

100 g	Mandeln, geschält, in Stifte geschnitten oder grob gehackt, lichtgelb geröstet
50 g	Zucker
10 g	Butter

① Die Mandeln unter Rühren trocken in der Pfanne bei Mittelhitze rösten.
② Zucker mit Butter in Pfännchen erhitzen, goldbraun karamelisieren lassen, Mandeln untermischen, unter Rühren heiß werden lassen.
③ Masse sofort auf geöltes Blech streichen (geschmacksneutrales Öl verwenden), erkalten lassen, mit Messer wieder abheben und mit Nudelholz oder Fleischklopfer zersplittern.

Verwendung Für Cremes und Torten als Geschmackszutat und zum Verzieren.

Mandelhäufchen, Mandelsplitter

Vorbereiten 15 Minuten
Zubereiten 10 Minuten
Ausformen 5 Minuten

150 g	Mandelstifte, mit
1 EL	Zucker geröstet, abgekühlt
300 g	Vollmilch- oder Zartbitterschokolade oder weiße Schokolade, im Wasserbad geschmolzen, auf Zimmertemperatur abgekühlt

① Mandelstifte unter Rühren mit Zucker in Pfanne hell rösten, auf Teller schütten, abkühlen lassen.
② Geschmolzene Schokolade abkühlen lassen, Mandeln untermischen, rasch mit Teelöffel kleine, längliche Häufchen auf Alu- oder Backfolie setzen, trocknen lassen, mit Messer abheben.

Buttertrüffel, Rumtrüffel

Vorbereiten 15 Minuten
Bereiten der Masse 10 Minuten
Ausformen 15 Minuten

100 g	Butter, zimmerwarm, in Flöckchen
100 g	Puderzucker
200 g	Zartbitter- oder Bitterschokolade, im Wasserbad geschmolzen, abgekühlt
200 g	Mandeln oder Nüsse, geschält, fein gerieben
1 EL	dunkler Kakao, gesiebt
3–4 EL	Rum oder Himbeergeist, evtl. etwas mehr
1 P	Schokoladenstreusel oder 1 EL Kakao, mit EL Puderzucker gemischt, zum Wenden

① Butter und Puderzucker gut schaumig rühren, abgekühlte Schokolade löffelweise untermischen, jeweils gut verrühren.
② Mandeln oder Nüsse und Kakao zugeben, mit Alkohol rasch zu fester Masse verarbeiten, daraus kleine Kugeln formen, in Schokoladenstreuseln oder Kakao-Puderzuckermischung wälzen, in kühlem Raum an der Luft gut trocknen lassen, in Dosen aufbewahren.

Schokoladen-Trüffel

Truffes de chocolat

Vorbereiten 10 Minuten
Zubereiten 5 Minuten
Kühlen 6–8 Stunden oder über Nacht
Fertigstellen und Ausformen 15–20 Minuten

¼ l	Crème fraîche oder Crème double
350 g	feine Bitter- oder Zartbitterschokolade oder Schokolade mit Orangen- und/oder Krokantzusatz, in Stückchen gebrochen, im Wasserbad geschmolzen
50 g	Butter, zimmerwarm, in Flöckchen
2 EL	Bitterkakao oder feines Schokoladenpulver, gesiebt, oder Krokantsplitter zum Wenden

① Crème fraîche oder double bis zum Kochpunkt erhitzen, geschmolzene Schokolade untermischen, glatt verrühren, kühl stellen.
② Gekühlte Masse nur so weit im Wasserbad erwärmen, daß die Butterflöckchen sich unter Rühren darin lösen.
③ Masse in Spritzbeutel füllen, durch große Sterntülle drücken, jeweils mit in Wasser getauchtem Messer kleine, etwa 3 cm lange Stücke abtrennen.
④ Die Trüffel in Kakao, Schokoladenpulver oder Krokantsplittern wälzen.

Fruchtbissen

Vorbereiten 30 Minuten
Zubereiten 15 Minuten
Ausformen 5 Minuten
Trocknen 1 Tag

80 g	getrocknete Feigen, Datteln oder Aprikosen, klein geschnitten, in
3 EL	Rum oder Kirschwasser eingeweicht
400 g	Rohmarzipan
250 g	Puderzucker
	Mark 1 Vanilleschote oder einige Tropfen Bittermandelaroma
2 EL	Aprikosen-, Feigen- oder Orangenmarmelade, mit
1 EL	Rum oder Kirschwasser glatt verrührt zum Bestreichen
	Fruchtstückchen zum Verzieren

① Früchte nach Wahl in Alkohol einlegen, gelegentlich wenden, ½ Stunde ziehen lassen.
② Marzipan und Puderzucker mit Geschmackszutat verkneten, Früchte gut abtropfen, unter die Marzipanmasse kneten.
③ Zwei Rollen formen, in ½ cm dicke Scheiben schneiden, trocknen lassen.
④ Am nächsten Tag dünn mit Marmelade bestreichen, mit kleinen Fruchtstückchen belegen.

Schweizer Nüsse

Vorbereiten 10 Minuten
Zubereiten 10 Minuten
Ausformen 20–30 Minuten
Glasieren 5 Minuten

250 g	Rohmarzipan
150 g	Puderzucker
50 g	Walnüsse, fein gemahlen
1–2 EL	Rosenwasser, Mandellikör oder Brandy
	einige Tropfen grüne Speisefarbe (nach Belieben)
30–35	Walnußhälften
1–2 EL	Aprikosenmarmelade, glatt verrührt
	Karamelglasur (s. Seite 406)

① Marzipan, Puderzucker, gemahlene Nüsse und Rosenwasser oder Alkohol sehr gut verkneten, evtl. noch etwas Flüssigkeit zugeben. Die Masse muß sich gut auswellen lassen, darf also nicht mehr brüchig sein.
② Masse etwa ½ cm dick auswellen, runde Plätzchen von etwa 3 cm ∅ ausstechen, dünn mit Marmelade bestreichen, jeweils eine Walnußhälfte auflegen, Plätzchen seitlich an der Nuß etwas hochdrücken, die Nüsse mit Karamelglasur beträufeln, erkalten lassen.

Mokkanüsse

Vorbereiten 10 Minuten
Zubereiten 10 Minuten
Ausformen 15–20 Minuten
Trocknen 1–2 Stunden
Glasieren 15 Minuten

250 g	Walnüsse oder Haselnüsse, fein gerieben
250 g	Puderzucker
	etwa 4 EL Mokka
	Mokkaglasur (s. Seite 406)
	etwa 25 halbierte Walnußkerne oder geschälte Haselnüsse zum Verzieren

① Nüsse und Puderzucker mit Mokka zu Teig verkneten.
② Auf Puderzucker etwa ½ cm dick auswellen, sehr kleine, runde Plätzchen ausstechen, trocknen lassen.
③ Mit Mokkaglasur überziehen, mit je einer halbierten Nuß belegen, trocknen lassen.

Prinzregentenbrot, Heinerle

Zubereiten 15 Minuten
Abkühlen 30–40 Minuten
Bestreichen und Zusammensetzen der Oblaten 15 Minuten

250 g	Kokos-Plattenfett, lauwarm zerlassen
125 g	Blockschokolade, im Kokosfett geschmolzen
4	Eier
125 g	Zucker
1 P	Vanillinzucker
2 EL	Rum
1	Paket große Backoblaten Nr. 10 (Inhalt 10 Stück)

① Kokosfett bei geringer Temperatur schmelzen, Blockschokolade in kleine Stücke brechen, im Palmfett auflösen oder getrennt im Wasserbad schmelzen lassen, danach etwa 10 Minuten abkühlen.
② Eier und Zucker mit Vanillinzucker auf Wasserbad zu dicker, schaumiger Creme schlagen, mit geschmolzenem Kokosfett, Schokolade und Rum gut vermischen, zu streichfähiger Masse abkühlen lassen.

③ Die Masse (auf Backbrett) auf große Oblaten jeweils 2–3 cm dick auftragen, etwa 5–6 Oblaten aufeinandersetzen, gut kühlen.
④ Nach 1–2 Stunden Kühlzeit die Oblatenschichten mit Schneidebrett abdecken und mit etwa 500 g Gewicht beschweren, weiterhin kühl halten.
⑤ Am nächsten Tag die Oblaten in kleine Rauten oder Streifen oder Quadrate schneiden, immer kühl aufbewahren.

Florentiner

Vorbereiten 10 Minuten
Zubereiten 8 Minuten
Backen 15 Minuten pro Blech bei 180 °C
Glasieren 15 Minuten

100 g	Butter in Stückchen
150 g	Zucker
50 g	Honig
⅛ l	Sahne
1 TL	Zitronenschale, fein abgerieben
80 g	Mandeln, geschält, grob gehackt
je 30 g	Zitronat und Orangeat, mittelfein gehackt
125 g	Mandelblättchen aus geschälten Mandeln
100 g	Zartbitter- oder Vollmilchschokolade oder Kuvertüre, im Wasserbad geschmolzen
	Backtrennpapier oder 2–3 EL flüssige Butter

① Backofen vorheizen, Blech vorbereiten. Butter, Zucker, Honig und Sahne in nicht zu kleinem Topf unter Rühren langsam erhitzen und etwa 5 Minuten kochen, dabei ständig rühren.
② Zitrone, gehackte Mandeln, Zitronat, Orangeat und Mandelblättchen untermischen, Masse etwas abkühlen lassen.
③ Mit Löffel Häufchen auf das Blech setzen, mit nassem Tafelmesser breitdrücken und außen abrunden, backen.
④ Nach dem Backen die Florentiner mit spitzem Messer vorsichtig vom Blech lösen, auf mit Folie belegter Platte oder Kuchengitter auskühlen lassen.
⑤ Nach dem Erkalten die Plätzchen an ihre Unterseite mit Schokolade oder Kuvertüre dick glasieren, mit Zinken einer Gabel wellenartige Linien in die Glasur ziehen, mit der Unterseite nach oben erkalten lassen. Sehr gutes Frischgebäck.

Variation
Jedes Plätzchen vor dem Backen mit einer halben, kandierten, roten Kirsche belegen.

GZ Trockenobst mit Schokoladenüberzug

Vorbereiten 5 Minuten
Ruhen 5–12 Stunden oder über Nacht
Überziehen 10–15 Minuten
Trocknen 1–2 Tage

250 g	getrocknete Pflaumen, Aprikosen, Apfelringe, Birnenhälften oder Bananen
⅛ l	Rum, Brandy, Orangen- oder Mandellikör
200 g	Zartbitterschokolade oder Kuvertüre (s. Seite 408), im Wasserbad geschmolzen
20 g	Kokosfett, zimmerwarm

① Die Trockenfrüchte in kleiner Schüssel oder auf vertiefter Platte in Alkohol einlegen, ruhen lassen, mehrmals wenden.
② Vor dem Glasieren Früchte auf Küchenkrepp abtropfen lassen, trocken tupfen.
③ Schokolade oder Kuvertüre im Wasserbad schmelzen, Kokosfett untermischen, auflösen, alles glatt rühren, etwas abkühlen lassen.
④ Die Früchte in die mehr dick- als dünnflüssige Schokolade eintauchen (mit zwei Gabeln arbeiten), sorgfältig überziehen, auf engmaschigem Kuchengitter abtropfen lassen. In kühlem, belüftetem Raum trocknen lassen. Kühl aufbewahren.

Variationen
- Statt Trockenobst kandierte Früchte, wie Ananasstückchen, Kirschen, Orangen- oder Ingwerstäbchen, nehmen. Das Einweichen in Alkohol kann hierbei entfallen.
- 250 g geschälte Mandeln in 1 EL flüssiger Butter und 1 TL Zucker goldbraun rösten, erkalten lassen und sorgfältig mit Schokolade überziehen, auf mit flüssigem Kokosfett dünn bestrichener Alufolie trocknen lassen.
- 250 g auf dem Blech trocken geröstete Hasel- oder Walnüsse noch heiß in Küchentuch abreiben, abkühlen lassen. Nüsse überziehen, wie Mandeln erkalten lassen.

Getränke

Grundkenntnisse

Kaffee und Tee sind Genußmittel mit sehr geringem Nährwert. Durch ihren Gehalt an **Coffein** (ein Alkaloid) sowie vielfältigen Aromastoffen und Säuren üben sie eine anregende Wirkung auf das Zentralnervensystem, das Herz, die Blutgefäße und die Niere aus. Der Coffeingehalt ist bei normalem Aufguß bei Kaffee und Tee gleich hoch. Er beträgt pro Tasse 0,05–0,1 g. Coffein steigert die körperliche und geistige Leistungsfähigkeit. Allerdings wird es individuell unterschiedlich gut vertragen. Zu reichlicher oder zu starker Kaffee- oder Teegenuß kann Herzklopfen, Herzjagen, Schweißausbruch und Zittern, vor allem aber Schlafstörungen hervorrufen. Die Coffeinwirkung bei Kaffee setzt unmittelbar nach dem Genuß, bei Tee langsamer und schonender (durch die Verbindung von Coffein mit Gerbsäure) ein und hält länger an als bei Kaffee. Die Zugabe von Zucker, Milch oder Sahne verzögert die Resorption von Coffein.

Kaffee

Kaffeebohnen sind die vom Fruchtfleisch und der Samenschale gereinigten Samen der Kaffeekirsche, der Frucht des Kaffeestrauches, der in Süd- und Mittelamerika, Westafrika und Indonesien wächst. Die Aromastoffe kommen erst durch das Rösten zur Entfaltung. Durch diesen Erwärmungsvorgang verringert sich der Gehalt an Wasser, Fett und Säuren. Die Röststoffe wirken anregend auf Magen- und Darmtätigkeit. Sie werden aber von magen- und galleempfindlichen Personen nicht gut vertragen.

Als bester und feinster Kaffee gilt der *Hochlandkaffee,* der in Höhenlagen von 900–1800 m gedeiht. Bei den marktgängigen Sorten ist er häufig mit dem weniger guten, aber sehr ertragreichen *Tieflandkaffee* gemischt.

Wichtigstes Qualitätsmerkmal für guten Kaffee sind möglichst hell geröstete, gleich große (mehrmals verlesene) Kaffeebohnen. Sie ergeben bei der Zubereitung den reinsten Geschmack und die beste Farbe. Expresso-Kaffee dagegen wird besonders dunkel geröstet.

Entcoffeinierter Kaffee darf laut Kaffee-Verordnung höchstens 0,1% Coffein enthalten. Ihm wird das Coffein vor dem Rösten nach dem Aufschließen mit Wasserdampf durch eine Spezialbehandlung entzogen. Die Aromastoffe bleiben weitgehend erhalten. Herz- und Kreislaufkranke aller Altersgruppen brauchen also nicht auf den Kaffeegenuß zu verzichten.

Säurearmer Kaffee ist coffeinhaltig. Gerbsäure (Chlorogensäure) und Zellwachs wurden ihm zur besseren Verträglichkeit für Magen-, Galle- und Leberempfindliche entzogen.

Kaffee-Extrakte (Instant-Kaffee) sind leicht lösliche Erzeugnisse, die aus flüssigem Kaffeekonzentrat entweder durch Warmlufttrocknung (als Pulver oder in körniger – agglomerierter – Form und sofort luftdicht verschlossen) oder durch Gefriertrocknung (gekörnt) hergestellt werden. Gefriergetrockneter Kaffee ist teurer als warmluftgetrockneter, aber von besserer Qualität. Beide Arten haben einen hohen Coffeingehalt, denn 4 kg Röstkaffee sind notwendig, um 1 kg Kaffee-Extrakt herzustellen.

Feigen- oder Zichorienkaffee, die beide einen hohen Gehalt an Zuckerröststoffen aufweisen, wird nur als Gewürz und zum Erzielen einer schönen Farbe, bei normaler Aufgußstärke in geringen Mengen verwendet.

Tee

Schwarzer oder Echter Tee sind die in den Anbauländern (Indien, Ceylon, China, Japan, Indonesien, Afrika und Südamerika) gerollten, fermentierten und getrockneten jungen Blattknospen, Blattspitzen und Blätter des Teestrauchs.

Grüner Tee (typisch für Japan- und China-Tees) besteht aus unfermentierten,

Oolong-Tee (typischer China-Tee) aus halbfermentierten Blättern.

Die **Inhaltsstoffe** des Tees sind sehr unterschiedlich hoch: Coffein (2,5–4,5%), Rohfett (1,2–2,7%), Gerbsäure (Tannin) (5–12%), Mineralstoffe (5–5,8%) und ätherische Öle (Teearoma). Dieser Unterschied geht zurück auf die Teesorte des jeweiligen Anbaugebietes, den Erntezeitpunkt, die Qualität des Tees und die Zusammensetzung der Mischung.

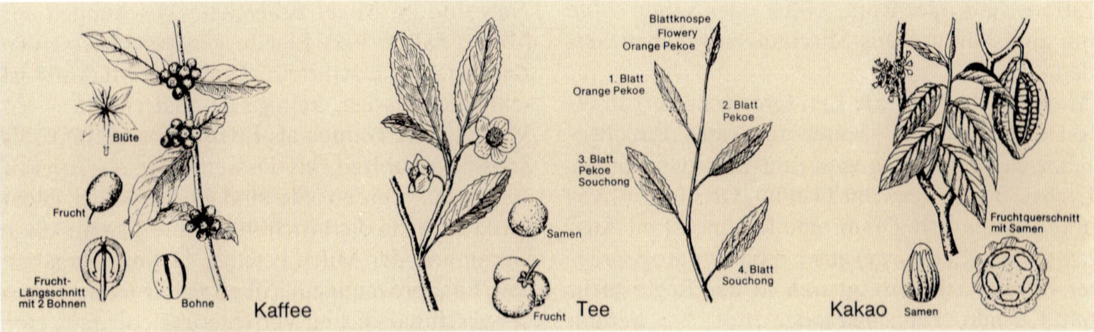

Die Wirkung des *Coffeins* kann durch die Art des Aufgusses gesteuert werden: 3 Minuten nach dem Aufgießen ist die Wirkung von Coffein am stärksten, 5 Minuten nach dem Aufgießen ist die Wirkung von Coffein durch die gelöste Gerbsäure verlangsamt.

Die *Gerbsäure* übt auf Magen- und Darmtätigkeit beruhigende Wirkung aus. (Deshalb wird Schwarzer Tee häufig als »Hausmittel« gegen Durchfälle in besonders kräftigem Aufguß zubereitet.)

Die *Aroma- und Farbstoffe* spielen insbesondere bei den feinen Blatt-Tees eine bedeutende Rolle und müssen sorgfältig behandelt werden, damit sie zur Entfaltung kommen. Hartes, gechlortes Wasser und unsachgemäße Behandlung beim Aufgießen verhindern oft ihre Entwicklung. Allerdings gibt es einige Teesorten, die auch bei hartem Wasser einen guten Aufguß ergeben. Will man sicher gehen, so empfiehlt sich der Einkauf von Tee im Spezialgeschäft, wo man in der Sortenauswahl gut beraten wird.

Qualitätsstufen für fermentierte Blatt-Tees

1. Flowery Orange Pekoe = Blattknospe (feinste Art ist Second-flush, sehr gut ist First-flush)
2. Orange Pekoe = erstes Blatt nach der Knospe
3. Pekoe = zweites Blatt nach der Knospe
4. Pekoe Souchong = drittes Blatt nach der Knospe
5. Souchong = viertes Blatt nach der Knospe

Charakter der wichtigsten Teesorten

Blatt-Tees

Darjeeling-Tee aus Teegärten im Himalayagebiet hat von allen Teesorten das am meisten geschätzte, feinherbe bis kräftige Aroma. Der Aufguß ergibt eine gold-hellbraune Farbe.

Assam-Tee aus Tal- und Mittelgebirgslagen hat ein kräftiges, bei guten Sorten honigartiges Aroma und ergibt einen kräftig rotbraunen Aufguß.

Ceylon-Tees aus Hochlagen haben feines, aber deutlich herbes Aroma und ergeben einen hellkupferfarbigen oder goldroten Aufguß. *Ceylon-Tees aus Tallagen* schmecken kräftig. Ihr Aufguß ist mittel-goldbraun.

China-Tees sind an ihrem typischen, weichen, milden, pfirsichartigen (Oolong) Aroma zu erkennen. Der Aufguß ist mittel-dunkelbraun-rot.

Broken-Tees

Sie entsprechen in der Bezeichnung den Blatt-Tee-Sorten, da sie von diesen, durch mehrmaliges Rollen gebrochen, übrigbleiben. Sie färben den Aufguß wesentlich stärker als Blatt-Tees, sind im Aroma nicht so edel wie diese, dafür aber sparsamer im Gebrauch.

Fanning und Dunst sind Stückchen und Krümel des Broken-Tees. Ihr Aroma ist nicht ausgeprägt, der Aufguß färbt sehr stark. Sie werden zur Füllung von Teebeuteln verwendet.

Teemischungen

Teemischungen sind überwiegend aus Broken-Tees zusammengesetzt.

Russische Mischung ist aus preiswerten Sorten von China- und Darjeeling-Tee zusammengesetzt. Der weiche, milde Charakter des China-Tees überwiegt in Aroma und Farbe.

Englische Mischung – English blend – ist aus preiswerten Sorten von Ceylon-, Java- und Darjeeling-Tee zusammengesetzt. Der frische Geschmack des Ceylon-Tees überwiegt, die Aufgußfarbe ist kräftig braun.

Ostfriesische Mischung ist in höherem und geringerem Qualitätsgrad erhältlich. In ihr überwiegt der Assam-Tee. Er gibt dem Ostfriesen-Tee seinen ausgeprägt dunklen, herben Charakter.

Zitronensaft oder Rum, Milch oder Sahne sollte nur an Teeaufguß aus Mischungen gegeben werden.
Aromatische Tees, wie Earl Grey (mit Bergamotte-Duft), Lapsang Souchong (mit Rauchgeschmack), Litschi Congou (mit Blütenaroma der Lychee-Blüte), Tees mit Jasmin-, Orchideen-, Vanille-, Zitrus und Zimtaroma kommen (mit Ausnahme von Earl Grey) aus China. Ihr ausgeprägter Geschmack verträgt sich in der Regel nicht mit Kuchen, Plätzchen oder Brot. Sie werden deshalb ohne jede Beilage, auch ohne Zucker und Milch genossen.

Kakao

Kakao wird aus den fermentierten und getrockneten Samen (= Kakaobohnen im Innern der Kakaonuß) des in Mittel- und Südamerika, Nigeria und Ghana wachsenden Kakaobaumes gewonnen.
Neben dem anregenden Alkaloid Theobromin (1,5%), das, gemessen am Coffeingehalt von Kaffee und Tee, eine sehr milde Wirkung erzeugt, enthält dunkles, schwach entöltes Kakaopulver etwa 20% Protein, 25% Fett, 38% Kohlenhydrate. Der Energiegehalt liegt bei 1976 kJ/100 g und weist einen hohen Nährwert für Kakao aus.
Kakaopulver, hell, stark entölt, enthält etwa 8% Fett. Aroma und Farbe sind weniger ausgeprägt als bei dunklem Kakao. Kakaopulver, gezuckert, – Instant-Produkt – enthält Zucker, Traubenzucker oder Malzzucker bzw. Malzextrakt und – je nach Produkt – einen unterschiedlich hohen Kakao-Anteil. Die Zubereitung von Kakao mit Milch erhöht seinen Nährwert beträchtlich. Die mild anregende Wirkung macht Kakao zu einem gut verträglichen, sättigenden Getränk für die Nachmittags- und Abendstunden.

Milchmixgetränke

Aus frischer oder gesäuerter Milch, Sauermilch, Dickmilch, Joghurt, Kefir lassen sich mit Früchten, Säften oder Kräutern sehr schmackhafte Getränke zubereiten. Echter Mix kommt durch intensivstes Mischen der Zutaten und Eiswürfel im Mixer oder mit dem Mixstab des Handrührgerätes zustande.
Einfachste Art des Mixgetränkes ist der *Shake,* der durch Verrühren mit dem Schneebesen oder Schütteln in einem Shaker (Schüttelbecher) hergestellt wird.
Flips sind im Mixer zubereitete Mischungen aus Milch, Sahne und Eigelb, geschmackgebenden Zutaten und Eiswürfeln. Typisches Merkmal ist seine dickflüssige, cremige Beschaffenheit.
Mixgetränke können als Erfrischungsgetränk, als Zwischenmahlzeit, als Dessert oder als Apéritif angeboten werden. Sie sind in der Regel leicht verdaulich, da die Fruchtsäure eine gleichmäßige Gerinnung der Milch erzeugt. Geringe Zugaben von hochprozentigem Alkohol bewirken neben der geschmacklichen Verfeinerung ebenfalls eine bessere Verträglichkeit.

Kaffee

Grundregeln

- ▷ Nur so große Mengen kaufen, wie rasch verbraucht werden. Kaffeebohnen halten das Aroma länger als gemahlener Kaffee.
- ▷ Kaffeevorrat immer geruchdicht aufbewahren. Aufbewahrung von gemahlenem Kaffee im Kühlschrank erhält das Aroma länger frisch.
- ▷ Kaffee jeweils erst unmittelbar vor Gebrauch mahlen: Mittelfein für Karlsbader Kaffee, fein für Filter- und überbrühten Kaffee, sehr fein für Mokka.
- ▷ Kanne mit sehr heißem Wasser vorwärmen, erst vor dem Einfüllen des Kaffees wieder ausgießen.
- ▷ Das Wasser zum Aufgießen oder Überbrühen muß ganz frisch sprudeln. Stark chlorhaltiges Wasser soll etwa 30 Sekunden sprudeln, damit der Chlorgeruch »herausgekocht« wird (evtl. Mineralwasser zum Kochen bringen und damit aufgießen).
- ▷ Bei Filterkaffee erst wenig Wasser zugießen, Kaffee quellen lassen, dann erst restliches Wasser – immer auf die Mitte – nachgießen, damit die Filtertüte nicht aufplatzt.
- ▷ Überbrühten Kaffee nicht länger als 5 Minuten ziehen lassen.
- ▷ Kaffee während des Trinkens heiß halten.
- ▷ **Grundmengen für 4 Personen**
  8 Tassen Wasser = etwa 1–1¼ l
  Normaler Aufguß = 1 TL pro Tasse
  Starker Aufguß = 1½ TL pro Tasse
  Mokka-Aufguß = 2½ TL pro Tasse

GZ Bohnenkaffee

Zubereiten 6–8 Minuten

Normaler Aufguß
1 TL (= 5–6 g) frisch gemahlener Bohnenkaffee pro Tasse
1 Tasse Wasser, kochendheiß

Starker Aufguß
1½ TL (= 7–8 g) frisch gemahlener Bohnenkaffee pro Tasse
1 Tasse Wasser, kochendheiß

Mokka-Aufguß
2½ TL (= 14–15 g) frisch gemahlener Bohnenkaffee pro Tasse
1 Tasse Wasser, kochendheiß

Zusätzlich
Zucker und Sahne, flüssig

Filterkaffee – French Coffee

① Filtergröße mit der Wassermenge abstimmen. Kaffeekanne mit heißem Wasser vorwärmen, Wasser wieder abgießen. Kaffeewasser zum Kochen bringen.
② Filter auf die Kanne setzen, Kaffee mehlfein mahlen, in die trockene Filtertüte füllen.
③ Mit etwa ½ Tasse kochendem Wasser anbrühen, etwa 30 Sekunden quellen lassen, dann restliches Wasser sprudelnd in die Mitte des Filters nach und nach zugießen, durchtropfen lassen.
④ Sofort mit Sahne und Zucker servieren, Kaffee heiß halten. (Durch längeres Stehen verliert der Kaffee an Aroma).

Überbrühter Kaffee

① Zwei Kaffeekannen mit heißem Wasser vorwärmen. Wassermenge zum Kochen bringen.
② In die eine Kanne das fein gemahlene Kaffeepulver füllen, evtl. ½ TL Feigenkaffee auf 1 l Wasser zerbröselt dazugeben.
③ Kaffeepulver mit sprudelnd kochendem Wasser übergießen, Kannendeckel auflegen, Kannenschnabel mit Küchenkrepp verstopfen, Kaffee 5 Minuten ziehen lassen.
④ Wasser aus der Servierkanne gießen. Kaffee durch Sieb in die Servierkanne abgießen, sofort mit Sahne und Zucker zu Tisch bringen, heiß halten.

Aufgekochter Kaffee

(Zur raschen Herstellung größerer Mengen)

① Errechnete Wassermenge kalt in unbeschädigtem, geruchsfreiem Topf mit Feigenkaffee (½ TL auf 1 l Wasser) zum Kochen bringen. Kanne mit heißem Wasser vorwärmen.
② Fein gemahlenen Kaffee in das kochende Wasser geben, einmal aufwallen lassen, beiseite stellen, 3–4 EL kaltes Wasser darüberträufeln, zudecken und 5 Minuten ziehen lassen.
③ In die vorgewärmte Kanne abseihen, mit Sahne und Zucker sofort zu Tisch geben. Handelt es sich um reichliche Mengen, allen Kaffee in Kannen füllen und diese im Wasserbad heiß halten.

Mokka, herkömmliche Art

Aus errechneter Kaffee- und Wassermenge Mokka-Aufguß mit Filter oder durch Überbrühen herstellen, sehr heiß mit Sahne und Zucker zu Tisch geben.

Karlsbader Kaffee

Zubereiten 6–8 Minuten

9 TL gehäuft, Kaffee, mittelfein gemahlen
½ TL Karlsbader Feigenkaffee, zerbröselt
1 l Wasser, reichlich, kochendheiß
Karlsbader Porzellanfilter (ohne Filterpapier)
Zucker und Sahne

① Kanne mit heißem Wasser vorwärmen, vor dem Überbrühen Wasser aus der Kanne abgießen.
② Gemahlenen Kaffee und Feigenkaffee in den Porzellanfilter schütten.
③ Den Kaffee nach und nach mit dem kochenden Wasser übergießen, sofort servieren, Sahne und Zucker dazu reichen.

Von Kennern besonders geschätzte Art der Kaffeezubereitung von besonders würzigem Geschmack und schöner Farbe.

Türkischer Mokka

Originale Zubereitung

Vorbereiten 1–2 Minuten
Zubereiten 4–6 Minuten

5–6 Mokkatassen kaltes Wasser
4 TL gehäuft, frisch gemahlener Bohnenkaffee, sehr fein gemahlen
2 TL feiner Zucker
4 TL kaltes Wasser

① Das frisch gemahlene Kaffeemehl mit Zucker und kaltem Wasser in kleinem Töpfchen oder türkischem Mokkakännchen zusetzen, langsam erhitzen.
② Sobald der Kaffee aufschäumt, das kalte Wasser über den Schaum träufeln, Kaffee 10–15 Sekunden stehen lassen, damit der Satz absinken kann.
③ Kaffee langsam in die Mokkatassen gießen. Es soll sich auf jeder Tasse eine schaumige Oberfläche bilden. Mokka servieren.

Verwendung Zum Dessert, als kleine Erfrischung zwischen den Mahlzeiten.

Variation
Prise Nelkenpulver oder Kardamom zugeben.

Türkischer Mokka kann ebenso gut ohne Zukker oder mit der doppelten Menge Zucker zubereitet werden. Nach orientalischer Art wird die im Rezept angegebene Art »gerade richtig«, die ohne Zucker »mit nichts«, die mit mehr Zucker »mit viel« genannt.
Auf orientalische Art zubereiteter Mokka ist sehr bekömmlich und nicht aufputschend, da er mit kaltem Wasser zugesetzt wird.

Espresso
Zubereiten 6–8 Minuten

6–8 TL Espresso-Kaffee, fein gemahlen
4 Mokka- oder Espressotassen Wasser
Espresso-Bereiter
Zucker

① Wasser in den unteren Teil des Gerätes und Kaffeepulver in den Aufsatz füllen, Gerät zusammensetzen, auf der Kochstelle langsam erhitzen, an den Kochpunkt kommen lassen.
② Sobald aus dem Gerät Dampf entweicht, von der Kochstelle nehmen, etwa ½ Minute stehen lassen, dann Aufsatz abnehmen, Espresso in Tassen füllen, mit Zucker reichen.

Cappucino
Zubereiten 6–8 Minuten

4 Tassen Espresso
4 EL Sahne, halbsteif geschlagen, gesüßt
4 Msp Espresso-Kaffee, fein gemahlen

Espresso zubereiten, in die Tassen gießen, Sahne darüberfüllen, mit Kaffeepulver bestreuen, sofort servieren.

Eiskaffee
Zubereiten 2–3 Minuten

¼–⅜ l kalter Filterkaffee, schwach gesüßt
2 EL Brandy (nach Belieben)
¼ TL Vanillinzucker
8 Kugeln halbsteif gefrorenes Mokka-Eis
⅛ l Sahne, steif geschlagen, schwach gesüßt
Prise Kaffeepulver zum Bestreuen

① Kalten Kaffee mit Brandy und Vanillinzucker mischen, abschmecken.
② Je 2 Eiskugeln in gekühlte, hohe Gläser füllen, mit kaltem Kaffee übergießen.
③ Steif geschlagene Sahne als große Rosette aufspritzen oder locker mit Löffel auflegen. Mit Kaffeepulver bestreuen, mit Trinkhalm oder -löffel sofort servieren.

Variation
Statt Mokka-Eis Vanille-Eis nehmen

Tee

Grundregeln

- Tee am besten in Gläsern, dunkel im Schrank, oder in Holzkistchen oder in der Originalpackung in luftdichten Dosen lagern. Größere Teevorräte an kühlem Ort aufbewahren.
- Kanne immer mit heißem Wasser vorwärmen, erst vor dem Einfüllen des Tees Vorwärmewasser wieder ausgießen.
- Für feinen Blatt-Tee auch Aufgießgefäß aus Glas, Porzellan oder Cromargan mit heißem Wasser vorwärmen, Wasser abgießen, die Teeblätter darin zugedeckt anwärmen.
- Aufgießwasser nur 1–2 Sekunden sprudeln lassen. Nur chlorhaltiges Wasser etwa 30 Sekunden kochen lassen.
- Wasser auf den Tee gießen, zudecken.
- Nicht mit Tee-Ei aufbrühen, da sich das Aroma nicht entfalten kann.
- Tee zum Anregen 3 Minuten (Frühstücks- oder Erfrischungstee) ziehen lassen, danach abseihen. Nachmittags- oder Abendtee 5 Minuten ziehen lassen. Sofort servieren.
- Tee während des Trinkens heiß halten.
- Tee in weiten, schalenförmigen Tassen servieren.
- Teekanne nicht mit Spülmittel, sondern nur mit klarem, heißem Wasser reinigen.
- **Grundmengen für 4 Personen**

8 Tassen Wasser	=	etwa 1–1¼ l
Broken-Tee	=	5–6 TL pro Liter
Blatt-Tee	=	7–8 TL pro Liter

GZ Frühstückstee Englische Art

Zubereiten 8 Minuten

5–6 TL	gehäuft, Broken-Tee
1¼ l	Wasser, kochendheiß
¼ l	Milch, heiß
	Zucker

① Kanne mit heißem Wasser vorwärmen. Vor dem Einfüllen des Tees Wasser abgießen.

② In zweites Gefäß – am besten Porzellan-, Glas- oder Cromargangefäß – die Teeblätter füllen und mit kochendem Wasser übergießen, zudecken und 3–5 Minuten ziehen lassen.

③ Tee mit Löffel umrühren und durch Sieb in die vorgewärmte Kanne abgießen, sofort servieren, heiße Milch und Zucker dazu reichen.

Ostfriesischer Tee

Zubereiten 8 Minuten

6 TL	gehäuft, Ostfriesische Teemischung
1¼ l	Wasser, kochendheiß
	Kandiszucker
⅛ l	Sahne

① Kanne mit heißem Wasser vorwärmen, vor dem Einfüllen des Tees Wasser abgießen.

② In zweites Gefäß – am besten Porzellan-, Glas- oder Cromargangefäß – die Teeblätter füllen und mit kochendem Wasser übergießen, zudecken und 5 Minuten ziehen lassen.

③ Tee mit Löffel umrühren und durch Sieb in die vorgewärmte Kanne abgießen, sofort servieren, evtl. auf Stövchen stellen.

④ Kandiszucker in die Tassen füllen, Tee darübergießen, Zucker unter Rühren auflösen und Sahne zugießen.

Paßt sehr gut zu Kuchen, Kleingebäck und zu belegten Broten aller Art.

GZ Feiner, aromatischer Nachmittagstee

Zubereiten 10 Minuten

7–8 TL	knapp, Darjeeling-, Ceylon- oder China-Keemun Blatt-Tee
1¼ l	Wasser, kochendheiß
	Zucker

① Gefäß aus Porzellan oder Glas mit kochendheißem Wasser erwärmen, Wasser abgießen, Teeblätter einfüllen, sofort zudecken, etwa 2–3 Minuten darin ruhen lassen, damit die Blätter in der feuchten Hitze aufgehen und ihr Aroma entfalten können.

② Zweites Gefäß ebenfalls mit heißem Wasser vorwärmen.

③ Die Teeblätter mit kochendem Wasser übergießen, zudecken und 3–5 Minuten ziehen lassen.
④ Tee mit Löffel umrühren, Blätter wieder absinken lassen. Vorwärmewasser aus der Kanne abgießen. Tee, evtl. durch Sieb, in die Kanne füllen, sofort servieren und heiß halten.

Auf diese Art zubereiteter Tee wird in der Regel ohne Sahne, Rum oder Zitronensaft gereicht. Trockene Kuchen und/oder Kleingebäck eignen sich als Beigabe.

Eistee

Zubereiten 2–3 Minuten

½–¾ l kalter Tee, am besten aus Ceylon-Broken oder Blatt-Tee

Mit Calvados

½ l Apfelsaft, wie Eiswürfel gefroren
4 EL Calvados
4 Zitronenscheiben

Mit Arrak oder Rum

8 Kugeln Zitroneneis
4 TL Arrak oder Rum
4 Zitronenscheiben

① Das Eis auf vier Gläser verteilen.
② Tee mit Alkohol nach Wahl vermischen und über das Eis gießen, Zitronenscheiben einlegen, mit Trinkhalm sofort servieren.

Saftpunsch

Zubereiten 15 Minuten

1 l Apfel- oder Birnen-Süßmost
¼ l Sauerkirsch- oder Johannisbeer-Süßmost
1 Zitronenschale, dünn spiralenförmig abgeschält
2 Zimtstangen
6 Gewürznelken
¼ l Orangensaft, frisch gepreßt, abgeseiht
½ l leichter, schwarzer Tee, heiß
Zucker oder Honig (nach Belieben)
4–8 EL Rum (nach Belieben)

① Süßmost mit Zitronenschale, Zimtstangen und Nelken langsam zugedeckt erhitzen.
② Sobald die Flüssigkeit an den Kochpunkt kommt, die Gewürze entnehmen, Orangensaft und Tee zugeben, vermischen, evtl. süßen und mit Rum abschmecken, sehr heiß servieren.

Kakao/Schokolade

Grundregeln

▷ Zum Anrühren das Kakaopulver immer trocken mit Zucker mischen, mit kalter Flüssigkeit glatt rühren.
▷ Servierkanne vorwärmen, erst vor dem Einfüllen des Kakaos Wasser ausgießen.
▷ Milch an den Kochpunkt bringen, angerührten Kakao unter Rühren zugießen, kurz in der Milch aufwallen lassen, sofort servieren.
▷ Für heiße Schokolade die zerbröckelte Schokolade oder den Schokoladensirup mit der Milch zusetzen, unter Rühren mit dem Schneebesen langsam zum Kochen bringen.
▷ Kakao in becherartigen Tassen servieren.
▷ **Grundmengen für 4 Personen**

6–7 Tassen Milch	=	1 l Milch, reichlich
Dunkler Kakao	=	4 TL pro Liter
Zucker	=	2 EL
Heller Kakao	=	3 EL pro Liter
Zucker	=	2 EL

GZ Kakao

Zubereiten 5 Minuten

4 TL dunkler Kakao
2 EL Zucker
1 l Milch

① Kakao trocken mit Zucker mischen und mit 2–3 EL kalter Milch oder Wasser glatt rühren.
② Restliche Milch zum Kochen bringen, am Kochpunkt angerührten Kakao zugeben, unter Rühren mit dem Schneebesen nochmals an den Kochpunkt bringen, abschmecken, servieren.

GZ Heiße Schokolade

Zubereiten 6–8 Minuten

100 g Zartbitterschokolade, in kleine Stückchen gebrochen, oder 2–3 EL Schokoladensirup
1 l Milch
evtl. Zucker
⅛ l Sahne, halbsteif geschlagen

Schokoladenstückchen oder Sirup in der Milch erhitzen, unter Rühren mit dem Schneebesen an den Kochpunkt bringen, von der Kochstelle nehmen, in Tassen füllen, mit Sahnehaube versehen und sofort servieren.

Eisschokolade

Zubereiten 2–3 Minuten

¼–⅜ l	kalter Kakao, schwach gesüßt
2 EL	Rum oder Maraschino (nach Belieben)
8	Kugeln halbsteif gefrorenes Schokoladeneis
⅛ l	Sahne, steif geschlagen, schwach gesüßt
2 TL	Schokoladenstreusel oder Schokoladenraspel zum Verzieren

① Kalten Kakao mit Rum oder Maraschino mischen, abschmecken.

② Je zwei Eiskugeln in gekühlte, hohe Gläser füllen, mit kaltem Kakao übergießen.

③ Steif geschlagene Sahne als große Rosette aufspritzen oder locker mit Löffel auflegen. Mit Schokoladenstreusel oder -raspeln bestreuen, sofort mit Trinkhalm oder -löffel servieren.

Milchmixgetränke

- ▷ Nur einwandfreie und möglichst frische Zutaten verwenden.
- ▷ Alle Zutaten und die Gläser gut kühlen.
- ▷ Für Mixgetränke Bechergläser, für Flips Cocktailgläser oder Sektschalen verwenden.
- ▷ Bei Zubereitung mit Eiswürfeln das Getränk nach dem Mixen durch Sieb gießen.
- ▷ Sofort nach der Zubereitung servieren, da der hohe Gehalt an Säuren ein rasches Ausflocken bewirkt.
- ▷ Dünnflüssige Getränke mit Trinkhalm oder Trinklöffel, dickflüssige mit kleinem Löffel servieren.
- ▷ **Grundmengen für 4 Personen**
  Mixgetränke 1–1¼ l
  Flips ½–¾ l

GZ Einfacher Früchte-Milchmix

Vorbereiten 10–15 Minuten
Zubereiten 30 Sekunden

1 l	Frischmilch
200 g	Erdbeeren, Himbeeren, Brombeeren oder Heidelbeeren, verlesen, (Erdbeeren und Heidelbeeren gewaschen, abgetropft), frisch oder gefroren, *oder*
400 g	Bananen, geschält, zu dicken Scheiben geschnitten oder Aprikosen, Pfirsiche, frisch oder konserviert (frische Früchte gewaschen, entsteint) in grobe Stücke zerteilt, oder Orangen geschält, filetiert, oder Ananas, Mango, frisch (gewaschen, geschält, entkernt bzw. entsteint) oder konserviert
1 EL	Zucker oder Honig (nach Belieben)
4 EL	Rum oder Obstgeist (nach Belieben)

① Die Früchte frisch oder tiefgefroren, in den Mixer geben, Milch, Zucker oder Honig zugeben und im Mixer 20 Sekunden, mit dem Mixstab etwas länger pürieren.

② Mit Rum oder Obstgeist abschmecken, in Gläser füllen, sofort servieren.

Rohe Pfirsiche oder Aprikosen und Bananen lassen das Getränk sich rasch hellbraun verfärben, was auf Geschmack oder Qualität keinen Einfluß nimmt.

Verwendung Dessert, sommerliche Vorspeise, Zwischenmahlzeit. Zur Bewirtung von Kindergesellschaften ohne Alkohol zubereiten. Für Krankenkost in vielen Fällen geeignet.

Variation
Früchte-Milchmix mit Vanilleeiskugeln servieren.

GZ Feiner Früchte-Milchmix

Vorbereiten 10–15 Minuten
Zubereiten 30 Sekunden

¾ l	Frischmilch
	Fruchtmengen und -arten wie im Grundrezept
1 EL	Zucker
¼ TL	Vanillinzucker oder etwas Vanillemark
¼ l	Sahne
4 EL	Rum oder zur Fruchtart passender Obstgeist
	Krokantsplitter (nach Belieben) zum Bestreuen

① Früchte, Milch, Zucker und Vanillinzucker nach Grundrezept mixen.
② Sahne und Alkohol zugeben, nochmals 5–10 Sekunden mixen, sofort in Gläser füllen und servieren.

Verwendung Feines Dessert oder sommerliche Vorspeise, Zwischenmahlzeit, Aufbaukost.

Milch-Saftmix

Vorbereiten 5 Minuten
Zubereiten 10 Sekunden

½ l Milch oder Sauermilch
⅜–½ l Ananas-, Orangen- oder Himbeersaft
½ EL Zucker oder Honig (bei ungesüßtem Saft)
2 EL Zitronensaft
2 EL Rum oder Obstgeist (nach Belieben)

Milch mit Fruchtsaft (und evtl. Zucker) mixen, Zitronensaft und Alkohol mit Schneebesen untermischen, sofort servieren.

Verwendung Einfaches Dessert, zum Durstlöschen im Sommer. Für Kinder ohne Alkohol zubereiten.

GZ Milchmixgetränke aus Instantprodukten

Vorbereiten ½ Minute
Zubereiten 20 Sekunden

Gleichbleibende Zutaten
¾ l Milch
¼ l Sahne

Spezielle Zutaten

Schokoladenmilch
4 EL Schokoladensirup oder 8 Kugeln Schokoladeneis
4 EL Rum oder Brandy (nach Belieben)

Mokkamilch
4 EL Pulverkaffee
2 EL Puderzucker
4 EL Mokkalikör oder Brandy (nach Belieben)

Vanillemilch
1 EL Vanillemark oder 1 P Vanillinzucker
8 Kugeln Vanilleeis
8 EL Eierlikör (nach Belieben)

Fruchtmilch
8 EL Fruchtsirup oder 8 Kugeln Fruchteis
4 EL Zitronensaft
4 EL Fruchtlikör, Rum oder Brandy

Sanddornmilch
8 EL Sanddornsaft
1 EL Honig
4 EL Zitronensaft

Mandelmilch
6 EL Mandelmus
2 EL Puderzucker
6 EL Mandellikör (nach Belieben) oder einige Tropfen Mandelaroma

Milch, Sahne und Zutaten der jeweiligen Geschmacksvariante mixen, das schaumige Getränk in Gläser füllen und servieren.

Verwendung Erfrischungsgetränk, Dessert, Zwischenmahlzeit, Partygetränk.

Orangen-Shake

Vorbereiten 5–10 Minuten
Zubereiten 15–20 Sekunden

4 Becher Joghurt oder Kefir
¼ l Orangensaft, frisch gepreßt
1 EL Puderzucker oder Honig
4 EL Rum oder Orangenlikör (nach Belieben)

Joghurt oder Kefir, Orangensaft, Zucker oder Honig mit Mixstab oder Schneebesen kurz verrühren, Alkohol zugeben, verrühren. In Gläser füllen, evtl. Eiswürfel zugeben, sofort servieren.

Verwendung Erfrischungsgetränk, Zwischenmahlzeit, Dessert.

Vitaminmix

Vorbereiten 5 Minuten
Zubereiten 15 Sekunden

½ l Milch oder Kefir
¼ l Möhrensaft oder 2 junge Möhren, fein geraspelt
⅛ l Apfel- oder heller Trauben-Süßmost oder Orangensaft
4 EL Zitronensaft
1 EL Honig (nach Belieben)
pro Glas 1 Blättchen Zitronenmelisse zum Verzieren

Alle Zutaten im Mixer oder mit Mixstab verrühren, in Gläser entweder auf Eiswürfel gießen oder kurz kühl stellen.

Verwendung Erfrischungsgetränk, Zwischenmahlzeit, zum Abendessen.

Joghurt-Shake

Vorbereiten 5 Minuten
Zubereiten 30 Sekunden

4	Becher Joghurt
½ l	Frisch- oder Buttermilch
2 EL	Puderzucker
4 EL	Zitronensaft
4 EL	Orangen- oder Mandellikör oder blauer Curacao

Joghurt, Milch, Puderzucker mit Schneebesen verquirlen, Zitronensaft und Likör unterrühren, auf Eiswürfel in Gläser gießen, sofort servieren.

Verwendung Erfrischungsgetränk, Zwischenmahlzeit, einfaches Dessert. Für Kinder Alkohol durch Zugabe von Fruchtsirup ersetzen.

Joghurt-Flip

Vorbereiten 5 Minuten
Zubereiten 30 Sekunden

200 g	hellfleischige Früchte, wie Bananen, Birnen, Ananas oder Äpfel, frisch oder konserviert, frische Früchte geschält, entkernt, grob zerkleinert, konservierte Früchte grob zerkleinert
2 EL	Zitronensaft
¼ TL	Ingwerpulver (nach Belieben)
¼ TL	Zimt (nach Belieben)
4	Becher Joghurt
¼ l	Frischmilch, Buttermilch oder Sahne
2	Eigelb (nach Belieben)
1 EL	Puderzucker

① Die Früchte mit Zitronensaft, Ingwer und/oder Zimt im Mixer 15 Sekunden pürieren.
② Die restlichen Zutaten zugeben, nochmals 10 Sekunden durchmixen, in weite Gläser füllen, sofort servieren, evtl. 1–2 Eiswürfel in jedes Glas geben.

Verwendung Frühstück, Dessert, Zwischenmahlzeit, sommerliche Vorspeise.

Nektar-Flip

Zubereiten 5–6 Minuten

½ l	Fruchtnektar aus Pfirsich, Aprikose oder Birne
¼ TL	Vanillinzucker
4 EL	Rum oder Obstgeist, zur Obstart passend
¼ l	Sahne, cremig geschlagen
4	Blätter Zitronenmelisse

① Fruchtnektar mit Vanillinzucker, Rum oder Obstgeist sehr gut verrühren.
② Die cremige Sahne unterziehen, den Flip in Gläser füllen, mit Melisseblättern garnieren, sofort servieren.

Verwendung Als Dessert- oder Erfrischungsgetränk.

Karamel-Flip

Vorbereiten 5 Minuten
Abkühlen 15–20 Minuten
Zubereiten 2 Minuten

⅛ l	Karamel, aus 4 EL Zucker und ⅛ l Wasser
¼ l	kalte Milch
2	Eigelb
1–2 EL	Zucker
2 EL	Arrak
1 TL	Vanillinzucker
⅛ l	Sahne, cremig geschlagen

① Zucker in Eisenpfännchen goldbraun rösten, mit ⅛ l Wasser ablöschen, aufkochen lassen, zum Abkühlen in anderes Gefäß umschütten.
② Erkaltetes Karamel, Milch, Eigelb, Zucker, Arrak und Vanillinzucker im Mixer oder mit Mixstab ca. 30 Sekunden schaumig schlagen.
③ Die cremige Sahne unterziehen, in gekühlte Gläser füllen, sofort servieren.

Vitamin-Flip

Vorbereiten 5 Minuten
Zubereiten 10–15 Sekunden

4	Becher Joghurt oder Kefir
¼ l	Tomatensaft, frisch oder aus der Dose
2	Eigelb
¼ TL	Salz
½ TL	Zucker oder Süßmittel
2 EL	Petersilie, Estragon, Schnittlauch, Minze, Dill, grob gehackt
	Prise Knoblauchpulver (nach Belieben)
	frisch gemahlener Pfeffer
	Estragonblättchen oder Schnittlauchröllchen zum Bestreuen

Alle Zutaten im Mixer oder mit Mixstab kurz pürieren, abschmecken. Auf Eiswürfel in Gläser gießen, garnieren und sofort servieren.

Verwendung Erfrischungsgetränk, Zwischenmahlzeit, statt Suppe.

Die tägliche Ernährung

Ernährungsphysiologische und wirtschaftliche Planung

Die Nahrung soll dem Organismus die Nährstoffe liefern, die er zum Aufbau und zur Erhaltung des Körpers braucht. Das sind vor allem Eiweiß, Fette und Kohlenhydrate. Außerdem muß die Energie zugeführt werden, die für die Erhaltung der Körperwärme und die verschiedenen körperlichen Leistungen benötigt wird. Hier stehen Fette und Kohlenhydrate im Vordergrund. Dazu kommen Wirk- und Ballaststoffe, die für den reibungslosen Ablauf der Körperfunktionen, z.B. Verdauung und Stoffwechsel, notwendig sind. Daraus ergeben sich Grundsätze für die Zusammenstellung der Nahrung allgemein:

- ▷ Die tägliche Kost soll alle Nähr- und Wirkstoffe im richtigen Verhältnis enthalten.
- ▷ Genügend Ballaststoffe (30–50 g täglich) dienen dem Sättigungswert und der Verdauung.
- ▷ Der Energiewert muß dem Personenkreis und seinem individuellen Bedarf angepaßt sein.
- ▷ Diätpatienten müssen eingeplant werden.
- ▷ Harmonie in Geschmack und Farbe sichern den Genußwert, der zur Bekömmlichkeit notwendig ist: Was nicht schmeckt, wird »schlecht vertragen« und: »Das Auge ißt mit«. Hier spielt auch der persönliche Geschmack eine große Rolle, den man – in Maßen – auch Kindern zugestehen sollte.
- ▷ Die Mahlzeiten sollen sich im Tagesablauf ergänzen, wobei es günstiger ist, statt 3 großer 5–6 kleine Mahlzeiten zu reichen.
- ▷ Je vielseitiger und abwechslungsreicher der tägliche Speisezettel gestaltet wird, um so sicherer sind alle Nähr- und Wirkstoffe enthalten.

Dem *Frühstück* ist dabei besondere Beachtung zu schenken, es ist ein »Sprungbrett für den Tag«. Deshalb soll es liebevoll und abwechslungsreich gestaltet sein und niemals ausfallen!
Das *Mittagessen* ist im Normalfall die Hauptmahlzeit, kann aber auch durch einen Imbiß ersetzt werden.
Das *Abendessen* wird mindestens 2 Stunden vor dem Schlafengehen eingenommen und darf nicht zu schwer und reichhaltig sein, auch wenn es die Hauptmahlzeit darstellt.
Die *Zwischenmahlzeiten* verhindern, daß »Heißhunger« entsteht, der zu unkontrolliertem Essen verführt; sie ergänzen wiederum die Hauptmahlzeiten.
Jede Mahlzeit sollte in Ruhe und ohne Hast eingenommen werden. Eine gepflegte Umgebung und ein liebevoll gedeckter Tisch erhöhen den Genußwert.

Neben diesen gesundheitlichen Überlegungen dürfen auch wirtschaftliche Grundsätze nicht außer acht gelassen werden. Der Preis einer Mahlzeit richtet sich nach den vorhandenen Mitteln und muß bei der Planung berücksichtigt werden (siehe auch »Einkauf« in den jeweiligen Kapiteln).
Der Arbeitsaufwand muß ebenfalls im Verhältnis zur vorhandenen Zeit stehen. Wie hoch er jeweils angesetzt werden kann, hängt hauptsächlich vom Können und Geschick der Köchin bzw. des Kochs ab, wird jedoch auch von der Einrichtung und Ausstattung der Küche beeinflußt.
Besonders die berufstätige Hausfrau muß die Zeit sehr genau kalkulieren.

Zusammenstellung von Mahlzeiten

Für die Zusammenstellung von einzelnen Mahlzeiten gelten zunächst die gleichen ernährungsphysiologischen und wirtschaftlichen Grundsätze wie für die Planung der Ernährung allgemein. In der Praxis gibt es – daraus resultierend – verschiedene Regeln, die bei der Menüplanung berücksichtigt werden müssen und sowohl für ein einfaches, tägliches Essen als auch für große Festmenüs gelten.

Umfang eines Menüs

Der Umfang eines Menüs richtet sich nach dem Anlaß. Eine tägliche Hauptmahlzeit besteht aus 2 oder 3 Gängen. Bei festlichen Menüs hat das sogenannte »moderne Menü« mit 5–6 Gängen das klassische Menü mit 10 und mehr Gängen abgelöst. Beispiele:

Mittagessen	Festmenü
Suppe oder Vorspeise (kann auch wegfallen)	Kalte Vorspeise
Hauptgericht mit passenden Beilagen	Suppe
Nachspeise	Warme Vorspeise
oder	Fisch
Suppe	Hauptgericht mit passenden Beilagen
Süßspeise als Hauptgericht	Süßspeise und/oder
	Dessert (Kompott, feiner Käse, Obst)

Je nach Anlaß kann auch die Anzahl der Gänge vom einfachen Mittagessen bis zum großen Festmenü variiert werden (z. B. nur 1 Vorspeise), die Reihenfolge ist aber bindend. Nach Belieben kann auch zum Abschluß jeder Mahlzeit Kaffee oder Mokka gereicht werden, evtl. mit süßem Gebäck.

Gegenseitige Ergänzung

Die Speisen einer Mahlzeit sollen einander ergänzen. Energiereiche, deftige Hauptgerichte sollen mit energiearmen, ballaststoffreichen Vor- und Nachspeisen (Salate, Obst, Obstspeisen) kombiniert werden:

- ▷ Hauptgerichte aus gegarten Gemüsen mit frischen, rohen Salaten als Vorspeise oder rohem Obst als Nachspeise ergänzen.
- ▷ Eiweißarmen Gemüseeintöpfen u. ä. Milch- und Quarkspeisen als Nachtisch oder Milchmixgetränke zuordnen.
- ▷ Bei kohlenhydratreichen, ballaststoffarmen Süßspeisen eine Salatplatte oder Gemüsesuppe vorher geben oder Obst als Beilage reichen.
- ▷ Fettreichen Speisen nicht auch noch fettreiche Beilagen zugeben (Schnitzel mit Pommes frites!)

Bei diesen Überlegungen kann als Ausgangspunkt das Hauptgericht gelten, dem die passenden Beilagen sowie weitere Gänge zugeordnet werden.
Verschiedene Speisen können auch gleichrangig sein, z. B. Gemüseplatten und Gratins, Salatplatten und Aufläufe, Suppengerichte und warme oder kalte Süßspeisen.

Abwechslung in der Speisenfolge

Das Menü soll in seiner Zusammenstellung Abwechslung bieten:

- ▷ Nahrungsmittel, die im Hauptgericht vorkommen, sollen nicht mehr in Vor- und Nachspeisen verwendet werden (z. B. bei Reis als Beilage nicht Reissuppe servieren).
- ▷ Die Zubereitungsart bei Vorspeisen bzw. Nachspeisen und Hauptgericht sollen sich unterscheiden (z. B. gekochte Vorspeisen oder Fisch, gebratene Hauptspeisen und umgekehrt).
- ▷ Warme und kalte Speisen sollten einander abwechseln (z. B. bei warmen Vorspeisen eine kalte Nachspeise planen).

Geschmackliche und farbliche Harmonie

Die Gerichte sollen geschmacklich und farblich harmonieren:

- ▷ Scharfe Gerichte mit milden Beilagen ergänzen, evtl. mit Obst variieren.
- ▷ Milde Hauptgerichte nicht mit dominierenden Beilagen »erdrücken«.
- ▷ Hellen Gerichten bunte Gemüse oder Salate zuordnen.
- ▷ Zu dunklen, gebratenen oder geschmorten Gerichten helle Beilagen reichen.
- ▷ Ebenso harmonisch sind Zusammenstellungen, die gezielt mild gewürzt und »zartfarbig« komponiert werden.
- ▷ Gemüse- oder Salatplatten mehrfarbig anordnen, z. B. Karotten neben Sellerie, grüne Bohnen neben Mais usw.
- ▷ Mit Dekorationen Farbeffekte schaffen, z. B. Zitrone auf Wiener Schnitzel, Petersilie auf Gemüse, gebräunte Zwiebelringe auf Kartoffelbrei usw. (auf den Geschmack achten!). Die Dekorationen dürfen dabei die Speisen nicht verfälschen und überdecken.

- ▷ Das zeitgemäße Menü muß »leicht« komponiert sein. Es soll nicht belasten.
- ▷ Die Portionen sind um so kleiner, je mehr Gänge serviert werden.
- ▷ Jahreszeitliche Möglichkeiten nutzen, z. B. Spargel, Erdbeeren usw.
- ▷ Bei festlichen Menüs Anlaß (Geburtstag, Jubiläum, Hochzeit usw.), Art und Anzahl der Gäste und die Tageszeit berücksichtigen.

Getränke zum Essen

Über das Trinken zum Essen gehen die Meinungen grundsätzlich auseinander. Allgemein ist aber das richtige Getränk zum Essen die Abrundung des Genusses, wenn die Getränke eine harmonische Ergänzung der Speisen bilden.
Neben den vielen Möglichkeiten alkoholfreier Getränke – Tee, Milch, Limonaden, Säfte, Wasser – bieten sich an alkoholischen Getränken Bier und Wein als klassische Menübegleiter an.
In der Regel ist in den nördlichen Ländern Bier mehr das Getränk zum täglichen Essen, während Wein hauptsächlich den Festmenüs vorbehalten ist. In den letzten Jahren hat sich dieser Grundsatz allerdings etwas gelockert.
Für Wein als Getränk im klassischen Menü entwickelten sich strenge Regeln, welche Weine zu welchen Speisen getrunken werden sollen. Diese starre »Getränkeordnung« gilt heute nur noch begrenzt, die Auswahl der verschiedenen Weine richtet sich mehr und mehr nach dem persönlichen Geschmack.
Die folgenden Überlegungen sind deshalb nur sehr allgemein gehaltene Hinweise, die immer noch gelten, aber auch nicht absolut sind.

- ▷ Weiße Weine zu hellem Fleisch, Rotweine zu dunklem Fleisch, Roséweine passen zu fast jedem Essen.
- ▷ Zu sehr fetten und schweren Speisen immer temperierte Getränke reichen.
- ▷ Zu Fisch Weißwein, es sei denn, er ist mit Rotwein oder Bier zubereitet.
- ▷ Zu Käse Bier oder Wein geben.
- ▷ Zu sehr deftigen Speisen, sauren Salatmarinaden und Currygerichten paßt Bier meist besser.
- ▷ Zu Speisen, die mit Wein zubereitet sind, sollte der gleiche Wein als Getränk dienen. Zu Speisen, die mit Bier zubereitet sind, sollte Bier gegeben werden.
- ▷ Grundsätzlich schmecken herbe, trockene und leichte Weine besser zum Essen als liebliche oder gar süße Weine.
- ▷ Zu einem Menü werden in der Regel mehrere Weinsorten gereicht. Dabei soll mit dem trockenen Wein begonnen und zum lieblichen gewechselt werden, ebenso vom leichten zum schwereren Wein.
- ▷ Soll in einer Mahlzeit Bier und Wein gereicht werden, mit dem Bier beginnen und dann zum Wein wechseln.
- ▷ Vor dem Essen sind als Aperitif trockene, herbe Getränke, evtl. mit Bitterstoffen zur Anregung der Verdauungssäfte und des Appetits, bekömmlicher als süße und schwere Getränke.
- ▷ Trockener Sekt kann als Aperitif dienen, süßer Sekt schmeckt besser zum Nachtisch.
- ▷ Zum Kaffee oder Mokka nach dem Essen können Likör, Weinbrand oder klare Obstwässer gereicht werden.

Vorschläge für die Zusammenstellung von Mahlzeiten

Frühstück

1. Frühstück
Kaffee oder Tee oder Milch (Kakao)
Helles und dunkles Brot
Butter oder Margarine oder Quark
Honig, Marmelade
Gekochtes Ei oder magere Wurst bzw. Schinken
2. Frühstück
Joghurt oder Quark mit Obst oder Kräutern *oder*
Vollkornbrot mit Butter und Tomate oder Radieschen
Kräutertee

oder

1. Frühstück
Kaffee oder Tee oder Milch
Müsli aus Haferflocken oder Schrot oder Cornflakes, mit frischen Früchten der Jahreszeit, Nüssen, Sultaninen, mit Honig gesüßt
2. Frühstück
Schinkenbrot, Fruchtsaft oder Obst *oder*
Butterbrot, Banane, Kakao *oder*
Vollkornbrot mit Leberwurst und Gurke
Kräutertee

Mittagessen

Brühe mit Einlage
Gekochtes Rindfleisch (z.B. Tellerfleisch, Tafelspitz, Boeuf Ficelle, Pot-au-feu)
Meerettichsauce oder Grüne Sauce oder gedünsteter Blattspinat
Salzkartoffeln
Obstsalat oder Fruchtsülze

oder

Rohkostplatte nach Jahreszeit
Rindsrouladen oder Gulasch oder Siebenbürgerfleisch oder Osso buco
Semmelknödel oder Kartoffelknödel oder Spätzle oder Bandnudeln
Kompott oder frische Früchte

oder

Pichelsteiner oder Minestrone oder Andalusische Gemüsesuppe
Quarkauflauf mit Früchten
Fruchtsauce oder Fruchtpüree

oder

Lasagne oder Spaghetti Bolognese
Buttermilchsulze oder Ambrosiacreme oder Joghurtcreme mit Früchten

oder

Tomatencremesuppe
Schnitzel oder Fisch paniert
Bunte Salatplatte nach Jahreszeit
Apfelmus überbacken

oder

Karottencremesuppe
Hühner- oder Kalbsfrikassee oder pochierter Fisch in Kräutersauce
Gemüsereis
Kopf- oder Feld- oder gemischter Salat

Brunch

Bouillon mit Ei oder Zwiebelsuppe à la Bistro
Kleine, warme Eiergerichte, z.B. Rührei, Omelett mit verschiedenen Füllungen, jeweils auf Blattsalat angerichtet
Kleine, warme Fleischgerichte, z.B. Filet in Blätterteig, Würstchen oder Schinken im Teigmantel
Verschiedene Brotsorten
Butter oder Margarine oder Quark
Käse
Marmelade oder/und Honig
Kaffee, Tee, nach Belieben Bier (Weizenbier)

Abendessen

Kleine, kalte Abendessen
Wurst- und/oder Käseplatte oder gefüllte Eier oder kalter Braten oder Wurst-, Fleischsalat
Tomaten, Rettich oder Radieschen, Gurken- oder Karottenrohkost oder Sauerkrautsalat
Verschiedene Brotsorten
Butter oder Margarine oder Quark
Bier, Tee, Sauer- oder Dickmilch, Kefir

Kleine, warme Abendessen
Pellkartoffeln, Butter, Kräuterquark, Milch

oder

Gemüseauflauf oder -soufflé, Toast, Getränke nach Wahl

oder

Suppen aus Resten, Reis-, Grieß-, Haferflockenbrei oder -flammeri, Kompott oder Fruchtsaucen

oder

Gefüllte Omeletts, Salatplatte oder gedünsteter Spinat, Brokkoli oder geschmolzene Tomaten

Kleine, warme Abendessen für Gäste
Quiche Lorraine oder Pizza, Getränk nach Wahl
Quarkspeise mit Früchten oder Rote Grütze mit Vanillesauce
oder
Ragout fin mit Toast oder in Blätterteigpastetchen
Erdbeersülze mit Joghurtsauce oder Pfirsich- oder Aprikosencreme
oder
Putengeschnetzeltes oder Hühnerbrustkoteletts oder Satarrasch
Krosses Brot
Weingelee oder Fruchtsalat

Grillparty

Fleisch: Texaner-Steaks von Rind, Schwein, Kalb, Grillspieße, Cevapcici, Würstchen nach Belieben
Fisch: Forelle, Renke, Makrele

Salat aus rohen und gekochten Gemüsen
Kalte, pikante Saucen oder Dips
Verschiedene Brotsorten

Kaltes Buffet

Ländliche Art
Fleisch: Spießbraten, Hausmacherwürste, Fleischbällchen, geräucherter Schinken, würzige Saucen und Dips
Salate: Krautsalat, Paprikasalat, Kartoffelsalat, Heringssalat, Wurstsalat, geriebener Rettich
Würzige Käse: Münsterkäse (Romadur), Miesbacher Käse, Camembert, Emmentaler
Getränke: Bier, Landwein

Klassische Art
Fleisch: Reh-, Hirsch-, Hasenrücken mit Sauce Cumberland, Roastbeef, Vitello Tonnato, Beefsteak Tartar, Lachsschinken
Fisch: Geräucherte oder pochierte Forellenfilets mit Sahnemeerrettich, Räucherlachs, feine Matjesfilets mit verschiedenen Saucen und Dips
Salatgerichte: Waldorfsalat, Königsberger Neujahrssalat, Geflügelsalat
Eier: Gefüllte Eier, Eier in Gelee
Gebäck: Käsegebäck, Schinkenhörnchen, frisches Weißbrot
Käse: Brie, Camembert, Edelpilzkäse
Obst: Weintrauben, frische Ananas, Melonen, Fruchtsalat
Dessert: Feine, fruchtige Cremes, Mousse au chocolat
Getränke: Cocktails, trockene Weine und trockener Sekt, Mokka, Liköre

Festliche Menüzusammenstellungen

Kleinerer Kreis (4–6 Personen)
Roher Schinken mit Melone
Consomme mit Käsegebäck
Pfeffersteak oder Boeuf Stroganoff
Herzoginkartoffeln
Prinzeßbohnen
Mousse au chocolat oder Heidelbeermousse
Roséwein
Kaffee
oder
Pochierte Eier mit Kräuterrahmsauce und Toast oder Hirnsoufflé mit Toast
Seezungenröllchen Zandvoort
Safranreis
Blattsalat
Orangen- oder Grapefruitcreme oder Aprikosenparfait
Spritziger Weißwein
Kaffee mit Eischwerstängerl oder Rahmplätzchen

Größerer Kreis (ab 6 Personen)
Feiner Salat (Krabben- oder Geflügelsalat)
Trockener Sherry oder Sekt

Klare Brühe mit Eierstich

Filetbraten oder Rehschlegel mit Preiselbeeren
Kroketten oder Herzoginkartoffeln
Feine Gemüseplatte oder feine Salatplatte oder Gemüsegratin (Brokkoli, Fenchel, Karotten, Erbsen, Bohnen, Blumenkohl, Spargel)
Leicht temperierter Rot- oder Roséwein (11–14 °C)

Heiße Kompotte mit Alkohol oder Fruchtsorbet und feines Gebäck
Créme Sherry
Kaffee, evtl. Obstgeist.

Register

Kapitel bzw. Untergliederungen sind durch Fettdruck gekennzeichnet.

Schlagwortregister

Grundrezepte

GZ Grundzubereitungen

Temperaturstufen beim Backofen mit Strahlungshitze

Elektro		Gas
275–250 °C	Gratins	Stufe 8–7
250–235 °C	Roastbeef Filetbraten	Stufe 7–6
235–220 °C	Aufläufe Blätterteig Windbeutel Kleines Geflügel	Stufe 6–5
220–205 °C	Kleingebäck aus Mürbteig Mürbteig-Kuchenböden Blechkuchen mit feuchtem Belag Quarkstrudel Großes Geflügel	Stufe 5–4
205–190 °C	Hefekleingebäck Eischwerteig mit Fett Sandteig Fisch und Schnitzel, in Folie gedünstet	Stufe 4–3
190–175 °C	Hefezopf, Stollen Apfelstrudel Formkuchen aus Backpulver-, Biskuit- und Eischwerteig ohne Fett Eierteige Honig- oder Sirupteige	Stufe 3–2
150–125 °C	Eierteige Eiweiß-Schaumgebäck Pot-au-feu Cassoulet Bäckeofe	Stufe 2–1

Der Temperaturbereich zwischen 175–150 °C ist kein selbständiger Garbereich.

Temperaturstufen beim Backofen mit Umlufthitze

Elektro		Gas
200–185 °C	Gratins Aufläufe	Stufe 6
185–170 °C	Aufläufe Blätterteig Windbeutel Kleingebäck aus Mürbteig Kuchen mit feuchtem Belag Grillen	Stufe 5
170–155 °C	Hefeteig (Zopf und Blechkuchen) Formkuchen aus Backpulver-, Biskuit-, Eischwer- und Sandteig Kleingebäck	Stufe 4
155–140 °C	Auftauen Bratvorgänge Eierteige Honigteig	Stufe 3
140–135 °C	Bratvorgänge	Stufe 2
135–120 °C	Warmhalten Aufwärmen Trocknen Schaumgebäck	Stufe 1

Wichtige Temperaturen in der Küche

Starke Ofenhitze		200–250 °C
Mittlere Ofenhitze		150–180 °C
Schwache Ofenhitze		120–140 °C
Blanchieren	bei etwa	95 °C
Köcheln, Simmern	bei etwa	85– 90 °C
Pochieren	bei etwa	70– 85 °C
Pasteurisieren	bei etwa	65– 70 °C
Serviertemperatur für warme Mahlzeiten	bei etwa	70– 75 °C
Fleischinnentemperatur		
medium		60 °C
rare		50 °C
very rare		45 °C
Temperatur-Optimum für die Entwicklung pathogener Keime unter Einfluß von Feuchtigkeit		10– 50 °C
Kühltemperatur für Gemüse, Obst und Eier		4– 6 °C
Aufbewahrungstemperatur für gegarte Gerichte		3– 5 °C
Lagertemperatur für frisches Fleisch und Fleischwaren, Fisch, Milch und Milchprodukte		0– 3 °C
Lagertemperatur für Tiefgekühltes		–18– –22 °C

Die wichtigsten Maße und Gewichte in der Küche

	gestrichener Eßlöffel	gehäufter Eßlöffel	gestrichener Teelöffel
Mehl	10 g	20 g	4 g
Vollkornmehl	12 g	25 g	6 g
Speisestärke	9–10 g	etwa 18 g	3–4 g
Semmelbrösel	10 g	20 g	5 g
Grieß	12 g	20 g	5 g
Reis	15 g	22 g	–
Haferflocken	10 g	15 g	–
Zucker	15 g	etwa 25 g	5–6 g
Puderzucker	10 g	20 g	4 g
Salz	15 g	–	5 g
flüssige Butter oder Öl	10 g	–	4 g
Reibkäse	8–10 g	15 g	–
Backpulver	–	–	3–4 g
gemahlene Gelatine	–	–	2 g